Kardinal Franz König
Der Glaube der Menschen

Textredaktion: Dr. Gottfried Hierzenberger
Verfasser des 8. Kapitels: Prof. Dr. Ferdinand Dexinger
Bildredaktion: Dr. Gottfried Hierzenberger
             Mag. Elfriede Eder
Farbbildredaktion: Dr. Wolfgang Stadler

Kardinal Franz König

(Herausgeber)

Der Glaube der Menschen

Christus
und die Religionen der Erde

Herder

Wien · Freiburg · Basel

© Herder & Co., Wien 1985
Alle Rechte vorbehalten
Gesamtherstellung: Freiburger Graphische Betriebe
Umschlaggestaltung, Karten und Layout: Erich Baumann
Bestellnummer: ISBN 3-210-24762-5

Vorwort

Im Jahre 1951 erschien im Verlag Herder, Wien, ein „Handbuch der Religionsgeschichte" in drei Bänden, herausgegeben von dem damals in Salzburg lehrenden Universitätsprofessor DDr. Franz König, an dem namhafte Wissenschaftler mitgearbeitet haben. Nach dieser Ausgabe, die wissenschaftlichen Charakter hatte und seit zwei Jahrzehnten vergriffen ist, bestand immer wieder Nachfrage. So hat sich der Verlag entschlossen, das reichhaltige Material in neuer Form der Öffentlichkeit zugänglich zu machen. Als Herausgeber konnte der damalige Herausgeber, der jetzige Erzbischof von Wien, Franz Kardinal König, gewonnen werden.

Die neue Ausgabe hat sich zum Ziel gesetzt, was der bedeutende Altmeister der Religionswissenschaft, Mircea Eliade, im Vorwort zum ersten Band seines Werkes „Geschichte der religiösen Ideen" schrieb:

> „Jahrelang schwebte mir ein kurzes und knappes Werk vor, das in einigen Tagen zu lesen wäre. Denn die kontinuierliche Lektüre würde besonders gut die fundamentale Einheit der religiösen Phänomene und gleichzeitig die unauslotbare Neuheit ihrer Ausdrucksformen bewußt machen. Der Leser eines solchen Buches würde schon wenige Stunden, nachdem er die Ideen und Glaubensvorstellungen des Altsteinzeitmenschen, Mesopotamiens und Ägyptens kennengelernt hat, mit den vedischen Hymnen, den Brahmanas und den Upanishaden konfrontiert sein. Er würde Shankara, den Tantrismus und Milarepa, den Islam, Joachim von Fiore oder Paracelsus entdecken, nachdem er am Tag zuvor über Zarathustra, Gautama Buddha und den Taoismus, über die hellenistischen Mysterien, den Aufstieg des Christentums, die Gnosis, die Alchimie oder die Gralsmythologie meditiert hat."

Der Verlag dankt allen, die an diesem Werk mitgewirkt und Anregung gegeben haben. Die für die Bearbeitung verwendeten Werke finden sich im Quellennachweis. Der Dank richtet sich auch an jene, die das Manuskript gelesen und mit Korrekturen und Ergänzungen geholfen haben: Univ.-Prof. Dr. Jakob Kremer, Univ.-Prof. Dr. Franz Loidl und Univ.-Prof. Dr. Ernst Christoph Suttner. Besonders herzlich danken wir Herrn Univ.-Prof. Dr. Ferdinand Dexinger, der das Kapitel „Der Glaube der Juden" verfaßt und uns zahlreiche Bilder aus seinem Fotoarchiv zur Verfügung gestellt hat.

Inhalt

Inhalt

Inhalt

Der Mensch und sein Glaube

Kard. Franz König

Wenn wir das Buch der Geschichte aufschlagen, stellen wir fest, daß sich Menschen überall und zu allen Zeiten – Naturvölker, Hochreligionen verschiedener Kulturen – bittend und suchend an ihren Gott oder ihre Götter gewandt haben. Überall, wo Menschen uns Zeichen, Denkmäler ihres Lebens hinterlassen haben, sehen wir Beweise dafür, daß sie ihrem Gott geopfert und ihn um Hilfe angefleht haben. In allen Kontinenten und Zeiten haben Menschen bittend und lobend, dankend und sühnend vor der Gottheit, den Göttern das Knie gebeugt, haben Formeln von Anrufungen und Gebeten hinterlassen, durch die wir heute noch einen Blick in das Innerste der Menschen längst vergangener Zeiten tun können.

Das schlichte Dankgebet der Yamana auf Feuerland, das Bittgebet in den ägyptischen Grabkammern, die auf kleinen Tontäfelchen in Keilschrift verewigten Klagerufe, die Anrufung des Himmels in China, die Bittgebete der Griechen und Römer um Sieg und Erfolg, die Formel der Ergebenheit in den Büchern des buddhistischen Kanons, die Lobrufe an die Götter des awestischen und vedischen Pantheons in Indien und Persien sind ein vielstimmiges, nicht verstummendes Gloria, in Felsen geritzt, auf Ton geschrieben und in Stein gemeißelt. Sie sind ein ergreifendes Miserere und De profundis einer um Erlösung zu den Superi Rufenden, um Hilfe von oben flehenden Menschheit vergangener Jahrtausende. Soweit wir imstande sind, den Weg menschlicher Lebensäußerung und Kultur durch die menschliche Geschichte zu verfolgen, so weit begleiten uns die Zeichen und Stimmen suchender und betender Menschen.

So lehrt uns ein Blick in das Buch der Geschichte, so berichten uns die großen Werke der Religionsgeschichte. Sowohl der einzelne wie der im gesellschaftlichen Gefüge lebende Mensch hatte immer Respekt vor einer unsichtbaren jenseitigen Welt. Das heißt mit anderen Worten: der Mensch hat Religion nicht erfunden, sondern sie gehört zu seinem Leben in allen möglichen Formen, in allen Weisen seines Daseins.

Wenn wir die Psychologie befragen, so sagt sie uns, daß religiöse Ausdrucksformen und ihre Bedeutung im Verlauf eines Lebens sich wandeln können. Da gibt es Tiefpunkte und Höhen. Besonders dann, wenn der Mensch bis in seine letzten Tiefen aufgewühlt und ergriffen wird, sei es durch Wonne oder durch Leid, können solche Stunden nicht enteilen, ohne daß der Mensch sein innerstes Geistesauge zu einem Ewigen und Absoluten aufschlägt. Wenn die Existenz des Menschen bedroht und gefährdet ist, wendet sich die Kreatur instinktiv – auch der spottende Atheist – in angsterfüllten Seufzern jenem ewigen und mächtigen Schöpfer zu, dessen Spuren dem Menschen unauslöschlich, wenn auch zeitweise verwischt, eingeschrieben sind. In solchen Situationen erkennt er sich als einer, der stets unterwegs ist, und wendet sein Herz suchend oder wissend dem fernen Ziel der Wanderschaft zu. Im Gebet schlägt er eine Brücke, damit das führende und tröstende Licht des Vaters zu ihm komme (Max Scheler). Sein Geist und seine Liebe haben in all ihren Regungen und Handlungen die Richtung auf ein Etwas, das seit eh und je den Namen Gott trägt.

Und wenn wir einen Menschen befragen, der es aufgegeben hat, Gott zu suchen, der nicht mehr beten will, so ergreift uns die leidvolle Klage gerade eines solchen Menschen, der seine Hände beschwörend gegen Gott erhoben hat. Es ist Friedrich Nietzsche, der Kämpfer gegen Religion und Glaube. Der folgende Text läßt uns einen Blick in das Innere eines Menschen tun, der keinen Sinn mehr darin sieht, sich Gott oder einem höchsten Wesen dankbar zu nähern:

> Du wirst niemals mehr beten,
> niemals mehr anbeten,
> niemals mehr im endlosen Vertrauen ausruhen.
> Du versagst es Dir, vor einer letzten Weisheit,
> letzten Güte, letzten Macht stehen zu bleiben
> und Deine Gedanken abzuschirren.
> Du hast keinen fortwährenden Wächter und Freund
> für Deine sieben Einsamkeiten.
> Du lebst, ohne den Ausblick auf ein Gebirge,
> das Schnee auf dem Haupte und Gluten in seinem Herzen trägt.
> Es gibt für Dich keinen Vergelter,
> keinen Verbesserer letzter Hand mehr.
> Es gibt keine Vernunft in dem mehr, was geschieht,
> keine Liebe in dem, was Dir geschehen wird.
> Deinem Herzen steht keine Ruhestatt mehr offen,
> wo es nur zu finden und nicht mehr zu suchen hat.
> Du wehrst Dich gegen irgendeinen letzten Frieden ...
> Mensch der Entsagung, in alledem willst Du entsagen?
> Wer wird Dir die Kraft dazu geben?
> Noch hatte niemand diese Kraft.
> (*Fröhliche Wissenschaft, Aphorismus 285*)

Dieses Bekenntnis sagt uns, daß der Mensch von heute Sehnsucht hat nach etwas, was noch kommen muß, worauf er wartet – worauf er ungeduldig wartet. Man sollte meinen, daß ein reiches Europa diese Sehnsucht gar nicht mehr nötig hat. Es scheint, daß wir schon alles haben und am Ziel unserer Wünsche sind. Es heißt: wir sind satt, wir haben jedes Vergnügen zur Auswahl, wir haben mehr, als wir brauchen. Und doch ist gerade der Mensch unserer Breiten und unserer Zeit voll Unruhe und rastlos. Er sucht hektisch das Glück und ist voller Sehnsucht. Wonach? Bei allem Wohlstand nehmen persönliche Konflikte zu. Man hört heute viel von einer wachsenden Neurotisierung des Menschen. Die einen suchen Hilfe beim Arzt, die anderen greifen zu Drogen oder Alkohol. Was sucht der Mensch? Was fehlt ihm? Was kränkt ihn so sehr, daß er sogar körperlich daran krank wird? Immer kehrt die Frage wieder: Welchen Sinn hat im Grunde dieses Leben?

Der Mensch und sein Glaube

Es gibt im Leben jedes Menschen lange Zeiten, da lebt er einfach dahin und stellt diese Fragen nicht. Aber dann taucht plötzlich wieder diese Frage auf: Ist das wirklich alles? Diese Frage verschärft sich, wenn einer gerade das verliert, wofür er im Grunde gelebt hat; wenn ein geliebter Mensch stirbt oder unheilbar erkrankt: das eigene Kind, der Partner, die Eltern; oder wenn man selbst die Hand des Todes spürt. Ist es nicht sinnlos, so zu leiden, so zu stöhnen und sich durch das Leben zu schleppen?

Dann tauchen aber auch andere Erlebnisse auf: Es kommt der Tag, an dem der Mensch das Sinnvolle erfährt. Vielleicht war es damals, als er zum ersten Mal erlebte, daß er gebraucht wird, daß er wirklich helfen konnte. In solchen Augenblicken erfährt er, daß sein Leben sinnvoll ist. Dieser Augenblick braucht dann keine Rechtfertigung. In solchen Augenblicken erlebt der Mensch etwas Absolutes. Er kann nicht genau sagen, was es ist, er kann solche Erlebnisse nur beschreiben.

Vieles deutet darauf hin, daß die geheime Sehnsucht nach Gott in sehr vielen Menschen lebendig ist. Sie ist oft verschüttet durch die Unrast, durch die Hetze und wilde Jagd des Alltags. Aber immer gibt es Augenblicke und Erfahrungen, in denen das Irdische transparent wird und etwas Unvergängliches und Bleibendes erahnt wird.

Die Religionsgeschichte zeigt uns mit aller Deutlichkeit, daß es, soweit unsere Kenntnis reicht, niemals ein religionsloses Volk gegeben hat. Diese Tatsache wäre allein schon geeignet, hinreichend zu bezeugen, daß Religion mit dem Menschen eng verbunden ist und nicht als besondere Veranlagung zu bezeichnen ist. Die Geschichte der Religionen bzw. der Religion zeigt somit, daß der religiöse Akt eine „wesensnotwendige Mitgift" der menschlichen Seele ist. Daher erklärt sich das eigenartige Phänomen des *Religionsersatzes,* das beim Menschen immer dann auftritt, wenn er echte Religion verloren hat oder wenn ihm Gott als Gegenstand einer letzten Bindung verlorengegangen ist. Der menschliche Geist ist so strukturiert, daß er auf ein Absolutes hin gerichtet ist; gleichsam ein Ort für den Menschen, an den er unvermeidlich etwas stellen muß – mag er dies praktisch, ohne es für sich zu erfassen, in seinem Leben, oder denkend auch für sein Bewußtsein real tun. Psychologisch, so könnte man sagen, kann er nicht anders, als etwas dahin zu stellen – und sei es auch das Nichts oder die These, es gäbe kein Absolutes. „Man hat von fanatischen Atheisten gesagt, daß sie ihren Nicht-Gott anbeten" (K. Jaspers).

Untersuchungen über die religiöse Entwicklung bei Jugendlichen haben gezeigt, daß sie sich nicht lange mit einer Ablehnung ihrer religiösen Vorstellungen begnügen, sondern daß sie – einem inneren Drange folgend – neue Werte an die Stelle ihrer alten, früheren religiösen Inhalte setzen. Und wenn das nicht gelingt, suchen sie ihre inneren Fragen zu betäuben – mit Alkohol oder Drogen.

Ohne Zweifel folgt aus dem Kreaturbewußtsein des Menschen in verschiedener Form und Stärke jener Drang, der aus dem Reiche des Vergänglichen hinüberweist in ein Unvergängliches.

Wenn jenseitige Bindungen an einen Gott gefallen sind und daher das Wesen der Religion mißverstanden wird, kommt es zu Ersatzbildungen, wie etwa im Irrationalismus. Stimmungen und Gefühle sind Übergangsformen. Alles kann der Mensch mit dem Glanze des Göttlichen umgeben, um es dann als seinen Gott anzubeten. Daher werden sich auch die Formen des Religionsersatzes ändern, so wie die Mode, die zeitliche Stimmung und das unbefriedigte, immer weitersuchende Herz sich wandeln.

In eindrucksvoller Weise hat Max Scheler gezeigt, daß die religionspädagogische Aufgabe in einem solchen Fall darin besteht, den Religionsersatz als Götzen zu entlarven. „Jeder endliche Geist glaubt entweder an Gott oder an einen Götzen. Daraus ergibt sich die pädagogische Regel: Nicht eine äußere Hinführung des Menschen zum Bewußtsein der Wirklichkeit Gottes ist der Weg, auf dem der sogenannte Unglaube widerlegt werden kann." Es gehe vielmehr darum, im Leben des einzelnen nachzuweisen, daß er an die Stelle Gottes ein ähnliches Gut gesetzt hat. Indem wir also einen Menschen zur Enttäuschung über seinen Götzen führen, indem wir durch eine Analyse seines Lebens ihm sein Götzenbild gezeigt haben, führen wir ihn wie von selbst zur Erkenntnis der Wirklichkeit Gottes.

Dostojewskij, der in eigener Leiderfahrung einen Blick in die Abgründe des Menschen getan hat, meinte: „Was soll man denn viele Worte machen? Man kann ja gar nicht Mensch sein, ohne sich vor irgendetwas beugen zu müssen. Ein solcher Mensch, der sich nicht selbst beugen kann, kann sich selber auch gar nicht ertragen; und es gibt auch gar keinen solchen Menschen. Wer Gott verleugnet, der beugt sich vor einem Ideal, sei es aus Holz, aus Gold oder auch nur ausgedacht."

Man kann es auch so sagen: Wer Gott leugnet, schnitzt sich ein Gottesbild. Wer sich nicht vor Gott beugt, tut es vor einem der vielen Götzen, die das entchristlichte Abendland als Gottersatz sich geschaffen hat: vor der Macht, vor der Rasse, vor dem Kapital oder dem Staat.

Wenn Religion mit dem einzelnen wesentlich verbunden ist, so ergibt sich daraus auch eine Verknüpfung mit dem gesellschaftlichen Leben der Menschen. Das bestätigt wieder die geschichtliche Erforschung der Völker und ihrer Kulturen. Heute weiß man, daß die kulturelle Grundlage oder Einheit eines Volkes mehr auf einer gemeinsamen Denkweise, auf einer gemeinsamen geistigen Lebensform beruht als auf gemeinsamen biologischen oder rassischen Elementen. Verschiedene biologische und rassische Merkmale – wie es sie etwa zur Zeit der Völkerwanderung in Europa oder in Indien gegeben hat – werden durch gemeinsame religiöse Anschauungen zu einer großen gemeinsamen Kultur eingeschmolzen. Die Kulturen von Babylon, Griechenland, Rom z.B. zeigen, wie sehr Religion und Glaube das öffentliche, gesellschaftliche und staatliche Leben prägten.

Ein Beispiel für die soziale und kulturgestaltende Kraft der Religion haben wir im Islam. Hier zeigt uns die Geschichte, wie eine religiöse Bewegung in kurzer Zeit, aus einer kleinen Zelle hervorgehend, zu einer mächtigen Bewegung wird. In wenigen Jahrzehnten fegt sie über Kontinente, zerstört Reiche, schafft eine neue Denkweise und Kultur, die Millionen von Menschen über Rassen und Sprachen hinweg zu einer neuen geistigen Einheit verbindet und sich auch in vielfältigen Kunstformen äußert. Ohne diese religiöse Kraft wären die Grenzen der Sprachen und Rassen nie überwunden worden. Der Araber der Wüste, der westafrikanische Neger, der malaiische Pirat, der persische Philosoph, der türkische Soldat und der indische Kaufmann sprechen alle die gleiche religiöse Sprache. Sie bekennen sich zu denselben theologischen Lehrsätzen, sind an die gleichen ethischen Werte gebunden und leben unter den gleichen sozialen Gepflogenheiten. So wie die moslemische Architektur in jedem Lande verschieden ist, aber überall unmißverständlich muslimisch ist, so ist es auch mit der Literatur der Sprache und der Lebensweise (Chr. Dawson, Religion and Culture, 53).

Dazu noch ein Beispiel aus dem Bereiche der abendländischen mittelalterlichen Kultur. Die große geistige Synthese menschlichen Wissens und Forschens, wie sie für das 13. und 14. Jahrhundert charakteristisch ist, erhielt ihr Gepräge durch die geistige Grundstruktur des Christentums. Die damals entstandene christliche Philosophie, die Kunst der Kathedralen, die Musik und Literatur unterscheiden sich in ihrer Eigenart wesentlich von der griechischen wie von der modernen Philosophie. Die Entstehung der Universitäten, das Aufblühen der freien Städte, das Rittertum, die gotische Architektur, die Schulen der Malerei in Flandern sowie in Deutschland, Italien, Frankreich über Spanien bis England – bis zur Zeit der Renaissance, der Minnesang, die franziskanische Bewegung tragen insgesamt den Stempel des mittelalterlichen Christentums, dessen gesellschaftliche Formkraft uns die Geschichte überliefert.

Religion und Gesellschaft, Religion, Kultur und Kunst sind nicht nur aufeinander hingeordnet, sondern durchdringen sich gegenseitig. Der sumerische Staat war ebenso religiös geprägt wie der chinesische der ältesten Dynastie. D.h. Gott war eigentlich König der Stadt oder eines Distriktes. Der König war im Grunde nur sein sichtbarer Stellvertreter, ein „Pächter Gottes". Der König war in der Regel selbst Priester, wie uns die geschichtlichen Quellen aus den verschiedenen Epochen berichten. Weil die Könige im Namen Gottes regierten, lag der Übergang zur Vergöttlichung des Herrschers nahe.

Der Kampf gegen die Religion war daher damals gleichzusetzen mit dem Kampf gegen die Lebensweise und gegen die Existenz eines Volkes. Erst im Christentum konnte es auf Grund seiner Eigenart zu einer Spannung, ja zu einem Gegensatz zwischen Religion und Staat, zwischen Staat und Kirche kommen. In unserer westlichen Welt ist es nicht nur zu einem Gegensatz, sondern zu einer Trennung von Religion (d.h. Christentum) und Kultur gekommen. Es wird aber auch deutlich, daß in einer Zivilisation ohne geistige und religiöse Werte destruktive Kräfte ausgelöst werden. Seit geraumer Zeit mehren sich die Stimmen jener „Wissenden", die uns verkünden, daß wir entweder am Ende oder an einer Wende der menschlichen Geschichte stehen. Denn die Kräfte einer areligiösen europäischen oder amerikanischen Zivilisation üben ihren negativen Einfluß auch auf die nicht christlichen Religionen aus. Sie tun dies im Namen der Wissenschaft und Technik. In einer Trennung des gesellschaftlichen Lebens und der einigenden religiösen Kräfte sieht man die Anfänge des Unheils. Alle Werte werden berührt, wenn Religion in die Krise gerät. Jede tiefgreifende Revolution in der Weltgeschichte bringt immer auch eine Revolutionierung der Religion mit sich. Im europäischen Bereich stehen wir seit der Aufklärung in einem solchen Prozeß der Säkularisierung, der mit einer „Verdiesseitigung" alles Religiösen endet. Ein anderes Beispiel: das junge Christentum brachte eine Revolutionierung antiker Lebensauffassung mit sich und führte zur Neugestaltung aller Lebensordnungen. Solche Hinweise wollen besagen, daß Religion auch in gesellschaftlich-kultureller Hinsicht zum „Wurzelhaften" gehört.

Der amerikanische Nobelpreisträger Alexis Carrel hat in seinen Forschungen nach letzten Ursachen körperlicher Krankheiten auf seelische Disharmonien verwiesen und darauf aufmerksam gemacht, welche Bedeutung Religion für die seelische Gesundheit nicht nur im individuellen, sondern auch im gesellschaftlichen Leben hat: „Die Menschheit ist von religiöser Inspiration viel gründlicher befruchtet worden als etwa vom philosophischen Denken ... noch heute trägt Europas Boden überall die von unseren Vorfahren errichteten Dome und Tempelruinen; nur versteht man heute kaum noch, was sie bedeuten. Und für die Mehrzahl der modernen Menschen sind Kirchen nichts weiter als Museen toter Religionen. Das Benehmen der Touristen in den europäischen Domen zeigt deutlich, wie völlig das Religionsgefühl aus dem modernen Leben entwichen ist ...

Trotz allem ist auch heute das religiöse Gefühl, die religiöse Überzeugung, eine nicht wegzudenkende Bewußtseinsäußerung bei vielen Menschen. Gerade unter Menschen von hoher Geisteskultur spürt man das wieder häufig." (Der Mensch, das unbekannte Wesen).

Der englische Universalhistoriker Toynbee meint übrigens in seiner großen geschichtlichen Zusammenschau der Religionen der Menschheit, daß es eine Eigenart der bodenständigen Religionen Asiens und Afrikas sei, durch die sogenannte westliche Zivilisation in ihren Fundamenten selbst erschüttert zu sein. Diese Religionen seien in ihre Kulturen so eingegangen, daß sie ohne diese Kulturen keinen Bestand haben. Es sei eine Eigenart des Christentums, in die jeweilige Kulturform wohl einzugehen, aber nicht in ihr aufzugehen. Eine weitere Folge sei, daß das Christentum nicht an einem Ende, sondern an einer Wende stehe.

Weil Religion im Geist des Menschen als sein Ursprünglichstes angelegt ist, weil sie als die „wurzeltiefste aller Anlagen des menschlichen Geistes" (Scheler) bezeichnet werden müsse, deswegen könne Gott nie – wie Nietzsche meinte – eine Gefahr oder Bedrohung des Menschen sein. Nietzsche selber hat uns geschildert, welch unfaßbares Grauen die Menschen erfaßt, die in ihrem Haß meinen, Gott getötet zu haben:

„Habt ihr nicht von jenem tollen Menschen gehört, der am hellen Vormittag eine Laterne anzündete, auf den Markt lief und unaufhörlich schrie ‚Ich suche Gott, ich suche Gott!' ...? Der tolle Mensch sprang mitten unter die Menge und durchbohrte sie mit seinen Blicken: ‚Wohin ist Gott?', rief er. Ich will es euch sagen! Wir haben ihn getötet – ihr und ich! Wir alle sind seine Mörder! Aber wie haben wir das gemacht? Wie vermochten wir das Meer auszutrinken? Wer gab uns den Schwamm, um den ganzen Horizont wegzuwischen? Was taten wir, als wir diese

Erde von ihrer Sonne losketteten? Wohin bewegt sie sich nun? Wohin bewegen wir uns? ... Irren wir nicht durch ein unendliches Nichts? Haucht uns nicht der leere Raum an? Ist es nicht kälter geworden? Kommt nicht immerfort die Nacht und mehr Nacht? ... Wie trösten wir uns, die Mörder aller Mörder? Das Heiligste und Mächtigste, was die Welt bisher besaß, es ist unter unserem Messer verblutet" (Fröhliche Wissenschaft, Aphorismus 125).

Auf solche und ähnliche Stellen Bezug nehmend, urteilt Jaspers, daß auch daraus zu erkennen sei, wie sehr Religion und Glaube zur Uranlage der Menschenseele gehören. Denn das endliche Dasein des Menschen sei ohne Transzendenz nicht durchzustehen. Von Nietzsches Gottlosigkeit meint er, sie sei die sich steigernde Unruhe eines sich vielleicht nicht mehr als solches verstehenden Gottsuchens (vgl. Jaspers' Nietzschebuch, 380).

Noch deutlicher sagt das der neben Freud und Adler wohl bekannteste Tiefenpsychologe C. G. Jung: „Unter allen meinen Patienten jenseits der Lebensmitte, d.h. jenseits 35, ist nicht ein einziger, dessen endgültiges Problem nicht das der religiösen Einstimmung wäre. Ja, jeder krankt in letzter Linie daran, daß er das verloren hat, was lebendige Religion ihren Gläubigen zu allen Zeiten gegeben hat, und keiner ist wirklich geheilt, der seine religiöse Einstellung nicht wieder erreicht" (Psychologie und Religion).

Zum Schluß erhebt sich die Frage, wie der einzelne feststellen kann, ob er Religion hat oder sich nur allgemein zu einer Religion bekennt. Was ist die Grundlage, um sagen zu können: Ich habe Religion? Was ist sozusagen die Grundlage persönlichen Glaubens und religiösen Lebens? Die Antwort lautet: es ist das persönliche Gebet als elementare Äußerung, nicht nur der Anerkennung, sondern auch der Verehrung Gottes. Es kann laut oder leise gesprochen, in der Gemeinschaft formuliert werden; es muß mich innerlich treffen und so zu einem erfahrbaren Ausdruck der Hingabe an Gott werden. So wird das Gebet zu einem Gradmesser persönlicher Religion, persönlichen Glaubens. Ein Mensch, der nicht betet, hat im Grunde keine Religion. Im Gebet spiegelt sich auch die Gottesvorstellung. Je tiefer und reicher das persönliche Gebet, umso erhabener die Vorstellung Gottes. Wenn Jesus seine Apostel beten lehrte, so wollte er sie hinführen zur Anerkennung eines Vaters im Himmel, von dem er Botschaft brachte. Das Vaterunser im Christentum ist in seiner Schlichtheit und Einfachheit eines der schönsten Gebete der Menschheit. Derjenige, der Menschen so beten lehrte, muß daher ein höchstes Wissen von Gott gehabt haben.

Ein bekannter Philosophieprofessor (Peter Wust) nahm in einem Brief von seinen Hörern Abschied, als er wußte, daß seine Krankheit zum Tode führe. Der Autor von „Ungewißheit und Wagnis", der erst im reifen Mannesalter wieder ein gläubiger Christ wurde, schreibt auf seinem Krankenlager seinen Hörern ein Wort zum Abschied, um ihnen zu sagen, was er als Schlüssel betrachte zur tiefen menschlichen Weisheit: „Und wenn Sie mich nun fragen wollten, bevor ich jetzt gehe und endgültig gehe, ob ich nicht einen Zauberschlüssel kenne, der einem das letzte Tor zur Weisheit des Lebens erschließen könne, dann würde ich Ihnen antworten: ‚jawohl!' – und zwar ist dieser Zauberschlüssel nicht die Reflexion, wie Sie von einem Philosophen vielleicht erwarten möchten, sondern das Gebet. Das Gebet, als letzte Hingabe gefaßt, macht still, macht kindlich, macht objektiv. Ein Mensch wächst für mich in dem Maße immer tiefer hinein in den Raum der Humanität – nicht des Humanismus –, wie er zu beten imstande ist, wofern nur das rechte Beten gemeint ist" (Gestalten und Gedanken, 237).

Das ist das Zeugnis eines religiösen Menschen. Erst im Gebet entfaltet sich die Religion des Menschen. Je vollkommener und irrtumsfreier Religion ist, je tiefer der persönliche Glaube, desto segensreicher das Gebet, desto größer die Möglichkeit eines Aufstiegs ins Vollkommene.

An wen wendet sich das persönliche Gebet, wenn es aufsteigt, um letzte menschliche Weisheit und Geborgenheit zu finden? Die Religionen der Menschheit weisen auf das menschliche Sehnen, auf eine Welt des Unvergänglichen, auf ein Reich der Götter, einer Gottheit. Der Glaube, die Religion der Christen ruht nicht nur auf menschlicher Weisheit, auf menschlichen Antworten nach Anfang und Ende der Welt und des Lebens; es geht über die Religionen der Völker und Zeiten hinaus, weil Gott selber, der Unbekannte, zu uns gesprochen hat: „Niemand hat Gott je gesehen", so heißt es bei Johannes im Neuen Testament der Bibel, „der einzige, der Gott ist und am Herzen des Vaters ruht, er hat Kunde gebracht" (4. Evangelium, aufgeschrieben vom Apostel Johannes, 1, 18). Und der uns Kunde gebracht hat, ist Jesus Christus. Er ist nicht gekommen, „damit er die Welt richte, sondern damit die Welt durch ihn gerettet wird" (Joh 3, 17). Dazu verkündet er als Grundlage das große Gebot von der Liebe zu Gott und zu jedem Menschen (Nächstenliebe); „kein anderes Gebot", sagt Jesus, „ist größer als dieses Gebot". Darauf kann man ein Reich des Friedens unter den Menschen und in der Welt aufbauen. – Daß Gott durch Jesus Christus zur Menschheit gesprochen hat, ist nicht eine Projektion menschlicher Sehnsucht, sondern eine geschichtlich nachweisbare Tatsache. Dies ergibt sich nicht zuletzt aus einem Vergleich des Neuen Testamentes mit den überlieferten Texten der Religionen der Menschheit. Diese werden dadurch nicht abgewertet, sondern in einen größeren Welt- und Menschheitsplan hineingestellt.

Der Glaube der Menschen

Am Ende des 20. Jahrhunderts, im Jahr „1984" (George Orwell) angekommen, blickt die Menschheit zwar auf eine lange Geschichte und eine steile Kurve des Fortschritts zurück, ist aber zugleich von apokalyptischen Ängsten erfüllt, keine Zukunft mehr zu haben. Ein gutes Dutzend Krisenherde in allen Kontinenten; ein Zerstörungspotential, das ausreicht, um den Planeten Erde zu entvölkern, für Jahrhunderte unbewohnbar zu machen oder überhaupt zu zerstören; die Erschöpfung der Reserven an Bodenschätzen, Energie, guter Luft, frischem Wasser, natürlichem Lebensraum; Mechanismen und Zwänge aller Art, die kaum mehr freie Entscheidungen zulassen, die geeignet erscheinen, die nötigen Weichenstellungen herbeizuführen ... Der „homo faber", der sich die Erde rücksichtslos und wenig verantwortungsbewußt „untertan" machte, hält erschreckt inne und fragt sich wieder nach dem Sinn seines Lebens, seiner Aktivitäten und Wertvorstellungen. Und er erlebt, daß er mit seinen Fragen ansteht, in ein Vakuum hineinfragt, das Nebel bleibt und keine Konturen gewinnt. Wer dann nicht aufgibt, sondern trotzdem weitersucht, dem kann geholfen werden, weil er über kurz oder lang auf den Glauben stößt, auf Erfahrungen, Antworten, Vorstellungen, auf religiöses Leben, auf Hoffnungen, Erwartungen, Traditionen. Und er entdeckt erstaunt, eine wie weite, wichtige und umfassende Dimension der Glaube erschließt. Er erfährt, daß er auf seine Fragen nach Sinn umfassende, tragfähige Antworten erhält – und zwar in allen Kulturkreisen und Kulturepochen.

Der gemeinsame Glaube der Menschheit

„In unserer Zeit, da sich das Menschengeschlecht von Tag zu Tag enger zusammenschließt, und die Beziehungen unter den verschiedenen Völkern sich mehren, erwägt die Kirche mit umso größerer Aufmerksamkeit, in welchem Verhältnis sie zu den nichtchristlichen Religionen steht ... Alle Völker sind ja eine einzige Gemeinschaft, sie haben denselben Ursprung, da Gott das ganze Menschengeschlecht auf dem gesamten Erdkreis wohnen ließ; auch haben sie Gott als ein und dasselbe letzte Ziel, ... werden doch alle Völker in seinem Lichte wandeln.

Die Menschen erwarten von den verschiedenen Religionen Antwort auf die ungelösten Rätsel des menschlichen Daseins, die heute wie von je die Herzen der Menschen im tiefsten bewegen: Was ist der Mensch? Was ist Sinn und Ziel unseres Lebens? Was ist das Gute, was ist Sünde? Woher kommt das Leid, und welchen Sinn hat es? Was ist der Weg zum wahren Glück? Was ist der Tod, das Gericht und die Vergeltung nach dem Tode? Und schließlich: Was ist jenes letzte und unsagbare Geheimnis unserer Existenz, aus dem wir kommen und wohin wir gehen?

Von den ältesten Zeiten bis zu unseren Tagen findet sich bei den verschiedensten Völkern eine gewisse Wahrnehmung jener verborgenen Macht, die dem Lauf der Welt und den Ereignissen des menschlichen Lebens gegenwärtig ist, und nicht selten findet sich auch die Anerkennung einer höchsten Gottheit oder sogar eines Vaters …

Im Zusammenhang mit dem Fortschreiten der Kultur suchen die Religionen mit genaueren Begriffen und in einer mehr durchgebildeten Sprache Antwort auf die gleichen Fragen … Wir können aber Gott, den Vater aller, nicht anrufen, wenn wir irgendwelchen Menschen, die ja nach dem Ebenbild Gottes geschaffen sind, die brüderliche Haltung verweigern. Das Verhalten des Menschen zu Gott dem Vater und sein Verhalten zu den Menschenbrüdern stehen in so engem Zusammenhang, daß die Schrift sagt: „Wer nicht liebt, kennt Gott nicht" (1. Johannesbrief 4, 8) …

Deshalb verwirft die Kirche jede Diskriminierung eines Menschen oder jeden Gewaltakt gegen ihn um seiner Rasse oder Farbe, seines Standes oder seiner Religion willen, weil dies dem Geist Christi widerspricht."

(II. Vatikanum: „Über das Verhältnis der Kirche zu den nichtchristlichen Religionen")

■

Diese Erklärung der letzten großen Kirchenkonferenz der römisch-katholischen Kirche läßt erkennen, daß nach einer Zeit des „Gegeneinander" und „Nebeneinander" nun eine Epoche des „Miteinander" angebrochen ist.

Es geht der katholischen Kirche um das Verhalten zu den nichtchristlichen Religionen in ihrer Gesamtheit. Es geht ihr dabei nicht um die Frage, wie das Christentum sich von den anderen Religionen unterscheidet, sondern um die Aufgabe der Kirche, „Einheit und Liebe unter den Menschen und damit unter den Völkern zu fördern". Das weist in die Richtung des Dialogs. Ein solcher Dialog wurde zum ersten Male in der Geschichte in Bombay (Indien) im Dezember 1964 versucht, als sich – unter dem Vorsitz des Wiener Erzbischofs – Vertreter des Hinduismus, Buddhismus, der Muslimen und Parsen zu einer Begegnung im Gespräch fanden. In dieselbe Richtung weist die Errichtung eines „Sekretariates für nichtchristliche Religionen" in Rom mit der Aufgabe, den Dialog mit den großen Religionen der Menschheit aufzunehmen und Begegnungen zu ermöglichen. – Das ist ein wichtiger Beitrag, um den

Glauben der Menschheit deutlich in Erscheinung treten zu lassen.

Diese Gesinnungs- und Haltungsänderung kommt nicht von ungefähr. Es ist noch nicht so lange her, daß man Glaube und Religion als ein bestimmtes Stadium der Menschheitsentwicklung verstand, das durch die Erkenntnisse der modernen wissenschaftlichen Forschung überholt und überflüssig geworden sei (Auguste COMTE). 1845 erklärte Ludwig FEUERBACH: „Der Zweck meiner Schrift („Über das Wesen der Re-

Links oben: Auguste *Comte* (1798–1857), französischer Philosoph (Positivist), Begründer der Soziologie.
Rechts oben: Ludwig *Feuerbach* (1804–1872), deutscher Philosoph und Religionskritiker.
Links unten: Michail *Bakunin* (1814–1876), russischer Anarchist und Sozialist, Mittelpunkt der russ. Emigranten.
Rechts unten: Max *Planck* (1858–1947), deutscher Physiker, Nobelpreisträger, Begründer der Quantentheorie, wichtige Aussagen über das Verhältnis von Naturwissenschaft und Religion.

ligion") ist es, die Menschen aus Theologen zu Anthropologen, aus Theophilen zu Philanthropen, aus Kandidaten des Jenseits zu Studenten des Diesseits, aus religiösen und politischen Kammerdienern der himmlischen und irdischen Monarchie und Aristokratie zu freien selbstbewußten Bürgern der Erde zu machen." Für beide und für viele andere Menschen, die ihnen in dieser Auffassung folgten, war Religion nichts anderes als Projektion von Wunschbildern, als Selbstvergötterung des Menschen. „Der Himmel der Religion ist also nichts als eine Lichtspiegelung, in der der Mensch, von Unwissenheit und Glauben exaltiert, sein eigenes Bild wieder sieht, aber vergrößert und verkehrt, d. h. vergöttlicht", schreibt der russische Nihilist Michail BAKUNIN. Der wissenschaftliche Atheismus und der atheistische Materialismus beherrschten das Denken der sogenannten zivilisierten Welt des späten 19. und frühen 20. Jahrhunderts, wirkten über die Volksbewegungen Marxismus/Kommunismus, Freidenkertum, Sozialismus und Liberalismus auf die breite Masse und schienen die Auffassungen Comtes und Feuerbachs heute noch zu bestätigen.

Ausgerechnet aus der modernen Naturwissenschaft, die nach den Voraussagen Comtes die Religion und den Glauben ersetzen sollte, entstand in den letzten Jahrzehnten ein Gegenpol, der das behauptete Entweder-Oder in ein Sowohl-Als-Auch wandelte. Der sehr bekannte Nobelpreisträger Max PLANCK, der durch seine Entdeckungen eine neue Epoche in der Physik einleitete, formulierte das so: „Wohin und wie weit wir also blicken mögen, zwischen Religion und Naturwissenschaft finden wir nirgends einen Widerspruch, wohl aber gerade in den entscheidenden Punkten volle Übereinstimmung. Religion und Naturwissenschaft – sie schließen sich nicht aus, wie manche heutzutage glauben oder fürchten, sondern sie ergänzen und bedingen einander … Es ist der stetig fortgesetzte, nie erlahmende Kampf gegen Unglaube und Aberglaube, den Religion und Naturwissenschaft gemeinsam führen." Er blieb mit dieser Auffassung nicht allein, unzählige schlossen sich an, so daß man im Rückblick von einer deutlichen Trendwende um die Mitte des 20. Jh. sprechen kann. In unserer Generation ist es nicht mehr überraschend, daß der deutsche Nobelpreisträger und Physiker Werner Heisenberg in seinem Werk „Der Teil und das Ganze" (1973) einige Male auf das Verhältnis von Naturwis-

senschaften und Religion zu sprechen kommt. Dieser Konflikt, so meint er – ein Konflikt zwischen beiden Bereichen seit dem 18. Jh. –, beruhe auf einem Mißverständnis, „das entsteht, wenn man die Bilder und Gleichnisse der Religion als naturwissenschaftliche Behauptungen interpretiert, was natürlich Unsinn ist". – Ein wichtiger Hinweis, daß die Sprache und das schlußfolgernde Denken in den genannten Bereichen verschieden sind. Heisenberg versucht das weiter zu erklären: „Wenn in den Religionen aller Zeiten in Bildern und Gleichnissen und Paradoxien gesprochen wird, so kann das kaum etwas anderes bedeuten, als daß es eben keine anderen Möglichkeiten gibt, die Wirklichkeit, die hier gemeint ist, zu ergreifen. Aber das heißt nicht, daß sie keine echte Wirklichkeit sei. Mit der Zerlegung dieser Wirklichkeit in eine objektive und subjektive Seite wird man nicht viel anfangen können" (107). Von Bedeutung ist es für Heisenberg auch, daß das Bedenken der Glaubensinhalte der Religion zu einem entscheidenden Handeln im Sinne der Religion führt: „Von der bewußt vollzogenen Entscheidung geht für den einzelnen eine Kraft aus, die ihn in seinem Handeln leitet, ihm über Unsicherheiten hinweghilft und ihm, wenn er leiden muß, den Trost spendet, den das Geborgensein in dem großen Zusammenhang gewähren kann. So trägt die Religion zur Harmonisierung des Lebens in der Gemeinschaft bei, und es gehört zu ihren wichtigsten Aufgaben, in ihrer Sprache der Bilder und Gleichnisse an den großen Zusammenhang zu erinnern" (111). Damit ist ein Hinweis auf den Sinnzusammenhang angedeutet.

Im Bezug auf das Christentum wird der Nobelpreisträger fast prophetisch: „Wenn man in dieser westlichen Welt fragt, was gut und was schlecht, was erstrebenswert und was zu verdammen ist, so findet man doch immer wieder den Wertmaßstab des Christentums – auch dort, wo man mit den Bildern und Gleichnissen dieser Religion nichts mehr anfangen kann. Wenn einmal die magnetische Kraft ganz erloschen ist, die diesen Kompaß gelenkt hat – und die Kraft kann doch nur von der zentralen Ordnung her kommen –, so fürchte ich, daß sehr schreckliche Dinge passieren können, die über die Konzentrationslager und Atombomben noch hinausgehen" (254).

Es wäre wohl ein Mißverständnis und nicht dem Gedankengang Heisenbergs entsprechend, wollte man die Religion nur dem Gefühl und der Emotion zuordnen. An einer anderen Stelle meint dieser Autor: „Die vollstän-

dige Trennung zwischen Wissen und Glauben ist sicher nur ein Notbehelf für sehr begrenzte Zeit". Im selben Zusammenhang weist Heisenberg auch auf Einstein hin, von dem er sagt, es gäbe auch für ihn *"keine Trennung zwischen Wissenschaft und Religion"* (103).

Sicherlich gibt es noch Wissenschaftler, die den Atheismus oder Agnostizismus propagieren und praktizieren – sie haben sich aber ideologisch verschanzt und können nicht einfachhin mit der selbstverständlichen Gefolgschaft ihrer Kollegen rechnen (außer sie sind mit ihnen in derselben Ideologie verbunden). Sicherlich sind der praktische Atheismus und die säkularisierte Gottlosigkeit und Glaubenslosigkeit gerade in breiten Schichten der Bevölkerung Mitteleuropas stark verbreitet und werden in den kommunistisch regierten Ländern weiterhin stark forciert. Deutlich ist aber zu erkennen, daß es auf allen *Kontinenten* heute parallel dazu religiöse Bewegungen gibt, die sehr lebendig und dynamisch sind und sich nicht mehr mit einem naiven Rationalismus oder einer hausbackenen Aufklärung zufriedengeben. Man stellt wieder oder weiterhin die alten Fragen der Menschheit, von denen der einleitende Text des II. Vatikanischen Konzils spricht, und sucht nach befriedigenden Antworten.

Diese Bewegungen bringen es mit sich, daß man die W e l t d e r R e l i g i o n e n wiederentdeckt, daß man sich für den Glauben der vielen Religionen interessiert und zurückfragt in die Geschichte, wie die Weltreligionen entstanden sind, was am Anfang stand, wie sie sich entwickelt haben, warum sie gegeneinander und nicht miteinander agierten.

Das vorliegende Buch wurde als G l a u b e n s b u c h konzipiert, das heißt, es wurde Bedacht darauf genommen, nicht nur "objektiv und wertfrei zu referieren", sondern die persönliche Glaubensüberzeugung der jeweiligen Religion in den verschiedenen Epochen und Kulturkreisen aufzugreifen und wiederzugeben. Auf der Basis der Erklärung des Vatikanischen Konzils von 1965 schien uns der Titel "Der Glaube der Menschen" passend zu sein, weil wir zum Ausdruck bringen wollen, daß alle Religionen den einen Vater-Gott meinen, zumindest nach ihm suchen und sich als seine Kinder wissen können und sollen. Wo die "wahre Religion" zu finden ist, wo der "wahre Gott" angebetet wird, wo der "echte Glaube" gelebt wird, darüber soll sich der Leser dieses Buches selbst ein Urteil bilden, ja er soll selbst in den Dialog und in die Zusammenarbeit mit anderen Religionen, in das gemeinsame Glauben, Meditieren und Beten eintreten.

Das zuletzt Gesagte macht deutlich, daß sich vielleicht auch der Begriff der R e l i g i o n etwas gewandelt hat. So wollen wir uns, ehe wir uns auf den langen Weg machen, nach dem Glauben der Menschen von den Anfängen bis zur Gegenwart zu fragen, noch kurz darüber Rechenschaft geben, was mit dem Grundbegriff Religion eigentlich gemeint ist.

Zum Wesen der Religion

Fragt man nach der ursprünglichen Bedeutung des lateinischen Wortes "religio", von dem sich das deutsche Wort "Religion" herleitet, so muß man feststellen, daß es immer noch unentschieden ist, ob die darin enthaltene Wurzel von "relegere" kommt und "sorgfältig und gewissenhaft etwas beachten" bedeutet (so verstand es z. B. CICERO – und diese Ableitung paßt gut zur römischen Religiosität, vgl. Kap. IV) oder von "religare" mit der Bedeutung "zurückbinden, emporbinden, abhängig machen" (wie es LACTANZ interpretiert) oder gar von "reeligere" in der Bedeutung "wiederwählen" der verlorengegangenen engen Verbindung

---

Von den Anfängen der Geschichte bis zur Gegenwart, in den Hochkulturen und bei den Naturvölkern gehört der religiöse Glaube zu den menschlichen Grundvollzügen.
1: Urzeitliche Pietà (Sardinien, 1. Jt. v. Chr.) / Trauernde Pallas Athene (lat. Minerva) Weihrelief um 600 v. Chr.) / 3: Punische Stele, Figur in Orantehaltung (nordafrikanische Megalithzeit) / 4: Yeshurum-Synagoge in Israel, Schabbát-Gottesdienst / 5: Das Überlinger Münster, gotischer Prachtbau, 14. Jh. / 6: Ein Mönch des islamischen Bektashiordens / 7: Maske eines irokesischen Medizinmannes (Senecastamm), Nordamerika / 8: Dhyani-Buddha, Geste des Predigens / 9: Reinigungsbrandmarkung, von einem Brahmanen an einem Hindugläubigen vollzogen.

mit dem Schöpfer und der geistigen Realität. Keine der etymologischen Ableitungen ist eindeutig nachgewiesen.

Wahrscheinlich ist die etymologische Ableitung auch gar nicht so entscheidend, da sie ja doch nur den Sprachgebrauch eines ganz bestimmten religiösen Umfeldes wiedergibt. Es ist sicherlich zielführender, gleich auf die einzelnen Religionen zuzugehen und zu hören, wie ihre Anhänger die umgreifenden Abhängigkeiten verstehen, was sie auf die Fragen nach dem Woher und Wohin, Warum und Wozu antworten, zu wem sie in Not und Freude ihr Herz erheben, woran sie ihr Herz hängen, wovon sie sich eine Sinndeutung ihres Lebens erhoffen, was sie dem Sterben und dem Leid gegenüber für eine Erklärung wissen und welches Verhalten sie der Erfahrung des Unbedingten gegenüber an den Tag legen.

Wenn es stimmt, daß wir Menschen alle untrennbar miteinander verbunden sind, daß wir seit Millionen von Jahren in einer umfassenden Schicksalsgemeinschaft leben, dann kann der Blick in die Geschichte zurück und auf die verschiedenen Kontinente und Kulturkreise rund um uns den Blick schärfen für das Religiöse – und damit für die darin zum Ausdruck gebrachte Sinn-Wirklichkeit der Welt.

Eine sehr bunte Palette von religiösen Äußerungen wird uns bei unserem Gang durch die Geschichte begegnen. Wir sollten nicht werten, nicht vorschnell urteilen oder gar verurteilen, sondern hören, schauen, suchen, fragen, einfühlsam einzudringen versuchen in diese vielleicht intimste Sphäre der Menschheit, den Glauben. Das lateinische Wort für glauben ist „credere", darin steckt ein anschauliches Bild: cor dare = das Herz geben; wer glaubt, gibt sein Herz, die Personmitte seiner Existenz; da ist Liebe im Spiel und Vernunft, Überzeugung und Hingabe, Gefühl, Wollen und Ver-

stand, der ganze Mensch. So geht es uns nicht nur um die religiösen Phänomene, um die

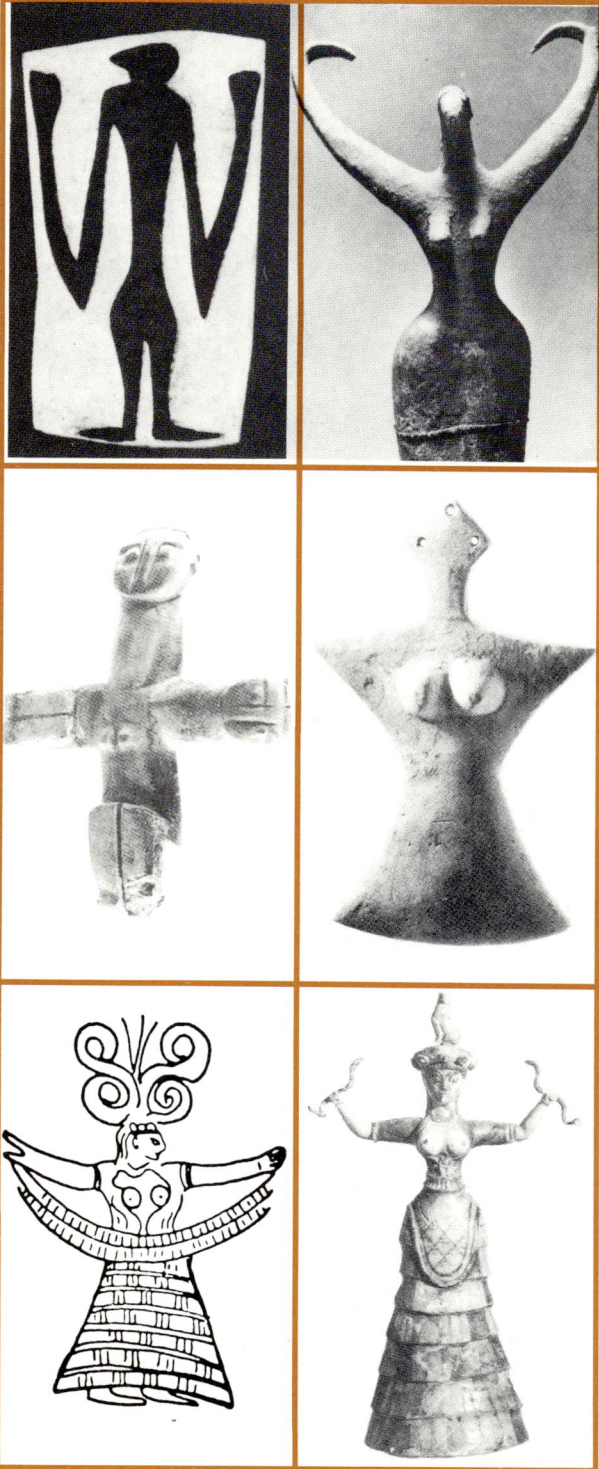

Verblüffende Übereinstimmung der religiösen Gesten (Orantehaltung): 1: Keramikmuster von Tepe Gijan (4. Jt. v. Chr., Iran) / 2: Terrakottatänzerin aus der vordynastischen Zeit Ägyptens (3200 v. Chr.) / 3: Kreuzidol aus Erimi (3. Jt. v. Chr.) / 4: Alabasteridol aus dem Iran (2. Jt. v. Chr.) / 5: Fayencestatuette „Kleine Schlangengöttin", Kreta (1700 v. Chr.) / 6: Goldschmuck „Große Göttin" (Mykene 1200 v. Chr.).

Bräuche, Riten, Gesten, Bauten, Gewänder, Texte, Zeiten, Gottheiten usw., sondern immer um den dahinterstehenden Glauben, der alle religiösen Äußerungen motiviert, trägt, verursacht, gestaltet.

Dadurch unterscheidet sich dieses Buch auch von anderen Büchern, die über die großen Weltreligionen berichten oder die Ergebnisse der Forschung der vergleichenden Religionswissenschaft darlegen. Sein Ziel ist es klarzumachen, daß Religion und Glauben von den Anfängen der Menschheit her an zentraler Stelle den Lauf der Geschichte bis zur Gegenwart und in die Zukunft hinein entscheidend mitgeprägt haben. Und daß jeder Mensch zu seinem Glauben finden muß, zu konkreten, tragfähigen Antworten auf die Grundfragen der Menschheit.

Zum Aufbau des Buches

Wir beginnen mit der Frage nach dem **Glauben der ältesten Menschen,** fragen zurück in die Altsteinzeit und zu den sogenannten Naturvölkern, den „Urmenschen" oder „Primitiven", die heute noch mehr oder minder in der Art dieser Anfangszeit leben (II).

Dann machen wir einen großen Rundgang durch die Länder und Kontinente am Ende der Eiszeit, der einzelnen unterscheidbaren Kulturen zu Beginn der Jungsteinzeit, besonders der sogenannten Megalith-(= Großstein-)Kulturen mit ihren erstaunlichen Zeugnissen, fragen also nach dem **Glauben in vorgeschichtlicher Zeit** (III).

Danach stehen wir an der Schwelle der geschichtlichen Zeit, die allgemein mit dem Aufkommen der Schrift bzw. den ältesten datierbaren schriftlichen Zeugnissen angesetzt wird, gehen also dem **Glauben in den alten Hochkul-**

7: Tonfigürchen mit aufgemalten rotem Linienmuster, Priesterin in Adorationshaltung, Nordostbulgarien, (4. Jt. v. Chr.) / 8: Fresko „Betender" aus der Calixtuskatakombe in Rom, (3. Jh. n. Chr.). – In verschiedenen Jahrhunderten, Kulturkreisen und Religionen gibt es analoge bis übereinstimmende Gesten – ein deutlicher Hinweis auf die „religiöse Anlage" im Menschen.

turen nach: in Mesopotamien, Ägypten, Indien, Persien, Griechenland, Rom, bei den Kelten und Germanen, Thrakern und Geten, Skythen und Sarmaten, fragen schließlich nach dem Glauben der Azteken, Mayas und Inkas (IV).

Dann wenden wir uns den Religionen zu, die heute noch existieren, die man Weltreligionen nennen kann und die interessanterweise alle in Asien beheimatet sind: dem **Glauben der Chinesen, Japaner und Koreaner** (V), dem **Glauben der Inder und Tibetaner** (VI), dem **Glauben der Muslimen** (VII), dem **Glauben der Juden** (VIII) und schließlich dem **Glauben der Christen** (IX). Anschließend fragen wir nach dem Zusam-

menleben der Religionen, nach den Ansätzen eines weltweiten **Dialogs** und einer effektiven **Kooperation zwischen den Religionen** in unserer so ernst und bedrohlich gewordenen Zeit (X).

Dabei kommen möglichst alle Religionen zu Wort, werden wenigstens kurz gestreift – auch die Sekten und kleinen Gemeinschaften. Nur das unübersehbare Feld der Natur- und Stammesreligionen in Afrika und Amerika, Ozeanien und Australien mußten wir links liegen lassen – nicht aus Mißachtung, sondern aus Platzgründen. Einige Beispiele und Literaturverweise können den Interessierten trotzdem weiterführen.

Zu Füßen der riesigen Buddhastatue (Sri Lanka) betet der Buddhist, in sich versunken, daß er auf dem von Buddha gewiesenen Weg der Selbstreinigung und Weltbefreiung voranschreite. Die Statue bildet den „herrlichen Körper" Buddhas ab, der buddhistischer Tradition zufolge 6 m hoch ist.

Der Glaube der „ältesten Menschen"

Wir wollen dem „Glauben der Menschen" nachgehen. Wo sollen wir diesen Weg beginnen? Wo finden wir die „ältesten Menschen"? Anthropologen, Paläontologen und Ethnologen, Prähistoriker und Biologen beschäftigen sich unter verschiedenen Gesichtspunkten mit den Fragen der Hominisation, der Menschwerdung des Menschen. In unserem Zusammenhang kann es nicht darum gehen, Fragen der Evolution aufzugreifen und zu diskutieren, ob und in welcher Weise „der Mensch vom Affen abstammt". Wir haben den **Altsteinzeitmenschen** vor Augen, der sich durch seinen aufrechten Gang, durch das Anfertigen und den Gebrauch von Werkzeug und Gewand und durch die Bändigung und Indienstnahme des Feuers eindeutig von seinen Vorgängern abhebt – ob man die nun Primaten (= Herrentiere), Prähominiden (= Frühe Menschenartige) oder Anthropoiden (= Menschenähnliche, Menschenaffen) nennt.

Das älteste „Zeugnis" dieser Art, das auch den menschlichen Gebrauch von Feuer bestätigt, stammt aus den Höhlen von Choukoutien (in der Nähe von Peking) in China vor etwa 600 000 Jahren. Das sagt natürlich noch gar nichts darüber aus, ab wann man tatsächlich von Altsteinzeit**menschen** reden kann, wahrscheinlich muß man zumindest 1,2, vielleicht sogar 2 Millionen Jahre zurückgehen. Man trifft schon um diese Zeit Jäger und Sammler an; die von den Frauen und Kindern gesammelten Früchte, Wurzeln und Weichtiere reichten nicht aus, das Überleben der Art zu sichern. Sie waren darauf angewiesen zu töten, um selbst leben zu können. Das Feuer ermöglichte die Verwendung der verschiedenen Teile des erlegten Tieres als bekömmliche Nahrung. Jagen setzt Intelligenz und Phantasie voraus und führt zu einer merkwürdigen Nahbeziehung zwischen den Jägern und den Gejagten, zwischen den Menschen und den Tieren. Diese „mystische Solidarität" zwischen Jäger und Opfer verweist auf den **Glauben an die Verwandtschaft der menschlichen Gemeinschaft mit der Tierwelt** und steht z.B. hinter den wahrscheinlich ältesten eindeutig „religiösen Funden". Gemeint ist die franko-kantabrische Wandkunst, also Gravierungen und Felsenzeichnungen *etwa ab 35 000* v.Chr. vor allem auf der Iberischen Halbinsel. Die ande-

ren, älteren Funde – menschliche Knochen, Steinwerkzeuge, Farbpigmente, verschiedene Grabfunde – sind dagegen eher „undurchsichtig" (Mircea ELIADE), d.h. sie verraten verhältnismäßig wenig über eventuelle religiöse Gedanken, Riten, Intentionen.

Vielleicht wird man weitere Funde machen, die mehr Durchsichtigkeit ermöglichen. Bis dahin ist man auf Vermutungen angewiesen, auf Hypothesen und Theorien, die sich auf die wenigen Funde stützen, die zur Verfügung stehen.

Man kann folgende Arbeitshypothese annehmen:

Der nicht neandertaloide und nicht pithekoide Urmensch, der wohl in Hochasien lebte, wanderte nach Ostasien und Java aus. Hier entwickelte er sich einerseits zum kleinhirnigen ostasiatischen neandertaloiden Frühmenschen (Homo trinilensis, Homo pekinensis), andererseits zum großhirnigen neandertaloiden Homo soloensis. Von beiden Gruppen sind keine Übergänge zum heutigen Ostasiaten bekannt; sie sind ausgestorbene Seitenzweige. Der Urmensch kam als Vor-Neandertaler mit Recens-Merkmalen und als Träger altpaläolithischer Kulturen über Indien, Vorderasien nach Nordafrika und Europa (Piltdown, Swanscombe(?), Denise), wurde zum Vor-Neandertaler

Die Frühzeit des Menschen

Geologie (Erdzeitalter)	Archäologie (Einteilung nach Funden)	Millionen Jahre zurück
Präkambrium = frühestes Erdzeitalter	Archaikum	4.500 Entstehung der Erde 4.000 Bildung des Urmeers Erste Spuren von Leben, einzellige Algen und Bakterien im Wasser
	Algonkium	800 Erste tierische Lebewesen, sauerstoffatmend
Paläozoikum = Erdaltzeit	Kambrium	600 Panzertragende mehrzellige wirbellose Tiere 500 Evolution der Panzerfische: erste Wirbeltiere auf dem Land
	Ordovizium, Silur, Devon, Karbon, Perm	400 Reptilien und Insekten 300 Thecodontier (Vorfahren der Dinosaurier)
Mesozoikum = Erdmittelalter	Trias	200 Zeitalter der Dinosaurier Vögel
	Jura Kreide	Säugetiere 100 Ende der Dinosaurier
Känozoikum = Erdneuzeit	Tertiär	70 Prosimier (die frühesten Primaten) 40 Affen und Menschenaffen 12 Ramapithecus (Primat mit menschenähnlichen Zügen) in Afrika und Indien
	Quartär	5 Australopithecus (unmittelbarster Primatenvorfahr d. M.) in Afrika
Unteres Pleistozän = Älteste Neuzeit	Unteres Paläolithikum = Älteste Altsteinzeit	Tegelen / 1. Warmzeit ↓ Günz / 1. Eiszeit 2 Das älteste bekannte Werkzeug in Afrika von Menschen hergestellt Der erste echte Mensch (homo erectus) in Ostindien u. Afrika 1 Homo erectus bevölkert die gemäßigten Zonen

Jahrtausende zurück

Geologie (Erdzeitalter)	Archäologie (Einteilung nach Funden)	Jahrtausende zurück
Mittleres Pleistozän = Mittlere Neuzeit	Altpaläolithikum = Altsteinzeit	Cromer / 2. Warmzeit — Mindel / 2. Eiszeit — Holstein / 3. Warmzeit — Riß / 3. Eiszeit 800 Der Mensch lernt den Gebrauch des Feuers (Choukoutien) 500 Große organisierte Elefantenjagden in Europa 400 Der Mensch baut künstliche Heimstätten aus Zweigen/Fellen
Oberes Pleistozän = Jüngste Neuzeit	Mittleres Paläolithikum = Mittl. Altsteinzeit Oberes Paläolithikum = Jüngste Altsteinzeit	Elm / 4. Warmzeit — Würm / 4. Eiszeit 100 Der Neandertaler erscheint in Europa 60 Rituelle Begräbnisse deuten auf Glauben an ein Leben nach dem Tod 50 Neandertaler jagen Wollmammute 40 Der Höhlenbär steht im Mittelpunkt kultischer Verehrung in Europa Älteste schriftl. Aufzeichnung (Mondkalender auf Knochen) in Europa. Menschen in Amerika und Australien Künstler bemalen Höhlenwände und Höhlendecken in Spanien und Frankreich 30 Figurinen werden gestaltet und bei der kultischen Naturverehrung verwendet. 20 Erfindung der Nadel

Die Frühzeit des Menschen

Geologie (Erdzeitalter)	Archäologie (Einteilung nach Funden)	Jahrtausende zurück
Holozän = Jetztzeit	Mesolithikum = Mittelsteinzeit	10 Erfindung von Pfeil und Bogen in Europa Die ersten Töpferwaren entstehen in Japan Natur-Kultur in Palästina (wildwachsendes Getreide)
	Neolithikum = Jungsteinzeit	9 Im Vorderen Orient werden Schafe domestiziert, in Nordamerika der Hund 8 Die erste Stadt (Jericho) wird gebaut In Persien werden Ziegen domestiziert Das erste Getreide wird angebaut (Weizen u. Gerste im Vorderen Orient) 7 Dörfliche Lebensformen im Vorderen Orient Catal Hüyük – die größte Stadt der Jungsteinzeit (Türkei) Webstuhl wird erfunden Rinder werden domestiziert (Vorderer Orient) 6 Ackerbau verdrängt in Europa langsam die Jagd In Mexiko wird Mais angebaut
	Kupferzeit	5 Im Gebiet des Mittelmeeres Kupfererzeugung und Handel Tell-Halaf- und Obed-Kultur im Vorderen Orient Ältestes Steinmonument (Megalith) Europas entsteht in der Bretagne 4 Segelboote in Ägypten Stadtstaaten in Sumer Rollsiegel als Erkennungsmarken im Vorderen Orient
		Jahre zurück
		3.500 Kartoffeln werden in Südamerika angebaut Das Rad wird in Sumer erfunden Reis wird im Fernen Osten angebaut Seidenraupe wird in China domestiziert Pferde werden in Südrußland domestiziert Ägypt. Handelsschiffe befahren des Mittelmeer Kupferhandel, Kolonisierung von Küstengegenden mit Erzvorkommen (Verbreitung der Megalith-Kultur) Bilderschrift im Vorderen Orient
	Bronzezeit	3.000 Die ersten Bronzewerkzeuge entstehen im Vorderen Orient Stadtleben im Niltal und in Mesopotamien Pflug im Vorderen Orient Genauer, auf astronom. Beobachtungen basierender Kalender in Ägypten 2.800 Stonehenge in England 2.700 Stein-Pyramiden in Ägypten 2.600 Gilgamesch-Epos 2.500 Städte im Industal Schriftliche Gesetzessammlung in Sumer Frühminoische Palastgesellschaft auf Kreta 2.000 Verwendung von Bronze in Europa Huhn u. Elefant im Industal domestiziert Eskimokultur im Gebiet der Beringstraße

Die Frühzeit des Menschen

Geologie (Erdzeitalter)	Archäologie (Einteilung nach Funden)	Jahre zurück
(Holozän)	(Bronzezeit)	1.500 Auslegerkanus ermöglichen die Besiedelung der Südseeinseln Sakrale Bronzeskulpturen in China Hethiter gründen ein großes Imperium
	Eisenzeit	1.400 Im Vorderen Orient wird Eisen verwendet Vollständige Buchstabenschrift (Alphabet) in Ugarit/Syrien Monotheismus der Hebräer 1.000 Rentier wird in Eurasien domestiziert Phönizier verbreiten das Alphabet 800 Verwendung von Eisen in Europa Landstraßensystem in Assyrien Homer dichtet Ilias und Odyssee Berittene Nomaden erscheinen als neue Macht im Vorderen Orient 700 Gründung Roms 300 Erfindung d. Schubkarrens in China 200 Mahabharata und Ramajana (ind. Götter- u. Heldensagen) werden niedergeschrieben 0 Christliches Zeitalter beginnt

mit Neandertaler- und Recens-Merkmalen (Steinheim, Ehringsdorf, Prapina, Saccopastore, Gibraltar, Palästinamensch), der sich zum typischen Neandertaler entwickelte. Daß sich der Neandertaler in Europa zum Homo recens entwickelt habe, dafür fehlt jeder Anhaltspunkt; er ist ein ausgestorbener Seitenzweig. Der Urmensch kam auch nach Ostafrika (Kanam und Kanjera), nahm Neandertalermerkmale an, wurde ein Vor-Neandertaler mit Neandertaler- und Recens-Merkmalen (Homo njarasaensis) und entwickelte sich zu einem Neandertaler (Homo rhodesiensis). Am Ende des Diluviums, während der europäischen Mittelwürm-Eiszeit, folgte eine neue Auswanderungswelle des Urmenschen aus seinem Ursprungsgebiet Hochasien. Er gelangte von Osten her nach Europa und über Indien, Vorderasien nach Afrika. Von diesen Jungpaläolithikern (Homo recens diluvialis) lassen sich in Europa die jetztzeitigen Rassen des Homo recens alluvialis ableiten, während in Afrika die heutigen Rassen sich nicht auf den afrikanischen Homo recens diluvialis zurückführen lassen.

Der Urmensch hat weder pithekoide noch Neandertaler-Merkmale, er war seinem Leibe nach ein „Mensch" mit Homo-recens-Merkmalen, dem Gott die Geistseele eingehaucht hat, er war schon Homo sapiens, Vernunftmensch.

(F. Birkner)

Neben solchen Hypothesen gibt es noch die Möglichkeit, durch Analogie Einsichten in das Leben, Denken und Glauben der ältesten Menschen zu gewinnen. Denn die Entwicklung der Menschheit verläuft ja nicht in allen Bereichen der Erde gleichzeitig und gleichgeschaltet. Es gibt vielmehr auch heute noch Menschen, die sich kaum über das Niveau des Altsteinzeitmenschen (z. B. Australien) erhoben haben.

Die Völkerkunde (Ethnologie) befaßt sich eingehend mit diesen Alt- bzw. Urvölkern und rechnet dazu die Pygmäenvölker Zentralafrikas und Südostasiens, bestimmte Altstämme Südostaustraliens und Kaliforniens, die Feuerlandindianer und einige andere, meist in schwer zugänglichen Gebieten lebende kleine Völker (Stämme) in Amerika, Afrika und Ozeanien. Diese Völker sind der Erforschung (auch der

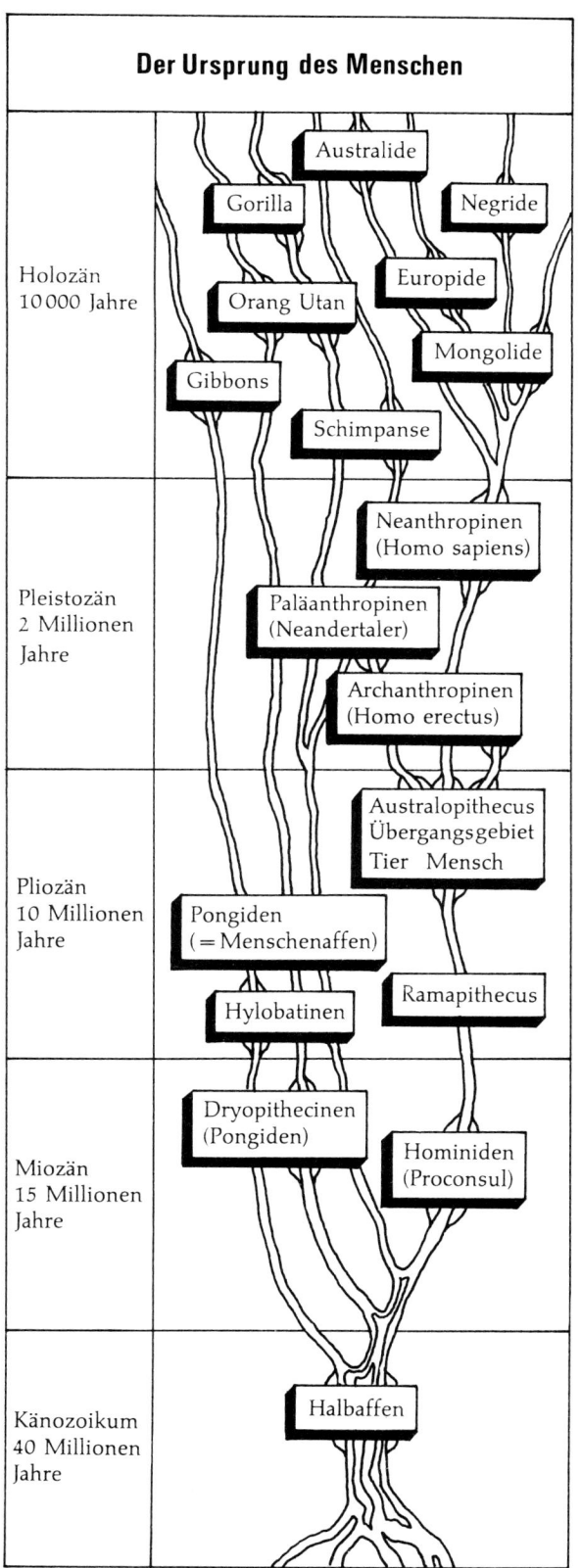

Der Ursprung des Menschen

Holozän
10 000 Jahre

- Australide
- Gorilla
- Negride
- Europide
- Orang Utan
- Mongolide
- Gibbons
- Schimpanse

Pleistozän
2 Millionen Jahre

- Neanthropinen (Homo sapiens)
- Paläanthropinen (Neandertaler)
- Archanthropinen (Homo erectus)

Pliozän
10 Millionen Jahre

- Australopithecus Übergangsgebiet Tier Mensch
- Pongiden (= Menschenaffen)
- Ramapithecus
- Hylobatinen

Miozän
15 Millionen Jahre

- Dryopithecinen (Pongiden)
- Hominiden (Proconsul)

Känozoikum
40 Millionen Jahre

- Halbaffen

religiösen) zugänglich und ermöglichen dadurch gewisse Rückschlüsse, was die eine oder andere altsteinzeitliche Darstellung, Grabbeigabe usw. bedeuten könnte. Mehr als eine gewisse Annäherung läßt sich dadurch freilich nicht gewinnen.

Manche Ethnologen gehen noch einen Schritt weiter und wollen, von den spezifischen religiösen Verhaltensweisen der jetzigen Jägerkulturen ausgehend, auf die Religion der Altsteinzeitmenschen Rückschlüsse ziehen. Sie argumentieren, daß in allen Jägerkulturen das Töten des Tieres nach einem Ritual erfolgt, also vom Glauben an einen Wildgeist getragen ist, der dafür sorgt, daß der Jäger nicht mehr Tiere tötet, als zum Lebensunterhalt nötig sind; Knochen und Schädel sind der Sitz der „Seele" oder des „Lebens" der Tiere, aus dem Skelett läßt der Herr der Tiere neues Fleisch wachsen, daher deponiert man die Schädel und Langknochen auf Anhöhen; Teile der erlegten Tiere werden als Opfer dargebracht (z. B. bei den Pygmäen oder den Negritos, auch bei den Samojeden) u. v. a. m. Was aber „paßt" wirklich zu den Funden? Bestenfalls das Schädel- und Langknochenopfer ließe sich „belegen".

Solcher Argumentation begegnen manche Wissenschaftler, indem sie betonen, über die Ideen und Glaubensvorstellungen der Altsteinzeitmenschen ließe sich eben nichts aussagen. Auch diese Position hat ihre Gefahren, weil man allzuleicht versucht ist, aus einem „Schweigen der Quellen" auf das Nichtvorhandensein des Gesuchten zu schließen. Wer sich in diesem Falle nur auf die reinen Fakten beschränken zu müssen glaubt, muß damit rechnen, daß er den Menschen auf den „homo faber" reduziert, also auf den Bearbeiter von Werkzeug, Besitzer von Feuer, Totenbestatter usw., und übersieht, daß der Mensch immer auch zugleich ein „homo ludens, sapiens und religiosus" ist. Diese Art von Betätigung läßt sich aber nicht so leicht konservieren: **Glaubensvorstellungen und Ideen können nicht versteinern!**

Das nebenstehende Schema zeigt eine der heute gängigen Rekonstruktionsversuche der Entwicklungsgeschichte der Menschheit.

Die ältesten „Dokumente" aus der Altsteinzeit

Die ältesten und zahlreichsten „Dokumente", die Rückschlüsse auf Ideen, Vorstellungen, Hoffnungen, Erwartungen und damit auch auf Glauben zulassen, sind **Gebeine.**
Dabei geht es nicht nur um menschliche Gebeine, sondern auch um Gebeine von Tieren, falls bei solchen Funden Hinweise auf eine gestalterische Tätigkeit von Menschen (Bestattung) festgestellt werden können.

Knochendepots

Von großer Bedeutung sind in diesem Zusammenhang die von E. BÄCHLER entdeckten Höhlenbärenknochendepots in der Drachenlochhöhle und im Wildenmannlisloch in der Schweiz. Bächler fand zahlreiche Schädel (ohne Unterkiefer) und Langknochen von Höhlenbären, die an der Höhlenwand, in natürlichen Steinnischen oder auch in einer Art Steinkiste in Reih und Glied aufgestellt waren. Natürlich könnten diese Depots auch durch Zufall entstanden oder „durch die Bären selbst angelegt" worden sein, wie Kritiker zu bedenken gaben, doch bleiben einige Fakten durch solche Skepsis unerklärt.
Ähnliche Entdeckungen in anderen Alpenhöhlen (z. B. im Drachenhötli oder in der Salzofenhöhle) bestärken die Vermutung, daß diese auffälligen Funde etwas mit Religion zu tun haben könnten.
Der Ethnologe A. GAHS verglich diese Funde mit dem Primitialopfer, das gewisse arktische Völker einem höchsten Wesen darbringen. Die Opfergabe besteht darin, daß Schädel und Langknochen des erlegten Tieres auf Mauervorsprüngen aufgestellt werden und der Gottheit so Hirn und Mark der erlegten Tiere dargebracht werden – womit der Glaube an einen „Herrn der Tiere" belegt wäre; es gibt auch Analogien zum Bärenkult, wie er in der nördlichen Hemisphäre bis ins 19. Jh. hinein praktiziert wurde; dort bedeutet das Aufbewahren

von Schädel und Langknochen aber die Hoffnung auf Wiedererweckung des Tieres und damit auf neue Beute ohne deutlichen Zusammenhang mit einer Gottheit. Auch zum „Bärenfest" der Giljaken auf Sachalin und der Ainu auf Jesso/Japan gibt es Parallelen: Ein in Schlesien entdeckter Braunbärschädel wies z. B. charakteristische Absägungen bzw. -feilungen der Schneide- und Eckzähne auf – dasselbe tut man mit dem jungen Bären, bevor er getötet wird (um die Festteilnehmer nicht zu gefährden), der Bär wird dann gemeinsam erlegt, damit seine Seele als Bote der Menschen zum Schutzgott geschickt werden könne, um künftiges Jagdglück zu erbitten (W. KOPPERS).
Man sieht deutlich, wie schwer es ist, Funde (die nicht „sprechen" können und die in ein Alter bis etwa 150 000 Jahre reichen) halbwegs plausibel zu deuten – die ethnologischen Parallelen haben bestenfalls hinweisenden Wert, lassen aber keinesfalls Detailerklärungen zu.
So wird man hinsichtlich derartiger Knochenfunde sicherlich sehr vorsichtig sein müssen, kann allenfalls darin den **Ausdruck einer magisch-religiösen Intentionalität** erblicken.

Bestattungen

Seit dem Moustérien (75 000–35 000) kann man mit Sicherheit von menschlichen Bestattungen sprechen. Welchen Grund hatte man für „Bestattungen" (also dafür, einen bestimmten Ritus einzuhalten, wenn man Gestorbene begrub)? Warum ließ man die Toten nicht einfach liegen, sondern bestäube sie mit Ocker (eine weitverbreitete und seit Jahrhunderttausenden bekannte Geste, die wohl einen rituellen „Blutersatz" darstellt, also einen Glauben an ein Fortleben nach dem Tod dokumentieren dürfte) oder fesselte sie, daß sie gekrümmt lagen wie ein Fötus? Warum legte man zu den Leichen Feuersteingeräte oder Speisen? Dahinter stehen doch unzweifelhaft gewisse Überlegungen, Ideen oder Erwartungen – aber welche? Kann man daraus wirklich bereits auf einen Glauben an ein Fortleben schließen? Wenn ja, in welcher Form? Rein geistig, also als Weiterleben der Seele oder Geistseele oder in Richtung einer „Wiedergeburt" im Jenseits?

Hockergrab aus dem Gräberfeld Immendingen (Baden-Württemberg). Menschliche Bestattungen gehören zu den wichtigsten Funden und sind Zeugnisse für den Glauben an ein Fortleben nach dem Tod.

Antworten auf diese und viele andere Fragen sind schwer zu geben, die Funde bleiben mehrdeutig! Die Fesselung könnte zum Beispiel auch auf einen Schutz vor den Toten hinweisen, aber auch rein funktional zu verstehen sein: um dem Leichnam die Gestalt eines Fötus zu geben, d. h. die Wiedergeburt zu erleichtern. Die da und dort erkennbare Ausrichtung der Toten nach Osten ist vielleicht ein Hinweis auf den Wunsch, das Geschick der Seele mit dem Lauf der Sonne zu verbinden, also ebenfalls, auf ein Weiterleben, wenn auch in einer anderen Welt, zu hoffen.

Wenn man nähere Einzelheiten wissen will, ist man wiederum auf ethnologische Vergleiche angewiesen. Die Funde allein geben zu wenig her, um eindeutige Interpretationen verantworten zu können. Wir werden später (vgl. 29 ff) noch ausführlich auf den Glauben der „Primitiven" eingehen, weil man trotz aller Bedenken, die gegen solche Vergleiche vorgebracht wurden, doch nicht darauf verzichten kann und darf, wenn man die Frage nach dem Glauben der „ältesten" Menschen beantworten will. Besondere Umstände führten dazu, daß diese archaischen Kulturen praktisch in einem der

jüngeren Altsteinzeit vergleichbaren Stadium „fixiert" blieben. Wie in der Biologie kann auch in der Paläontologie und Religionswissenschaft viel von diesen „lebenden Fossilien" abgelesen werden.

Mircea ELIADE hat im Zusammenhang mit den Bestattungsbräuchen der Altsteinzeitmenschen auf die von C. REICHEL-DOLMATOFF erforschten Kogi-Indianer in der Sierra Nevada de Santa Marta in Kolumbien hingewiesen und interessante Parallelen und Analogien hervorgehoben.

In dem folgenden Text geht es um die Bestattung eines Mädchens:

„Nach der Wahl des Bestattungsortes vollzieht der Schamane (máma) eine Reihe ritueller Handlungen und erklärt: ‚Dies ist das Dorf des Todes; dies ist das Feierhaus des Todes; dies ist der Uterus. Ich öffne das Haus. Das Haus ist geschlossen, und ich werde es öffnen.' Sodann verkündet er: ‚Das Haus ist geöffnet', und zieht sich zurück. Die Tote wird in ein weißes Tuch gewickelt, und der Vater näht das Totentuch zusammen. Während dies alles geschieht, singen die Mutter und die Großmutter der Toten ein getragenes Lied, fast ohne Worte. Auf den Grund des Grabes werden grüne Steinchen, Muscheln und die Schale eines Bauchfüßlers gelegt. Nun bemüht sich der Schamane vergeblich, den Leichnam aufzuheben, indem er so tut, als sei dieser zu schwer; erst beim neuntenmal gelingt es ihm. Der Leichnam wird mit dem Kopf gegen Osten in das Grab gelegt, und ‚das Haus wird geschlossen', d. h. die Grube wird gefüllt. Es folgen weitere rituelle Bewegungen um das Grab herum, und schließlich ziehen sich alle zurück. Die Zeremonie hat zwei Stunden gedauert ... Ein zukünftiger Archäologe wird lediglich ein mit dem Kopf nach Osten gerichtetes Skelett und einige Steine und Muscheln finden. Übrigens würde auch einem der Kogi-Religion unkundigen Zeitgenossen die Symbolik der Zeremonie unzugänglich bleiben. Denn es handelt sich hier um die Verbalisierung des Friedhofs als ‚Dorf des Todes', der Grube als ‚Uterus', der Opfergaben als ‚Nahrung für den Tod' usw. – Andrerseits identifizieren die Kogi die Welt – Uterus der All-Mutter –

mit jedem Dorf, jedem Kulthaus, jeder Wohnstätte und jedem Grab. Wenn der Schamane den Leichnam neunmal aufhebt, so deutet er damit die Rückkehr des Toten in den Fötuszustand an, indem er die neun Monate der Schwangerschaft in umgekehrter Reihenfolge durchläuft. Und da das Grab mit der Welt gleichgesetzt wird, gewinnen die Grabbeigaben kosmische Bedeutung. Außerdem haben die Grabbeigaben als ‚Nahrung für den Tod‘ auch sexuelle Bedeutung (in den Mythen, Träumen und Hochzeitsvorschriften symbolisiert der Akt des ‚Essens‘ bei den Kogi den Geschlechtsakt) und sind folglich der ‚Samen‘, der die Mutter befruchtet. Die Muscheln sind Träger eines sehr vielschichtigen Symbolismus, der nicht nur sexuell ist; sie stellen die lebenden Familienmitglieder dar, während die Schale des Bauchfüßlers den ‚Gatten‘ der Toten symbolisiert; denn wenn sich diese Schale nicht im Grab befindet, wird das Mädchen bei seiner Ankunft in der anderen Welt ‚einen Mann fordern‘, was den Tod eines Jünglings aus dem Stamm bewirken würde.“

◼

Dieses Beispiel zeigt deutlich, wie schwer es die Archäologen und Paläontologen haben, Details zu rekonstruieren, und wie sehr wir bei unserer Suche nach dem „Glauben der ältesten Menschen“ auf die Hilfe der Ethnologen und der von ihnen angebotenen Schilderungen der Lebens- und damit auch Glaubensäußerungen „Primitiver“ angewiesen sind.

Wandmalereien

Die Erforschung einiger im Paläolithikum bewohnter oder doch von Menschen benützter Höhlen erbrachte zahlreiche Dokumente, die gut geeignet sind, Vorstellungen und Lebensäußerungen der Altsteinzeitmenschen sichtbar zu machen.
Mit wenigen Ausnahmen (Ural, Nordafrika, Südamerika) ist diese Wandkunst auf Spanien, Frankreich und Süditalien beschränkt (= franko-kantabrisch) und zeigt eine außerge-

---

Fünf Perioden der Steinzeitkunst
– stilistisch und chronologisch unterschieden von A. Leroi-Gourhan (aus: Les religions de la préhistoire)
1. *das späte Moustérien* (ca. 50 000–35 000)
   Knochen und Steinplaketten mit Ritzungen in regelmäßigen Abständen, noch keine figurativen Darstellungen;
2. *die primitive Periode im Aurignacien* (ca. 35 000–20 000)
   auf Kalkplatten gravierte oder gemalte Figuren – sehr abstrakte und unförmige Bilder, Töpfe oder Vorderansichten von zumeist unbestimmbaren Tieren zusammen mit Genitaldarstellungen – ab ca. 25 000: menschliche Figuren, die einer ganz ähnlichen Stilisierung entsprechen: der Rumpf ist im Verhältnis zu Kopf und Extremitäten überdimensional groß;
3. *die archaische Periode im jüngeren Solutriéen* (ca. 30 000 bis 15 000) z. B. Lascaux, La Pasiega. Die technische Meisterschaft ist vollkommen, die Zeichnungen, Skulpturen und Gravierungen sind in ihrer Ausführung von außerordentlicher Qualität;
4. *die klassische Periode im Magdalénien* (ca. 15 000–11 000)
   größte Verbreitung (geographisch) der bemalten Höhlen, Formenrealismus ist stark entwickelt;
5. *die Spätperiode im jüngeren Magdalénien* (ca. 10 000)
   die Höhlen sind nun nicht mehr verziert, die Kunst umfaßt hauptsächlich bewegliche Gegenstände, die Tiere sind in einen Realismus von erstaunlicher Exaktheit der Form und Bewegung integriert. Die Kleinkunst dehnt sich nun bis nach Großbritannien, Belgien und in die Schweiz aus.
   Um 9000 plötzlicher Verfall, Steifheit und Schematismus stehen am Ende des ausgehenden Magdalénien.

---

wöhnlich große Einheit des künstlerischen Gehalts über einen Zeitraum von etwa 30 000 bis 9000 v. Chr. und ein Gebiet zwischen Asturien und den Don!
Die meisten Malereien finden sich relativ weit von den jeweiligen Höhleneingängen entfernt bzw. in unbewohnbaren Höhlen. Dies weist darauf hin, daß es sich auch bei den sehr fein ausgeführten Malereien nicht um ein „Schmücken“ des Wohnbereichs ging, sondern daß andere „Zwecke“ hinter diesen erstaunlichen Produkten früher menschlicher Gestaltungskraft zu suchen sind.
Wenn man z. B. in der Höhle von Niaux oder Trois Frères hunderte Meter tief in den Berg eindringen muß, um zu den bemalten Wänden zu gelangen oder wenn man in der Höhle von Lascaux nur durch einen 6,30 Meter tiefen Erdschacht per Strickleiter zu einem der Meisterwerke der Altsteinzeit, dem sogenannten „Jagdunfall“ vordringen kann, dann wird **der**

Der „Schwarze Stier" aus der Höhle von Lascaux (Dordogne, 1940 entdeckt) gehört zu den eindrucksvollsten Zeugnissen der Höhlenmalerei. In dieser Höhle wurden insgesamt über 800 Einzelbilder gezählt, die tw. bis ins „Aurignacien" (35 000–20 000 v. Chr.) zurückreichen.

Der „Große Zauberer in Tiergestalt" aus der Höhle Trois Frères (Ariège, Südfrankreich) ist mit Teilen verschiedener Tiere bekleidet und soll wohl die Beziehung zum „Herrn der Tiere", zur Gottheit der eiszeitlichen Jäger, herstellen.

numinose (= „heilige") Charakter dieser Malerei deutlich und der religiöse Zweck evident. Bleibt die Frage, was jeweils abgebildet ist und welche Rückschlüsse auf Glaubenserfahrungen und -praktiken bzw. -vorstellungen daraus gezogen werden können.

- Die Szenen mit von Pfeilen getroffenen Bären, Löwen und anderen Tieren, die man auf vielen Höhlenwänden findet, hat man als Jagdmagie gedeutet: die im Bild dargestellte und vielleicht davor vollzogene „rituelle Tötung" sollte bei der nächsten Jagd „wirklich" werden.
- Die insgesamt etwa 55 Darstellungen in Felle gekleideter Menschen, in tänzerischer

Pose, häufig mit einem Musikinstrument (Flöte?) in der Hand, weisen deutlich auf ein verbreitetes rituelles Verhalten der Jäger hin (zahlreiche Parallelen finden sich bei allen Jägerkulturen bis in unsere Gegenwart)

- Der „Große Zauberer" in der Höhle Trois Frères könnte als „Herr der Tiere" oder als Zauberer (Schamane?), der ihn personifiziert und mit ihm in geistiger Verbindung steht, gedeutet werden – Ähnliches gilt z. B. für eine Figur auf einer Schieferplatte aus Lourdes.
- Der „Jagdunfall" in der Galerie unter der Höhle von Lascaux zeigt einen verwundeten Bison, der seine Hörner auf einen tot (?) auf

dem Boden liegenden Menschen richtet, der ihn zuvor mit einer Art Speer (?) verletzt hat. H. KIRCHNER hat 1950 vorgeschlagen, die Szene als **schamanische Seance** zu verstehen: Der Mensch liegt vor dem geopferten Tier in Trance – seine Seele befindet sich im Jenseits, um bei den Göttern (?) um Jagdglück zu bitten. Der Vogel auf der Stange neben dem Mann (dessen Kopf in einen Schnabel ausläuft) stelle den Schutzgott des Schamanen dar.

– Die sogenannten **„Röntgenstrahlen"-Zeichnungen** aus Frankreich (Magdalénien 13 000–6000) und Norwegen (6000–2000), die das Skelett und die inneren Organe der dargestellten Tiere zeigen (vgl. Parallelen bei den Eskimos, in Ostsibirien, bei Puebloindianern, aber auch in Indien, Malaysia, Neu-Guinea und Australien), verweisen deutlich in die Richtung „Mystik" und schamanische Meditations- und Visionstechnik.

Viele Indizien weisen darauf hin, daß die geistig-religiöse Welt der Altsteinzeitmenschen von „mystischen" Beziehungen zwischen Mensch und Tier bestimmt war – Parallelen in verschiedenen Jäger- und Hirtenvölkern späterer Zeiten sind zahlreich vorhanden, so daß Deutungen in Richtung Jagd-Ritual vor dem Auszug zur Jagd oder Jünglings-Initiation (in entlegenen Höhlenteilen!) vor feierlicher Aufnahme in die Schar der Jäger o. ä. durchaus mögliche Deutungen darstellen. Ob daraus freilich auf einen „Hochgottglauben" und „Urmonotheismus" geschlossen werden darf, wie es Wilhelm SCHMIDT („Der Ursprung der Gottesidee" 1926 ff) und in seinem Gefolge W. KOPPERS u.a. tun, wurde doch zunehmend von der Wissenschaft in Frage gestellt und kann heute vor allem auch aus methodischen Gründen kaum mehr aufrecht erhalten werden. Wohlgemerkt: ein Schweigen der Quellen bedeutet aber noch lange nicht das Nichtvorhandensein des Vermuteten!

Über 20 000 Jahre alt ist die „Venus von Willendorf" (Niederösterreich), eine Frauenstatuette aus Kalkstein (11 cm hohe Vollplastik), deren übermäßig gerundete Körperpartien und Gesichtslosigkeit darauf hinweisen, daß es sich um ein Fruchtbarkeitssymbol handelt. Solche Venus-Figuren fand man von Südfrankreich bis zum Baikal-See in allen möglichen Größen und Formen.

Frauenstatuetten

Jeder kennt die kleinen, nur 5 bis 25 cm hohen Statuetten aus Stein, Knochen oder Elfenbein, die aus der letzten Eiszeit stammen und offensichtlich Frauen darstellen sollen. Die bekanntesten unter ihnen sind die „Venus" von Willendorf (Österreich), Lespuges und Laussel (Frankreich) – doch finden sich derartige Frauenstatuetten von Südwestfrankreich bis zum Baikalsee und von Norditalien bis zum Rhein.

Obwohl sich die Bezeichnung „Venus" durchgesetzt hat, sind sie meist alles andere als eine Verherrlichung weiblicher Schönheit. Sie sind nur ansatzweise bearbeitet, der Unterleib ist übermäßig betont, der Kopf nicht ausgearbeitet, oft sind sie mit geometrischen Formen ver-

ziert (z. B. Hakenkreuz) oder stellen überhaupt – was besonders bei den asiatischen Funden häufig zu beobachten ist – auf geometrische Elemente reduzierte weibliche Formen dar.

Was diese Figurinen religiös bedeuten, ist weithin ungeklärt. Aus ethnologischen Parallelen (z. B. hölzerne Menschenfigürchen „dzuli" bei gewissen nordasiatischen Jägerstämmen) läßt sich aber schließen, daß es sich um „Idole" der mystischen Ahnmutter handelt, aus der der gesamte Stamm hervorgegangen ist.

Auch eine Parallele zu den bemalten Höhlen läßt sich feststellen. A. LEROI-GOURHAN hat darauf hingewiesen, daß auch die bemalten Höhlen derartige mystische Hinweise auf den Ursprung der Menschen darstellen; die Statuetten sind dann sozusagen „tragbare Heiligtümer" (die man überallhin mitnehmen kann), auf deren Schutz man vertraut.

Bei vogelähnlichen Figurinen, die ansonsten den Frauenstatuetten sehr ähnlich sind, handelt es sich vielleicht um das männliche Pendant (den Ahnherrn), auch dafür gibt es Parallelen bei nordsibirischen Jägern (Malta).

Die Polarität männlich-weiblich ist wahrscheinlich überhaupt eine der zentralen Aussagen der Dokumente aus der Altsteinzeit.

Altsteinzeitliche Symbolik

In seinem Buch „The Roots of Civilisation" (1972) wies A. MARSHAK nach, daß man im Jungpaläolithikum (ca. 38 000–15 000) ein ganzes System von Symbolen zum Zweck der Zeitfestlegung kannte, das auf der Beobachtung der Mondphasen beruhte. Dahinter steht eine langfristige lückenlose Beobachtung und ein langer Gebrauch (für den Zeitraum vom frühen Aurignacien bis zum späten Magdalénien, also für etwa 25 000 Jahre angenommen). Diese Erfahrungswerte ermöglichten den Menschen, gewisse jahreszeitliche oder periodische „Termine" (z. B. Feste) schon lange vorher festzulegen. Dies ist heute noch bei sibirischen Stämmen und bei nordamerikanischen Indianern üblich.

Schrift, Arithmetik und Kalender im eigentlichen Sinn gehen wahrscheinlich auf diese Symbolik zurück, die das Aufzeichnungs-System der Altsteinzeit bestimmte.

Diese Entdeckung (ein Mondkalender auf Knochen eingeritzt, in Europa gefunden, bedeutet wahrscheinlich überhaupt die erste „schriftliche Aufzeichnung"!) revolutioniert viele Vorstellungen über den Beginn unserer Kultur und erklärt von anderer Perspektive her, was der bekannte Wissenschaftler Carl SAGAN in seinem Buch „Die Drachen von Eden", gestützt auf Forschungsergebnisse des Gehirnforschers Paul MACLEAN, veröffentlicht hat: Das Gehirn der Dinosaurier ist nicht ausgestorben, es hat sich auf den Menschen weitervererbt und steckt in der innersten Schichte des Gehirns, dem sogenannten „Reptilien-Komplex" (darüber das sog. limbische System und darüber das Großhirn).

Viele Verhaltensweisen des Menschen gehen wesentlich weiter zurück, als man noch vor kurzem angenommen hat, der Mensch ist in viel größerem Maße, als man gerne wahrhaben will, von den vielen Jahrhunderttausenden menschlicher Entwicklungsgeschichte geprägt und abhängig. Er „weiß" allerdings fast nichts darüber, weil es kaum „Dokumente" gibt. So ist er auf Rückschlüsse aller Art angewiesen.

MARSHAK hat unter anderem auch die auf vielen Gegenständen und in die Höhlenwände eingravierten **Mäander** (Schlangenlinien) analysiert und festgestellt, daß diese durch ihre Aufeinanderfolge und in der darin zum Ausdruck gelangenden Intentionalität ebenfalls ein „System" bilden. Diese aufgedeckten Systemstrukturen finden sich z. B. schon auf einem in der Dordogne ausgegrabenen Knochen, der aus dem Acheuléen (ca. 135 000) stammt, und nicht erst aus dem Jungpaläolithikum, 100 000 Jahre später! Die genaue Bedeutung dieses Systems ist freilich schwer zu ergründen und bedarf noch eingehender Erforschung. Sicherlich hat es **Bezug auf die Mythen,** d. h. auf Ereignisse (wie sie in den Stammesgeschichten weiterleben), die in einem Zusammenhang stehen mit Jahreszeiten, dem Verhalten des Wildes, der Sexualität, dem Tod, der geheimnisvollen Mächtigkeit übernatürlicher Wesen und gewisser (eingeweihter, wissender) Personen.

Auch in diesem Fall spielen die Vergleiche mit „lebenden Fossilien", also mit vergleichbaren, in einer archaischen Entwicklungsphase „stek-

„Zauberer, Flöte blasend und Tiere verzaubernd", eine Ritzzeichnung aus der Höhle Trois Frères (Ariège, Südfrankreich) aus dem mittleren Magdalénien (ca. 13 000 v. Chr.). Ein Medizinmann (Schamane) schlüpft in die Maske eines Tieres und „bannt" die Tiere – eine kultische Vorbereitung künftigen Jagdglücks?

kengebliebenen" Stämmen eine große Rolle. Ein konkretes Beispiel dafür: Die Kenntnis des Initiationsmythos des afrikanischen Hirtenstammes der Poehl ermöglichte die „Entzifferung" bestimmter Wandmalereien von Hoggar und Tassili (Nordafrika), die keinen unmittelbaren Zusammenhang damit haben, aber erkennen lassen, daß es unter paläolithischen Völkern bereits weit verbreitete ähnlich geartete Mythen gab. Dabei handelt es sich vor allem um kosmogonische und Ursprungsmythen, aber auch um Legenden und Riten im Zusammenhang mit Himmelfahrt und magischem Flug, um religiöse Beziehungen zwischen Jäger, Wild und „Herr der Tiere", Mythen über das Feuer, die Geschlechtlichkeit und die Sakralität des Himmels, über den Tod und kosmische Katastrophen. Man kann deshalb schon für die Altsteinzeit die Existenz eines kosmologischen „Systems" annehmen, d.h. eine Art weitverbreitetes „Weltbild" oder eine „Weltanschauung", wenn man will.

All dies zeigt, daß es vor allem **die Sprache** war, die den Menschen zum Menschen machte und ihm das Wissen um sich selbst und die geheim-

nisvollen Zusammenhänge ermöglichte. Es ist anzunehmen, daß in der Frühphase des „homo erectus" bereits ein Gedankenaustausch mit Hilfe sprachlicher Zeichen (wie sie etwa ein Säugling zur Verfügung hat) möglich war, daß dies aber im Zuge der gemeinsamen Jagden, der Ausbildung differenzierterer Sozialstrukturen usw. sehr bald nicht mehr ausreichte, woraus sich Impulse zu einer relativ raschen Evolution der Sprachwerkzeuge des Menschen herleiteten. Eingehende Forschungen ermöglichen heute eine interessante Rekonstruktion dieser Sprachentwicklung in der Altsteinzeit.

Der Glaube der „Urmenschen" (Primitiven)

Aus den zahlreichen Forschungsberichten seien hier jene kurz gestreift, die Wilhelm KOPPERS, Martin GUSINDE und Paul SCHEBESTA, die drei bekannten Schüler des großen Wilhelm SCHMIDT – wie er Mitglieder der Missionsgemeinschaft Societas Verbi Divini (SVD) – vorgelegt haben. Sie können helfen, die Anfänge menschlichen Glaubens, also die elementaren Vollzüge der ältesten Religiosität, besser zu verstehen.

Wilhelm Koppers hat den Gottesglauben zweier „ethnologischer Primitivvölker" mitentdecken können, und zwar 1921/22 den der Yamana auf Feuerland (als Mitarbeiter Martin Gusindes) und 1938/39 den der im Nordwesten Zentralindiens lebenden Bhil.

Der Glaube der Bhil

Der höchste Gott der Bhil wird BHAGWAN (= der Erhabene) genannt, aber auch RAM PARMESAR und ANDATE. Alle diese Namen sind arisch-indischen Ursprungs und bedeuten „der Höchste" oder „der Korngeber". So sehr die Bhil, was ihre Sprache und viele ihrer Lebensformen anlangt, vom Hinduismus beeinflußt erscheinen, so sehr sind sie in ihren Vorstellungen eigenständig und unbeeinflußt von der vielschichtigen Götterwelt des Hinduismus.

Die Bhil beten zu Bhagwān spontan, aus dem Herzen heraus, es existieren aber auch mehr oder minder feststehende Formeln:

Morgengebet:
„O Gott, o großer Herr,
Du hast uns hervorgebracht,
mache uns heute glücklich."

Gebet in großer Drangsal
„O Gott,
ein so großes Leiden
lasse nicht einmal über meinen Feind
und Übeltäter kommen!"

Die Bhil beten auch zur Erdmutter, zur Sonne, zum Mond und zu verschiedenen Göttern und Göttinnen, die sie mit den Hindus gemeinsam haben. Bhagwān sprechen sie im Singular („Du") an, alle übrigen in der Pluralform. Bhagwān erscheint in diesen Gebeten als Hervorbringer der Menschen, als der, der hinter allem steht, als Herr über Leben und Tod.

Ein Bhil-Mann spricht das „große Gelübde", mit dem er sich dem „großen Herrn" (Bhagwan) überantwortet.

Dies kommt deutlich in der Schöpfungsmythe der Bhil zum Ausdruck:

◼

„Im Anfang war Bhagwān allein.
Dann überlegte er: ‚Wen soll ich machen?'
Nachdem Bhagwān überlegt hatte, machte er die Gottheiten und stellte sie als Diener an, machte sie zu Lichtträgern und gab ihnen ihren Lohn …
Dann sagte der böse Geist:
‚Wie Bhagwān sitzen bleibt, so müßt auch ihr Gottheiten sitzen bleiben. Dann wird es in eurem Haus so sein, wie es in Bhagwāns Haus ist.'
Die Gottheiten blieben dann sitzen und verrichteten nicht die von Bhagwān aufgetragene Arbeit.
Bhagwān wurde darüber zornig, daß seine gemachten Geschöpfe die Arbeit nicht verrichteten.
Bhagwān geriet in großen Zorn, und nachdem er die Gottheiten geschlagen und geprügelt hatte, sandte er sie auf die Erde.
Darauf überlegte Bhagwān wieder:
‚Nun bin ich wieder allein!'
Nachdem er überlegt hatte, machte er jetzt die Menschen. Und zu diesen Menschen sagte Bhagwān: ‚Macht es nun nicht so, wie die Gottheiten es gemacht haben. Ihr seid meine Geschöpfe. Und was immer ihr von mir erbitten werdet, das werde ich euch geben, und ich werde die Not von euch fernhalten. Und schlägt euch jemand, so werde ich ihn schlagen.
Bhagwān allein ist Herr und sonst keiner!'"

◼

Auch eine Urflutmythe fand sich bei den Bhil. Sie läuft in vielem parallel mit der Hindumythe, doch spielt auch hier Bhagwān die alles entscheidende Rolle – und gerettet wird ein Geschwisterpaar, das zuvor von Bhagwān aus Lehm geformt worden ist. Bhagwān lehrt sie nach der Flut, als Mann und Frau miteinander zu leben und für Fortpflanzung zu sorgen. Bhagwān prüft und richtet die Seelen der Verstorbenen. Der hinduistische Totengott Yama, der bei den Bhil Zom heißt, ist nach ihren Vorstellungen der „Polizist" Bhagwāns, der mit seinen Helfershelfern die Seelen zu Bhagwāns Richterstuhl führt.

Ein Totengedächtnisstein aus Kushalgarh (Afrika). Solche Steine sollen die bleibende (geistige) Gegenwart der Toten „ermöglichen" und signalisieren.

Der Glaube der Yamana

DARWIN war 1832/33 und 1834 zweimal bei den Yamana (insgesamt allerdings nur zwei Monate lang) und hatte behauptet, daß die Feuerlandindianer (er traf auch mit den Selk'nam und den Halakwulup zusammen) ein religionsloses Volk seien. Er beschuldigte sie auch des Kannibalismus, und die wissenschaftliche Welt nahm kritiklos seine Berichte an. Als bekannt wurde, daß der Stamm der Yamana von 1880 bis 1920 durch Berührung mit der Zivilisation von etwa 2500 auf rund 90 Individuen geschrumpft war und völlig auszusterben drohte, unternahm Martin GUSINDE (der damals in Santiago de Chile lehrte) Reisen zu den Yamana und erforschte ihre Geschichte, ihr Volkstum und ihren Glauben. Aus den zahlreichen Mythen und Geschichten, die ihm von den Yamana erzählt wurden, ergaben sich folgende Inhalte ihres Glaubens:
„Watauinéwa ist wie der Gott der Christen" – sagte eine Yamanafrau und erklärte, daß nur der über ihn spreche, dem er keine Kinder hat sterben lassen (den Tod der Kinder fassen die Yamana

nämlich als Strafe auf – aus Beschämung schweigen sie darüber).

Watauinéwa (= der Alte, Ewige, Unveränderliche) war immer schon da, er ist der Herr und Gebieter, ihm ist alles zu verdanken (vor allem die Nahrung). Alles in der Natur ist „Watauinéwasirh" (= Gottes Gabe). Er kann alles, ist der Herr über Leben und Tod und steht auch über allen guten und bösen Geistern, an die die Yamana sonst noch glauben. Watauinéwa ist ein Geist, deshalb kann man ihn nicht sehen, aber er sieht auch in das Verborgene und straft die Missetäter – vor allem mit frühem Tod.

Die Yamana wenden sich an Gott in allen Lebenslagen. GUSINDE und KOPPERS sammelten an die 60 formulierte Gebete und gliederten sie in Klagegebete, Bittgebete, Dankgebete und sonstige Ausdrucksweisen.

Ein Opfer ist den Yamana dagegen unbekannt: Da Watauinéwa ohnehin alles besitze, sei es nicht nötig, ihm etwas zu schenken (bei den Selk'nam hat GUSINDE dagegen einen Primizialopferbrauch festgestellt. Einer, der etwas essen wollte, schnitt ein kleines Stück Fleisch ab, warf es hinaus und sagte dazu: „Jetzt will ich noch etwas essen; dieses ist für dich, Temaúkl (= der Gottesname), das kannst du essen." Er sagt das, obwohl er weiß, daß Temaúkl das Essen gar nicht nötig hat.

Der Glaube der Kewa

1955 kamen die ersten Missionare zu den kurz vorher von australischen Patrouillen in Yalibu, im südlichen Hochland von Papua-Neuguinea, entdeckten Kewa. 1977 wurde der erste Kewa zum katholischen Priester geweiht: Simon Apea. Dieser berichtet:

■

Die Kewa begegneten ihrem Gott auf erfahrbare Weise. Das Volk der Kewa kam zur Einsicht, daß jemand im Himmel wohnt, der ihnen befahl, ein gutes Leben zwischen Gut und Böse zu führen. Der Himmelsbewohner, bekannt als Yakili, war jener, der die Welt mitsamt den Menschen erschaffen hatte und sie stets überwacht. Sie ihrerseits sollten Yakili treu bleiben.

Das Wort Yakili bedeutet in der Kewa-Sprache Glück. Diese Sprache wird von ca. 80 000 Menschen im südlichen Hochland gesprochen. Für die Leute bedeutet Yakili nicht bloß Glück, sondern jemanden, der vom Himmel herunterschaut... Yakili sitzt aber nicht bloß im Himmel, sondern er macht alles und sorgt für alles.

Der Kult an Yakili schloß das gesamte menschliche Leben ein: Yakili war gegenwärtig und tätig in allen Bereichen des Lebens, er lebte zusammen mit seinem Volke. Seine Nähe war täglich zu spüren. Er versorgte sein Volk mit allem, was es nötig hatte: mit Regen, Sonnenschein und Nahrung in Fülle.

Es war der allgemeine Glaube, daß es keine anderen Götter neben Yakili gebe, das Volk der Kewa hat nie die Sonne oder den Mond oder die Sterne als übernatürliche Wesen oder Götter verehrt. Auch die Ahnengeister und andere Geister wurden nie mit Yakili gleichgesetzt. Die Ahnen leben in der Welt Yakilis, aber zugleich auch in der Welt der Lebenden. Sie sind ihnen sehr nahe in ihren täglichen Freuden und Sorgen... Aber nicht nur die Ahnen, auch Yakili selber war bei allen Familien- und Stammesangelegenheiten dabei. Er gewährleistete den guten Ausgang.

Bei einer Gelegenheit war in einem der Dörfer eine wichtige Feier. In der Nacht vor dem Fest hörte ich alle Vorsteher der Gemeinschaft mit lauter Stimme zu Yakili rufen: „Vater, o Vater, wache über uns!" Vom gleichen Augenblick an hörte der Regen auf bis zur folgenden Nacht. So fand die Feier an einem glänzenden Sonnentag statt. Von da an war ich persönlich überzeugt, daß Yakili tatsächlich gegenwärtig ist.

■

Solche Erfahrungen werden von vielen Begegnungen mit Naturvölkern berichtet, die noch relativ wenig von Einflüssen anderer Religionen geprägt worden sind.

Der Glaube der !Khung

In den !Khung-Buschmännern haben wir eine sehr altertümlich erhaltene Bevölkerungsschicht Afrikas vor uns. Im Nordwesten der Kalahari, in diesem abgelegenen buschmännischen Nordbereich, konnten sie sich von fremden Einflüssen lange verhältnismäßig rein erhalten. Sowohl die noch in allen Buschmannsprachen vorhandenen Schnalzlaute* als auch das ganze Erscheinungsbild dieser Leute sprechen für ein hohes Alter. P. Martin GUSINDE hat als Professor für Anthropologie an der Catholic University in Washington 1950/51 sechzehn Monate der Durchquerung der Kalahari-Wüste und 1953 weitere fünf Monate dem Erkunden der Körperform der Buschmänner gewidmet. Dank des herzlichen Vertrauens, das sich der erfahrene Primitivenforscher auch bei den Buschmännern rasch erwarb, konnte er bei den !Khung, rassenechten Gelben Buschmännern im Norden der Kalahari, „kulturgeschichtliche Werte und bewährte Grundsätze aus einer weit zurückreichenden Lebensperiode der Menschheit, Güter aus ihrem religiös-ethischen und pädagogisch-gesellschaftlichen Besitz von erwiesener Brauchbarkeit für die menschliche Familie" aufdecken, wie er in seinem Buch „Von Gelben und Schwarzen Buschmännern" schreibt. Gusinde hatte das Glück, sich mit deutschen Farmersleuten aus dem !Khung-Gebiet besprechen zu können. Besonders wertvoll waren die Erkundigungen bei Mr. Lemke, der damals die Ghanzi-Farm führte, und dessen Schwester, die als verwitwete Frau Rösler in Gobabis lebte. Beide mußten einst nach dem frühen Tod der Mutter den !Khung überlassen werden. Frau Rösler sprach als Kind besser !Khung als Deutsch. Gusinde hat Frau Rösler in Gobabis besucht. Sie klagte bitter darüber, daß sich manche Weiße ganz falsche Vorstellungen von den !Khung bilden und diese als minderwertige Wesen betrachten, während doch die Sittlichkeit der Buschleute beträchtlich höher stehe als die vieler Weißer. Nachdrücklich versicherte sie:

*„Der !Khung ist ein ganz und gar religiöser Mensch. Er kennt seines Gottes Macht und Eigen-*schaften, er verehrt ihn aus innerstem menschlichem Bedürfnis. Sein Name Húe (Herr) ist im Ghanzi-Bereich mehr als !kub und ‖gaua (der häufigste Gottesname der !Khung) gebräuchlich. Jeder !Khung ruft ihn an, bekundet ihm volle Ergebenheit, bittet ihn und dankt ihm, erklärt sich mit seinen Schickungen einverstanden. Über alles das werden die Kinder anhaltend von den Erwachsenen unterrichtet, zunächst in der eigenen Familie, dann in den Pubertätsriten. Die !Khung bedienen sich nicht feststehender Gebetsformeln; vielmehr trägt jede Person mit solchen Worten dem Húe ihre Bitte vor, welche die augenblickliche Notlage ihr in den Mund legt. Die !Khung treten mit ihrem Gott sehr häufig mittels Tanz und Gesang in Verbindung. Das ist ein richtiger religiöser Hergang ... Jede Seele, die in den kleinen Kindeskörper einer Schwangeren vom ‖gaua hineingegeben wird, verläßt später beim Sterben diesen Körper und geht zur Gottheit über dem Wolkenhimmel ...".*

Wie sehr vom Heimgang in den Himmel ein Wiedersehen mit allen verstorbenen Lieben erwartet wird, drückte ein alter !Khung mit den vertrauensvollen Worten aus: *„Wenn schließlich auch meine Seele sich dorthin begeben wird, werde ich dortselbst meinen Vater und meine Mutter antreffen, auch meine verstorbenen Kinder. Wie sehr werde ich mich freuen, mich mitsamt meinen Freunden aus unserer Gruppe dort wiederzufinden!"*
Die Bitte ums tägliche Brot – hier um Jagd- und Sammelerfolg – ist den !Khung eine Selbstverständlichkeit. Solches Bitten kann durch Tanz bzw. durch rhythmische Bewegungen intensiviert werden. GUSINDE berichtet:

„Aus innerem Antrieb beginnt eine Person einen kleinen Kreis leicht hüpfend abzuschreiten, klatscht in die beiden flachen Hände und wiederholt leise oder halblaut ihre Bitte: ‚‖gaua, hilf mir!' Wenn Nachbarn das sehen oder hören, schließen sich zur gleichen Bewegung drei Personen oder einige mehr an und wiederholen vielmals die Bitten: ‚‖gaua, laß uns Kost finden!' oder: ‚Stell uns auf den richtigen Pfad, wo wir ein Großwild antreffen; denn wir sind

---

*Das „!" vor „Khung" bezeichnet einen Schnalzlaut, wie er etwa im Wert eines Konsonanten zur Buschmannsprache gehört, und zwar wird mit „!" der cerebrale Klicks (Zunge am mittleren Gaumen, wie man Pferdchen anfeuert) bezeichnet, mit „Ɗ" der palatale (Zunge am vorderen Gaumenrand, wie man Hühnchen lockt), mit „‖" der laterale Klicks (Seitenränder der Zunge an den Backenzähnen).

1

Vorgeschichtliche Zeit

Leben und Überleben war für die Menschen der Eiszeit vordringlichste Aufgabe. Symbol dieses Lebenswillens war die Frau, Verkörperung der Fruchtbarkeit, deren Merkmale in Plastiken oft übersteigert wurden.
Die „Venus von Laussel" (21 000 v. Chr.), Bordeaux, Musée d'Aquitaine (1).

2

3

Viele der Wandbilder, die rund 15 000 Jahre v. Chr. an die Wände von Höhlen in Frankreich und Spanien gemalt wurden, dienten dem **Jagdzauber**, mit dem Erfolg auf der lebensnotwendigen Jagd beschworen werden sollte. Unsere Bilder zeigen einen verwundeten Bison, ein Mammut, ein Rhinozeros (**2**) und eine Kuh (**3**), die über kleinere Tiere gemalt ist. Diese Bilder aus der Höhle von Lascaux, Dordogne, machen in der verblüffenden Sicherheit der Tierdarstellung verständlich, daß diese Höhle als „Louvre der Eiszeit" bezeichnet wird.

Plastische Darstellungen aus vorgeschichtlicher Zeit sind vor allem Statuen von Frauen, wie die Fruchtbarkeitsgöttin aus Zypern (14.–13. Jh. v. Chr.) im Louvre, Paris (**4**), die Tonfigur aus Ägypten (4000–3000 v. Chr.) im Brooklyn Museum, New York (**5**), und die Tonfigur einer „Mutter mit Kind" aus Thessalien (um 5000 v. Chr.) im Nationalmuseum Athen (**6**). Immer ist die Frau als Symbol der Fruchtbarkeit und des Lebens aufgefaßt.

4

5

6

Der **Totenkult** spielte in
vorgeschichtlicher Zeit eine
sehr wichtige Rolle, die in der
sogenannten Megalithkultur
zu oft riesigen Steinsetzungen,
die man später „Hünengräber"
nannte, führte.
Steingräber wie hier in der
Lüneburger Heide (7) finden
sich in ganz Europa.
Ein Wunderwerk der
Megalithkultur ist der
Steinkreis von Stonehenge in
England (8), bei dem die Art
der Errichtung aus vielen
Tonnen schweren
Steinkolossen ebenso Rätsel
aufgibt wie der Zweck dieser
Anlage.

7

8

9

10

11

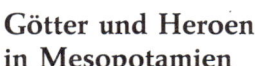

**Götter und Heroen
in Mesopotamien**

Mesopotamien brachte die ersten geschichtlichen Hochkulturen mit einer Vielzahl von Göttern und Mythen hervor. Unsere Bilder zeigen: Dämon mit Löwenkopf (um 2200 v. Chr.), Paris, Louvre (**9**); eine Opferszene (4. Jahrtausend), London, British Museum (**10**); einen Rollsiegelabdruck mit Szenen aus dem Gilgamesch-Epos (2500–2300 v. Chr.), London, British Museum (**11**); Frau als Fruchtbarkeitssymbol. Terrakottafigur (4000–3000 v. Chr.) aus Ur. Bagdad, Irak-Museum (**12**); den Gott Abu und einen Begleiter aus dem Tempel von Tell Asmar (3000–2500 v. Chr.), Bagdad, Irak-Museum (**13**); Siegesstele des Königs Naramsin aus Suser (2500–2000 v. Chr.), Paris, Louvre (**14**).

12

13

14

hungrig. Hilf uns!'... Solch ein Tanz dauert 15–25 Minuten... nahebei hockt sich ein Häuflein älterer Personen mitsamt den Kindern nieder. Das langsame Schreiten folgt dem Rhythmus des Händeklatschens aller."

ter") anrufen; die himmlische Welt wird analog der irdischen gedacht: Siedlung, Wald, Jagdgründe, Frauen; dem Himmelsgott zollt man Ehrerbietung, aber keinen Kult. Er kann niemals sterben, denn dann ginge alles zugrunde, in ihm wurzelt die Lebenskraft, die aus dem Himmelsgott in die Menschen, Tiere und in alle Dinge strömt. Sterben heißt: Entzug der Lebenskraft durch Gott.

Der Glaube der Pygmäen

Paul SCHEBESTA hat in drei langen Forschungsreisen (1929/30, 1934/5 und 1949/50) „die Primitivsten der Primitiven" erforscht und diese Ergebnisse durch Reisen nach Hinterindien und den Philippinen (zu den Negritos) ergänzt. SCHEBESTA unterscheidet die afrikanischen oder Bambuti-Pygmäen (Ituri-Pygmäen wie die Aká, Efé und Basua sind die rassenreinsten und volkreichsten; die Batwa, Bacwa und Babenga, Gabun- und Kamerun-Pygmäen sind dagegen schon eher Pygmoide) von den asiatischen Negrito-Pygmäen (Semang auf Malakka, Andamaner und Aeta auf den Philippinen). Gemeinsam ist ihnen Kleinwuchs, Dunkelhäutigkeit (die asiatischen sind dunkler!) und Kraushaar – ansonsten weisen sie beträchtliche Unterschiede auf, vor allem religiös. Die Bambuti-Pygmäen sind durchwegs dynamistisch orientiert (wie die gesamte afrikanische Religiosität), die Negritos animistisch-magisch.
Gott ist für die Bambuti ein persönliches, anthropomorph aufgefaßtes Wesen, das sie mit verschiedenen Namen (oft „Vater unserer Vä-

Eine Urstandsmythe der Bambuti

Am Anfang war Mugasa; er schuf die Menschen und lebte mit den drei ersten Menschen, seinen Kindern, zwei Männern und deren Schwester, im Paradies. Die Menschen hatten dort alles zur Verfügung, kannten keine Not und hatten den Tod nicht zu fürchten.
Gott war unter ihnen. Er redete mit ihnen wie ein Vater mit seinen Kindern. Sie konnten und durften ihn aber nicht sehen. Er hatte ihnen ausdrücklich aufgetragen, nicht nach ihm auszuspähen. Er wohnte in einer Hütte, vor die ihm das Mädchen täglich einen Topf Wasser und Brennholz zu stellen hatte.
Von Neugier geplagt, versteckte sich das Mädchen eines Tages hinter einem Baum, um den „Vater" zu sehen. Sie gewahrte seinen mit glänzenden Reifen geschmückten Arm, als Mugasa nach dem Wassertopf langte. Sie frohlockte darüber, ohne sich jedoch zu verraten.
Gott hatte sie jedoch bemerkt und ließ seine drei Kinder vor sich kommen und hielt ihnen ihren Ungehorsam vor. So wie er es ihnen angedroht hatte, würde es geschehen: Er würde von ihnen wegziehen, und dafür kämen Tod und Not unter sie, das Wild und alle Nahrungsmittel würden vor ihnen fliehen.
All ihr Jammern half nichts. Eines Nachts zog Gott hinweg, flußaufwärts, und wurde von den Menschen nicht mehr gesehen. Dafür kam der Tod: das erste Kind, das die Frau gebar, starb nach drei Tagen.
Die Menschen hielten in ihrer Not nach dem verschwundenen Vater Ausschau und fanden ihn

schließlich im Mond. Er ist nach oben gezogen und wohnt hinter dem Mond.

■

Zollen die Bambuti dem Himmelsgott (Mondgott) keine kultische Verehrung, so wohl dem chthonischen Gott, dem Wald- und Jagdgott, der auch Wettergott ist und Buschgott. Er lebt mit den Menschen in der Düsternis des Urwaldes und ist in die Sorgen des Alltags einbezogen. Trotzdem trägt er den Namen des Mondgottes und ist auch der Schöpfergott schlechthin und der „Vater" im Himmel. Hier laufen die rationalen Strukturen ins Irrationale über und vermischen sich zu einem unentwirrbaren „Numinosen". Die Gegenwart Gottes wird durch außergewöhnliche Zeichen, durch Ergriffenheit, Grauen, Gruseln, Ahnungen und Träume, auch in Glück und Unglück erfahren. Etwas unheimlich Schicksalhaftes liegt im Wesen der Buschgottheit, die Menschen sind ihr auf Gedeih und Verderb ausgeliefert, in allen Lebenslagen rufen sie sie an und erbitten Schutz und Hilfe.

Der Glaube an die *Lebenskraft* bildet die Mitte pygmäischer Weltanschauung. Die Gottheit gilt als Quelle und Ursprung dieser Lebenskraft. Von diesem *Kraftglauben* werden die Initiation und der geheime Bund der Jägerschar gespeist, und auch der bambutische Totemismus wie der Jenseitsglaube sind nicht ohne ihn zu erklären. Autorität ist, wer sich als Träger dieser Kraft ausweist. Nach dem Tode eines Menschen verwandelt sich seine Kraftseele wieder in das Totem und spendet den Angehörigen geheimnisvolle Kraft. Zahlreiche magische Praktiken und Geräte stehen im Dienst dieser Lebenskraft. Davon wird aber deutlich die „schwarze Magie" abgehoben: sie wird von asozialen „Hexern" ausgeübt und verneint und zerstört die Lebenskraft.

Träume sind für die Bambuti wirkliche Erlebnisse der Seele. Begegnungen mit Verstorbenen oder Jagderlebnisse im Traum sind Wirklichkeiten, denn der Mensch besteht aus einer Schattenseele (die vergänglich ist), aus dem totemistischen Kraftprinzip und aus der Totenseele, die bald ein Stern am Himmel ist, bald als Waldkobold aufgefaßt wird, der mit den Lebenden seinen Schabernack treibt.

Trotzdem kennen die Bambuti keinen Totenkult, sie verehren Gott (den Buschgott, Waldgott, Mondgott usw. in aller bunten Vielfalt der Vorstellungen) im Totenreich, das sie sich in der Erde denken.

Die Mythen geben Antwort auf die Fragen nach dem Woher und Wohin von Himmel, Mond, Sonne und Sternen, Welt, Menschen und Tod; in allen Mythen ist Gott der schöpferische Urvater, Urahn, Heilbringer und Herr – dem man eine ehrfürchtige untertänige Haltung entgegenbringen muß.

Der Buschgottglaube wirkt sich insofern gestaltend auf die Gesellschaftsordnung der Bambuti aus, als Initiation und Männerbund davon geprägt sind, typische Institutionen einer Jägerkultur.

■

Opferfeier der Hambal-Aeta (Philippinen):

Außerhalb der Siedlung versammeln sich am späten Abend unter dem Sternenhimmel die Einwohner und Gäste auf einem freien Platz. Sechs Häuflein mit verschiedenen Nahrungsmitteln (Reis, Bohnen, Kamotewurzeln usw.) hatten Frauen auf einer Matte zusammengestellt. Davor qualmten zwei mächtige Wachsfackeln. Es herrscht heilige Stille. Einer der Ältesten (sie bildeten den innersten Kreis um die Gaben) beugte sich so nach vorne, daß sein Gesicht auf dem Boden zu liegen kam. Er stellte **Apo Katawan** *(Vater Katawan), den Vatergott der Hambal-Aeta, dar. Ein Murmeln aller Anwesenden, das immer lauter wird, soll Apo Katawan bewegen, die dargebrachten Gaben gnädig anzusehen. Er rührt sich nicht. Da packen ihn die zwei Zunächstsitzenden und bringen ihn in Hocksitz. Jetzt endlich blickt Apo Katawan die Gaben der Reihe nach an und lächelt stumm. Darauf kriechen verschiedene Bittsteller in kniender Stellung vor Apo Katawan und tragen ihm Dank und Bitten vor. Und der „Gott" redet mit ihnen. Sie stellen ihm Fragen über ihre Zukunft, und er gibt ihnen Antwort.*

Panohfeier der Semang-Negrito (Malaya):

Die Semang nennen ihren Gott **Ta Pedn** *(Vater Pedn), er thront am Firmament auf einer bunten Matte, die auf der Brücke ausgebreitet ist, auf der die Sonne Tag für Tag von Osten nach Westen wandert. Neben ihm sitzt seine Frau Djamoi.*

Bei der Panohfeier werden die zeremoniösen Gesänge an die **Cenoi** *(winzige Lichtwesen im Sinne unserer Elfen) gerichtet, die in Blumen wohnen. Die Sonne weckt jeden Morgen mit ihren warmen belebenden Strahlen die Cenoi in den Blüten. Die Blütenkelche öffnen sich, und unter Händeklatschen und Gesang steigen die Cenoi aus den Blumen hinauf zu Ta Pedn, um ihm zu Diensten zu sein, oder sie gehen zu den Menschenkindern, um mit ihnen zu spielen, denn sie sind Freunde der Menschen. Bei der Panohfeier bekränzen sich die Frauen und Kinder mit Blumen und allerlei Schmuck und singen die anmutigen Cenoi-Weisen, die vom Priestermedizinmann und seinem Gehilfen angeführt werden.*

■

Vielleicht können gerade die beiden von Paul SCHEBESTA stammenden Berichte über religiöse Feiern der Negrito-Pygmäen hilfreich sein, daß unsere Vorstellungen über den Glauben der ältesten Menschen nicht blutleer und abstrakt bleiben (da auf wenige steinerne Zeugnisse angewiesen!), sondern deutlich machen, daß die Menschen vor zehntausenden Jahren bereits seelenvolle Menschen waren, die durch ihr Milieu immer wieder zu neuen Kraft- und Intelligenzproben angeregt wurden. Was sie noch nicht verstehen konnten, faßten sie in Bildern und Symbolen. Wo sie sich abhängig fühlten von stärkeren Mächten, nahmen sie Zuflucht zu allerlei magischen Praktiken. Und nur einen winzigen Bruchteil der dabei verwendeten Geräte und der dazu nötigen und aufgewendeten Gestaltungskraft können wir heute als „Dokumente" von Jahrhunderttausenden menschlicher „Vorgeschichte" benützen, um den Glauben der ältesten Menschen zu rekonstruieren – und daraus zu lernen.

Die Frage nach dem Ursprung der Religion

Zusammenfassend kann gesagt werden, daß das „Material" über den Glauben der ältesten

Dieses Grab der Isa in Äthiopien (Djibouti) läßt erkennen, daß die megalithischen Begräbnisgewohnheiten und Jenseitsvorstellungen bei solchen Stämmen noch heute lebendig sind.

Menschen auch nicht annähernd ausreicht, um eine Antwort auf die seit dem 19. Jh. gestellte Frage nach dem Ursprung der Religion zu geben. Nur soviel wird deutlich, daß die im Laufe der Jahre vorgetragenen Theorien allesamt nicht zu überzeugen vermögen; sie verallgemeinern zu viel und werden den differenzierten Phänomenen (so spärlich die „Dokumente" und die daraus rekonstruierbaren religiösen Elemente auch sind) kaum gerecht. Der Vollständigkeit halber seien sie hier, der von Paul SCHEBESTA vorgelegten Beschreibung folgend, kurz dargelegt:

Theorie über den Ursprung der Religion

(1) **Naturmythologie:** Sie hängt (als Ursprungstheorie hinsichtlich der Entstehung der Religion) eng mit der Erforschung der indogermanischen Sprachen zusammen und stützt sich vorwiegend auf das dabei verwendete Mythen-Material. A. Kuhn und M. Müller sind die bekanntesten Verfechter dieser Theorie, der zufolge die Naturphänomene wie Gewitter (Blitz, Donner, Sturm, Regen) oder die Gestirne und anderen Himmelserscheinungen, aber auch die Elemente Luft, Wasser und Feuer mythenbildende Kraft haben. Die kindlich naive Phantasie der Urmenschen wurde davon ungeheuer beeindruckt und personifizierte diese Phänomene in Richtung von Gottheiten. Durch die erlebte Abhängigkeit von diesen Naturphänomenen kam es zur Ausbildung einer religiösen Verehrung und damit zur Religionsbildung.

(2) **Astralmythologie:** Ihr Begründer ist E. Siecke. Diese Theorie hebt insbesondere die mythenbildende Kraft der Gestirne, vor allem des Mondes hervor und meint – ausgehend von der Analyse der Astralmythen der Assyrer und Babylonier –, daß darin der Wurzelgrund jeder Religion zu sehen ist. H. Winkler u. a. stellten die Theorie des sog. Pan-Babylonismus auf, dem zufolge alle Mythologie von Babylon ausgegangen sei und alle Mythen (auch die der Naturvölker) Zusammenhänge damit hätten. Diese Theorie wurde aufgegeben, als man erfaßte, daß man von einer Hochkultur ausging und sie in die Frühzeit des Menschen zurückprojizierte.

(3) **Manismus:** Der englische Soziologe H. Spencer hat den Totenkult (Häuptlings-, Stammesahnenkult) in seiner weltweiten Verbreitung als Ausgangspunkt jeder Religion überhaupt erklärt. Im Tod lebt ein Teil des Menschen, die Seele, weiter – die Hinterbliebenen organisierten für die Seele des Verstorbenen einen Kult (Opfer, Bestattung, Anrufung, Verehrung), aus dem sich durch Divinisierung allmählich die Verehrung von Gottheiten entwickelt habe; daraus seien alle Formen der verschiedenen Religionen bis zum Monotheismus entstanden.

(4) **Animismus:** Der Völkerkundler E. Tylor geht bei seiner Theorie vom abendländischen Seelenbegriff aus (unkörperliches Wesen) und von den Religionen der Ackerbaukulturen, bei denen Animismus sehr verbreitet ist. Durch Träume hätten die Urmenschen Erfahrungen dieses unkörperlichen Seelenprinzips im Menschen gemacht und bald alles (auch die Dinge) belebt gesehen. Aus der daraus zu erklärenden Naturverehrung entwickelte sich allmählich der Polytheismus und daraus der Monotheismus, schließlich das sittliche Bewußtsein von Gut und Böse (als höchste Stufe).

(5) **Fetischismus:** Von A. Comte und J. Lubbock als Wurzel jeder Religion angesehen – ist heute völlig aufgegeben. F. bedeutet in der Religionsgeschichte eine magisch-rel. Spezialform in Westafrika: basierend auf dem Glauben an die „Lebenskraft", sind manche Gegenstände mit besonderer geheimnisvoller Kraft begabt (von den mythischen Stammesahnen her), deren man sich bedienen kann.

(6) **Totemismus:** E. Durkheim hat diesen Glauben an die Verwandtschaft einer Menschengruppe (Clan) mit einer Tiergattung (Totem) und das sich daraus ergebende rituelle Verhalten und Tabu als den Ursprung jeder Religion angesehen. Heute ist diese Theorie ebenfalls praktisch aufgegeben.

(7) **Dynamismus** (Magismus, Zaubertheorie): J. Frazer, L. Lévy-Bruhl u. a. vertraten die These, Religion sei aus Magie entstanden oder doch untrennbar damit verbunden – da der Wurzelgrund des Religiösen im Irrationalen liege; außergewöhnliche Ereignisse, Bedürfnisse oder Gefahren führen dazu, ungewöhnliche (irrationale) Maßnahmen zu setzen und sich davon Heil zu erwarten. Diese geheimnisvollen Kräfte (Mana), deren sich der Wissende bedienen könne, stehen nach dieser Theorie am Anfang der Religion, die allmählich diese Kräfte personifiziert und divinisiert habe.

(8) **Präanimistischer Hochgottglaube (Monotheismus):** Diese Theorie vertraten A. Lang und W. Schmidt und belegten sie durch reiches Forschungsmaterial bei den Primitiven. Die krausen Religionsformen, die daneben zu finden sind, erklärt diese Theorie als Abfall vom Hochgottglauben, der kultlos war.

Diese acht Theorien lassen sich auf zwei Grundbewegungen zurückführen: Entweder sieht man am Anfang den glaubenslosen Tiermenschen, der sich allmählich zum sittlich hochwertigen Monotheisten hochentwickelt hat („Progressivisten") – oder man sieht, ausgehend vom Feldforschungsmaterial unter Primitiven, am Anfang den Glauben an einen persönlichen Vatergott, der allmählich degenerierte und von sekundären religiösen Praktiken und Vorstellungen überwuchert wurde („Degenerationstheoretiker").

Beide Bewegungen übersehen die Tatsache der komplexen religiösen Veranlagung der Menschheit und der vielfältigen Strukturen, die nebeneinander verschiedenartigste Ausfaltungen des Glaubens herbeiführten. Sie übersehen auch die Funktion der Propheten und Reformer, die in vielen Religionen Zeiten des Niedergangs und der Veräußerlichung umzuwandeln vermochten in Epochen tiefer Gläubigkeit und innerer religiöser Erfahrung – so daß man mit einem Auf und Ab der „Reinheit des Gottglaubens" rechnen muß.

Der Glaube in vorgeschichtlicher Zeit

Unsere Frage nach dem Glauben der „ältesten Menschen" – in der Altsteinzeit und in den sogenannten Primitivkulturen unserer Gegenwart oder unmittelbaren Vergangenheit – geht weiter. Noch trennen uns, chronologisch gesehen, etwa sieben Jahrtausende von jenen Völkern und Kulturen, über deren Glauben wir dank der schriftlichen Zeugnisse, die von diesen Völkern auf uns gekommen sind, genauer Bescheid wissen. Trotzdem tappen wir nicht mehr ganz im Dunkeln, können wir uns durch die vielen Ausgrabungsergebnisse, über die wir heute aus der Zeit des Meso- und Neolithikums verfügen, ein verhältnismäßig klares Bild über den Glauben der Menschen machen, die seßhaft wurden, Pflanzen und Tiere kultivierten (domestizierten), Städte bauten, ihre Gemeinschaft strukturierten und organisierten, ihr Leben von Mächten bestimmt wußten, die über Sein und Nichtsein, Erfolg und Mißerfolg, Fruchtbarkeit, Macht und Unsterblichkeit geboten.

Die große Revolution am Ende der Eiszeit (Mesolithikum)

Mit dem Ende der letzten Eiszeit (gegen 10 000) trat in Europa nördlich der Alpen eine radikale Veränderung des Klimas und der Landschaft und damit auch der Flora und Fauna ein. Die seit den über 60 000 Jahren der vierten Eiszeit allmählich angepaßte Tierwelt wanderte mit dem Zurückgehen der Gletscher nach Norden ab, und Wald bedeckte allmählich die arktischen Steppen. Die Jäger folgten dem Wild nach, mußten ihre bisherigen gewohnten Lebensräume wechseln und ihre Lebensweise beträchtlich umstellen.

Die sich daraus ergebenden neuen Bedingungen, die zu tiefgreifenden Umwälzungen in allen Bereichen der Kultur führten, veranlaßten die Wissenschaftler, eine deutliche Zäsur zu setzen und nun vom *Mesolithikum* (Mittlere Steinzeit) zu sprechen. In Europa bedeutete diese neue Periode – verglichen mit den großartigen Schöpfungen des Jungpaläolithikums – einen eindeutigen Rückschritt. Erst in der folgenden Periode – Neolithikum (Jungsteinzeit)

– war die Umstellung bewältigt. In der Mittelsteinzeit lag der kulturelle Schwerpunkt – wenn man so sagen kann – in Südwest- und Südostasien und im Vorderen Orient. Für diese Bereiche kann man von einer „Achsenzeit" sprechen, denn dort vollzog sich am sichtbarsten und radikalsten der Übergang von der Jägerkultur zur Seßhaftigkeit, also zum Domestizieren von Tieren, zum Züchten von Nutzpflanzen (Ackerbau), zur Gründung von Städten und Staaten.

Die damit gegenüber der sehr einheitlichen kulturellen Struktur der Altsteinzeit gegebene unterschiedliche Entwicklung in den verschiedenen Bereichen der Erde machte auch der relativen „Einheit" (besser: Undifferenziertheit) der paläolithischen Menschen ein Ende und löste jene Vielfalt und Differenziertheit aus, die seit damals immer wieder als Hauptmerkmale der verschiedenen Kulturen festgestellt werden können.

Natürlich gab es auch nach 10 000 noch typisch altsteinzeitliche Jägergesellschaften – aber sie zogen sich mehr und mehr in die Randzonen und in schwer zugängliche Gebiete zurück: in die Wüste, in die großen Wälder, in die Berge. Es gab auch unter den seßhaften Dorfbewohnern, Viehzüchtern und Ackerbauern noch Jäger, die für Wildbret sorgten und damit einen

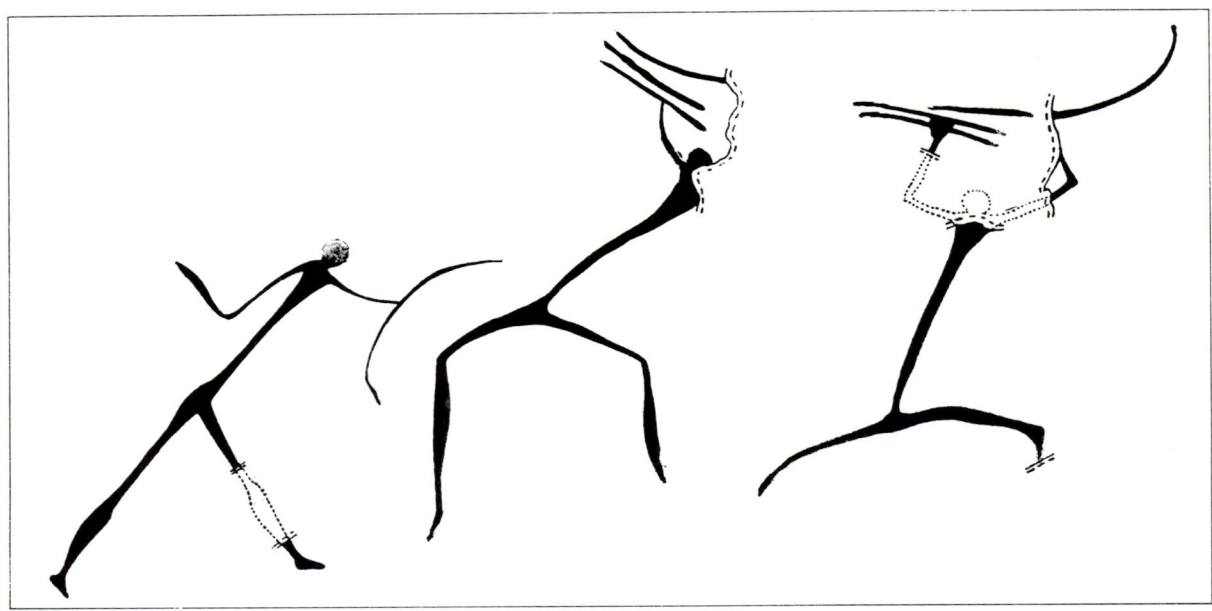

Dieses Felsbild aus der Nacheiszeit (Fundort: Cueva del Civil in der Valltorta-Schlucht, Castellón) zeigt drei tanzende (?) Bogenschützen. Die Verwendung von schwarzer Farbe, die relative Kleinheit der Zeichnung (26 cm breit) und die stilisierte Linienführung machen den großen Unterschied zur eiszeitlichen Höhlenmalerei deutlich.

Teil des Lebensunterhaltes in der gewohnten Weise beschafften. Wahrscheinlich übernahmen diese Menschen auch den Schutz der Dörfer gegen Feinde, vor allem gegen wilde Tiere, die die Gesellschaft bedrohten. Aus ihnen rekrutierten sich sicher auch die militärischen Organisationen, die beim Aufbau der Staaten (Reiche) eine große Rolle spielten. Damit blieb auch die für die Jägerkultur typische Spiritualität weiter erhalten, allerdings mehr oder minder zur Ausnahme, zur Minderheit geworden.

In den großen Invasions- und Eroberungszügen der Indoeuropäer und Turk-Mongolen treten deutlich die alten Lebensformen der Männerbünde und Nomadenreiter zutage: sie verhielten sich *wie die* von ihnen ansonsten (früher) gejagten Raubtiere, die die Pflanzenfresser aller Art jagen, töten und fressen.

Jägervölker in Nordeuropa

Über die Lebensweise der Jägervölker in Nordeuropa wissen wir wenig, weil sich beinahe nichts aus dieser Zeit erhalten hat. Sicher ist, daß sich der Gebrauch von *Pfeil und Bogen* (gegenüber dem flüchtenden, gelichteten und scheuer gewordenen Wild!) in diesem Gebiet entwickelt und durchgesetzt hat. Religiös dürften diese Völker im wesentlichen dieselben Bräuche und Vorstellungen beibehalten haben, wie wir sie für die ältesten Menschen festgestellt haben.

Zwei wichtige Funde aus dieser Zeit zeigen den Brauch *ritueller Primitialopfer:*

– In der Schlammschicht eines Teichs in Stellmoor bei Hamburg fand man 12 vollständig erhaltene Rentiere, deren Brust- und Bauchhöhlen mit Steinen gefüllt waren. Offensichtlich fand man damit das auch aus Indien und in späteren Zeiten nachweisbare „Versenkopfer" dokumentiert: diese Geste, kostbare Jagdbeute zu opfern, soll den „Herrn der Tiere" bewegen, auch weiterhin Jagdglück zu schenken.

– Ähnlich zu deuten ist ein Fund in Ahrensburg: Auf der Spitze eines Kiefernholzpfahles steckte ein Rentierschädel; wahrscheinlich aß man bei (rituellen?) Mahlzeiten das Fleisch der Tiere und opferte die Köpfe – *auf dem Kultpfahl* dargeboten – einem göttlichen Wesen.

Der Glaube in vorgeschichtlicher Zeit

**Karte 1: Situation am Ende der Eiszeit
Die alten geschichtlichen Hochkulturen**

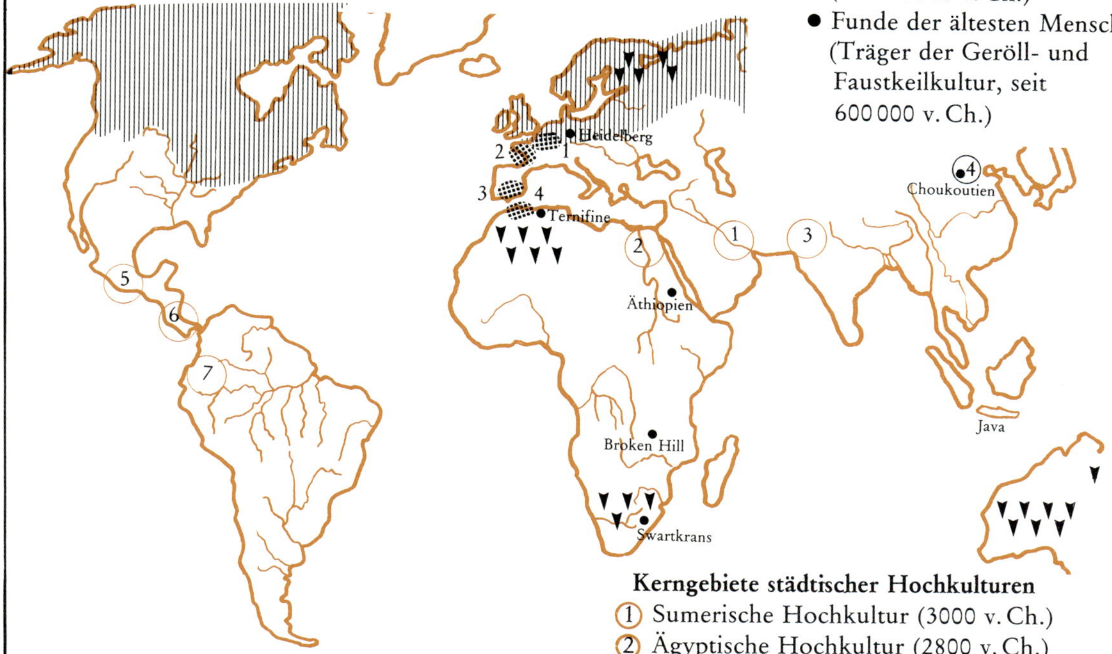

||||| Eiszeit „Würm"
▼▼▼ Nacheiszeitliche Felsbildmalerei
(8000–3000 v. Ch.)
● Funde der ältesten Menschen
(Träger der Geröll- und
Faustkeilkultur, seit
600 000 v. Ch.)

Eiszeitliche Franko-kantabrische Wandkunst
1 Dordogne (z. B. Lascaux)
2 Pyrenäen (z. B. Altamira)
3 Südspanien
4 Spanische Levante

Kerngebiete städtischer Hochkulturen
① Sumerische Hochkultur (3000 v. Ch.)
② Ägyptische Hochkultur (2800 v. Ch.)
③ Induskultur (2780 v. Ch.)
④ Chinesische Hochkultur (Shang) (1600 v. Ch.)
⑤ Olmeken-/Aztekenkultur (Mexiko) (1150 v. Ch.)
⑥ Mayakultur (Mittelamerika) (300 n. Ch.)
⑦ Inkakultur (Peru) (1000 n. Ch.)

Diese Karte bietet einen Überblick über die Ausbreitung der letzten Eiszeit, über den Lebensraum der ältesten Menschen, über die Verbreitung der franko-kantabrischen Wandkunst bzw. nacheiszeitlichen Höhlenmalereien sowie über die Kerngebiete der 7 Hochkulturen zu Beginn der geschichtlichen Zeit.

Höhlenbewohner in Spanien und Frankreich

In der Felsenkunst Ostspaniens bzw. Südfrankreichs (Pyrenäen) hat sich reichlich Material aus dieser Zeit erhalten. Die naturalistische Malerei der Altsteinzeit ist aber von einer strengen, formalistischen, eher geometrischen Kunst abgelöst worden. Die Felswände der Sierra Morena etwa zeigen Menschenbilder und Abbildungen von Hirschen oder Steinböcken, die auf nur wenige Linien reduziert sind und verschiedene Zeichen tragen (Wellenli-

Typisch für die Mittelsteinzeit ist die Kopfbestattung (hier eine Fundstätte in Schwaben). Sie läßt erkennen, daß der Mensch sich nicht mehr fraglos den Gesetzen der Natur ausgeliefert weiß, sondern mit Hilfe von Riten „eingreift".

nien, Kreise, Punkte, Sonnen), deren Bedeutung bislang noch nicht eindeutig geklärt werden konnte; handelt es sich um magische Zeichen, um Schriftelemente oder um phallische Symbole? – Vergleiche mit Funden in Südamerika oder Australien machen eine Deutung dieser Zeichen in Richtung *Ahnenkult* wahrscheinlich: Die mythischen Ahnen wurden nach dem Tod in Sterne verwandelt oder sind in den Himmel aufgestiegen, um auf der Sonne oder den Sternen zu wohnen. Wahrscheinlich wirkt in der starken Betonung des Zusammenhangs mit den Ahnen die Erinnerung an das „Jagdparadies" der Eiszeit nach.

Dorf- und „Stadt"-Bewohner im Vorderen Orient

Für Südostasien (z. B. Thailand) und den Vorderen Orient (z. B. Türkei und Palästina) bedeutete das Mesolithikum eine schöpferische Periode von besonderer Intensität. Zwar ist auch hier der Übergang von der Jäger-Sammler-Kultur zur Ackerland-Viehzüchter-Kultur deutlich sichtbar (über lange Zeiten hinweg scheinen z. B. in Palästina Jäger des Jungpaläolithikums in Höhlen gelebt zu haben), doch finden sich hier besonders frühe und reichhaltige Hinweise auf den Übergang zur seßhaften Lebensweise.

In **Einan** (siehe Karte 2) wurde z. B. eine Siedlung aus dem Mesolithikum ausgegraben und kreisrunde Hütten, jeweils mit einer Feuerstelle ausgestattet, freigelegt. Nach dem Wadi Natuf, wo man die ältesten und bedeutendsten Funde machte, wurde diese Periode **Natuf-Kultur** genannt; bereits vor 9000 wurden dort wildwachsende Getreidearten mit Steinsicheln geerntet und die Körner mit Hilfe von Stampfern in einem Steinmörser zerkleinert. Zwischen 8000 und 7000 wurden Hammel und Böcke domestiziert. Vor kurzem wurde im Oberen Niltal eine Ernährungstechnik auf Getreidebasis entdeckt, die um 13 000 datiert wird. In der Natuf-Kultur finden sich auch schon Ansätze zur Entwicklung des Handels. Die Kunst dieser Zeit ist naturalistisch, einige Stampfer sind phallisch stilisiert (Ain Sakhri)

Ein mit Gips überarbeiteter Menschenschädel aus der jungsteinzeitlichen Periode Jerichos. Durch die als Augen eingesetzten Muscheln strahlt er eine beschwörende und zauberhafte Wirkung aus.

und verweisen auf religiöse Fruchtbarkeitsvorstellungen und -bräuche. Das eine der beiden in Einan gefundenen Gräber ist das wahrscheinlich **älteste megalithische Monument der Welt** (mehr zur Megalithkultur siehe Seite 45 ff).

Die Herstellung von Schnüren, Netzen und Angelhaken, die Fertigung von Booten, mit denen bereits weite Fahrten möglich waren, und die mit bereits sehr verfeinerten Steinwerkzeugen hergestellten Gebrauchsgegenstände, Kleider, Hütten und Zelte bedeuteten einen großen Sprung in Richtung Ackerbaukultur.

Die geistige Revolution des Mittelsteinzeit-Menschen

Das gekonnte Umgehen mit der Materie, das Gestalten und Schmücken, Bearbeiten und Zusammenfügen zu „künstlichen" Gebilden formte im Menschen der Mittelsteinzeit allmählich ein Mikro-Universum, in dem er sich zu Hause fühlte, das er „beherrschen" konnte, das ihm vertraut und von ihm abhängig war. Er war nicht mehr – wie die Jäger und Sammler – auf das Wild und die Früchte angewiesen, sondern konnte mit Hilfe logisch aufeinander abgestimmter Handlungen das Lebensnotwendige selbst herstellen, gestalten, veredeln – sein Denken richtete sich zunehmend nicht mehr auf „Beute" und „Sammeln", sondern auf „Ernte" aus!

Auch religiös vollzog sich eine große Umschichtung: an die Stelle der mystischen Verbundenheit zwischen Jägern und Tieren trat die **mystische Solidarität zwischen Mensch und Vegetation.** Alle menschlich bedeutsamen Ereignisse (Geburt und Tod, Erwachsenwerden und Heirat, Fülle und Not, Sexualität und Gemeinschaft usw.) brachte der Mensch nun mit sich hingebenden (oder hingemordeten) Gottheiten in Verbindung **(Ursprungsmythen).**

Die Riten dieser Zeit (Pubertätszeremonien, Tier- und Menschenopfer, Kannibalismus, Bestattungszeremonien usw.) sind nichts anderes als ein feierlicher erinnernder (Memoria) Nachvollzug dieses Urmordes.

Die Bedeutung dieser Mythen ist klar: die Nutzpflanzen sind heilig, weil sie aus dem Leib der Gottheit stammen. Der Mensch, der sich von ihnen nährt, ißt letztlich göttliche Wirklichkeit; die Nutzpflanzen sind nicht wie die Naturpflanzen vorgegeben, sondern einerseits das Ergebnis (Geschenk) eines dramatischen Urereignisses, andrerseits menschlichen Fähigkeiten und Fertigkeiten entsprungen.

Nicht mehr Knochen und Blut stellen Wesen und Sakralität des Lebens dar, sondern Samen und Blut. Auch die Frau rückt mehr in den Mittelpunkt; sie spielte schon bei der Züchtung der Kulturpflanzen eine entscheidende Rolle, der Fruchtbarkeit der Erde entspricht geheimnisvoll die Fruchtbarkeit der Frau, deshalb kennt sie in besonderer Weise die „Geheimnisse" der Schöpfung. Parthenogenese („Jungfrauengeburt"), hieros gamós (heiliger Bräutigam) und die rituellen Orgien sind auf verschiedenen Ebenen Ausdruck dieser gewandelten Rolle der Frau. Ein naheliegender Symbolismus bringt die Sexualität der Frau in Verbindung mit den Mondphasen, mit der Erde (die als Gebärmutter gedacht wird) und mit dem Mysterium der Vegetation (Fruchtbarkeit). Werden und Vergehen, Tod des Samens, der

zur Geburt neuen Lebens führt, beflügelte über Jahrtausende die Sprache der Dichter, Philosophen und Beter.

Diese Religiosität hat deutlich kosmische Züge, glaubt an die periodische Erneuerung der Welt und vollzieht sie „eigentlich" erst durch rituelle Wiederholung der Kosmogonie (= Weltentstehung).

Die Ausformung der neuen Ansätze im Neolithikum

Vieles von dem im Zusammenhang mit der mesolithischen Revolution Angedeuteten gehört bereits in die Jungsteinzeit (Neolithikum). In der Mittelsteinzeit sind bloß die auslösenden Faktoren festzustellen, welche die über so viele Jahrzehntausende, ja Jahrhunderttausende hindurch stabile Altsteinzeitkultur in Bewegung brachten. Die Errungenschaften der Mittelsteinzeit wurden dann in den folgenden Jahrtausenden der Jungsteinzeit ausgebaut, verfeinert und verdeutlicht.

An einigen Beispielen soll dies gezeigt werden:

● Die Kultur von **Jericho** reicht wahrscheinlich bis auf die Natuf-Kultur (vgl. Seite 40) zurück; in dieser Zeit scheint jedenfalls in der Nähe einer großen Quelle ein Heiligtum errichtet worden zu sein, das allerdings noch vor 7800 niedergebrannt wurde. Eine neue „Besiedlung" muß (nach den gefundenen Schichten) kurz nach 7000 stattgefunden haben; in dieser Zeit gab es bereits Befestigungen, einen massiven Turm und große öffentliche Gebäude (von denen mindestens eines für rituelle Zeremonien, also als „Tempel", erbaut worden zu sein scheint); dies läßt auf eine relativ hohe soziale und ökonomische Organisation schließen, wie sie dann – allerdings erst viele Jahrtausende später – in den Stadt-Staaten Mesopotamiens ab der Mitte des 4. Jahrtausends geschichtsmächtig wurde.

Zwei weibliche Statuetten und einige ausgegrabene Tierfigürchen aus dieser Zeit weisen auf einen Fruchtbarkeitskult hin. – Die Toten wurden unter dem Fußboden der Häuser bestattet,

Jericho, die älteste Stadt der Welt (die wir kennen), ist durch zahlreiche Ausgrabungen ein Beleg dafür, daß Stadtkulturen bereits Jahrtausende vor den sogenannten Hochkulturen existierten. Die Mauer im Vordergrund des Bildes z. B. ist mindestens 8000 Jahre alt. Der Turm in der Mitte des Bildes weist eine zweimalige Erweiterung zu verschiedenen Zeiten auf.

die Schädel aber vorher in auffälliger Weise präpariert: die unteren Partien wurden mit Gips ausgegossen und die Augen durch Muscheln ersetzt, so daß diese so viele Jahrtausende alten Schädel erstaunlich lebendig wirken und in der Art eines „Porträts" die Erinnerung an ein Individuum wachhalten konnten. Ein derartiger Schädelkult hat Parallelen in Tell Ramad (Syrien). –
Diese zweite Besiedelungsphase von Jericho (der einige andere folgten, auf die hier nicht eingegangen werden kann) stand wahrscheinlich in einem gewissen Zusammenhang mit den gleich alten anatolischen Kulturen von Haçilar und Çatal Hüyük (um 7000) in der heutigen Türkei.

● **Çatal Hüyük** ist die größte bekannte neolithische Stadt (Fläche ca. 170000 m²) im Vorderen Orient und zeigt bereits einen erstaunlichen Grad an „Zivilisation": ein sehr entwickelter Ackerbau (man fand mehrere Arten von Körnern und Gemüsen belegt), Tierzucht, Handel, zahlreiche reich geschmückte Tempel.

Auch hier wurden die Toten unter dem Boden der Häuser zusammen mit reichlichen Grabbeigaben bestattet (Edel- und Halbedelsteine, Waffen, Textilien, Holzgefäße verweisen auf einen sehr realistischen Jenseitsglauben). In den Tempeln fand man viele Statuetten einer weiblichen Hauptgottheit, die unter drei verschiedenen Aspekten dargestellt wurde: als Jungfrau, als gebärende Frau und als alte Frau. Eine männliche Gottheit ist einmal als Knabe, einmal wieder als bärtiger Erwachsener ausgeführt. – Erstaunlich vielfältige Wandmalereien (mit immer neuen Ornamenten und Motiven) und Reliefs zeigen zum Teil völlig unbekannte und daher auch praktisch nicht ausdeutbare mythisch-rituelle Darstellungen (z. B. Geier mit Menschenbeinen, die enthauptete Menschen angreifen).
In jüngeren Schichten (um 5300) findet sich dann auch (so wie in Jericho erst zu dieser Zeit!) Keramik, die reich mit geometrischen Mustern verziert ist. Um etwa 5000 geht diese Kultur zugrunde.

In Çatal Hüyük, der größten bekannten jungsteinzeitlichen Stadt (Kleinasien), wurde diese Tonstatuette einer gebärenden Göttin gefunden. Sie stützt sich majestätisch auf zwei Leoparden und läßt durch die Überbetonung der weiblichen Geschlechtsmerkmale und das Gebären erkennen, daß hier der Kult der „Großen Mutter" beheimatet war.

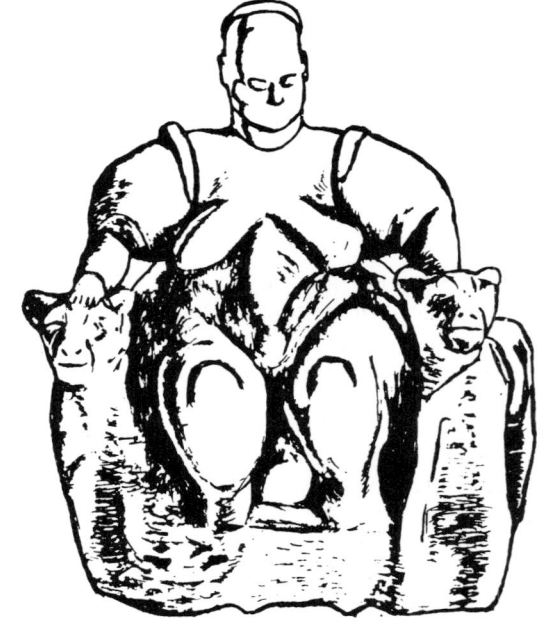

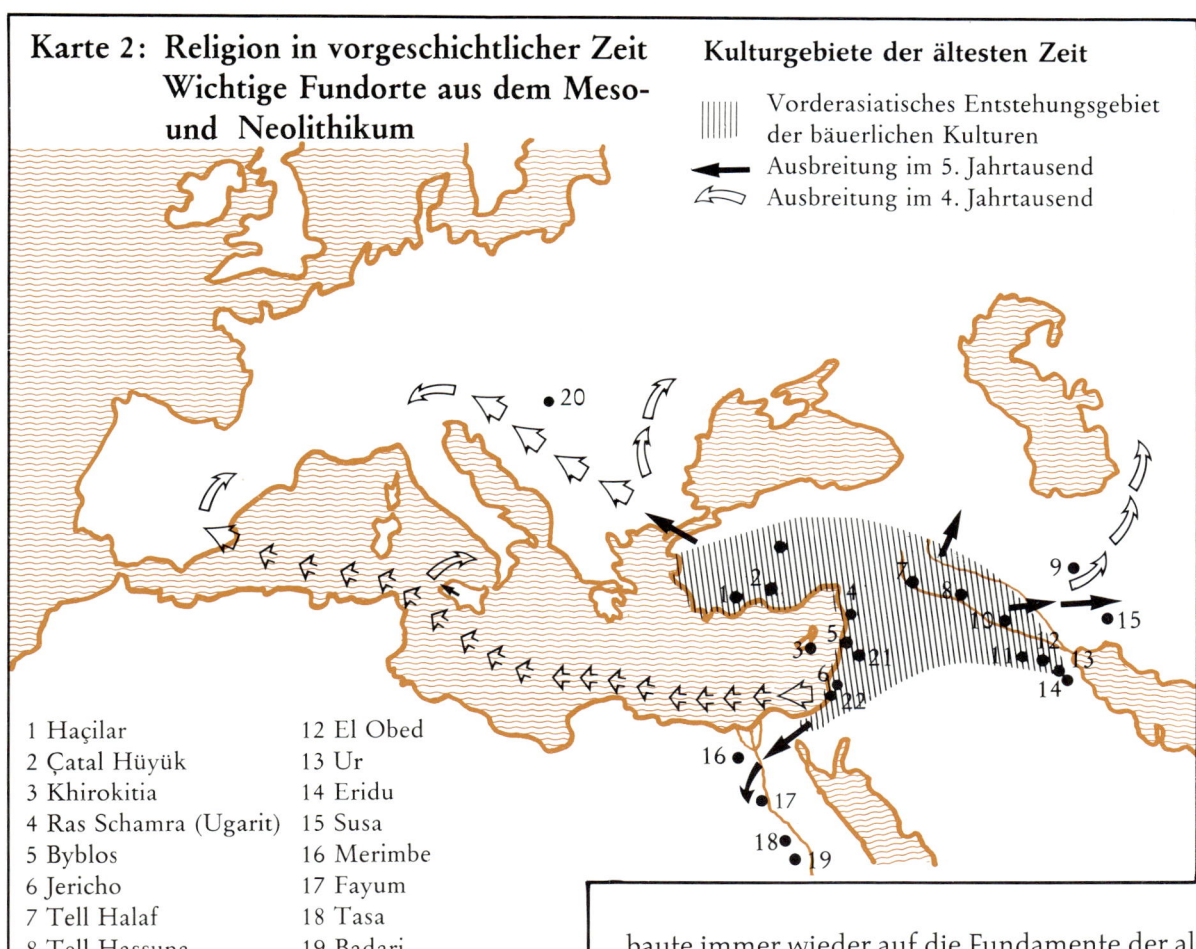

Karte 2: Religion in vorgeschichtlicher Zeit
Wichtige Fundorte aus dem Meso- und Neolithikum

Kulturgebiete der ältesten Zeit

|||| Vorderasiatisches Entstehungsgebiet der bäuerlichen Kulturen

← Ausbreitung im 5. Jahrtausend

↶ Ausbreitung im 4. Jahrtausend

1 Haçilar	12 El Obed
2 Çatal Hüyük	13 Ur
3 Khirokitia	14 Eridu
4 Ras Schamra (Ugarit)	15 Susa
5 Byblos	16 Merimbe
6 Jericho	17 Fayum
7 Tell Halaf	18 Tasa
8 Tell Hassuna	19 Badari
9 Tepe Sialk	20 Lepenski Vir
10 Samarra	21 Einan (gal. Hula-See)
11 Uruk	22 Natuf (bei Jerusalem)

● Zur selben Zeit, als Çatal Hüyük zugrunde-geht, wird in der Nähe des heutigen Mosul (Irak) die sog. **Tell-Halaf-Kultur** aufgebaut, vielleicht von Flüchtlingen aus Çatal Hüyük, da es viele Parallelen gibt. Auch hier wurden die Toten mit Grabbeigaben bestattet, wurde der wilde Stier verehrt, gibt es viele Bildnisse einer Göttin (hier in Begleitung von Tauben, sitzend, mit übergroßen Brüsten), die wahrscheinlich als Muttergottheit verehrt wurde.

● Auf Zypern wurde die Siedlung Khirokitia ausgegraben, ein Dorf mit mehreren aus Stein-mauern errichteten Häusern. Der kuppelartige Überbau war aus Lehmziegeln errichtet („fal-sche Gewölbe"). In den ältesten Schichten (man baute immer wieder auf die Fundamente der al-ten Häuser!) fand man Hinweise auf Versuche, Tongefäße herzustellen. Wie in Çatal Hüyük wurden die Toten unter den Fußböden der Häuser bestattet. Zahlreiche, meist geigenför-mig stilisierte Idole sind die einzig nennens-werten religiösen Zeugnisse.

● Die aus dem Südirak stammende **Obed-Kultur** verdrängte um 4400 die Tell-Halaf-Kul-tur und verbreitete sich in ganz Mesopota-mien; sie ist bereits für 4325 in Warka (= Uruk) belegt. Wie schon in der Tell-Halaf-Kul-tur wurden auch in der Obed-Kultur Kupfer-beile (und andere Kupfergeräte) verwendet; diese und verschiedene gefundene Gegen-stände aus Gold verweisen auf einen beacht-lichen Fortschritt in der Metallurgie.
Ein lebensgroßer Menschenkopf aus Marmor und verschiedene Tierköpfe aus demselben Material haben eindeutig religiöse Bedeutung, doch läßt sich aus den Funden (auch nicht aus den auf Siegeln gravierten Kultszenen) nicht

feststellen, um welche Art Kult es sich gehandelt hat, Details würden den Gebrauch der Schrift und überlieferte Texte voraussetzen! Die bedeutendste Neuerung der Obed-Kultur ist die Errichtung monumentaler Tempel. Der sog. Weiße Tempel zum Beispiel, der etwa aus 3100 stammt, befindet sich auf einer 13 m hohen, 70 × 66 m messenden Plattform und hat eine Grundfläche von 22,3 × 17,5 m – zweifellos bereits ein Zikkurat (= Stufenturm) in der Art der „heiligen Berge" Babels!

● 1965 wurde am Eisernen Tor, der Donaupforte zwischen Jugoslawien und Rumänien, eine neolithische Stadt ausgegraben – Lepenski Vir –, deren früheste Schichten bis 5800 v. Chr. zurückreichen. Hausheiligtümer lassen Vergleiche mit den schon genannten „städtischen Kulturen" auf Zypern und in Kleinasien zu. Die monumentalen Bildhauerwerke aber sind ohne Vorbild und einzigartig – sie stellen wahrscheinlich Gottheiten dar.

Die Verbreitung der im Vorderen Orient um 8000 entwickelten und reich belegten neolithischen Bodenkultur über die Agäis und die östlichen Mittelmeerländer, über Griechenland, den Balkan, die Donauländer und das übrige Europa ist nicht aufzuhalten. Abhängigkeiten und Kontakte sind allerdings nicht nachzuweisen, dafür geben die Funde zuwenig her! Ab 7000 kann man aber mit M. GIMBUTAS von einer „Europäischen Frühkultur" sprechen, die mehr oder minder gleichzeitig an den Küsten Griechenlands und Italiens, auf Kreta, auf der Balkanhalbinsel, in Südostasien und im Gebiet des sog. fruchtbaren Halbmonds (Syrien, Zilizien, Palästina) auftritt und die Korn- und Gerstenanbau ebenso wie die Haltung von Schafen und Böcken, Rindern und Schweinen als Haustiere kennt.

Mit der Verbreitung von Ackerbau und Viehzucht wurden offensichtlich auch deren spezifische Mythen, Riten und religiöse Vorstellungen weitergegeben! – In der neolithischen Fundstätte von Căscivarele (Rumänien) wurde z. B. ein Tempel ausgegraben, der offensichtlich dem Kult der „Weltachse" (kultische Verbindung des kosmischen Baums mit der kosmischen Säule – axis mundi mit columna universalis) diente. Zwischen 6500 und 5300 fand auf der Balkanhalbinsel und in Zentral-

Eine monumentale Skulptur aus Lepenski Vir (am Eisernen Tor in Rumänien) aus dem 6. Jt. v. Chr. Die Art der Darstellung und die Monumentalität der Plastik in so früher Zeit sind einzigartig. Wahrscheinlich wird eine Gottheit dargestellt.

anatolien ein gewaltiger kultureller Aufschwung statt, der zeigt, daß neben dem Kulturzentrum Vorderer Orient und der spezifischen (langsameren!) Entwicklung in Nord- und Mitteleuropa hier eine ganz eigenständige und sehr vitale Kultur lebte. Für die Mitte des 6. Jahrtausends sind z. B. mehrere Dörfer nachgewiesen, die durch Gräben oder Mauern geschützt waren und bis zu 1000 Einwohner aufnehmen konnten. Im Vergleich dazu zeigen die Funde etwa an den Schweizer Seen bescheidene Dimensionen (Großfamilien).

Trotz der vergleichsweise vielen Funde bleibt unsere Sicht des religiösen Lebens der Jungsteinzeit fragmentarisch und lückenhaft. Wir haben viele Hinweise auf Totenkult und Fruchtbarkeitsriten, auf Glaubensvorstellungen und Rituale im Zusammenhang mit dem Mysterium der Vegetation, auf die Zusammenschau von Frau–Scholle–Pflanze mit dem Geheimnis von Geburt–Wiedergeburt, auf die Hoffnung auf ein Fortleben nach dem Tod, auf eine religiöse Kosmologie mit der Symbolik „Mittelpunkt der Welt" u. a. m. – Was fehlt, um all dies lebendig zu machen, wie die religiösen Zeugnisse Ägyptens oder Babyloniens es vermögen, sind die Texte, die erst die reiche Vielfalt und die hohe Kultur mit Leben füllen würden.

Ehe wir uns aber diesen ältesten Schriftkulturen zuwenden können, müssen wir noch jene seltsamen Zeugnisse sichten, die auf zum Teil reichentwickelte Kulturen verweisen, aber weitgehend unbekannt oder unbeachtet sind, weil auch hier die Texte fehlen, um sie „verstehen" zu können; gemeint sind die verschiedenen Megalith-(= Großstein-) Kulturen, die in Westeuropa ebenso nachweisbar sind wie im Mittelmeerraum, im Vorderen Orient ebenso wie in Afrika und in Indien.

Die vorgeschichtliche Megalith-Religion

Nicht nur vor den archaischen Hochkulturen im Vorderen Orient, sondern auch vor den Indogermanen in Europa gab es bereits hochentwickelte Zivilisationen, die uns allerdings meist nur archäologisch (durch die vielfältigen megalithischen Architektur-Zeugnisse) zugänglich sind.

Bei unserer Frage nach dem „Glauben der Menschen" geht es deshalb auch hier wieder darum, Hinweise auf den Glauben der Megalithiker durch Rekonstruieren und Vergleichen herauszufiltern.

Die Megalithkultur beruhte auf dem Totenkult

Die Verehrung der Ahnen dürfte der zentrale Inhalt der Megalith-Religion gewesen sein. All die natürlichen oder künstlichen Höhlen in Fel-

sen und die künstlichen Höhlen in künstlichen Hügeln oder die Schächte verschiedenster Art, die Steinringe, die in Felsgipfel geschnittenen Heiligtümer, die aufrechtgestellten Steine und die Steinüberdachungen – all dies sind Denkmäler desselben Ahnenkults. Wo aus klimatischen Bedingungen Holz die Jahrtausende überdauert hat, sieht man, daß vor oder neben den Steinkonstruktionen auch ähnliche Konstruktionen in Holz ausgeführt worden waren. Nur eine einzige andere Kultur hat ähnlich großzügig für ihre Toten gesorgt: die ägyptische. In Ägypten gibt es aber viele andere Bauwerke und Kulturdenkmäler, die nichts mit dem Ahnenkult zu tun haben, die Megalithkultur überlieferte praktisch nichts als ihren **Glauben an ein Fortleben der Ahnen nach dem Tod und den Glauben an die große Macht der Toten.** Die „Bedürfnisse" der Toten mußten von den Lebenden befriedigt werden, die auf diese Weise an der machtvollen Wirksamkeit der Vorfahren Anteil zu bekommen hofften.

Wie ging der megalithische Totenkult vor sich?

– Viele Megalithgräber zeigen an einer Schmalseite der Grabkammer einen niedrigeren stehenden Stein neben anderen gleichhohen, so daß hier zwischen dem Deckstein eine Öffnung bleibt – oder (bei späteren Bauten) die Deckplatte ist durchbohrt. Diese **„Seelenlöcher"** sind nicht als „Ausgang für die Toten" gedacht, sondern dienen offensichtlich dazu, Grabbeigaben erneuern zu können und damit den Totenkult über einen längeren Zeitraum hinweg zu ermöglichen. Bei größeren Grabbauten, wo von dem eigentlichen Grabraum eine Vorkammer abgetrennt ist, findet sich das „Seelenloch" immer in der Vorkammer; die Grabkammer selbst ist dann fensterlos und meist erstaunlich gut abgedichtet.

– Eine deutliche **Orientierung der Gräber** in eine bestimmte Himmelsrichtung ist nicht festzustellen, höchstens eine gewisse Häufigkeit der Ost-West-Lage, wobei dann die Eingänge häufig im Südosten liegen, doch gibt es auch sehr viele Gegenbeispiele, so daß darin kein Prinzip gesehen werden kann.

– Der *Boden* der Grabkammern besteht meist aus gebrannten Feuersteinbrocken, die zu einer festen Decke gestampft sind, es kommen aber auch (in späterer Zeit) gestampfte Lehmböden vor.

Die *Skelette* liegen meist gestreckt oder in Schlafstellung mit leicht angezogenen Beinen in Seitenlage, manchmal auch in Rückenlage. Sitzstellung ist nur im Mittelmeerraum und in Weiß- und Schwarzafrika sicher zu belegen. *Leichenbrand* kommt erst in späteren Epochen vor, es finden sich aber bei einer ganzen Reihe von Grabstätten in unmittelbarer Nähe deutliche *Brandstätten,* die auf Opferfeuer verweisen.

Das Zentrum der Anlage von Stonehenge mit seinen 30 dicken Stein-Pfeilern wird von riesigen aneinanderstoßenden hohen Steinbalken überlagert – Ein Kultzentrum? – Eine kosmische Sonnenuhr?

– Unter den *Grabbeigaben* fallen besonders Waffenbeigaben auf: riesige Streitäxte (dän., schwed.) aus einem Tonkern, mit Kupfer-, später Bronzeblech überzogen; dann wiederum winzig kleine Beilchen, aber auch gebrauchsfähige Waffen. Offensichtlich ist also der Realismus des Jenseitsglaubens mit einem gewissen Symbolismus verbunden. Daneben fand man Nahrungsmittel (Fleischbeigaben von Schwein und Rind, auch von Hund, Elch, Hirsch und Kranich), Steinschalen zum Trinken und Baden, Sandalen, verschiedene Keramik, sogar Klappstühle, Bronzetrompeten, Sanduhrtrommeln und papierdünne Goldgefäße.

– Es ist sowohl *Einzel- wie Kollektivbestattung* nachzuweisen; vielleicht gab es auf dem Höhepunkt der Megalithkultur vorwiegend Massenbestattung, doch ist auch dieser Befund nicht eindeutig.

– Im Zusammenhang mit dem Totenkult kam es wahrscheinlich auch zu **Menschenopfern** (in dieser Richtung ist wohl der häufig zu beobachtende Leichenbrand in der Nähe der Grabkammern zu erklären), mehrfach findet man neben einem männlichen Skelett ein (auch mehrere) weibliches, dem der Schädel eingeschlagen ist (was auf gewaltsame Tötung schließen lassen könnte).

– Die häufig bei den Gräbern anzutreffenden **Menhire** (aufrechtstehende Steine) sind wohl kaum ein Phallussymbol (jedenfalls nicht ursprünglich), sondern sind als *Seelenthron* zu verstehen, auf dem die im Luftraum sich bewegende Seele des Toten, der hier verehrt wird, einen Ruheplatz finden sollte. Um die Menhire (in Morbihan/Bretagne finden sich allein 3500 Menhire, und die berühmte Steinreihe von Carnac in der Bretagne ist 3 km lang!) ist häufig ein **Steinkreis (Cromlech)** angelegt, der vielleicht einen Fest- oder Kultplatz abgrenzen sollte (Durchmesser bis zu 60 m). Hie und da gibt es an den Menhiren auch erotische Verzierungen, die auf eine Phallusbedeutung der Menhire hinweisen könnten (z. B. in Bologna, in Finistère/Frankreich oder in Äthiopien).

Manchen Menhiren ist ein liegender Stein beigefügt, der wohl die Funktion eines Altares erfüllen soll (**„Dissolithen"**). Öfters erfüllt aber auch ein Holzpfahl die gleiche Funktion wie ein Menhir.

Waren die Menhire in älterer Zeit vorwiegend „Seelensitz", so in späterer Zeit eher „Denkmal" des Toten, weshalb sie bildhauerisch bearbeitet und sehr verschieden ausgestaltet werden konnten. In jüngerer (historischer) Zeit bildete sich manchmal geradezu ein eigener Fruchtbarkeitskult um solche Menhire, sie wurden mit Öl gesalbt, mit Blumen bekränzt, begossen, erleuchtet, umschritten, umtanzt, berührt (mit den Genitalien) – immer geht es dabei darum, die machtvollen Ahnen als Vermittler von Fruchtbarkeit und Wohlergehen anzuerkennen, zu verehren und zu bitten. –

Manchmal finden sich unter den Grabbeigaben auch Figuren, die eine ähnliche Funktion als Totenbilder (Idole) haben könnten wie die anthropomorph gestalteten Menhire. – Die Gräber wurden häufig bemalt, gepflastert, mit Ornamenten verziert oder mit Gravuren versehen; auch Tierbilder und symbolhafte Zeichen (z. B. frühe Schriftzeichen, sog. Petroglyphen) finden sich.

Die Häuser der neolithischen Menschen haben kaum Spuren hinterlassen, die Vorsorge für die Toten in der offensichtlich sehr weit verbreiteten Megalithkultur überdauerte dagegen Jahrtausende. Darin kommt der Versuch zum Ausdruck, das als vergänglich erfahrene Leben (für den „jungen" Ackerbauer lag die Parallele zum so vergänglichen pflanzlichen Leben sicherlich besonders nahe) zu „verlängern", ja zu „verewigen" (Stein!).

Im Gegensatz zu den Vorstellungen der archaischen Hochkulturen der Mesopotamier, Hethiter, Hebräer, Griechen usw. – für die die Toten nur ohnmächtige Schatten sind – ist hier der Glaube an die machtvolle Hilfe lebendig, welche die Lebenden von den Toten erhalten, wenn sie ihnen den entsprechenden Kult darbringen.

Im Mittelpunkt stand die Grab-Architektur

Folgende Grabformen lassen sich unterscheiden:

– **Höhlen:** Neben den natürlichen Höhlen (z. B. in Spanien) gab es auch viele künstliche Höhlen (z. B. die Stockwerkhöhlen auf Malta) und auch sog. „über-künstliche" Höhlen (künstliche Hügel, in die Grabhöhlen eingebaut wurden).

– **Dolmen (Steintische):** Dies ist die wohl häufigste Form von Megalithgräbern. Es handelt sich um Kammern aus 4, manchmal auch 5 gewaltigen Steinblöcken, die, aufrechtgestellt, den Grabraum umschließen. Auf den stehenden Steinen ruhen die Oberlieger (Decksteine), darüber wurde ein Erdhügel aufgeworfen. Diese Kammern sind oft so luftdicht abgeschlossen, daß in den Jahrtausenden bis zu ihrer Öffnung kaum Staub eindrang. Die glatte (geglättete) Seite der Steinblöcke wies ins Innere der Kammer und bildete so einen richtigen Raum. – Eine Steineinfassung am Fuß des aufgeschütteten Hügels verhinderte das Abrutschen der Erde.

– **Ganggräber:** In späterer Zeit verwendete man nicht mehr Steinblöcke, sondern lernte, sie in Platten zu spalten. – Dadurch konnte man die Gräber vergrößern, konnte leichter Abteile schaffen und in einem solchen Ganggrab (bis zu 25 m lang) mehrere Tote bestatten. In einem dänischen Ganggrab fand man an die 100 Skelette.

– **Steinkisten (Galerien):** Sie sind in den gewachsenen Boden eingesenkt, mit Steinplatten verkleidet und abgedeckt, oftmals auch durch Platten in mehrere Kammern unterteilt.

– **Terrassen:** Die sogenannten „Hünenbetten" (gewaltige Erdaufschüttungen, rechteckig angelegt, bis zu 110 m lang, durch Einfassung von Sandsteinen gegen Abrutschen gesichert) finden sich vor allem in Norddeutschland. Die dazugehörige Grabkammer ist dagegen eher klein; der überschüssige Raum wurde wahrscheinlich als Versammlungsraum der Kultgemeinde verwendet.

– **Kuppelgräber:** Diese vor allem in Irland und Spanien, aber auch in der Bretagne und in Nordeuropa bezeugte megalithische Bauform hat eine starke Parallele im Atreusgrab der mykenischen Kultur. Es handelt sich um riesige Anlagen (das Kuppelgrab von New Grange in Irland hat z. B. einen Durchmesser von 85 m) mit Grabkammern, Seitenkammern, Gängen, Wällen und Gräben. An der Rückwand der Grabkammern finden sich bereits Apsisbildungen, wie wir sie auch in Malta sehen können. Bei

In diesem geöffneten Gigantengrab (auf Sardinien) befindet sich im oberen Teil ein sogenanntes „Seelenloch", das aber kaum als Ein- bzw. Ausgang der Seelen der hier Begrabenen gedient haben dürfte, sondern den Totenkult (Opfergaben) auch bei intaktem (geschlossenem) Grab ermöglichte.

Gräbern mit zweigeteiltem Gang werden Stützsäulen aus Stein oder Steinsockel (für Stützen aus Holz) verwendet.
– **Diskusgräber (Gräberrunde):** Ein kreisrunder Graben mit voranliegendem kreisrundem Wall wird von zwei gegenüberliegenden Durchgängen unterbrochen. In der Mitte ist ein Schachtgrab. Über dem Schachtgrab (mit Steinkiste) ragt ein Menhir auf. Diese Grabform der Megalithzeit ist typisch für England – in Aberdeenshire, Cornwall und Derbyshire – und ähnelt stark den „Circoli" in Italien (diese haben noch einen Zusatz von aufgestellten Blöcken).
Das bedeutendste Gräberrund des westlichen Megalithikums ist in *Stonehenge* zu finden.
– **Gehörnte Hügel („Horned cairns"):** Diese Bezeichnung meint halbkreisförmige oder halbbreitovale Bauten bzw. Vorplätze (die dem Totenkult dienen), sind besonders häufig in England, aber auch auf Malta und Sardinien anzutreffen; oft ist eine solche Anlage mit einem oder mehreren Kuppelgräbern kombiniert.
– **Hügelarchitektur:** Die charakteristischen Erdhügel der Megalithkultur haben nicht nur die (religiöse) Funktion, die Gräber zu überdecken, also eine künstliche Höhle zu ermöglichen, sondern auch die (statische) Funktion, den Seitendruck des Bauwerks aufzufangen. So finden sich in den aufgeschütteten Hügeln oft Steinkränze als Widerlager oder Steinplattenkreise als Abstützung der Erde.

Der Ursprung der Megalithkultur

Verschiedenartige Hypothesen wurden zur Erklärung dieser vielfältigen Zeugnisse der Megalithkultur in so verschiedenen Ländern und Jahrhunderten aufgestellt.
Vor der Anwendung der Radiokarbonmethode zur Bestimmung des Alters archäologischer und paläontologischer Funde bestand eine gewisse Übereinstimmung der Gelehrten darin, daß die Megalithkulturen im östlichen Mittelmeerraum (in dem für das 3. Jahrtausend megalithische Gemeinschaftsgräber bezeugt sind) entstanden sind und sich in der Folge auf dem Seeweg, z. B. im Zuge des damals einsetzenden Erzhandels, nach Westen und Norden verbreitet haben. Der ursprüngliche Dolmenbau habe sich dabei zu einer zyklopischen Architektur gewandelt (auf Malta, der Iberischen Halbinsel und in Südfrankreich).
Die *Radiokarbonmethode* ergab aber einen völligen Umsturz dieser Theorien, denn mit Hilfe dieser Methode wurde exakt festgestellt, daß die Megalithgräber in der Bretagne schon vor 4000 v. Chr. gebaut worden waren und daß auch in England und Dänemark bereits vor 3000 v. Chr. Steingräber bestanden. Auch die gigantische Anlage von Stonehenge (in ihrer ältesten Bauform) stammt bereits von 2800.
Da die erste Steinpyramide in Ägypten erst für 2700 nachgewiesen ist (vorher gab es nur Ziegelbauten!) und auch die mykenischen Zeugnisse wesentlich jünger sind, können die west- und nordeuropäischen Megalithbauwerke nicht von Ägypten oder Mykene abhängig sein. Ja sogar die Monumente auf Malta (z. B. der Tempel von Tarxien oder die Nekropole

Die Anlage von Stonehenge

Ganz außen verläuft ein kreisrunder Wall mit Graben (90 m Durchmesser). Innerhalb dieses Walls finden sich drei Kreise mit Pfostenlöchern, 30 m weiter innen ein Kreis von 30 dicken Pfeilern, deren glatte Seiten nach innen gekehrt sind – sie sind von aneinanderstoßenden riesigen hohen Steinbalken überlagert.
Vor diesem Kreis gibt es – nach innen zu – einen weiteren Kreis von 50 kleineren, nach oben zu keilförmig verjüngten Menhiren.
Innerhalb dieses Kreises stehen in Hufeisenform fünf Trilithen (je zwei riesige Pfeiler mit einem überliegenden Block), der mittelste Trilith ist höher als die vier anderen. Innerhalb dieses Hufeisens gibt es parallel dazu ein zweites Trilithenhufeisen mit kleineren Menhiren. Wieder innerhalb liegt vor dem höchsten Trilith ein 5 m langer und 1 m breiter Stein (Altar?) – da auch eine Grube gefunden wurde, könnte es sich auch um einen einzelnen großen Menhir gehandelt haben, der umgestürzt ist.
Ungefähr in der Längsachse des Hufeisens ist im Außenwall gegen NO eine Öffnung, von der eine 20 m breite Straße (von Gräbern eingefaßt) den Hang hinunterführt. 30 m vom Tor entfernt steht in der Mitte der Straße wieder ein Menhir. Zwischen den Enden des Hufeisens fand sich ein Skelettgrab.
Die Feststraße gabelt sich, und der eine Zweig führt 700 m zu einer „Rennbahn" (ein Wall mit Graben umschließt ein Rechteck von 3 km Länge und 100 m Breite. In dieser „Rennbahn" fand man 2 Gräber).
Bei dieser monumentalen Anlage handelt es sich kaum um eine kosmische Sonnenuhr oder dgl., sondern zumindest in seiner ältesten Form (es gibt nachweislich drei verschiedene

von Hal Saflien) waren schon vor 2000 abgeschlossen, können also nicht vom (jüngeren!) minoischen Bronzezeitalter beeinflußt worden sein, wie man vorher behauptet hatte – eher umgekehrt.

Wahrscheinlich stehen wir vor dem Phänomen selbständiger Schöpfungen von verschiedenen, damals noch eher spärlich in Kontakt miteinander stehenden Kulturgebieten wie Maghreb, Palästina, Abessinien, Assam, Ceylon, Tibet, Korea und den schon vorher ge-

Ausbaustufen von Stonehenge) um ein Kultzentrum, das Beziehungen zu den Ahnen gewährleisten sollte, einen geheiligten Raum, der als „Mittelpunkt der Welt" fungierte, in dem die Verbindung mit Himmel und Unterwelt (Totenreich) zustandekommt.

nannten Gebieten im Vorderen Orient, auf Gran Canaria, im Mittelmeergebiet, auf der Iberischen Halbinsel, in Frankreich, Großbritannien, Irland, Dänemark, Norddeutschland und Schweden.

Dieses gewaltige Umstülpen aller Hypothesen über die Megalithkulturgeschichte durch die exakte Altersbestimmung hat die Erforschung dieses „größten Rätsels der Vorgeschichte" aber nicht weitergebracht. Wir wissen heute eher, wie es nicht war, tappen hinsichtlich der Fragen nach Ursprung und gegenseitigen Abhängigkeiten weitgehend im Dunkeln.

Wie schon im vorigen Kapitel – bei unserer Frage nach dem Glauben der ältesten Menschen – haben wir auch hier die Möglichkeit, die vorgeschichtlichen Funde (die nicht mehr sprechen können) durch ethnographische Zeugnisse zeitgenössischer Megalithkulturen in Indonesien und Melanesien zu verlebendigen (vgl. den indonesischen Mythos unten).

Bei den spezifischen Glaubensvorstellungen der lebenden Megalithgesellschaften stehen die Megalithe in Zusammenhang mit bestimmten Vorstellungen über das Leben nach dem Tod. Sie werden zumeist im Verlauf von Zeremonien errichtet, die die Seele auf ihrer Reise ins Jenseits beschützen sollen. Sie sichern aber auch den Lebenden, denen, die sie errichten, bzw. jenen, denen sie nach ihrem Tod errichtet werden, ein ewiges Fortleben nach dem Tode. Außerdem sind die Megalithe das Bindeglied schlechthin zwischen den Lebenden und den Toten. Sie gelten als Träger der magischen Fähigkeiten ihrer Erbauer und jener Toten, für die sie errichtet wurden, und gewährleisten so die Fruchtbarkeit und den Fortbestand von Mensch, Vieh und Ernte.

Der Stein und die Banane

Die Eingeborenen von Poso, einem Distrikt in Zentral-Celebes, sagen, daß am Anfang der Himmel der Erde sehr nahe war und daß der Schöpfer, der in ihm lebte, seine Gaben den Menschen am Ende eines Seiles hinabzulassen pflegte.

Eines Tages ließ er auf diese Weise einen Stein hinab; aber unser erster Vater und unsere erste Mutter wollten keinen haben, und sie riefen zu ihrem Schöpfer hinauf: „Was haben wir mit diesem

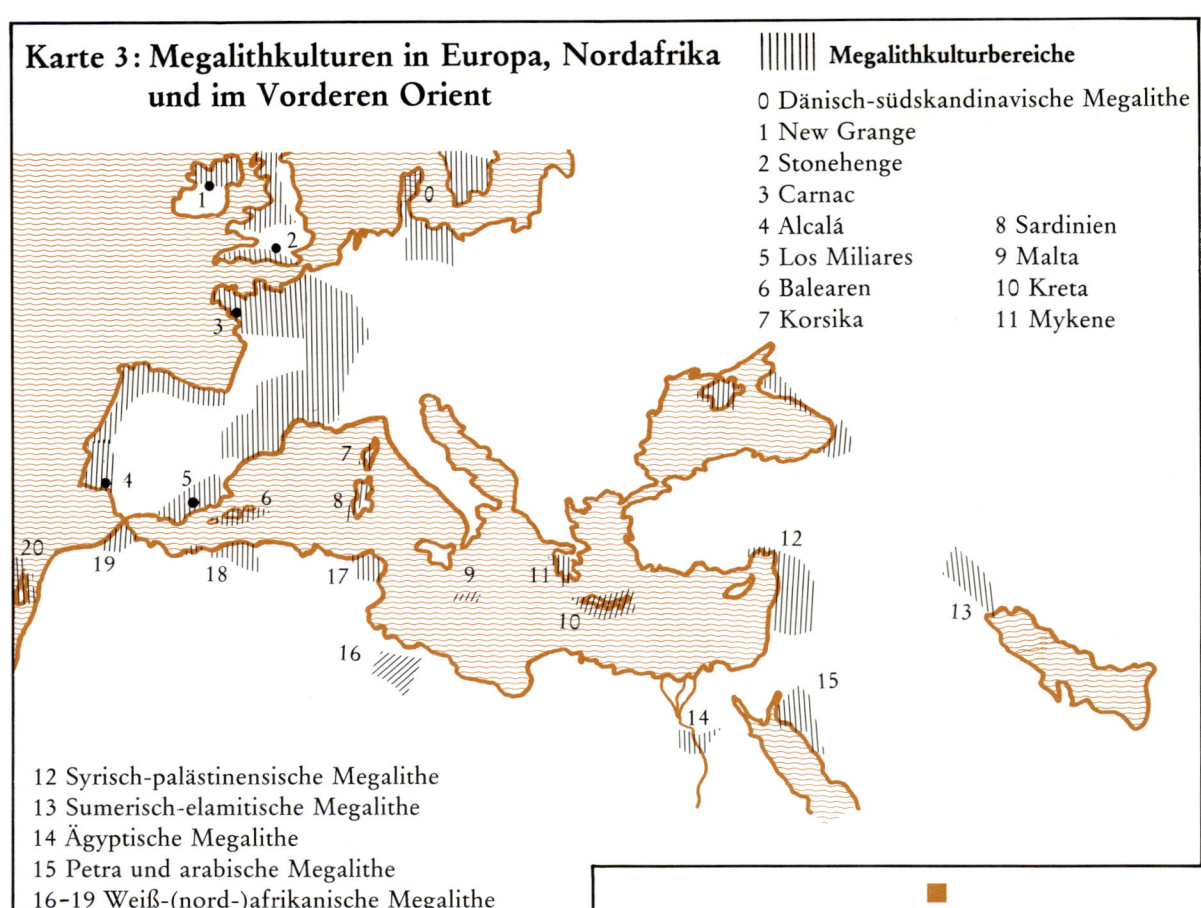

Karte 3: Megalithkulturen in Europa, Nordafrika und im Vorderen Orient

|||||| **Megalithkulturbereiche**

0 Dänisch-südskandinavische Megalithe
1 New Grange
2 Stonehenge
3 Carnac
4 Alcalá   8 Sardinien
5 Los Miliares   9 Malta
6 Balearen   10 Kreta
7 Korsika   11 Mykene

12 Syrisch-palästinensische Megalithe
13 Sumerisch-elamitische Megalithe
14 Ägyptische Megalithe
15 Petra und arabische Megalithe
16–19 Weiß-(nord-)afrikanische Megalithe
20 Megalithe auf den Kanarischen Inseln

Stein zu tun? Gib uns irgend etwas anderes.“ Dem entsprach der Schöpfer und zog ihn mit dem Seil hinweg. Der Stein stieg immer mehr in die Höhe, bis er außer Sicht kam. Alsbald sah man das Seil wieder vom Himmel herabkommen, und diesmal war eine Banane an seinem Ende anstelle des Steines. Unsere Ureltern rannten zu der Banane und ergriffen sie. Da kam eine Stimme vom Himmel und sagte: „Weil ihr die Banane gewählt habt, soll euer Leben wie ihr Leben sein. Wenn der Bananenbaum Nachkommen hat, stirbt der elterliche Stamm; so sollt ihr sterben, und eure Kinder sollen an eure Stelle treten. Hättet ihr den Stein gewählt, würde euer Leben wie das Leben des Steines gewesen sein, beständig und unsterblich.“ Der Mann und sein Weib beklagten ihre verhängnisvolle Wahl, aber es war zu spät. So ist durch das Essen einer Banane der Tod in die Welt gekommen.

Die Bauten dienen den Toten bei ihren Besuchen im Dorf als Sitz – werden aber auch von den Lebenden benutzt. Der Platz, auf dem die Megalithe stehen, ist zugleich Kultstätte (für feierliche Tänze und das Darbringen von Opfern) und Mittelpunkt des gesellschaftlichen Lebens. Die Genealogien (Abstammungsreihen) spielen in diesen Dörfern eine große Rolle und werden wahrscheinlich bei solchen kultischen Gelegenheiten feierlich rezitiert (dies ist aber geheim und wird vor Fremden verborgen, weil es um den Ahnherrn und Begründer des Dorfes geht).
Dieses Gedächtnis der Namen und Taten der Ahnen ist in den Megalithen gleichsam „erstarrt“, also zeitlos geworden, ist damit dem Vergehen enthoben und kann kultisch gegenwärtiggesetzt werden. Die Toten besitzen durch diese Megalithgräber eine außergewöhnliche Macht, an der aber die Lebenden kultisch teilhaben können, was ihnen eine hohe Lebenssicherheit schenkt.

Einzelne Schwerpunkte der Megalithreligion

● Die **Megalithkultur des Nordens** wurde zwar als erste archäologisch wahrgenommen und untersucht, sie ist aber keineswegs die älteste. Am wahrscheinlichsten ist, daß sie vor 2000 von Irland und dem Norden Großbritanniens aus nach Dänemark und von hier aus einerseits nach Norddeutschland, andrerseits nach Südskandinavien gelangte – wahrscheinlich Hand in Hand mit Ackerbau, Viehzucht, Steinschliff und Kupferverarbeitung. Die erste megalithische Kolonisation verlief höchstwahrscheinlich friedlich, erst später dringt wahrscheinlich ein kriegerisches Volk (die sog. „Streitaxtleute") ein und verdrängt bzw. unterdrückt die Megalithiker (wie es zuerst für Holstein belegt ist). Die Verschmelzung von Megalithikern und Streitaxtleuten könnte vielleicht in Richtung „Indogermanen" gedeutet werden. Der archäologische Befund ist nicht eindeutig, die kultische Einheit mit den Untersuchungsergebnissen für die Britischen Inseln und deren Megalithreligion ist aber eindeutig gegeben. Eine Untersuchung der Religion der *Germanen* ergibt, daß der *Himmelsgott* eindeutig aus der Megalithreligion stammt, ferner die Verehrung der *Ahnengeister* als Heroen und verschiedener *Naturgeister*. Wenn z. B. in Upsala die Gräber „großer Götter" gezeigt wurden und diese Gräber richtige alte megalithische Grabhügel waren, dann ist klar, daß es sich bei diesen „Göttern" um Stammesheroen handelt, die „übernatürlich" weiterwirken. Die megalithischen Steinpfeiler und Holzpfosten findet man ebenso bei den Germanen wie weibliche Heroen (sog. Walas), die wahrsagten und eine beachtliche geistige Herrschaft ausübten (dafür gibt es Parallelen bei vielen megalithischen Kulturen). In der „Heimskringla" und den „Islandsagas" gibt es gute literarische Belege für den ausgeprägten Heroenkult der Germanen (im Grabhügel wird ein Erinnerungsbecher geweiht; verstorbene Helden erhalten Opfer zur Erlangung reicher Ernte; Nachkommen Freyrs werden von ihren Untertanen geopfert, um eine arge Hungersnot abzuwenden). Vgl. dazu auf Seite 135 ff.

● Auch die **Megalithkultur der Britischen Inseln** erweist sich als „eingewandert". Die zahlreichen Funde lassen sich aber weder in ihrer Abhängigkeit (Bretagne, Pyrenäenhalbinsel, Dänemark, Mittelmeer) noch in ihrer Entwicklung eindeutig bestimmen. Es gab praktisch alle Formen megalithischen (Grab-)Bauens nebeneinander und Funde unter den Grabbeigaben weisen auf verschiedenste, weit auseinanderliegende Megalithbereiche (was eher auf Kontakte auf dem Seeweg hinweist als auf grundlegende Abhängigkeiten der gesamten Kultur).

In der Religion der **Inselkelten**, die über lange Zeit hinweg erhalten blieb und uns auch schriftlich gut bezeugt ist, spielen wie bei den Germanen die Heroen eine große Rolle; verehrt wurden sie an den großen megalithischen Denkmälern Irlands, die in der Überlieferung eindeutig als deren Gräber identifiziert werden. Es handelt sich bei diesem Heroenkult also nicht um Polytheismus (wie man gerne interpretieren wollte), sondern um den typisch megalithischen Ahnenkult ohne eigentliche Vergöttlichung. Bei den Kelten herrscht das „Mutterrecht" vor – so liegt es nahe, daß dort auch die *Stammütter* besonders verehrt wurden: Matrona, Brig, Badb sind einige dieser hochverehrten weisen Ahnfrauen, die mit Flüssen

Ein norddeutsches Dolmengrab – die häufigste Form von Megalithgräbern. Hier sind die ursprünglich aufrecht stehenden Wandsteine unter dem Druck des riesigen Deckensteins eingesunken.

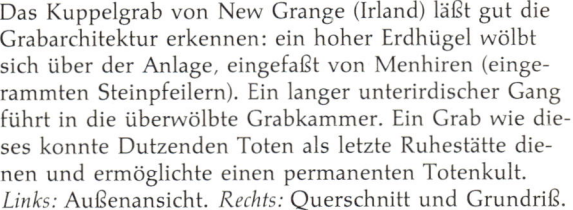

Das Kuppelgrab von New Grange (Irland) läßt gut die Grabarchitektur erkennen: ein hoher Erdhügel wölbt sich über der Anlage, eingefaßt von Menhiren (eingerammten Steinpfeilern). Ein langer unterirdischer Gang führt in die überwölbte Grabkammer. Ein Grab wie dieses konnte Dutzenden Toten als letzte Ruhestätte dienen und ermöglichte einen permanenten Totenkult. *Links:* Außenansicht. *Rechts:* Querschnitt und Grundriß.

zu tun haben (Matrona), mit heiligem Feuer (Brig) und mit Kriegen und Schlachten (Badb). Menschenopfer sind ebenso bezeugt wie vielfältiger Kult von Naturgeistern. – Die Heroen leiten sich von einer weiblichen Gestalt ab (Danus), was ebenfalls als für die Megalithkultur typisch bezeichnet werden kann; zahlreiche weibliche Idole belegen die mutterrechtliche Struktur und den dazugehörigen neolithischen Fruchtbarkeitsglauben.

Bis heute lebt die Steinverehrung (vgl. den irischen und den schottischen Königstein! Oder die Verehrung der Königsgräber). Die Kelten sind unter allen Indogermanen am längsten – wahrscheinlich bedingt durch die extrem westliche Insellage! – Megalithiker geblieben. Vgl. Seite 132 ff.

● In der **Bretagne**, vor allem an der Südküste (bei Rhuys und Quiberon), häufen sich megalithische Funde, die auf eine Ursprungszeit vor 4000 hinweisen, vor allem das riesige Kultzentrum von **Carnac** läßt auf gewaltige Prozessionen schließen (auf der breiten „Feststraße" können tausende Menschen in einer Prozession marschiert sein), Opferkulte und Ahnenverehrung an einem Ort, der als „Mittelpunkt der Welt" verstanden wird, wo man mit Himmel und Unterwelt (Totenreich) in Verbindung treten kann. Megalithfunde ziehen sich aber wie ein Band quer durch Frankreich von der At-

lantikküste der Bretagne bis zur Mittelmeerküste (Gard), wobei in Küstennähe und im Bereich von altem Bergbau aus der Kupfer- und Bronzezeit die Funde zahlreicher sind. Die Funde deuten auf eine nahe Verbindung zur Iberischen Halbinsel und ihrer Megalithkultur, verschiedene Grabbeigaben aber verweisen auf Kontakte sowohl nach dem Norden und den Britischen Inseln wie in den Mittelmeerraum.

● Auf der **Pyrenäenhalbinsel** finden wir eine Häufung großartiger Megalithbauten, vor allem im Süden der Halbinsel, und zwar im SW (Südportugal, Huelva und Andalusien) und im SO (Almeria und Ostgranada). Dort liegen auch die Zentren des frühen Bergbaus mit seiner Metallurgie und dem Handel. In Südspanien ist eine lückenlose typologische Entwicklung von den Steinformen zu den Metallformen belegt (bei den Grabbeigaben, z. B. bei den Beilen) und auch hinsichtlich der verschiedenen Typen von Grabbauten, so daß hier im Süden der Iberischen Halbinsel unter Umständen der Ursprung zumindest der westeuropäischen Megalithkulturen gefunden werden kann. – Da die Iberische Halbinsel der wichtigste Metallieferant der alten Hochkulturen war, finden sich hier naturgemäß auch die frühesten Belege für gehämmertes Kupfer (unter den Grabbeigaben).

Die berühmte Steinallee von Carnac (Frankreich). Viele hundert Menhire sind hier zu einer überwältigend großräumigen Anlage zusammengefügt. Wozu diese Anlage genau diente und wie sich der Kult abspielte, läßt sich heute, viele tausend Jahre nach ihrem Entstehen und ohne schriftliches Zeugnis, nicht mehr restlos klären.

● Auch auf **Sardinien und Korsika und auf den Balearen** gibt es reichlich Hinweise auf Megalithkultur; hier stehen verschiedene Grabtypen in einem zeitlichen Nebeneinander. Eigenständig ist die **Nekropole von Anghelu Ruju** auf Sardinien, die – in Stein ausgeführt – eine richtige Hauskonstruktion darstellt, bei der auch die Deckenkonstruktion mit Balken und Sparren in Stein ausgeführt ist. Dies kann bedeuten, daß man dem Toten dasselbe Haus in Stein bieten wollte, das er im Leben bewohnte. Die Sarden nennen diese Grabtypen „Hexenhäuser" und unterscheiden sie von den „Riesengräbern", Dolmen, über denen künstliche Hügel errichtet wurden – sehr oft in der Form eines kieloben liegenden Schiffes (dies ist auch in Irland und auf den Balearen zu finden). Die Dolmen Korsikas sind etwas einfacher gestaltet, entsprechen aber in allem den sardinischen. Eigenartig sind die sog. **Nuraghen**, eine Art riesiger Kuppelbauten, die aber nicht nur Grabbauten, sondern zugleich Wehrbauten gewesen sein müssen. Wenig behauene riesige Blöcke werden in Ringen übereinandergelegt (außen: Kegelstumpf, innen: Spitzkuppel). Die so erzielten Räume können bis zu 150 Men-

schen aufnehmen und stammen aus der frühen Kupferzeit, sind aber ebenfalls megalithische Bauten.

Diodor berichtet vom sardischen Heros Iolaus, der von Dädalus eine Reihe großer Bauwerke auf Sardinien erbauen ließ; tatsächlich gibt es auf Sardinien eine Reihe großer uralter Bauwerke in sehr eigenwilliger und sonst nirgends anzutreffender Ausführung (z. B. der Brunnentempel von Giara di Serri). Der eben genannte Iolaus wurde als Heros verehrt, seine Grabstätte wurde zum Tempel – Diodor berichtet von typischen Bräuchen des Heroenkults, wie wir sie aus der Ägäis kennen, der Philosoph Philoponos in seinem Kommentar zur Physik des Aristoteles von einem (kultischen) Schlaf auf den Gräbern der Heroen zur Befreiung von spukhaften Visionen.

Die archäologischen Funde auf den **Balearen** (Mallorca, Menorca, Ibiza) verweisen auf eine Sonderprägung im Rahmen der mittelmeerischen Inselkultur megalithischer Prägung. Man findet *künstliche Höhlen*, deren Deckplatten in der Art gewisser andalusischer Megalithgräber auf Pfeilern ruhen, die nach oben zu breiter werden (Vorstufe des Säulenkapitells). Die sog.

Talayots (= Wachtturm) sind typische Wehranlagen, vergleichbar den sardischen Nuraghen, menschliche Überreste wurden freilich in den über 600 „Burgen" nicht gefunden. Dagegen verweisen die *Taulos (= Tische)* deutlich auf Totenkult: Es handelt sich um 2–3 m hohe viereckige, sehr mächtige Pfeiler, die einen gewaltigen rechteckigen Deckstein tragen, daneben stehen *Navetas*, aus Quadern errichtete, mit einem Spitzbogenüberkragungsgewölbe überdeckte Räume mit halbovalem Grundriß, die wie ein kieloben liegendes Schiff aussehen.

● Ausgeprägter noch als auf den drei eben genannten Mittelmeerinseln ist die wahrscheinlich bereits ab 3800 beginnende megalithische Kultur auf **Malta** (und der Nebeninsel Gozo). Zahlreiche Funde lassen rege Handelsverbindungen in die Ägäis, aber auch nach Westeuropa erkennen. In Malta sind – wie in Sardinien – die Haupttypen der Megalithbauten belegt, nicht aber die Ausgangstypen, so daß es sich (anders als etwa auf der Iberischen Halbinsel) nicht um eine primäre Kultur handeln kann; außerdem findet sich auf Malta interessanterweise kein Metall.
Der wichtigste Bau ist das sog. *Hypogäum von Hal-Saflieni.* Der Hauptteil hat zwei Stockwerke, das obere ist durch Niveauunterschied zweigeteilt, die Räume sind in lebenden Fels gearbeitet und bemalt. Vom ersten Doppelraum führt eine Treppe in das untere Stockwerk, dessen Räume kleiner und einfacher sind. Die Nebenräume weisen Nischen (oval, rundlich oder unregelmäßig) auf, die Wände und Decken sind rot bemalt und mit Scheiben, Vierecken, Spiralschnörkeln und Ranken verziert oder „bezeichnet" (?). Die bei der Ausgrabung gefundenen Knochen gehören tausenden Personen an und sind wahrscheinlich die typischen Überreste fortgesetzter Totenopfer.
Waffen, Schmuck, weibliche Statuetten, Geräte aller Art wurden in den freigelegten Anlagen gefunden – dagegen keinerlei Götterfiguren (die überlebensgroße sitzende weibliche Figur in Hal-Tarxien ist nicht unbedingt eine Göttin), was darauf hinweisen könnte, daß hier der Totenkult dominierte und noch keine Weiterentwicklung zum Polytheismus (wie etwa in Ägypten) stattgefunden hatte. In den Kultnischen fanden sich viele Monolithen (die viel-

leicht dem Kult eines bildlosen Höchsten Wesens dienten, wie es vielfach in Megalithkulturen belegt ist).
Schlangen, Stiere, Ziegen und Schweine sind abgebildet, auch Menschenfiguren im Relief und in Form von Rundplastiken. Auch Dolmen sind belegt, ebenso künstliche Felsengräber. Die eigentlichen Kultbauten sind zwei quergestellte Doppelovale, die übereinander liegen, mit einer Umfassungsmauer und einem Vorhof. Die Wände bestehen aus senkrecht gestellten Steinplatten, darüber Blöcke als Abdecker oder Gewölbe. Die sog. *Gigantia* auf *Gozo* zeigt zwei Doppelovale nebeneinander mit gemeinsamem Vorhof und gemeinsamer Umfassungsmauer, das Heiligtum von *Hal-Tarxien* drei dicht aneinanderstehende Doppelovale. Verschiedene Spuren und Reste darin verweisen auf Opfer im Zusammenhang mit einem Totenkult megalithischer Art, wobei die Steinpfeiler (oft konisch geformt) als Sitz der höheren Wesen (Ahnen) verehrt wurden. Die ausgedehnteste Anlage wurde in Hagiar Kim (stammt aus 2500 v.Ch.) gefunden.
Auf der kleinen Insel *Pantelleria* befinden sich *Sese* genannte Grabbauten (künstliche Hügel, aus Steinen aufgeschüttet, mit Grabkammern, die je ein Skelett in Schlafstellung mit angezogenen Beinen enthielten).
Interessant ist auch die „Schlafende Dame von

Wer ist die „Schlummernde Dame" im sogenannten Hypogäum von Hal-Saflien auf Malta? Eine Göttin (die „Große Mutter"), die im Schlaf neue Kraft sammelt? Oder eine Priesterin in Trance (Tempelschlaf), die im Traum Visionen empfängt, die sie an Ratsuchende weitergibt? Oder einfach eine Skulptur eines maltesischen Bildhauers ohne besonderen religiösen Symbolwert?

Malta", eine Statue, von der auf die Praxis des „Tempelschlafs" (seherische Trance von Priesterinnen mit Orakelfunktion?) geschlossen werden kann.

● Zentren megalithischer Kultur sind das **frühminoische Kreta und Mykene.** Auf Mykene allerdings gibt es nur Zeugnisse für die letzte Höchstentwicklung (also z. B. Kuppelgräber). Typisch ist hier auch die kunstvolle Steinmetzarbeit, so daß man von einem ausgesprochenen Quaderbau (wie auch auf Malta und Sardinien) sprechen kann. Kreta zeigt sicherlich megalithische Wurzeln (vor allem in seinen religiösen Zeugnissen), ist aber sehr eigenständig. Der sog. erste Palastbrand von Knossos wurde wahrscheinlich von mykenischen Megalithikern verursacht, die allerdings selbst im 13. Jh. von den eindringenden Griechen/Indogermanen vernichtet wurden.

Wie in anderen Kulturgebieten wirken aber megalithische Bräuche (Stein- und Fruchtbarkeitskult, weibliche Idole, Verehrung von Höhlen und Grotten usw.) noch lange nach. Kuppelgräber, Kammergräber und Schachtgräber sind in beiden Kulturen verbreitet, auch das „In-die-Erde-Geben" ist durch künstliche Hügel belegt. Die Schachtgräber weisen auf einen großartigen Totenkult hin, die Anlagen haben Ähnlichkeit mit den Britischen und Kanarischen Inseln (Fuerteventura). Interessant ist, daß trotz der wechselhaften Geschichte Kretas und Mykenes die Kontinuität des Kults gewahrt blieb (Heroenkult).

● Ein weiteres wichtiges Megalithzentrum war **Syrien-Palästina.** Vor allem im unteren Jordantal, wo das Gestein (Basalt) als Material für Bauten geradezu bereitlag, finden wir viele Megalithgräber, Steinkreise, Steinhaufen, künstliche Hügel. – In Galiläa z. B. sind praktisch alle Dolmen von Steinhügeln überdeckt. Auch Höhlengräber, ja eine ganze Höhlenstadt wurde im Wadi ,Amüd in der sogenannten „Höhle der Fenster" entdeckt. Deutliche Hinweise auf Totenkult finden sich in einem tiefen Schacht, der tief in den Berg hineinführen soll, doch wurde diese Höhle als Wohnanlage benützt, denn an den Wänden der domartigen Haupthöhle finden sich in mehreren Etagen kleine Wohnräume, die untereinander mit senkrechten Schächten, Löchern oder Gängen in Verbindung stehen. Vergleiche mit Gran Canaria drängen sich auf.

Im alten Phönikien gibt es eine Grabhöhle, die man durch einen Schacht erreichte, der in eine Grotte führt, deren Hinterraum 5–6 m eingetieft war. In diesem Loch lagen die intakten, aber durcheinandergeworfenen Reste menschlicher Bestattungen, zusammen mit Scherben unverzierter Keramik, einem Knochendolch und einem Ziegenschädel.

Die Höhle von 'Ain Yebrud enthält Schichten langgestreckter Skelette auf unregelmäßigem Steinlager mit Keramik der Kupfer-Bronze-Zeit und Feuersteinmessern. Die Skelettschichten waren durch Schichten von Erde und Lehm getrennt und reichten bis unter die Decke der Höhle, benachbart ist eine Grabhöhle mit zwei Schalenvertiefungen am Eingang und Grabbeigaben der gleichen Zeit.

Zahlreiche andere Funde können hier nicht weiter erwähnt werden. Auch die *Idole* fehlen nicht – bereits in der ältesten Schicht Jericho finden sich Plastikgruppen (Mann, Frau, Kind) und aus der Natuf-Kultur (um 8000) stammt die einzige Höhlenmalerei, die ein menschliches Paar beim Geschlechtsverkehr zeigt (gefunden an der Südseite des Horsfieldberges in Jordanien).

Die wichtigste Grabart Syriens und Palästinas ist die „Steinkiste". Besonders häufig findet man sie in El-Adeimeh und Teleilat el-Ghassul am Nordende des Toten Meeres. Diese Kultur stammt aus etwa 4000 bis 3500. Dort wurden 168 Exemplare festgestellt, bestehend aus viereckigen Gruben, mit Stein verkleidet, bedeckt mit Steinplatten, darüber ein kreisrunder bis ovaler Hügel. Neben diesen Gräbern finden sich oft steinerne Opferherde mit Aschenresten, was auf Totenkult verweist.

Dieser Steinkult findet auch in der Bibel seinen Niederschlag:

„Wie ein Dieb zuschanden wird, wenn man ihn ertappt, so ist das Haus Israel zuschanden geworden, sie, ihre Könige, ihre Fürsten und Priester und Propheten, die zum Holze sagten: ,Mein Vater bist du', und zum Stein: ,Du hast mich geboren'. Denn mir haben sie den Rücken zugekehrt und nicht das Angesicht. Aber wenn es ihnen schlecht geht, dann sa-

gen sie: ‚Mach dich auf und hilf uns'. Wo sind denn deine Götter, die du dir selbst gemacht hast?'"
(Jer 2,26–28)

„Als Jakob früh am anderen Morgen aufgestanden war, nahm er den Stein, den er zum Lager für seinen Kopf gemacht hatte, richtete ihn als Denkstein auf und goß Öl darüber. Er gab jener Stätte den Namen Betel (= Haus Gottes); früher hieß der Ort Lus. Und Jakob machte dieses Gelübde: ,... Dieser Stein, den ich als Denkstein aufgerichtet habe, soll ein Haus Gottes werden' "
(Gen 28,18–22 gek.).

„... und weiter sprach Laban zu Jakob: ‚Hier dieser Steinhaufe und dieser Denkstein, den ich zwischen mir und zwischen dir aufgerichtet habe, Zeuge sei dieser Steinhaufe und Zeuge sei dieser Denkstein: weder darf ich zu dir über diesen Steinhaufen hinausgehen...' Dann brachte Jakob auf dem Berge ein Schlachtopfer dar und lud seine Verwandten zum Mahle ein. Sie verzehrten das Mahl und blieben in der Nacht auf dem Berge"
(Gen 31,51–54 gek.).

„Nun schrieb Mose alle Worte Jahwes nieder. In der Frühe des anderen Morgens errichtete er einen Altar am Fuße des Berges und zwölf Malsteine, entsprechend den 12 Stämmen Israels"
(Ex 24,4).

„Du sollst dir neben dem Altare Jahwes, deines Gottes, den du dir errichtest, keinen heiligen Baum von irgendwelchem Holze einpflanzen und sollst dir keinen Malstein aufrichten, wie ihn Jahwe, dein Gott, haßt"
(Dt 16,21–22).

● Um 1900 wurde das **Höhlenheiligtum der Edomiter bei Petra** entdeckt und kurz nachher das Höhlenheiligtum von Bethsemes, mit intakten Funden des Totenkults megalithischer Art. Auch hier sind die Parallelen zu den Kanarischen Inseln auffällig (vgl. Seite 60 f.). Lange vor dem Einwandern der Hebräer in Palästina war dieses Land offensichtlich von ei-

Im Höhlenheiligtum der Edomiter bei Petra wird seit Jahrtausenden der aus megalithischer Zeit stammende Totenkult vollzogen. Die Fassade verweist auf verschiedene Umgestaltungen im Laufe einander ablösender Geschichtsepochen.

nem megalithischen Toten- und Ahnenkult und vom Glauben an ein Höchstes Wesen erfüllt. Abraham (= Vater des Steinhaufens?) kommt aus Chaldäa, einer megalithischen Kultur, denn vor und neben den polytheistischen Göttertempeln waren auch Ahnentempel in Gebrauch, in denen der megalithische Ahnen-Toten-Kult noch lebendig war (vgl. Seite 287 f). Nach all dem kann angenommen werden, daß die Megalithkultur Syriens und Palästinas gleich ursprünglich und alt ist wie die der Iberischen Halbinsel, ein Zusammenhang konnte freilich bisher nicht festgestellt werden, und die „Anfänge" (Bauten in Holz) sind unwiederbringlich verloren.

● Ein weiteres wichtiges megalithisches Kulturgebiet, das allerdings noch kaum erforscht ist, findet sich auf der **Arabischen Halbinsel**. Zum Teil gehört wohl bereits die Kultur von Petra mit ihren Höhlenheiligtümern und Totentempeln dazu, da ja die Edomiter genau im Grenzgebiet zwischen Palästina und der Arabischen Halbinsel lebten. Dieses Heiligtum liegt auf einem besonders vorstehenden Bergsporn; in den Fels geschnittene Stiegen führen von mehreren Seiten hinauf. Zwei Pfeiler mit einem Abstand von 100 m bezeichnen am Absturz des Sporns den Zugang von SO. In den lebenden Fels ist ein Hof geschnitten, ca. 16 × 6,5 m groß, nahe dessen Mitte sich eine Plattform befindet. An der Westseite dieses Hofes steigt man über vier Stufen zu einem Altar, um den ein in den Fels geschnittener Umgang läuft. In den Altar ist oben eine rechteckige Wanne eingehauen, drei Altarecken zeigen eine Bearbeitung in Form von Hörnern. Rund um den Altar befindet sich – gegen den Hof zu – eine unregelmäßig ovale Plattform mit zwei rund eingeschnittenen Kanälen, wahrscheinlich zur Aufnahme von Libationen (Flüssigkeitsopfern). Östlich des nördlichen Monolithen führt ein Gang in zwei große Höhlen, die wiederum miteinander durch einen engen gekrümmten Gang verbunden sind.

In der Landschaft Kasun, im Nedzd, fand man drei gewaltige, aus Trilithen bestehende Steinkreise, der größte am Berghang, ein Teil der Trilithen stand noch aufrecht, zwei hatten noch die Überlieger in 5 m Höhe (!).

In der Wüste Teyma und an der Küste von Ibba

Moghrair fand man Kreise aus hochgestellten Steinplatten. Kuppelgräber sind auf dem Harrat-el-Moahib bezeugt. Im Harragebiet fand man kuppelgrabähnliche Überkragungskammern in einem Steinhügel. Solche Hügel (Tumuli) finden sich häufig, sie sind meist viereckig und zeigen manchmal Stufenbau, doch ist die Altersbestimmung schwierig, weil das Begraben unter Steinhaufen auch heute noch üblich ist.

Die *Nekropole Kubur Beni Helal* (= Gräber der Söhne Hilals) bestand aus mehreren Steinhaufen mit je einer Stele davor. Das heute noch übliche Haaropfer (alle Frauen der Sippe eines vornehmen Verstorbenen schneiden sich die langen Zöpfe ab und hängen sie über den Grabhügel), zu dem es Parallelen im griechischen Heroenkult, aber auch im megalithischen Norden gab, geht vielleicht auf alte, megalithische Zeiten zurück. Ähnlich weist auch die Kaaba auf megalithische Steinverehrung zurück (vgl. Seite 250).

● Besonders interessant ist die **Megalithkultur Ägyptens**, also die Zeit zwischen 4500 und 3000, die Zeit vor dem Alten Reich (Prädynastische Periode). Es gibt eine Reihe von Funden, die eindeutig megalithisch sind: Die sog. „neolithischen Gräber" von El-Omein etwa bestehen aus kreisrunden Hügeln von etwa 7 m Durchmesser (aus Kalksteinblöcken) über ovalen Gruben mit Skeletten in Hockstellung. Kleine Steinkreise und Brandstätten in der Nähe dieser Gräber weisen vielleicht auf Totenkult hin. Auch die Höhlenmalereien im Wadi Hamamat (Bootdarstellung, Frauen mit erhobenen Armen) können so interpretiert werden. Im Wadi et-Tih fand man eine Gruppe von Dolmengräbern (rechteckig und quadratisch), in der Nähe von Adfu riesige Steinhaufen (das Material muß von weither herbeigeschafft worden sein) und südlich von Assuan typische Kistengräber, teilweise unter Tumuli. Auf der Suche nach Vorbildern oder Vorläufern der Pyramiden stößt man auf Schachtgräber (Grabkammern), über denen ein Aufbau errichtet ist, vor dem fortgesetzter Totenkult nachweisbar ist. Diese *Mastaba* genannte Grabform wurde erstmals von *Imhotep* mit einer Steinpyramide zu Ehren des Königs Zoser (III. Dynastie) überdeckt (2650). Dieser als „er-

Eine Bronzestatuette des berühmten Hohenpriesters, Arztes, Architekten und Weisen Imhotep, Berater des Königs Djoser (3. Dynastie), Erfinder des ägyptischen Kalenders, der Schreibkunst, Erbauer von Pyramiden.

reits vor der Pyramidenkultur eine megalithische Kultur bestand, so daß diese nicht von jener abzuleiten ist, sondern allenfalls umgekehrt. Rückschließend läßt sich dies auch aus ägyptischen Texten belegen. Götternamen wie „Großer Gott", „Herr des Himmels", „Einziger", „Erzeuger und Erhalter des Lebens" usw. sind die gleichen, wie wir sie auch sonst für das Höchste Wesen gefunden haben. Auch die typische Seelenvorstellung der Ägypter bestätigt das: „Ka" (Lebenskraft) ist mit „Ba" (geistiges Prinzip, als Vogel dargestellt) und mit „Ach" (Verklärungsseele, die unabhängig vom Leib existieren kann und als Schopfibis dargestellt wird) verbunden. Der typisch ägyptische Seelensitz wird „Haus des Ka" genannt, weil man glaubt, daß der Tote mit seiner Lebenskraft im Grab wohnt, während seine Geist- und Verklärungsseele im Jenseits weilen.

Auch die Wertschätzung der Frau als „Herrin des Hauses" (das Königsein etwa ist abhängig von der Gattin, die die Dynastie legitimiert) verweist auf mutterrechtliche Elemente, wie wir sie in der nördlichen und nordwestlichen Megalithkultur reich bezeugt sehen.

Im Gegensatz zu den anderen Megalithkulturen ist der ursprüngliche Heroen-, Ahnen- und Königskult wahrscheinlich durch den Einfluß des Vielgötterglaubens einem starken Divinisierungsprozeß unterlegen, wie wir ihn etwa dem berühmten „Lied der Harfners" entnehmen können:

■

Lied des Harfners (um 2250)

Wie glücklich ist dieser gute Fürst!
Das gütige Geschick hat sich erfüllt,
Der Leib vergeht und schwindet dahin,
Während andere zurückbleiben,
Wie zur Zeit der Vorfahren.
Die Götter, welche früher waren,
ruhen in den Pyramiden,
Edle und Ruhmreiche verschieden gleichfalls,
Begraben in ihren Pyramiden.
Die einst Häuser bauten – ihre Stätten
sind nicht mehr.
Was ist aus ihnen geworden?
Ich habe die Worte des Imhotep
und Hardedef gehört,

ster Baumeister" bezeugte Imhotep ist wahrscheinlich auch der Schöpfer der 1,26 m hohen Skulptur (Sitzstatue) Zosers, einer typischen Seelensitz-Statue, wie sie für die Mastaba bezeugt ist.

Das Kistengrab, die Terrasse und der gestufte Hügel sind also die drei Komponenten aus dem Megalithikum, die zur genialen Gestaltung der Pyramiden geführt haben. Der dahinter stehende Totenkult ist deutlich megalithisch, hat sich aber bereits sehr früh polytheistisch weiterentwickelt, weshalb er im Vergleich mit anderen megalithischen Kulturen typisch ägyptische Sonderzüge annimmt. Jedenfalls ist auch für Ägypten deutlich, daß be-

Aus dem 15. Jh. v. Chr. stammt dieses Bild (Wandmalerei aus einem Grab in Theben), das so gut zum unten stehenden „Lied des Harfners" paßt.

Deren Sprüche weit berühmt sind –
Doch wo sind ihre Stätten?
Ihre Mauern sind zerfallen,
Ihre Stätten sind nicht mehr.
Als ob sie nie gewesen wären.
Niemand kommt wieder von dort,
Daß er uns erzähle, wie es ihnen ergeht,
Daß er unser Herz beruhige.
Bis auch wir zu dem Orte hinscheiden,
Zu dem sie gegangen sind. –
Ermutige dein Herz, es zu vergessen,
und laß es denken an das, was dir nützlich ist!
Folge deinem Wunsch, solange du lebst.
Lege Myrrhen auf dein Haupt
Und kleide dich in feines Linnen.

Getränkt mit wunderbaren Wohlgerüchen,
Den echten Dingen der Götter.
Vermehre deine Wonne noch mehr,
Laß dein Herz nicht erlahmen.
Folge deinem Wunsch und deinem Vergnügen
Und gestalte dir dein Geschick auf Erden
Nach den Wünschen deines Herzens –
Bis jener Tag der Trauer zu dir kommt.
Denn Osiris erhört ihr Schreien nicht,
Und keinen Menschen ruft die Totenklage
aus dem Grab zurück.
Feiere den frohen Tag
Und ruhe nicht an ihm!
Denn siehe, niemand nimmt seine Güter an sich,
Und keiner kehrte zurück, der dorthin gegangen ist.

● Ein weiteres wichtiges Kulturgebiet, das in seiner Frühschicht megalithische Zeugnisse enthält, ist **Mesopotamien** (wozu in dieser Zeit auch der größte Teil des Iran gerechnet werden muß). Zwischen 5000 und 3000 (vgl. das auf Seite 43 f zur Tell-Halaf- und Obed-Kultur Gesagte) zeigen die Bestattungen typische Schachtgräber mit Spuren von Totenkult (Brandstätten, Totenbrunnen), aber auch Bruchsteinhaufen über Kistengräbern aus Steinplatten (z. B. Tell Ahmar). Bei Gräbern in Karchemis (Syrien) und Mari ist einerseits der Schacht belegt (und damit der fortgesetzte Totenkult über megalithischen Gräbern), andrerseits die Speiseschale für die Toten (Beigaben). Die in Ur gefundenen Königsgräber stammen aus der Zeit zwischen 3000 und 2700 und weisen keine Götterbilder oder andere Symbole religiöser Art auf, die auf Polytheismus schließen lassen, der aber gleichzeitig bereits in Tempeln kultiviert wird! Ein Hinweis darauf, daß der Totenkult weit älter ist und neben dem Götterkult herläuft. Das erste aufgefundene Königsgrab war aus Kalksteinbrocken und -platten in zwei Räumen gebaut, eine Rampe führte zum Tor hinunter, und die ganze Anlage war einst überwölbt. Die Gräber der Königin Schubad und ihres Gatten (?) bestanden aus je einer Kalksteinkammer mit Apsis an dem einen Ende, mit Ziegeln überwölbt, davor eine große offene Grube für die Opfergaben und die „Mitbestatteten". Beim Ausgraben des Grabes der Königin konnte man das gesamte grausige Bestattungsritual rekonstruieren: Auf der Rampe hinunter zur Grube fand man zuerst 5 Männerleichen nebeneinander, weiter hinunter 10 Frauenleichen in zwei Reihen mit prachtvollem Schmuck, eine hatte eine wundervolle Harfe aus Holz, Gold und Einlegearbeit unter sich begraben. Im Eingang zur Grube befand sich ein Schlitten in kostbarer Ausführung, von zwei Eseln gezogen und zwei Pagen gelenkt. Daneben ein Spielbrett, kostbare Waffen, Werkzeuge und Gefäße in Stein und Metall. Darunter ein Holzkoffer und unter ihm ein erbrochenes Brandziegelgewölbe über einer Steinkammer, die ausgeraubt war. Unter dieser Kammer wieder eine Opfergrube mit Rampe, diesmal 6 Krieger mit Kupferspeeren und -helmen in zwei Reihen, zwei vierrädrige Wagen aus Holz, von je drei Ochsen gezogen, dazu Stallpagen und Kutscher. Neben der Mauer der Steinkammer lagen 9 kostbar geschmückte Frauen. Dazwischen viele Männer- und Frauenleichen gemischt, manche mit Waffen. Eine Fülle kunstvoller Schmuck- und Gebrauchsgegenstände. Das Grab der Königin darunter war noch intakt: auf einer hölzernen Bahre die Königin, bedeckt mit einem Perlenhemd, neben der Hand eine Goldschale, kostbarer Kopfschmuck, je eine Kammerfrau am Kopf- und Fußende der Bahre; der ganze Raum mit Schätzen gefüllt. Offensichtlich folgte der gesamte Hofstaat den Herrschern in das Grab (insgesamt 92 Skelette!) und kam dort um.

Die Grabbeigaben und Idole zeigen im wesentlichen die auch sonst im Megalithikum bezeugten Formen und Motive. Typisch ist das Fehlen der Dolmen und die Dominanz der Steinkiste (wie in Ägypten) unter einem Steinhügel, übergehend in Ziegelmauern (wie es für die Induskultur typisch ist; vgl. Seite 63 ff).

● Eine nur scheinbar vom bisher besprochenen Mittelmeerraum weitabliegende megalithische Kultur findet sich auf den **Kanarischen Inseln** vor der Westküste Afrikas im Atlantik. Dort ist die Situation günstig für den Forscher, weil diese Kultur bis ins 15. Jh. n.Chr. herein seit der megalithischen Zeit bestehenblieb und wir auch über Berichte hinsichtlich Religion und Brauchtum verfügen.

Die archäologischen Funde ergeben eine typisch megalithische Hochkultur archaischer Prägung, die mit der mittelmeerischen Kulturwelt zwischen 3000 und 2000 v.Chr. zu vergleichen ist.

Die *Totenbestattung* findet sich sowohl in Höhlen wie in Tumuli. Manche Höhlen enthielten hunderte Leichen (meist „mumifiziert", aber nicht mit Hilfe von Spezereien, sondern eher durch Austrocknung oder sogar Räucherung). Sie lagen gewöhnlich auf Steinbänken oder auf Holzgestellen waagrecht ausgestreckt. Während dies hauptsächlich auf Teneriffa angetroffen wurde, dominieren auf Gran Canaria die Tumuli, meist kreisrunde Steinhaufen über Lavarinnen oder über Steinkisten, oft auch in zwei Stufen aufgebaut.

Einen ganz eigenartigen megalithischen Typus stellen die *Turmbauten von La Guancha* dar: Türme, kreisrunde Mauern, kreisrund mit Steinen eingefaßt, dazwischen Steinkisten – ähnlich den Bauten in Mykene und Sardinien. In den Steinkisten fanden sich Skelette (nicht mumifiziert).

Auf den Ostinseln findet sich eine Art Ganggrab, aus starken Blöcken gebildet, schräg in die Tiefe gewachsener Hügel führend. Der Überlieferung nach hat man früher unten in den Schächten Feuer angezündet und las aus der Art, wie der Rauch aufstieg und weiterzog, Orakelentscheide (von den Toten aus der Tiefe der Erde stammend!) ab.

Große Steinkreise dienten als Versammlungsplätze; die Sitze der Teilnehmer galten zugleich (der Überlieferung nach) als Sitze der Ahnen(geister).

Auf Gran Canaria wurden *zwei Bergheiligtümer* entdeckt, die interessante Rückschlüsse auf die Religion der alten Kanarier zulassen: In der Nähe von *Telde* ist auf dem Gipfel eines Berges ein Heiligtum so in den lebenden Fels eingeschnitten, daß ein ovaler Platz entstand, der zu 3/4 von dem stehengebliebenen Felsrand eingefaßt wird. Darin findet sich ein viereckiger Block mit Hohlraum – an der gegenüberliegenden Wand befindet sich eine Gravur in der Art der Opfertische Kretas. Auf der einen Seite des Gipfels ferner eine Höhle mit vier Toren und einem in den Fels geschnittenen Getreidesilo, auf der anderen Seite unterhalb des Gipfels eine große unterirdische Palastanlage.

Das zweite Bergheiligtum findet sich im Innern von Gran Canaria bei *Tejada* auf einem Bergrücken, der von Basaltklippen gekrönt wird. Eine von ihnen erhebt sich zu einem Felsturm, auf dessen Gipfel früher ein Opferaltar war, zu dem eine in Stein gehauene Straße emporführte. Unterhalb dieses Pfeilers ist eine Art Plattform mit einem Kanal und etwas oberhalb ein Würfel aus Tuff, ausgehöhlt und mit demselben Zeichen wie in Telde mit Rötel an die Wand gemalt.

Auf der Ostinsel Fuerteventura sind drei halb in den gewachsenen Felsboden eingemeißelte miteinander verbundene Räume gefunden worden, die mit Überkragungskuppeln gewölbt und dann mit einem Steinhaufen überdeckt worden waren – es gibt aber keine Hinweise darauf, ob es sich dabei um eine Grabanlage gehandelt hat.

Auf einer kleinen Ostinsel ist ein doppelter Steinkreis gefunden worden, eine Art Labyrinth, da man durch den engen Zwischenraum zwischen den beiden Steinreihen gehen muß, um in das Innere zu gelangen, in dem ein Idol stand.

Ansonsten sind für aufrecht stehende Menhire keine Belege vorhanden, wohl aber für natürliche Menhire (Klippen usw.), die als Sitze für höhere Wesen angesehen werden (in der Überlieferung belegt), diese finden sich auf Ferro und Palma.

Auf Ferro findet sich auch eine als Fläche gestaltete Felshöhe (in der Nähe von mit Inschriften bedeckten Felsabstürzen), auf deren einer Seite eine Gruppe runder Räume angelegt ist, von denen weg ein in den Felsen geschnittener Weg zu einem Steinmauerkreis führt. Innerhalb des Kreises, an die hintere Wand angeschlossen, steht eine Cella, die mit großen Platten gepflastert ist. Links von dieser einstmals gedeckten Cella befindet sich ein Altar mit einer Höhlung, die mit angebrannten Tierknochen gefüllt ist.

Die wenigen Idole, die man auf den Kanarischen Inseln fand, zeigen eine deutliche Verwandtschaft mit kretischen und mykenischen Funden, für ihre religiöse Bedeutung gibt es aber leider keine Überlieferung. Sie stellen weibliche und männliche Figuren dar. An Plastiken wurden Tierdarstellungen gefunden (eine Ziege und ein Bock beim Begattungsakt; der Unterkörper der Frau mit deutlich herausgearbeiteten Geschlechtsorganen aus Ton; eine

Eine Felswand mit megalithischen Wohnhöhlen auf Gran Canaria, das besonders zahlreiche und großartige, aber noch weitgehend unerforschte und wenig bekannte Zeugnisse aus der Megalithzeit bietet.

hohe Menschenfigur, aus einem Lavablock herausgemeißelt). Interessant sind ferner die vielen *Schriftgravierungen* an Felswänden. Es konnten vier Typen von Schriften unterschieden werden: 1) megalithische Petroglyphen (Spiralen, Furchen usw., wie man sie auch in anderen Megalithfunden bezeugt sieht), 2) typisch libysche Schriftzeichen (wie sie sich in numidischen Funden aus der Zeit der Punier erhalten haben und wie sie auch bei den Tuareg angetroffen wurden), allerdings mit einigen unbekannten Zeichen gemischt und nicht zu entziffern, 3) ein Typus, bei dem bekannte libysche und unbekannte Schriftzeichen etwa zur Hälfte gemischt sind, 4) Zeichen der kretischen Linearschriften.

Die Überlieferung bezeugt den Glauben der Kanarier an ein Höchstes Wesen („der Größte", „der Erhabene"), das in den Bergheiligtümern verehrt wurde (u. a. mit Milchlibationen; zu Zeiten der Dürre schlugen Priesterinnen das Meer mit Ruten, wobei sie das Höchste Wesen um Wasser anflehten). Daneben wurden auch dämonische Wesen kultisch verehrt, eine Art „Teufel" (der im Krater des Pico de Telde hausen soll), ein dämonischer Hund (auf Gran Canaria und Palma) oder Ziegenbock (Gomera), der den Frauen nachstellt.

● Ein weiteres megalithisches Zentrum stellt **die Nordküste Afrikas** dar, die wegen ihrer starken Bezüge auf den Lebensraum europäischer Rassen und Kulturen gerne **Weißafrika** genannt wird. Insbesondere interessiert uns hier die megalithische Vergangenheit der *Berber* und der *Libyer*.

Die europäische Bodennutzung hat zwar die meisten Funde vernichtet, doch fand z.B. FROBENIUS knapp vor dem ersten Weltkrieg ein megalithisches Gräberfeld bei Algier und konnte immerhin noch 9 vollkommen erhaltene und 7 tw. zerstörte Dolmen sicherstellen. Etwa 60 Jahre vorher, als man erstmals auf dieses Gräberfeld stieß, hatte man noch an die 400 Dolmen gezählt! Da häufig 2–3 m um die Dolmen Steinkreise zu finden sind, ist auf Hügelarchitektur zu schließen. Richtige Felsengräber findet man bei Timgad. Tumuli sind relativ häufig und auch kleine Menhire, die als Seelensitze gedeutet werden können.

Die Höhle von Thibilis (Anuna) stellt eine Parallele zu den Höhlenanlagen Palästinas und Gran Canarias dar; viele Räume innerhalb der Höhlen sind in mehreren Stockwerken angeordnet.

Die jüngeren numidischen Prunkbauten gleichen den etruskischen Grabdenkmälern – der sog. *Medrasen* etwa hat eine mit 60 dorischen Säulen und Hohlkehlen gegliederte, aus großen Quadern gebaute Kreismauer, über deren Rand sich der Hügel als Kegel erhebt (ebenfalls in Quaderbau). Bei der dritten Plattenreihe der Kegeldecke führen eine Treppe und ein Gang bis zu einer würfelförmigen Kammer, vor deren Tür man im Boden eine Öffnung sieht, das eingestürzte Traggewölbe der eigentlichen Grabkammer, während in der würfelförmigen Kammer der Totenkult vollzogen wurde. Wie bei den Pyramiden war der Zugang zur Grabkammer unabhängig von der Totenkultstätte und getarnt.

Da dieses Bauwerk und auch das 33 m hohe Kbur Rumirah („Grab der Christin") vollständig ausgeraubt sind, ist eine Datierung sehr schwer möglich, das Bauwerk ist aber sicher sekundär-megalithisch und stellt keine Brücke zwischen den beiden primär-megalithischen Gebieten Iberische Halbinsel im Westen und Syrien-Palästina im Osten dar.

● Auch in **Schwarzafrika** finden sich viele Hinweise auf megalithische Kulturformen, die deutliche Parallelen zu den bisher besprochenen Fundstellen aufweisen.

Im *Sudan* etwa finden wir Steinplatten- und Höhlengräber ebenso wie Steinkreise und Menhire, Schachtgräber und sogar Kuppelgräber mit Kultplätzen, die typologisch sogar wahrscheinlich älter sind als die Pyramiden.

Auch in anderen Bereichen Schwarzafrikas gibt es zahlreiche Hinweise auf megalithische Kultur, doch sind diese Funde noch weitgehend unerforscht. Wir können aber trotzdem erkennen, wie weit verbreitet und einheitlich die megalithische Kultur und damit auch die Religion in dieser vorgeschichtlichen Zeit war.

Das Besondere an Afrika ist, daß durch die spezifische Situation der Stammeskulturen sich diese archaischen Kulturen in vielen Fällen praktisch bis zur Gegenwart erhalten haben, so daß man durch Analogie aus den ethnologischen Befunden eine Ausdeutung der archäologischen Funde versuchen kann.

Wir wollen dies in der Folge an einigen wenigen Beispielen zeigen. Die Religion der **Galla** im Ostsudan z.B. ist eine ausgesprochene Hochgottreligion, und das Höchste Wesen wird eindeutig mit dem Himmel identifiziert. Zu ihm spricht man (zärtlich) in Gebeten, ihm opfert man von allem, was man genießt. Den Toten wird das Blut geopferter Tiere gespendet, am liebsten von schwarzen Tieren (wobei schwarz entweder auf die Toten verweist oder auf den Himmel; für dunkelblau und schwarz haben die Galla nämlich nur ein Wort).

In Südäthiopien halten die **Darassa** auf dem Hügel Tutto fela ein Opferfest mit Darbringung eines Schafes – obwohl sie dies inmitten eines Menhirfeldes mit zahlreichen Grabhügeln tun, wissen sie aber nichts mehr von der Bedeutung dieser Steine; sie haben aber das Gefühl, daß es sich um einen geheiligten Ort handelt, der mit dem Tod zu tun hat. Viele dieser Menhire sind deutlich Phallussteine; die Eichel ist durch einen Steinring vom zylindrischen Schaft abgehoben. Diese Phallussymbole erheben sich bis zu 6 m aus dem Boden, wobei die Basaltsteine noch etwa einen Meter im Boden stecken und mit Steinplatten verkeilt sind. In der Provinz Sidamo allein stehen etwa 10 000 solcher Phallussteine.

Ein Grabstein der Oromo in Äthiopien. Die in ihrer Symbolik nicht mehr deutbaren, vielleicht auch nur ornamentalen Gravierungen auf dem Stein verweisen in den Megalithkreis und lassen erkennen, daß diese Periode der Menschheit noch lange nicht bloße Vergangenheit ist.

Anthropomorphe Menhire sind deutlich kleiner und aus weicherem Material. Die dargestellten Gesichter sind flach, haben immer eine Nase und Löcher für die Augen. Mund und Ohren werden dagegen nur selten dargestellt, manchmal wird auch ein Profil (vogelartig) sichtbar.

Bei den Darassa ist der Totenkult sehr ausgeprägt, man findet Schachtgräber mit Nischen, darüber Steinhaufen. Die Trauergäste bringen die Steine mit und häufen sie über dem Grab zu einem Hügel. In der Nähe des Dorfgründergrabes ist der Versammlungsplatz. Dort stehen heilige Bäume mit Steineinfassung und Menhire, der Weg zu diesem Versammlungsplatz ist gepflastert. Diese noch lebendige Megalithkultur erinnert stark an vergleichbare lebendige Kulturen in Indonesien und Südostasien.

Die **Niloten** (zu ihnen gehören Stämme wie die Dinka, Schilluk, Nuer, Nuba, Fung, Lango, Bari, Masai) leben zwischen dem Oberlauf des Nil und dem Roten Meer und glauben an ein unsichtbares gestaltloses Höchstes Wesen; maßgebend ist aber der Heros – dessen Kult den Kult des Höchsten Wesens sehr in den Hintergrund schiebt. Der Heros gibt sich den Menschen kund durch Medien, auch durch Tiere und Dinge – durch das Rauschen der Bäume z. B. – und inkarniert sich jeweils im regierenden König.

Bei vielen Niloten finden sich Menhire, kleine Dolmen, Trichtergräber (wie in Ägypten), Steinhügel. Die charakteristischen Pfähle auf diesen Hügeln sind Totenmale.

Die **Ashanti** schließlich (an der Goldküste in Westafrika) bauen dem Höchsten Wesen einen eigenen Tempel im Bereich des Königspalastes; jedes Gehöft hat seinen eigenen Kultplatz für den „Himmelsgott", wie sie sagen: Eine bestimmte Baumart („Baum Gottes") wird so beschnitten, daß oben eine dreiteilige Astgabel stehen bleibt, in die ein Gefäß zur Aufnahme von Opfergaben gestellt wird, darinnen befindet sich oft ein Steinbeil („Axt Gottes"); auf die gespitzten drei Aststümpfe stecken die Ashanti Fleischopfer.

Auch Flüsse und Wasserflächen werden als „Kinder Gottes" verehrt, daneben verschiedene Naturgeister und die Geister der Ahnen (vor allem der mütterlichen Sippe), denen ein eigener Kult (mit „Stühlen") zugeeignet ist.

● Unsere weitgespannte Reise durch die verschiedenen Zentren der Megalithkulturen nähert sich dem Ende. Sie bleibt lückenhaft; wir konnten nicht auf den Iran eingehen, nicht auf den Kaukasus, nicht auf China, Korea oder Tibet, nicht auf Südindien und Ceylon, nicht auf die reichen Megalithfunde auf verschiedenen Südseeinseln und auf dem amerikanischen Doppelkontinent.

Zuletzt soll noch ganz kurz über die **Induskultur** berichtet werden, weil sie deutlich an der Schwelle zwischen den Megalithkulturen und den frühen geschichtlichen Hochkulturen in Mesopotamien, Ägypten und Indien steht und zu Kap. IV überleitet.

Zwischen 4000 und 3500 sind in Belutschistan und im Industal neolithischer Ackerbau und beginnende Dorfkultur nachgewiesen, während in den meisten anderen Teilen Indiens und Südostasiens noch die mesolithische (aus der Altsteinzeit herüberreichende) Jäger-Sammler-Kultur herrscht. Es handelt sich um vor-arische Stämme, die ihre Siedlungen im Umkreis von Bauten mit kultisch-zeremonieller Funktion anlegten.

Im Quettatal in Ostbelutschistan wurden vor kurzem interessante megalithische Objekte ausgegraben, ein 12 m hoher Hügel und zahlreiche von Steinmauern umgebene Bauten. Der Hügel war stufenförmig in der Art einer Zikkurat aufgeschichtet, mehrere Treppen führten zu einer Plattform auf der Kuppe des Hügels hinauf. Große kreisförmige Steinformationen mit mehr als hundert Gebäuden in einer Größenordnung von 3 bis 8 m sowie Straßen aus weißen Felsen scheinen auch weniger Wohnzwecken als religiösen Zeremonien gedient zu haben. Diese sogenannte *„vorharappische" Kultur im Industal* hat deutlich Parallelen in der Megalithkultur Südindiens, stellt darüber hinaus deutlich so etwas wie eine „Stadt" dar, was den übrigen ältesten Städten in China, Mesopotamien, Ägypten, Mittelamerika usw. entsprechen würde, wo überall die religiöse Funktion (Weltmittelpunkt, wo man mit Himmel und Unterwelt kommunizieren kann) im Mittelpunkt stand.

Die nachfolgende *Induskultur* wurde für 2500 datiert. Sie hatte zwei Zentren: Mohenjo-Daro am Indus im Westen, etwa 400 km stromaufwärts von der Mündung entfernt, und Harappa, etwa 550 km weiter östlich am Ravi, einem Nebenfluß des Indus. Daneben gab es eine Reihe weiterer Städte: z. B. Sutkagon – im Südwesten am Meer – und Alamgirpur im Jumna-Becken, 1500 km weit entfernt im Südosten. Diese Kultur beherrschte also ein großes Gebiet und ist durchaus den sumerischen Stadtstaaten ähnlich, wohin auch Handelsbeziehungen nachweislich bestanden haben.

Die Kultur im Industal verfügte auch über eine eigene Schrift, die man vor kurzem zu entziffern begonnen hat; die bisherigen Ergebnisse genügen aber noch nicht, um deutliche Detailinformationen über Brauchtum und Religion zur Hand zu haben.

Die beiden zentralen Städte zeigen eine einheitliche Bauplanung (was auf eine Zentralver-

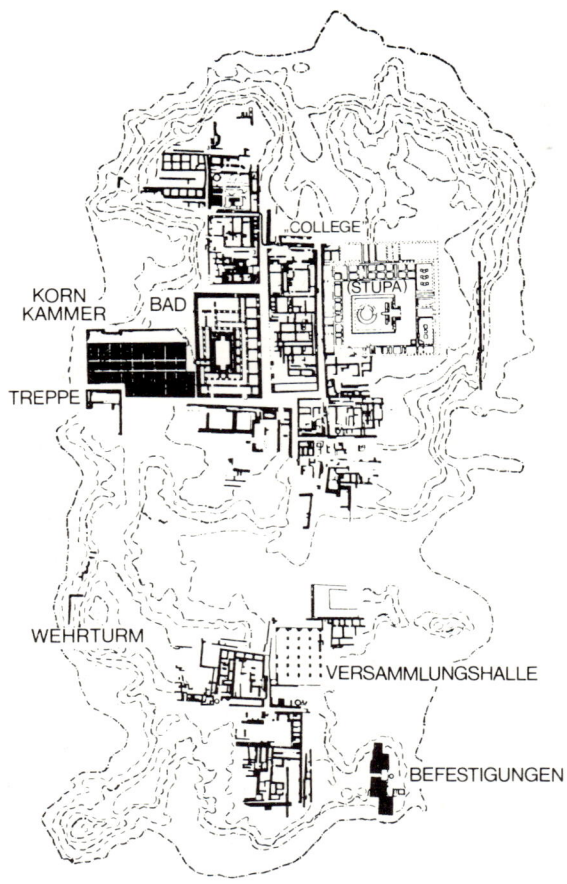

4500 Jahre alt sind die Überreste der sogenannten Induskultur. Der Plan zeigt die „Akropolis von Mohenjo-Daro" am Indus, Überreste, die in ihrer Anlage auf eine Stadtkultur verweisen.

waltung des Reiches schließen läßt); sie besitzen ein richtiges Straßennetz mit großen Straßen und senkrecht dazu stehenden Nebenstraßen, die wieder durch Gassen unterteilt werden, so daß richtige Häuserblocks entstehen; diese Häuser sind aus gebrannten Lehmziegeln gebaut. Am westlichen Rand beider Städte finden sich jeweils auf burgartigen Erhöhungen zitadellenartige Bauwerke, die wahrscheinlich als Tempel mit Nebengebäuden anzusehen sind und die aus sehr dicken Mauern bestehen, die tw. aus Stein ausgeführt sind. Symmetrisch angelegte Treppen führen zu einem Doppeltor. Statuetten und Siegel aus Steatit, Kalkstein und Alabaster und die Figuren von 11 bärtigen Männern in losen Gewändern (Mänteln) mit auffälligem Kleeblattmuster sind möglicherweise Bildnisse der Priesterkönige der Induskultur.

Zwischen 1500 und 1300 bricht diese Kultur

(die erstaunlich wenig Hinweise auf eine Entwicklung der Stilelemente bietet) plötzlich ab. In der jüngsten Schicht der ausgegrabenen Bauwerke, die immerhin weit über 3000 Jahre alt sind, fand man viele Skelette von Männern, Frauen und Kindern, die offensichtlich eines gewaltsamen Todes gestorben sind und nicht begraben wurden. Wahrscheinlich handelt es sich um Auswirkungen der bekannten arischen Invasion (eine Kupfer-Streitaxt mit einem in der Induskultur völlig unbekannten Schaftansatz verweist auf eine von außen kommende Invasion). Auf ihrem Durchzug nach Indien haben sie die Induskultur vernichtet (vgl. Seite 94 ff).

So vielfältig und vielschichtig sich die Zeugnisse aus so verschiedenen Ländern darstellen, so *einheitlich* ist der Befund, wenn man nach der Religion der Megalithiker fragt: Im Zentrum steht der *Ahnenkult* bzw. *Totenkult*. Überall sind es gerade die Steine, welche den Glauben an die tatsächliche Verbundenheit mit den Ahnen bezeugen und demonstrieren; es ist ein „felsenfester" Glaube, der die Menschen dieser frühen Zeiten zu derart imposanten technischen und architektonischen Leistungen anspornte! Man darf nicht vergessen: Manche dieser großen Menhire haben ein Gewicht von 300 Tonnen, und die großen Tischplatten auf den Trilithen sind immer noch an die 100 Tonnen schwer – Gewichte, die auch mit modernster Technologie nur mit Riesenkränen oder mit Hilfe komplizierter Hydraulik bewegbar wären. Wir wissen nicht, wie man das bewältigt hat, sicher ist nur das „Daß", denn die Trilithen von Stonehenge stehen seit fast 5 Jahrtausenden!

Der Glaube der Megalithiker gewann Sicherheit aus dem Bewußtsein, mit den Ahnen verbunden zu sein, von ihrer Macht und ihrer jetzt über-natürlichen Größe profitieren zu können. Die Hinweise auf „Vergöttlichung" der Ahnen sind da, aber sie sind nicht so überzeugend, daß man die Megalithreligion „polytheistisch" nennen dürfte. Im Gegenteil: dort, wo der Ahnenkult lebendig ist, ist der Glaube an ein Höchstes Wesen lebendig, an einen Vater-Gott, der hinter allem steht, auch hinter den Ahnen, und der den Menschen wohlgesinnt ist. Wo dieser Hochgottglaube zurücktritt,

wird er entweder durch einen Polytheismus (wie in Ägypten) oder Polydämonismus (wie bei den heute noch lebendigen Megalithvölkern) verdrängt. Aber er ist eigentlich überall „da".

Dieser Hochgottglaube ist allerdings etwas anders gelagert als bei den Primitivvölkern und damit auch beim Glauben der „ältesten Menschen", anders, weil er untrennbar mit dem Ahnen-Toten-Kult verbunden ist, der dazu dient, die Verbindung zur Gottheit herzustellen.

Wo der Ahnenkult in Form des Heroenkultes entwickelt und geübt wurde, lag der Polytheismus nahe. Wir werden sehen, wie bei den archaischen Kulturen der Hochgott zum „Göttervater" oder sogar „Götterahn" wird und im Vordergrund die kultische Verehrung der „nahen" Heroen stand.

Der Glaube an die Naturgeister (Wassergeister, Baumgeister, Windgeister usw.) ist ein weiterer wichtiger Inhalt der Megalithreligionen.

Deutlich ist jedenfalls, daß die Megalithkultur ein Zwischenglied zwischen der sich über Jahrhunderttausende erstreckenden altsteinzeitlichen Jäger-Sammler-Kultur und den archaischen Hochkulturen ist und daß viele Elemente dieser Kulturen, mit denen wir gewohnt sind, die Geschichte beginnen zu lassen, bereits in den Jahrtausenden der megalithischen Kultur vorbereitet und entwickelt wurden. Unsere Traditionen reichen also weiter zurück, als wir es wahrhaben wollen.

Deutlich ist daher auch, daß die Religion der Megalithiker älter ist als die Religion der Hochkulturen, daß der Mehrgottglaube (Polytheismus) nicht ursprünglich, sondern abhängig ist und daß die Glaubenserfahrung dieser Menschen so stark war, Denkmäler zu schaffen, die – in Stein geschnitten – Jahrtausende überdauern konnten.

Die große Zäsur zwischen den Megalithkulturen der Jungstein-, Kupfer- und Bronzezeit und den archaischen Hochkulturen liegt für uns in der **Schrift**. Erst die Entdeckung und Verbreitung der Schrift und erst unsere Funde und die gelungene Entzifferung machen die Vergangenheit richtig lebendig, ermöglichen Geschichts*schreibung* und damit auch Religionsgeschichtsschreibung.

Der Glaube in den alten (geschichtlichen) Hochkulturen

Haben wir bisher versucht, aus den archäologischen Funden den „Glauben der ältesten Menschen" und den „Glauben der vorgeschichtlichen Kulturen" (des Meso- und Neolithikums) zu rekonstruieren, so sind wir in einer grundlegend anderen Situation, sobald zu den Funden von Gräbern, Skeletten, Ruinen, Grundmauern, Geräten usw. *schriftliche Zeugnisse* kommen.

Schriftliche Dokumente konnten wir bisher nur für analoge Deutungen archäologischer Funde heranziehen, wenn es Hinweise dafür gab, daß Analogieschlüsse von der Lebensweise zeitgenössischer Primitivvölker oder Megalithiker auf die gleiche kulturelle Entwicklungsstufe in der Vorgeschichte zielführend und erhellend sein könnten.

Wir wollen nun so vorgehen, daß wir – dem Alter der schriftlichen Dokumente folgend – den Glauben der Menschen zu verstehen trachten, die in *Asien/Afrika* (Sumerer, Ägypter, Inder, Iraner), in *Europa* (Griechen, Römer, Hellenisten, Kelten, Germanen, Thraker, Geten, Skythen, Sarmaten) und in *Amerika* (Mexikaner, Mayas, Inkas) etwa ab dem 3. Jt. v. Chr. bis weit in das 1. Jt. n. Chr. herein Träger der vielfältigen Hochkulturen waren, die allerdings heute samt und sonders untergegangen oder doch wesentlich verändert und in anderen Kulturen aufgegangen sind.

Erst ab dem V. Kapitel werden wir uns dann den *Weltreligionen* zuwenden können, die auch heute noch lebendig sind und den Glauben der Menschheit bestimmen und formen. Es wurde aber auch bisher schon deutlich und wird im Laufe dieses IV. Kapitels noch oft ins Auge springen, daß viele Elemente der Weltreligionen (auch des Christentums!) bereits Jahrtausende früher entwickelt wurden, also nicht „erfunden", sondern nur „kreativ eingebaut" worden sind.

Der Glaube der alten Bewohner Mesopotamiens

Die ältesten schriftlichen Dokumente über religiöse Institutionen, Vorstellungen und Techniken überhaupt finden sich in *sumerischen Texten*. Sie reichen weit in das 3. Jahrtausend zurück (was ihre Entstehung anlangt), vermitteln aber zweifellos noch viel ältere religiöse Vorstellungen, die in das Dunkel der Vorzeit zurückreichen. Wir werden vielfach Parallelen zu Zeugnissen entdecken, die wir bei unserer Suche nach der Religion der ältesten Menschen und der vorgeschichtlichen Menschen bereits wahrgenommen haben.

Es ist sicher, daß die **Sumérer** nicht ursprünglich in Mesopotamien ansässig waren, sondern aus dem Norden (zunächst aus dem nördlich von Mesopotamien liegenden Zagros-Gebirge, wahrscheinlich aber von Asien her) in Südmesopotamien eingedrungen sind. Hier stießen sie auf die sogenannte **Obed-Kultur** (vgl. S. 3 f) und machten dieser neolithischen Bauernkultur, die bereits stadtartige Siedlungen kannte, die um Tempelzentren herum angelegt waren, ein Ende bzw. griffen deren Errungenschaften auf und integrierten sie in ihre Zivilisation. Die Zentren dieser früh-sumerischen Epoche

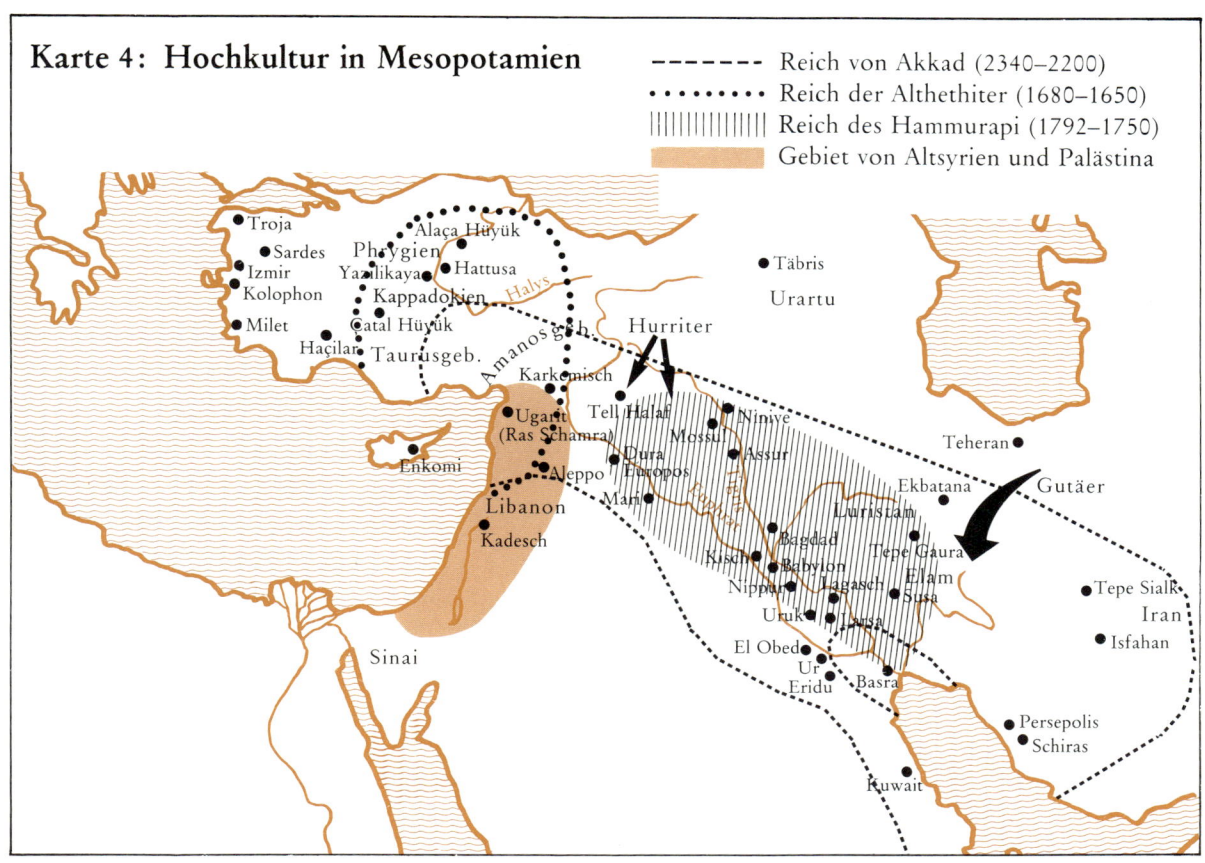

Karte 4: Hochkultur in Mesopotamien

- – – – – – Reich von Akkad (2340–2200)
- • • • • • • • Reich der Althethiter (1680–1650)
- |||||||||||||| Reich des Hammurapi (1792–1750)
- ▬ Gebiet von Altsyrien und Palästina

Das „Zwischenstromland" gehört zusammen mit Kleinasien und Palästina zu den geschichtsträchtigsten Territorien der Erde. In verhältnismäßig früher Zeit gab es dort hochentwickelte städtische Kulturen (vgl. die Luftaufnahme von Ur) und einen sehr wechselhaften Geschichtsverlauf, weil verschiedenartige Machtblöcke aufeinandertrafen.

lagen in Südmesopotamien um die Städte Kisch, Lagasch, Ur, Uruk und Umma. Die ältesten Schriftzeugnisse auf Tontafeln reichen an den Anfang des 4. Jahrtausends zurück und wurden bei Ausgrabungen der monumentalen Tempelanlagen und Hochtempel (Zikkurats) gefunden. Allmählich bildete sich eine dynastische Struktur innerhalb der Stadtstaaten heraus, und es entstanden Rivalitäten. Schon aus dem Jahr 2550 stammen die Königsgräber in Ur, die auf eine hohe Kultur und Machtstruktur verweisen (vgl. Seite 59 f).

Nach 2500 strömten semitische Nomadengruppen aus der Syrischen Wüste nach Mesopotamien und bildeten zuerst in Mari, dann in

Im 2. Jt. v. Chr. gab es in Mari eine Palastschule, in der die Schreiber (Hofbeamten) ausgebildet wurden. Bei Ausgrabungen 1934/5 wurden „Klassenzimmer" freigelegt, in denen noch die „Schulbänke" und sogar „Tintenfässer" erhalten sind.

Die Inschrift dieser beiden Tonzylinder stammt aus Lagasch (ca. 2430 v. Chr.). Wer auf diese Weise schreiben konnte, hatte eine wichtige Funktion in der Gesellschaft.

Akkad ebenfalls Stadtstaaten in der Art der Sumerer.

2340 zwang der Akkader *Sargon* den sumerischen Städten seine Oberhoheit auf und legte damit den Grund für die sumerisch-akkadische Verschmelzung, die Jahrhunderte lang als *„babylonische Kultur"* bestand. – Heute sieht man deutlicher die Unterschiede der beiden Kulturen und hütet sich vor Nivellierungen. Die Keilschrift geht auf die Sumerer (älteste Funde in Uruk) zurück, sie wurde aber von den Akkadern übernommen, die mit diesen Schriftzeichen ihre semitische Sprache schriftlich ausdrücken konnten. Als später die Neu-Sumerer die akkadische Oberhoheit abschüttelten, blieben die Schriftzeichen gleich, obwohl wieder die sumerische Sprache dominierte. Die letzten Könige des neu-sumerischen Reiches hatten aber bereits wieder semitische Namen und forcierten die akkadischen Kulturelemente.

Die ältesten religiösen Zeugnisse der Sumerer

Schon in frühester Zeit war die *Hörnerkrone* das charakteristische Attribut göttlichen Wesens. Daraus ist zu schließen, daß die ältesten Sume-

rer den überall im Vorderen Orient bezeugten neolithischen Stierkult praktizierten und mit dem Symbol der Stierhörner die göttliche Macht zum Ausdruck brachten (der Donner wurde mit dem Brüllen der Stiere verglichen und so Wetter- und Stiergott *als einer* gesehen – als himmlisches Wesen, das aber konkreten Bezug zum menschlichen Alltag hat).

Die ältesten sumerischen Texte zeigen bereits einen entfalteten Götterhimmel (was darauf hinweist, daß diesen schriftlichen Niederschlägen eine längere Entwicklungszeit vorangegangen sein muß, die wir aber nicht belegen können): Der Dreiheit der **Hochgöttter** *An – Enlil – Enki* entspricht eine Dreiheit von **Astralgottheiten** *Nanna/Suen (akkad. Sin)* – *Utu (akkad. Schamasch)* – *Inanna (akkad. Ischtar)*. Daneben gibt es umfängliche Listen verschiedenartigster Gottheiten (weit über 1000 Namen sind schriftlich erhalten!), von denen wir meist nicht mehr als die Namen kennen.

◼

Enki und die Weltordnung

Enki, der König des Abzu[1], überwältigend in seiner Majestät, spricht mit Vollmacht:
Mein Vater, der König des Alls,
mein Ahne, der König aller Länder,

sammelt alle me[2] und legte sie in meine Hand.
Ich bin der erstgeborene Sohn des An[3].
Ich bin der große Sturm, der vom „großen Unten"
 ausgeht, ich bin der Herr des Landes.
Ich bin der Vater aller Länder,
Ich bin der große Bruder aller Götter, ich bin der,
 der volles Gedeihen bringt,
Ich hüte die Urkunden über Himmel und Erde,
Ich bin Ohr und Geist aller Länder,
Ich lasse Gerechtigkeit walten zusammen mit König
 An,
Ich bin der, der die Schicksale bestimmt mit Enlil[4]
 im Berg der Weisheit.
In meine Hände legte er die Bestimmung der
 Schicksale,
Ich bin der, dem Nintu[5] schuldige Ehrfurcht er-
 weist,
Ich bin der, dessen Ruf Ninchursag[5] verkündet,
Ich bin der Führer der Anunnaki[6],
Ich bin der erstgeborene Sohn des heiligen An …
Ich bin der Herr, dessen Befehl unbestritten ist, ich
 bin der erste unter allen,
Auf meinen Befehl sind die Ställe gebaut worden,
 sind die Zäune der Schafhürden errichtet,
Als ich mich dem Himmel nahte, ergoß sich ein Re-
 gen für alles Gedeihen,
Als ich mich der Erde nahte, war dort Wasser im
 Überfluß.
Als ich mich der grünen Wiese nahte, wurden
 Dämme aufgehäuft …
(darauf wird berichtet, wie Enki alles ordnete!)
Er richtete Pflug und Joch,
Der erhabene Fürst öffnete die heiligen Saatfurchen,
Ließ das Getreide auf dem bestellten Feld wachsen.
Den Herrn, der das Diadem trägt, den Starken,
 den Bauer des Enlil,
Enkimdu[7], den Herrn der Gräber und Deiche,
Setzte Enki amtlich dafür ein.

1 Süßwasserozean, auf dem die Erdscheibe ruht
2 „me" = numinoser Ordnungsbegriff
3 An (= oben, Himmel) ist der oberste Gott von Sumer
4 Enlil (= Herr, Sturm) ist der Gott des Luftraums
5 Nintu und Ninchursag sind sum. Muttergottheiten
6 Anunnaki sind unterirdische Gottheiten
7 Enkimdu ist der Gott des Ackerbaus

An (= Himmel) ist der Gottkönig schlechthin, er wird noch als oberster Gott erwähnt, steht aber hinsichtlich Kult bereits im Hintergrund, wichtiger sind *Enlil* (= Gott des Sturmwindes) und *Enki* (= Herr der Erde); *Enlil* entstand aus der Vereinigung von *An* (Himmel) und *Ki* (Erde) und trennte seine Eltern, so daß seither der Himmel weit oben und unzugänglich ist. *Enki* ist der Herr von *Tilmun*, des wahren Paradieses. Eines Tages ißt *Enki* eine eben erschaffene Pflanze, ohne vorher wie üblich ihr Geschick und Wesen zu bestimmen, und wird deswegen schwach und krank; seine Gattin *Ninchursag* heilt ihn schließlich. Dieser Mythos beschwört das Paradies, wo es kein Leid und keine Krankheit gibt, schildert das paradoxe Drama des kranken Paradiesgottes und stellt Heilung in Aussicht. Interessant ist, daß die

Aus dem Palast Asurnasirpals II. (884–859 v.Chr.) stammt dieser Kopf eines die Türen bewachenden Dämons in Stiergestalt mit Menschenkopf, dessen Stierhörner, sorgfältige Bartfrisur und freundliche Züge einen eigenartigen Kontrast bilden.

„Ordnung" nicht automatisch geschieht, daß auch die Götter fehlen können und daß alles eine Entwicklung (zum Guten) haben kann.

Der Haupttempel *Ans* befand sich in *Uruk.* Die Gattin *Ans* ist *Antum*, zeitweilig auch *Inanna*, die bald die Verehrung *Ans* aus Uruk verdrängt. *Enlil* nimmt im sumerisch-akkadischen Pantheon die bedeutendste Stellung – vor allen anderen Gottheiten – ein, er wird am meisten verehrt und kommt in fast allen Götterlisten vor, seine Stadt ist *Nippur.* Er ist mit *Ninlil* verheiratet, die zeitweise als die „Mutter aller Götter" angesehen wird.

Die Götter tragen die Verantwortung für die kosmische Ordnung, daher muß der Mensch den Normen der Götter folgen – wenn Welt und Gesellschaft „funktionieren" sollen. Die kosmische Ordnung wird aber ständig bedroht und gestört durch die Große Schlange (= Gefahr des Chaos) und durch die Vergehen und Verbrechen der Menschen. Durch **Riten** muß die gestörte Ordnung wiederhergestellt werden. Dasselbe bewirkt der Bau von Tempeln (der die Kosmogonie wiederholt: aus dem Chaos des Urmeers steigt der feste Urhügel [= Zikkurat], um den herum sich die Stadt der Menschen entfaltet). Der sumerischen Tradition zufolge wurden die wichtigsten Städte von den Göttern selbst gegründet, mit Namen benannt und als Kultzentren bestimmt; später wurde den Königen der Plan der Stadt mitgeteilt, da jede Stadt ihren Archetypus (= Urform) in Sternbildern hat.

Das *Neujahrsfest* bedeutet die kultische jährliche Regeneration des Staates: hier wird rituell alles nachvollzogen, was mythisch als Kosmogonie, Theogonie und Menschwerdung, heilige Ordnung, Störung der Ordnung und Wiederherstellung der Ordnung erzählt wird. Die große *„Sintflut"* dient in makrokosmischem Maßstab demselben Ziel: Vernichtung der sündigen Welt und Hervorrufen einer neuen besseren Welt. Das Dreigestirn der *Astralgottheiten* Mond *(Nanna-Suen),* Sonne *(Utu)* und Venus *(Inanna)* steht anfangs eher im Hintergrund. Mond und Sonne erleben erst in der neu-sumerischen Zeit als Mondgott *Sin* und Sonnengott *Schamasch* eine Blütezeit. Inanna aber (später als Ischtar und Astarte eine zentrale Göttergestalt im Vorderen Orient) erreicht schon damals als Göttin des Venussterns (Morgen- und Abend-

stern) eine große kultische und mythologische Aktualität – als Göttin der Liebe und gleichzeitig des Krieges; ihre Persönlichkeit war schon in altsumerischer Zeit in vielen Einzelheiten umschrieben.

Der *Inanna*-Mythos beginnt mit der Liebe der Göttin zum Hirten *Dumuzi,* der dadurch zum Stadtkönig erhoben wird. Als Inanna beschließt, in die Unterwelt hinabzusteigen, in das Reich ihrer Schwester *Ereschkigal,* um es zu erobern, beginnt das unheilvolle Geschick des *Dumuzi: Inanna* wird durch den „Blick des Todes" von ihrer Schwester gebannt. *Enlil* befreit sie mit Hilfe zweier Boten, die ihr „Speise des Lebens" und „Trank des Lebens" reichen und sie dadurch retten. Die sieben Richter der Unterwelt allerdings verlangen einen „Ersatzmann". Auf der Suche nach einem solchen verdammt *Inanna Dumuzi* dazu, weil sie ihn, in die Stadt zurückgekehrt, als „alleinigen Herrn der Stadt" vorfindet, der ihr keinen Gedanken nachgesandt hat. *Dumuzis* Schwester lindert diese Strafe, indem sie jeweils für ein halbes Jahr *Dumuzi* in der Unterwelt ablöst.

Wahrscheinlich steckt bereits in diesem alten Mythos die Wurzel für die *Ischtar-Mysterien,* die den Kreislauf der allgemeinen Fruchtbarkeit sichern helfen sollten. Auch der im Vorderen Orient später weit verbreitete *Tammuz-Kult* (sum. Dumuzi = akkad. Tammuz), der das neolithische Ackerbau-Mysterium aufgreift und zum Prinzip der einheitlichen Welterklärung (Leben bedeutet Teilhaben am kosmischen Rhythmus des Werdens und Vergehens und Neuwerdens) macht, geht auf diesen Mythos „Inanna in der Unterwelt" zurück. Die sumerisch-akkadischen Könige verkörperten beim Neujahrsfest den Tammuz und waren so „unmittelbar" in die Versöhnung von menschlicher und göttlicher Ebene einbezogen.

Die sumerisch-akkadische Synthese

Um 2375 vereinigte *Lugalzaggesi,* König von Uruk, erstmals die meisten sumerischen Tempelstädte und manifestierte die Idee des „Reichs" – allerdings ohne nachhaltige Wirkung. Erst der Akkader *Sargon* machte 30 Jahre später alle sumerischen und akkadischen Stadtkönige tributpflichtig und etablierte einen Staat, der vom Persischen Golf bis zum Syrischen Mittelmeer reichte. Als „König der Vier Weltgegenden" organisierte Sargon einen zentralistisch strukturierten Beamtenstaat. – *Naramsin*, der Enkel Sargons, ging einen Schritt weiter, ließ sich als „Gott von Akkad" verehren und mit der Hörnerkrone darstellen. Er nahm sich selbst in das sumerisch-akkadische Pantheon auf, baute aber den großen Göttern Tempel und kam allen Verpflichtungen hinsichtlich Kult und Verehrung mit großem Eifer nach. Nach seinem Tod zerfiel das Reich schnell.

Um 2200 überrannten die **Gutäer** (ein Volk aus den iranischen Bergen) das Akkaderreich; da sie sich aber der akkadischen Sprache und sumerischen Schrift bedienten und auch sonst wenig Eigenständiges aufzuweisen hatten, bedeutete die Gutäerherrschaft kulturell keine Zäsur (auch religiös nicht). Während die Gutäer den Norden Mesopotamiens eindeutig beherrschten, erstarkte der kulturell immer unter sumerischem Einfluß gebliebene Süden mit dem Zentrum Lagasch. Der Stadtfürst *Gudea* von Lagasch ließ dem Stadtgott *Ningirsu* einen prächtigen Tempel bauen und förderte Kunst, Architektur und Wissenschaft. Mit dem Tode Gudeas endete aber die Bedeutung von Lagasch, und Ur trat in den Mittelpunkt. Hier begründete König *Urnammu* (2111–2094) die III. Dynastie von Ur und vereinigte mit der Hauptstadt Babylon wieder Sumer und Akkad („König von Sumer und Akkad"). Die bisherigen Stadtkönige wurden entmachtet, durch Beamte ersetzt und in das Reich integriert.

200 Jahre vor Hammurabi verfaßte Urnammu bereits einen Gesetzeskodex, der „eine gerechte Ordnung im Lande setzen" helfen sollte. Über 100 000 Verwaltungsurkunden aus dieser Zeit wurden bei den verschiedenen Ausgrabungen gesammelt; sie zeugen von den staatsmännischen und administrativen Bemühungen dieses großen Herrschers.

Urnammu ließ in Ur eine große Zikkurat erbauen und mit gebrannten Ziegeln verkleiden, die dem Bau große Beständigkeit verliehen. Die vier Nachfolger des Urnammu (Schulgij, Bursin, Schusin und Ibisin) nannten sich wie Sargon „Gott" und beanspruchten alle einem Gott zustehenden Opfer, Gebete, Verehrungen, Priester usw. – alles wohlgeordnet, zu be-

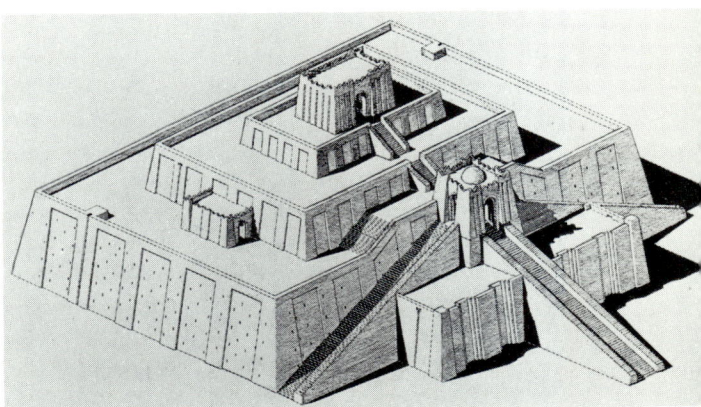

Ruine *(oben)* und Rekonstruktion der Nanna-Zikkurat des Urnammu (2111–2094 v. Chr.) in Ur. Dieser dem Mondgott Nanna (Stadtgott von Ur) geweihte Tempel erhebt sich in Stufenform als „Urhügel" über dem Chaos und symbolisiert die Wiederholung der Schöpfung der bewohnbaren Welt.

stimmten festgelegten Zeiten an den neuerrichteten Kultorten in einer heiligen Handlungsabfolge, wie es der damaligen Religions- und Glaubensauffassung entsprach. Das nachfolgend zitierte Gebet zeigt diese typischen Züge einer „verwalteten" Religiosität, läßt aber zugleich erkennen, wie sehr sich das akkadisch-semitische Erbe im Sinne eines religiösen Individualismus durchgesetzt hat:

Herzberuhigungslied für jeden Gott

*Möge sich der Zorn im Herzen meines Gottes mir
    gegenüber beruhigen,
möge sich der Gott, den ich nicht kenne, mir gegen-
    über beruhigen,
möge sich der Gott, den ich kenne oder nicht kenne,
    mir gegenüber beruhigen,*

möge sich die Göttin, die ich kenne oder nicht kenne, mir gegenüber beruhigen.

Möge sich das Herz meines Gottes mir gegenüber beruhigen,

Möge sich das Herz meiner Göttin mir gegenüber beruhigen.

mögen mein Gott und meine Göttin sich mir gegenüber beruhigen.

Möge der Gott, der zornig auf mich geworden ist, sich mir gegenüber beruhigen,

möge die Göttin, die zornig auf mich geworden ist, sich mir gegenüber beruhigen ...

In Unwissenheit habe ich von meinem Gott Verbotenes gegessen,

in Unwissenheit habe ich meinen Fuß gesetzt auf das, was von meiner Göttin verboten ist.

O Herr, meine Übertretungen sind zahlreich, und groß sind meine Sünden ...

O Gott, den ich kenne oder nicht kenne, meine Übertretungen sind zahlreich, und groß sind meine Sünden ...

Die Übertretung, die ich begangen habe, kenne ich wirklich nicht.

Die Sünde, die ich begangen habe, kenne ich wirklich nicht.

Das Verbotene, das ich gegessen habe, kenne ich wirklich nicht.

Das Untersagte, auf das ich meinen Fuß gesetzt habe, kenne ich wirklich nicht.

Der Herr sah mit Zorn im Herzen auf mich, der Herr begegnete mir mit Wut im Herzen, die Göttin, die zornig auf mich war, machte mich krank.

Der Gott, den ich kenne oder nicht kenne, hat mich bedrückt,

die Göttin, die ich kenne oder nicht kenne, hat mich leiden lassen.

Obwohl ich ständig nach Hilfe ausschaue, nimmt mich niemand bei der Hand, wenn ich weine, treten sie mir nicht zur Seite.

Ich stoße Klagen aus, aber niemand hört mich, ich bin unruhig, bedrückt, ich kann nicht sehen.

O mein Gott, barmherziger, an dich richte ich das Gebet: wende dich mir zu; ich küsse die Füße meiner Göttin, ich krieche vor dir ...

Der Mensch ist taub, er weiß nichts; die Menschen, soviel ihrer sind, was wissen sie?

Oberteil der Gesetzesstele des Hammurabi (1792–1750 v. Chr.), die den Text seiner berühmten Gesetzessammlung enthält, mit deren Hilfe er das politisch zersplitterte Land befrieden wollte. Der 2,25 m hohe Basaltblock enthält den Wortlaut von 282 Gesetzen und zeigt an der Spitze König Hammurabi vor dem thronenden Schamasch (Gott des Lichtes und Rechts).

Ob jemand Sünden begeht oder Gutes tut, er weiß es selbst nicht ...

Die Sünde, die ich getan habe, wende sie zum Guten, die Übertretung, die ich begangen habe, laß den Wind wegtragen. Meine Vergehen streife ab wie ein Kleid.

O mein Gott, meine Sünden sind sieben mal sieben, nimm sie hinweg ...

Möge dein Herz, wie das Herz einer wahrhaftigen Mutter, mir gegenüber beruhigt sein, wie das Herz einer wahrhaftigen Mutter und eines wahrhaftigen Vaters möge es mir gegenüber beruhigt sein.

Die III. Dynastie von Ur geht gewaltsam zu Ende. Von Elamitern im Osten und Amoritern im Westen bekämpft, bricht das Reich zusammen und wird bis 1800 geteilt ...

Während dieser sogenannten Isin-Larsa-Periode und der nachfolgenden neuen Blütezeit unter dem berühmten *Hammurabi* (1792–1750), der seiner Abstammung nach ein Amoriter war, sich aber als „Babylonier" fühlte und erwies, entstehen wichtige kulturelle Dokumente (im Bereich der Wissenschaften, der Musik, vor allem der Religion), entwickelt sich auch die sumerische Religion weiter.

Neben den neuen Namen sind es vor allem Verschiebungen in der Götterhierarchie, die auffallen. Nicht mehr An, Enlil und Enki stehen im Vordergrund, sondern *Marduk* (der Stadtgott von Babylon, Sohn *Enkis*, „Herr der Weisheit", Sieger über Chaos und Unterwelt), *Sin* (der Stadtgott von Ur und Harran und zugleich Mondgott), *Ischtar* (die Tochter des *Sin*, Göttin der Liebe und Wollust, des Kampfes und des Sieges) und *Schamasch* (der Sonnengott, höchster Gesetzgeber und Richter, Belohner und Bestrafer, der Stadtgott von Larsa und Sippar, der Allwissende, der Schützer der Astrologen und Wahrsager). Die beiden folgenden Hymnen zeigen die hochentwickelte Gebetskultur:

■

Hymnus an Schamasch

Der das Dunkel erleuchtet, den Himmel erhellt,
der droben wie drunten das Böse vernichtet,
Gott Schamasch, der das Dunkel erleuchtet, den
    Himmel erhellt,
der droben wie drunten das Böse vernichtet:
Dein Glanz bedeckt wie ein Fangnetz die Erde,
die gewaltigen Berge und die Wogen der See.
Alle Fürsten freuen sich, dich anzuschaun,
alle himmlischen Götter jubeln dir zu.
Das Geheime erschauen sie in deinem Glanz;
ihr Schritt ist sicher im Schein deines Lichts.
Auf deine Pracht ist ihr Auge gerichtet;
die vier Himmelszonen lodern im Brand.
Weit offen stehen alle Pforten des Himmels;
aller Himmelsgötter Opfer nimmst du in Empfang.
Bei deinem Aufgang anbeten die Götter der Tiefe,
und laut vor Schamasch erklingt ihre Qual.

Modell des heiligen Bezirks des Marduk-Tempels (6. Jh. v. Chr.) in Babylon. Rechts der Erscheinungstempel (Esagila), links der berühmte babylonische Turm (Etemenanki). An der Außenmauer führte die Prozessionsstraße nach Norden zum Ischtartor.

An die babylonische Göttin Ischtar

O Fackel, die Himmel und Erde erleuchtet,
o Glanz aller Lande,
wütend im unwiderstehlichen Angriff,
gewaltig im Kampfe!

Feuerbrand, der gegen die Feinde entfacht ist
und die Vernichtung der Wüter bewirkt,
Ischtar, die sie vor Schreck läßt erbleichen,
wenn sie die Scharen zuhauf bringt!

Gottheit der Männer und Gottheit der Frauen,
deren Ratschluß niemand ergründet:
Wo du hinblickst, wird der Tote lebendig,
erhebt sich der Kranke, kommt zurecht der Verirrte,
    der dein Antlitz anschaut.

Dich rufe ich an, dein Knecht, der geplagt ist, von
    Schmerzen gequält.
Sieh mich an, meine Herrin, nimm an mein Flehen,
    schau auf mich in Gnaden, erhör mein Gebet.
Gnade verkünde, dein Gemüt werde sanft:
Gnade für meinen schwachen Leib, voll Verwirrung
    und Unheil,
Gnade für mein gequältes Herz, voller Tränen und
    Seufzer!

arbeitet) und feierlich rezitiert werden, um Gott (Marduk) zu preisen. Das sog. *„Enuma elisch"* (die sumerische Schöpfungsmythe, Bestandteil des berühmten *Gilgameschepos*) wurde z. B. am 4. Tag des großen Neujahrsfestes im Tempel von Babylon rezitiert – also im Rahmen des 12 Tage dauernden großen Schauspiels, das der König an bevorzugter Stelle mitgestaltete – als Mittler zwischen der Erde und dem Himmel, zwischen den Menschen und den Göttern.

Der legendäre *Gilgamesch* (sagenhafter König von Uruk) strebte nach der Unsterblichkeit der Götter und scheiterte; die erstaunlich pessimistische Anthropologie dieses großartigen Epos ist typisch für die nihilistische Grundtendenz der babylonischen Zeit: Der Mensch muß seine Grenzen erkennen und akzeptieren – der Abstand zu den Göttern bleibt unüberwindlich. Aber er hat aus Gnade durch seinen Geist Anteil am Göttlichen und kann durch Riten und Gebete sowie durch Befolgung der heiligen Ordnung und durch Aufsichnehmen gerechter Sühne bei Übertretungen hoffen, trotzdem den Segen der Götter zu erlangen, weil er in der „Stadt" lebt, im wohlgeordneten, sich an der kosmischen Ordnung orientierenden Staat. Damit partizipiert er an der mythisch geschehenden Verbindung von Himmel und Erde.

Der Glaube der Babylonier und Assyrer

Was in der Blütezeit unter Hammurabi als sumerisch-akkadische Synthese entstand, entwickelte sich in den 14 darauffolgenden Jahrhunderten – bis zu Alexander d. Gr., der das Land eroberte und hellenisierte (vgl. Seite 126ff) – zu einem ausgefeilten Synkretismus weiter. Die folgenden Elemente sind für den Glauben der Babylonier und Assyrer typisch:

● Die Religion beherrscht und durchzieht das gesamte Leben, da die Welt der Himmlischen in allem und jedem in das Leben der Menschen eingreift.
● Die Religion ist ausgeprägt polytheistisch; stark hierarchisch gegliederte Gottheiten werden vorgestellt wie die Hofhaltung im babylonisch-assyrischen Reich – und umgekehrt orientiert sich das Hofzeremoniell am Zeremoniell des Pantheons. Dabei ist dieser Polytheismus tolerant, allem Religiösen gegenüber aufgeschlossen und

Das berühmte Ischtar-Tor in Babylon zur Zeit Nebukadnezars (604–562 v. Chr.), wo die Prozessionsstraße an der doppelten Stadtmauer beginnt. *Oben* die Rekonstruktion des Tores (Berlin). *Unten* die Ruinen, die noch immer die gewaltige babylonische Bauweise erkennen lassen.

Der „numinose" Charakter der Götter wird jetzt stärker betont: sie flößen heilige Furcht ein und erstrahlen in erschreckendem Licht. Wahrsager, die in die Zukunft schauen können, treten auf und verkünden den Willen der Götter. Gewisse magische und okkulte Praktiken geben Einblick in das Schicksal (Astrologie) und ermöglichen eine entsprechende Steuerung. Große Bedeutung kommt in dieser Zeit den *Mythen* zu, die aufgeschrieben (gesammelt, be-

Der geflügelte Merodach (= Bel), in jeder Hand einen dreigeteilten Doppelblitz schwingend, kämpft mit einem Löwengreif. Dieses aus dem 9. Jh. v.Chr. stammende Alabasterflachbild aus Nimrud am Tigris ist ein gutes Beispiel für die Götter- und Dämonenvorstellungen im assyrischen Weltreich.

bereit, alles Göttliche zu verehren (in den babylonischen Urkunden findet man immerhin über 3000 Götternamen – im alten Sumer waren es „nur" 1000!).

● Diese Religion ist kosmisch und astral orientiert: Sonne, Mond und Planeten werden als Vertreter des Göttlichen, als die großen Garanten und Lenker der kosmischen Harmonie verehrt. Sie drängen die Erd- und Fruchtbarkeitsgottheiten der vorangegangenen Kulturen endgültig zurück, ja bekämpfen sie sogar.

● Diese Religion war konservativ, denn sie hielt am Alten beharrlich fest, weil „am Anfang" die Lebensmöglichkeiten geschaffen wurden und sich alles an diesen Anfängen, die mythisch gegenwärtig gesetzt wurden, orientiert. Das Neue ist nur dann gut, wenn es sich als „älter" beweisen kann (als das Uralte).

Eine solche hochstilisierte Religiosität schuf sich natürlich eine sehr diffizile Kultordnung, machte eine durchorganisierte Priesterschaft nötig, die naturgemäß viel Macht hatte (Priester und Laien waren streng getrennt), entwickelte ausgeprägte Kultorte (Zikkurats, Tempel,

Altäre, Götterbilder), Kultzeiten (Festkalender) und Kulthandlungen (Gebete, Beschwörungen, Liturgien, Opfer usw.).

Eine Fülle von Gesetzen entstand, die man – moralisch verpflichtet! – befolgen mußte, um die kosmische Ordnung nicht zu stören. Sündigte man (der „Babylonische Beichtspiegel" regelte minutiös die Gewissenserforschung!), mußte man die genau festgelegte Buße tun und sich reinigen, um Vergebung zu erlangen. Krankheit und Leid wurden als Strafen für die Sünden angesehen und akzeptiert.

Das Leben im Jenseits wurde im allgemeinen als ein Schattendasein („Land ohne Wiederkehr") gedacht, außer man durfte den Weg der Mysterien gehen und als „Eingeweihter" Anteil am geheimnisvollen Leben der Götter bekommen.

Die Weisheitsliteratur (z. B. die „Weisheitssprüche des Utnapischtim") zeigt ein beachtliches ethisches Ideal – wie es etwa die folgende Spruchformulierung erkennen läßt:

■

„An deinem Widersacher handle nicht böse.
Wer dir Böses tut, dem vergilt mit Gutem.
Laß deinen Feinden Gerechtigkeit widerfahren …
Nicht laß dich verleiten, Böses zu tun."

■

Der Glaube der Elamiter, Hethiter und Phöniker

Diese drei Völker wohnen zwar nur teilweise (Elamiter) in Mesopotamien, haben aber zahlreiche Kontakte dorthin, so daß man in manchem sogar von einer gewissen Wechselwirkung auch im religiösen Bereich sprechen kann. Deshalb sei ihre Religionsauffassung hier noch kurz erwähnt.

● Viel weniger bekannt als die Sumerer und Akkader, aber ebenfalls bereits um 3000 in Mesopotamien, besser: im Bereich des „Fruchtbaren Halbmondes", und zwar im äußersten Osten um das Zentrum *Susa* angesiedelt – sind die Elamiter.
Um 5000 ist in *Tepe Gaura* nördlich von Susa bereits bemalte Keramik nachgewiesen, außerdem Siedlungen (aus Stampflehm gebaute Häuser); Bestattung innerhalb der Häuser unter dem Fußboden (die Toten sind reichlich mit Ocker bestreut, dem steinzeitlichen Hinweis auf Jenseitsglauben!). In Tepe Gaura fanden sich auch Spuren monumentaler Kultanlagen. Später hat das Gebiet Anteil an der sogenannten *Obed-Kultur,* die ja auch die den Sumerern vorangehende Kultur in Mesopotamien gewesen sein dürfte. In dieser Zeit wird Susa gegründet; Funde zeigen starken Bezug zur mesopotamischen Kultur.
Wie die ältesten Funde in Susa (vor 3000) zeigen, war dieses Gebiet damals offensichtlich Zentrum einer Keramikschule von höchster künstlerischer Vollkommenheit, die für den gesamten Vorderen Orient bedeutungsvoll war. Daneben gab es auch prächtige Steinge-

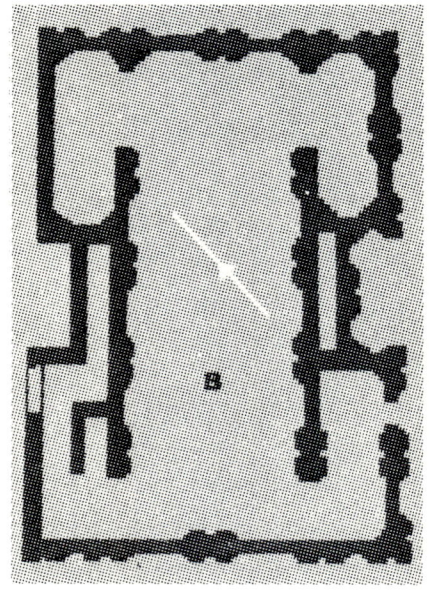

Bereits um 5000 v. Chr. gab es in Tepe Gaura, nördlich von Susa, im Gebiet der späteren Elamiter, monumentale Kultanlagen, wie dieser Tempelgrundriß erkennen läßt.

fäße. Die Grabbeigaben aus Gold, Silber und Edelsteinen verweisen auf Reichtum. Auch Stempelsiegel und weibliche Idolfigürchen sind Zeugnisse einer hochstehenden Zivilisation. Herkunft und Sprache der Elamiter sind noch unbekannt, doch dürften sie sich etwa auf gleichem Kulturniveau befunden haben wie die Bewohner von Mesopotamien. Zwischen 3000 und 2300 verfügten die Elamiter sogar über eine Schrift (auf Tontäfelchen erhalten), zuerst Bilderschrift, dann Silben- oder Strichschrift, die aber dann durch die Keilschrift der Sumerer abgelöst wurde.
Das Land besteht aus dem Bergland (Zagros-Gebirge), das „Anzan" genannt wird, und dem „Schuschun", der Ebene von Susa und dem Stromgebiet der Susiana.
Aufgrund seiner natürlichen Reichtümer unterhielt Elam bereits sehr früh rege Handelsbeziehungen mit den Bewohnern der mesopotamischen Tiefebene. Sie erzeugten Erz (Zinn, Kupfer, Silber, Gold) und bauten kostbare Steine ab (Obsidian, Diorit, Basalt, Marmor, Halbedelsteine). Später werden auch Pferde exportiert. Dieser wirtschaftliche Reichtum reizte immer wieder, sich die Waren mit Gewalt zu holen (z. B. Sargon).

Von großer religiöser Ergriffenheit zeugen die 12 Beter-
statuetten aus dem Abu-Tempel von Eschnunna
(2700–2200 v. Chr.). Die Rundplastiken betonen die geometrischen Formen (Kegel, Zylinder), was auf eine gewisse Vergeistigung deutet. Die weitaufgerissenen Augen äußern Glaube, Demut, Furcht und Hoffnung.

Die elamische Religion (wir verfügen freilich
nur über sehr spärliche Funde) zeigt einige spezifische Elemente, die das Bild der Religion in
Mesopotamien abrunden: An der Spitze des
Götterhimmels thront die weibliche Gottheit
Pinenkir. Der oberste männliche Gott heißt
Humban; sein Sohn *Hutran* bildet zusammen
mit dem Totengott *Inschuschinak* und Humban
eine göttliche Triade. Die Verstorbenen werden vom Götterpaar *Ischnikorat* und *Lagamel* in
einem Zwischenreich in Empfang genommen
und dann vor den Totengott Inschuschinak geführt, der sie richtet. Auch Astralgötter haben
die Elamiter: bekannt sind der Sonnengott
Nahhunte und der Mondgott *Napir*. Der eigent-

liche Nationalgott – das Gegenstück Marduks
– ist aber *Schimut*.
Wie in Sumer gibt es auch in Elam Zikkurats
(z. B. in Tschoga-Zanbil); sie weichen aber völlig vom sumerischen Konzept ab: 5 quadrati-
sche und konzentrisch immer kleiner werdende Terrassen sind übereinandergeschichtet,
sie stehen aber untereinander nicht in Verbindung, jede Terrasse ist durch steile hohe Stufen
vom Erdboden aus direkt zugänglich. Auf der
obersten Terrasse (52 m hoch!) befindet sich
ein dem Totengott Inschuschinak geweihter
Tempel. Die Ecken weisen genau in die vier
Himmelsrichtungen. In Bronzeguß ausge-
führte Opferszenen und Gebetshaltungen zeugen von einer verinnerlichten Religiösität.

● In Anatolien, wo im Neolithikum (zw. 8000
u. 4000 v. Chr.) die größte Stadt dieses Zeitalters nachgewiesen worden ist (Çatal Hüyük),
gibt es Funde aus dem 3. Jahrtausend (bei Alaça

Hüyük und Horootepe), die auf Fürstengraban-
lagen schließen lassen: rechteckige Erdgruben,
mit kostbaren Beigaben versehen, mit Steinen
umrahmt und mit Holzbalken bedeckt sowie
mit Erde zugeschüttet. Es dürfte sich um Für-
stengräber der **Hattier** (Chatti) handeln, über
die wir ansonsten kaum etwas wissen.

Um 2000 dringen in das Gebiet der Hattier
vom Gebiet zwischen Kaspischem Meer und
Kaukasus her indoeuropäische Krieger ein, die
sogenannten Hethiter.

Schriftliche Zeugnisse haben wir nur von alt-
assyrischen Handelsniederlassungen in Anatolien, die über Hethitereinfälle berichten.

Die archäologischen Funde verweisen auf Kult-
idole, steinerne Tempel mit offensichtlich riesigen Ausmaßen (der Tempel des Wettergottes
in Hattusa z.B. ist eine Anlage von
160 m × 135 m, mit Innenhof, neun Kulträumen und zahlreichen Magazinen).

Im Heiligtum Yazilikaya im NO von Hattusa
fand man ein Götterrelief, dem zu entnehmen
ist, daß der Wettergott *Teschup*, der Himmelsgott und „die Herrin des Hethiterlandes" die
Hauptgottheiten darstellten, daß daneben aber
zahlreiche männliche und weibliche Gottheiten
existiert haben müssen. Auf einer Tontafel ist
von den „1000 Göttern des Reiches" die Rede.

Der Wettergott wird in Hattusa durch einen
Stier symbolisiert und durch das Blitzzeichen
zusätzlich kenntlich gemacht. Seine Gemahlin
Arinna (hurr. *Hetap*) ist die Sonnengöttin, zugleich die Große Muttergöttin. Daneben gibt
es aber einen besonderen Sonnengott (Sohn
des Teschup), Totengötter, Kriegsgötter, Vegetationsgottheiten, Jagdgötter und besondere
Schutzgötter, z.B. für Stadttore.

Der König ist zugleich Hoherpriester und wird
nach dem Tod als Gottheit verehrt. In Yazilikaya ist z.B. König *Tutchalija IV.* (1250–1220)
als über die Berge schreitend dargestellt, in der
linken Hand den Lituus (Krummstab), in der
Rechten seine Kartusche (Emblem mit seinem
Namen und der Abbildung eines Berggottes).
Vogelflugschau und Eingeweideschau sind
zum Zwecke der Zukunftsbefragung ebenso
bezeugt wie verschiedene magische Zauberri-
ten und -kulte. Die dabei verwendeten Gebete,
Hymnen und Zaubersprüche sind tw. überliefert; in babylonischer Keilschrift ausgeführt,
aber in drei indoeuropäischen Dialekten: im

Statue des hethitischen Königs Idrimi aus Alalach (ca.
1500 v. Chr.). Der Ausdruck des Gesichtes und die
Handhaltung machen deutlich, daß die Hethiter in ihrem König immer zugleich den Hohenpriester sehen,
den sie nach seinem Tod als Gottheit verehren.

Nesischen (= eigentl. Hethitisch), im Luwi-
schen und im Palaischen.

Die Hethiter standen deutlich unter babyloni-
schem Einfluß, bildeten aber offensichtlich einen Synkretismus aus, da sie auch viele
Elemente der **Hurriter** (eine nicht-indogermani-
sche Volksgruppe in Nordmesopotamien und
Nordsyrien) übernahmen und zu einer Einheit
mit dem Erbe formen konnten, das sie von den

erzählt vom hattischen Gott *Telipinu*, der immer dann, wenn er erzürnt ist, „verschwindet", die Folge davon ist ein „Stillstand" des Lebens, nur mit Mühe und Magie kann Telipinu wiedergefunden und beruhigt werden) und vom „Sieg des Wettergottes über den Drachen" erhellen die hethitische Theogonie bzw. die Konflikte zwischen den Göttergenerationen. Parallelen zu den Phönikiern und Griechen sowie natürlich zu den Babyloniern sind unverkennbar. Es finden sich aber auch Übereinstimmungen mit hinduistischen Motiven und alte Traditionen aus der Megalithzeit (Steinmenschen, Vereinigung von Göttern mit Felsen, ein Diorit trägt als eine Art „Atlas" den Himmel usw.).

● Das Gebiet zwischen dem Amanos-Gebirge und dem Sinai heißt in der Zeit zwischen 3000 und 2000 **Altsyrien,** später **Palästina.** Im nördlichen Teil (etwa bis zum Libanon) lassen sich um 3000 semitische Volksgruppen nieder, die eine frühe Bronzekultur entwickeln. Sie betreiben Bodenanbau und leben in einer Art Stadtkultur. Mehrere Jahrhunderte hindurch dringen immer wieder weitere Einwanderer in

Ein Zeugnis des Glaubens der alten Kanaanäer ist dieser Altarstein aus Hazor mit den zur Sonne emporgereckten „betenden" Händen (ca. 3. Jt. v. Chr.).

Aus dem berühmten Fund in Ras Schamra (der ehemalige Stadthafen Ugarit in Nordsyrien) stammt diese phönikische Darstellung des Wettergottes Baal, der auch in der Bibel (in den Büchern der Könige) eine große Rolle spielt. Baal schreitet über eine doppelte Hügelkette, hält in der Linken einen in einen Blitz auslaufenden Speer und schwingt in der Rechten eine Keule. Die kleine Figur rechts stellt den König von Ugarit dar.

Hattiern übernommen hatten; das spezifisch Indoeuropäische spielte kaum eine Rolle.
Die Texte der hethitischen und hurritischen Mythologie sind zwar bereits weitgehend übersetzt, aber fast ausschließlich in Fachzeitschriften veröffentlicht. Die Mythen vom „Gott, der verschwindet" (die älteste Fassung

dieses Gebiet (den Westteil des Fruchtbaren Halbmondes!) ein. Als um 2200 die **Amoriter,** halbnomadisierende semitische Krieger, auch schon teilweise Bodenbebauer und Hirten, eindringen, beginnt eine neue Ära der Symbiose zwischen den bereits verfeinerten **Altsyrern** und den eher barbarischen Amoritern, die sogenannte **phönikische Kultur.** Diese Symbiose geht allerdings unter großen Spannungen vor sich, die besonders im religiösen Bereich deutlich erkennbar sind. Die Fruchtbarkeitskulte der ansässigen Altsyrer werden von den Himmels- und Astralgottheiten der Nomaden in Frage gestellt, gehen aber oft eine originelle Synthese ein.

Im Zentrum der Fruchtbarkeitskulte (mit Prostitution beider Geschlechter sowie Menschenopfern und Schlangenanbetung) steht der oberste Gott *El*, mit seinen beiden Gattinnen *Aschera* und *Anat*. Lenker der Welt aber ist *Baal* (ein Wetter- und Vegetationsgott, auch *Hadad*) genannt), der Sohn *Dagans* (ein alter mesopotamischer „Korn"-Gott). Durch die Funde in *Ras Schamra* (dem ehemaligen Stadthafen *Ugarit* in Nordsyrien) sind wir relativ gut über diese Vorkultur im Land des Alten Testaments unterrichtet. Die Schwester und Gattin Baals ist *Anat,* die Göttin der Liebe und des Kriegs. Der Wassergott *Jam* und der Totengott *Mot* liegen

Dieser monumentale Steinsarg des Königs Ahiram von Byblos (ca. 1000 v. Chr.) zeigt, wie sehr gerade der Grabkult religiöse Ausdrucksformen der ältesten und verschiedenartigsten Kulturen erhalten hat.

in ständiger Fehde mit Baal, wie die aufgefundenen Mythen erkennen lassen.

Eigene Priester bringen Brand-, Friedens-, Gemeinschafts- und Sühnopfer dar, auch Priesterinnen und andere geweihte Personen werden genannt sowie Propheten (Orakelpriester). Altäre, Götterbilder und göttliche Symbole werden in den Tempeln aufgestellt; der Kult besteht neben den Opfern aus Tänzen und orgiastischen Riten. Leider sind die Funde lückenhaft und auch noch nicht völlig ausgewertet.

In diese Kultur dringen von Ägypten her unter der Führung des Mose israelitische Stämme ein und bereiten den Boden für das israelitische Königtum, von dem wir aus der Bibel wissen (vgl. Kapitel VIII, Seite 290 ff.).

Der Glaube der alten Ägypter

Das Niltal wurde im Neolithikum etwa ab dem 5. Jahrtausend von Bauerngruppen kolonisiert. Die relative Abgeschlossenheit des von Wüstengebieten umschlossenen fruchtbaren Schwemmlandes begünstigte eine einheitliche kulturelle Entwicklung des Landes.

Zwischen 4500 und 4000 ist die sogenannte **Merimde-** und **frühe Fayum-Kultur** in Unterägypten anzusetzen; die Funde verweisen auf Getreideanbau und Viehzucht. Die Toten werden in der Nähe der Häuser beerdigt, gekrümmt auf der Seite liegend, den Blick meist gegen Osten gerichtet. In der gleichzeitig für Oberägypten nachgewiesenen **Tasa-** und **Badari-Kultur** werden die Toten außerhalb der Siedlungen begraben.

Die um 3800 die Badari-Kultur ablösende **Negade-Kultur** ist hauptsächlich aus Gräbern bekannt. Deutlich sind die Hinweise auf die megalithische Religion bereits in vordynastischer, vor allem in frühdynastischer Zeit (vgl. dazu Seite 57 ff).

Um 3000 wurden Ober- und Unterägypten von **Menes (Narmer)** aus Thinis in Oberägypten geeint; er organisierte einen dauerhaften Staat und begründete die ägyptische Hochkultur.

15

Hethiter und Phönizier

Vielgestaltig war auch die Götterwelt dieser
beiden Völker. Fruchtbarkeitsgöttin aus
Ras-Shamra, Elfenbein (1400–1200 v. Chr.),
Paris, Louvre (15). – Geflügelte Göttin
(2000–1800 v. Chr.), Paris, Louvre (16). – Der
Dämon Pazůzů (1000–500 v. Chr.), Paris,
Louvre (17) – Bronzefigur der Göttin Astarte
(1400–1200 v. Chr.), Paris, Louvre (18). –
Stele mit Relief des Gottes Baal (1300–1200
v. Chr.), Paris, Louvre (19).

16

17

18

19

Götter und Gottkönige in Ägypten

Ägypten stand in seiner langen Geschichte immer im Zeichen eines besonderen Totenkultes. Die vielförmige Götterwelt manifestierte sich oft in Tiergestalten oder menschlich-tierischen Mischwesen. Nur in der kurzen Epoche unter Pharao Echnaton ist die Sonne – Aton – höchste Gottheit Ägyptens.

Pharao Ramses I. zwischen dem falkenköpfigen Gott Horus und dem schakalköpfigen Gott Anubis. Wandmalerei im Grab des Ramses (um 1312 v. Chr.) im Tal der Könige bei Theben (20).

Pharao Amenophis IV. Echnaton mit seiner Gattin Nofretete und Töchtern unter der segen- und lebenspendenden Scheibe der Aton-Sonne, Relief (um 1360 v. Chr.), Berlin, Staatliche Museen (21).

20

21

22

23

Pharao Amenophis II. unter dem Schutz der in Gestalt
einer Kuh verkörperten Göttin Hathor. Statue aus dem
Grabtempel von Der-el-Bahri (um 1450 v. Chr.), Kairo,
Ägyptisches Museum (22).
Grabstatue eines Hundes, in dessen Gestalt der alte
Gott Wepwawet, „der den Weg freimacht", verehrt
wurde. Aus Assiut (um 1314–1200 v. Chr.), Paris,
Louvre (23).
Darstellung eines Totengerichts unter den Göttern
Anubis und Horus. Papyrus-Malerei (um 1300 v. Chr.),
London, British Museum (24).

24

25

26

Die Kulturen von Kreta und Mykene,

in denen sich viele Formen und Gedanken aus Ägypten und dem Vorderen Orient finden, stehen am Beginn der griechischen Kultur.

Schlangengöttin aus Knossos (um 1450 v. Chr.), Herakleion, Archäologisches Museum (25). – Goldmaske, genannt „Maske des Agamemnon" (16. Jh. v. Chr.), 1878 von Heinrich Schliemann in Mykene in einem Grab gefunden. Athen, Nationalmuseum (26). – Stiertänzer, Wandmalerei (1550–1450 v. Chr.) aus dem Königspalast von Knossos. Heraklion, Archäologisches Museum (27).

27

Das frühdynastische Ägypten (3000–2700)

Menes (Narmer) gründete wahrscheinlich im Jahr 2950 Memphis in der Provinz Fayum in Unterägypten und machte es zur Hauptstadt der Zentralregierung und -verwaltung. Zugleich hatte er aber auch eine Residenzstadt in Oberägypten (Thinis), da er sich bewußt als Herr von Ober- und Unterägypten bezeichnete – er ließ sich auch je eine Begräbnisstätte im Norden (Sakkara) und im Süden (Abydos) erbauen. In beiden als *Mastaba* (= steinerne Grabkammer mit abgeschrägten Seitenwänden und flacher Decke, also in Form eines Pyramidenstumpfes) ausgeführten Gräbern fand man Elfenbeintäfelchen mit den Herrschernamen der I. Dynastie: **Menes-Narmer, Aha, Djer, Djet, Udimu, Adj-ib-Miebis, Semerchet** und **Ka-a.** Auf einer *Schminkpalette* ist König Narmer mit der oberägyptischen Krone dargestellt, wie er über einen Gegner triumphiert. Der göttliche Horusfalke bringt dem König das Zeichen des unterworfenen Unterägypten. Zwischen den Köpfen der kuhgestaltigen Göttin *Hathor* am oberen Rand ist der Palast mit dem Namen des Königs dargestellt. Vermutlich innere Unruhen brachten das Ende der I. Dynastie und führten *Hetepsechmui* an die Macht. Die wahrscheinlich insgesamt neun Herrscher der II. Dynastie residierten alle in Memphis. In dieser Zeit entwickelte sich das Königtum in Ägypten: Der König ist Herr über Leben und Tod seiner Untertanen, er wird zum lebendigen Gott in Menschengestalt – man nennt ihn Pharao (= „großes Haus") und vermeidet gewöhnlich seinen Rufnamen. Der Pharao ist einem festen Ritual und Zeremoniell verpflichtet und wirkt bei den zahlreichen Festen an hervorragender Stelle mit. Entsprechend der Organisation der Verwaltung (in Gaue eingeteilt) ist auch das ägyptische Pantheon dieser Zeit von lokalen Gottheiten bestimmt. Je mehr sich aber die Vereinigung der Gaue zum ägyptischen Reich durchsetzt, umso mehr treten zwei Gottheiten in den Vordergrund: **Seth** und **Horus.**

Horus ist der Gott dieser Zeit, der Gott des Lichtes und des Himmels, der sich in den

Dieser Ausschnitt aus der Schminktafel des Königs Harmer (ca. 3000 v. Chr.) zeigt, wie der mit der Krone Oberägyptens gekrönte König einen Feind erschlägt. Das Zeichen rechts oben verweist auf den Falkengott Horus mit einem unterägyptischen Gefangenen. Links ein königlicher Beamter mit den königlichen Sandalen, unten zwei Gefangene.

Lichtgestirnen offenbart und als Falke über den Himmel fliegt. Sonne und Mond sind seine beiden Augen. Er wird als Falke oder als Mann dargestellt, der die Sonnenscheibe auf dem Kopf trägt. Er gilt als Ahnherr der ägyptischen Könige.

Seth dagegen ist der Kriegsgott im Dienste der Sonne, der Gott der Finsternis und des Verderbens, der Gegner des Gottes Osiris. Er wird als bewaffneter Krieger mit einem Tierkopf mit gebogenem Schnabel und langen Ohren dargestellt.

Erst in der Verbindung beider Götter – dargestellt in der Person des Pharao – ist die volle Macht auf Erden zu erhalten. Als „Horus-Seth" leitet der Pharao das ägyptische Reich und be-

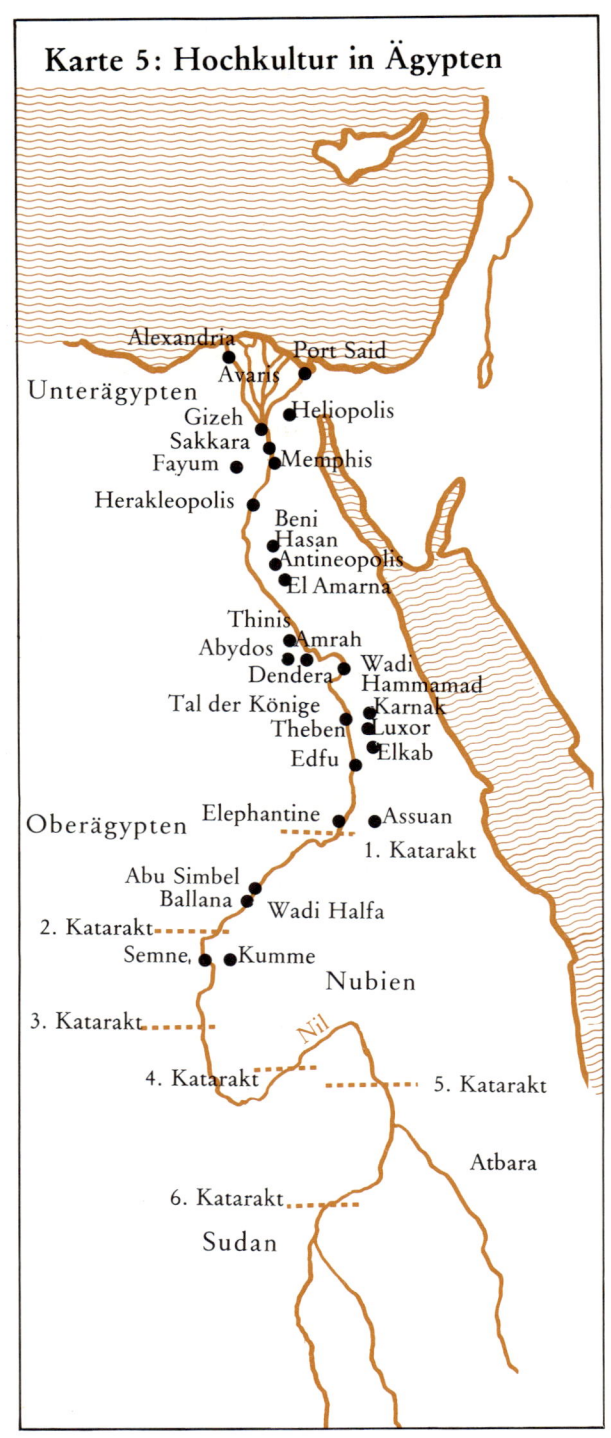

Karte 5: Hochkultur in Ägypten

Alexandria
Port Said
Avaris
Unterägypten
Heliopolis
Gizeh
Sakkara
Fayum
Memphis
Herakleopolis
Beni Hasan
Antineopolis
El Amarna
Thinis
Amrah
Abydos
Dendera
Wadi Hammamad
Tal der Könige
Karnak
Theben
Luxor
Edfu
Elkab
Oberägypten
Elephantine
Assuan
1. Katarakt
Abu Simbel
Ballana
Wadi Halfa
2. Katarakt
Semne
Kumme
Nubien
3. Katarakt
Nil
4. Katarakt
5. Katarakt
Atbara
6. Katarakt
Sudan

Die ägyptische Hochkultur entfaltete sich in dem durch die regelmäßigen Nilüberschwemmungen fruchtbaren schmalen Landstreifen von Nubien bis zum Mittelmeer.

reitet dem Volk Gnade und Strafe, Segen und Verderben.

Interessant ist, daß sich alle ägyptischen Götter dieser Zeit im Wesentlichen gleichen – unterschieden sind sie durch ihre Kultstätte, ihr Zeremoniell, die Namen und die Darstellung:

Osiris ist der König des Totenreiches, Gatte der Göttin **Isis**; er löst **Anubis** (den vogelköpfigen alten Totengott) in dieser Funktion ab. Er wird als Mensch dargestellt, in Mumienbinden gewickelt, auf dem Kopf eine mit Federn geschmückte Haube.

Re = Sonne, Herr des Weltalls, als Falkengott mit Sonnenscheibe auf dem Kopf dargestellt (löst Horus ab).

Chum = Herr über Elephantine, Wächter der Nilquelle, Schöpfer aller Lebewesen, als Mensch mit Widderkopf dargestellt mit zwei gedrehten Hörnern.

Chous = der Mondgott, ein falkenköpfiger Mensch mit der Mondsichel gekrönt.

Ptah = der Schutzgott der Bildhauer, Schmiede und Künstler, der Stadtgott von Memphis und als solcher spezieller Schützer des Königtums, wird als Mumie mit geschorenem Kopf dargestellt.

Maat = die Göttin der Gerechtigkeit und Weisheit, Verkörperung der Rechtschaffenheit und des umfassenden Ordnungsprinzips. Sie fungiert beim Totengericht als „Gewicht", mit dessen Hilfe das Herz des Toten gewogen wird. Sie ist eine Tochter des Re – und wird in sitzender Haltung dargestellt, mit einer Straußenfeder auf dem Haupt.

Große Bedeutung hat in dieser Zeit der *Totenkult*. Die Erhaltung des Körpers ist die Voraussetzung für ein Weiterleben nach dem Tod, daher werden die Leichen *mumifiziert*. Dies geht in Ägypten so vor sich, daß zuerst die Eingeweide entfernt werden (sie werden in sogenannten Kanopen beigesetzt), dann wird der Leichnam in Salz und Natronlauge gelegt und präpariert, mit harzgetränkten Leinenbinden umwickelt, schließlich mit einer Stuckschicht

Oben: Rechts sieht man die Gestalt eines Verstorbenen, der von den Sonnenstrahlen getroffen ist und neubelebt wird. Sie gehen von der Sonnenscheibe aus, die im Dienste des oberägyptischen falkenköpfigen Horus (der später zum Sonnengott wird) steht.

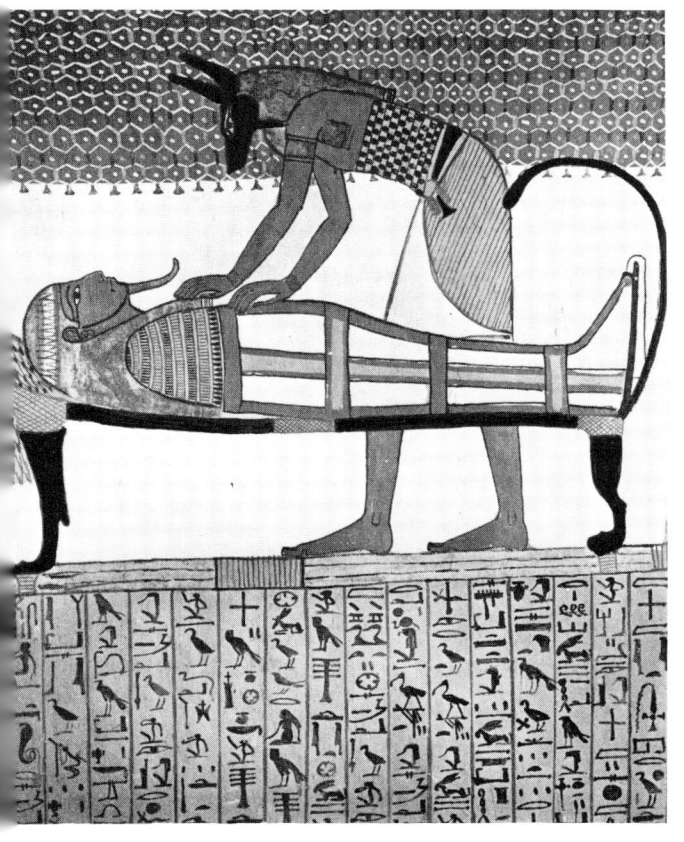

Unter allen frühen Hochkulturen hat sich die ägyptische am meisten um die Toten gekümmert. Ihre Überzeugung vom Weiterleben der Toten äußert sich in der Einbalsamierung und Bestattung in Mumiensärgen. Dahinter steht die Vorstellung, daß der Tote so lange ein vollkommenes Leben im Jenseits haben werde, als sein irdischer Leib Bestand hat.

umgeben, aus der die Gestalt des Toten herausmodelliert wird. Darüber kommt ein Holzsarg und dieser wird in einen Steinsarkophag eingeschlossen – 7 Schalen umgeben den Leichnam. Im Auferstehungsglauben der Ägypter spielt der Skarabäus (Mistkäfer) eine große Rolle (sein Bild bedeutet als Hieroglyphe: „werden, entstehen").

Der hundeköpfige, mit Mieder und Schurz bekleidete Totengott Anubis kümmert sich um den mit Binden umwickelten, einbalsamierten, mit Totenmaske versehenen Toten. Eine Wandmalerei aus dem Grab des Sannudjem (19. Dynastie) in Theben.

Das Bild illustriert die Vorstellung der sogenannten „Wägung des Herzens" vor dem Totenrichter Osiris, der in jüngerer Zeit den vogel- bzw. hundeköpfigen Totengott Anubis ablöste. Die Mumien bilden in dieser Zeit auch das Aussehen des Osiris nach. Dieses Bild stammt aus einem ägyptischen Totenbuch, das Verhaltensregeln für das Bestehen des Totengerichtes enthält, bei dem der Totengott das Herz des Verstorbenen beurteilt – ob der Verstorbene seine Aufgaben im Leben erfüllte und würdig und bereit ist, in das jenseitige Leben einzugehen.

Die Herrscher werden mit ungeheurem Aufwand an Beigaben bestattet – in eingetieften Bestattungsräumen, die seit langem (aus der Megalithzeit her) üblich sind. An diese pyramidenstumpfartigen „Mastabas" schließen sich oft ausgedehnte Magazinräume an, darüber wölbt sich ein Oberbau, der reich mit Stuck verkleidet wird, daneben wird ein Totentempel gebaut, in dem neben dem Grab der Totenkult zelebriert wird. Beide werden von einer gemeinsamen Umfassungsmauer eingeschlossen. Besonders eindrucksvoll ist die Anlage des Begründers der I. Dynastie in Abydos.

◼

125. Kapitel des Totenbuches

Was man zu sprechen hat, wenn man zur Halle der beiden Wahrheiten gelangt und gereinigt werden soll von allem Bösen, was man begangen hat, um das Antlitz der Götter, die in ihr sind, zu schauen: ‚Heil dir, großer Gott, Herr der beiden Wahrheiten! Ich bin zu dir gekommen, mein Herr, ich werde herbeigeführt, um deine Schönheit zu schauen. Ich kenne dich und kenne die Namen der 42 Götter, die bei dir sind …, die von den Übeltätern leben und ihr Blut schlürfen an jenem Tag der Abrechnung … Siehe, ich komme zu dir, bringe dir die Wahrheit und vertreibe dir die Sünde.

Ich habe kein Unrecht gegen die Menschen getan … Ich habe nichts getan, was Gott verabscheut. Ich habe nicht hungern lassen, ich habe nicht weinen gemacht. Ich habe nicht gemordet. Ich habe nicht die Speisen in den Tempeln verringert. Ich habe nicht Unzucht getrieben im heiligen Bezirk meines Stadtgottes … Ich habe die 3 Gewichte der Handwaage nicht schwerer gemacht … Ich bin rein! Ich bin rein! Meine Reinheit ist die des großen Phönix von Herakleopolis … Ich habe getan, was die Menschen loben und worüber die Götter zufrieden sind … Ich habe dem Hungrigen Brot gegeben, Wasser dem Durstigen, Kleider dem Nackten … Ich habe den Göttern Opfer dargebracht und den Verklärten Totenspenden. Errettet mich also, schützet mich und verklagt mich nicht vor dem großen Gott. Ich bin einer mit reinem Mund und reinen Händen!

◼

Religion im Alten Reich
(2700–2300)

Mit Pharao *Djoser (Zoser)* beginnt die III. Dynastie – weiterhin in Form des geeinten Doppelreiches. In dieser Zeit entsteht die erste Steinpyramide (Baumeister: *Imhotep:* vgl. dazu Seite 58) in Sakkara, eine Stufenpyramide. Unter Cheops, dem 2. König der IV. Dynastie erreicht der Pyramidenbau bereits einen Höhepunkt. Die drei Pyramiden bei Gizeh (10 km nördlich von Memphis) zeigen keine Stufen mehr, sondern sind außen völlig glatt. Die älteste der drei, die Cheopspyramide, war ursprünglich 144 m hoch und mit polierten

Platten verkleidet. Der Eingang der Pyramiden liegt im Norden, wird aber nach der Bestattung verschlossen und unkenntlich gemacht. Innen führt ein Gangsystem zu einer großen Halle, von der aus man erst in die eigentliche Grabkammer gelangt, die ganz mit Granit ausgekleidet ist und den Granitsarkophag des Königs enthält. Der Pyramide ist auch hier der Totentempel des Königs vorgelagert. Bei Gizeh fand man außerdem einen Friedhof mit 20 Mastabagräbern für Angehörige oder hohe Beamte des Königs.

In diesen Mastabas finden sich reiche Reliefdarstellungen und ab 2500 auch Texte, die den Toten als Wegweisung im Jenseits dienen sollten (die sog. „Pyramidentexte").

Die Cheopspyramide mit der großen Sphinx in Giseh am Westufer des Nil, gegenüber Kairo. Die Pyramide mißt 234 m im Quadrat und erreicht eine Höhe von 146 m. Mehr als 2 Millionen Kalksteinblöcke sind hier verarbeitet, zusätzlich war die gesamte Oberfläche mit glasierten Platten verkleidet. Über den eigentlichen Sinn der Pyramiden wird bis heute gerätselt. Die 20 m hohe Sphinx trug das Abbild des Herrschers und stellte ihn als Sonnengott dar. Diese aus einem einzigen Felsblock gehauene Gestalt ist in ihrer eigentlichen Bedeutung ebenfalls noch nicht eindeutig erkannt.

Sie sind die wichtigste Quelle unseres Wissens über die Religion der Ägypter im Alten Reich. Die Priesterschaft der Reichshauptstadt Memphis verfügte offensichtlich über eine beachtliche Theologie, die sich in solchen Texten niederschlug. Zwar erst von *Schabaka* (8. Jh.) eingemeißelt, aber wahrscheinlich in die Zeit um 2700 zurückreichend, ist der folgende Weltschöpfungstext:

Der „Schabakatext"

Man nennt Ptah: ‚der alles erschaffen und die Götter hervorgebracht hat'. Er ist es, der die Götter schuf, aus dem alle Dinge hervorgegangen sind, an Speise und Nahrung und allen guten Dingen. Er schuf die Götter, er machte die Städte und gründete die Gaue. Er setzte die Götter an ihre Kultstätten, er legte ihre Einkünfte fest, er stattete ihre Kapellen aus, er machte ihre Leiber zu ihrer Zufriedenheit. So traten die Götter ein in ihre Leiber aus allerlei Holz, allerlei Stein, allerlei Ton und allerlei anderen Dingen, die auf ihm wuchsen, in denen sie Gestalt annahmen. Und so sind alle Götter und ihre Lebensgeister bei ihm versammelt, glücklich, weil vereint mit dem Herrn der beiden Länder.

Seine (des Ptah) Götterneunheit ist vor ihm als Zähne und Lippen, die dem Samen und den Händen des Atum entsprechen. Die Götterneunheit entstand ja in Wirklichkeit durch die Zähne und Lippen in diesem Munde, der den Namen aller Dinge nannte, aus dem Schu und Tefnu hervorgegangen sind und der die Götterneunheit geschaffen hat.

So wurden auch die Ka erschaffen und die Hemuset, die alle Nahrung und alle Speisen hervorbringen, durch dieses Wort, das das Herz erdachte und die Zunge befahl.

So wird auch Recht gegeben dem, der tut, was geliebt wird, und Unrecht dem, der tut, was gehaßt wird – und so wird Leben gegeben dem Friedfertigen und Tod dem Verbrecher ... Und so wurde festgestellt, daß Ptahs Macht größer ist als die der anderen Götter. Und so war Ptah zufrieden, nachdem er alle Dinge und Gottesworte erschaffen hatte.

Theogonie und Kosmogonie werden durch die schöpferische Kraft und das Wort eines einzigen Gottes (Ptah) bewirkt.

Der vielfach bezeugte „Urhügel", der aus dem Urmeer aufstieg und Leben, Bewußtsein und Ordnung ermöglichte, die *Pyramide*, die diesen Urhügel symbolisiert, und die „Stadt", die rund um den heiligen Hügel entsteht – sie alle sind Ausdruck dieses Glaubens an den kosmischen Berg, auf dem der Pharao für sein Volk dem Sonnengott begegnet – damals besonders dem Sonnengott Re von Heliopolis (die ersten drei Pharaonen der V. Dynastie verehren ihn als ihren Vater). Der Pharao übernimmt beim Amtsantritt die Aufgabe, Re ein Sonnenheiligtum zu bauen und für den immerwährenden Kult dieses höchsten Gottes zu sorgen. Typisch dafür ist, daß in dieser Zeit die Pyramiden kleiner werden und gegenüber den Sonnengott-Tempeln deutlich in den Hintergrund treten. Gerade sie aber enthalten kostbare Texte – so z. B. den ältesten „Auferstehungstext", den der letzte Herrscher der V. Dynastie um 2350 in der Sargkammer seiner Pyramide aufzeichnen ließ; wahrscheinlich wurde er bei Pharao *Unas* Bestattung rituell verlesen:

Deine beiden Flügel sind ausgebreitet wie die eines Falken mit starkem Gefieder, wie ein Habicht, der gesehen wird, wie er am Abend den Himmel durchzieht.

König Unas ist auf dem Weg zum Himmel, König Unas ist auf dem Weg zum Himmel, mit dem Winde, mit dem Winde! Nicht wird er am Zutritt gehindert, es gibt niemand, durch den er am Zutritt gehindert werden könnte.

Eine Treppe zum Himmel ist ihm gerichtet, damit er aufsteige zum Himmel. König Unas steigt hinauf auf der Leiter, die sein Vater Re für ihn gemacht hat.

Wie schön ist es zu sehen, wie erfreulich zu schauen, sagen die Götter, wenn dieser Gott zum Himmel aufsteigt. Das Grauen ist an seinem Haupt, sein Schrecken zu seiner Seite, seine Zauberkräfte sind vor ihm ... Es kommen zu ihm die Götter und Seelen ..., die Götter des Himmels und die Götter, die auf der Erde wohnen. Sie heben König Unas empor auf ihren Armen ...

O Re-Atum, dieser König Unas kommt zu dir, unvergänglich und ruhmreich, ein Herr am Ort der vier Pfeiler (= Himmel). Dein Sohn kommt zu dir. Wie Osiris lebt, so lebt dieser König Unas; wie er nicht stirbt, so stirbt dieser König Unas nicht; wie er nicht zugrunde geht, so geht dieser König Unas nicht zugrunde.

Der Reichsgott Amon beim Jubiläum des Königs Sesostris III. (Mittleres Reich/12. Dynastie). Der Stadtgott Thebens trägt die charakteristische hohe Doppelfeder und den zum Ornat gehörenden Tierschwanz. Die von ihm präsentierten Schriftzeichen bedeuten, daß er allen Leben und Glück wünscht.

Religion in der ersten Zwischenzeit (2260–2060)

Allmählich geht die Macht der Pharaonen zurück, die Gaufürsten erstarken und damit der Einfluß der „Gaugötter". Bezeichnend dafür ist, daß die Gaufürsten ihre Gräber nicht mehr in der Metropole bauen lassen, sondern in ihrer Stadt und daß auch die Untertanen Rechte auf ein Leben im Jenseits anmelden und sich religiös emanzipieren. Diese Entwicklung mündet in den Bürgerkrieg und in die Teilung des vereinigten Nord- und Südreiches. Aus dieser schweren Zeit stammen die folgenden Texte:

Aus den Reden Ipus des Edlen

Seht, Dinge sind getan worden, die sich seit fernsten Zeiten nicht zugetragen haben. Der König ist von den Elenden gestürzt worden.

Sehet, der als Falke Begrabene ist aus dem Sarg gerissen. Was die Pyramide verbarg, ist ausgeleert.

Sehet, es ist so weit gekommen, daß das Land des Königtums beraubt worden ist, ... daß man sich aufgelehnt hat gegen das Schlangendiadem des Re, der die beiden Länder in Ruhe hielt.

Das Gespräch eines Lebensmüden mit seiner Seele

Sieh, mein Name stinkt, sieh, mehr als der Geruch von Aas an den Sommertagen, wenn der Himmel heiß ist.

Zu wem kann ich heute noch sprechen?

Die Brüder sind schlecht, und die Freunde von heute: sie lieben nicht.

Zu wem kann ich heute noch sprechen?

Die Sünde schlägt das Land, sie hat kein Ende.

Der Tod steht heute vor mir wie der Geruch von Myrrhen, wie wenn man am windigen Tage unter dem Segel sitzt.

Der Tod steht heute vor mir wie wenn jemand sein Haus wiederzusehen wünscht, nachdem er viele Jahre in Gefangenschaft verbracht hat.

Wer dort ist, der wird ein lebender Gott sein, und er wird die Sünde strafen an dem, der sie tut.

Wer dort ist, der wird ein Gelehrter sein, und man wehrt ihm nicht, und er bittet Re, sooft er spricht.

Das ist es, was meine Seele zu mir sagte: Laß das Jammern beiseite, du mein Angehöriger, mein Bruder. Ich werde hier bleiben, wenn du den Westen zurückweisest; wenn du aber den Westen erreichst und dein Leib sich der Erde gesellt, so lasse ich mich nieder, nachdem du ruhst. Laß uns eine Stätte zusammen haben.

Mahnungen Achtoes II. (2100) an seinen Sohn Merikare

Wie wohlbehütet sind die Menschen, die Herde Gottes! – Er hat Himmel und Erde zu ihrem Gefallen geschaffen – Er hat des Urwassers Kraft gebändigt, er hat Lebensodem für ihre Nase gemacht.

Sie sind seine Ebenbilder, aus seinem Fleisch hervorgegangen. Er geht am Himmel auf zu ihrem Gefallen und fährt einher, sie zu schauen. Er hat für sie die Pflanzen und Tiere geschaffen, die Vögel und Fische, um sie zu ernähren.

Er schlug seine Feinde nieder und vernichtete seine eigenen Kinder, da sie Auflehnung gegen ihn sannen. Er hat einen Schrein zum Schutz um sie errichtet, und wenn sie weinen, hört er es. Er hat ihnen Herrscher im Mutterleib erschaffen als Gebieter, den Rücken der Schwachen zu schützen.

Er hat ihnen den Zauber als Waffe gegeben, dem Unglück zu wehren, und Träume bei Tag und bei Nacht. Wie hat er den Frevler unter ihnen geschlagen, der trotzigen Herzens war? Wie ein Mann seinen Sohn züchtigt um seines Bruders willen. – Siehe, Gott kennt jeden Namen.

Religion im Mittleren Reich (2060–1786)

König Amenemhet III. (12. Dynastie) betet. Die überlebensgroße Granitstatue läßt durch den Ausdruck feierlichen Ernstes erkennen, daß der König zugleich priesterliche Funktionen ausübte. Die Statue wurde von Pharao Merneptah (19. Dynastie) umgebaut, ergänzt (Nase, Stirnschlange) und als sein eigenes Denkmal verwendet.

Der letzte Text ließ schon erkennen, daß gegen Ende dieser Zwischenzeit (X. Dynastie!) das Königtum wieder erstarkte. Eine Reihe ausgezeichneter Herrscher führte Ägypten wieder zu Ansehen und Macht. Hand in Hand damit ging auch eine religiöse Wandlung vor sich, die zur Vorherrschaft *Amon-Res* als des höchsten Gottes führte. Die Pharaonen der XII. Dynastie nannten sich z. B. „verborgene Götter" und identifizierten sich mit dem Sonnengott als dem „manifesten Gott", um ihre Macht zu stützen.

Von den reichen Bauwerken dieser Zeit ist kaum etwas erhalten, weil man meist Lehmziegel verwendete. Außerdem wurden die meisten Bauten im Neuen Reich zerstört. Die Pyramide als Bautyp behielt man bei, integrierte sie aber in große Anlagen, die in der Art der aus der Megalithzeit stammenden Felsgräber ausgestaltet wurden: Pfeilerhallen (8eckige, 4eckige und runde) bilden richtige Schiffe, turmähnliche Obelisken (quadratischer Grundriß, Steilpyramidenform, sich nach oben verjüngend, eine kubische Kurzpyramide als Abschluß) fungieren als Maste. Die Eingänge der Pyramiden werden nach Süden ausgerichtet, die Sargkammern durch Verwinkelung schwer zugänglich gemacht.

Religion im Neuen Reich (1560–1080)

Die Invasion der *Hyksos* (= Hurriter) 1674 wurde durch die allmähliche Auflösung des Staates erleichtert, als unter der XIII. und XIV. Dynastie Könige des Nord- und Südreiches „nebeneinander" regierten. Dem gut ausgerüsteten Kriegsvolk (Pferde und Streitwagen, Rüstung, Pfeil und Bogen) waren die ägyptischen Streitkräfte nicht gewachsen. Die Hyksos setzten sich im Nildelta fest und regierten von *Avaris* aus durch ägyptische Vasallenfürsten das Land. Sie importierten altsyrische Götter (Baal und Teschup), setzten letzteren mit Seth, dem Gegenspieler des Osiris, gleich, übernahmen aber den ägyptischen Totenkult. Die Hyksos (= Hirtenkönige) waren wahrscheinlich nomadisierende semitische Stämme aus Nordpalästina und Anatolien, die sich die Schwäche Ägyptens zunutze machten. Allmählich lernten die Ägypter aber von den Besetzern, stellten sich militärisch um und begannen von Theben aus etwa um 1600 einen Befreiungskampf, der mit der Gründung des Neuen Reiches durch Pharao *Amosis* um 1560 endete.

Amon-Re, der Stadtgott von Theben, wird als oberster Gott eingesetzt. In seinem Namen wurde ja der Befreiungskrieg gegen die Hyksos geführt und gewonnen. Unter den Nachfolgern des Amosis *Amenophis I.* (1527–1506) und *Thutmosis I.* (1506–1494) erstarkt Ägypten nach innen und außen. Während der Regierungszeit der XVIII. Dynastie erlangt die Amonspriesterschaft in Theben durch das theokratische Staatsverständnis eine ungeheure Macht. Der nachfolgende Amonshymnus (um 1450) läßt das erkennen:

◼

O Amon-Re, zu Karnak (Theben) angebetet, groß an Erscheinungen im Obeliskenhaus, du von Heliopolis, König und Herr aller Götter! Falke, der im Lichtland wohnt, Oberhaupt der Menschen, die Liebe zu dir ist über die beiden Länder verbreitet, deine Strahlen scheinen aus deinen beiden Augen. Wohltat für die Menschen, wenn du aufgehst ... Du bist der Einzige, der alles schuf, der Einzig-Eine,

Ein ägyptischer Priester mit der Götterdreiheit von Theben. Die Priester übten im gesellschaftlichen Leben Ägyptens eine hervorragende Funktion aus.

der werden ließ, was da ist. Aus dessen Augen die Menschen hervorkamen, aus dessen Mund die Götter entstanden. Der das Futter zur Nahrung der Herden schuf und die Fruchtbäume für die Menschen. Der schuf, wovon die Fische im Fluß und die Vögel unter dem Himmel leben. Der dem Ei Luft gibt und den kleinen Wurm ernährt. Der schuf, wovon Mücken, Würmer und Flöhe leben, was die Mäuse in ihren Löchern brauchen ...

Preis dir, ... der die Nacht durchwacht, wenn alle schlafen ... Amon, der in allen Dingen bleibt, Atum, Horus vom Lichtberg! Preis dir, sprechen alle, Verehrung dir, Dank dir, Gruß dir, Anbetung dir! Geneigt vor dir stehen die Götter und verherrlichen die Macht ihres Schöpfers. Sie jauchzen beim Nahen ihres Erzeugers und sprechen zu dir: Willkommen in Frieden, du Vater der Väter aller Götter! Der den Himmel hochhob und die Erde ausbreitete ... Du König und Haupt der Götter, wir preisen deine Macht!

Als *Amenophis IV.* – Sohn Amenophis' III. und
der Königin Teje – 1367 seinem Vater nachfolgt, übernimmt er ein kulturell gesehen blü-
hendes Land, das auch politisch stark ist, das
aber völlig unter dem Einfluß der Amonsprie-
ster steht. Im 4. Jahr seiner Regierung verlegt
Amenophis IV. seine Residenz von Theben
nach Akhetaton *(Amarna)*, nennt sich *Echnaton*
(= der dem Aton dient), erhebt *Aton,* die unge-
flügelte Sonnenscheibe, gegen den Sonnen-
Monotheismus Amon-Res zum höchsten Gott
und *läßt* viele neue Sonnenheiligtümer (un-
überdacht!) bauen. Er forciert einen unkonven-
tionellen „Naturalismus" in der Kunst, verwendet in seinen Dekreten die Volkssprache (statt
der sakralisierten Priestersprache) und reagiert
in vielem spontan und unzeremoniell. Nicht
umsonst wird dieser religiös-politische Umsturz „Revolution von Amarna" genannt. Aton
wird als Sonnenscheibe mit in Händen aus-
mündenden Strahlen dargestellt und in vielen
Gebeten und Hymnen, die Echnaton selbst verfaßt, gepriesen:

Echnaton brach mit dem offiziellen Reichskult (Amon-
Verehrung) und setzte an die Stelle der tier- und men-
schengestaltigen Gottheiten der Tradition eine geistige
Gottesverehrung, deren Manifestation er in der
Sonne(nscheibe) sah und verehrte. Auf dem Bild bringt
er zusammen mit seiner Frau Nofretete und seinen Kindern der „lebendigen Sonne" ein Opfer dar.

*Du erscheinst schön im Lichtort des Himmels, du
lebendige Sonne, die das Leben bestimmt. Du bist
schön und groß, glänzend und hoch über jedem
Land. Deine Strahlen umarmen die Länder bis zu
den äußersten Grenzen alles dessen, was du geschaffen hast. Du bist Re, du erreichst ihr Ende und
bezwingst sie für deinen geliebten Sohn (= den König). Wenn du auch fern bist, sind doch deine
Strahlen auf Erden. Du bist im Angesicht der Menschen, und doch kann man deine Wege nicht ergründen.*
*Wenn du zur Ruhe gehst im westlichen Horizont,
ist die Erde in Dunkelheit, gleichsam tot. Die
Schläfer sind in ihrer Kammer, die Häupter ver-
hüllt, und kein Auge sieht das andere ... Jeder Löwe
kommt aus seiner Höhle, alles Gewürm beißt. Das
Dunkel herrscht, die Erde liegt im Schweigen, da
der, der sie geschaffen hat, in seinem Horizont ruht.
Im Morgengrauen, wenn du dich im östlichen Horizont erhebst, vertreibst du die Finsternis und verschenkst deine Strahlen. Die beiden Länder sind in
Feststimmung. Die Menschen erwachen, stellen sich*

*auf ihre Füße, denn du hast sie aufgerichtet. Sie wa-
schen ihren Leib, nehmen ihre Kleidung. Sie erheben ihre Arme in Anbetung ob deines Aufganges.
Das ganze Land, es tut nun seine Arbeit. ...*
*Der du die Frucht sich bilden lässest in den Frauen
und den Samen der Männer bereitest, der du den
Sohn im Leib seiner Mutter erhältst, ihn beruhigst,
daß er nicht weint, du Amme im Mutterleib. Der
Luft spendet, um am Leben zu erhalten alles, was er
erschaffen hat ...*
*Wie zahlreich sind doch deine Werke, dem Blick
der Menschen verborgen, du einziger Gott, außer
dem es keinen anderen gibt!*
*Du hast die Erde nach deinem Willen geschaffen
... auch die Fremdländer Nubien und Syrien. ...
Du setzest jeden an seinen Platz und sorgst für seinen Unterhalt, jeder hat seine Nahrung, und seine
Lebenszeit ist berechnet. Ihre Zungen sind beim Reden unterschieden, ihre Art desgleichen, ihre Haut
ist verschieden; denn du unterscheidest die Völker.
Du schaffst den Nil in der Unterwelt, du führst ihn
herbei ... Deine Strahlen tränken jedes Feld ... Du*

schufst die Jahreszeiten ... Du machtest Millionen von Gestaltungen aus dir allein: Städte, Dörfer, Äcker, Weg und Strom.

Du bist in meinem Herzen, es gibt keinen, der dich kennt, außer deinem Sohn, du lässest ihn kundig sein deiner Pläne und deiner Macht. Die Welt befindet sich auf deiner Hand, wie du sie geschaffen hast ... Du bist die Lebenszeit selbst, man lebt durch dich.

Du erhebst die Menschen für deinen Sohn, der aus dir hervorgegangen ist, den König von Unter- und Oberägypten, der von der Wahrheit lebt, Echnaton, und die große königliche Gemahlin, die Herrin der beiden Länder, Nofretete, die lebt und jung ist, immer und ewig.

Gebet (im Sarg Echnatons gefunden)
Ich werde atmen den sanften Hauch deines Mundes.
Tag für Tag werde ich deine Schönheit betrachten.
Reich mir deine Hände, in denen dein Geist liegt,
damit ich dich empfange und durch dich lebe.
Rufe meinen Namen die ganze Ewigkeit hindurch: nie wird dein Anruf ungehört verhallen!

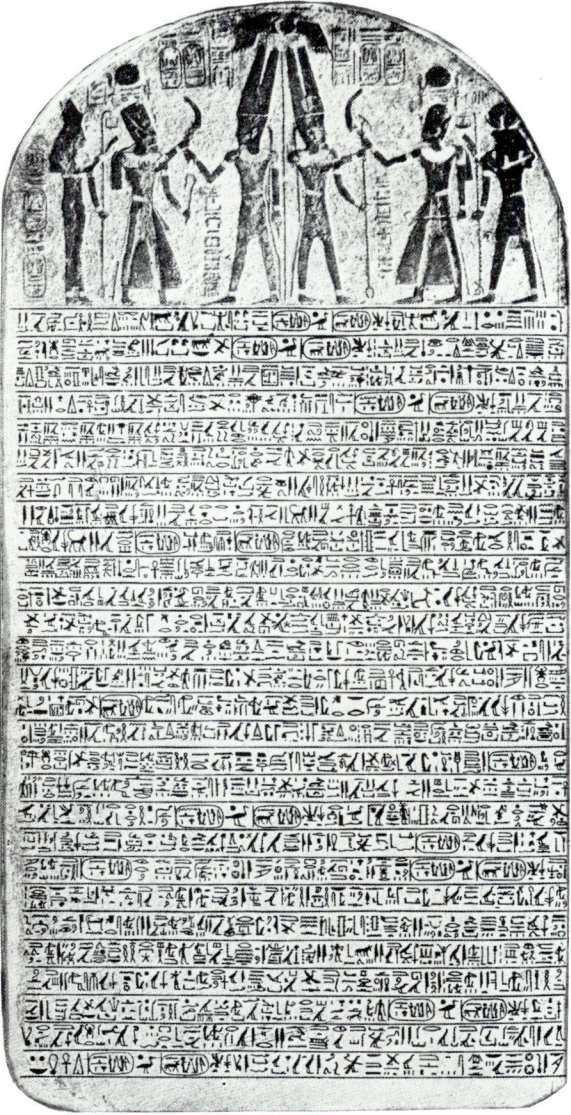

Der berühmte Denkstein des Menephtha (1225–1215 v. Chr.) aus seinem Totentempel in Theben, der „Israel-Stele" genannt wird, weil er den Aufenthalt von Israeliten in Ägypten bestätigt.

Nur kurz dauert die Revolution von Amarna. Im 12. Jahr seiner Regierung verstößt Echnaton seine Gemahlin *Nofretete*, obwohl sie eine treue Anhängerin seiner Reform ist, aus unbekannten Gründen. 1350 ernennt er *Semenchkare* (einen Bruder oder Halbbruder) zum Mitregenten; außerdem hat er im „Syrer Isru" einen Großwesir zur Seite, der innenpolitisch die Zügel fest in der Hand hat. Ist das der „ägyptische Josef" der Bibel? Wahrscheinlich geht auch im Religiösen ein gewisser Einfluß von ihm aus. Außenpolitisch allerdings wird versäumt, den Einfluß in Syrien zu stärken – dadurch herrscht in Palästina praktisch die Anarchie. Schon der übernächste Nachfolger Echnatons, *Tutanchaton*, verläßt die Residenz in Amarna, kehrt nach Theben zurück, ändert seinen Namen in *Tutanchamon* und leitet die Restauration

des Reiches ein. Er stirbt mit 20 Jahren – sein Grab wurde unversehrt gefunden und gehört zu den wichtigsten Zeugnissen aus dieser Zeit. Wir wissen dadurch z. B., daß man in der Herrschaftszeit der XVIII. Dynastie keine Pyramiden mehr baute, sondern die Grabstätten („Königsgräber" im sog. Tal der Könige bei Theben) vom Totentempel trennte. Außenpolitisch ist die Zeit nach Echnaton eine Schwächeperiode, deshalb kann man verstehen, daß

91

Der berühmte Totentempel der Königin Hatschepsut (Witwe Thutmosis' II.), den sie für ihren Vater Thutmosis I. errichten ließ und dem obersten Gott Amon weihte. Der Tempel wurde von ihrem genialen Berater Senmut in Form mehrerer Terrassen entworfen und wunderbar in das Berggelände eingefügt.

General *Haremhab* 1309 der XIX. Dynastie zur Machtübernahme verhalf. Er leitete damit die über 200 Jahre währende Periode der Ramessiden ein (bis 1080). Religiös entscheidend in dieser Zeit ist die Verschmelzung Amon-Res mit Osiris und die damit verbundene neue Sicht des Todes: die Komplementarität von Tod und Leben und die noch stärkere Beschäftigung mit dem Tod und der Vorbereitung darauf. In dieser Zeit entstanden die sogenannten „Totenbücher" – Jenseitsführer der Seelen, in denen ein magischer Glaube an das „Gewußt-Wie" und die „richtige Formel" dominiert. Beides läßt sich den folgenden Texten entnehmen:

Grabinschrift aus dem Neuen Reich

Du gehst ein und aus, frohen Herzens, mit den Belohnungen des Herrn der Götter. Du wirst zu einer lebenden Seele. Du verfügst über Brot, Wasser und Luft. Du verwandelst dich nach deinem Wunsch in einen Phönix oder eine Schwalbe ... Du setzt in einer Fähre über und wirst nicht gehindert ... Du lebst von neuem, und deine Seele trennt sich nicht von deinem Körper. Deine Seele ist ein Gott in Gesellschaft der Verklärten, und die trefflichen Seelen sprechen mit dir. Du weilst unter ihnen und erhältst, was auf Erden gegeben wird ... Dein Mund spricht, deine Beine gehen, dein Fleisch gedeiht ... Du steigst zum Himmel auf, und man ruft dich alle

Osiris als Totenrichter. Die im Grab der Königin Nofre-tere-mi-en-Mut (19. Dynastie) in Theben gefundene Malerei stellt den mit allen Insignien des Totenkönigs geschmückten Osiris dar: die mit Federn und Sonnenscheibe geschmückte Bündelkrone, den charakteristischen Götterbart, Halskette, Kragen, Krummstab und Wedel.

Tage zum Tranktisch … Du ißt das Brot neben dem großen Gott … Du wirst nicht am Tor der Duat (Wohnung der Seligen) zurückgewiesen, die Türflügel des Lichtlandes öffnen sich dir … von selbst. Du betrittst die Halle der beiden Wahrheiten, und der Gott, der dort ist, begrüßt dich … Du freust dich, wenn du auf deinem Anteil des Binsenfeldes pflügst … und deine Ernte kommt als Weizen zu dir … Du durchwandelst die Ewigkeit in Freude und mit dem Lobe des Gottes, der in dir ist.

◼

In der Spätzeit (715–332) herrschen wieder die Priester, greift das Volk auf die alten Orts- und Gaugötter zurück, wird der alte Tierkult neu belebt: die Verehrung des Apis-Stieres in Memphis, des Horusfalken oder der hl. Katze.
Eine neue Blüte erlebt Ägypten erst wieder in der Zeit des hellenistischen Synkretismus (vgl. Seite 126 ff).

Der Glaube der Indoeuropäer

Das Auftauchen der Indoeuropäer in der Geschichte ist von schrecklichen Verwüstungen begleitet: Troja (um 2300), verschiedene Orte in Griechenland und Mesopotamien, etwa 300 Siedlungen in Anatolien werden zerstört. Die in den Jahren zwischen 2300 und 1900 genannten ethnischen Gruppen werden in den Dokumenten *Hethiter* (vgl. Seite 76 ff), *Luwier* und *Mitanni* genannt.
Einige Jahrhunderte später dringen Indoeuropäer in die Indus-Ebene ein (vgl. Seite 63 ff), lassen sich im Iran nieder, haben Griechenland und die Ägäis indoeuropäisiert. Wieder einige Jahrhunderte später haben sie den Subkontinent Indien durchquert, überrennen die Halbinseln Italien und den Balkan und dominieren in Mittel-, Nord- und Westeuropa. Es handelt sich um eine beispiellose sprachliche, kulturelle, politische und auch religiöse Expansion. Die ursprüngliche Heimat der Indoeuropäer liegt wahrscheinlich nördlich des Schwarzen Meeres zwischen den Karpaten und dem Kaukasus. Im 5. Jahrtausend sind dort bereits die Träger der sogenannten *Tumuli(Kurgan)-Kultur*. Im 3. Jahrtausend dringen diese Kurganleute nach Westen, Süden und Südosten vor. Damit reichen die Ursprünge der indoeuropäischen Kultur weit in das Neolithikum, vielleicht sogar in das Mesolithikum zurück – in den Anfängen ist sie wahrscheinlich stark von Hochkulturen des Vorderen Orients beeinflußt (Kupfer, Wagen, Rad sind sprachlich sumerischen Ursprungs!) und waren den bei ihren Expansionen vorgefundenen Kulturen und Religionen gegenüber aufgeschlossen und zu Symbiosen und Synthesen bereit.
Wie die Sprachforschung beweisen kann, gab es vor der Spaltung in die europäischen Sprachgruppen (germanisch, italisch, keltisch, illyrisch, thrakisch, griechisch, slawisch usw.) eine gemeinsame, protoindoeuropäische Sprache, Kultur und Religion.

Aus der Zeit der Ramessiden (1306–1070) stammt das Grabmal des Anhurkhawi mit der Darstellung „Der Verstorbene vor dem Phönix von Heliopolis".

Das gemeinsame religiöse Vokabular der Indoeuropäer

Die indoeuropäische Wurzel *„deiwos"* (= *Himmel)* findet sich in Wörtern, die *„Gott"* bezeichnen: lateinisch „deus" und „divus" aus altlateinisch „deivos"; iranisch „dio" aus altiranisch „dia"; altindisch „deva-h"; avestisch „daeva"; keltisch „duro", litauisch „dievas", lettisch „dievs"; oskisch (italisch) „deivai" usw. – was deutlich auf eine ursprüngliche Himmelsgottvorstellung der Indoeuropäer verweist.

Zugleich findet man diese Wurzel auch in Gottesnamen – z. B. altindisch „dyaus pitah", griechisch „Zeus pater"; lateinisch „Jupiter"; umbrisch „Jupater"; illyrisch „Deipatyros"; phrygisch-thrakisch „Zeus-Pappon"; skythisch „Zeus-Papaios" – die alle *Himmelvater* bedeuten. Das griechische „theos" dagegen leitet sich von „Seele, Totengeist" her – also in Richtung vergöttlichte Tote, Totenkult.

Im Vordergrund der ältesten indoeuropäischen Überlieferungen stand aber nicht der Himmelsgott, sondern der *Wettergott:* germanisch „Donar" oder „Thor"; keltisch „Taranis"; baltisch „Perkunas"; altslawisch „Perun" – daneben der *Sonnengott* (vedisch „Surya"; griechisch „Helios"; altgermanisch „Sauil"; altslawisch „soluce", was immer Sonne bedeutet) und der *Feuerkult* (altindisch „Agnis" = lateinisch „ignis" = altslawisch „ogni").

Die Indoeuropäer entwickelten eine eigene Mythologie und Theologie, brachten Opfer dar, verwendeten Wort und Lied, Tanz und Dramatik in magisch-religiöser Bedeutung in ihren Ritualen und Weihungen.

Typisch ist das Fehlen von Heiligtümern (Tempeln) und die mündliche Weitergabe der Traditionen (erst spät gibt es schriftliche Sammlungen!). Durch die großen zeitlichen und räumlichen Differenzen der wandernden Indoeuropäer ist das gemeinsame Erbe freilich nicht immer deutlich zu erkennen – doch stimmen die mythologischen Fragmente bei so verschiedenen Zeugnissen wie z. B. dem Rigveda, dem irischen Epos und der von Snorri Sturluson bewahrten nordischen Überlieferung (Edda) in allen wichtigen Punkten überein.

An der typischen Struktur der Dreiteilung der Götter und – analog dazu – der Gesellschaft soll dies exemplarisch verdeutlicht werden:

Indien	brâhmanas (Priester) (Varuna, Mitra)	ksatriya (Militär) (Indra)	vaiśya (Bauern) (Asvina, Nāsatya)
Iran	atthaa-van (Priester)	rathae-star (Militär)	vastrya (Bauern)
Kelten	Druiden (Priester)	Flaith (Militär)	bo airig (Bauern)
Römer/Etrusker	Romulus (Priesterkönig) Numa (Jupiter)	Lukomon (General) (Mars)	Tatius u. Sabiner (Frauen u. Güter) (Quirinus)
Germanen	Odin (Götterkönig)	Thor (Kämpfer)	Freyr (Fruchtbarkeitsgott)

Die Arier in Indien

Indoeuropäer drangen etwa um 2000 in Nordwestindien, d. h. im heutigen Pandschab ein, sie nannten sich „ârya" = Arier und setzten eine Synthesebewegung in Gang, die allmählich zum Hinduismus führte (vgl. dazu Seite 187 ff). Wir wollen hier die hinduistische Vorgeschichte bis zum Abschluß der Arisierung Indiens (und Ceylons) im 6. Jahrhundert verfolgen und dann unter der Perspektive der „Lebendigkeit" der Religion die weitere Entwicklung im 6. Kapitel („Der Glaube der Inder und Tibeter") behandeln.

Die Anfänge waren, wie gesagt, kriegerisch. Die Funde in Harapppa (vgl. Seite 64) verweisen auf einen überraschenden Angriff und eine totale Zerstörung der Städte.

In den ältesten indischen Schriften, den sogenannten *Veden* (Veda = Wissen), ist von den Kämpfen gegen die „dasya", die „schwarzhäutigen, nasenlosen Barbaren", die Rede, die viele Herden besitzen und in befestigten Siedlungen wohnen und sich zum Phalluskult bekennen. Hunderte dieser Festungen griff *Indra* an und zerstörte sie, deshalb wird er auch „purandara" (= Zerstörer der Festungen) genannt. Die vedischen Inder waren Ackerbauern und Hirten, sie hatten keine Städte und noch keine Schrift, waren aber tüchtige Schmiede und Tischler.

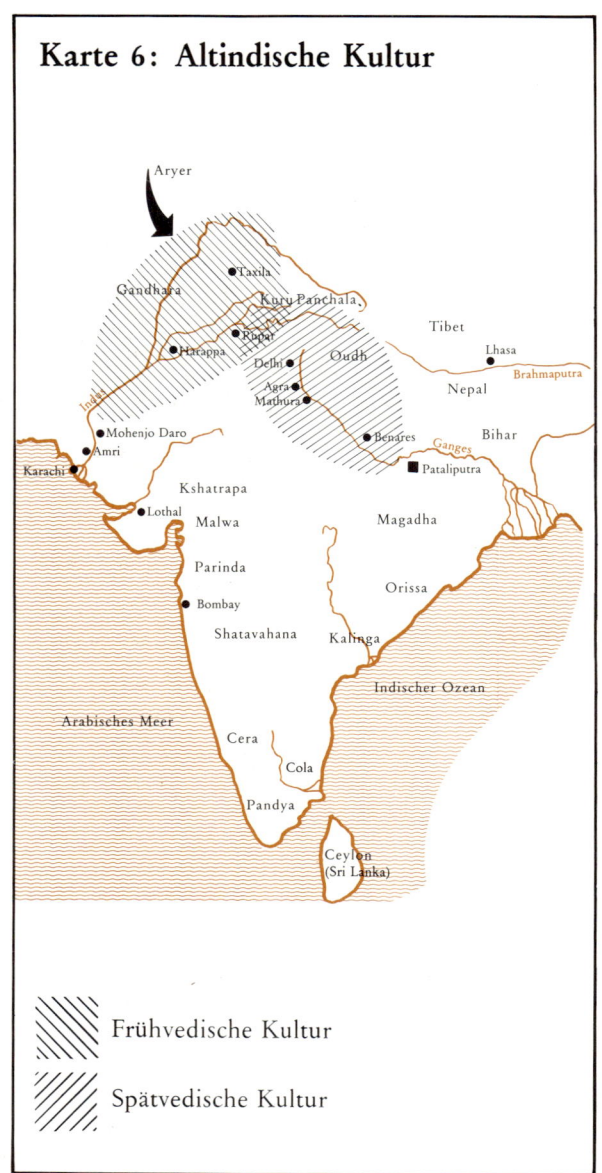

Karte 6: Altindische Kultur

Aryer

Gandhara
Taxila
Kuru Panchala
Tibet
Harappa
Ripar
Lhasa
Delhi
Oudh
Brahmaputra
Agra
Mathura
Nepal
Mohenjo Daro
Benares
Bihar
Amri
Ganges
Karachi
Pataliputra
Kshatrapa
Lothal
Malwa
Magadha
Parinda
Orissa
Bombay
Shatavahana
Kalinga
Indischer Ozean
Arabisches Meer
Cera
Cola
Pandya
Ceylon
(Sri Lanka)

Frühvedische Kultur

Spätvedische Kultur

Die einzelnen Stämme standen unter der Führung eines „râjâ", denen Volksräte („samiti") gegenüberstanden. Die Arier spielten Flöte, Laute und Harfe, liebten Gesang und Tanz, berauschende Getränke („soma" und „surâ"), das Würfelspiel und bekämpften nicht nur die Ureinwohner, sondern auch andere arische Stämme.

Der bedeutendste Stamm hieß *Bharata* – doch sind die Angaben der Veden historisch unergiebig, weil es sich um Hymnen, Dichtungen und Gebete handelt. Erst im *Mahâbhârata* (Jahrhunderte nach der Vedischen Zeit geschrieben)

ist von Stammeskämpfen die Rede, die ins 14. Jh. v. Chr. und nach Zentralindien weisen. Daraus läßt sich schließen, daß die Arier längst über das Industal hinausgelangten, in das Gangestal übergewechselt waren und sich bis weit in den Süden ausgebreitet hatten. Zur Zeit der Entstehung des „Śatapatha Brâhmana" (großer brahman.-theol. Traktat um 1000 v. Chr.) waren weite Strecken in Süd- und Ostindien bereits arisiert. Diese „Landnahme" ging so vor sich, daß die Arier einen Altar („gârhapatya") errichteten, dem Gott Agni weihten und damit das Land rundum für ihn (und sich) in Besitz nahmen. Der dabei verwendete Ritus läßt auf eine Art rituelle Wiederholung der Schöpfung schließen (das Land wird jetzt erst „wirklich", wird dadurch erst „geordnet"). Die vedische Literatur spiegelt das religiöse System einer Priesterelite, die einer Militärdiktatur dient – so läßt sich am besten die gesellschaftliche Struktur deuten.

Das arische Pantheon

Von der starken Dominanz der Priester und der Militärs her ist es erklärlich, daß der arische Götterhimmel fast ausschließlich von männlichen Gottheiten beherrscht wird:

● **Varuna** ist der Herrschergott schlechthin, der den indoeuropäischen Himmelsgott Dyaus verdrängte: Die Etappen dieser Verdrängung sind nicht mehr zu rekonstruieren, es dürfte aber ein richtiger Kampf zweier Göttergeschlechter, der „Devas" und der „Asuras", gewesen sein, der (im Mythos) dem Kampf der Arier gegen die Dasyas entsprach. Der siegreiche Indra lud Varuna ein, in sein Land zu kommen, das er eben den Dasyas abgenommen hatte. Varuna ist der Herrscher über die Welt, die Götter und die Menschen, er hat alle Attribute eines Himmelsgottes. Er ist der Hüter der „ṛta", der heiligen Ordnung, und der „mâyâ", der schöpferischen und magischen Binde- und Lösekräfte. Im „Atharvaveda" und „Mahâbhârata" wird Varuna als „Schlange" dargestellt, was auf den Kampf Indras gegen den Drachen Vrtra verweist und aus einer Zeit stammt, in der *Indra* (ein typischer divinisierter Heroe) Varuna verdrängte und der bei weitem populärste Gott wurde (250 Hymnen sind an ihn gerichtet). Mit Varuna traten auch die anderen *Adityas* (= Söhne der großen Muttergottheit *Aditi*) in den Hintergrund: *Mitra,* der Hüter der Verträge, *Aryaman,* der Schutzgott der Arier, und *Bhaga* (= Teil).

● **Indra** ist der Herr und Krieger, zugleich Demiurg und Befruchter, die personifizierte kosmische und biologische Energie (er wird gerne Indra sahasramuska = Indra mit tausend Hoden genannt). Unermüdlich trinkt er „soma" und kämpft gegen den riesigen Drachen Vrtra, der die Gewässer in den Schluchten der Berge zurückhält; er besiegt ihn, befreit die Gewässer und ermöglicht damit das Leben der Menschen.

Rigveda IV, 42, 1–7

(Varuna): Ich bin der königliche Herrscher, mein ist das Reich, wie alle Unsterblichen bezeugen. Dem Willen Varunas gehorchen die Götter, und sie befolgen ihn. Ich herrsche über die Himmlischen.

2. Ich bin König Varuna. Mir wurden höchste himmlische Kräfte zuteil ...

3. Ich, Varuna, bin Indra; diese beiden weiten, festgegründeten Räume, diese beiden Welthälften, habe ich, wie Tvashtar, ich kenne alle Wesen und erhalte sie.

4. Ich ließ die verschütteten Gewässer strömen, ich befestigte den Himmel nach ewiger Ordnung. Der Sohn der Aditi, der Gesetzeswächter, hat rechtens dreifach die Erde ausgebreitet.

5. Indra: Helden mit edlen Rossen, ausgewählte Krieger rufen mich an in Kampfsnot. Ich, der freigebige Indra, stachle sie auf zum Streit, wirble den Staub auf, ein Herr von überwältigender Kraft.

6. Alles dieses tat ich. Der Götter bezwingende Macht hindert mich niemals. Wenn Lobgesänge und der Soma-Trank mich erfreut haben, dann geraten die beiden grenzenlosen Räume in Furcht.

7. (Varuna): Alle Wesen kennen diese deine Taten. Du tust diese Taten dem Varuna kund, du großer Beweger. Du bist berühmt, da du den Vrtra geschlagen hast. Du ließest die versperrten Fluten strömen.

● **Agni** repräsentiert die Sakralität des Feuers; er ist der Sohn des Dyaus, wird im Himmel „geboren", von wo er in Gestalt eines Blitzes niederfährt, ist aber auch im Holz, im Wasser und in den Pflanzen gegenwärtig, wird oft mit der Sonne gleichgesetzt. Er ist Bote zwischen Himmel und Erde und das Urbild der Priester, der großen Wissenden; er ist der Opferer und Vorsteher bei den feierlichen Riten. Er ist der „Herr des Hauses", vertreibt die Finsternis, hält die Dämonen fern, schützt vor Krankheit und Zauberei.

● **Soma** ist noch stärker als Agni mit dem Feuer verbunden. Er ist eins mit der Pflanze bzw. dem daraus gewonnenen Getränk. Das Somaopfer ist das beliebteste Opfer: „Wir haben den Soma getrunken und sind unsterblich geworden; zum Lichte gelangt, haben wir die Götter gefunden", heißt es im 8. Buch des Rigveda.

Dieser „Trank des Nicht-Todes" ist wahrscheinlich an die Stelle des indoeuropäischen madhu-Trankes (= der Met der Germanen) getreten. Dieses Getränk regt das Denken an, gibt neuen Mut, erhöht die Zeugungskraft und heilt Krankheiten. Als Trank der Götter und Priester verbindet er Himmel und Erde, verlängert das Leben und vermittelt ekstatische Erfahrungen der Freiheit und Weite, ja der Unsterblichkeit. Hier werden Erfahrungen gemacht, die in der indischen Religiosität zu allen Zeiten bedeutsam waren und weit über den Kreis der traditionellen Religiosität (z. B. bei den Yogis) auch auf europäische Menschen (z. B. in den gegenwärtigen „Jugendreligionen" – vgl. Seite 402 f –) ausstrahlen.

Viele andere vedische Gottheiten (Usas, Vâyu, Parjama, Sûrya, Savitr, Pušan u. v. a.) verlieren an Bedeutung oder geraten im Laufe der Zeit in Vergessenheit; andere wieder gelangen erst später zu größerer Bedeutung, wie etwa Vishnu und Rudra-Shiva (sprich: Schiwa).

● **Vishnu** ist eine den Menschen wohlgesinnte Gottheit, die den Opfernden in den Himmel hebt und ihm das ewige Leben vermittelt. In den Upanishaden des 4. Jh. wird Vishnu als höchster Gott (in der Nähe des Monotheismus) gepriesen (vgl. dazu Seite 201).

● **Rudra-Shiva** ist demgegenüber eine dämonische Kraft, der „Herr der wilden Tiere" und der Außenseiter, er symbolisiert das Chaotische, Gefährliche, Unvorhersehbare des Lebens. In der noch jüngeren Svetasvatara-Upanishad wird er als höchster Gott gepriesen!
Beide haben im klassischen Hinduismus große Bedeutung.

Rituale und Metaphysik der vedischen Zeit

Die Hausriten („grhya") sind der Erhaltung des Herdfeuers, der Jahreszeiten und der Feier der Lebenswenden (Empfängnis, Geburt, Jünglingsweihe, Hochzeit, Bestattung) gewidmet. Diese Feiern, die im Familienkreis gestaltet werden, sind meist von schlichter Form und ähneln etwas den christlichen „Sakramenten". Sie bestimmen stark das Glaubensbewußtsein der einfachen Menschen. Besonders die Jünglingsweihe („upanayama"), bei der der junge Mann bei seinem brahmanischen Lehrer eingeführt wird ist als „zweite Geburt" anzusehen und ist damit ein zentrales spirituelles Ereignis. Der Brahmane als Mittler des „Wortes" (der Veden) ist der „wahre Vater" des jungen Mannes. Die „feierlichen Riten" („shranta") dagegen sind von großer Komplexität und werden von den Priestern („zaôtar", „adhvaryu") und Brahmanen (als Kultaufsehern) gestaltet – sie sind kosmisch orientiert (Regenopfer, Neumond usw.) und können über längere Zeiträume hinweg (bis zu 12 Jahren!) dauern. Der nur den Brahmanen bekannte Ritus ist ungeheuer komplex und enthält eine Vielfalt von Elementen wie Musik, Tanz, Drama, Dialog, Orgie, Zeremoniell, Spiele, Altarbau, Opferung von Tieren und Menschen.
Das berühmteste vedische Ritual ist das „Pferdeopfer" (ashvamedha) – zweifellos indoeuropäischen, also vor-indischen Ursprungs (man findet Parallelen bei den Germanen, den Iranern, den Griechen, den Latinern, Armeniern, Dalmatinern usw.). Dieses Opfer soll den Kosmos erneuern und die bestehende Gesellschaft neu begründen; das Pferd gilt dabei als Repräsentant königlicher Kraft und wird mit Sonne und Soma identifiziert (vgl. Hinduismus S. 187ff).

Der Glaube der Indo-Iraner

Um dieselbe Zeit, in der die ebengenannte Gruppe der Indoeuropäer (Arier) nach Indien einwanderte und dort die vedische Kultur begründete und entfaltete, läßt sich eine andere Gruppe von Indo-Europäern im nördlichen Iran nieder. Diese Indo-Iraner kamen in mehreren Wellen etwa ab 2000 und stießen dabei in Luristan auf eine hochentwickelte Bronzekultur (die als „wilde Bergvölker" den Sumerern und Elamitern zeitweise schwer zu schaffen machten); Gutäer, Kassiten, Hurriter, Zannäer, Mannäer, Urarträer ... hießen diese Völker, mit denen sie sich auseinandersetzen bzw. arrangieren mußten. Die Indo-Europäer tauchten in mehreren unabhängigen Gruppen im Bereich des späteren Persischen Reiches auf, und zwar als Iraner, Mitanni, Baktrer, Sogder, Meder und Perser. Über ihre Religion wissen wir wenig – bis zum Auftreten des Zarathustra.

Die Reform des Zarathustra

Die Lebenszeit des Zarathustra läßt sich nicht genau festlegen. Es gibt verschiedene zeitliche Ansätze. Wenn man einer einheimischen religiösen Überlieferung folgen will, so kommt man auf die Zeit 628–551 v. Chr. Wir können heute von der Annahme ausgehen, daß Zarathustra in Baktrien – d.i. im Osten des persischen Reiches – etwa zu Beginn der Achämenidenzeit lebte. Hinsichtlich seiner religiösen Einstellung kann man von zwei verschiedenen Positionen ausgehen: Entweder wollte er die traditionelle Religion seiner Heimat reformieren – oder seine religiösen Anschauungen geben nur einen Aspekt dieser Religion, d.h. die Verehrung des Gottes *Ahura Mazda* (= Weiser Herr), wieder. Die Überlieferung berichtet, daß er ein Opferpriester (zaôtar) und Sänger in Ragā war. Die wahrscheinlich auf ihn zurückgehenden ältesten Teile des Awesta, die sog. *Gathas* (kurze, metrische Texte), stehen in deutlichem Zusammenhang mit der alten indoeuropäischen sakralen Dichtung.

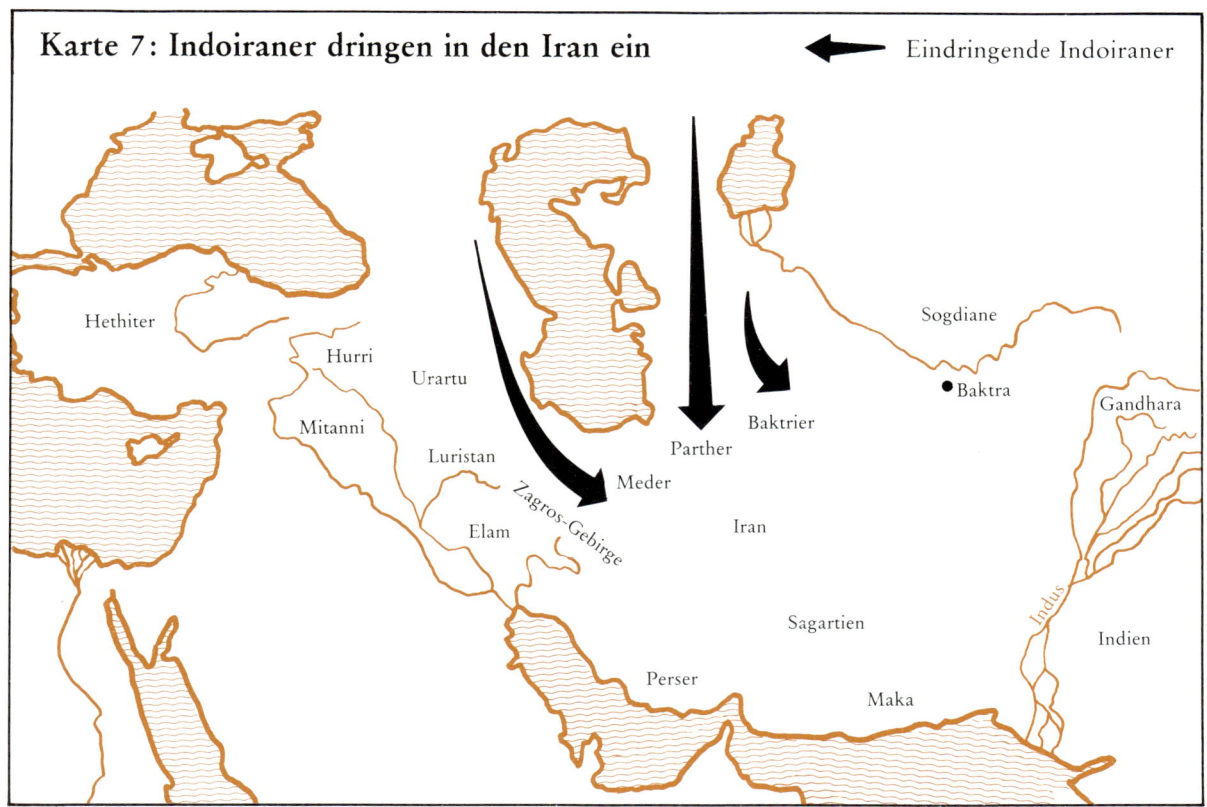

Karte 7: Indoiraner dringen in den Iran ein — Eindringende Indoiraner

Hethiter · Hurri · Urartu · Sogdiane · Baktra · Gandhara · Mitanni · Luristan · Zagros-Gebirge · Meder · Parther · Baktrier · Iran · Elam · Sagartien · Indus · Indien · Perser · Maka

Nach der heute fast allgemein angenommenen Auffassung ist Zarathustra als Reformer der traditionellen iranischen Religion aufgetreten und muß bald vor Verfolgungen fliehen. Er findet Zuflucht bei *Vishtaspa*, dem Fürsten des Fryanastammes. Mit seiner Reform wendet er sich zuerst an die kleinen Adeligen und die Bauern – er predigt gegen das Haoma-Rauschtrankopfer und die Rinderopfer, die in großer Anzahl den „daevas" (dämonisierte Götter der traditionellen indo-iranischen Religion) dargebracht wurden. Im Zentrum des Glaubens des Zarathustra steht *Ahura Mazda* (= der Weise Herr), dessen Allmacht nur durch *Ahriman*, das Prinzip des Bösen, eingeschränkt ist. Zarathustra nennt in seinen Gathas keine sonstigen Götter oder Göttinnen mit Namen, auch Ahura Mazda und Ahriman sind eher Wesensbezeichnungen als Götternamen. Aus diesem Grunde nannten sich auch die Anhänger des Zarathustra „Mazdäer", weil sie sich von der göttlichen Weisheit getragen wußten.

Zarathustra bekennt in den Gathas:
Das frage ich dich, sage es mir richtig, Herr! ...
Wer war der Schöpfer der rechten Ordnung (asa), ihr Vater von Anbeginn? Wer schuf die Sonne und den Lauf der Gestirne? Wer ist es, durch den der Mond wächst und abnimmt? – Dieses, o Weiser, und noch anderes wünsche ich zu wissen. Das frage ich dich, sage es mir richtig, o Herr!
Wer stützte die Erde unten und den Himmel, daß er nicht herabfällt, wer schuf die Wasser und die Pflanzen? Wer schirrte dem Wind und den Wolken die beiden Renner? Wer, o Weiser, ist der Schöpfer der guten Gesinnung? Das frage ich dich, sage es mir richtig, o Herr! Welcher Meister schuf Licht und Finsternis, welcher Meister schuf Wachsein und Schlaf? Wer die Morgenröte, die Tagesmitte und die Nacht, die den Einsichtigen an seine Arbeit mahnen? ... Als den Schöpfer von all dem will ich dich erkennen durch den heilwirkenden Geist.

(Yasna 44, 3–5.7)

Im Dienste dieses Ahura Mazda weiß sich Zarathustra mit seiner Verkündigung, und er ruft die Menschen zur Entscheidung auf zwischen dem „Weisen Herrn" und seinem Gegenspie-

Die geflügelte Scheibe, aus der sich Ahura Mazda erhebt, ist das Symbol des höchsten und ewigen Gottes, den Zarathustra verkündete.

ler, zwischen Gut und Böse, zwischen dem Geistigen und dem Stofflichen. Bei dieser Entscheidung ist der Mensch aber nicht alleingelassen, denn die „Amesha Spentas" (= heilwirkende Unsterbliche/Hilfen zur Unsterblichkeit) – Eigenschaften Ahura Mazdas, die personifiziert vorgestellt wurden, ohne die Gestalt von Göttern zu erreichen – helfen jenen Menschen, die sich helfen lassen wollen, den geistigen Weg des Guten zu gehen:

Die sechs AMESHA SPENTAS:

1) vohu manah = gute Gesinnung

2) asha = rechte Ordnung, Wahrheit,
Gerechtigkeit
(Gegensatz: Drug = Lüge)

3) ārmaiti = Fügsamkeit

4) shathra = Reich und Machtbereich des Guten

5) haurvatāt = Heilsein

6) ameretat = Unsterblichkeit

Der Mensch steht im Mittelpunkt der geschaffenen Wesen, um ihn bemühen sich Ahura Mazda und Ahriman; dank seines freien Willens kann sich der Mensch frei für das Reich des Weisen Herrn entscheiden (oder für das Reich des Bösen und der Lüge, das Reich Ahrimans!). Daher stehen sich die Menschen auf Erden auch in zwei großen Lagern gegenüber (sichtbar in der Struktur der Gesellschaft): zum Reich des Bösen gehören die nomadisierenden Räuber – zum Reich der Wahrheit die ansässigen Bauern. Zarathustra wendet sich gegen die Tieropfer und den Rauschtrank der Nomaden und fördert den Feuerkult als einzig legitime Form, den Weisen Herrn kultisch zu verehren. Alles im Leben steht vor der unerbittlichen Entscheidung! Die „ashavan" haben die religiöse Pflicht, die nützlichen Tiere zu schützen und die schädlichen zu töten, das unfruchtbare Land zu bewässern und zu bestellen und für eine reiche Ernte zu sorgen, eine Familie zu begründen und mit vielen Kindern das Reich der Wahrheit zu stärken und sich gegen die „drug-van" durchzusetzen.

■

Die rechte Wahl

Höret mit euren Ohren das Beste, betrachtet mit klarem Denken die beiden Wahlmöglichkeiten, die zur Entscheidung stehen …
Zwischen diesen beiden (uranfänglichen Geistern) haben sich richtig entschieden diejenigen, die gut handeln, und nicht die, die schlecht handeln …
Zwischen diesen beiden haben auch die „daevas" (die Götter des von Z. verworfenen Volksglaubens) nicht richtig die Wahl getroffen, weil Betörung sie überkam, als sie mit sich zu Rate gingen.
(Yasna 30, 2–5)

■

Der Mensch besteht aus einem Leibe („tanū"), der durch die Lebenskraft belebt wird und beim Tode (= Wegfall der Lebenskraft) verfällt; bei der Auferstehung wird er aber in verklärter Form („tan i pasēn" = künftiger Leib) wiederhergestellt.
Nach seiner psychisch-geistigen Seite besteht der Mensch – nach späteren mittelpersischen Schilderungen – aus „urvan" (= Seele), dem geistigen Prinzip, mit dessen Hilfe der Mensch

nach dem Tode als persönliches Wesen weiterlebt, aus der „daēna" (= Gesinnung der menschlichen Persönlichkeit), aus „baodah" (= sinnliches Wahrnehmungsvermögen, das auch nach dem Tode weiterbesteht) und aus „kehrp" (= Gestalt, die nicht an den irdischen Leib gebunden ist).

Dem Rechthandelnden wird ein herrlicher Lohn im künftigen Leben vor Augen gestellt – während die „drugvan" ein übles Los erwartet. Diesseits und Jenseits gehen ineinander über, und der Tod ist ein bloßer Übergang. Über die „Cinvat"-Brücke (Brücke der Trennung) geht der Tote zum Gericht, wo entschieden wird (die Taten der Toten sind in einer Art Kontobuch eingetragen), ob der Tote in den Himmel oder in die Hölle, in das lange gute oder lange schlechte Leben eingeht.

Neben dieser Vorstellung eines persönlichen Gerichts gibt es auch Hinweise auf den Glauben an ein Weltgericht. Ausführlich findet sich dieser Glaube aber erst im jüngeren Awesta.

Das jüngere Awesta und der Zoroastrismus (Mazdaismus)

Das Awesta ist kein einheitliches Werk, sondern der Sammelname für eine ganze Reihe von Schriften aus sehr verschiedener Zeit – und ihre Vereinigung zu einem Buch geschah nur schrittweise. Erstmals gesammelt wurden die Schriften unter den Sassaniden im 4. Jh. n. Chr., doch sind heute 3/4 dieser Sammlung verloren, die nach persischer Überlieferung aus 21 Naks (Büchern) bestand. Einer persischen Überlieferung zufolge hat Vishtaspa, der Protektor des Zarathustra, das Awesta samt Zend (= Kommentar) auf 12 000 Rindshäute schreiben und im königlichen Schatzhaus aufbewahren lassen. In Alexandrien sei es dann später ins Griechische übersetzt worden. Diese Tradition ist aber geschichtlich unhaltbar; erst zwischen dem 3. und 9. Jh. n. Chr. wurden die verschiedenen Texte und Kommentare (Pahlewi-Literatur) in mittelpersischer Sprache verfaßt und mit dem bisherigen Awesta (in einem medischen Dialekt geschrieben) verbunden.

Der älteste Teil des Awesta ist metrisch gestaltet (Gathas) und geht, wie gesagt, wahrschein-lich auf Zarathustra selbst zurück. Das jüngere Awesta (also die gesamte heute noch erhaltene Sammlung mit Ausnahme der Gathas) unterscheidet sich sprachlich und inhaltlich deutlich davon. Es zeigt vor allem eine inhaltliche Weiterentwicklung weg von den abstrakten, ethisch gehaltenen Gedanken der Gathas und wendet sich wieder zurück zu den von Zarathustra bekämpften altiranischen Gottheiten und religiösen Bräuchen. Mythologische und wissenschaftliche Themen wechseln dabei mit ländlichen und kriegerischen Gesängen sowie mit monotonen Ritual-Kommentaren ab.

Aufbau des Awesta

1. Yasna (Inhalt: Opfer, Verehrung – Texte für das Haoma-Opfer) – 72 Kapitel
– Kap. 28–34, 43–51 und 53 sind die „Gathas"! –

2. Vispered (Inhalt: Ergänzungen und Erweiterungen des Yasna) – 24 Kapitel

3. Yashts (Inhalt: Verherrlichungen von Gottheiten nach dem mazdäischen Kalender) – 21 Kapitel

4. Vendidad (Inhalt: eine Art kirchliches Gesetzbuch, das einzig vollständig erhaltene urspr. 19. Buch = Nask) – 22 Kapitel

5. Khorda Awesta (kleines Awesta; eine Sammlung kleiner Texte und Gebete)

In der Zeit nach dem Tode Zarathustras werden die Überlieferungen anschaulicher, weniger spekulativ und ethisch, volkstümlicher und „religiöser". Aus Ahura Mazda wird der Hochgott **Ahuramazda** (auch **Ohrmuzd, Ohrmizd, Oromazes**); die Amesha Spentas werden zu 6 Göttern, später zu einer Siebenergruppe erweitert (dazu kam der „heilwirkende Geist Ahuramazdas") – und als Schutzgötter, allmählich männlich und weiblich differenziert, ausgestaltet. Hinter dieser inhaltlichen „Weiterentwicklung" standen wahrscheinlich die **Magier**. Diese waren ursprünglich ein eigener medischer Stamm, der sich zur Priesterschaft im medischen Reich entwickelte und den indo-iranischen Kult pflegte, dann vermutlich kurzfristig in Gegnerschaft zum Reformer Zarathustra geriet, während der Achämenidenzeit aber die persische Staatsreligion des Ahura Mazda betreute.

Das ausschließliche Recht des Kultes stand den „Feuerpriestern" zu, die das ewig brennende Feuer zu betreuen und die Gebete vor dem Feueraltar zu rezitieren hatten (mit verbundenem Mund, um das heilige Feuer nicht zu verunreinigen!) Unter Dareios gab es bereits eigene Feuertempel. Im Felsengrab des Dareios in Naqsh i Rustam, das in Kreuzesform in den Berg geschnitten wurde, steht das folgende Totengebet:

Das Grab des Dareios I. (522–486 v. Chr.), eingemeißelt in eine Felswand im engen Tal von Naqsh-i-Rustam in der Nähe von Persepolis.

Ein großer Gott ist Ahuramazda, der dies all-übertreffende Werk geschaffen hat, das sichtbar geworden ist.

Der den Frieden geschaffen hat für den Menschen, der mit Weisheit und Gutsein Dareios, den König, bekleidet hat.

Spricht Dareios, der König:

Durch Ahuramazdas Willen bin ich von solcher Art:

Was recht ist, liebe ich, Unrecht hasse ich.

Nicht ist mein Gefallen, daß der Niedere des Hohen wegen Unrecht leide, noch ist das mein Gefallen, daß der Hohe des Niederen wegen Unrecht leide.

Was recht ist, das ist mein Gefallen.

Den Anhänger des Drug hasse.

Ich bin nicht rachsüchtig, ... meiner eigenen Leidenschaft bin ich streng Herr.

Wer sich bemüht, den belohne ich nach Verdienst.

Wer sich vergeht, den bestrafe ich nach seiner Missetat.

Und die Meisterschaften, mit denen mich Ahuramazda bekleidet hat – und ich habe sie auszubilden vermocht –, durch Ahuramazdas Willen habe ich, was ich geleistet habe, mit diesen Fähigkeiten gewirkt, die mir Ahuramazda verliehen hat.

In sassanidischer Zeit (4. Jh. n. Chr.) wurden drei Feuer betreut: „Adhur Farnbag" (Priesterfeuer des göttlichen Glanzes) auf dem Berg Khvarrehomand – „Adhur Gushnasp" (Kriegerfeuer) auf dem Berg Asnavand – „Adhur Burzin Mihr" (Bauernfeuer des hohen Mithra) auf dem Berg Rewand. – Daneben gab es noch die „Bahram"-Feuer in jeder Provinz und die „Adhuran"-Feuer in jedem Ort.

Neben dem Feuerkult hatte das *Haoma-Opfer* herausragende Bedeutung (vgl. das indische „soma"!) Manche vermuten, daß die Opferpriester vermittels dieses Ritus ekstatische Erfahrungen machten, die zur Erleuchtung („cisti") führten. Das Opfer diente zur Wiederherstellung der Ursituation der Welt bzw. zu deren Umgestaltung. Der „Unsterblichkeitstrank" spielt dabei eine große Rolle, denn er enthält das „xvarenah" (einen heiligen Lichtglanz, der „zugleich feurig, belebend und samentragend" ist). Durch dieses Trinken kann man seine menschliche Verfaßtheit überschreiten und sich Ahuramazda angleichen. Woraus dieser Trank wirklich bestand, ob es sich um eine Rauschdroge oder einfach um Wein handelte, ist nicht mehr zu eruieren.

Zarathustra wurde der Überlieferung zufolge im Alter von 77 Jahren im Feuertempel von Eroberern getötet. Er wurde bald heroisiert und in den Kult einbezogen. Im folgenden Yasht 13 (Jüngeres Awesta) wird er als der große Magier, Prophet und Erlöser gepriesen:

Wir verehren den Zarathustra, der als erster das Gute gedacht hat, der als erster das Gute gesagt hat, der als erster das Gute getan hat, den ersten Priester, den ersten Krieger, den ersten viehzüchtenden Bauern, den ersten Offenbarer, der als erster teilhaftig ist, der als erster teilhaftig macht: das Rind und die rechte Ordnung und das Wort und den Gehorsam des Wortes und das Reich und alles mazdageschaffene ashaentstammende Gute. Der der erste Priester, der erste Krieger, der erste viehzüchtende Bauer ist, der zuerst sein Gesicht abkehrte von dem Daeva- (Dämonen-) und Menschengezücht, der als erster der stofflichen Schöpfung das Asha anbetete, die Daevas verwünschte, das Glaubensgelübde als Mazdaanbeter ablegte, den Daevas feind, Ahuras Lehre zugetan. Der als erster der stofflichen Schöpfung das gegen die Daevas gerichtete, Ahuras Lehre enthaltende Wort kundtat, der als erster der stofflichen Schöpfung die gesamte Daevaschaft unwürdig verehrt, unwürdig gepriesen zu werden nannte, welcher der gewaltige Spender allen Lebensglücks und der erste Glaubenslehrer der iranischen Länder wurde ... Bei dessen Geburt und Wachstum die Wasser und Pflanzen sich wieder erholten und wuchsen, bei dessen Geburt und Wachstum sich alle vom Heiligen geschaffenen Geschöpfe Glück und Erfolg verhießen: „Glück uns, geboren ist der Priester Stitama Zarathustra ... von nun an wird sich die gute mazdaische Religion über alle sieben Erdteile verbreiten".

Besondere Bedeutung hatten schon für Zara-

Darstellung eines Greifen (Ziegelrelief am Palast des Dareios in Susa). Dieses Fabeltier, das die altorientalische Tradition sagenhafter Monstren erkennen läßt, trägt den Kopf einer Hyäne, die Hörner eines Widders, den Körper eines Stiers, die Flügel eines Adlers, die Vorderbeine eines Löwen und die Hinterbeine eines Adlers.

thustra das Schicksal des Menschen nach dem Tod und das Schicksal der ganzen Welt. Im jüngeren Awesta bzw. im mittelpersischen „Bundahishn" (aus dem 9. Jh. n. Chr.) wird anschaulich und konkret geschildert, was Zarathustra sehr philosophisch und dichterischhymnisch verkündet hatte:

Leben nach dem Tod

Wenn Menschen sterben, so sitzt die Seele drei Nächte in der Nähe des Ortes, wo sein Haupt sich befindet. Und in jener Nacht blickt der Dämon Vizarsh mit seinen Gefährten auf sie und kehrt den Rücken immer gegen das Feuer, das hier angezündet ist ... Während der drei Nächte, wenn Zerstörung und Auflösung den Körper befallen hat, scheint es für sie ein solches Unglück, wie es bei einem Menschen der Fall ist, dem sein Haus zerstört wird. Während dieser drei Tage sitzt die Seele beim Haupt des Körpers, hoffend, es möge geschehen, daß das Blut sich erwärme und der Atem in den Körper zurückkehre, so daß sie als Rechtschaffener zurückkehren könnte ...

Am Ende der dritten Nacht, wenn es zu tagen beginnt, scheint die Seele des gerechten Mannes inmitten von Blumen zu sein und herrliche Düfte einzuatmen. Aus der Gegend des Südens (der Norden ist der Sitz des Bösen!) scheint ihm ein wohlduftender Wind entgegenzuwehen, wohlriechender als alle anderen ... Beim Herankommen des Windes erscheint ihm sein eigenes Gewissen (daena) in Gestalt eines Mädchens, schön, strahlend, weißarmig, kräftig, mit schönem Antlitz, aufrecht, mit hohem Busen, von stattlicher Gestalt, wohlgeboren, aus vornehmem Geschlecht, der äußeren Erscheinung nach 15 Jahre alt ...

Auferstehung

Zuerst werden die Gebeine des Gayomart (Urmensch) zum Leben erweckt werden, dann die des Mashi und Mashani (erstes Paar), dann die der übrigen Menschen. In 57 Jahren wird Soshans (der Helfer Ohrmazds) die Toten erwecken, er läßt alle Toten auferstehen, wer gerecht ist und wer ein Lügner ist. Alle Menschen werden wieder auferstehen, da, wo ihre Seele entschwunden war ... Darauf wird ein Mensch den anderen erkennen, so daß die Seele die Seele erkennt, der Leib den Leib: ‚Das ist mein Vater, das ist meine Mutter‘ ... Die Menschen werden sich auf dieser Erde befinden. In dieser Versammlung wird jeder seine eigenen guten und schlechten Handlungen sehen. Der Gerechte wird vom Lügner sich unterscheiden wie das weiße Schaf vom schwarzen ... Dann werden sie den Rechtschaffenen in den Himmel geleiten, den Lügner werden sie in die Hölle stoßen – drei Tage und drei Nächte werden die Verdammten in der Hölle körperlich und seelisch Strafe erleiden. Der Gerechte wird im Paradies körperlich und seelisch diese drei Tage und Nächte die Seligkeit schauen ... Es wird der Rechtschaffene über den Lügner weinen, der Lügner wird über sich selbst weinen ... Ohrmazd vollendet in dieser Zeit sein Werk ... vom weißen Haoma bereiten sie das Lebenselixier und geben es allen Menschen, und alle Menschen werden unsterblich für immer und ewig.
(Bundahishn 30)

Im jüngeren Awesta spielt unter den „Daevas" besonders *Mithra* eine zunehmend wichtige Rolle. Als der Lichtgott und Sonnengott geht er

mit Ahuramazda eine Dualverbindung ein: *„Als ich Mithra, den Weidenreichen schuf, machte ich ihn genauso verehrungs- und anbetungswürdig wie mich selbst"* (Yasht 10, 1), sagt Ahuramazda; und am Ende dieses Hymnus steht die Formel „Mithra-Ahura"! Mithra ist der Gott der Verträge und des Krieges, er ist allwissend und allsehend, der universale Vorsorger, der am Tag über den Himmel zieht und in der Nacht die Erde durcheilt und alle bestraft, die Verträge nicht halten und sich für das Böse entscheiden. Im Mythos weiht Ahuramazda Haoma als den Priester des Mithra, der ihm Opfer darbringt und für die Verbreitung seines Kultes sorgt – er soll als Licht, das die ganze Welt erhellt, überall angebetet werden. Und tatsächlich beginnen sich die Mithras-Mysterien in der Mittelmeerwelt auszubreiten – etwa zur gleichen Zeit, in der die jüdische Erwartung des messianischen Königs genauere Formen annimmt.

Dabei handelt es sich freilich kaum mehr um eine direkte Weiterentwicklung des iranischen Sonnengottes, sondern um ein synkretistisches Phänomen in der hellenistischen Umwelt (vgl. Seite 126 ff).

Neben Mithras ist noch *Zervan* (und der *Zervanismus*) zu nennen, der vielleicht von den medischen Magiern propagiert wurde und ein gewisses Gegengewicht zu Zarathustra (und den Zoroastrismus bzw. Mazdaismus) bildete. Die Ursprünge des Zervan-Glaubens gehen wahrscheinlich in das 13. oder 12. Jh. v. Chr. zurück (Zarwa = Name einer hurritischen Göttin und weist auch nach Luristan): Zervan gilt als Vater von Ohrmazd (Ahura Mazda) und Ahriman und weist vielleicht auf den indo-iranischen Himmelsgott zurück, in dem Raum und Zeit eine schicksalhafte Einheit bilden – was ihn zum Schicksalsgott macht. Im jüngeren Awesta wird er selten genannt, wenn, dann als Beherrscher der Lebenszeit und der „Millennien", der großen Zeitepochen (Äonen). Nach einem alten (armenischen?) Mythos hatte Zervan 1000 Jahre lang Opfer dargebracht, um einen Sohn zu bekommen. Da er Zweifel an der Wirksamkeit seiner Opfer hatte, empfing er zwei Söhne: Ohrmazd (infolge seiner Opfer) und Ahriman (infolge seiner Zweifel). Zervan (offensichtlich als Hermaphrodit gedacht) wollte den Ohrmazd als Erstgeborenen und damit zum König machen; Ahriman kam ihm aber zuvor und durchstieß gewaltsam seinen Leib, um als erster zur Welt zu kommen. So mußte ihm Zervan für 9000 Jahre die Herrschaft überlassen, erst dann kam Ohrmazd an die Reihe. – Damit ist das Übel in der Welt unbeabsichtigterweise vom Hochgott selbst geschaffen – der sich daraufhin zurückzieht und Weltschöpfung und -herrschaft seinen Söhnen überläßt. – Der Zervanismus wurde nie eine eigene Religion, sondern blieb eine vielleicht von den Magiern ausformulierte mystische Spekulation und daraus abgeleitete synkretistische Theologie, die verschiedenartige Traditionen miteinander verbindet.

Von dieser Sonder- bzw. Spätform abgesehen, entwerfen die mittelpersischen Bücher – in Verbindung mit der individuellen Auferstehung – ein großes endzeitliches Gemälde: Am Ende der Zeiten triumphiert der Weise Herr mit seinen Anhängern. Ahriman, der Anführer und Geist des Bösen, unterliegt für immer. Aus

Das „Tor aller Länder" (Persepolis) macht den weitgespannten Horizont des Dareios (und der persischen Achämeniden überhaupt) deutlich, wodurch der „Hellenismus" vorbereitet wurde, den dann erst Alexander der Große zu einer politischen Realität machen konnte.

diesem Grunde kann man auch nicht von einer dualistischen Religion sprechen. Alle Menschen nehmen teil an einem neuen Leben auf einer erneuerten Erde, in immerwährendem Glück und Frieden. – Diese eschatologische Vision hat eine bestimmende Wirkung für das irdische Dasein; sie ist zugleich ein mächtiger Ansporn für die Zarathustrier, sich als treue Gefolgsleute des Zarathustra zu erweisen. Der optimistische Ausblick auf das letzte Ende aller Dinge ist ein Motiv für die Entscheidung des einzelnen zugunsten Ahuramazdas. Auch die sozial-ethischen Pflichten stehen in Verbindung mit dieser endzeitlichen Vision. Die Wurzeln dieser Eschatologie sind – wenn auch undeutlich – bereits in den Gathas zu finden. Deutlich tritt schon eine jenseitige Vergeltung sowie die Wahlentscheidung zwischen Ahura Mazda und Ahriman hervor. Diese Entscheidung beeinflußt das irdische und soziale Verhalten der Anhänger.

Während aber in den Gathas das an der Cinvat-Brücke gefällte Urteil die Richtung für den Himmel oder die Hölle weist, *ohne* zeitliche Begrenzung, wissen spätere Quellen nichts von einer ewigen Hölle, sondern nur von einer Dauer bis zur Erneuerung der Welt. Während die Gathas neben dem Einzelgericht ein Endgericht über die beiden Gruppen kennen und von einem mit Feuer verbundenen Urteilsspruch berichten, ist in den späteren Texten (Pahlewi-Quellen) nur ein Einzelgericht nach dem Tode bekannt. Während die Gathas keine Auferstehung von den Toten kennen, wird sie in den griechischen Quellen des 4. Jh. sowie im jüngeren Awesta erwähnt. Während in den Gathas die eschatologische Lehre in enger Verbindung mit Ahuramazda steht und dabei monotheistische Züge stärker hervortreten, finden wir im jüngeren Awesta deutlich wieder polytheistische Züge.

Daß es sich bei der Auferstehung etwa um spätere Fremdeinflüsse – zum Beispiel des Christentums – handeln könnte, dafür sind keine Anhaltspunkte vorhanden. In den späteren mittelpersischen Büchern gehören jedenfalls der Triumph des Guten über das Böse, des Ahuramazda über Ahriman, die Vernichtung der Anhänger des Ahriman mit diesem, die Austilgung des irdischen Übels für immer und eine paradiesische Neuschaffung der Welt zu den Wesensmerkmalen einer endzeitlichen Vision.

Der mit Zarathustra beginnende Glaube blieb im **Parsismus** lebendig, der freilich in Persien kaum mehr eine Rolle spielt, sondern nach Indien verpflanzt wurde (vgl. Seite 245 ff).

Der Glaube der alten Griechen

Die Geschichte des griechischen Kulturraumes weist weit in das Neolithikum zurück, in die sogenannte **Sesklo-Kultur,** die ab etwa 4500 im Bereich des heutigen Griechenland und der Ägäis bezeugt ist. Diese hauptsächlich auf Akkerbau und Viehzucht beruhende Kultur ist wahrscheinlich auf Einflüsse aus Kleinasien zurückzuführen. Nach einem Fundort in Thessalien genannt, verbreitet sie sich über ganz Griechenland und ist bis etwa 2800 nachzuweisen. Als Behausung sind Lehmziegelbauten und Reisighütten anzunehmen, deren Grundriß das spätere „Megaron" (vgl. Seite 116) erkennen läßt. Geschliffene Steinbeile und Feuerstein- bzw. Obsidianklingen aus dieser Zeit zeugen von technischer Gewandtheit. Ab etwa 2800 finden sich frühbronzezeitliche Kulturen im gesamten ägäischen Bereich (**„Frühhelladische Kultur"**) – mit starken Verbindungen zur sog. **Vinca-Kultur** in Serbien und zur **Dimini-Kultur** in Thessalien, die dort die Sesklokultur ablöste und zum Bauen vorwiegend den Stein verwendete (Mauern aus Steinplatten, Lehm-Megaron auf Steinfundamenten, naturalistische Idolplastiken). Im Süden ist noch die sog. **Urfirniskeramikkultur** zu erwähnen.

Das Aufkommen der Schiffahrt begünstigte gerade im ägäischen Raum mit seinen vielen Inseln und der Möglichkeit, an den Stadtkulturen in Mesopotamien und Ägypten zu partizipieren, das Aufkommen der ersten Hochkultur Europas. Sie stand in engem Zusammenhang mit den Hochkulturen im Westen Kleinasiens (Troja, Lesbos, Beycesultan). Auf dem griechischen Festland sind Eutresis, Tyrina, Asine und Lerna zu nennen. Auf Kreta ist die Frühe Bronzezeit vor allem in Knossos bezeugt.

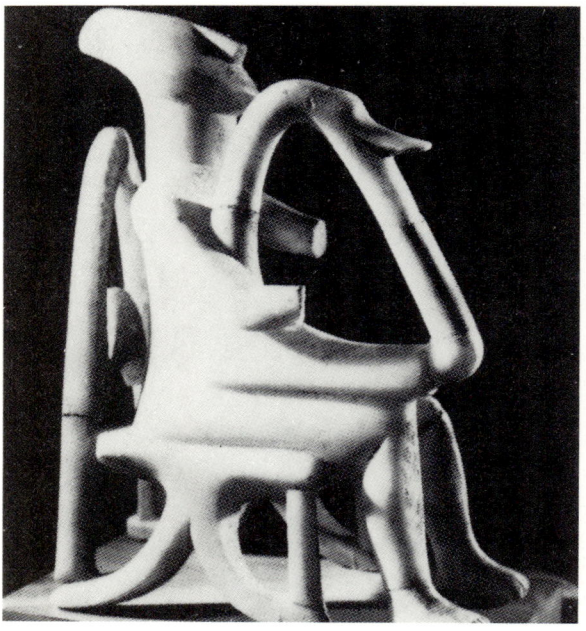

Auf der zu den Kykladen gehörenden Insel Keros fand man die Marmorstatuette eines Harfenspielers – aus dem 3. Jt. v. Chr., zwei Jahrtausende vor den berühmten griechischen Plastikern geschaffen.

Die Religion der Kreter

Zwischen 2700 und 2000 spricht man von der „frühminoischen Kultur" auf Kreta, die tonangebend gewesen sein dürfte und sich in der Ägäis, aber auch auf dem griechischen Festland auswirkte. Eine hochentwickelte Keramik- und Goldschmiedekunst und die überaus starke Betonung des Totenkults sind die herausragenden Kennzeichen dieser ältesten kretischen Kulturperiode. Große Rundgräber (bis 10 m Durchmesser) mit aus großen Steinen gehauenen Türpfosten, die alle nach Osten zeigen, weisen in den Megalithkreis (vgl. Seite 55). Stierfiguren lassen einen weitverbreiteten Fruchtbarkeitskult erkennen. Weibliche Idolfiguren aus Marmor (von den Kykladen importiert!) werden im bodenständigen Steatit nachgeahmt; die erhaltenen Marmorplastiken, z. B. der Harfenspieler aus Keros, lassen die Eigentümlichkeit griechischer Formgebung erahnen und verweisen auf die Entstehung der griechischen Sagen und Heroengesänge, die wahr-

Karte 8: Griechischer Kulturkreis

Die Inselwelt der Ägäis bildete zusammen mit dem griechischen Festland und der Westküste Kleinasiens seit Jahrtausenden ein einheitliches Kulturgebiet, in dem sich vor allem die Kunst bis zur höchsten Vollendung entwickelte.

scheinlich bereits im 3. Jt. erdacht, freilich erst 2000 Jahre später aufgezeichnet wurden.

Im Zuge der gewaltsamen Eroberung Griechenlands durch indoeuropäische Invasoren um 2000 (vgl. dasselbe Phänomen in Indien, im Iran, in Kleinasien, Sumer und Ägypten!) *bewirkt der Verschmelzungsprozeß* der Eindringlinge mit der ansässigen Bevölkerung *die Entfaltung* der typisch griechischen Kulturen und Stämme (Äoler, Jonier, Dorier usw.). Die Etymologie der Götternamen (in dem um 800 aufgeschriebenen Homerischen Epos) läßt das deutlich erkennen:

Artemis = mediterranen, also ansässigen Ursprungs

Zeus = indoeuropäisch
Demeter = eine Verschmelzung beider: „Mutter Da"

In dieser Zeit entfaltete sich das sog. **Mittelminoische Kreta** (Zeit der Älteren Paläste): Kurz nach 2000 entstehen die großen Palastanlagen von Phaistos, Mellia, Hagia Triada und Knossos. Der Palastgrundriß läßt keine logische Raumordnung erkennen. In labyrinthischer Vielfalt umgeben Treppenaufgänge, Pfeilersäle, Kulträume und -nischen, Kammern, Speicher, Bäder und Werkstätten die Höfe.

Eine große Rolle spielte in dieser Zeit offensichtlich der *Stier:* Stierhörner, Doppeläxte als rituelle Symbole an Säulen, Dächern und Altären verweisen auf den Glauben an die Macht dieses „Gottes"(?). Die mediterrane Fruchtbarkeitsgöttin wurde in vielerlei Gestalt angerufen: hl. Berge, Blumen, Bäume, Sträucher,

107

Vögel, Tiere (Schlange, Löwe, Greif, Sphinx) werden ihr zugeordnet – ihr Kult steht offensichtlich in enger Beziehung mit Opfergaben zur Abwendung von Erdbeben.

Die *Toten* werden in großen Tonwannen, Höhlen oder in gemauerten Anlagen bestattet, aber auch die in der frühminoischen Zeit üblichen Rundgräber (mit überkuppelten Gewölben) sind noch in Gebrauch.

Leider ist uns diese hohe Kultur nicht voll zugänglich, weil weder die kretische Hieroglyphenschrift noch die sogenannte Linear A-Schrift (seit 1700 v. Chr. nachgewiesen) bisher entziffert werden konnten und wir auf reine Rückschlüsse aus den archäologischen Funden angewiesen sind.

Aus geschichtlichen Mythen und Legenden späterer Zeit kann aber geschlossen werden, daß der kretische *Höhlenkult* (Grotten, Labyrinthe usw.) stark mit Männerbünden und Geheimriten zusammenhängen dürfte. Das Eintreten (Eindringen) in die Höhle bzw. in das Labyrinth hatte die Bedeutung des Abstiegs in die Unterwelt (das Totenreich), bedeutete also den initiatorisch vollzogenen rituellen Tod. Das Wort „Labyrinth" stammt deshalb auch kaum von „labrys" = Haus der Doppelaxt, sondern von „labra" = Grotte, Stein. Diese Erklärung wird auch der Bedeutung der Höhle seit der Altsteinzeit (vgl. Seite 24 ff) viel eher gerecht.

Um 1700 fallen die Paläste einer rätselhaften Katastrophe zum Opfer (Erdbeben, Feinde?). – Bald werden sie aber wieder aufgebaut, und von 1650 bis 1450 spricht man vom **„Spätminoischen Kreta"** (Zeit der Jüngeren Paläste). Die alten Grundmauern wurden offensichtlich berücksichtigt, die Anlagen aber erheblich erweitert und mit wunderbaren Fresken versehen, die eine Kultur von großem Luxus und ausgewählter Raffinesse verraten. Viele weibliche Figurinen und gemalte Figuren zeigen einen glockenförmigen Rock und nackte Brüste und lassen eine Dominanz der weiblichen Gottheiten erkennen (Priesterinnen!). Männliche Gottheiten sind in dieser Zeit nur mythologisch (Hierogamien), nicht aber archäologisch belegt! Wahrscheinlich hatten die aufgefundenen „Paläste" insgesamt eher religiöse oder politische Bedeutung und sind nicht als Residenzen, sondern als Kultzentren (Ne-

Der sogenannte „Thronsaal des Minos" in Knossos läßt erkennen, daß ab 1600 v. Chr. achäische Herrscher in Knossos an die Macht kamen und dort eine Dynastie begründeten.

kropolen) zu verstehen. Die Residenzen sind, wie man annimmt, aus vergänglicheren Materialien erbaut worden und nicht erhalten.

Die Kretische Kultur und Religion hat sicherlich die aufstrebenden Fürstentümer auf dem griechischen Festland beeinflußt. Um 1600 traten an die Stelle der einfachen Kistengräber ausgemauerte Schachtanlagen und erste kleine Kuppelgräber. Einflüsse aus Ägypten sind neben denen aus Kreta unverkennbar, was die Jenseitseinstellung, die kostbaren Grabbeigaben, die Mumifizierung der Leichen, die goldenen Totenmasken usw. bezeugen.

Mykenische Kultur und Religion

Um 1450 dürften die Mykener die Herrschaft auf Kreta übernommen haben, denn die aus

Der sogenannte „Priesterkönig" aus dem Palast von Knossos (1500 v. Chr./spätminoische Zeit) zeigt, wie heiter und feinsinnig das Formempfinden und damit auch die religiöse Grundstimmung dieser Zeit war.

dieser Zeit stammende kretische Linear B-Schrift wurde 1952 durch M. Ventris als in diesem Schriftsystem ausgedrücktes Griechisch entziffert. Auf diesen Tafeln werden (ähnlich wie auf den in Pylos und Mykene gefundenen) die homerischen Götter Zeus, Hera, Athene, Poseidon und Dionysos erwähnt; mythologische und kultische Angaben sind aber auf diesen Tafeln spärlich. Dädalos wird erwähnt und die Namen von kretischen Priesterinnen. Kreta selbst spielt in der späteren homerischen Mythologie eine große Rolle: Zeus wird auf Kreta geboren und begraben. Dionysos, Apollo und Herakles verleben hier ihre Kindheit. Hier liebte Demeter den Jason, hier empfing Minos die Gesetze und wurde zusammen mit Rhadamanthys Richter der Unterwelt.

Die starken mykenischen Festungen auf dem Festland stammen aus dem 13. Jh., dem Höhepunkt der Macht der Achäer und der Fürsten von Mykene und Tirnys, Theben und Athen. Kyklopische Mauern umschließen wehrhaft die inneren Bauten. Das Löwentor in Mykene erinnert heute noch an diese Zeit. Um 1250 haben die Mykener wahrscheinlich das sagenhafte Troja in Westanatolien vernichtet (von H. Schliemann 1870 ausgegraben) – bald ist je-

Eine Goldmaske aus dem 5. Grab in Mykene – seit Schliemann als Agamemnon-Maske bekannt, obwohl gute 400 Jahre älter als der durch Homer bekannte griechische König.

doch die Mykenische Kultur selbst in den Wirren der „Ägäischen Wanderung" vernichtet worden. Die Burgen sind etwa um 1200 zerstört und nicht wieder aufgebaut worden.

Die Dorische Wanderung
(1200–1100)

Von den Illyrern, die nach der Ägäis und der Adria ausweichen, werden Stämme in Bewegung gebracht, die vor dem Druck aus dem Norden nach Osten (Ägäis, Kleinasien) bzw. Süden (Kreta) ausweichen. Diese große Umschichtung wird durch die in Mitteleuropa dominierende sog. Urnenfelderkultur (Feuerbestattung mit nachfolgendem Begraben der Asche in einer Urne in großen Grabfeldern) und deren Expansionsdynamik bewirkt. Die *Nordwestgriechen* nehmen in Epiros, Atolien, Elis und Arkadien neue Wohnsitze ein, die *Dorier* weichen nach Kreta aus und weiter in den Süden Kleinasiens, so daß sie das Gebiet Argolis, Lakonien (auf dem Peloponnes), Kythera, Delos, Kreta, Thera, Karpathos, Rhodos und die Südwestküste Kleinasiens beherrschen. Die *Jonier* beherrschen Attika, Euböa und die mittleren ägäischen Inseln sowie den größten Teil der Westküste von Kleinasien. Nördlich der Jonier siedeln die *Äoler*, die sich auch an der Nordwestküste von Kleinasien (Lesbos) ansiedeln. Das arkadische Bergland, Teile von Attika, Böotien und Thessalien bleiben dagegen eher stabil. In dieser Zeit bilden sich die wichtigsten Sprachgruppen heraus, wird der gesamte Bereich des Ägäischen Meeres zum griechischen Binnenmeer. Die durch diese Stürme überrannte Mykenische Kultur bildete Kristallisationspunkte für die ab dem 10. Jh. nachweisbaren Stadtstaatenbildungen („Polis"). Die aus der Mykenischen Zeit stammenden Mythen und religiösen Überlieferungen werden in dieser Zeit gesammelt und ausgebaut.

Die Götter Griechenlands

Unsere Kenntnis der Religion der Griechen beginnt praktisch erst ab dem 8. Jh., als Homer die alten Traditionen sammelte und aufschrieb.

Darin sind tw. uralte Überlieferungen aus der Jungsteinzeit und der indoeuropäischen Bronzezeit mit alten bäuerlich-mediterranen Traditionen und dem neuen Geist des Hellenischen kombiniert.

● **Zeus** ist ein typischer indoeuropäischer Himmelsgott, dessen Verehrung weit in die Frühzeit Griechenlands zurückreicht, der aber kein Hochgott ist, da er weder als Schöpfer des Universums angesehen wird noch zur Gruppe der griechischen Urgottheiten gehört.

Nach *Hesiod* war am Anfang das Chaos, aus dem die „breitbrüstige" *Gaia* (Erde) und *Eros* aufstiegen. Gaia gebar den gestirnten Himmel *Uranos*, „ein Wesen wie sie, das sie ganz bedecken konnte", die Gebirge und das öde Meer. Aus der kosmischen Hierogamie zwischen Gaia und Uranos geht eine zweite Göttergeneration hervor, die *Uraniden* (die 6 *Titanen*, unter ihnen *Okeanos* und *Kronos*; die 6 *Titaniden*, unter ihnen *Rheia* und *Mnemosyne*; die drei einarmigen *Kyklopen* und die drei Hundertarmigen). Uranos haßte seine Kinder von Anfang an, da gab Gaia dem Kronos eine gewaltige Sichel, und dieser entmannte damit den Uranos, „als er nahte, begierig, in den Leib der Erde einzudringen" (Aischylos). Aus dem Blut des Uranos, das auf Gaia niederströmte, entsprangen die 3 *Erinnyen*, die *Riesen* und die *Nymphen*. Den ins Meer gefallenen Geschlechtsteilen des Uranos entsprang *Aphrodite* („die Schaumgeborene"). – Kronos trat an die Stelle des Uranos, vermählte sich mit seiner Schwester Rheia und zeugte 5 Kinder: *Hestia, Demeter, Hera, Hades* und *Poseidon*. Aber auch Kronos fürchtete, von seinem Sohn entmachtet zu werden, und verschlang seine Kinder. Da begab sich Rheia heimlich nach Kreta und brachte dort ihr 6. Kind, den *Zeus*, zur Welt und verbarg ihn in einer unzugänglichen Grotte. Zum Jüngling herangewachsen, zwang Zeus seinen Vater, die Geschwister auszuspeien. Er löste auch die Fesseln der Brüder seines Vaters, die *Charon* angekettet hatte. Zum Dank dafür schenkten ihm diese Donner und Blitz und machten ihn zum „Gebieter der Sterblichen und Unsterblichen" – allerdings erst nach langen Kämpfen gegen die Titanen, gegen Typhon und seine drachenköpfigen Ungeheuer und gegen die Riesen (vgl. bei Pindar).

Nach diesem Sieg herrschte Zeus über den Himmel, während Poseidon das Meer und Hades die Unterwelt beherrschten – Erde und Olymp gehörten ihnen gemeinsam. Zeus vermählte sich dann mit *Metis* (Weisheit), die *Athene* zur Welt bringt, Zeus aber verschlingt sie; später entspringt sie in voller Rüstung dem Scheitel des Zeus. Darauf vermählt er sich mit *Themis* (Gerechtigkeit), mit *Eurynome* und *Mnemosyne* (die die 9 *Musen* zur Welt bringt), er liebt Demeter, die ihm *Persephone* schenkt, und *Leto*, die Mutter des *Apollo* und der *Artemis*, dann heiratet er *Hera*. Daneben verbindet er sich aber immer wieder mit chthonischen Göttinnen wie Dio, Europa, Semele usw. – was den starken Assimilisierungsprozeß und den Zug zum Synkretismus, der in der griechischen Religiösität liegt, deutlich zum Ausdruck bringt.

Zeus wird in ganz Griechenland verehrt und gilt als „Vater der Götter und der Menschen" (Ilias), obwohl er weder der Schöpfer der Welt noch der Menschen ist.

Von Anfang an sind im Wesensbild des Zeus die sittlichen Züge beherrschend (Gewissensgott) und bleiben es bis in die Spätzeit der Stoa, also bis zur Zeit der pantheistischen Auflösung der antiken Personal-Götter des Glaubens. Kleanthes z.B. verknüpft seine religiösen Gefühle, die dem vergotteten Weltall galten, mit dem Namen des Zeus:

„Höchster der Unsterblichen,
viele Namen nennen dich,
ewig allmächtiger Zeus,
dich, Urquell des Werdens,
der nach ewigen Gesetzen herrscht im All, ich grüße dich, Zeus.
Ja, ich darf's. Allein von allem,
was da lebt und kriecht auf Erden,
ist ein Abbild er des Alls:
wir sind deines Geschlechtes.
Und so will ich immerdar preisen dich und deine Macht.
Dir gehorcht das Weltgebäude,
kreisend um den Erdenball.
Willig wandelt's in den Bahnen,
die du weisest mit der Waffe deiner Herrscherhand, dem spitzen,
leuchtenden, lodernden, nimmer erlöschenden ewig lebendigen
Blitz.

Bronzestatue eines Gottes vom Kap Artemision auf Euböa (ca. 450 v.Chr.). Die Tradition gab ihr den Namen „Zeus aus dem Meere", sie stellt aber Poseidon dar.

Und das All gehorcht erschauernd,
wo des Blitzes Kraft es trifft.
Also regelst und verteilest du Vernunft, Gesetz und Leben,
die, von feurigen Wellen getragen,
alles durchströmen. In großen und kleinen Leuchten des Himmels,
in sausenden Winden,
wallenden Wogen, starrenden Steinen,
Pflanzen und Tieren, in allem, was atmet,
wirket belebend dein Blitz,
Himmelskönig, Herr des Alls.
Nichts geschieht, o Gott, auf Erden,
nichts im reinen Himmelsäther,
nichts im Meer, was du nicht wirkest,
außer den Taten der Bösen,
die sie in eigener Torheit begehen …
Einem Ganzen fügt sich alles, Gut und Bös,
es herrscht im Weltall einzig und ewig Gesetz und Vernunft.
Dem versuchen sich die Schlechten zu entziehen … löse von des Irr-
tums Fluch die Menschen,
daß wir die Wahrheit erkennen,
deine Weisheit,
Vater, der du das All lenkest mit Gerechtigkeit."
(Kleanthes, 331–233 v. Chr.)

■

● **Poseidon:** Er ist ein ehemaliger Großer Gott (z.B. im achäischen Pylos als oberster Gott verehrt); schon sein Name „Posis Das" (= Gatte der Erde) weist darauf hin. Bei Hesiod ist Zeus sein jüngerer Bruder (anders in der Ilias!), als einziger widersetzt er sich, als Zeus seine Macht mißbrauchen will (Ilias 15, 195), und läßt damit erkennen, daß er „älter" ist, als es die homerische „Zuteilung" des Bereiches Meer haben will. Bei den Indoeuropäern jedenfalls (die das Meer praktisch nicht kannten) war er der Gott der Pferde (Hippios) und wurde auch noch in Griechenland (z.B. in Arkadien) in Pferdegestalt verehrt – als Hengst begattet er die in eine Stute verwandelte Demeter und zeugt mit ihr eine Tochter und das Roß *Arion.* Seine vielen göttlichen Liebesabenteuer passen gut zum Namen „Gatte der Erde" (Verbindung mit der Medusa und mit Ge). Das Pferd steht in Zusammenhang mit der Unterwelt, und auch das paßt zum „Herrn und Meister der Erde", was ihn in die Nähe der machtvollen mediterranen Fruchtbarkeitsgötter bringt. Seine Kinder *Orion, Polyphem, Triton, Antaios,* die *Harpyrien* usw. zeigen seine ursprüngliche Mächtigkeit, die später nur mehr in der Launenhaftigkeit des Meeresgottes durchschimmert.

● **Hephaistos:** Er nimmt eine Sonderstellung ein – Hesiod zufolge wurde er von Hera ohne Liebesgemeinschaft empfangen und geboren, weil sie aus Eifersucht Zeus zürnte. In der Ilias bezeugt dagegen Hephaistos Zeus als seinen Vater. Durch seine Häßlichkeit und Gebrechlichkeit (er hinkt, ist bucklig und säbelbeinig), durch die Erzählung, daß er gleich nach der Geburt ausgesetzt und von den beiden Nereiden Thetis und Eurynome gerettet wurde, in einer Höhle mitten im Ozean aufwuchs und sich dort seine Kenntnisse als Schmied und Handwerker erwarb, wird seine Sonderstellung unter den Olympiern deutlich. Zu-

gleich verweist sein Schicksal auf eine „Initiation" – er verfügt über magische Kräfte, mit deren Hilfe er seine Meisterwerke schafft: den Schild des Achilles, die goldenen und silbernen Hunde der Palasttüren des Alkinoos, die strahlenden Wohnstätten der Götter, Automaten (goldene Dienerinnen), die ihn beim Gehen unterstützen, die Pandora, die Fesseln des Prometheus, das Netz, mit dem er Ares und Aphrodite (seine eigene Gattin) fängt und ihre schuldhafte Verbindung allen Göttern kundtut, er entbindet Zeus von Athene u.v.a.m. Sein Ursprung ist unklar. Weder im vorhellenischen Erbe noch im indoeuropäischen gibt es eindeutige Entsprechungen; er ist zugleich „Herr des Feuers", und dies verweist ihn in archaische Zeit zurück.

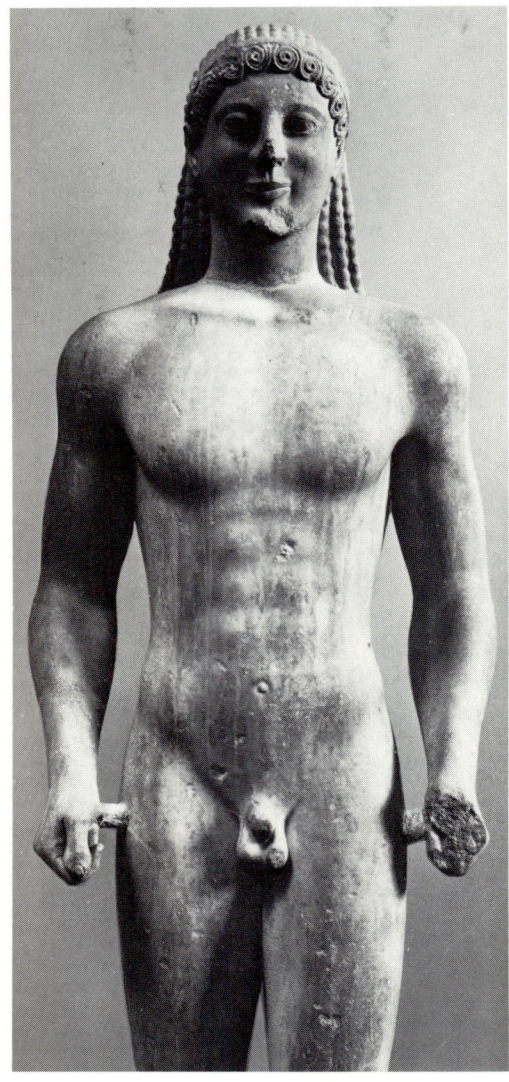

Marmorplastik des Apollon (Kuron) um 525 v. Chr. in voller (damaliger) Lebensgröße von 1,53 m. Die Gestalt strahlt Würde und Heiterkeit zugleich aus.

29

Die Griechen

Mit dem Eintritt der Griechen in die Geschichte gewinnen die Götter zunehmend menschliche Gestalt. Die griechische Welt, ihre Mythen und Sagen, ihre Weltanschauung und Philosophie gab der folgenden Entwicklung in Europa entscheidende Impulse.

Bronzestatue des Gottes Apollo (frühes 7. Jh. v. Chr.), Boston, Museum of Fine Arts (**28**). – Die Geburt der Aphrodite, der Göttin der Schönheit. Marmorrelief vom „Ludovisi-Thron" (um 470 v. Chr.), Rom, Thermenmuseum (**29**). – Nachdenkliche Göttin Athene, Marmorrelief (um 460 v. Chr.), Athen, Akropolis-Museum (**30**). – Zeus, der Göttervater, und Hermes, der Götterbote. Detail einer römischen Kamee, Paris, Bibliothèque Nationale (**31**).

28

30

31

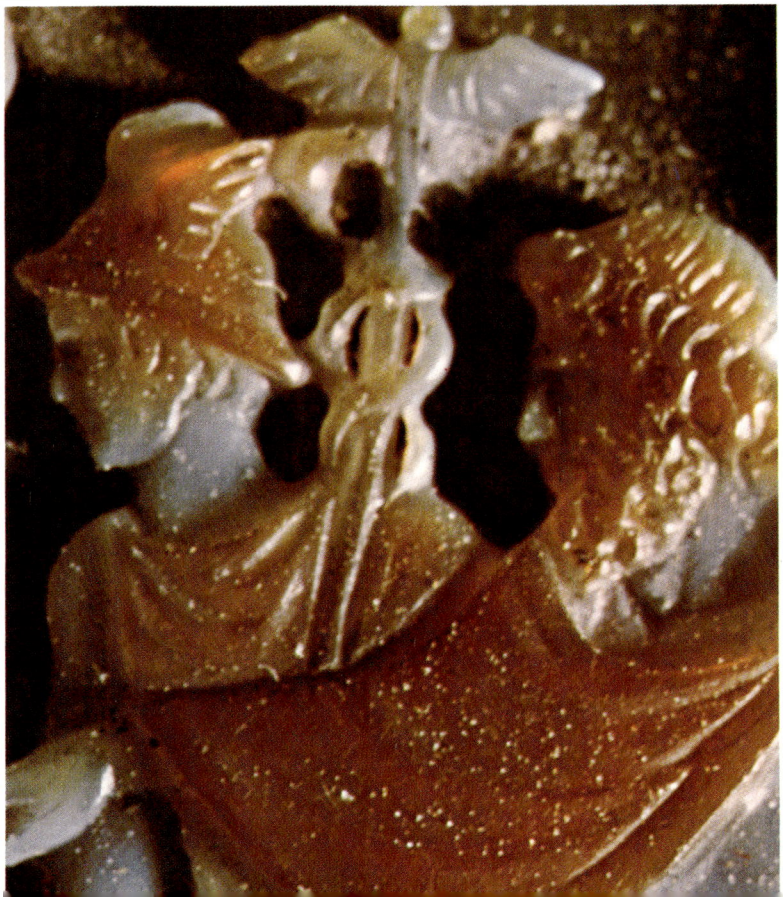

32

Die Kenntnis der griechischen Götterwelt und der Sagen und Mythen verdanken wir vor allem der Vasenmalerei.

Begräbnisszene, Detail von einer Vase in geometrischem Stil (2. Hälfte 8. Jh. v. Chr.) vom Dipylon-Friedhof in Athen. New York, Metropolitan Museum (32). – Herakles bringt den Höllenhund Cerberus, den Bewacher des Hades, der griechischen Unterwelt, zu König Eurystheus von Argos. Detail einer Malerei auf einer Hydria aus Caere (um 530 v. Chr.). Paris, Louvre (33). – Der Weingott Dionysos mit zwei Mänaden, die ihm ein Kaninchen als Opfergabe bringen. Detail von einer attischen Amphore (um 530 v. Chr.). Paris, Bibliothèque Nationale (34).

33

34

Hades ist der Gott der Schatten, bei Homer der Bruder des Poseidon – ihm wurden nie Opfer dargebracht, und er ist auch in den Mythen nicht klar strukturiert – er ist vielfach nicht eindeutig von *Pluton* zu trennen, der in den Eleusischen Mysterien (vgl. Seite 118) eine große Rolle spielt, aber als eine von Hades getrennt gedachte Person war.

Apollon: Seine Mutter Leto wurde von Zeus geschwängert und sucht vergeblich einen Ort, um mit ihrem Kind niederzukommen, da alle Länder aus Furcht vor der eifersüchtigen Hera ihr diesen Platz verweigern. Schließlich nimmt die Insel Delos sie auf, und die Titanin bringt die Zwillinge Apollon und Artemis zur Welt. Den delphischen Drachen Python, den Hera gegen Leto aufgestachelt

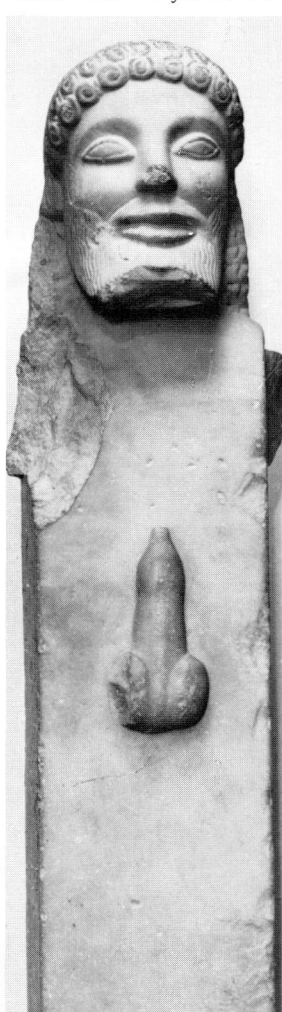

Hermes, der „Geber alles Guten", leitet seinen Namen von „hermaion" ab, den kultischen Steinhaufen am Wegrand (megalithischer Ursprung!), die Schutz auf der Reise bringen sollten. *Links:* Herme von Siphos (Hermes ist auch der Schutzgott nächtlicher Liebesabenteuer). *Rechts:* Dreifache Herme der Hekate mit tanzenden Horen.

hat, tötet Apollon mit seinen Pfeilen. Im klassischen Griechenland ist Apollon der treue Verkünder des Willens seines Vaters Zeus, indem er den Menschen durch das Orakel Ratschläge erteilt – Delphi als „Nabel der Welt" und geheimnisvolle „Höhle" (delphys = Gebärmutter!) hat allerdings eine viel ältere Tradition. Apollon offenbart den Sterblichen den Weg, der von der hellseherischen Vision zum Denken führt, dadurch das Dämonische in den Griff bekommt – gemäß der Delphischen Formel „gnothi seauton = erkenne dich selbst!".
Die apollinische Heiterkeit, Intelligenz, Wissenschaft und Weisheit stehen erst am Ende eines langen konfliktereichen Prozesses.

Hermes: Er ist Sohn des Zeus und der Nymphe *Maia* und hat durch diese Abkunft verschiedene vorhomerische Züge bewahrt: er besitzt einen Zauberstab, eine Tarnkappe und verfügt über Zauberkraut. Er ist der „Geber alles Guten", zugleich aber auch die Inkarnation von List und Gaunerei. Sein Name leitet sich von „hermaion" ab, von den Steinhaufen am Wegrand, die Schutz auf der Reise bringen sollen. „Hermen" sind in vielfältiger Form erhalten. – Er vereint viele verschiedene Züge: Gott der Diebe und der nächtlichen Liebesabenteuer, Beschützer und Vermehrer der Herden und Schutzgott der Reisenden, Götterbote und Seelenführer (in das Totenreich). In der hellenistischen Zeit (vgl. Seite 131) kommt noch die Beherrschung der okkulten Wissenschaften (Weisheit) dazu („Hermetik"). Als Götterbote darf er ungestraft alle kosmischen Dimensionen (Himmel, Erde, Meer, Unterwelt) durchqueren und „überlebt" den Untergang des Griechentums als „Hermes Trismegistos" in der „Gnosis" – von den Philosophen wird er als „logios" oder „Logos" mit dem Denken selbst identifiziert.

Hera: Sie war ursprünglich die Göttin von Argos. Als Gattin des Zeus (bei Homer) verbreitete sich ihr Kult über ganz Griechenland. Sie gebar dem Zeus drei Kinder: *Hebe, Ares* und *Eileithyia* (nach Hesiod) und aus sich selbst dazu noch den Hephaistos, was ihren vor-griechischen Ursprung als tellurische Göttin beweist. In klassischer Zeit ist sie die Schutzgöttin der Ehe.

Hestia: Sie stammt aus dem indoeuropäischen Erbe, was schon die Namensgleichheit mit der römischen Vesta erkennen läßt. Die Verbindung mit Haus und Familie, Herd und Staat ist sehr stark. Ihr Kult allerdings ist in Griechenland gering entwickelt – sie wird auch von „lockeren" Mythen verschont.

Artemis: Sie ist deutlich orientalischen Ursprungs (in Lydien wird Artimis verehrt!) und ist Herrin aller wilden Tiere – zugleich Jägerin und Schutzherrin. Löwe und Bär sind ihre bevorzugten Tiere (heraldisch!). Sie ist die jungfräuliche Göttin schlechthin (Freiheit vom Ehejoch, Gleichgültigkeit gegenüber der Liebe – manchmal sogar als Frigidität gedeutet), sie zeigt aber andrerseits doch Elemente einer Muttergöttin, wenn sie z. B. mit Persephone oder Kybele identifiziert wird. In Ephesus wird sie mit or-

giastischen Tänzen als Göttin der Fruchtbarkeit und Mutterschaft (nicht aber der Liebe und Ehe!) verehrt – auch als Amme und Göttin der Niederkunft. Dieses paradoxe Wesen hat sie sich durchgängig bewahrt.

● **Athene:** Sie war wahrscheinlich eine Palastgöttin in Mykene, Schutz- und Kriegsgöttin zugleich. Sie entspringt, unterstützt von Hephaistos, dem Scheitel des Zeus und gilt als Heldin und Kämpferin – zugleich als erbitterte Feindin des Kriegsgottes Ares und als Bewunderin und Helferin des *Herakles*. Homer und Hesiod nennen sie beide „Pallas" (= Mädchen), aber sie ist – anders als Artemis – den Männern durchaus zugeneigt, steht in engem Zusammenhang zum Zeus, hat aber keine Mutter (Zeus verschlang ja ihre Mutter Metis), von ihr und ihm hat sie den praktischen Verstand, deshalb wird sie als Schutzgöttin der Handwerker und der technischen Künste verehrt.

● **Aphrodite:** Sie ist orientalischer Herkunft (beschützt die Trojaner gegen die Griechen!) und hat gewisse Ähnlichkeiten mit Ischtar; auf Zypern wurde sie seit altersher verehrt. Bei Homer gilt sie als Tochter des Zeus und der Diona und ist die Gattin des Hephaistos – später des Ares. Nach Hesiod ist sie dem schäumenden Samen des Uranos entsprungen. In ihrem Kult finden sich mediterrane (Taube) und asiatische (Hierodulen!) Züge. Bei Homer ist sie es, die „Liebesverlangen in die Brust senkt" (bei Tieren, Menschen und Göttern in gleicher Weise), das Irrationale heiligt und damit die Sexualität religiös rechtfertigt. Sie inspiriert, preist und heiligt die leibliche Liebe und körperliche Vereinigung – die geistigen Quellen der Liebe dagegen werden von *Eros* beherrscht.

Die Diana (= Artemis) von Ephesos. Artemis vereinigte in sich verschiedenartigste Elemente. In Ephesos dominierte die Tradition der Großen Mutter. Mit orgiastischen Tänzen wurde die traubenbrüstige Diana verehrt. *Unten:* Aphrodite, aus dem Meer aufsteigend (Detail aus dem Ludovisischen Thron der Venus).

Weihegabe des Eukrates an die Demeter von Eleusis.

Dionysischer Zug – Mänaden begleiten den Dionysos bei seinem Zug über den Parnaß.

Überreste des Tempels in Eleusis, in dem ein Teil der berühmten Mysterien gefeiert wurde.

● **Demeter:** Der Name bedeutet entweder „Erdmutter" oder „Kornmutter" – so ist sie sicherlich eine Erd- und Muttergöttin; in den Eleusischen Mysterien ist sie zusammen mit *Kore* eine Zentralfigur. Sie ist aber sicher vorgriechischen, wahrscheinlich kretischen Ursprungs. Ihre Tochter *Persephone* wird von Pluton (Hades) entführt und in die Unterwelt gebracht, Demeter sucht sie 9 Tage lang … doch dies führt schon zu den Mysterien von Eleusis (vgl. Seite 118).

● **Dionysos:** Er gehört ebenfalls zu den Göttern, die erst in der späteren Zeit eine große Rolle spielen. Er scheint aus Thrakien (Balkan) zu stammen, gilt als Sohn des Zeus und der *Semele* (= eine phrygische Prinzessin). Auch der zweite Name des Dionysos, *Bacchos,* stammt aus dem Nordosten. Wahrscheinlich kommt der Dionysoskult über Böotien nach Griechenland. Dionysos ist der Gott der Vegetation und wird orgiastisch gefeiert, vor allem von den Bacchen (auch Mänaden oder Thyriaden genannt), die in „dionysischer Raserei" mit geschwungenen, efeugeschmückten Lanzen, unter „Evoe"-Rufen mitten im Winter über den Parnaß ziehen und sich in jeder Weise ekstatisch gebärden.

Dionysos ist ein Gott, der sich unvermittelt zeigt und dann wieder plötzlich und geheimnisvoll entschwindet (Leben und Sterben der Vegetation abbildend). Nur selten taucht in historischer Zeit ein Gott auf, der ein derart archaisches Erbe mit sich führt: Riten, Tiermasken, Phallophorie (= Prozession mit einem großen Phallus), Zerstükkelung von Tieropfern, Verzehr rohen Fleisches, Besessenheit bis zum Wahnsinn, Enthusiasmus bis zur Raserei, allerlei „Wunder", Initiation, Geheimbund, Ekstasen orgiastischer Art. Dabei blieb dieser „alte Gott" lebendig und hörte nicht auf, immer wieder neue religiöse Werte zu schaffen.

Niedere Gottheiten und Heroen

Im „Daimon" sahen die Griechen Manifestationen göttlicher Kräfte in tw. personalistischer, tw. nur typenhafter, nicht auspersonalisierter Form. Sie sprachen von „*Keren"* (den Seelen der Verstorbenen), den *Erinnyen* (Mordrächerinnen), *Harpyrien* (= Rafferinnen), von der *Medusa* (auch: Gorgo), den *Musen, Nymphen* (Quell-, Meer-, Baumnymphen), *Tritonen* und *Nereiden* (Meergeister), *Kentauren* (waldbewohnende Pferdemenschgeister), den *Silenen* und *Satyren* (im Gefolge des Dionysos) und dem *Großen Pan.* Vergleichbares gibt es auch in anderen Religionen, bei den Griechen aber in besonders ausgeprägter und durch die reichen literarischen Zeugnisse gut bekannter und ausformulierter Form.

Ähnliches gilt für die „*Heroen",* die zwischen den Gottheiten (Göttern) und den Menschen stehen – sie sind oft die Ahnen blutsverwandter Gruppen, sozusagen prototypische Vertreter bestimmter menschlicher Tätigkeiten und Fertigkeiten. Sie sind gekennzeichnet durch Abweichung von allen Normen: oft von Göttern abstammend, bald nach der Geburt ausgesetzt, von Tieren großgezogen, alle Arten von Abenteuern bestehend, Wesen mit tw. monströsen Zügen, exzessiver Kraft (Sexualität).

Sie sind die sagenhaften „Helden" der Vorzeit, die berühmten Ahnen von Völkern oder Städten (Stämmen), sie haben Bräuche erstmals eingeführt, und an ihrem Schicksal kann man den Umgang mit den Göttern lernen. Obwohl nicht unsterblich, geht ihr Wirken weiter – geheimnisvoll, schützend oder gefährdend. Zu diesen Heroen gehören Herakles und Theseus, Ägist, Odysseus, Perseus, Lepeus, Jason, Argos, Arkos, Pelops, Achilles, Asklepios, Menelaos, Ganymed, Agamemnon, Orpheus, Orest und wie sie alle heißen …

Formen des religiösen Lebens der Griechen

Wie schon in anderen Kulturen und in der Frühzeit der Menschheit ist auch in Griechenland das *Opfer* ein bevorzugter Ausdruck des Glaubens an die Abhängigkeit von der Gottheit, die man kultisch verehrt, und zeugt vom Bedürfnis, diesem Glauben (Wissen) durch ein Geschenk und bestimmte festliche Formen Ausdruck zu verleihen. Bereits zu Homers Zeiten (im 8. Jh.) ist eine Fülle ritueller Handlungen bezeugt (Opfertiere, Zeremonien, Altäre, Opferpriester, Musik, Waschungen, Besprengungen …). Ehrfurcht, Dank und Bitte motivieren zu solchen religiösen Gesten gegenüber den oberen (himmlischen) Göttern. Mit den „Unteren" wollte man dagegen keine Gemeinschaft haben, so sahen die Opfer verschieden aus, ob man Gemeinschaft mit den Göttern suchte (Opfermahl, Fest) oder ihren üblen Einfluß beschwichtigen wollte (Tieropfer zur Beschwichtigung bzw. um sich freizukaufen). Die mykenischen **Kuppelgräber** und vorher schon die minoischen Paläste waren ja, wie schon erwähnt, vorwiegend dem Totenkult und der Totenpflege gewidmet. Später war auch Feuerbestattung üblich. Wahrscheinlich hatte sich der Heroenkult der klassischen Zeit aus dem Totenkult der Frühzeit entwickelt. Die „mächtigen Toten", deren Andenken und Wirkung bleibende Bedeutung haben, waren dem Leben der Menschen nahe; ihnen einen Kult zu widmen, mußte daher positive Auswirkungen haben.

Wie das Opfer ist auch das **Gebet** eine der zentralen religiösen Äußerungen des griechischen Menschen. Schon früh bildete sich eine bestimmte Form von Bittgebeten heraus, endend mit einem Gelöbnis im Falle der Erhörung durch die Götter. Die Gemeinschaftsgebete hatten die Form der Hymnen – auch Schuld- und Sühnegebete sind den Griechen nicht fremd –, feierliches Beten findet Ausdruck in Prozessionen, Tänzen und zeremoniellen Gebärden.

Verantwortlich für Kult, Opfer und gemeinsames Gebet sind auch bei den Griechen **Priester,** jedoch nicht im selben Maße als Stand oder Machtgruppe ausgebildet wie bei anderen Völkern. Die Opfer werden in heiligen Gebäuden gefeiert, die den Herrenhäusern (= Megaron) nachgebildet wurden. In diesen Tempeln (zuerst aus Holz, dann aus Stein gebaut) stehen die Statuen der Götter als deren Mittelpunkt. Wichtigen Städten und Göttern waren ganz bestimmte Feste geweiht, die zu bedeutenden Ereignissen wurden (besonders Gottheiten ge-

Die neun Musen (nach Hesiod Töchter des Zeus und der Mnemosyne) erweisen den göttlichen Ursprung der Kunst: Erato (Liebeslyrik), Euterpe (Lyrik), Kalliope (Epik), Klio (Historie), Melpomene (Tragödie), Polyhymnia (Chorgesang), Terpsichore (Tanz), Thalia (Komödie), Urania (Astronomie).

genüber, die mit den *Jahreszeiten verbunden waren*, wie Demeter und Dionysos). Wie bedeutsam ein Fest bei den Griechen sein konnte, zeigen die *„Olympiaden"* (Olympischen Spiele), nach denen sich bald sogar die Zeitrechnung orientierte. Aber auch die Aufführung von *Tragödien* und Komödien und vor allem die zunehmende Bedeutung der *Mysterien* müssen in diesem Zusammenhang genannt werden.

Neben den Priestern waren es die *Dichter* und die *Gesetzgeber*, später die *Philosophen*, die auch in religiöser Hinsicht Führergestalten wurden und Frömmigkeit und „Weltanschauung" formten und lebendig hielten. Wichtig ist die Tatsache, daß die Philosophen bewußt ein Gegengewicht zu den mythologischen Erzählungen schaffen wollten und damit den „Logos" (die Reflexion, die Sinnfrage, die Frage nach dem Grund und dem „daimonion") dem „Mythos" an die Seite stellten. So hoben sie auch die Religiosität auf eine neue Ebene. Als die Polis (= Stadtstaat; die Geborgenheit, Norm und Sitte garantierende Ordnung und Gemeinschaft) durch die politischen Umstände bedingt zer-

Ein Dionysischer Faun, Begleiter des Gottes bei seinen Orgien.

brach, suchte man nach neuer Geborgenheit und fand sie in den Mysterienkulten und Geheimlehren. Der folgende Text zeigt, wie ein Philosoph (Sokrates) auf die Frage nach der Unsterblichkeit antwortete:

Folgendes aber, ihr Männer, ist wohl zu bedenken. Wenn die Seele unsterblich ist, so bedarf sie der Fürsorge nicht nur für diese Zeit allein, die wir Leben nennen, sondern für die gesamte Zeit, und so erschiene nun eben erst recht wohl die Gefahr als sehr schlimm, wenn jemand sie vernachlässigen wollte. Denn wenn der Tod eine Trennung von allem wäre, so wäre es ein Gewinn für die Schlechten, wenn sie sterben, ihren Leib loszuwerden, aber auch ihre Schlechtigkeit zugleich mit der Seele. So aber, da sich diese als unsterblich erweist, kann es ja für sie keinen anderen Schutz vor dem Übel und keine andere Rettung geben als das Streben, so gut und vernünftig wie möglich zu werden. Denn nichts anderes kann sie doch bei sich haben, wenn sie in den Hades kommt, als ihre Bildung und Zucht, die ja auch, wie man sagt, dem Verstorbenen den größten Nutzen oder Schaden bringt, gleich zu Beginn der Wanderung dorthin.

Denn man sagt ja, daß einen jeden Gestorbenen sein Dämon, der ihn schon bei Lebzeiten in seinem Schutz hatte, an einen Ort zu führen sucht, von wo die dort Versammelten, nachdem sie sich haben richten lassen, in den Hades wandern mit jenem Führer, der den Auftrag hat ... Nachdem sie dann dort erhalten haben, was ihnen gebührt, und die gehörige Zeit dort geblieben sind, bringt sie ein anderer Führer wieder von dort hierher zurück in vielen und langen Zeitabschnitten.

Die Wanderung ist aber nicht so, wie der Telephos des Aischylos sie beschreibt. Jener sagt nämlich, es führe ein einfacher Steig in den Hades; ich aber glaube, daß er weder einfach noch daß es bloß einer ist. Sonst würde man ja keinen Führer brauchen ... Die gesittete und vernünftige Seele folgt willig, und nicht fremd ist ihr, was ihr widerfährt. Die Seele aber, die begehrlich am Körper haftet, flattert noch lange um ihn und den unsichtbaren Ort herum, und erst nach vielem Sträuben und vielerlei Leiden wird sie endlich nur mit Mühe und gewaltsam von dem damit beauftragten Dämon weggeführt.

Kommt sie nun dahin, wo auch die anderen sich befinden, so flieht ein jeder die ungeläuterte Seele ..., weicht ihr aus und will weder ihr Reisebegleiter noch ihr Führer werden; sie selbst aber irrt umher in völliger Ratlosigkeit, bis eine gewisse Zeit um ist, nach deren Verlauf sie mit Gewalt an die ihr gebührende Stätte gebracht wird.

(Plato, Phaidon 57)

Die Mysterien

Neben dem Dionysoskult sind es vor allem die Mysterien von Eleusis und die Orphik, die das Gesicht der griechischen Frömmigkeit nach der „geheimen Seite" hin prägen.

● **Eleusis:** Die homerische Hymne an Demeter berichtet von der Begründung der Eleusischen Mysterien und vom Mythos der beiden Göttinnen Demeter und Persephone: Demeters Tochter Persephone wird beim Blumenpflücken von Pluton/Hades entführt. Demeter sucht sie 9 Tage lang und hört schließlich, daß Zeus hinter der Entführung steckt. Aus Zorn darüber kehrt sie nicht in den Olymp zurück, sondern läßt sich beim Jungfrauenbrunnen von Eleusis nieder, wird dort von König Keleos auf sein Schloß geladen und soll die Amme des eben geborenen Demophon sein – sie will ihn unsterblich machen, wird aber daran gehindert. Daraufhin gibt sie sich als Göttin zu erkennen und fordert den Bau eines Heiligtums. Dann zieht sie sich zurück und sendet eine große Dürre über die Erde. Da gibt Pluton nach und läßt Persephone 8 Monate im Jahr zu ihrer Mutter heimkehren. 4 Monate muß sie aber jedes Jahr zu ihrem Gatten zurück in die Unterwelt. Demeter gibt sich damit zufrieden und lehrt die Menschen, bevor sie in den Olymp zurückkehrt, die Riten und Mysterien. –
Diese Riten wurden im wesentlichen geheim gehalten, man kann nur Rückschlüsse ziehen, daß die durch die Teilnahme an den Mysterien geformte Seele nach dem Tod nicht zum traurigen Schatten ohne Kraft und Hoffnung wird, sondern zum glückseligen Leben gelangen kann. Durch mystische Vereinigung mit den Totengöttinnen Persephone und Demeter hat der Myste die Chance, an deren Leben zwischen Hades und Olymp teilzunehmen. –
Das erste Heiligtum in Eleusis wurde vermutlich bereits von den Thrakern im 15. Jh. v.Chr. gegründet – über 2 Jahrtausende hinweg wurde in Eleusis gefeiert! Die ersten Abschnitte der Initiation, die nicht der strengen Geheimhaltung unterlagen, wurden von Künstlern vielfach dargestellt. Diese „Kleinen Mysterien" begannen im Frühling in Agra, einem Vorort von Athen. Unter der Leitung eines „Mystagogen" wurden bestimmte Fasten, Reinigungen und Opfer gehalten und bestimmte Episoden aus dem

Mythos von Kandidaten aufgeführt. Im Herbst wurden dann 9 Tage lang die „Großen Mysterien" gefeiert: am 1. Tag im Eleusinion in Athen (mit den geheiligten Gegenständen aus Eleusis), am 2. Tag zog eine große Prozession ans Meer (mit Waschungen und Ferkelopfern), am 3. Tag wurde das Große Opfer gehalten und am 4. Tag fortgesetzt. Am 5. Tag kam als Höhepunkt die große Prozession von Athen nach Eleusis, in der Nacht wurde zu Ehren der Göttinnen getanzt und gesungen. Am 6. Tag waren wieder Fasten und Opfer vorgeschrieben. Über den 7. Tag wissen wir überhaupt nichts. Am 8. Tag waren Riten für Tote vorgesehen und am 9. Tag erfolgte die Rückkehr nach Athen. Der folgende Plutarch-Text vermag zu vermitteln, worum es dabei ging:

„Im Augenblick des Todes hat die Seele die gleiche Erfahrung wie jene, die in die großen Mysterien eingeweiht wurden ...
Zuerst wandert man und eilt ermüdend hin und her, und man zieht mißtrauisch durch das Dunkel wie ein Uneingeweihter. Dann kommen die Schrecken vor der endgültigen Einweihung: Schaudern, Erzittern, Schwitzen, Erstaunen. Darauf wird man von einem wundervollen Licht getroffen, man wird zu reinen Gefilden und Wiesen zugelassen, mit Stimmen und Tänzen und der Erhabenheit heiliger Laute und Formen.
Derjenige, der die Mysterienweihe erhalten hat, wandert dazwischen frei herum, er ist erlöst, und, seine Ehrenkrone tragend, gesellt er sich zu der göttlichen Gemeinschaft und verkehrt mit reinen und heiligen Menschen. Er erblickt auch diejenigen, die hier uneingeweiht leben, eine unreine Horde, von seinen Füßen getreten, zusammengedrängt in Schlamm und Dunst; so verbleiben sie in ihrem Elend, in Todesfurcht und Argwohn gegenüber den Segnungen der Eingeweihten."

Die Eingeweihten bildeten aber keine „Kirche" und auch keinen Geheimbund; die Weihe hatte rein jenseitige Bedeutung und stand nicht in Gegensatz zu den offiziellen Kulten.
Wahrscheinlich stammen diese Mysterien aus der Ackerbaumystik, wo ja sowohl die Unterwelt wie das neuerstandene Leben, die vegetative Fruchtbarkeit und sakrale Sexualität eine Rolle spielten – und eben gerade als „Geheimnisse"!

● **Orphik:** Ab dem 6. Jh. kann man einerseits von der Mythen- und Sagentradition des Orpheus, andrerseits von als „orphisch" zu bezeichnenden Ideen, Glaubensvorstellungen und Gebräuchen sprechen. Die Legende läßt *Orpheus* in Thrakien leben und sterben (von den Mänaden des Dionysos zerrissen; sein Haupt wurde ins Meer geschwemmt und trieb, immer noch singend, in Lesbos an Land!). Er bezauberte alle mit seiner Stimme und seinem Gesang (zur Lyra), war umringt von Vögeln und wilden Tieren, stieg in die Unterwelt, um Eurydike zurückzuholen (was mißlang) ... diese archaischen Elemente sind natürlich weit vor dem 6. Jh. anzusetzen. Orpheus ist ein typischer griechischer Heroe, der Begründer von Mysterien ganz eigener Art (mit Beziehungen sowohl zu Apollo wie zu Dionysos und zu Eleusis!), die wir aber ebensowenig kennen wie die Eleusischen.

Bekannt sind auch hier nur die Präliminarien: Asketisches Leben als Vorbereitung, vegetarische Nahrung, Reinigung, religiöse Unterweisung (durch heilige Bücher!) ...
Die *Orphik* sieht im Mysterium die Vereinigung des Menschen mit der Gottheit und leitet daraus die Göttlichkeit (Unsterblichkeit) der Seele ab – dies wird aber nicht durch orgiastische Ekstase (wie bei den dionysischen Mysterien), sondern durch kathartische (= reinigende) Übungen erreicht (im Sinne Apolls / daher der Gegensatz dionysisch–apollinisch). Ein Schwerpunkt der Orphik liegt auf Texten, in denen die Reinigungsarten beschrieben werden, durch die sich der Eingeweihte auf das Jenseits vorbereitet:

„Du wirst links im Haus des Hades eine Quelle finden und neben ihr eine weiße Zypresse.
Dieser Quelle komme nicht näher.
Aber du wirst eine andere finden, die dem See der Mnemosyne als kühlendes Wasser entspringt.
Doch sind dort Wächter vor ihr.
Sage: Ich bin ein Sohn der Erde und des bestirnten Himmels; doch bin ich himmlischer Herkunft. Das wißt ihr selber. Aber ich verschmachte vor Durst und vergehe. Gebt mir schnell kühlendes Wasser, das dem See der Mnemosyne entströmt.
Sie selbst werden dir aus der heiligen Quelle zu trinken geben.
Dann wirst du hinfort mit anderen Heroen herrschen."
(Grabtext in Unteritalien 4. Jh. v. Chr.)

Im Zuge des politischen Niedergangs der Polis machte man sich verstärkt Gedanken über den tieferen Sinn des Lebens und suchte Trost in dem stark dualistisch gefärbten (im Sinne von Distanz zum körperhaft-Vergänglichen), aber zugleich Hoffnung verheißenden Glauben an den Anteil der unsterblichen Seele am Göttlichen.
Verbindung zu indischer Religiosität liegt nahe, ist aber nicht eindeutig nachgewiesen.
Nach orphischem Mythos entstand der Mensch aus der Asche der Titanen; als Strafe für die Verbrechen der Titanen ist die Seele im Körper wie in einem Grab eingeschlossen – erst im Tod wird sie wieder frei, kann aber nicht einfach „heimkehren", sondern wird nach ihren Verdiensten beurteilt und muß unter Umständen wieder inkarniert werden, um reif zu werden für das Leben in Glückseligkeit (Elysium).
Hier ist auch der tiefere Grund für die vegetarische Lebensweise der Orphiker zu finden: Verzicht auf Fleisch, auf die Eigenwilligkeit des Prometheus (auf den sich mythologisch sowohl Fleischgenuß wie Tieropfer zurückführen lassen!). Die Orphiker entgehen als Eingeweihte der Reinkarnation und werden vergöttlicht.
Neben den Parallelen zu Indien sind auch solche zu Ägypten und zum Mithraskult deutlich!
Wahrscheinlich liegt in der Orphik der Übergang zur ausgeprägten Mysterienreligiosität des *Hellenismus* (vgl. Seite 128).
Ein wichtiger Orphiker, der viel dazu beitrug, die klassisch-homerische Mythologie ihrer ursprünglichen Bedeutung zu entkleiden und auf Sinn hin umzudeuten, war Platon.

Der Glaube der Römer

Auch die Ursprünge der römischen Religion verweisen auf eine Zeit, als neolithische Bevölkerungsgruppen um 1000 v. Chr. von einwandernden indoeuropäischen Gruppen überrollt wurden und sich tw. mit ihnen mischten. Die Einwanderer gliederten sich in drei Hauptgruppen:
● Die *latino-faliskische* Gruppe, gering an Zahl, aber maßgeblich für die spätere Geschichte Italiens. Sie lassen sich im Gebiet von Latium und Falerii nieder. Man fand dort Schachtgräber für Urnen (also Zugehörigkeit zur sog. Urnenfelderkultur).
● Die *umbro-sabellische* Gruppe, ihr gehörten die Umbrier und Sabiner, die Marser und Vestiner, Osker, Kampagner, Lukaner und Bruttier an. Zum Unterschied von der ersten Gruppe bevorzugten sie Erdbestattung und Langgräber.
● Die *illyrische* Gruppe, die an der nördlichen Adriaküste entlangzieht (die Histrier und Veneter) und sich vor allem an der Ostküste der Adriahalbinsel ansiedelt: die Apulier, Daunier, Messapier. Auch bei ihnen dominiert die Urnenfelderkultur (Feuerbestattung) – die Funde in Villanova bei Bologna weisen auf diese illyrische Gruppe.
● Neben diesen drei Einwanderer-Gruppen behaupten sich die bereits ansässigen **Ligurer** an der Küste des Tyrrhenischen Meeres beiderseits von Genua. Der Name „Italien" stammt von „vituli" = Söhne des Stiergottes, also eigentlich „Kälberland" – was auf den archaischen mediterranen Fruchtbarkeitskult verweist, dem wir im Neolithikum überall im Mittelmeerraum begegnen.
● Eine weitere Gruppe spielt in der Frühgeschichte Italiens und der Römer eine wichtige Rolle: die **Etrusker**. Ihre Herkunft ist ungeklärt, ethisch gesehen gehören sie (wie die Ligurer) zur altmediterranen Urbevölkerung, sind vielleicht aus Kleinasien (Lydien), vielleicht auch von Norden (Zusammenhang mit der Villanova-Kultur?), wahrscheinlich in mehreren Etappen eingewandert, sicherlich nicht ansässig. Die Etrusker (auch Ravenner, Tyrrhener

Ein sogenannter „Trullo" (Steinbau ohne Mörtel) aus der megalithischen Zeit der Apenninenhalbinsel (bei Albero-bello).

Karte 9: Frühzeit der Römer

Legende:

⸬⸬⸬ Etrurien.

← Etruskische Expansion

① Latino-faliskische Gruppe

② Umbro-sabellische Gruppe

③ Illyrische Gruppe

oder Tusci genannt) siedelten sich zwischen Apennin und Tyrrhenischem Meer im Gebiet der heutigen Toscana und im südlich angrenzenden Bergland bis zum Tiber an. Sie hatten starke Beziehungen zu den Griechen und übernahmen eine gewisse Mittlerfunktion zwischen diesen und den Römern. Über den Lukmanierpaß hielten sie aber auch regen Kontakt zu den Rätern. Sie wohnten in befestigten Städten, die untereinander aber nur lose verbunden waren (Florenz, Arezzo, Cortona, Or-

Ein Etrusker sitzt vor dem Standbild seiner Göttin. So wenig die Etrusker sprachliche Spuren (als Nichtindogermanen) hinterlassen haben, so sehr haben sie die römische Religiosität beeinflußt.

vieto, Veji, Tarquini, Caere u. a.), legten neben ihren Städten richtige Nekropolen (= Totenstädte) an und vollzogen einen ausgeprägten Totenkult, der von den Königen ausgeübt wurde (ähnlich wie in der Ägäis, auf Malta oder Sizilien). Reiche Grabbeigaben ermöglichten viele interessante archäologische Funde, trotzdem bleiben die Rätsel der Etrusker größer als das, was wir über sie wissen. Sie übten wahrscheinlich einen Menschenopferkult aus (in einer Form, die zum Vorbild für die späteren römischen Gladiatorenkämpfe wurde) und hatten eine Fülle magisch-religiöser Bräuche, die ebenfalls stark auf die Religiosität der Römer ausstrahlten (Beobachtung des Vogelflugs, Eingeweideschau, Hören auf üble Vorzeichen und Versuche, durch abwehrende oder sühnende Riten böse Einflüsse abzuwenden u. v. a. m.). *Tinia* war der Name ihres obersten Gottes, der in etwa dem römischen Jupiter entspricht. Wahrscheinlich waren die Etrusker im Gegensatz zu den Römern matriarchalisch orientiert.

In der mythisch überlagerten Gründungssage Roms nimmt der indoeuropäische Mythos in seinem Zusammentreffen mit dem etruskischen Geist sozusagen geschichtliche Gestalt an.

Die Gründung Roms

753 vor Christi Geburt wurde der Geschichtsschreibung der Antike zufolge Rom gegründet („ab urbe condita"); archäologische Funde bestätigen die Besiedlung der sieben Hügel etwa für die Mitte des 8. Jh. v. Chr. – Die Legende berichtet: Numitor, der König von Alba Longa, wurde von seinem Bruder Amulius abgesetzt. Amulius brachte die Söhne Numitors um und zwang deren Schwester Rhea Silvia, Vestalin zu werden. Diese wurde aber von Mars schwanger und gebar die Zwillinge Romulus und Remus; die ausgesetzten Kinder wurden von einer Wölfin gesäugt und wuchsen bei einem Schäfer auf. Als sie erwachsen waren, töteten sie Amulius und gaben Numitor seinen Thron zurück. Sie selbst beschlossen, am Ort ihrer Kindheit eine Stadt zu gründen: Romulus befragt auf dem Hügel Palatin die Götter und nimmt als Antwort und erstes Augurenzeichen den Flug von 12 Geiern wahr. Remus, der auf dem Aventin die Götter befragt, sieht nur 6 Geier. So kommt Romulus die Ehre der Stadtgründung zu. Mit einem Pflug zieht er eine Furche um die Hügel und symbolisiert auf diese Weise Mauern und Tore. Als Remus darüber spottet, erschlägt er ihn.

Die Parallelen zu anderen Heroen- und Stadtgründerlegenden (Sargon, Mose, Kyros) und zu Ritualien (z. B. der Etrusker) sind deutlich – der Tod des Remus ist das glückbringende Opfer, das der Stadt eine große Zukunft sichert (*„So möge untergehn, wer auch immer in Zukunft meine Mauern durchbrechen wird"*, ruft Romulus nach dem Sieg über seinen Bruder aus) – und zugleich der Stachel im Fleisch (Horaz z. B. betrachtet den Mord an Remus als den grundlegenden Fehler des Stadtgründers und als Fluch, der von Anfang an auf Rom lastet und die Bewohner zwingt, sich gegenseitig umzubringen). Dieser Gründungsmythos läßt deutliche Parallelen zum germanischen Mythos erkennen (Kampf der Asen und Vanen) und auch Vergleiche mit der gesellschaftlichen Struktur der Inder und Iraner zu. Dreigliederung in Priester – Krieger – Bauern, der Eindringling Romulus, Sohn des Mars und Schützling des Jupiter, König und Priester der Stadt, verbündet sich mit dem Sabiner Tatius, der über Reichtum und Frauen verfügt und ein Gemeinwesen überhaupt erst ermöglicht.

Typisch für die römische Religiosität ist, daß dieser Mythos mehr oder minder als *Geschichte*, also als pragmatische Realität verstanden wurde, nicht als Metaphysik. Dieser praktische Sinn ist typisch für alles Römische!

Besondere Merkmale römischer Religiosität

Neben der Anerkennung Jupiters (= Djovispater/der indoeuropäische Himmelsgott als Vater!) als der höchsten Gottheit sind sich die Römer von Anfang an gewisser numinoser (= geheimnisvoller) Kräfte und Mächte bewußt, welche vor allem die Geschehnisse der Natur bestimmen.

Dieses Gefühl der ehrfürchtigen Scheu vor den allgegenwärtigen *Numina* (= geheimnisvolle Geisterwesen) bestimmt ganz wesentlich den

Glauben der Römer und treibt sie an, sich deren Gewogenheit durch Ausübung bestimmter Riten zu erwerben bzw. zu erhalten.

Da die Römer ursprünglich in einer stark bäuerlich dominierten Gesellschaft leben, ist ihr Ideal und oberstes Leitbild die Regelmäßigkeit des Ablaufs, die Wohlordnung in jeder Hinsicht. Jede Neuerung, jede Ausnahme, alles Unvorhergesehene kommt einem Angriff auf die heilige Norm und Ordnung gleich und birgt die Gefahr des zerstörerischen Chaos in sich. Jede Anomalie wird als Störung der Beziehung zwischen den Menschen und den Göttern gedeutet und als „Signal" gewertet, das man *deuten* muß, um richtig zu reagieren und die Götter wieder gnädig zu stimmen.

Große Bedeutung kommt daher der Pflege der Riten zu: *„religio"* ist das treuliche Pflegen der vorgeschriebenen Riten; und wachsam achten die verschiedenen Priester darauf, das Vorgeschriebene zu tun, Unregelmäßiges zu bemerken und durch Opfer wieder auszugleichen.

So zeichnet das religiöse Verhalten ein starker Pragmatismus aus, verbunden mit eiserner Disziplin (dem *ius divinum* gegenüber), Treue (= *fides*) gegenüber übernommenen Verpflichtungen, die Hochschätzung des Gemeinwohls (vor dem Einzelwohl), der Regeln des Zusammenlebens und der Grundtugend der **„pietas"** (= frommer Gehorsam und Pflichterfüllung). Dabei wird neben dem Staat vor allem die **Familie** hochgehalten, da die Gesellschaft aus den ganz kleinen Zellen der Großfamilien besteht. Der **„pater familias"** ist das natürliche Oberhaupt nicht nur nach außen hin und politisch gesehen, sondern vor allem auch in religiösen Belangen.

Der vom pater familias geleitete **Privatkult** rund um den häuslichen Herd hat sich daher auch in den etwa 12 Jahrhunderten römischer Geschichte kaum gewandelt und zeigt viele Ähnlichkeiten mit anderen indoeuropäischen kultischen Systemen:

– Das *häusliche Feuer* war das Zentrum des Kultes; ihm opferte man täglich Lebensmittelgaben, dreimal im Monat Blumen usw.; seine Pflege war heilige Pflicht.

– Der häusliche Kult galt insbesondere den *Penaten und Laren* (mythisch-rituelle Personifikationen der Vorfahren) und dem *genius* (loci), dem „Doppelgänger" des pater familias, der das Oberhaupt der Familie in besonderer Weise beschützt. So wurde z. B. der Geburtstag des pater familias als besonderer Festtag seines genius begangen; jedem Neugeborenen wurde am 9. Tag die sog. *bulla* um den Hals gelegt, das Symbol seines schützenden genius und eine zauberkräftige Hilfe gegen das Böse.

– Die *Lebenswenden* (Geburt, Hochzeit, Tod) bedeuten im allgemeinen Krisen, weil sie Veränderungen mit sich bringen, daher rufen sie nach Riten, um die Macht der Geister und niederen Gottheiten bei dieser Gelegenheit nicht aus dem Griff zu verlieren. *Vaticanus* und *Fabulius* etwa wurden angerufen, um dem Neugeborenen beim Sprechen zu helfen, *Educa* half beim Essen und Trinken, *Statana* lehrte es stehen, *Ossipaga* stärkte die Knochen, *Abeona* rief man an, wenn es ums Laufenlernen ging. *Tellus, Ceres* und *Juno* spielten vergleichbare Rollen bei der Eheschließung ... die Bestattung, die 9 Tage lang rituell gefeiert wurde, setzte man mit einem regelmäßigen Kult für die *„divi parentes"* oder *Manen* fort – zwei eigene Feste „Parentalia" im Februar und „Lemuria" im Mai waren besonders den Toten gewidmet.

– Wichtige Riten bezogen sich auf die Landwirtschaft, verschiedenartige Riten sollten typische Krankheiten bei Pflanzen und Tieren abwehren, das Einwurzeln der Saat fördern usw.

– Im Grenzbereich der einzelnen Familien, wenn man merkte, daß man über die eigene Familie hinaus auf andere angewiesen ist oder mit ihnen auskommen muß, entwickelten sich typische Feste, genannt *„Paganalia"*, die *„Terminalia"* (Grenzstein) und die *„Campitalia"* (Fest der Straßenkreuzungen).

Im öffentlichen Bereich nehmen die Funktio-

Links: Peinlich genau vorgeschriebene und vollzogene Tier- und Feldfrüchteopfer sind typisch für die römische Religion. Im Bild werden ein Stier und ein Schwein beim Suovetaurilienopfer dargebracht (Relief von 57 v. Chr.).
Rechts: Diese Statue vermittelt den Geist des Glaubens der Römer: Ein vornehmer Römer hält in beiden Händen Ahnenbüsten und weiß sich stark durch die Verbundenheit mit seinen Ahnen (Skulptur im Palazzo Barberini, Rom, 1. Jh. v. Chr.).

nen des pater familias die *pontifices* und *flamines* wahr, die im Namen des Staates Opfer darbringen und bestimmte Riten vollführen. In der Königszeit werden solche Opfer vor allem dem Jupiter und dem Mars dargebracht – von den „flamines Dialis" dem Jupiter, den „flamines Martialis" dem Mars. Insgesamt gab es 15 solche Priesterschaften, die jeweils ihre eigenen Bräuche, Tabus, Vorschriften und Rechte hatten.

In der Zeit der Republik übernahm das Amt des „rex sacrorum" der „pontifex maximus", der die Mitglieder der Priesterschaften, vor allem der *Vestalinnen* auswählte, die das heilige Feuer bewachen mußten (sie mußten jungfräulich bleiben, da das Feuer mit allen Kräften, die die Vestalinnen aus ihrer Unberührtheit zogen, bewahrt werden mußte). Große Bedeutung hatten auch die *Auguren*, die herauszufinden hatten, ob bestimmte Vorhaben den Göttern erwünscht oder unerwünscht seien. Später kamen noch andere „Deutetechniker" aus dem griechischen und etruskischen Kreis (z. B. die *haruspices*) hinzu.

Daneben gab es noch *sodalitates*, religiöse Bruderschaften, die im öffentlichen Kult bestimmte Funktionen zu erfüllen hatten: die *Fetiales* (für Verträge und Kriegserklärungen), die *Salii* (Tänzer des Mars und Quirinus bei Kriegsbeginn oder Friedensschluß), die *Fratres Arvales* und die *Luperci*, die bei jahreszeitlichen Festen eingesetzt wurden. Die Entwicklung und Organisation dieser typisch römischen Religiosität wird dem sagenhaften König *Numa* zugeschrieben und etablierte sich zwischen 753 und der etruskischen Machtübernahme im 6. Jh.

Livius schreibt:

„Darauf wandte Numa seine Aufmerksamkeit der Wahl von Priestern zu, obgleich er selbst die meisten gottesdienstlichen Handlungen persönlich vollzog, besonders die, die heute den Flamen Dialis angehen. Aber er rechnete damit, daß es in diesem kriegslustigen Staate mehr Könige nach dem Vorbilde des Romulus als dem des Numa geben würde und daß diese selbst zu Felde ziehen würden.

Damit nun diese gottesdienstlichen Verrichtungen, die zum Amte des Königs gehörten, nicht vernachlässigt würden, wählte er einen Flamen als ständigen Jupiterpriester und verlieh ihm eine auszeichnende Amtstracht und den kurulischen Sessel des Königs. Ihm stellte er zwei Flamines zur Seite, einen für Mars, einen für Quirinus, ferner wählte er die Vestalischen Jungfrauen aus, eine aus Alba stammende und der Familie des Gründers nicht fernstehende Priesterschaft. Für sie setzte er, um sie zu dauernden Wärterinnen des Tempels zu machen, einen Ehrensold aus der Staatskasse aus und sicherte ihnen durch die Vorschrift der Jungfräulichkeit und andere Weihen Verehrung und Unverletzlichkeit. Ebenso wählte er die zwölf Salier (Springer) für den Mars Gradivus und verlieh ihnen als Amtstracht die gestickte Tunica und ein bronzenes Brustschild über der Tunica. Ihnen gab er das Amt, mit den heiligen Schilden, die ancilia genannt wurden, unter Absingen von Liedern und im feierlichen Dreischritt-Tanz Umzüge durch die Stadt zu veranstalten.

Drauf wählte er aus den Patriziern den Numa Marcius zum Oberpriester (Pontifex) und übergab ihm ein genaues schriftliches Verzeichnis aller gottesdienstlichen Einrichtungen, worin angegeben war, mit welchen Opfertieren an welchen Tagen und bei welchen Tempeln die Opfer stattzufinden hätten und aus welcher Kasse die dafür zu verausgabenden Mittel zu entnehmen seien ...

Und nicht allein über die Verehrung der Himmelsgötter sollte der Oberpriester Auskunft erteilen, sondern auch über die Bestattungsbräuche und die Versöhnung der Totengottheiten, ferner auch darüber, welche durch Blitzschlag oder andere Erscheinungen gesandten Vorzeichen amtlich berücksichtigt und gesühnt werden müßten. Um solche Willensäußerungen den Göttern zu entlocken, weihte er dem Jupiter Elicius (Herauslocker) einen Altar auf dem Aventin und ließ den Gott durch Auguren befragen, welche Vorzeichen zu berücksichtigen seien."

Die Götter Roms waren Kultgötter, sie hatten keine (menschliche, anthropomorphe) Gestalt, keinen Verkehr untereinander, bildeten kein „Pantheon", sind „numina": machtvolle übernatürliche Wesen, die man günstig stimmen mußte.

Auswahl aus dem römischen Kalender:

10. März	Equirria (Segnung der Reiterei)
15. März	Reinigung u. Segnung der hl. Schilde
17. März	Liberalia (Fruchtbarkeitsfest)
23. März	Tubilustrum (Weihe der Kriegstrompeten)
15. April	Forticidia (Fruchtbarkeit d. Getreides)
19. April	Cerealia (Flehen um gute Ernte)
	Parilia (Weihe der Schaf- u. Rinderherden vor Auftrieb auf die Hochweiden)
23. April	Vinalia (Weinfest)
25. April	Robrigalia
Ende Mai	Lustratio (Prozession) über den gesamten Ager Romanum (Stadtgebiet) durch die Fratres Arvales
7. Juni	Penus Vestae (Öffnung u. Weihe der Speicher)
Juli	Feste im Zusammenhang mit Regen u. Ernte
August	Consualia u. Opiconsiva (Einbringung d. Korns)
Oktober	Armilustrium (Niederlegung der hl. Schilde über den Winter)
Dezember	Saturnalia (Wintersaat)
Januar	Feriae Sementivae (Winterruhe)
15. Febr.	Lupercalia (Fruchtbarkeitsfest)

Richte, mit Weihrauch und Wein, ein Gebet an Janus, Jupiter und Juno, bevor du das weibliche Ferkel opferst. Bringe Janus einen Opferkuchen dar und sprich: Vater Janus, indem ich dir diesen Opferkuchen darbringe, bitte ich demütig, du mögest geneigt und gnädig sein, mir und meinen Kindern, meinem Haus und meinem Gesinde.
Dann bringe Jupiter ein Opfergebäck dar mit diesen Worten: Indem ich dir dieses Gebäck darbringe, o Jupiter, bitte ich dich demütig, daß du, zufrieden mit diesem Opfer, geneigt und gnädig sein mögest mir und meinen Kindern, meinem Haus und meinem Gesinde.
Dann reiche Janus Wein und sprich: Vater Janus, ... Dann bete so zu Jupiter: Jupiter, Heil dir mit diesem Opferkuchen, Heil dir mit diesem dargebrachten Wein.
Dann opfere das Ferkel als Voropfer.
Wenn die Eingeweide entfernt worden sind, dann bringe Janus einen Opferkuchen dar, und bete ebenso, wie du es vorhin getan hast. Bringe Jupiter einen Opferkuchen dar ... gleicherweise opfere Wein für Janus und opfere Wein für Jupiter ... Danach gib Ceres die Eingeweide und Wein.
(De agricultura, 134)

Fremde Einflüsse und Weiterentwicklung

Erst von den Etruskern, Griechen und anderen Völkern, mit denen die Römer in Berührung kamen, übernahmen sie den Polytheismus (= Vielgottglauben) im klassischen Sinn.
Jupiter – Mars – Quirinus sind wahrscheinlich indoeuropäischen Ursprungs und bildeten sehr früh eine Göttertrias als Vorbild der gesellschaftlichen Struktur Priester – Krieger – Bauern. Später wurden sie durch *Janus* und *Vesta* vervollständigt (Janus = Gott des Anfangs und Eingangs, doppelköpfig, Vesta = die Feuergöttin, in runden Tempeln verehrt).

Ein römisches Ernteopfer (Cato)

Vor der Ernte soll ein Ferkel als Voropfer in folgender Weise dargebracht werden: Bringe der Ceres als Voropfer ein weibliches Ferkel dar, bevor du erntest: Spelt, Weizen, Gerste, Bohnen und Rübsamen.

Unter *etruskischem* Einfluß wird die archaische Trias durch die Trias *Jupiter – Juno – Minerva* ersetzt und in Form von Statuen vorgestellt. Da die Etrusker stark von den Griechen abhängig sind, ist es der griechische Zeus, der nunmehr unter dem Bild des *Jupiter Optimus Maximus* dargestellt wird. *Juno* ist das Modell der Frau in der Gesellschaft (mit allen drei gesellschaftlichen Funktionen: Priester – Krieger – Fruchtbarkeit verbunden). *Minerva* ist Patronin der Künste (ursprünglich wahrscheinlich italischen Ursprungs, kommt über die Etrusker zu den Römern), sie trägt viele Züge der Pallas Athene. Daneben werden auch *Dionysos, Semele, Ariadne, Artemis, Apoll, Neptun* und *Saturn* verehrt. Wir kennen aber nicht die etruskische Mythologie und Theologie, wissen daher nicht genau anzugeben, was die Gottheiten im einzelnen zum Ausdruck bringen sollen.
Kurz nach Vertreibung des letzten Etruskerkönigs wurde am Fuße des Aventin einer neuen

Trias ein Tempel errichtet: *Ceres, Liber und Liberia* (drei archaische Schutzgötter der Fruchtbarkeit, die stark dem Trio *Demeter, Dionysos, Persephone* angenähert wurden). Rasch schreitet in der Folge dann die ungehemmte Übernahme griechischer Götter voran: die *Dioskuren, Merkur, Venus* und *Diana* werden integriert. Im Jahr 396 wurde *Juno Regina,* die Schutzgöttin der eben besiegten und der römischen Herrschaft einverleibten Stadt Veji, in einer feierlichen *Evocatio* eingeladen, nach Rom zu kommen:

„Und du, Juno Regina, die du jetzt die Vejer begünstigst, ich bitte dich, uns zu folgen, den Siegern, in unsere Stadt, die bald die deine sein und die dich mit einem deiner Größe würdigen Tempel empfangen wird."
(Diktator Camillus nach Livius)

Die Invasion der Kelten zu Beginn des 4. Jh. v.Chr. unterbrach die Kontakte zu den Griechen und erschütterte das Selbstbewußtsein der Römer für über 100 Jahre. Erst die Eroberung des Stammesgebietes der Senonen (Ager Gallicus) 282 v.Chr. und die damit gesicherte Herrschaft Roms in Mittelitalien gab den Römern das alte Selbstbewußtsein wieder zurück. Immer stärkeren Einfluß gewannen inzwischen das Orakel- und Weissagungswesen sowie die Mysterienreligiosität des Hellenismus. Die *Sybillinischen Bücher* erhielten z.B. allerhöchste Autorität, und man folgte oftmals blindlings den „Anordnungen", die man herauslas. So wurde z.B. 205 v.Chr. die asiatische Magna Mater (Kybele) in Kleinasien von römischen Soldaten aus Pergamon geholt und in einem neu errichteten Tempel auf dem Palatin aufgestellt. Der berühmte schwarze Stein mit dem Bildnis der Göttin war eine große Attraktion. Die römische Religion wurde als Staatsreligion verstanden, der alle Bürger verpflichtet waren. Daneben blühte zunehmend die Mysterienfrömmigkeit, die den Bedürfnissen der einfachen Leute weitgehend entgegenkam – jedenfalls mehr als der Staatskult.

Die Mysterienfrömmigkeit des Hellenismus

Unter Hellenismus versteht man die Endperiode der altgriechischen Staats- und Kulturgeschichte: die Zeit der Ausbreitung der politischen und kulturellen Herrschaft des Griechentums über den gesamten vorderasiatisch-ägyptisch-persischen Raum bis zum Aufgehen der griechischen Reichsgebilde im Römerreich. Was den Hellenismus vom Althellenentum unterscheidet, ist vor allem seine enge Verbindung mit orientalischem Geistes- und Kulturgut.
Eingeleitet wurde das Zeitalter des Hellenismus mit der Eroberung des Perserreiches durch *Alexander den Großen (336–323).* Von Makedonien aus errichtete er in 12 Jahren ein riesiges Reich, das von Makedonien und Thrakien im Nordwesten bis nach Ägypten und dem Sudan im Südwesten und zum Indus und Pandschab im Osten reichte. Alexander unterwarf die Stadtstaaten in Griechenland, Kleinasien und Phönizien, eroberte das Reich der Achämeniden (das weite Landstriche in Mesopotamien und Persien bis weit in das Gebiet der Parther, Baktrier und Arachosier im heutigen Afghanistan umfaßte) und der Ägypter und wollte „bis an die Grenzen der bewohnten Welt" (Oikumene) vordringen. Dieses Vorhaben scheiterte schon am Indus, doch die Verbindung zwischen Okzident und Orient riß seit damals nie wieder ab.
Größer noch als die politische Synthese in diesem Weltreich wirkte sich der Wandel im Weltgefühl aus: An die Stelle der überschaubaren Wohlordnung (Kosmos) der Polis tritt die universalistisch gesehene Oikumene; erstmals waren die Menschen des Hellenismus imstande, die grundlegende Einheit der Menschheit zu entdecken – Alexander war seiner Zeit gewaltig voraus.
Diese neue Lebenseinstellung, die sich dem Kosmischen zuwandte, griff Elemente auf, die vorhanden, aber in Vergessenheit geraten waren. Im Tempel von Edfu, einem der besterhaltenen Tempel Ägyptens, befindet sich z.B. ein Monolith aus rotem Granit, in den eine Nische hineingearbeitet wurde. Die wie poliert wir

kende Oberfläche reflektiert das Licht als Spiegel. Eine Hieroglyphen-Inschrift (die senkrechten Schriftreihen auf beiden Seiten der Nischen) enthält den folgenden Aufruf:

„Wenn ihr stets darauf bedacht seid, euch selbst als Teil des universalen Lebens zu sehen und euch einfügt in den Aufwärtsstrom dieses Lebens, dann verliert das, was ihr Schicksal nennt, an Bedeutung, und ihr seid frei in euren Entschlüssen.

Euer Leben wird von einer Kraft durchpulst, die es euch ermöglicht, alle Hindernisse zu überwinden, die sich euch von innen und außen entgegenstellen wollen. Seht euch zur Freiheit geboren. Strengt euch deshalb an, diesem göttlichen Privileg gerecht zu werden, indem ihr alles unterlaßt, was euch an die materielle Lebenswelt binden will.

Nehmt euch ein Beispiel am freien Flug des Vogels, der sich ganz dem Luftelement anvertraut.

So sollt auch ihr euch ganz der göttlichen Kraft anvertrauen, die allein in der Lage ist, euch höher und höher zu tragen bis zur Stufe der Vollendung."

Die früher dort (in der Nische) vorhandene Statue stellte wohl den vollendeten Menschen dar. Jeder, der diesem Bildnis gegenüberstand, wurde durchdrungen von der Kraft, die diese Belehrung vermitteln wollte.

Nachbildung des großen Zeus-Altars von Pergamon, typisch für den „griechischen Barock" des Hellenismus.

Eine ähnliche Bedeutung hat auch die Darstellung der Sphinx. Die in dieser Gestalt gelungene Verschmelzung eines Löwenleibs mit einem Menschenhaupt stellt die Verbindung des menschlichen Geistes mit Willenskraft und Mut – durch den Löwen dargestellt – her und ruft auf zur Befreiung des Menschen von materieller Bindung.

Stützen des Hellenismus wurden die 34 von Alexander selbst und die 126 von seinen Nachfolgern gegründeten, mit Griechen besiedelten und nach griechischer Polisverfassung verwalteten Städte – mit Griechisch als Verkehrssprache und regem Handel und Verkehr (Welthandel!).

Typisch für die geistig-religiöse Einstellung wurde der **Synkretismus**: der Austausch und das Angleichen der griechischen und orientalischen Götter bzw. rel. Bräuche. Dieser Synkretismus ist nicht nur die Summe verschiedener Religionen, sondern etwas grundsätzlich Neues, das sich wie in einem Schmelztiegel entwickelt. Dieses Neue läßt sich in den folgenden Schwerpunkten zusammenfassen:

● Alexander begründete einen Königskult, der stark vom persischen Hofzeremoniell beeinflußt war.
● Die neue Religiosität äußerte sich in vielen Werken der bildenden und darstellenden Kunst.
● In der Philosophie wurden die Probleme der Gemeinschaft und des Zusammenlebens ethisch reflektiert (Stoa, Kyniker).
● Götter- und Mythenkritik ging Hand in Hand mit der neuen Mysterienreligiosität.
● Religiöse „Vereine" entstanden.
● Die Volksreligion wucherte (Halbgötter, Nahgötter, Hilfsgötter).
● Verinnerlichung der Religion, weltanschauliche Fragen wurden diskutiert, Erlösungssehnsucht äußerte sich in einer Atmosphäre der Lebensangst (Geheimkulte).
● Der Aberglaube erreichte ein erstaunliches Ausmaß.

Herrscherkult

Den so außerordentlich energischen und erfolgreichen Herrscher umgab sehr schnell eine halbgöttliche Aura. In Ägypten wurde er als Sohn des (ptolemäischen) Zeus-Ammon verehrt, wurde als *„Kyrios"* (= Herr), *„Soter"* (= Erlöser) und *„Epiphanes"* (= Erschienener Gott") angerufen und mit der *Proskynesis* (= Geste totaler Unterwerfung) geehrt. In den Ländern des neuen Reiches war der Boden dafür bereitet: der Heroenglaube der Griechen, das Kastensystem Indiens, die Vergöttlichung der Pharaonen trugen insgesamt zu diesem Herrscherkult bei, den die Diadochen (= Nachfolger des Alexander) bereitwillig übernahmen und kultivierten (die Seleukiden und Ptolemäer, in Makedonien die Antigoniden). Riesige und zugleich prächtige Prunkaltäre, Festhallen und kostbare Weihegeschenke für die vorhandenen Heiligtümer (z. B. in Delphi) sind ebenfalls typisch für den Zeitgeist („griechischer Barock").

Philosophische Lehren

Zenon von Kition (Zypern) begründete um 300 v. Chr. in Athen die *Stoa,* eine Modephilosophie, die das Individuum stärkte und die Entsprechung von Stadt und Universum aufzeigte: die Menschen sind „kosmopolitai" (= Weltbürger), wie immer ihre soziale oder geographische Herkunft oder Situation ist. Zenon schilderte einen Idealstaat, der die ganze Welt umfaßt, die als eine große Polis unter einem einzigen göttlichen Gesetz verstanden wird, und in der alle Bürger kraft ihrer freiwilligen Zustimmung zu diesen Gesetzen in Liebe versammelt sind. Der Weise entdeckt tief in seiner Seele den gleichen „Logos", der auch den Kosmos bewegt. Er beherrscht und verwirklicht, wenn er weise lebt, seine Identität mit dem Göttlichen und nimmt in Freiheit sein persönliches Schicksal an. Um diese Freiheit zu erlangen, muß man sich von seinen Gefühlen befreien und auf alles verzichten.

Für die Vertreter der *Kynischen Schule* ist nicht die Gottheit, sondern der Mensch der Gegenstand des Philosophierens. Noch stärker betonten dies die Anhänger *Epikurs,* die alle Dinge rein materiell ansehen und die Götter des Volksglaubens in ein Ghetto verweisen, von dem aus sie nicht mehr in die Welt der Menschen „hineinhandeln" können.

Posidonius ist stark der Mystik zugewandt und bringt (als Syrer) den syrischen Gestirndienst in das hellenistische Denken ein: das Schicksal des Menschen ist vorherbestimmt durch den Gestirnverlauf (Astrologie!). Zugleich liegt in seiner „intuitiven" Denkweise (der Mensch begegnet dem Gegenstand seines Denkbemühens und hat dabei emotionale Erlebnisse) bereits die Wurzel für die spätere *Gnosis.*

Fremdgötter

Die Hellenisten sind überzeugt, daß die in den Fremdgöttern ausgesprochenen Vorstellungen schon im eigenen Götterbestand vertreten sind und daß somit der Fremdtyp mit dem Namen einer griechischen Gottheit zutreffend wiedergegeben werden kann. So wurde die Ephesia zur Artemis, setzte man die Hochgötter Kariens mit Zeus und Isis mit Demeter gleich. Die Magna Mater Asiens identifizierte sich oftmals mit Rhea, der Mutter des Zeus. Typisch für den Hellenismus ist aber nicht diese „Einverleibung" (das gab es auch früher schon), sondern die zugleich vollzogene Abwertung der eigenen Tradition. Die Götter und die Numina der Länder, die man eroberte und deren Faszination man sich nicht entziehen wollte oder konnte, wurden als dynamisch und stark angesehen, man wollte sich gut mit ihnen stellen und erlebte gleichzeitig die Schalheit und Leere der eigenen Gottheiten. So wich man oft auch in eine Verehrung der „Tyche" (= Glück) oder in Schutzkulte vor der „Heimarméne" (= Verhängnis) aus. Vor allem aber machte diese Entwicklung den Boden bereit für das Aufblühen der Geheimkulte und der magischen Mysterienfrömmigkeit.

Ostmysterien

Im Zentrum aller hellenistischen Religiosität steht das Versprechen des Heils für den Einzelnen, deshalb stehen Gottheiten, von denen man annahm, sie hätten den Tod und die Auferstehung gekannt, den Menschen näher als die Stadtgottheiten der klassischen Zeit. Ihr Kult enthielt eine ausführliche Initiation (Einweihung), ehe man voll zugelassen wurde.

Die Römer

waren in vieler Hinsicht die Erben Griechenlands, das, zwar politisch entmachtet, weiterhin die geistige Führungsmacht des Mittelmeerraumes blieb.

Opfer des Marcus Aurelius, Marmorrelief (2. Jh. n. Chr.). Rom, Konservatorenpalast **(35)**. – Allegorie der Erde, der Göttin Tellus, flankiert von Personifikationen der „Luft" und des „Wassers". Relief (13–9 v. Chr.) von dem „Friedensaltar" – Ara pacis – des Augustus. Rom, Lungotevere in Augustus **(36)**.

35

36

37

38

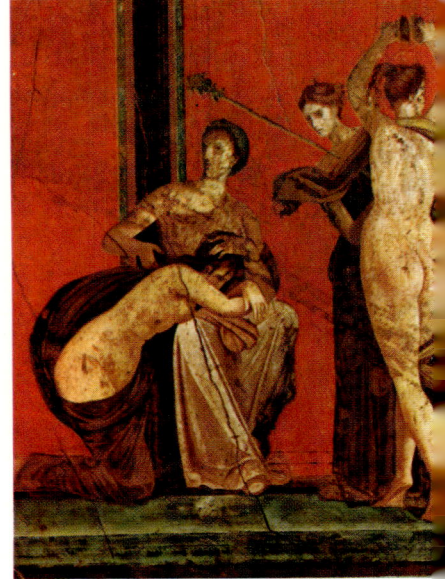

39

40

Der Aufstieg Roms, das im 6. Jh. von etruskischen Königen beherrscht wurde, zur Weltmacht führte zur Ausbreitung verschiedener **Mysterienkulte,** die meist aus dem Osten des Reiches stammten. Etruskisches Ehepaar. Tonplastik als Deckel eines Sarkophags aus Cerveteri (spätes 6. Jh. v. Chr.). Rom, Nationalmuseum der Villa Julia (**37**). – Die Götter Aglibol, Baalshamin und Malakbel, die in der Mischbevölkerung von Palmyra verehrt wurden. Paris, Louvre (**38**). – Einweihung einer Braut in den Mysterienkult des Dionysos. Wandmalereien (um 50 v. Chr.) in der „Villa der Mysterien" in Pompeji (**39, 40**).

Der persische Gott Mithras tötet auf Geheiß der Sonne den Urstier, aus dessen Blut alles Leben entstand. Marmorgruppe. Rom, Vatikanische Museen (**41**).

41

Mit Ausnahme des Dionysoskults sind alle Mysterien orientalischen Ursprungs: phrygisch (Kybele, Attis), ägyptisch (Isis und Osiris), phönizisch (Adonis), iranisch (Mithras), doch spielte das nationale Element im Hellenismus kaum eine Rolle, weil man ja universalistisch eingestellt war.

Bei den Mysterienreligionen kennt man zwar die wesentlichen Elemente ihrer öffentlichen Kulte, nicht aber die Geheimriten. Da ist man auf einige summarische rückschließende Angaben angewiesen.

● **Isis und die ägyptischen Mysterien:** Zu Beginn des 3. Jh. v.Chr. beschloß Ptolemaios Soter, seine Herrschaft mit Hilfe des *Serapis* zu festigen, und er erhob ihn zum Nationalgott. Er ließ in Alexandrien einen Tempel bauen und die Statue von Sinope herbeischaffen und aufstellen. Serapis kommt etymologisch von „Osiris-Apis" und ist eine typisch synkretistische Kreation (der ägypt. Priester Manethon und der Grieche Timotheos legten die Struktur des Mysterienkultes fest), bestehend aus öffentlichen Festen, täglichem Gottesdienst und den eigentlichen Geheimriten (die Erfahrungen des Todes und der Auferstehung, Gottesbegegnungen, Durchschreitung der kosmischen Elemente, Anbetung und Divinisierung enthalten haben mögen). Ziel war eine möglichst intensive Identifizierung mit Osiris. Wieweit dabei Hypnose, Trance, mediale Praktiken usw. im Spiele waren, läßt sich nicht verifizieren, nur vermuten.

● **Adonis und der syrische Dienst:** Im syrischen Byblos war der Mythos und Kult des Vegetationsheros beheimatet (er reicht bis in die Ras-Schamra-Zeit zurück, vgl. Seite 80). Adonis, der jugendschöne Gemahl der Naturherrin

Atargatis (von den Griechen als Aphrodite angesehen) findet auf der Jagd durch einen Eber den Tod. Diesen Tod beweinten die Bewohnerinnen von Byblos alljährlich in wilder, selbstzerstörerischer Trauer. Dann finden sie das versteckte Bild des Adonis und begraben es unter lauter Totenklage. Im Frühjahr des nächsten Jahres kehrt er als Frühlingsgott wieder. Das „Adonisgärtlein" (mit schnell hinwelkenden Blumen bepflanzte Gefäße, die zur Todes-Betrachtung verwendet werden) trug dazu bei, daß dieser Kult auch außerhalb von Byblos und in halbreligiöser Umgebung verbreitet war.

● **Attis- und Kybele-Dienst:** Der kleinasiatische Mythos war in mehreren Formen vertreten: Die Liebschaft des Naturheros Attis mit der Großen Mutter, die die Fruchtbarkeitsmacht der Natur verkörpert, ist das Kernstück. Die phrygische Göttin, 205 in Rom eingeführt, hat eine jahrtausendealte Geschichte (der schwarze Stein, in dem Kybele rituell gegenwärtig ist). Ein hermaphroditisches Ungeheuer, Agditis, wird aus einem von Zeus befruchteten Stein geboren. Die Götter beschließen, ihn zu kastrieren und in die Göttin Kybele zu verwandeln. Aus dem Blut des Hermaphroditen entspringt ein Mandelbaum. Als Nana, die Tochter des Flusses Sangarios, eine Mandel ißt, wird sie schwanger und gebiert den Attis. Der feiert Hochzeit mit der Tochter des Königs. Während der Hochzeit schleicht sich Agditis herein und sprengt das Fest, alle Anwesenden werden wahnsinnig. Attis flieht, verstümmelt sich unter einer Pinie und stirbt. Agditis will ihn erwek-

Der Hellenismus ist durch einen religiösen Synkretismus bestimmt: Isis, die Gemahlin des ägyptischen Totengottes Osiris, wird als „süße Mutter" schwärmerisch verehrt, hier im Bild von einer Priesterprozession mit typischen Ritualgegenständen: Schlange, Schriftrolle, Krug mit Nilwasser, Schöpfkelle, Isisklapper.

ken, Zeus verbietet es, erlaubt lediglich, daß seine Leiche unverweslich bleibt. Die Göttin Kybele (in Agditis) bedauert ihre Eifersucht, bereut und beweint ihren Liebling. – Dieser uralte Mythos wurde mit neuer religiöser Bedeutung (Erlösungsmittel) angereichert: Brot und Wein und die Sexualität, das physische Leiden – all dies wurde im Ritus sehr unmittelbar erfahren und wies hin auf Unsterblichkeit, deren die Mysten teilhaft werden können. Dieser Kult erfuhr eine allegorische Umdeutung, die so weit ging, daß Attis mit der Sonne verschmolzen wurde. In der römisch-kaiserlichen Zeit steht der Attisdienst in deutlicher Abhängigkeit von Eleusis (vgl. Seite 118).

● **Die Mysterien des Mithras:** Nach Plutarch begingen die Seeräuber Kilikiens „heimlich die Mysterien des Mithras". Nach ihrer Niederwerfung durch Pompejus hat sich dieser Mysterienkult vor allem im Westen (sehr wenig im griechischen Raum) verbreitet. Man kennt den Prozeß nicht, der den iranischen Gott Mihr Yasht in den Mithras der Mysterien verwandelt hat. Wahrscheinlich haben die „Magier" seinen Kult entwickelt, als Mithras zum Protektor der parthischen Herrscher geworden war. Dieser Königskult des Mithras enthielt aber noch keine Geheimriten. Wie Agditis soll auch Mithras aus einem Felsen geboren worden sein, weshalb sich die Mysterien in einer Höhle oder jedenfalls unter der Erde abspielen. Die wesentliche mythológische Episode umfaßt den Raub des Stiers durch Mithras und seine Opferung auf Geheiß der Sonne („Sol invictus"). Mithras erfüllt den Auftrag widerwillig (abgewandtes Gesicht), doch entsteht daraus neues Leben, Nahrung und Heil für den Menschen. Mond und Sonne, die 12 Tierkreiszeichen, die 7 Planeten, die 4 Winde und 4 Jahreszeiten sind bei diesem Opfer zugegen. Mithras und Sol besiegeln ihre Freundschaft durch ein Festmahl, bei dem sie sich das Fleisch des Stiers teilen. An diesem rituellen Mahl nehmen die Mysten teil, ehe Sol und Mithras zum Himmel auffahren. Wahrscheinlich gab es 7 Initiationsgrade (Rabe: Bräutigam: Soldat: Löwe: Perser: Sonnenläufer: Vater). Zu den ersten Graden waren bereits Kinder ab sieben Jahren zugelassen, die eine bestimmte religiöse Erziehung erhielten. Die Einzelheiten der Initiation kennen wir nicht, wahrscheinlich gab es verschiedene Initiationsprüfungen. Sicherlich war die kosmische Ausrichtung der Mysterien stark betont, und es ging eine große Faszination von diesen Mysterien aus. Der Mithraskult war in allen Provinzen des römischen Reiches verbreitet, besonders unter den Soldaten und ihren Familien. Er verband das iranische Erbe mit dem griechisch-römischen Synkretismus und stellte die klassischen Götter Seite an Seite mit den orientalischen, bezogen die Astrologie sowie eschatologische Spekulationen, die Sonnenreligion (Monotheismus) und römische Disziplin mit ein. Frauen waren nicht zugelassen, so daß die Versammlungen mehr den indoeuropäischen „Männerbünden" glichen als den sonstigen, oft orgiastischen orientalischen Mysterien.

382 n. Chr. verschwand der Mithraskult wie alle anderen Erlösungsreligionen und esoterischen Geheimbünde von der geschichtlichen Bildfläche, als Gratian sie verbot und das Christentum zur Staatsreligion erklärte.

Vordringen des Aberglaubens

Die private Religiosität (Volksreligiosität) wandte sich vielfach aber weder dem offiziellen Staatskult noch den Mysterien zu, sondern suchte Heil- und Schutzgötter, die „zur Hand waren", bei denen man auf Verständnis und Hilfe rechnen konnte.

Der Halbgott **Asklepios** (Sohn des Apollo und der Koronis) stand im Mittelpunkt von Wunderkuren in Epidaurus, Kos und Pergamon – wer in seinem Tempel schlief, wurde im Traum über Heilungsmöglichkeiten belehrt.

Die **Dioskuren** (Helfer im Kampf aus archaischer Zeit) verehrte man in Seenot, die **Kabiren** (Chthonische = unterirdische Gottheiten) wurden in hellenistischer Zeit mit den Dioskuren gleichgesetzt.

Große Bedeutung bekam der **Dämonenglaube** – man wies den Dämonen die Luft als Machtbereich zu und schob sie so auch im Weltbild zwischen die Götter und die Menschen! Das deutliche Unterscheiden zwischen bösen und guten Dämonen leistete jenem religiösen **Dualismus** Vorschub, der sich in der römischen Kaiserzeit ausbreitete.

Indem man die 12 Tierkreiszeichen zum Rang von Persönlichkeiten erhob, erhielt die orientalische **Astrologie** neue Züge. Sie verschmolz mit dem damals stark entwickelten Schicksals- und Bestimmungsglauben (Glück, Verhängnis, Vorherbestimmung, Fatalismus usw.) und gab den Göttermythen eine kosmische Dimension.

Weiherelief an den Halbgott Asklepios, den man bei Krankheiten anrief und dem man viele Krankenheilungen zuschrieb.

Auch die Einführung des Julianischen Kalenders verstärkte den Glauben an die Astrologie, weil es dadurch einer größeren Zahl von Menschen möglich war, astrologische Berechnungen vorzunehmen. Die sogenannte „Astrologenbibel" des ägyptischen Königs Nechepsos und seines Priesters Petosiris fand damals weite Verbreitung.

Die „**Zauberpapyri**", die vor allem aus Ägypten erhalten sind, sind Formulare, Anleitungen zu Zauberhandlungen und zeigen, welche Wünsche die Zauberer bei ihren Kunden voraussetzen: Man sucht die kleinen und großen Sorgen zu bannen, von denen man geplagt wird, und bedient sich dazu verschiedener geheimnisvoller Kräfte, die man an Steinen, Pflanzen, Tieren usw. beobachtet. Solche magischen Handlungen erfolgen in einem Vierschritt: Anrufung der Gottheit (Kenntnis des Namens gibt Macht) – Magisches Opfer (bestimmte Materie, bestimmte Gesten, Worte, Riten, Zeiten usw.) – Magische Handlung (bestimmte, genau in der Abfolge einzuhaltende Vorschriften) – Entlassung der Geister (Schutz des Zauberers, Abwehr vor ungewolltem Wirken).

Mit solchem „Zauber" verwandt, aber zugleich Vorstufe der Naturwissenschaft bzw. der Technologie ist die im Hellenismus stark entfaltete und praktizierte **Alchemie.** Der hellenistische Orient hat alle seine metallurgischen Techniken von Mesopotamien und Ägypten übernommen. Die „Verwandlung" der Materie in Gold war dem griechischen Denken (Einheit der Materie) zufolge keine Absurdität. Aus den erhaltenen Texten wird freilich deutlich, daß man offensichtlich sehr wenig Wert auf die physikalisch-chemischen Phänomene gelegt hat. Wahrscheinlich war man primär gar nicht dem edlen Metall auf der Spur, sondern der transzendenten Seinsweise der Materie (wie es der mysterienhaft-esoterischen Einbettung dieser Ideologie entspricht).

Glaubensvorstellungen, Praktiken und Ideen dieser verschiedenartigen zauberhaft-magischen Art werden unter dem Begriff „**Hermetik**" (Hermetismus) zusammengefaßt. Er ist in der sogenannten hermetischen Literatur enthalten, die zwischen dem 3. Jh. vor und dem 3. Jh. n.Chr. entstanden ist. Dabei unterscheidet man den populären Hermetismus (Texte über Astrologie, Magie, Geheimwissenschaften, Alchemie usw.) und den gelehrten Hermetismus („Corpus Hermeticum"). Diese Literatur spiegelt den jüdisch-ägyptischen Synkretismus und ist vom Platonismus beeinflußt. Die jüngeren Schriften (aus dem 2. Jh. n.Chr.) des gelehrten Hermetismus sind stark von einem gnostischen Dualismus getragen. Der in diesen Schriften oft genannte ägyptische Gott „*Thot*" wird mit „*Hermes*" identifiziert und ist der Schutzgott aller Wissenschaften, der Erfinder der Hieroglyphen und ein großer Zauberer. Er hat die Welt durch das Wort erschaffen – folgerichtig identifizieren die Stoiker Hermes mit dem „Logos". Die populären hermetischen Schriften spielten in der Kaiserzeit eine große Rolle, beeinflußten die „Naturgeschichte" des Plinius ebenso wie das berühmte mittelalterliche Werk „Physiologus" und tauchten dann wieder bei Paracelsus und Newton auf. – Die gelehrten hermetischen Schriften schrieb man dem Hermes Trismegistos zu bzw. bekannte sie als von ihm geoffenbart. Im Corpus Hermeticum sind zwei diametral entgegengesetzte Theologien enthalten: eine positiv-pantheistische (Traktate 5, 7, 9) und eine negativ-dualistisch-pessimistische (Traktate 1, 4, 6, 7, 13) – doch stehen beide oftmals auch unmittelbar nebeneinander (2, 3, 10, 11, 12). Deshalb ist auch kaum anzunehmen, daß die Hermetiker eine religiöse Bruderschaft im Sinne der Mysterienreligionen bildeten. Sie wußten sich vielmehr als geistige Gemeinschaft um das Corpus Hermeticum, strebten nach Esoterik (= tieferem Wissen) und wurden von Lehrmeistern in die höhere „*Gnosis*" (= Erkenntnis) der Texte eingeführt. Es war keine Initiation im mysterienhaften Sinn des Wortes, sondern in einem neuen Sinn: Wer die Texte hörte, verstand und annahm, der „gehörte dazu". Vielleicht ist dieser neue Typ esoterischer Religiosität deshalb auch am wenigsten anfällig für Verbote, Unterdrückungen usw. – was sich in der Geschichte der hermetischen Literatur und esoterisch geprägter Gläubigkeit bis heute erwiesen hat.

Der Glaube der Kelten und der Germanen

Vorläufer der Kelten sind wahrscheinlich die Begründer und Träger der sogenannten **Urnenfelderkultur,** auf die wir schon verschiedentlich im Zusammenhang mit den Indoeuropäern gestoßen sind. Die Gruppe unter ihnen, die sich später als **Kelten** profilieren sollte, machte sich zwischen 1300 und 700 v. Chr. in Mitteleuropa bemerkbar. Sie bedienten sich der *Bronze* als Grundmaterial für ihre Geräte, Waffen und Gefäße, waren Ackerbauern und lebten in dörflichen Strukturen. Ihre Toten verbrannten sie und setzten sie in Urnen in großflächigen Grabanlagen bei – daher der Name „Urnenfelderkultur".

Ab etwa 600 v. Chr. beginnen sie zu „wandern" und breiten sich von ihren vermutlich ursprünglichen Siedlungsgebieten im Bereich des heutigen Böhmen, Bayern und Tirol nach Westen (Frankreich, Spanien, Portugal, England, Irland, Schottland), Süden (Italien) und Osten (Kleinasien, „Galatien", Thrakien und Mazedonien) aus.

Dieser starke Expansionsdrang ist wohl in ihrer kulturellen und politischen Überlegenheit verankert – er hielt allerdings nur relativ kurz an. Einflüsse ihrer Religion und Kultur sind aber nachhaltig im gesamten Nordteil des römischen Reiches (Gallien, Germanien, Rätien, Noricum, Pannonien, Illyrien, Dalmatien und Bosnien) zu spüren.

Durch die Kimmerer (vgl. Seite 140) wurden die Kelten mit der Eisenverarbeitung – Einflüsse des Iran auf Europa! – bekannt, was die Kelten zur Ausbildung der sogenannten **Hallstattkultur** anregte. Die bald dominierende Verwendung des Eisens ging Hand in Hand mit der Ausbildung einer starken Militär-Aristokratie und der eben erwähnten Expansionsdynamik. Typisch für diese Zeit ist auch der Übergang von der Feuer- zur Erdbestattung (zumindest für die Anführer belegt!): Zusammen mit seinen Waffen und wertvollen Gegenständen (was auf einen realistischen Jenseitsglauben hinweist) wurde der Tote in einen vierrädrigen Wagen gelegt und in den ausgehobenen Grabraum gebracht, der dann mit einem Erdhügel überdeckt wurde. Die archäologischen Funde aus dieser Zeit zeigen neben der Eisenverarbeitung auch eine hochentwickelte Goldschmiedekunst.

Die Grenze zwischen den Kelten und den Germanen bildeten in Mitteleuropa um die Mitte des letzten vorchristlichen Jahrhunderts – als die Germanen auf der Bühne der Geschichte auftauchten – die deutschen Mittelgebirge.

Wie die Kelten sind auch die **Germanen** kein einheitliches Volk, sondern bestehen aus sehr verschiedenen Volksgruppen, die sich zu Stämmen oder Stammesverbänden zusammenschließen. Der Name „Germanen" taucht erstmals bei Poseidonios als Beiname der Tungrer (Tongern) auf, die damals den Rhein überschritten und die Gallier (Kelten) zurückdrängten. Allmählich setzte sich dieser Name für alle nördlichen Stämme durch, die als Gegner der keltischen Stämme auftraten und sich gegen sie in Mitteleuropa mehr und mehr durchsetzten. Auch sie traten nur in Stämmen auf, die sich zeitweise zu losen Stammesverbänden zusammenschlossen. Eine gewisse Zusammengehörigkeit erleichterte wahrscheinlich die mehr oder weniger gemeinsame Sprache („Gemeingermanisch"); in ihren Stammestraditionen wird überall von der gemeinsamen Abstammung der Germanen berichtet.

Der Glaube der Kelten

Die archäologischen Funde verweisen auf die große Bedeutung des **geheiligten Raumes** (Altäre, die nach genauen Regeln errichtet und geweiht wurden, um darauf Opfer darzubringen, sakralisieren die gesamte Umwelt) – wahrscheinlich ein Nachklang des steinzeitlichen Symbolismus des „Mittelpunktes der Welt", wo man mit den Ahnen (Unterwelt) und den Göttern (Himmel) in gleicher Weise verbunden war. Diese Traditionen finden sich freilich auch bei den antiken Autoren und in der irischen Mythologie immer wieder (die aus viel jüngerer Zeit stammt). Hinsichtlich der Grabbeigaben fallen die **rituellen Schächte** auf, die nach dem Glauben der Kelten mit der Unterwelt verbinden sollten (auch ein Motiv, das sowohl in uralte Zeit wie in die mittelalterliche Sagen- und Folklorewelt der Kelten weist). Ebenso typisch ist der **Schädelkult** (abgeschnittene Köpfe, Kopfskulpturen aus Stein, in Quellen versenkte Holzköpfe) – der Kopf wird als „Sitz des Geistes" angesehen und besonders verehrt.

Eine bedeutsame Rolle spielt die **Naturreligiosität:** Mond, Sonne, Wind, Meer, Flüssen, Quellen, Bäumen und Tieren (besonders Pferd, Krähe und Stier) wurde Verehrung gezollt. Daneben gab es aber auch *Gottheiten mit persönlichen Zügen.* Über deren Namen herrscht allerdings Unklarheit, da wegen des rituellen Verbots der Schrift keine authentischen Aufzeichnungen aus alter Zeit erhalten sind. Wir sind auf die viel spätere, aber sehr reichhaltige Literatur der Inselkelten (Schottland, Wales, Irland) angewiesen – die freilich von christlichen Zügen überlagert erscheint – und auf die Vermittlung antiker Autoren, z. B. Julius Caesars, der über reichhaltige Kenntnisse der keltischen (gallischen) Religion verfügte, die Gottheiten der Gallier allerdings mit römischen Namen belegte (Analogie!), um sie seinen Lesern nahebringen zu können:

„*Der Gott, den sie am meisten verehren, ist Merkur. Seine Statuen sind die zahlreichsten. Sie sehen in ihm den Erfinder aller Künste; sie betrachten ihn als Führer der Reisenden auf den Straßen, als denjenigen, dessen Macht am größten ist, zum Geldverdienen beizutragen und den Handel zu begünstigen. Nach ihm verehren sie Apoll, Mars, Jupiter und Minerva. Sie machen sich über diese Götter ungefähr die gleichen Vorstellungen wie die anderen Nationen. Apoll vertreibt die Krankheiten, Minerva lehrt die Bestandteile der Arbeit und der Berufe, Jupiter übt seine Herrschaft über den Himmel aus, und Mars regiert die Kriege.*

Wenn sie sich zu einem Kampf entschlossen haben, so weihen sie im Voraus dem Mars die Beute, die in ihre Hände fallen wird. Ist der Sieg errungen, so opfern sie die gefangenen Tiere und häufen an einer Stelle die übrige Kriegsbeute auf. Solche Anhäufungen innerhalb einer geheiligten Umzäunung können in vielen Staaten gesehen werden. Es kommt sehr selten vor, daß einer so wenig religiöses Fühlen besitzt, daß er sich an dieser angehäuften Samm-

lung vergreift oder sich etwas für den eigenen Gebrauch stiehlt. Sehr schwere Strafen, verbunden mit Tortur, ist die Vergeltung für solchen Frevel. Die Gallier erklären, daß sie alle von Dis Pater abstammen. Dieses, so behaupten sie, ist die traditionelle Lehre der Druiden. Daher besteht bei ihnen der Brauch, die Zeit mehr nach Nächten als nach Tagen zu berechnen."
(De Bello Gallico VI, 17–18).

Sieht man aber auf die Beinamen, die den römischen Göttern gegeben werden, dann merkt man, daß Caesar offensichtlich verschiedene keltische Gottheiten jeweils einem römischen Gott zuordnet:

Merkur:	Adsmerius, Alaunus, Artaius, Arvernorix, Dumiatis, Magniocovellaunus, Romogilius usw.
Apoll:	Anentiomarus, Bormanus, Borvo, Belenus, Grannus, Maponus, Toutiorix, Vindonnus usw.
Mars:	Albiorix, Camulus, Caturix, Divanno, Dinomogetimarus, Mogetius, Neto, Nodons, Rigisamos, Segomo, Toutatis usw.
Jupiter:	Arubianus, Cundamius, Poeninus, Sucellus, Tanarus, Uxellimus usw.
Minerva:	Belisama, Sulevia, Idennica, Sulis

Manche dieser Beinamen sind verständlich (z. B. bedeuten die Beinamen des Mars Albiorix = König der Welt, Rigisamos = der sehr Königliche, Caturix = König der Schlacht, Camulus = der Mächtige, Segomo = der Siegreiche). Bestimmte Beinamen bleiben aber unverständlich, selbst dann, wenn man sie übersetzen kann, sie sagen nichts Zusätzliches über die Eigenschaften des betreffenden Gottes aus. Wahrscheinlich war das keltische Pantheon dicht besiedelt. Die aufgefundenen römischen Inschriften lassen aber erkennen, daß es sich vielfach nur um beschreibende oder topographische Beinamen von Hauptgöttern handelt (es gibt z. B. weit über 100 Beinamen für Herakles!) und nicht unbedingt um eigene Gottheiten. Letztlich lassen sich diese Fragen aber nicht endgültig klären, weil einfach viel zu wenig brauchbare (ausdeutbare) Inschriften vorhanden sind.

Der Dichter *Lukian* überliefert auch drei keltische Götternamen: *Teutates, Esus, Taranis:*

„… diejenigen, die durch ein schreckliches Opfer den grausamen Teutates und den schrecklichen Esus auf wilden Altären besänftigen und den Taranis mit einem nicht weniger grausamen Opfer als dem der skythischen Diana" (Pharsalia I, 444–446).

Für Teutates werden Menschenopfer in einem Wasserbottich erstickt. Für Esus werden sie an einem Baum aufgehängt, daß sie verbluten. Für Taranis werden sie in eine Holzpuppe eingeschlossen und verbrannt. Diese drei Namen werden durch galloromanische Inschriften bestätigt (Teutates = Mars Toutatis/Tanaris = Jupiter Tanarus) und können tw. auch gedeutet werden: Teutates = Stammesvater, Taranis kommt von „taran = Donner" und weist auf den alten keltischen Himmelsgott. Esus findet sich nur in Eigennamen wieder, seine Etymologie ist ungeklärt (vielleicht von „eis = Energie, Leidenschaft").
Der berühmte **Kessel von Gundestrup** zeigt verschiedene mythologische Abbildungen, die zur Identifizierung von Gottheiten herangezogen wurden. Alles in allem muß man aber sagen, daß die Ergebnisse sehr unbestimmt bleiben.
Neben den namentlich genannten Gottheiten gibt es auch Göttergruppen (matres, matrones, die drei Machas usw.), die als Muttergottheiten zu verstehen sind. Manche Königsriten verweisen auf ein hieros gamos-Zeremoniell, das dem Land Fruchtbarkeit vermitteln soll (diese Muttergottheiten treten als Stuten auf oder als alte Frauen, mit denen sich der König paaren muß; wobei sie sich oft in strahlende Schönheiten verwandeln, sobald der König das Lager besteigt …).
Einen obersten Gott sucht man im keltischen Pantheon aber vergeblich.
Typisch für die keltische Religiosität ist die **Priesterschaft der Druiden,** die die alten Traditionen pflegen und den jungen Menschen weiterreichen. Sie kümmern sich um die öffentlichen und auch die privaten Opfer, sie schlich-

Diese Bronzevase ist typisch für die keltische Hallstattkultur.

ten Streitfälle und regeln alle sonstigen die Religion betreffenden Belange. Wer den Druiden nicht gehorcht, wird von den Opfern ausgeschlossen, was einer totalen Ächtung gleichkommt. Aus diesem Grunde werden die Druiden geachtet und gefürchtet und bilden neben den equites (Militäradel) und den Bauern eine dritte Personengruppe innerhalb der gesellschaftlichen Struktur (eine deutliche Parallele zur dreigeteilten Gesellschaft in Indien und Rom!).
Das Kernstück der druidischen Lehre besteht darin, daß die Seelen nicht sterben, sondern nach dem Tod in einem anderen Menschen wiedererstehen (Reinkarnation!). Die Druiden beobachten die Sterne, ihre Bahnen und Bewegungen und denken über die menschliche Existenz, über das Wirken und die Macht der Götter nach. Diese Lehre wird mündlich weitergegeben (die Schrift ist für diese Dinge ver-

boten, da die Lehre nicht unter das Volk soll). An auserwählte junge Menschen wird in 20jähriger Schulung (esoterischer Unterricht und Initiation zugleich) dieses geheime Wissen der Gelehrten, Philosophen, Ärzte und Priester (das alles sind die Druiden in einer Person) weitergegeben.

Neben den Druiden sollen auch die *Barden*, die die epischen Traditionen weitergeben (Mythen), und die *Wahrsager*, die im Volke sehr verehrt werden, erwähnt werden. Diese beiden Gruppen sind meist von den Druiden schwer abzugrenzen, weil alle drei Funktionen oft auch von ein und derselben Person ausgeübt werden.

Wahrsagen aus der Beobachtung des Vogelflugs, der Wolkenbewegung und der Eingeweideschau wird als Interpretation des Götterwillens verstanden – ebenso das Prophezeien in Trance. Götterstatuen und Tempel kennen die Kelten nicht (als Wohnstatt der Götter verstanden). An heiligen Orten wird den überirdisch vorgestellten (und nur selten in Idolform kenntlichen) Gottheiten geopfert. Ihre Nähe fühlte man an verschiedenen Plätzen oder Landschaften (z. B. im Sumpf, im Wald usw.).

● **Schöpfungsbericht:** In der berühmten *Völuspá* (der Weissagung der Seherin Völva) werden in visionärer Schau die urzeitlichen (und endzeitlichen) Ereignisse geschildert – durchaus den orientalischen Kosmogonien vergleichbar!

„Gehör erheische ich von allen heiligen Sippen, hohen und niederen Nachkommen Heimdalls! Du willst, Walvater (= Odin), daß recht ich die alte Kunde der Menschen vortrage, soweit meine Erinnerung reicht. (1)

Ich erinnere mich noch der Riesen, der vorzeiten geborenen, die mich einst aufzogen; neun Weltheime kenne ich, neun Hölzer des Weltenbaumes, dessen Wurzeln tief hinabreichen. (2)

Urzeit war es, da Ymir hauste. Kies gab es damals noch nicht, noch die See, noch kühle Wogen; die Erde war nirgends, noch oben der Himmel, nur gähnende Tiefe und kein grünes Gras. (3)

Dann hoben Burs Söhne die Erde empor; sie schufen Midgard (= Lebenswelt des Menschen), den herrlichen. Die Sonne wärmte vom Süden her die

Der Glaube der Germanen

Über die Religion der Germanen gibt es zwar reicheres Material als über die Religion der Kelten. Es ist aber von sehr unterschiedlicher Art und Qualität. Da gibt es archäologische Funde, Schriften aus der römischen Zeit (Zusammenprall mit den Germanen!), Beschreibungen christlicher Missionare, Gedichte der isländischen Skalden und das im 13. Jh. von Snorri Sturluson herausgegebene Handbuch „Edda" (Sammlung alter Sagas und Mythen). Diese Quellenlage bringt es mit sich, daß große Lücken bestehen (wir haben z. B. keinerlei schriftliche Hinweise auf die Goten) und ständige Analogieschlüsse von der umfassend vorhandenen isländischen Überlieferung auf die Religion der Festlandgermanen gemacht werden müssen.

Ein Runenstein aus Uppland/Schweden trägt die Inschrift „Gärdar und Jorund lassen diesen Stein errichten nach ihren Schwestersöhnen Aernmund und Ingenmund."

Steine der Erde, und grün wurde der Grund vom wachsenden Kraut. (4)

Die Sonne, die Gefährtin des Mondes, schlang vom Süden her ihre rechte Hand um den Himmelskreis; sie wußte nicht, wo sie ihre Säle hatte, nicht wußten die Sterne, wo sie ihre Stätten hatten, nicht wußte der Mond, welche Macht er hatte. (5)

Da begaben sich die Ratmächte zum Richterstuhl, die hochheiligen Götter, und hielten Rat. Sie gaben Namen der Nacht und dem Neumond, benannten Morgen und Mittag, Zwielicht und Abend, um die Zeiten zu messen. (6)

Auf dem Idafeld (in Asgard, der Wohnung der Asen-Götter) trafen sich die Asen ... (7)

Sie ergötzten sich im Hof am Brettspiel, nichts aus Gold fehlte den Göttern, bis drei gewaltige Weiber erschienen, Töchter der Riesen aus Riesenheim. (8)

Da begaben sich die Ratmächte zum Richterstuhl, die hochheiligen Götter, und hielten Rat, wer die Scharen der Zwerge erschaffen sollte aus Brimirs Blut und aus Blains Gliedern ... (9)

... bis drei aus dieser Schar kamen, Asen, mächtige und gnädige; sie fanden an Land kraftlos Ask und Embla (= die ersten Menschen), noch ohne Schicksal. (17)

Seele hatten sie nicht, keinen Sinn, nicht Lebenswärme noch wirkliche Farben. Seele gab Odin, Sinn gab Hömir, Lebenswärme gab Lodur und wirkliche Farben. (18)

Eine Esche weiß ich stehen, sie heißt Yggdrasil, der hohe Baum, benetzt von nebeligem Naß. Von dort kommt der Tau, der in die Täler fällt. Immergrün ragt er am Brunnen der Urd (= eine Norne). (19)

Von dort kamen Jungfrauen, die vielerlei wissen, zu dritt aus dem Saal unter dem Baum. Urd nannte man die eine, die andere Verdandi, Skuld die letzte. Sie schnitten Losstäbe, setzten das Schicksal fest; Leben bestimmten sie den Menschenkindern, kündeten das Schicksal ..." (20)

Neben diesem Text gibt es auch andere (z. B. das sog. Wessobrunner Gebet), aus denen sich der germanische Mythos erheben läßt: Aus dem Eis des Nordens (Niflheim = Totenwelt) und dem Feuer des Südens (Muspelheim, vom Riesen Surtr bewacht) entstand der Urmensch

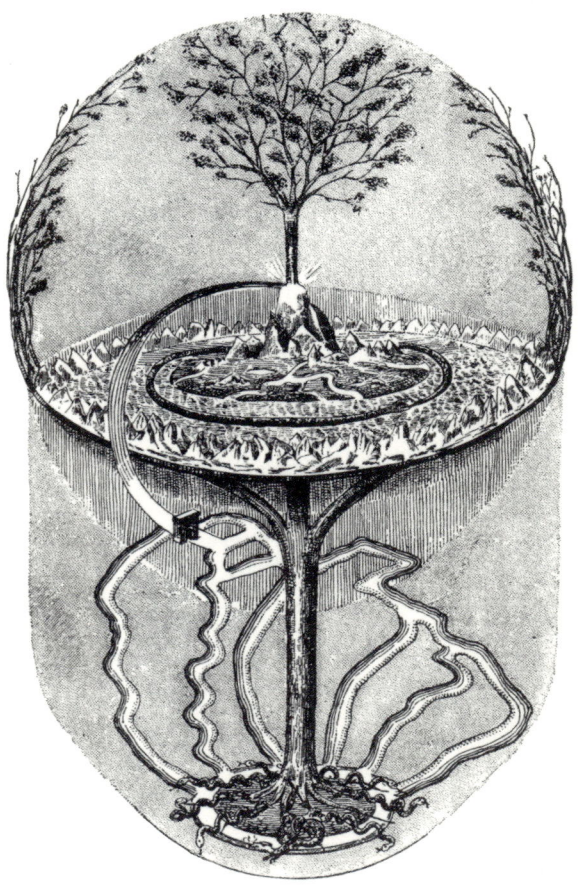

Die berühmte Weltesche Yggdrasil in einer Darstellung aus der Magnusson-Edda (18. Jh.). Sie symbolisiert und bildet zugleich das Universum. Der Wipfel des Baumes berührt den Himmel, die Äste umarmen die Welt, die Wurzeln reichen in das Reich der Toten, der Riesen und der Menschen.

Ymir, aus dessen Achselschweiß das erste Menschenpaar entsprang. Das schmelzende Eis brachte auch eine Kuh hervor (Audhumbla). Sie ernährte Ymir, der später von den drei Brüdern Odin, Vili und Vé getötet wurde und dessen Blut alle Riesen fortriß und vernichtete. Der Leib Ymirs wurde in den großen Abgrund (Ginnungagap) geschleudert, dort schufen die drei Brüder aus Ymirs Haut die Erde, aus seinen Knochen die Felsen, aus seinem Blut das Meer, aus seinen Haaren die Wolken, aus seinem Schädel den Himmel.

Aus Funken Muspelheims schufen sie die Sterne. Aus zwei Bäumen schuf Odin das erste Menschenpaar – unter der Esche Yggdrasil, dem Mittelpunkt der Welt.

42 Die Kelten   43

Diese wohl aus dem Donauraum stammende Völkergruppe hinterließ in ganz Europa, vor allem in Frankreich und England, Spuren ihrer noch vielfach rätselhaften Kultur und Religion.
Der Hirschgott Cervunnes. Detail von dem sogenannten Kessel von Gundestrup (um 100 v. Chr.). Silberrelief. Kopenhagen, Nationalmuseum **(42)**. – Doppelkopf aus dem keltischen Heiligtum von Roqueportuse (3./2. Jh. v. Chr.). Marseille, Musée Archéologique Borély **(43)**. – Detail des bronzenen sog. Kultwagens von Strettweg (7. Jh. v. Chr.). Graz, Steiermärkisches Landesmuseum **(44)**.

44

Die Germanen

Die Stämme der Zeit der
Völkerwanderung, vor allem die
Germanen, die von Nordeuropa aus
Europa überfluteten und als seefahrende
Wikinger Island und sogar Nordamerika
erreichten, verehrten als höchsten Gott den
Schlachtenlenker Odin, der tapfer gefallene
Krieger nach Walhalla holte. Eine Fülle von
Sagas und Liedern gibt uns umfassende
Auskunft über die religiösen Vorstellungen
und die Weltanschauung und Lebensweise
der Germanen.
Runenstein mit Gott Odin auf seinem
achtbeinigen Pferd. Kopenhagen,
Nationalmuseum (45). – Der Sonnenwagen
von Trundholm (etwa 14. Jh. v. Chr.).
Kopenhagen, Nationalmuseum (46).

45

46

Oberhalb von Midgard (= Menschenwelt) liegt Asgard, die Heimat der Asen (die teils als magisch-priesterliche, teils als Kriegsgötter vorgestellt werden: z. B. Tyr, Odin, Thor) und der Vanen (die die Fruchtbarkeit beherrschen: z. B. Njördhr, Freyr, Freya). Der Konflikt zwischen beiden endet mit Versöhnung, und alle gemeinsam bestimmen die Struktur der Gesellschaft (wiederum die Dreiheit Priester-Krieger-Bauern wie bei den Kelten, Römern und Indern!).

● **Germanische Götter: Odin/Wotan** ist der wichtigste Gott, der Vater und Herrscher, Herr und Meister der Magie, der die Gegner bindet und lähmt und Menschenopfer haben will. In einem schamanischen Initiationsritus, der in der Edda festgehalten ist, erhält Odin seine magischen Kräfte von Yggdrasil:

„Ich weiß, daß ich hing am windigen Baume,
neun ganze Nächte,
mit dem Speer verwundet, dem Odin geweiht,
ich selbst mir selbst.
Nicht reichte man mir Speise noch Trank,
forschend spähte ich nieder,
ich nahm herauf die Runen, laut schreiend,
dann fiel ich herab vom Baume.
Da begann ich zu gedeihen und weise zu sein
und zu wachsen und mich wohl zu befinden;
Wort mir vom Worte das Wort suchte;
Werk mir vom Werke das Werk."
(Edda, Hávamál 138 f, 141)

Yggdrasil bedeutet „Pferd des Ygg (= Odin)" und der Galgen wird im Germanischen „Pferd des Gehängten" genannt. Deshalb werden auch dem Odin geweihte Opfer an Bäume gehängt. Durch Selbstverletzung und Askese erhält Odin die Gabe der Geheimwissenschaft – er erleidet den rituellen Tod und erwacht zu neuem überlegenem Leben!

Donar/Thor ist der Wettergott, **Ziu/Tyr** der Kriegsgott – doch hat auch Odin/Wotan über beide Belange Macht. Wotan kommt etymologisch von „Wut". Es handelt sich dabei um die besonderen Erfahrungen junger Krieger, die in aggressive, Schrecken erregende Raserei geraten und Raubtieren gleich werden: „ohne Panzer, wild wie Hunde und Wölfe, bissen sie in ihre Schilde und waren stark wie Bären und Stiere. Sie massakrierten die Menschen, und weder Feuer noch Stahl waren ihnen gewachsen. Man nannte dies die Wut der **Berserker** (= Krieger in der Hülle von Bären)" (Ynglinga-Saga 6). Odin/Wotan ist gleichzeitig Totengott, schützt die Männerbünde und dominiert den germanischen Kult.

Tyr (Tivaz, Ziu) war der ursprüngliche germanische Hochgott (vgl. indoeurop. Dyaus!), hat mit Recht („Thing") und Krieg zu tun (von Tacitus mit Mars identifiziert!), verliert in der Auseinandersetzung mit Fenrir (= Wolf, der die Asen verschlingen wollte) einen Arm und mußte seine Macht Odin/Wotan abtreten.

Thor/Donar war einer der populärsten Götter. Sein Hammer Mjöllnir (= der Zermalmende) gibt ihm Macht über die Riesen und die kosmische Urschlange. Als Kriegsgott wurde er von Odin ausgestochen.

Baldr ist ein Sohn Odins und der Göttin Frigg. (= Freya). Er ist der Verständigste, Mildeste und Adeligste der Asen. Er sollte unverletzlich gemacht werden, doch *Loki* hintertreibt das, indem er den blinden Hödhr dazu brachte, Baldr mit einem Pfeil aus Mispelholz zu töten. Als heimtückisch Gemordeter kommt er nicht in die Walhalla, sondern in das Reich der Hel.

Njördhr ist der älteste der Vanen. Er heiratet seine Schwester und zeugt mit ihr zwei Kinder: Freyr und Freya – sein Kult zeigt Züge des Kybelekults im Orient.

Freyr verdrängte Njördhr. Sein Kult trägt orgiastische Züge (phallisches Götterbild in Uppsala!) – bis zum Menschenopfer.

Freya/Frigg, die Gattin Odins, wurde mit Venus gleichgesetzt und war die Göttin der Liebe und Fortpflanzung schlechthin. Nach Snorri Sturluson war sie ursprünglich eine Priesterin der Vanen und belehrte die Asen in der Deutekunst.

Loki ist ein Ase, spielt aber eine Außenseiterrolle: Er will den Göttern schaden, ist aber zugleich Begleiter Odins, Beschaffer von Odins Ring und Donars Hammer; insgesamt eine dämonische Natur: Fenrir und die große Schlange sind seine Söhne. Die Totengöttin Hel ist seine Tochter. Eine reiche Mythologie (aber kein Kult!) rankt sich um ihn.

● **Weltende:** Wie schon bei der Weltschöpfung angedeutet, enthält das Völuspá auch eine faszinierende apokalyptische Schau:

■

„Laut heult Garn (= Höllenhund) vor Gnipahellir; der Strick wird zerreißen, der Wolf wird rennen … weit in die Zukunft schaue ich … (44)

Brüder werden kämpfen, einander töten, Schwesterkinder werden Sippenbande brechen. Arg ist es auf Erden, viel Ehebruch, Beilzeit, Schwertzeit, die Schilde zerbersten, Sturmzeit, Wolfszeit, bevor die Welt einstürzt; es wird kein Mann den anderen schonen. (45)

Die Riesen sind in Bewegung; das Weltende kündet allen Gjallarhorns schriller Klang; laut bläst Heimdall, das Horn ragt empor; es spricht Odin mit dem Haupt Mimirs. (46)

Es erbebt Yggdrasil, der uralte Baum, es ächzt sein Stamm, und der Riese reißt sich los … (47)

Von Osten kommt Hrym gefahren, hoch hält er den Schild; in wildem Zorn wälzt sich die Midgardschlange, sie zerwühlt die Wogen; der lohfarbene Adler zerfleischt mit gellendem Schrei die Leichen; Naglfar (= das Totenschiff) naht. (48)

Ein Schiff fährt vom Osten her; es kommen Müspells Leute zur See, und Loki steuert … (51)

Surt kommt vom Süden mit brennender Fackel … zur Hel ziehen Helden, und der Himmel birst. (52)

Die Sonne verlischt, ins Meer sinkt die Erde, vom Himmel stürzen die leuchtenden Sterne, Glutrauch rast wider das Feuer, die hohe Hitze lodert zum Himmel empor … (55)

… sie sieht zum zweiten Male die Erde, aufs neue ergrünt, aus den Wassern auftauchen … (59)

Ungesät werden die Äcker gedeihen, alles Böse wandelt sich in Segen, wenn Baldr wieder erscheint." (62)

■

Trotz der lückenhaften Quellen wird eine eher komplexe und ursprüngliche Religion erkennbar, die weit in die gemeinsame indoeuropäische Zeit zurückreicht. Andrerseits lebt die germanische Religion auch trotz der Christianisierung fort und findet immer wieder zu neuen synthetischen Ausdrucksformen (Ritter, Gral, Parzival usw.).

Der Glaube der Thraker, Geten, Skythen und Sarmaten

Zwischen dem Dnjestr, den Nordkarpaten und dem Balkan entsteht in der Bronzezeit die thrako-kimmerische Kultur, deren Originalität schon den Griechen bekannt war. Immerhin bewahrten sich z. B. die Geten im Kampf gegen den großen Alexander die Unabhängigkeit! Wahrscheinlich stammt die Dionysos-Bewegung und zum Großteil auch die Orphik aus diesem Gebiet.

Wegen des Fehlens schriftlicher Zeugnisse sind wir allerdings hinsichtlich der Religion vielfach auf die archäologischen Funde und auf Vermutungen (Rückschlüsse) angewiesen.

Herodot ist der Vermittler der beiden Namen **Zalmoxis** und **Gebeleizis.** Ersterer ist wahrscheinlich ein thrakischer König, der zum Heros divinisiert wurde und die Unsterblichkeit „garantiert", letzterer ist ein alter Himmelsgott. Leider teilten die Thraker und Geten offensichtlich die Abneigung der Kelten gegen schriftliche Aufzeichnungen hinsichtlich der Riten und der Mythologie. So müssen wir Herodot folgen, der berichtet, daß die Thraker Ares, Dionysos und Artemis verehren, ihre Könige aber Hermes, für dessen Nachkommen sie sich halten.

Ares ist also (wohl im Sinne des germanischen Tiwaz/Tyr) der Oberste des thrakischen Pantheons – Artemis eine chthonische Gottheit. Ihre Hierogamie (= heilige Hochzeit) brachte Dionysos hervor (bei den Thrakern als **Sabos** und **Sabazios** bekannt), dessen Kult als Vorbild des griechischen Dionysoskultes gelten kann: wilde Zeremonien in den Bergen, bei Fackellicht und wilder Musik; gekleidet in Fuchsfelle und Ziegenhaut mit Hörnern, steigern sich vor allem die Frauen zu wilden Tänzen, die bis zum Paroxysmus (= heilige Verrücktheit) gehen, ein Zustand, in dem sie Opfertiere zerreißen und roh verschlingen (= rituelle Omophagie). Dadurch erreichen sie die Identifikation mit dem Gott.

Diese ekstatischen Erfahrungen brachten die Menschen dazu, sich in der „Unio mystica" (=

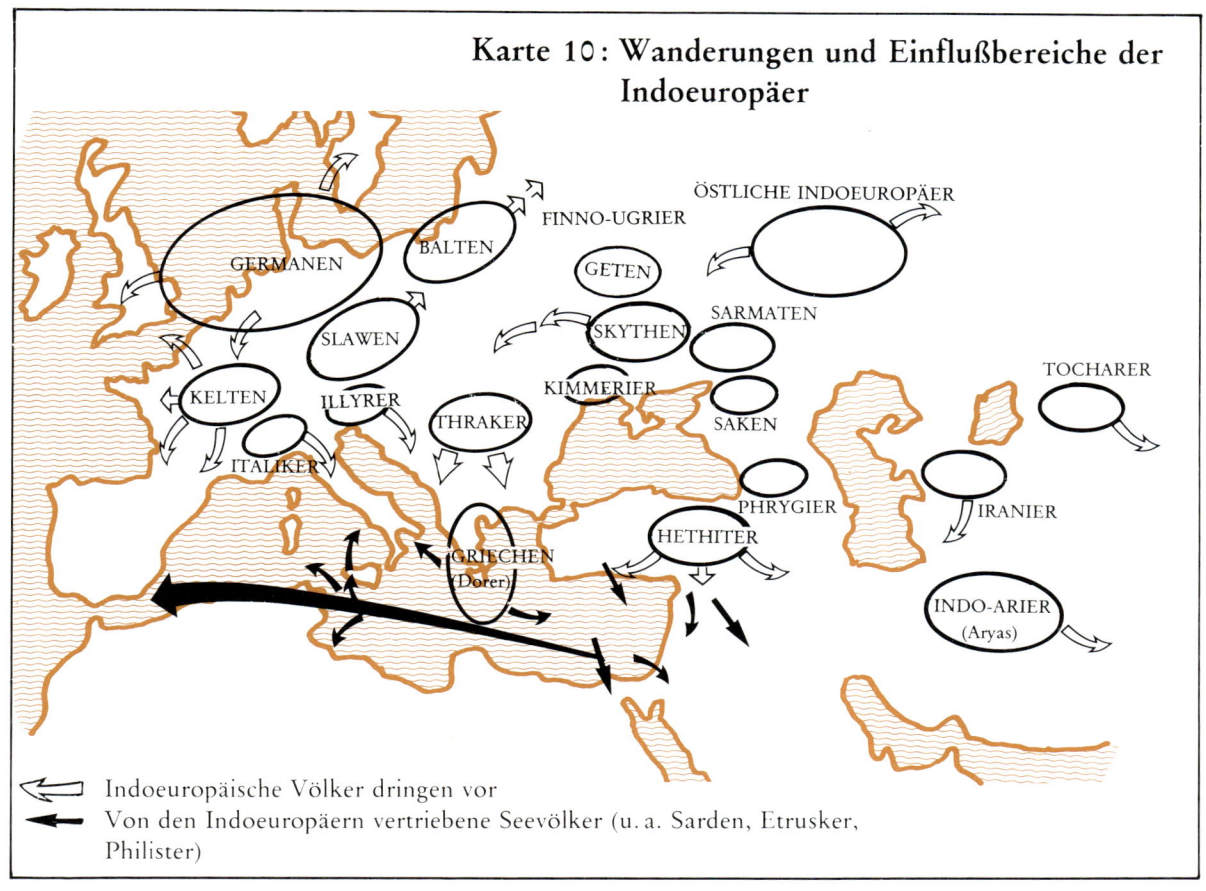

Karte 10: Wanderungen und Einflußbereiche der Indoeuropäer

Indoeuropäische Völker dringen vor

Von den Indoeuropäern vertriebene Seevölker (u. a. Sarden, Etrusker, Philister)

mystische Einung) vom Leibe getrennt und den Göttern verbunden zu fühlen, divinisiert zu werden und Unsterblichkeit zu erlangen.

Die **Besser,** ein thrakischer Stamm, kultivierten das ekstatische Orakel und entwickelten dabei eine ausgeprägte **Mantik** (= Weissagen). Neben dieser dionysischen (orgiastischen) Ekstase kultivierten die Thraker aber auch asketische, verinnerlichte Ekstasen (durch Beten, Fasten, Einsamkeit, vegetarische Diät usw.). Herodot berichtet, daß der lebendige Glaube an die Unsterblichkeit bei manchen thrakischen Stämmen zu einer wahren Todesverachtung und damit zu ungewöhnlicher Tapferkeit führte: *„Die Thrausoi klagen bei der Geburt eines Kindes, bestatten aber ihre Toten mit Freuden"* (Herodot V, 4). Martianus Capella spricht in diesem Zusammenhang von einem wahren *„appetitus maximus mortis"* (= höchste Todeslust). Manches davon ist noch in alten rumänischen und balkanischen Volkssagen lebendig!

Die **Geten** gehen direkt auf die Thraker des Bronzezeitalters zurück und werden von Herodot als *„die gerechtesten und tapfersten der Thraker"* bezeichnet:

■

„Sie halten sich für unsterblich, glauben, daß sie nicht sterben und daß der Verschiedene zu Zalmoxis, einem göttlichen Wesen (= daimon), kommen wird; einige unter ihnen nennen dieses gleiche göttliche Wesen Gebeleizis.
Die gleichen Thraker schießen, wenn es donnert und blitzt, Pfeile in die Luft und gen Himmel und bedrohen diesen Gott, denn sie denken nicht, daß es außer ihrem eigenen einen anderen Gott gibt."
(Herodot IV, 94)

■

Wahrscheinlich hat Herodot den Sinn des Rituals mißverstanden. Die Thraker wollen nicht den Gott Gebeleizis mit ihren Pfeilen bedrohen, sondern dämonische Mächte, die sich in Donner und Blitz zeigen.

Aus dieser einzigen Stelle über Gebeleizis kann man nicht viel erkennen, wesentlich mehr wissen wir über Zalmoxis:

∎

„Zalmoxis war ein ehemaliger Sklave des Pythagoras. Nach seiner Freilassung hat er große Reichtümer erworben und ist in sein Land zurückgekehrt. Da die Thraker elend lebten und einfältigen Geistes waren, ließ sich Zalmoxis einen Empfangssaal richten, in dem er die Führer seiner Mitbürger wie in einer Herberge bewirtete; im Laufe dieses Festes lehrte er sie, daß weder er noch seine Gäste, noch deren Nachkommen jemals sterben werden, sondern daß sie an einen Ort gehen werden, an dem sie ewig leben und sich vollkommener Glückseligkeit erfreuen werden ... Er ließ sich eine unterirdische Bleibe einrichten, in der er drei Jahre lang blieb. Die Thraker trauerten um ihn und beweinten seinen Tod. Nach drei Jahren erschien er vor ihren Augen, und so glaubten sie an das, was ihnen Zalmoxis verkündet hatte ... Ich weigere mich nicht, an das zu glauben, was man von der unterirdischen Bleibe erzählt, glaube aber auch nicht allzu sehr daran; ich glaube aber, daß er viele Jahre früher als Pythagoras lebte. Ob er ein Mensch war oder ein göttliches Wesen aus dem Lande der Geten, lassen wir das auf sich beruhen."
(Herodot, IV, 95–96)

∎

Herodot berichtet weiter von dem besonderen Ritual für Zalmoxis: alle 4 Jahre wird ein Bote ausgesandt, der dem Gott mitteilen soll, was die Geten in jeder Situation wünschen. Einige Männer halten drei kleine Wurfspeere, und der vom Schicksal als Bote Bestimmte wird in die Luft geworfen; beim Fallen wird er von den Speerspitzen durchbohrt. Nur ein solches Opfer macht die Übermittlung einer Botschaft und die direkte Beziehung der Geten mit ihrem Gott (das Opfer ist die rituelle Wiederholung der Begründung des Kultes) möglich.

Posidonius bzw. Strabo berichten über eine veränderte Form des Zalmoxis-Glaubens: Zalmoxis war ein Sklave des Pythagoras und lernte von ihm in Ägypten die Kunst der Weissagung. Nach seiner Rückkehr wurde Zalmoxis

vom König an der Herrschaft beteiligt und hatte großen Einfluß als Magier und Prophet sowie als Großpriester des höchsten Gottes (Gebeleizis?). Er zog sich in eine Höhle am heiligen Berg Kogainon zurück und wurde später selbst wie ein Gott verehrt. Das Mysterienhafte des früheren Zalmoxiskultes scheint hier verlorengegangen oder doch in den Hintergrund getreten zu sein.

Östlich vom Gebiet der Thraker und Geten kommen die **Kimmerer** und **Skythen** im Zuge der „indoeuropäischen Explosion" und als Gegenbewegung zur „Dorischen Wanderung" (welche indoiranische Reiterstämme in das Gebiet des Baikalsees, Chinas und Ostturkestans bringt) in Berührung mit den Thrakern. Unter dem Druck der nachdrängenden Skythen sind es zuerst die Kimmerer, die nach Süden (Urartru, Assyrien, Luristan) ausweichen und sich teilweise mit den Thrakern verbinden. Sie sind es auch, die die Kenntnis der Eisenverarbeitung vom Iran in die Hallstattkultur hineinvermitteln.

Die Skythen, welche die Kimmerer aus deren ursprünglichen Heimat zwischen dem Don und den Karpaten vertreiben, entwickeln ab dem 8. Jh. v.Chr. eine blühende Kultur und schließen sich zu einer nationalen Einheit zusammen. Ihr Einfluß ist im Osten in China und im Westen in Ungarn, Rumänien und Bulgarien deutlich bis heute zu spüren.

Die Quellen sind allerdings spärlich und ungenau und meinen nicht nur die Kimmerer und Skythen, sondern offensichtlich alle nomadischen Reitervölker der eurasischen Steppen überhaupt. Eine interessante Einzelheit berichtet wiederum Herodot:

∎

Das Totenritual der skythischen Könige

„Die Grabstätten der Könige befinden sich im Lande Gerrhos, in das der Borysthenes als schiffbarer Strom hineinfließt. Wenn der König gestorben ist, wird dort eine große viereckige Grube in die Erde gegraben. Ist sie fertig, so hebt man die Leiche auf einen Wagen. Der Leib ist vorher mit Wachs überzogen, der Bauch geöffnet und gereinigt, mit gestoßenem Safran, Räucherwerk, Eppich- und Dillsamen gefüllt und wieder zugenäht worden. Die

Leiche wird von Stamm zu Stamm geführt. End-
lich, nachdem alle Stämme durchwandert sind, ge-
langen sie nah Gerrhos zu dem fernsten Stamm
und zu der Grube. Die Leiche wird darin auf Streu
gebettet ..."

Da sie keine Schrift haben, geraten sie nach ihrem politischen Niedergang schnell in Vergessenheit. Erst im 18. Jh. n. Chr., als Grabfunde
auftauchen, ließ der russische Zar die Fürsten-
gräber *(Kurgane)* systematisch archäologisch
untersuchen.
Die Religion der Skythen ist stark von Magie
und Zauberei bestimmt und wurde von Schamanen getragen. Neben Zauberei und Wahrsa-
gerei (Rutenbündel, Zerreißen von Bastfäden)
werden Amulette zur Abwehr gegen böse Dämonen getragen und Klapperbleche und Rasseln zum selben Zweck mitgeführt.
Die Skythen haben keine Tempel und Altäre,
verehrten aber Gottheiten. Wir haben Kenntnis
von *Tabiti* (Große Muttergöttin), *Papeus* (Himmelsgott), *Apia* (Erdgöttin), *Oetosyrus* (Sonnengott) und *Artimpaasa* (Mondgöttin).
Zu Beginn des 4. Jh. v. Chr. geraten die Skythen zunehmend unter den Druck der **Sarmaten,** die sie von Osten her bedrängen und
allmählich das skythische Reich vernichten.
Die unverheirateten Sarmatinnen kämpfen an
der Seite der Männer (Ursprung der Amazo-
nensagen der Griechen).
Die Jazygen und Roxolanen, Aonen und Ala-
nen sind die wichtigsten Stämme der Sarmaten.
Um 175 v. Chr. herrschte König Gatalos über
das „Reich der Königlichen Sarmaten" – nachdem die Macht des Skythenreiches gebrochen
war. Später gingen die Sarmaten mit den Thrakern ein Bündnis ein, das sich in der thrakisch-
sarmatischen Dynastie äußerte. Die Sarmaten
waren durch ihre Bewaffnung ihren Gegnern
überlegen: Langschwert, Lanzen, körperdek-
kende Panzerung, Metallsteigbügel, Sporen,
gepanzerte Pferde (schwere Kavallerie)!
Gräberfunde zeigen Ähnlichkeiten mit den
Kurbans der Skythen, ein wesentlicher Unterschied ist aber festzustellen: ein Schacht führt
zu einer Erdhöhle, die mit Binsen ausgelegt ist.
Dort werden die Leichen, in Leder oder Pelze
gehüllt, in Hockstellung, aber auch gestreckt,

Auf dieser Goldplakette aus dem Oxus-Tempelschatz
(skythische Arbeit) ist ein Meder (= Magier) dargestellt,
der ein Bündel Zweige des heiligen Barsman-Baumes
trägt.

bestattet. Außerdem gibt es nirgendwo Hinweise, daß wie bei den Skythen auch die kost-
barsten Pferde mitbegraben wurden. Pferde-
schädel und Hufe verweisen aber darauf, daß
auch bei den Sarmaten Pferdeopfer im Zusammenhang mit der Bestattung üblich waren.
Aus verschiedenen Funden wissen wir, daß die
Sarmaten aller Wahrscheinlichkeit nach Feueranbeter waren und unter iranischem, vielleicht
auch zentralasiatischem Einfluß standen.

Der Glaube der Azteken, Mayas und Inkas

Unser Überblick über die archaischen Hochkulturen nähert sich seinem Ende. Wir überspringen den Glauben der alten slawischen Völker, weil die Funde allzu spärlich sind, und verweisen darauf, daß über die Frühkultur der Chinesen und Japaner im Zusammenhang der „lebenden Weltreligionen" (ab Kapitel V) gehandelt wird, da wesentliche Elemente dieser Religionen auch heute noch im chinesischen Universalismus und Buddhismus bzw. im japanischen Shintoismus und Buddhismus enthalten und lebendig sind.

So wenden wir uns vom Kontinent Asien ostwärts nach Amerika. Die amerikanischen Hochkulturen erreichten ihre höchste Ausbildung im Hochtal von Mexiko (Tolteken/Azteken), im nördlichen Guatemala und auf Yukatan (Mayas) sowie auf dem peruanischen Hochland (Inkas). Ehe aber 200 n. Chr. bei den Mayas, 1000 n. Chr. bei den Tolteken/Azteken und 1500 n. Chr. bei den Inkas in vergleichbarem Sinn von „Hochkultur" gesprochen werden kann, muß man eine lange Zeit kultureller Entwicklung konstatieren.

Auf dem Weg zur Hochkultur

Da es auf dem amerikanischen Kontinent weder fossile Reste ausgestorbener Menschenaffen noch Frühformen der Menschen (z. B. Neandertaler) gibt, kam der Homo sapiens nach der Meinung der Wissenschaftler vielleicht zwischen 36.000 und 32.000 und zwischen 28.000 und 13.000 über die Beringstraße bzw. über eine Landbrücke, die in dieser Zeit (Eiszeit) bestand, weil der Meeresspiegel infolge der Gletscherbildungen bis zu 40 Meter gesunken war, von Asien her auf den amerikanischen Kontinent. So stammen auch die ersten Bewohner im mexikanischen Hochland von den asiatischen Einwanderern ab, die vor etwa 20.000 Jahren von Asien her nach Amerika kamen und langsam südlich wanderten.

Mammutknochen mit Obsidianspitzen und die Ausgrabung des sogenannten Tepexpan-Menschen belegen diese Vermutungen. Als das Großwild um 7000 v. Chr. ausstarb, wurden diese Menschen Wildbeuter und Sammler und zwischen 5000 und 3000 Bauern, die Kürbis, Bohnen und Mais kultivierten.

Auf die sehr differenzierte Kultur der Mount- und Pueblobauer in Nordamerika, der Ahnen der nordamerikanischen Indianer-Völker, kann hier nicht näher eingegangen werden. Wir müssen uns auf die drei Bereiche beschränken, in denen sich Hochkulturen entwickelt haben.

In **Südamerika,** im Andenhochland, sind die ältesten Funde einer seßhaften Kultur im 4. Jahrtausend v. Chr. datiert. Um 1800 v. Chr. ist Maisanbau und Keramik belegt. Die älteste greifbare Kultur ist um 1500 v. Chr. nachzuweisen (Chavin-Kultur).

In **Mittelamerika** sind die ersten Zeugnisse einer seßhaften Bevölkerung um 1300 v. Chr. nachgewiesen, und zwar im Tehuacan-Tal.

Im **mexikanischen Hochland** ist Tlatilco der älteste Fundort (um 1000 v. Chr.). Er verrät allerdings bereits eine beträchtliche künstlerische Höhe, so daß eine verhältnismäßig lange Entwicklung vorausgegangen sein muß.

Der Glaube der Mayas und ihrer Vorläufer

Die Entwicklung der Zivilisation in Mittelamerika machte offensichtlich im 1. Jahrtausend v. Chr. große Fortschritte und äußerte sich in der Entwicklung zweier „Stände", einer Führerschicht und einer Arbeiterschicht. Kulturzentren beeinflußten die umliegenden Dörfer.

● **La Venta-Kultur** (ab 500 v. Chr.). Neben Tabasco und San Lorenzo ist es vor allem das Kultzentrum von La Venta, das große Bedeutung hatte und wahrscheinlich die gesamte nachfolgende Kultur Mittelamerikas nachhaltig beeinflußt hat. Inmitten sumpfiger Gebiete liegt auf einer trockenen Erhebung ein Kultkomplex von beachtlichen Ausmaßen. Den Mittelpunkt bildet eine aus Erde und getrockneten Lehmziegeln errichtete Pyramide, die

Karte 11: Die Hochkultur der Mayas

In Mittelamerika, im Bereich der heutigen Staaten Mexiko, Guatemala, Britisch Honduras, San Salvador, Nicaragua und Costa Rica, befand sich das Gebiet der Mayas und ihrer Vorläufer, deren Kultur noch viele Rätsel birgt.

eine Höhe von 32 Metern und eine Längsachse von 140 Metern aufweist. Nördlich schließt sich ein rechteckiger Platz an, der wieder von einer Pyramide begrenzt wird. Daran schließt sich ein zweiter rechteckiger Platz, der mit Basaltsäulen umstellt ist und den im Norden eine dritte Pyramide abschließt. Weitere kleine Plattformen schließen sich an. Auch im Süden – vor der Pyramide – befinden sich noch Gebäudegruppen, die aber nicht mehr klar zu rekonstruieren sind. Da man keine Siedlungsüberreste gefunden hat, diente dieses Kultzentrum offenbar nur religiös-verwaltungsmäßigen Zwecken und wurde von den umliegenden Dörfern erhalten. In La Venta selbst wohnte (oder amtierte) nur eine Priesterschaft, die wahrscheinlich nicht nur religiöse, sondern auch politische Bedeutung hatte (z. B. Organi-

sation der Bewässerung usw.). Das bedeutendste Kennzeichen dieser Kultur sind die kolossalen Steinplastiken (zwischen 1,50 und 2,90 m hoch – in einem steinarmen Gebiet, also von weither gebracht!) mit charakteristischen Gesichtszügen (flaches Gesicht, breite Backenknochen, aufgeworfene Lippen, breite Nasen).

Die Träger dieser Kultur sind wahrscheinlich die sogenannten *Olmeken*, die auch den ersten Kalender entwickelt haben und die ältesten Schriftzeichen in Amerika schufen (glyphische Schrift).

Ein zweiter Plastiktyp läßt Hinweise auf Gottheiten zu: Zwergenhafte, fettleibige Basaltfiguren mit teils babyhaftem Gesicht („Baby-face"), teils Jaguar-Zügen („Jaguar-face") – was vielleicht auf ein Totem-Tier oder einen Jaguar-Gott hinweist, dem Opfer dargebracht wurden. Auch eine Hierogamie (hl. Hochzeit) Muttergottheit-Jaguargott legt sich nahe. Während die La Venta-Kultur die von ihr erfaßten Bereiche

In La Venta (Mexiko) fand man zahlreiche riesige Skulpturen, u. a. 20 gigantische Basaltköpfe, ca. 2,40 m hoch, über 6 m Umfang, an die 50 Tonnen schwer. Die Gesichtszüge sind halb menschlich, halb einem Jaguar (Gottheit?) gleichend. 7. Jh. v. Chr.

kulturell höherführte, blieben z. B. das Hochland von Mexiko oder das guatemaltekische Tiefland von dieser Entwicklung mehr oder minder unberührt.

● **Tres Zapotes-Kultur:** Um die Zeitwende löste die sogenannte Tres Zapotes-Kultur die Einflüsse der La Venta-Kultur ab, die bereits um 400, seit der Zerstörung des Hauptortes, von der erreichten Höhe abgesunken war. Nicht mehr die Jaguargottheit, sondern eine Art Regengottheit dominiert in den Skulptur- und sonstigen Bildfunden. In Tres Zapotes fand man eine Plattform aus Erde mit senkrechten Wänden und eine Stele, die das älteste Datum des späteren Maya-Kalenders aufweist: 31 v. Chr.! Neben dem genannten Fund gibt es einen Tempelfund in Chiapa de Corzo (Kalksteinblöcke) und eine große Ruinenstätte in Kaminaljuyú, wahrscheinlich das Hauptzentrum im Hochtal von Guatemala mit mehr als 200 Plattformen und Pyramiden, die auf eine hochentwickelte Planung und Organisation in der Nachfolge der La Venta-Kultur verweisen. In den Pyramiden sind Grabstätten mit reichen Grabbeigaben (Ritualgegenstände, Kleidung, Schmuck) und Hinweisen auf Menschenopfer

aufgefunden worden. Wahrscheinlich gab es damals drei Stände: Priester (-könige) – Bauern und Handwerker – Sklaven (dienender Stand).

● **Frühe Maya-Kultur:** Im Tiefland Mittelamerikas zeigt sich um die Zeitenwende bereits eine voll ausgebildete Kultur mit Tempelpyramiden, großen Gebäuden und reich ausgestatteten Grabkammern, die auf eine ausgebildete Gesellschaftsordnung schließen lassen. Es fehlen gegenüber der klassischen Maya-Kultur die Schrift und die Steinmonumente. Diese Kultur ging aber praktisch nahtlos in die klassische Periode über!

● **Monte Albán-Kultur** (seit 600 v. Chr.): Im Norden Mittelamerikas in der Nähe von Oaxaca hat sich auf dem Bergrücken Monte Albán

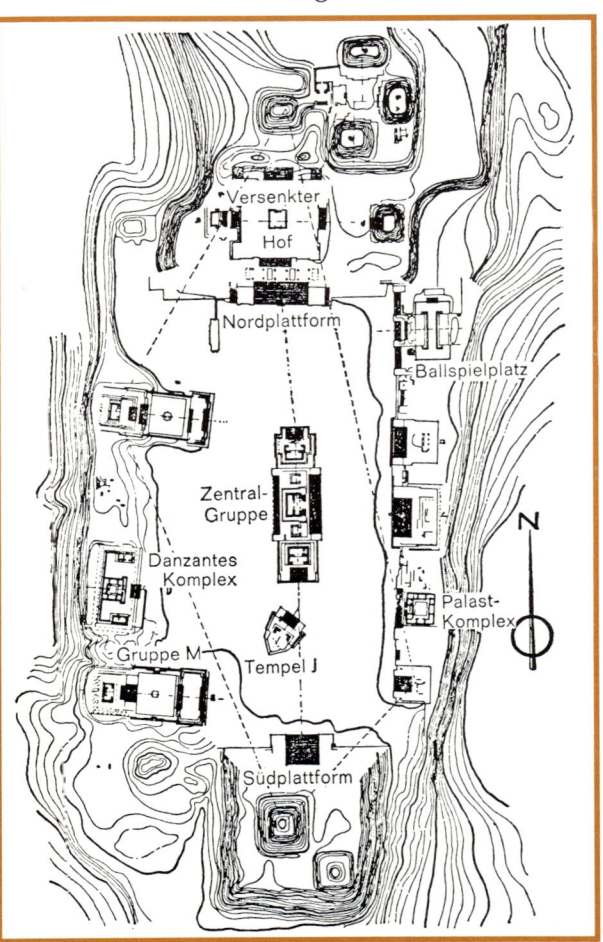

Plan der Ruinen von Monte Albán in Südamerika (Zapoteken-Kultur) um 600 v. Chr. Der auf einem Bergrücken gelegene 700 × 250 m große Kultplatz, an dessen Ausgestaltung Jahrhunderte arbeiteten und der doch eine planvolle Konzeption verrät.

Der Zentralplatz von Monte Albán, bis etwa 900 n. Chr. Mittelpunkt der Zapotekenkultur.

ein Kultzentrum entwickelt, das deutlichen Zusammenhang mit La Venta aufweist (megalithische Reliefs). Diese Kultur war offensichtlich sehr beständig und erreichte nach 1000 Jahren, um 500 n. Chr. ihren Höhepunkt. Träger dieser Kultur sind die Zapoteken, eines der ältesten Kulturvölker Mexikos. In der Blütezeit werden auf dem Berg große Gebäudekomplexe errichtet: Um einen riesigen Zentralplatz (in etwa 2000 m Höhe), der vielleicht als Ballspielplatz gedient haben mag, befinden sich Plattformen, die verschieden hohe Pyramiden miteinander verbinden; auf diesen Plattformen wurden Paläste und Tempel errichtet. Die senkrechten Gebäudeteile verzierte man mit vorspringenden Gesimsen. Die Tempelgebäude auf den Pyramidenplattformen bestehen meist aus zwei Räumen, durch Bruchsteinsäulen unterteilt, mit flachem Dach. Weit über 100 Gräber wurden bis heute in Monte Albán gefunden, aus Stein gemauerte rechteckige Grabkammern mit einem kleinen Vorraum an der Schmalseite, von dem eine Treppe an die Oberfläche führt. In die Wände eingelassene Nischen dienten zur Aufnahme von Grabbeigaben. Dach und Wände waren mit Stuck überzogen und bemalt. Große und kunstvolle Bildurnen in Menschengestalt, aus einzelnen Keramikteilen zusammengesetzt, sind das hervorstechende gestalterische Produkt dieser Zapotekenkultur. Diese Gestalten sind offensichtlich Gottheiten und erlauben eine Rekonstruktion des Zapotekischen Pantheons. Etwa 30 männliche und 7

weibliche Gottheiten lassen sich unterscheiden. Der Hauptgott scheint ein Regengott gewesen zu sein. Die Funktionen der anderen Gottheiten lassen sich nicht mehr rekonstruieren, obwohl man tw. sogar ihre kalendarischen Namen gefunden hat (in Glyphen ausgedrückt). Das Kalendersystem der Zapoteken basierte auf dem 260tägigen Ritualkalender, der allgemein in Mittelamerika gebräuchlich gewesen sein dürfte. Die Entzifferung der Glyphen (= Bildzeichen) ist leider bis heute nicht gelungen.

Die zapotekische Kultur und Religion beeinflußte in der Folgezeit deutlich andere Teile Mittelamerikas, ehe sie um 1000 n. Chr. von den Mixteken nach Süden abgedrängt wird und erlischt.

● **Die Tiefland-Maya-Kultur:** Das heute fast unbewohnte tropische Regenwaldgebiet im nördlichen Guatemala, in Honduras und in Teilen der mexikanischen Staaten Chiapas und Tabasco war das Zentrum der klassischen Maya-Kultur.

Der bedeutendste Ort war wahrscheinlich *Tikal.* Um 500 n. Chr. war Tikal wahrscheinlich nur ein Tempelzentrum, allmählich wurde es aber auch eine Metropole. Große Zisternen und künstliche Bewässerungsanlagen lassen erkennen, daß in der Blütezeit eine zahlreiche Bevölkerung versorgt werden konnte.

Man kennt neben Tikal heute über 130 Kultzentren, die jeweils den Kern von Herrschaftsbereichen oder Distrikten bildeten. Es gab keine Städte, sondern der größte Teil der Be-

Palenque gilt wegen seiner Lage, Bauwerke und Funde
als das schönste aller Maya-Zentren. Der
„Sonnentempel" ruht auf Stufenplattformen.

völkerung lebte in kleinen Dörfern rund um
die Kultzentren. Es werden aber immer noch
neue, in Vergessenheit geratene und vom Ur-
wald verschlungene Funde gemacht, so daß
noch kein endgültiger Überblick über die Kultur der Mayas möglich ist.

Bestimmte hieroglyphische Inschriften, die
man als Embleme identifizieren kann, geben
Hinweise auf politische Zusammenhänge zwischen den einzelnen Distrikten. Im Westen
war *Palenque* ein solcher Distrikt, wohl ähnlich
mächtig wie Tikal. 1952 wurde im „Tempel der
Inschriften" in Palenque eine überwölbte
Treppe entdeckt, die 24 Meter tief in eine Grabkammer führt, die mit einer riesigen dreieckigen Steinplatte verschlossen war. Die Wände
der Grabkammer tragen herrliche Stuckreliefs.
Die vielen Kultzentren weisen untereinander
einen deutlichen Zusammenhang auf, so daß

man mit gutem Recht von einer Hochkultur
der Mayas sprechen kann.

Der höchste Tempel von Tikal war 70 Meter
hoch, und der große Hof des Zentrums in Co-
pán ist 237 × 168 Meter groß! Kraggewölbe,
Stuck, stark forcierte Fassaden und Aufbauten
sind typisch für die klassische Maya-Architek-
tur. Zahlreiche Stelen (große, rechteckige, mehrere Meter hohe Steinsäulen) tragen Götterbilder und Hieroglypheninschriften mit Datie-

1952 gelang dem mexikanischen Archäologen Alberto
Ruz im Tempel der Inschriften in Palenque die
sensationelle Entdeckung einer unterirdischen
Grabkammer mit den schönsten Stuckreliefs von ganz
Altamerika. Die hier abgebildete 4 m lange
Sarkophagdeckplatte, deren Deutung umstritten ist, ist
von höchster technischer Vollendung.

rung. Die Schrift ist tw. entziffert und läßt erkennen, daß man einen Mond- und Venuskalender sowie einen Ritualkalender unterschied.

Die Religion spielte offensichtlich im Leben des Maya-Alltags eine große Rolle. Unter den zahlreichen Göttern findet man Mais- und andere Vegetationsgottheiten (der Mais ist ja nachweislich in Mexiko und Mittelamerika domestiziert worden!), Gottheiten des Regens und der Fruchtbarkeit, sowie Astralgottheiten (Mond, Sonne, Venus). Im Mittelpunkt des religiösen Lebens stand aber eine Zeitphilosophie, die in dem ausgeklügelten Kalendersystem ihren Ausdruck fand.

Die Mayas glaubten, in der 5. Schöpfung zu leben und fürchteten sich vor kosmischen Ereignissen wie Sonnenfinsternissen und bestimmten Stern- und Planetenkonstellationen – sie glaubten, daß bereits vier „Weltuntergänge" geschehen seien.

An den Feiertagen strömten die Menschen in die Tempelbezirke. In den Männerhäusern bereiteten sich die Teilnehmer vorher durch Fasten auf die Feste vor. In den Wandmalereien finden wir viele Darstellungen von rituellen Menschenopfern, des rituellen Ballspiels (um die Mitte des 1. Jt. von der Golfküste her übernommen! Der fliegende Ball verkörperte wahrscheinlich die Sonne) und von der Ahnenverehrung und Vergöttlichung der obersten Herrscher und Priester, über deren Gräbern die Tempel errichtet wurden.

Um 900 n. Chr. ist die klassische Periode plötzlich zu Ende, Bevölkerungsteile scheinen das Tiefland verlassen und nach Yukatan ausgewandert zu sein. Bereits um 1000 waren die Städte und Kultzentren jedenfalls verlassen und Ruinen.

● **Tajin- und Remojadas-Kultur:** An der mittelmexikanischen Golfküste entstand um 200 n. Chr. (bis 1000) eine klassische Hochkultur. Hier ist wahrscheinlich der Ursprung des kultischen Ballspiels zu suchen, das sich in ganz Mittelamerika und Mexiko verbreitet hat. In Tajin ist die berühmte Pyramide der 365 Nischen zu finden, die deutliche Bezüge auf das Sonnenjahr erkennen läßt! Weitere Besonderheiten dieser Kultur, von deren Trägern (Olmeken) wir wenig wissen, sind die sogenannten „Joche" (eine Art hölzerner Gürtel, der wahr-

In El Tajin an der Golfküste fand man die berühmte Nischenpyramide. Die 365 quadratischen Nischen in der 18 m hohen sechsstufigen Pyramide sind ein seltenes Bauelement in Mittelamerika.

scheinlich zum Ballspiel verwendet wurde – der Ball durfte nicht mit den Händen berührt werden, sondern wurde mit Hüftbewegungen geschleudert) und die „Palmas" (paddelähnliche Gegenstände, die vielleicht als Schläger für das Ballspiel verwendet wurden) sowie die „Zeremonialäxte" (vielleicht Embleme verschiedener Kriegerkasten).

● **Die nachklassische Maya-Kultur:** Zwischen dem 10. und 11. Jahrhundert setzt in Yukatan die Maya-Renaissance ein. Nicht mehr so hohe Pyramiden, aber eindrucksvolle Paläste zeugen von der Lebensfähigkeit dieser Kultur. Von den Tolteken, die vor den Azteken ebenfalls nach Yukatan ausweichen, übernehmen die Mayas Baugewohnheiten und Götter (z. B. den toltekischen Quetzalcoatl = Gefiederte Schlange, den die Mayas Kukulcán nennen). Die drei bedeutendsten Städte dieser Maya-Tolteken-Symbiose sind Uxmal, Chichén Itzá und Mayapán, die sich 1007 (bis 1194) zur „Liga von Mayapán" zusammenschließen. Durch das Eindringen der Tolteken kommt es zum Zerwürfnis und Auseinanderbrechen des Bundes. Die Cocom-Dynastie von Mayapán dominiert jedenfalls in der Folgezeit bis 1441. In dieser Zeit sammeln die Priester der Mayas die alten, mündlich überlieferten Traditionen (die später von den Spaniern in lateinischer Schrift aufgezeichnet wurden).

■

Schöpfungsbericht des Popol Vuh
(Hl. Buch der Quiché-Mayas)

„Alles schwebte in Schweigen, alles war in tiefer Ruhe, bewegungslos und still und leer war der Himmel. Und dies ist die erste Kunde, die erste Aussage: Es gab noch keinen Menschen, kein Tier; es gab nicht Vogel, Fisch, Krebs, Baum, Stein, Höhle, Schlucht, Gras oder Wald. Einzig und allein der Himmel war da.

Noch war das Antlitz der Erde nicht zu sehen. Nur das Meer staute sich, und der Himmel war da.

Nichts war miteinander verbunden ... Nichts war aufrecht ... Nur Bewegungslosigkeit und Schweigen in Finsternis und Nacht.

Einzig und allein der Schöpfer, der Former, der Mächtige, und Kukumatz (Kukulcán = Quetzalcoatl), die erzeugen, die hervorbringen, waren über dem unendlichen Wasser, eingehüllt in grüne und blaue Federn; darum sagt man: ‚grüne Federschlange‘. Große Weisheit, große Kunde ist ihr Wesen.

Ebenso war wahrhaftig der Himmel da, das ‚Herz des Himmels‘ war da: das ist der Gottesname.

Und dessen Wort kam zum Mächtigen und zu Kukumatz in die Finsternis, in die Nacht, und sprach mit dem Mächtigen und Kukumatz. Und sie sprachen, berieten, dachten nach; sie vereinigten

ihre Worte, ihren Beschluß. Da tauchte das uranfängliche Licht, da tauchte auch der Mensch in ihren Plänen auf.

Da überdachten sie das Aufsprießen, das Werden des Waldes und der Schlingpflanzen, die Menschwerdung in Finsternis und Nacht, nach seinem Willen, dem Willen des Herzens des Himmels, dessen Namen Hurakan (Einbein) ist.

Der Blitz ist das erste Zeichen des Hurakan, ein Blitzstrahl das zweite, das dritte der Donnerschlag. Und diese drei sind das Herz des Himmels.

Und es kamen zusammen der Mächtige und Kukumatz, und sie dachten nach über Licht und Leben, wie gesät werden und wie es Licht werden sollte, und wer alles betreuen werde.

‚Es geschehe! Dieses Wasser weiche und schaffe Platz. Es entstehe die Erde, sie ebne sich. Möge gesät werden. Hell werden möge der Himmel über der Erde.

Aber es gibt keinen Ruhm, keinen Glanz für unsere Schöpfung, bevor nicht Menschen gestaltet, Menschen erschaffen werden.‘ So sprachen sie.

So sprachen sie, und auf ihr Geheiß entstand die Erde. Ja wahrhaftig, sie trat ins Dasein. ‚Erde‘ sprachen sie, und augenblicklich entstand sie ...

Darauf war Kukumatz voll Freude: ‚Gut war es, daß du herabkamst, Herz des Himmels, Blitzstrahl, Donnerschlag!‘

‚Gut wird sein unser Bau, unsere Schöpfung‘, sagten sie.“

■

Die neunstufige Tempelpyramide „Castillo" (30 m hoch) in Chichén Itza trägt den Tempel des Kukulcan (aztekisch Quetzalcoatl).

Im Jahre 1441 macht sich der aufgespeicherte Haß gegen die Cocom-Herrscher Luft. Unter der Führung der Xiu-Dynastie wird Mayapán zerstört. Die Folge ist ein Bürgerkrieg, der die Mayas so schwächt, daß sie sich gegen die Spanier nicht behaupten können und untergehen.

Die Religion der Azteken und ihrer Vorläufer

Die ältesten Zeugnisse im Hochland von Mexiko reichen in das 8. vorchristliche Jahrhundert zurück:

● **Tlatilco-Kultur:** Tlatilco zeigt gegenüber der verhältnismäßig primitiven Kultur ringsum eine kulturelle Weiterentwicklung, die sich vor allem in der Keramik äußert (Gefäße in Form von Fischen und Vögeln). In dem nur wenige Kilometer von der heutigen Hauptstadt Mexiko-City entfernten Fundort wurden viele tausende von Tonfigürchen ausgegraben, die vielleicht religiöse Bedeutung haben (Grabbeigaben, rituelle Entsprechungen für Personen, Figuren mit Doppelgesichtern) – die genaue Bedeutung ist allerdings nicht mehr feststellbar.

● **Teotihuacán-Kultur:** Um die Zeitenwende hat sich im Hochtal von Mexiko eine Kultur entwickelt, die sicherlich lange Vorläufer gehabt haben muß, die aber erst im 1. nachchristlichen Jahrhundert und bis in die Mitte des 1. Jt. hin greifbar wurde. In Teotihuacán erhebt sich die 65 Meter hohe Sonnenpyramide (220 Meter Seitenlänge), die aus an der Sonne getrockneten Lehmziegeln erbaut ist. Auf ihren Treppen vollzog man den Götterkult.
Das Pendant dazu ist eine Mondpyramide – der die beiden Tempel krönende Aufbau ist freilich in beiden Fällen verlorengegangen. Die Ziegel sind auch deshalb so gut erhalten, weil sie mit rotem oder weißem Putz überzogen

Die berühmte Sonnenpyramide von Teotihuacán im mittleren Hochland Mexikos gehört zu einer 20 km² großen Kultanlage, der größten in Mittelamerika. Die riesige Sonnenpyramide hat eine Basislänge von 220 m und ist in ihrem heutigen Zustand immer noch 65 m hoch.

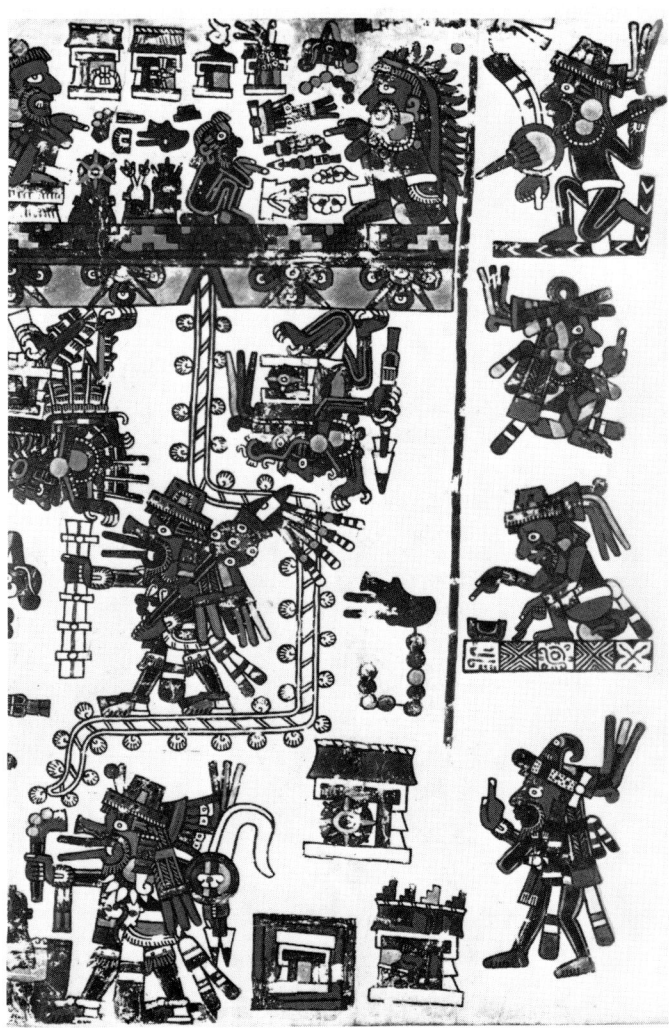

Eine mexikanische Handschrift stellt den Gott Quetzalcoatl dar.

wurden – vielfach waren sie auch mit Fresken geschmückt. Das kultische Zentrum hatte eine Ausdehnung von 11 km². Zwischen den beiden Pyramiden liegen ein riesiger Festplatz und eine Prozessionsstraße, welche die Nord-Süd-Achse der Stadt markiert. Platz und Straße waren umsäumt von Tempeln, Palästen und Wohnhäusern. Die Ruinenstadt hat ein Ausmaß von 18 km².
Um 300 nach Christus wird die Stadt erweitert, wird vor allem eine Wohnstadt (um das Kultzentrum), in der bis zu 250000 Einwohner gewohnt haben könnten. In dieser Zeit wurden vor allem Paläste gebaut und mit echten Fresken (mit Götterdarstellungen) ausgeschmückt. Unsere Kenntnis der religiösen Vorstellungen

und Bräuche in Teotihuacán ist allerdings sehr gering. Sicher ist, daß ein ausgeprägtes Pantheon von Gottheiten verehrt wurde, in dem der Regengott *Tlaloc,* der Feuergott *Huehuetéotl* und *Quetzalcoatl,* die gefiederte Schlange, eine besondere Rolle spielten.

Der Gebrauch des 260tägigen Festkalenders ist ebenso nachgewiesen wie die Anfänge einer Symbolschrift. Um 600 verlor die Stadt an Bedeutung und spielte in der späteren Zeit keine Rolle mehr.

Vielleicht wurde die Stadt von kriegerischen Stämmen aus dem Norden niedergebrannt. Jedenfalls dringen solche nomadisierende Kriegerstämme etwa ab 800 n. Chr. in das mexikanische Hochland ein.

● **Mixteken-Kultur:** Die Eindringlinge vermischen sich mit der eingesessenen Kultur, nehmen deren höhere Kulturstufe an und werden Mixteken genannt. Sie machen sich schon bald im Gebiet zwischen Cholula und Sinaloa bemerkbar, und ihr Einfluß reicht bis nach Belize. Sie entwickeln eine Bilderschrift, die sich grundlegend von der Hieroglyphenschrift der Mayas unterscheidet. Diese Schrift findet sich in den sog. mixtekischen „Faltbüchern" (deren Stil und Technik später von den Azteken übernommen wurden). Dadurch ist uns die vorspanische Welt Mexikos zugänglich. Mit ihnen beginnt daher auch die geschichtliche Zeit Mexikos. Im Codex Vindobonensis (1520 nach Europa gebracht) wird auf 52 Seiten die mixtekische Tradition von der Urzeit und der Entstehung der Götter an überliefert.

● **Totonaken-Kultur:** Die Nachfolger der Tajin-Kultur an der mexikanischen Golfküste werden die ebenfalls von Norden eindringenden Totonaken. Ihre Kultur zeigt geradezu „barocke" Züge: heitere Tänze, fröhliche Lieder, „lachende Götter" charakterisieren diese mexikanische Tieflandkultur. Sie hat aber auch eine andere Seite: Es gibt Figuren, deren Haupt in der Mitte geteilt ist. Auf der einen Seite ein menschliches Antlitz, auf der anderen der Tod (das Nichts).

Die Totonaken sind auch die Verbreiter des kultischen Ballspielens, dem kosmische und mythische Vorstellungen zugrundeliegen: der fliegende Ball verkörpert die Sonne, der stets nord-südlich verlaufende Spielplatz ist ein Gleichnis für Himmel und Unterwelt bzw. für Winter und Sommer (Vegetationsfeste). Der Kapitän der unterliegenden Mannschaft erlitt, wenn man die Reliefs richtig deutet, nach dem Spiel den Opfertod.

● **Tolteken-Kultur:** Die Tolteken und Chichimeken gehören der Nahua-Sprachgruppe an und nannten die Mixteken und Totonaken „Nonohualca" (= die Stummen, Anderssprachigen). Ihre Vergangenheit ist zugleich die Vergangenheit der Azteken, die sich von den Tolteken ableiten, die in sagenhafter Zeit in Tollan (= Tula) im Norden Mexikos lebten. Der halb-mythische (oder nachträglich divinisierte) Eroberer *Mixcoatl* (= Wolkenschlange) dringt um 900 mit seinen Scharen in das Hochtal Mexikos ein und läßt sich dort nieder. Die vorgefundene Kultur (vgl. die Ruinen von Teotihuacán!) nehmen sie in ihre eigene Tradition

Eine Skulptur vor der Pyramide in Tula, wahrscheinlich ursprünglich eine Tragstütze des auf der oberen Plattform errichteten Tempels. Sie stellt einen Toltekenkrieger in reicher Zeremonialkleidung dar.

auf, indem die Eroberer die Pyramiden und Tempel als von Göttern und Riesen erbaut ansehen. Die Tolteken glauben, im Zeitalter der „fünften Sonne" zu leben. Die vier vorangegangenen Zeitalter wurden von den Göttern geschaffen und jeweils von ihren Widersachern zerstört.

Mit den Tolteken, dem Volk der „Künstler und Baumeister", beginnt die „nachklassische Periode" in Mexiko. Der toltekischen Überlieferung zufolge hatten die Tolteken zehn Könige. Der fünfte war der Priesterkönig *Quetzalcoatl* (= Gefiederte Schlange), der sich diesen alten mexikanischen Götternamen (vgl. die Teotihuacán-Kultur!) zulegte, im Streit mit seinem Rivalen *Tezcatlipoca* (= Rauchender Spiegel) – dem Stammesgott einer Chichimekengruppe – unterlag und mit seinen Anhängern fliehen mußte. Vielleicht schlug sich in dieser Sage das Ausweichen der Tolteken nach Yukatan (vgl. unter Mayas – nachklassische Periode! Seite 147) nieder.

Aus diesen beiden rivalisierenden Königen wird jedenfalls im Laufe der Generationen These und Antithese des Menschenopfers: der Verächter des Menschenopfers (Quetzalcoatl) kämpft gegen den blutrünstigen Tezcatlipoca. 1168 wird Tollan, die Hauptstadt der Tolteken, zerstört – wiederum von barbarischen Eroberern, die aus dem Norden in das mexikanische Hochland eindringen.

● **Chichimeken-Kultur:** „Die vom Hundegeschlecht" bedeutet der Stammesname, der wahrscheinlich auf ein Totemtier zurückgeht. Unter ihrem Führer Xolotl (der später als Gott der Unterwelt verehrt wurde) vertreiben sie die Tolteken und gründen die Stadt Tenayuca, später Texcoco. Orte am See und das Kanalsystem der späteren Aztekenstadt Tenochtitlan (das heutige Mexiko-City) zeugen von ihrer hohen Kultur.

● **Aztekenkultur:** Die Azteken treten als letzter der sieben Stämme, die sich der Nahua-Sprache bedienen, in das Licht der Geschichte. Um 1300 hausen sie als eine kleine Gruppe auf einer Insel im See von Texcoco. Zeitweise waren die „Mexika", wie sie auch genannt wurden, versklavt. Allmählich aber wuchsen sie zu einem gefürchteten Kriegerstamm heran.

Oberster Gott ist *Nezahualcoyotl,* der unsichtbare Schöpfergott, der in höchster Not angerufen wird.

Himmelvater und Himmelmutter heißen *Tonacatecutli* und *Tonacaihuatl* (auch Omelecutli und Omecihuatl). Der Sohn der beiden ist *Quetzalcoatl.* Der Kriegsgott der Einwohner von Tenochtitlan ist *Huitzilopochtli.* Er fordert blutige Menschenopfer und ist auch der Sonnengott, der Vertreter des Morgensterns und aller südlichen Sterne. Er besiegt seine Schwester, die Mondgöttin, und begründet damit die Menschenopfer. Seine Mutter ist die Erdgöttin *Coatlicue* (= die mit dem Schlangenrock Gegürtete). Sie verkörpert zugleich die gebärenden und die zerstörenden Kräfte der Natur.

Tezcatlipoca ist der allmächtige Gott aller Nahua-

Die aztekische Erdgöttin Coatlicue, die Mutter des Huitzilopochtli, des grausamen Stammesgottes der Azteken, 2,50 m hoch, Darstellung der Mutter Erde, die ihre Kinder verschlingt.

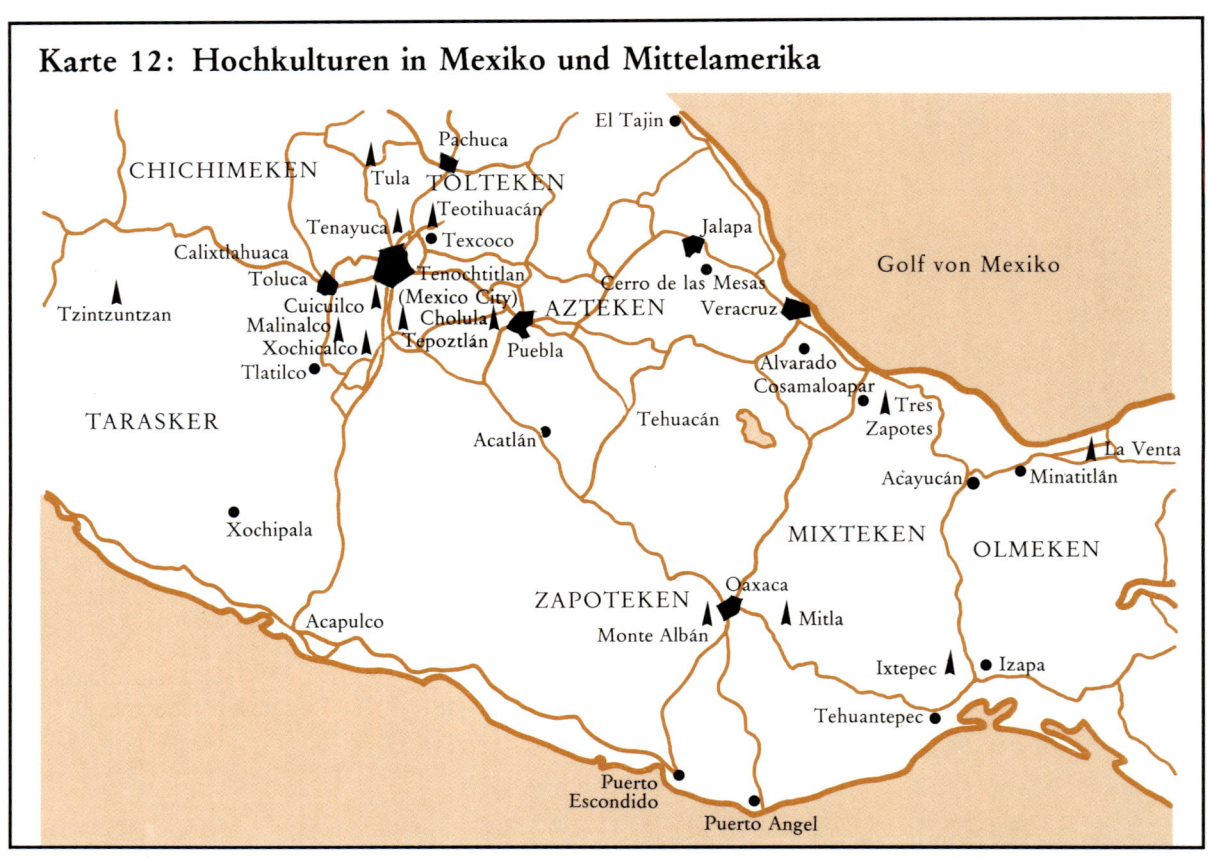

Karte 12: Hochkulturen in Mexiko und Mittelamerika

Stämme, der Hauptgott von Texcoco. Er ist der Einbeinige (sein zweites Bein wurde ihm von der zuschlagenden Tür der Unterwelt abgetrennt, als er als Gott der untergehenden Sonne in die Unterwelt einging). Er ist der Gott der Belohnung und Bestrafung, der Gott des Nordens und der Nacht, des Todes und der Kälte, der Kriegsgott, aber auch der Gott der Feste und Zechereien, der ewigen Jugend. Sein Name ist mit den vier Weltgegenden verknüpft: Norden = der schwarze Tezcatlipoca, Osten = der weiße Tezcatlipoca (sein Widersacher Quezalcoatl), Westen = der rote Tezcatlipoca (der Fruchtbarkeitsgott Xipe), Süden = der blaue Tezcatlipoca (der Kriegsgott Huitzilopochtli).

Quetzalcoatl ist der alte Stammesgott der Tolteken (Zapoteken) und unter dem Namen Kukulcán oder Kukumatz bei den Mayas bzw. Quiché-Mayas (Popol Vuh) bekannt. Er ist der langnasige Gott, die Personifikation des Nachthimmels.

„Als Brandopfer verwendete er echte Türkise, Jade, rötliche Muschelschalen. Und sein Opfer bestand aus Schlangen, Vögeln, Schmetterlingen, die er tötete. Und es heißt: Zum Inneren des Himmels betete ich, richtete er seine Anbetung.

Nachdem er an das Ufer des Meeres gekommen war, machte er die Schlangenbahre. Nachdem er sie fertiggestellt, setzte er sich darauf; und das galt nun gleichsam als sein Schiff. Darauf ging er, wurde er von den Wassern davongeführt ... Er hinterließ, daß er noch einmal wiederkehren, daß er noch einmal seine Stadt Tollan gründen werde. In der folgenden Weise sprechen die alten Männer der fernen Zeit: Er selbst lebt und ist, der bis jetzt nicht stirbt, und wiederum wird er zurückkehren, der zu herrschen kommt ...

Ich war bekümmert die ganze Reihe von Tagen, wo ich nach dem unbekannten Land schaute, aus dem du gekommen bist, dem Land der Wolken, dem

47

48

Die Indianerkulturen Mittelamerikas,

unter denen die Hochkulturen der Mayas und Azteken am bekanntesten sind, präsentieren eine
verwirrende Vielfalt von Göttern, die oft Tiere oder Naturgewalten verkörpern.
Mythische Schlange und Würdenträger. Relief vom Türsturz eines Mayatempels in Chiapas (692–726
n. Chr.). London, British Museum (47). – Krug in Form des Katzengottes. Peru, Mochia-Kultur (1. Jh.
n. Chr.). Cambridge, Museum of Archeology and Ethnography (48). – Der Regengott Chacmool,
Mayakultur (4.–9. Jh. n. Chr.). Mexiko, Anthropologisches Museum (49).

49

50

51

Teil eines Wahrsagekalenders
mit dem Feuergott Xiuhtecutli
und Tlauzicalpantecutli, dem
Herrn der Morgenröte.
Aztekische Bilderhandschrift
(nach 1521). Paris,
Bibliothèque du Palais
Bourbon (**50**). – Götterfigur
unter der Himmelsschlange.
Stoffmalerei aus Peru,
Chimú-Stil (1200–1400
n. Chr.). München, Museum
für Völkerkunde (**51**).

Land des Nebels, denn das haben unsere Könige, meine Vorfahren gesagt, daß du kommen wirst, deine Stadt zu besuchen, daß du dich auf deinen Thron setzen wirst, daß du wiederkehrst."
(Montezuma II. zu Cortés)

Deutlich läßt dieser Text erkennen, warum sich ein ganzes Volk (Reich) von einer Handvoll spanischer Abenteurer (unter Führung von Cortés) überrumpeln ließ: Sie sahen in ihnen die verheißenen wiederkehrenden „weißen Götter"! Das Verhältnis Quetzalcoatl zu Tezcatlipoca ist auch durch die Sternennatur beider bestimmt: T. ist das Sternbild des Großen Wagens zugeordnet, Qu. das Tierkreiszeichen des Skorpions. Beide stehen aber nie gleichzeitig am Himmel, sondern abwechselnd! Der Regen- und Donnergott *Tlaloc* spielt wahrscheinlich schon in Teotihuacán eine große Rolle. Die *Thalques*, seine Gehilfen, teilen die verschiedenen Arten des Regens aus. Seine Gattin ist *Chalchihuitlicue*, die Göttin mit dem Edelsteinkleid, die Herrin der Gewässer.

Ähnlich wie dem Regengott kommt auch dem Frühlingsgott *Xipe* (= der rote Tezcatlipoca des Westens!) von altersher eine große Rolle zu. Dem „geschundenen Gott" (der jeden Herbst von neuem stirbt) wurde ein Kriegsgefangener geopfert. Man zog ihm die Haut ab, die der Opferpriester überstreifte, um den Kreislauf der Natur zu symbolisieren.

Zahlreiche Fruchtbarkeits-, Wachstums-, Heilungs-, Feuer- und andere Naturgottheiten bevölkern das Pantheon der Azteken. Die Schöpfungsmythen der Azteken liegen in verschiedenen Varianten vor, die freilich alle nur durch die Vermittlung der Spanier überliefert sind. Nach der „Historia de los Mexicanos porsus pinturas" hat das Urgötterpaar Tonacatecutli und Tonacacihuatl vier Söhne gezeugt: den roten und schwarzen Tezcatlipoca, Quezalcoatl und Huitzilopochtli. Nach 600 Jahren beschlossen die Götter, Ordnung und Gesetze einzuführen und übertrugen Quetzalcoatl und Huitzilopochtli diese Aufgabe.

Im Mittelpunkt der Pflichten der Mexikaner standen die kultischen Opferhandlungen, die nach genau festgelegten Ordnungen vor sich gingen.

Die Lebenswenden (Geburt, Heirat, Tod) wurden festlich begangen und mit vielen Riten umgeben.

Gebet über einen eines natürlichen Todes Gestorbenen

„Unser Sohn, du hast die Leiden und Mühen dieses Lebens beendet. Es hat unserem Herrn gefallen, dich von hier hinwegzunehmen, denn du hast kein ewiges Leben in dieser Welt; unser Dasein ist wie ein Strahl der Sonne.
Er hat dir die Gnade verliehen, uns kennenzulernen und an unserem gemeinsamen Leben teilzunehmen. Nun lassen dich der Gott Mictlantecutli und die Göttin Mictlanciuatl an ihrem Aufenthaltsort teilhaben. Wir alle werden dir folgen, denn das ist unser Geschick, und der Wohnort ist groß genug, uns alle aufzunehmen. Man wird dich nicht mehr unter uns hören. Siehe, du bist in das Reich der Dunkelheit eingegangen, wo es weder Licht noch Fenster gibt. Niemals wirst du wieder hierher zurückkommen, noch brauchst du dich um deine Rückkehr zu sorgen; denn deine Abwesenheit ist ewig ...
(Dann läßt der Priester einige Tropfen Wasser auf das Haupt des Toten tropfen:)
Siehe, das Wasser, von dem du in deinem Leben Gebrauch gemacht hast, dies ist für deine Reise. (Dann werden einige Papiere auf den mumifizierten Körper gelegt:)
Siehe, hiermit wirst du die beiden zusammenstoßenden Berge durchschreiten ... Hiermit wirst du die Straße durchschreiten, auf der die Schlange dich erwartet ... Hiermit wirst du das Lager der grünen Eidechse durchschreiten ... Und sieh zu, womit du den Platz der Winde überqueren kannst, die mit Obsidianmessern schlagen ..."
(Nach einer Reise von 4 Jahren wird er zusammen mit dem an seinem Grab geopferten Hund den neunfachen Strom überqueren und in die neunfache Unterwelt eintreten.)

Die Azteken kannten drei verschiedene Jenseitsreiche: Mictlan, das Totenreich, das in dunklen Farben geschildert wird (wie im obigen Gebet ersichtlich), Tlalocan, das Reich des Regengottes, in das die vom Blitz Erschlagenen kommen, die Ertrunkenen, die Aussätzigen und die Gichtkranken und alle, die an anstekkenden Krankheiten leiden. Und „Das Haus der Sonne am Himmel":

153

„Der dritte Ort, wohin man ging,
war das Haus der Sonne am Himmel.
Die im Kriege Gefallenen gingen dorthin,
die entweder gleich im Krieg starben …
oder die heimgebracht werden,
um später geopfert zu werden …
Man sagt, sie alle treten in eine Art Hochtal.
Wenn die Sonne kommt,
empfangen sie sie mit dem Kriegsruf, rasseln,
schlagen an ihre Schilde …
Und nachdem sie vier Jahre so verbracht haben,
verwandeln sie sich in Vögel von glänzendem Gefie-
der: Kolibri, Blumenvögel, in gelbe Vögel mit
schwarzer grubiger Vertiefung um die Augen, in
kreideweiße Schmetterlinge …
und sie kommen hierher zur Erde,
den Honig zu saugen aus allen Arten von Blumen.“

Eine wichtige Rolle spielen die Priester, die der
Theokratie vorstehen und die Opfer und ande-
ren Verrichtungen vornehmen sowie über die
Einhaltung aller Vorschriften wachen:

„Noch sind vorhanden, die uns führen, die uns tra-
gen, uns regieren wegen ihres Dienstes an den Göt-
tern, deren Untertanen das Volk ist: Priester,
Räucherpriester und Federschlangen heißen sie,
Wisser des Wortes. Und ihre Pflicht, mit der sie

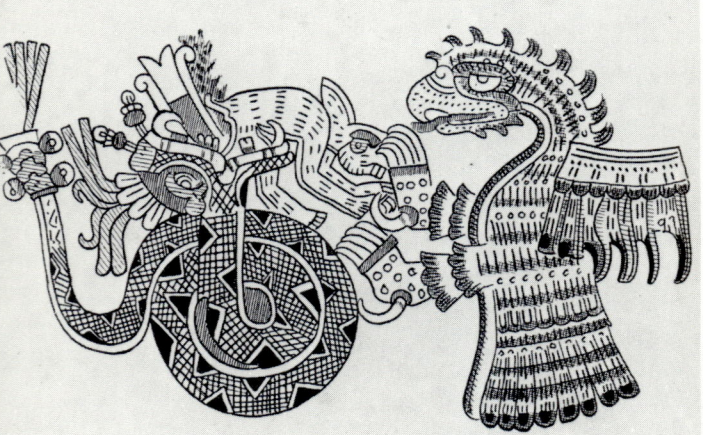

Der Sonnenadler entreißt der Nachtschlange das Mond-
kaninchen, ein Beispiel für den aztekischen Astralmy-
thos.

sich nachts und täglich befassen, ist das Niederle-
gen von Kopal, das Räuchern, die Kasteiung, das
Sich-Blutabzapfen. Sie beobachten, sie sorgen sich
um die Bahn, den weisen Lauf des Himmels, wie
die Nacht eingeteilt wird. Und sie forschen, sie zäh-
len, sie legen auf die Bücher, die Schriften, die Bild-
malereien, die sie mit sich führen.“

Wie sehr die Frömmigkeit der Azteken nicht
nur von den grausamen Riten der Menschenopfer bestimmt war, sondern auch von einer
hochentwickelten Innerlichkeit, zeigt die folgende Ermahnung, die ein aztekischer Priester
einem Büßer mit auf den Weg gibt:

„O Bruder, du bist zu einem Ort großer Gefahr ge-
kommen …, an dem Schlingen und Netze sich ver-
stricken … Das sind deine Sünden, die nicht nur
Schlingen und Netze und Löcher sind, in die du ge-
fallen bist, sondern auch wilde Tiere, die den Kör-
per und die Seele töten und zerreißen … Als du
geschaffen und hierher gesandt wurdest, da hat dich
dein Vater und deine Mutter Quezalcoatl wie einen
Edelstein gemacht … jetzt hast du gebeichtet, du
hast alle deine Sünden aufgedeckt und offenkundig
gemacht vor unserem Herrn, der alle Sünder be-
schützt und reinigt; du bist in die Quelle der Gnade
eingetreten, die wie klares Wasser ist und den
Schmutz von deiner Seele hinwegwäscht … nun
bist du aufs neue geboren, nun beginnst du zu leben;
und eben jetzt gibt dir unser Herr Gott Licht und
eine neue Sonne; jetzt also beginnst du zu blühen
und auszusprießen wie ein ganz reiner Edelstein,
der hervorkommt aus deiner Mutter Schoß. … Es
ist angemessen, daß du Buße tust und ein Jahr im
Haus des Gottes arbeitest, und dort sollst du dir
Blut abzapfen und deinen Körper mit Kaktusdor-
nen stechen … und dies nicht allein als Buße für
deine schon erwähnten Sünden, sondern auch für
Worte und Beleidigungen, mit denen du deine
Nachbarn beschimpft und verletzt hast …
Es wird deine Pflicht sein, Almosen zu geben für die
Bedürftigen, die hungern und nichts haben … da-
mit du lernst, selbst Speise zu entbehren, um sie ih-
nen zu geben … bedenke, daß ihr Fleisch wie deines
ist und daß sie Menschen sind wie du.“

Die Religion der Inkas und ihrer Vorläufer

Der älteste Fund (eine Felsritzung in den Höhlen von Lauricocha in Zentralperu) stammt von 8000 v. Chr. Die erste ausgeprägte Kultur im Andenraum, zu dem Teile der Staaten Kolumbien, Ekuador, Peru, Bolivien, Chile und Argentinien gehören, wird von der Forschung zw. 1500 u. 1200 v. Chr. angenommen und nach einer Fundstätte bei Chavin de Huantar benannt.

Karte 13:
Hochkulturen in Südamerika

Venezuela, Kolumbien, Ekuador, Peru und Bolivien sind die heutigen Staaten, in denen sich seinerzeit die südamerikanische Hochkultur entfaltete.

● **Chavin-Kultur:** Der Chavin-Kultur fehlt noch die Schrift, sie kann deshalb noch nicht Hochkultur genannt werden. Die Menschen in Nordperu erreichten aber bereits einen großen künstlerischen Standard und eine hohe religiöse Intensität.

In Chavin wurden die Ruinen eines dreieckigen Tempels ausgegraben, die wahrscheinlich die Überreste eines Wallfahrtsortes darstellen. Dieser Tempel hatte in der Mitte einen tiefer gelegenen Hof, von dem aus stufenförmige Terrassen nach oben führten. Vom Innenraum aus gelangt man über enge Treppen in unterirdische Galerien. Das Mauerwerk besteht aus rohen Steinen, die außen mit geglätteten Platten verkleidet sind.

Freistehende Steinreliefs zeigen einen Jaguarmenschen (Gottheit?) mit einer riesigen Keule oder einem Zepter in der Hand. Goldzierate

Der sogenannte Raimondistein stellt ein Wesen dar, halb Mensch, halb Raubkatze (mit hochaufgetürmtem Kopfschmuck), das wahrscheinlich als Gottheit anzusehen ist.

zeigen, daß man damals schon die Metallbearbeitung beherrschte.

Im oberen Tal des Maranón wurden die Ruinen eines dreistöckigen Tempels entdeckt, ebenso eine größere Ruinenanlage am Jequetepeque-Fluß, die aber noch nicht archäologisch ausgewertet sind. Im Mittelpunkt der religiösen Kulte stand – soweit die Funde interpretierbar sind – eine Jaguargottheit, die mit gebogenen Fangzähnen abgebildet wurde und als Attribute Schlangen aufweist, die das Gesicht umrahmen oder aus dem Maul züngeln. Ähnliches findet man 2000 Jahre später beim aztekischen Regengott.

Daß man damals offensichtlich bereits ein Pantheon kannte, beweisen einige andere tiergestaltige Götter, die mit Tatzen, Krallen und Fangzähnen bewehrt sind und einen düsteren Eindruck vermitteln.

Der Einfluß der relativ rasch wieder vergehenden Chavin-Kultur findet sich in einem Großteil Perus. Mit dem Absinken der Kultur geht auch ein Verflachen der religiösen Elemente Hand in Hand – zumindest fehlen Funde, die ein anderes Bild ergeben würden.

● Die **Paracas-Kultur** in den Tälern von Nazca, Ica und Pisco in Südperu überschneidet sich teilweise mit der nördlichen Chavin-Kultur und ist bestimmt von Nekropolen auf der Halbinsel Paracas und zahlreichen Gräbern (Cavernas), die als Schachtgräber in den Felsen gehauen und deren Oberteile zusätzlich ausgemauert wurden. Solche Gräber sind bis zu 7 m tief. Nach unten erweitern sich die Schächte zu Grabkammern mit rundem Grundriß. Vergleichbare Gräber finden sich auch in Westmexiko, in Kolumbien und in Ekuador. Der Paracasstil ist eckig und streng und unterscheidet sich deutlich vom Chavin-Stil mit seinen eher runden und kurvigen Gestaltungselementen.

Die von etwa 700 bis 200 v. Chr. entstandenen zahlreichen unterirdischen Grabkammern auf der Halbinsel Paracas enthielten über 400 Mumienbündel, die in kostbare Gewebe gehüllt waren. Ein derart aufwendiger Totenkult wird später nie wieder erreicht. Die Textilien sind aus kostbaren Materialien mit strahlenden Farben und in phantasievollen Formen hergestellt. Die salpeterhaltige Erde hat sowohl die Gewebe wie die Mumien bestens konserviert. Die Bedeutung der Textilien und der verwendeten Motive ist bis heute nicht enträtselt. Sicherlich haben sowohl die Farben wie die Motive religiöse Bedeutung. Man hat die Darstellungen mit der Bilderschrift der Mixteken und den Büchern der Mayas sowie mit den Hieroglyphen Mexikos verglichen und manche Ähnlichkeiten in der Ikonographie festgestellt. Die Mumien sind alle männlichen Geschlechts, Mund und Augen sind mit Goldplättchen bedeckt, die Schädel sind vielleicht verformt. Zehen und Finger sind mit Schnüren zusammen-

Dieser 3,50 m hohe Monolith aus San Agustín (Kolumbien) zeigt einen sonst nicht weiter bekannten Gott mit einem ausgeprägten Raubtiergebiß.

gebunden. Es wird vermutet, daß es sich um priesterliche Würdenträger handelt, die konserviert wurden, um bei den Göttern Fürsprache für die Lebenden einzulegen und die so die Verbindung mit dem Jenseits herstellen. Die mit Bohnen gefüllten Säckchen könnten „Wegzehrung" oder Symbol für „Fruchtbarkeit" (schnellwachsende Bohnen) sein. Die Lebenden müssen jedenfalls eine große Zeit ihres Lebens damit verbracht haben, die verschwenderische Ausstattung der Toten anzufertigen, was die Wichtigkeit dieses Begrabens erkennen läßt.

Man fand auch einfach gewandete Mumien, deren Schädel großteils geöffnet und mit Goldplatten bedeckt waren. Messer aus Obsidian, die beigegeben waren, lassen auf einen magisch-religiösen Opferkult schließen.

● **San-Agustín-Kultur:** In Kolumbien ist die erste nachweisbare Kultur die im Quellgebiet des Magdalenenflusses ausgegrabene steinzeitliche Kultur (Megalithkultur), deren Beginn nicht mehr feststellbar ist, die aber bis etwa 800 n. Chr. wirksam war. Megalithische Grabkammern, Schreine, Steinfiguren und Felsreliefs stammen aus den ersten nachchristlichen Jahrhunderten.

Die überlebensgroßen Steinmonumente in Tier- und Menschengestalt (über 300 sind bekannt) stehen in unterirdischen Kulträumen und dienen dort tw. als säulenartige Tragfiguren (bis zu 4 m hoch!) – sie finden sich aber auch auf Hügeln aufgestellt. Die unterirdischen Gräber sind zum Teil richtige Tempelanlagen, die Wände sind manchmal mit geometrischen Mustern bemalt, die aufgefundenen Kammern aus Stein enthalten steinerne Sarkophage (manche bis 2,30 m lang).

Die Skulpturen sind entweder hieratisch oder realistisch gestaltet. Typisch sind die unverhältnismäßig großen Köpfe und die breiten Nasen sowie das Raubtiergebiß, das auf Gottheiten hinweist, wie sie auch anderswo nachgewiesen sind. Manche Figuren tragen Trophäenköpfe, Zepter oder Werkzeuge in den Händen. Sogar Mutter-Kind-Darstellungen wurden gefunden. Wahrscheinlich war San Agustín ein Kulturzentrum, zu dem man von weither kam. In der Nähe von San Agustín, in Lavapatas, fand man in einer Schlucht aus den Felsen ge-

hauene Skulpturen: Wassertiere, Schlangen, Eidechsen und eine menschliche Figur mit einer Federkrone und erhobenen Händen. Der Bach kann gestaut und mit Hilfe von Rinnen und Becken umgeleitet werden, so daß er diese Figuren bespült (Fruchtbarkeitskult?!).

Auf der unfruchtbaren Hochebene von Nazca entdeckte man vom Flugzeug aus riesige Zeichnungen („Scharrbilder"). Die abgebildete Spinne ist 50 m lang. Die Deutung dieser Funde ist noch umstritten.

● **Nazca-Kultur:** Um 500 n. Chr. erreicht diese südperuanische Kultur (als Nachfolgekultur der Paracas-Kultur?) ihren Höhepunkt. Schachtgräber mit rundem oder eckigem Grundriß enthalten reiche Funde, die Aufschluß über den Glauben an Ungeheuer, Dämonen und Gottheiten geben und Vergleichen mit Paracas standhalten.

In der Wüste von Nazca erkennt man vom Flugzeug aus geometrische Figuren sowie Vogel-, Fisch- und Spinnenzeichnungen, deren Bedeutung ungeklärt ist.

● **Moche-Kultur:** Für das 3. bis 9. Jh. n. Chr. in Nordperu nachgewiesen, prägen in dieser Kultur die Metallverarbeitung und die Tonbildnerei die Gestaltung der Gegenstände und

„Der Mönch", ein riesiger Pfeiler in Menschengestalt, 5 m hoch, weist eine beträchtliche Verdichtung im Ausdruck auf und fordert durch die Wucht seiner Erscheinung Ehrfurcht ab.

Figuren. Besonders das menschliche Antlitz in den Kopfgefäßen ist von höchstem künstlerischem Ausdruck. Im Chicama-Tal finden sich heute noch die Ruinen der Tempelberge, die die Moche-Indianer erbauten. Am berühmtesten sind eine Sonnen- und eine Mondpyramide, aus rechteckigen ungebrannten Lehmziegeln errichtet. Die Sonnenpyramide ist eine Stufenpyramide von 230 m Länge und 41 m Höhe. Auf einem Felsen ihr gegenüber erhebt sich die Ruine der Mondpyramide. Beide Bezeichnungen stammen aus spanischer Zeit und sind wahrscheinlich falsch, man kennt die ursprüngliche Bestimmung der beiden Pyramiden nicht.

● **Tiahuanaco-Kultur:** Im heutigen Bolivien, in der Nähe des Titicacasees, 4000 m über dem Meeresspiegel, befindet sich die vielleicht berühmteste Ruinenstätte Südamerikas, deren Blütezeit zwischen 400 und 1000 n. Chr. angesetzt wird. Der in Ruinen erhaltene Tempelbezirk einer Stadt (?) stellt uns immer noch vor

Das berühmte Sonnentor von Tiahuanaco am Südufer des Titicacasees in Bolivien ist aus einem einzigen 4 m breiten und 3 m hohen Andesitblock gemeißelt, oben ist der Sonnengott dargestellt, aus dessen Augen Tränen fallen (Symbol des Regens?).

große Rätsel: wir kennen weder die Träger dieser Kultur noch die Ursprungszeit. Charakteristisch für diese Kultur sind große monolithische Tore („Sonnentor"), die wahrscheinlich Tempeltore waren, obwohl ringsum kaum etwas darauf hinweist. Die Ruinen sind wahrscheinlich zum Häuser- und Eisenbahnbau verwendet worden. Die großen Monolithe (aus einem riesigen Andesitblock gemeißelt) konnte man wohl nicht transportieren, deshalb blieben sie erhalten. Einflüsse dieser Kultur finden sich vielfach, wir kennen aber keine Einzelheiten der damit manifestierten Religion.
Zwischen 700 und 1000 kam es offensichtlich zu einer Verschmelzung mit der in Huari etwas weiter nördlich gefundenen Kultur, was jedoch mit einer Verflachung des religiösen Ausdrucks Hand in Hand geht.

● **Inka-Kultur:** Nach 1200 gelingt es einer kleinen Dynastie, die aus dem Stamm der Quetchua hervorging, im Laufe von drei Jahrhunderten ein Imperium zu errichten, das sich unter der Führung des Sonnengottes wußte und Millionen gläubiger Untertanen umfaßte. Mit Hilfe einer starken militärischen Macht und einer geschickt organisierten Priester- und Beamtenhierarchie dehnte sich dieses Reich bald gewaltig aus und erreichte sicherlich den Rang einer „Hochkultur", obwohl eine Schrift im eigentlichen Sinn des Wortes fehlt. Der „Quipu", der oft als „Knotenschrift" angesprochen wird, ist ja nur eine Art Gedankenstütze, in einem Dezimalsystem geordnet, die Inhalte sind kaum rekonstruierbar.
Zur Zeit der spanischen Invasion im 16. Jahrhundert reichte die Rückerinnerung des Volkes nur wenige Generationen in die Vergangenheit, so daß hinsichtlich der Vorgeschichte dieser Inka-Kultur viele Fragen offen sind.
Am Anfang steht der halbmythische Begründer der Inka-Dynastie Manco Capac, der sich am Ende seines Lebens in eine Steinfigur verwandelt haben soll, die als eines der höchsten Heiligtümer im Tempel zu Cuzco aufbewahrt wird. Die Nachfolger des ersten Inkas bauen Schritt für Schritt das Reich auf und gestalten die Zivilisation. Der achte Inka, Viracocha, begründet eine Reihe sozialer Einrichtungen, muß sich gegen eine sehr starke Priesterkaste durchsetzen, die die Macht an sich reißen will. Erst sei-

Ein Quipu (Bündel aus Baumwollfäden mit verschiedenen Knoten) diente durch die Benützung verschiedener Farben und die verschiedenartige Anordnung der Knoten zum Rechnen im Dezimalsystem und zur Verwaltung von Magazinen o. ä.

nem Nachfolger Pachacutec (= Weltenwende) 1438–1471 gelingt es, die Macht der Priesterschaft zu brechen und das Reich zu festigen. Er erhebt die Verehrung des Sonnengottes *Inti* zur Staatsreligion und wird vom Volk mit dem Beinamen „der alles Wissende" belegt.
Cristobal de Molina schildert das Gotteserlebnis dieses Herrschers, der ursprünglich Cusi Yupanqui hieß:

„Einst wollte Inka Yupanqui, ehe er den Thron bestiegen hatte, seinen Vater, den Inka Viracocha, besuchen, der in Sacsahuaman weilte, fünf Leguas
von Cuzco entfernt. Als er zu der Quelle Sursurpu-
quio kam, sah er, wie eine Kristallscheibe hineinfiel,
in der er die Gestalt eines Indianers gewahrte, der
folgendermaßen aussah: Von seinem Hinterkopf
liefen drei leuchtende Strahlen nach oben, denen der
Sonne gleichend. Schlangen wanden sich um seine
Achseln, und sein Kopf trug ein Llautu (Stirnband
der Inka-Herrscher). ... Als der Inka Yupanqui
diese Gestalt gesehen hatte, floh er, aber die Gestalt
rief ihn aus der Quelle herauf beim Namen und
sprach: ‚Komm herbei, mein Sohn, und fürchte dich
nicht, denn ich bin dein Vater, der Sonnengott.
Wisse, du sollst dereinst viele Völker unterwerfen;
trage daher große Sorge, mir große Ehrfurcht zu erweisen, und gedenke mein bei deinen Opfern.‘
Darauf verschwand die Erscheinung, und nur der
Kristallspiegel blieb in der Quelle zurück. Der Inka
nahm und bewahrte ihn sorgfältig auf, und es wird
erzählt, daß er später darin alles sah, was er sehen
wollte.
Sobald er den Thron bestiegen hatte, ließ er eine
Statue des Sonnengottes machen, die so genau wie
möglich der Gestalt, die er in dem Kristall erblickt
hatte, glich.“

Ein Beispiel der berühmten Inka-Architektur. Sie wirkt
nüchtern und sachlich, die Fassade ist aber reich gegliedert und wird durch die eingebauten Nischengalerien
aufgelockert. Typisch ist die fugenlose Steinmetzarbeit.

Die Priester müssen über die Einhaltung und
Richtigkeit des Kalenders wachen (der unter
Pachacutec in zwölf Monate eingeteilt wurde,
wobei die Sonnenwenden und die Tag- und
Nachtgleichen berücksichtigt sind), was sich
für die Landwirtschaft positiv auswirkte. Alles
wurde genauestens registriert und organisiert.
Von allem Gut gehört dem Inka ein Drittel, den
Priestern ein Drittel und den Bürgern ein Drittel.
Der 10. Inka, Tupac Yupanqui, eroberte das
Königreich Chimu, das sich in Kolumbien gebildet hatte, und fügte auch den größten Teil
des heutigen Ekuador seinem Reich ein. Im Süden dehnte er die Grenzen bis nach Mittelchile
aus, wo ihm in den Araukanern ein ebenbürti-
ger Gegner entstand, den er nicht besiegen
konnte. Expeditionen in die tropischen Urwäl-

der im Osten und über das Meer im Westen
(z. B. Galapagos-Inseln) mit Hilfe von Balsaflö-
ßen sind beachtenswert, waren aber mehr oder
minder ergebnislos.
Unter Huayna Capac, dem 11. Inka, erreicht
das Reich seine größte Ausdehnung. Bedingt
durch seinen plötzlichen Tod, wird es unter
seine zwei Söhne geteilt: Huascar läßt sich in
der Hauptstadt zum Inka krönen, Atahuallpa
soll Vizekönig in Quito werden, revoltiert dagegen und zettelt einen Bürgerkrieg an, der
1532 mit der Gefangennahme Huascars endet,
im gleichen Jahr, als Pizarro in Peru eindringt.
Atahuallpa läßt seinen Bruder töten, wird von
den Spaniern gefangen und trotz des ungeheuren Lösegeldes (ein ganzer Raum voll Gold)
hingerichtet. Weil er bereit ist, zum christlichen Glauben überzutreten, wird er nicht verbrannt, sondern erdrosselt. Dem Glauben der
Inka zufolge ist einem Verbrannten die „Wiederkehr“ unmöglich, deshalb nahm Atahuallpa
die Taufe auf sich. Durch den Tod ihres Herrschers waren die Untertanen wie gelähmt und
schickten sich praktisch widerstandslos in die
Herrschaft der Spanier.

Eine Totenmaske, wie sie den vornehmen Toten der Inkas aufgelegt wurde.

Im Inka-Reich wurde ein höchster Schöpfergott verehrt, sein Tempel stand in Pachacamac und in Cuzco, er galt als „Vater der Sonne" und wurde in Form einer ovalen Goldscheibe dargestellt. Zur Blütezeit der Inkaherrschaft war aber sein Kult bereits völlig verblaßt. Das Volk verehrte seine Ahnen und Naturgottheiten in Gestalt von Kondor, Puma, Fisch und Schlange. Das Schwergewicht ihres Glaubens aber lag im *Huaca-Glauben*. Alles Heilige und Übernatürliche galt als Huaca: Idole, Gräber, Tempel, Mumien, heilige Stätten, Tiere, Steine... Von diesen Huaca-Dingen leiteten die einzelnen Sippen ihre Abstammung her. Im Zuge dieses Totemismus gab es immer auch einen menschlichen Stammvater der Sippe, der als Blutsbruder des betreffenden Totems galt („Huauqui") – Totem und Stammvater galten der ganzen Sippe als tabu.

Manco Capac, der sagenhafte Inka-Stammvater, galt als „Sonnenkind", d. h. sein Huaca war die Sonne. Dargestellt wurde die Sonne durch einen Falken *(Inti)* – er wurde in einem Käfig gehalten und galt für den gesamten Inkaclan als tabu!

Die verstorbenen Führer wurden mumifiziert, und die Mumien stellte man im Tempel auf, nahm sie in den Kampf mit, ließ sie an Festen teilhaben, führte deren gesamtes Hofzeremoniell weiter, als wären sie noch am Leben. Man fühlte eine magische Kraft von ihnen ausgehen und wollte sich ihrer zu jeder Zeit bedienen können.

Der Sonnenkult, den Pachacutec eingeführt hatte (Inti-Kult), bestand in Opfern von Blut (= „Sonnennahrung") und Herzen. Zum Sonnenaufgang, -höchststand und Sonnenuntergang wurden das hl. Feuer entzündet, die Sonne angerufen und Brandopfer dargebracht.

Der Mond galt als Schwester der Sonne *(Quilla)* – wie auch der Inka traditionsgemäß eine schwesterliche Gattin hatte. Daneben gab es die Meeresgöttin *(Ni)*, die Erdgöttin *(Pachamama)*, den Donnergott *(Illapa)* und den Morgensterngott *(Chasca Coyllur)*.

Die Erde ist nach den Vorstellungen der Inkas die mittlere Welt *(hurin pacha)*, darüber liegt die höhere Welt *(hanan pacha* = das Paradies), darunter liegt die unterirdische Welt *(nar pacha)* – dorthin gehen die Seelen der Verstorbenen über eine Brücke, die aus Haaren geflochten ist, begleitet von ihrem Hund, der bei ihrem Tod geopfert wird, damit er sie begleiten kann.

Schon lange vor den Inkas gab es – wie wir gesehen haben – unterirdische Kult- und Grabanlagen, Pyramiden, Opfersteine, Kolossalfiguren, Kultzentren, die von den Inkas in ihre religiöse Organisation (Staatsreligion) miteinbezogen wurden.

Die Priesterschar bestand aus dem Hohenpriester, den Opfer- und Orakelpriestern, Wahrsagern, Traumdeutern, Eingeweidebeschauern und Sonnenjungfrauen.

Das Kultzentrum von Cuzco bestand z. B. aus einem Haupttempel, in dem die goldene Sonnenscheibe und das Standbild des obersten Schöpfergottes ausgestellt waren, aus verschiedenen Kapellen mit den Symbolen der übrigen Götter und den Mumien der Inkas, aus Fest- und Opferplätzen, Priesterwohnungen, Gebäuden zur Aufnahme der Opfer und der Huaca-Idole der unterworfenen Stämme, aus Sonnenwarten und dem Kloster der Sonnenjungfrauen.

Das Opfer spielte eine große Rolle, es reichte von Blutopfern (Lamas, Meerschweinchen, aber auch Menschen), Trankopfern, unblutigen Opfergaben (Weihrauch, Coca, Blumen, Speisen, Kleider usw., die verbrannt wurden) bis zu lebendig begrabenen Knaben und Mädchen anläßlich eines Tempelbaus und freiwilligen Opfern von Gefolgsleuten und Priestern beim Tod eines Inkas, um zu dessen Totengefolge beim Eintritt in das Jenseits zu gehören.

Diese Opfergesinnung wurde durch Beichten und freiwillige Kasteiungen (wobei mit dem Opferblut die Wände und Götterbilder bestrichen wurden), durch Fasten der Künstler und das Vergraben von Opfergaben gefördert.

Der Höhepunkt der religiösen Feiern stand in Zusammenhang mit dem hl. Feuer, das mit Hilfe eines Hohlspiegels aus der Sonne entzündet und von den Sonnenjungfrauen gehütet wurde.

Der Glaube der Chinesen, Japaner und Koreaner

Wir haben einen Überblick über den Glauben in den alten geschichtlichen Hochkulturen gewonnen. Sie alle bestehen nicht mehr, wirken zwar da und dort in Nachfolgekulturen weiter, wurden aber von anderen, jüngeren, dynamischeren Kräften überlagert und gingen in ihnen auf – oder verschwanden von der Bühne der Weltgeschichte.

Wir wenden uns nun dem Glauben der Chinesen, Japaner und Koreaner zu. Typisch für diese asiatischen Kulturen ist es, daß sie sich in einer relativen Abgeschlossenheit entfalteten, zwar einen gewissen Austausch untereinander erlebten, aber praktisch seit Jahrtausenden ungebrochen existieren. Für China, das „Reich der Mitte", ist dieses „Für-sich-Sein" geradezu prägend geworden und wird nicht zuletzt durch die kolossale „chinesische Mauer" auch nach außen hin demonstriert. Wahrscheinlich ist darin auch der Grund zu suchen, daß der gewachsene chinesische, japanische und koreanische Glaube außerhalb der Ursprungsgebiete unbekannt blieb und nicht den Charakter einer „Weltreligion" annahm. Die einzige Ausnahme bilden vielleicht – aber auch erst im letzten Jahrhundert – der chinesische Universismus und Taoismus. Dies aber weniger als Religion, sondern als „Weisheitsliteratur". Der im Westen bekannte und verbreitete Zen-Buddhismus dagegen ist eine Übernahme von Indien her und wurde in China und Japan nur entfaltet, nicht begründet.

Der Glaube der Chinesen

Um die Mitte des 3. Jahrtausends v. Ch. entstehen in Nordchina, in den vom Hoangho durchflossenen Gebieten, zahlreiche bäuerliche Siedlungen. Der fruchtbare Lößboden bietet ideale Voraussetzungen dafür – und rasch entwickelt sich eine blühende neolithische Kultur. Wahrscheinlich war diese Bauernkultur vom südlichen Turkmenistan (Anau-Kultur im 4. Jt.) aus entlang dem nördlichen Hindukusch über Pamir und Ostturkestan nach Nordchina getragen worden und traf dort auf eine Jäger- und Sammlerbevölkerung, die bald Ackerbau und Viehzucht von den Ankömmlingen übernahm. Die erste neolithische Kultur wird nach dem Fundort **Yang-shao-Kultur** genannt, man spricht in diesem Zusammenhang von Protochinesen, da sich die Träger dieser Kultur (so-

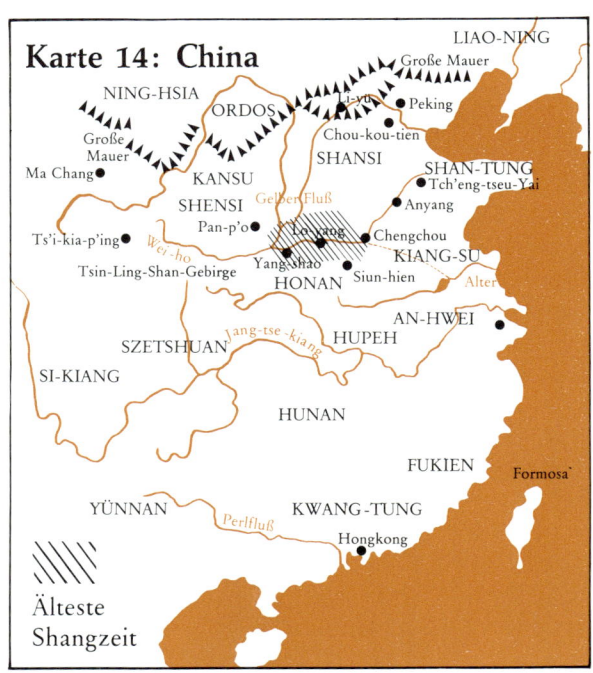

Karte 14: China

163

weit man dies aus den Skelettfunden entnehmen kann) kaum von den späteren Chinesen unterschieden. Die Toten werden außerhalb der Siedlungen in Friedhöfen mit reichen Beigaben bestattet. Ackerbau, Viehzucht und Jagd weisen auf Beziehungen zum geheiligten Raum, zur Fruchtbarkeit und zum Tod – Elemente, wie wir sie auch aus dem neolithischen Europa kennen.

Nach dem Fundort **Lung-shan** im äußersten Osten der Provinz Shantung wird eine andere, etwas jüngere Kultur genannt. Die Keramikfunde aus dieser Zeit zeugen von hohem künstlerischem Niveau und feinem, ausgewogenem Formempfinden.

Funde von angesengten Knochen weisen auf Wahrsagepraktiken, wie sie auch für die spätere Shang-Zeit nachgewiesen sind, nur bereits viele Jahrhunderte früher.

Die sogenannte **Hsiao-t'un-Kultur**, bezeichnet nach einer Fundstelle in der Nähe von An-yang, ist die Vorläuferin der in An-yang konzentrierten bronzezeitlichen Shang-Kultur. Sie ist in der ersten Hälfte des 2. Jt. anzusetzen und weist bereits viele Elemente der nachfolgenden Bronze-Kultur auf.

In der Mitte des 2. Jt. werden diese Ackerbaukulturen reif für die Entwicklung der **ersten chinesischen Hochkultur**, die auch zahlreiches archäologisches Material hinterlassen hat.

„La Tigresse" (Die Tigerin).
Eines der berühmten chinesischen Sakralgefäße aus der Shang-Zeit. Ein Tiger umfaßt einen Menschen, der in seinem Maul Schutz sucht. Solche Bronzegefäße wurden für das Trankopfer beim Ahnenkult verwendet (35 cm hoch). Der Tiger ist bei den Chinesen eine weibliche Schutzgottheit und symbolisiert die Erde.

Die Shang-Dynastie

Diese älteste geschichtliche Periode Chinas wird in der Zeit zwischen 1500 und 1000 v. Chr. angesetzt. Manchmal wird der Beginn dieser Epoche bereits ins 18. Jh. v. Chr. gelegt, doch fehlen von den Vorläufern – der legendären **Hsia-Dynastie** – jegliche Funde. Es handelt sich wohl um sogenannte Kulturheroen, wie wir sie bereits vielfach in der Vorgeschichte der Hochkulturen angetroffen haben. Genannt werden *Sui Yen* (Feuer), *Fu Hsi* (Musik, Hieroglyphenschrift), *Huang Ti* (Kalender, Seide) oder der *Große Yu*, den Konfuzius als den Begründer der Hsia-Dynastie und das Vorbild für spätere Generationen in seinem *Schu-King* (= Buch der Geschichte) nennt. Der letzte dieser legendären

Herrscher hieß *Chieh-Kuei* und war ein Tyrann, der von *T'ang*, dem Begründer der Shang-Dynastie, vom Thron gestürzt wurde.

Die wichtigste Quelle für die Geschichte Chinas während der Shang-Zeit sind die **Orakelknochen**, die Inschriften und Königsnamen tragen und zum Wahrsagen (aus den Sprüngen im Knochen, die sich beim Ansengen ergeben) verwendet wurden.

Die größte Errungenschaft dieser Zeit ist der Bronzeguß, den die Chinesen bereits vollendet beherrschen. Viele gut erhaltene Gefäße, die für das Trankopfer im Rahmen der Ahnenverehrung verwendet werden, lassen die Meisterschaft erkennen.

Das älteste Zeugnis chinesischer Weisheit ist das Buch **I-Ging**, das wahrscheinlich bereits aus der Shang-Zeit stammt. Sein Inhalt sind „Orakel", die aber nicht als Weissagung, sondern als Lebens- und Entscheidungshilfe im Alltag verstanden werden (vgl. dazu Seite 167). Der Glaube an ein Weiterleben nach dem Tod war den Menschen der Shang-Zeit selbstverständlich. Die Verstorbenen nehmen weiterhin am Leben der Familie teil, werden mit Trank- und Speiseopfern versehen. Im Mittelpunkt des kultischen Lebens steht **Shang-Ti** (= Herr von oben), der Gottahne, der die kosmischen Rhythmen und die Naturerscheinungen beherrscht: Ernte und Sieg, aber auch Niederlagen, Krankheit und Tod. Durch Gebet und Opfer kann Ti beeinflußt werden – wobei es besonders auf die richtige Form dieser Gebete und Opfer, auf das Ritual, ankommt!

Eng mit dem Ahnenkult verknüpft ist der Brauch, den verstorbenen Königen und Adeligen Dienerschaft und Frauen für das Leben im Jenseits mitzugeben. In Hsiao-t'un hat man in Gräbern Dutzende geopferter Menschen und Pferde gefunden, Streitwagen samt deren Besatzung und kostbare Grabbeigaben: Sakralbronzen, Keramik, Knochenschnitzereien und Gegenstände aus Jade und Gold. Diese Gräber sind manchmal unterirdisch wie Paläste ausgebaut. Eine stark schamanisch orientierte Priesterschaft dürfte bereits während der Shang-Zeit eine große Rolle gespielt haben (Feststellung der astronomisch wichtigen Zeiten, z.B. Sonnenwenden, Heilung von Krankheiten, Regenmagie usw.).

Gegen Ende des 2. Jt. wurde die Shang-Dynastie von den **Chou**, ehemaligen Vasallen der Shang, gestürzt.

Entstehen der klassischen Bücher (1027–590)

In der frühen Feudalzeit entstanden klassische Bücher, aus denen wir viel über diese Epoche und ihre Geistigkeit entnehmen können. Neben den „Büchern der Urkunden" und den „Chroniken" gibt es auch Hunderte in Bronze gegossene Inschriften auf Sakralbronzen. Die Schrift ist bereits voll ausgebildet, wird aber wohl nur von wenigen Schreibern (die oft namentlich genannt werden) beherrscht. Die Schriften stellen die Taten der Chou (der herrschenden Dynastie) heraus und verteufeln die Taten der Shang; dies muß bei der Interpretation der Quellen beachtet werden.

Herzog **Wu** regiert als erster Chou-König und gestaltet einen Feudalstaat, der von einem Adelsclan getragen wird, der das Land unter sich aufteilt und von den Bauern bearbeiten läßt. Bald wächst aber die Macht der Feudalfürsten, und die Königswürde wird mehr oder

Der abgebildete Hirsch aus Bronze stammt aus dem nordchinesischen Grenzgebiet (5. Jh. v. Chr.) und diente als Standartenkopf. Er steht für die Kunst der frühen Nomaden in den eurasiatischen Steppen.

minder fiktiv. Immer schwerer fällt es den Chou, sich der von Norden und Westen andrängenden Nomaden zu erwehren (vgl. unter Skythen Seite 140 f). Gegenüber dem bisher dominanten Fruchtbarkeitsglauben beginnt nun der Himmel mit Sonne und Gestirnen an Bedeutung zuzunehmen. An die Stelle Shang-Tis als oberster Gottheit tritt **T-ien**, der Himmelsgott.

Der Himmelsgott ist der Herr aller Götter, Geister und Menschen. Er ist ein Riese in menschlicher Gestalt, der für gewöhnlich im Himmel wohnt, zuweilen aber auch auf die Erde herabsteigt. Er wohnt im „Großen Bären", dessen Eingang vom Sirius bewacht wird. Der Himmelsgott hat Frau und Kinder. Eine seiner Töchter ist die „königliche Dame des Westens", die mit Tigerzähnen und Pantherschweif dargestellt wird. Ihrer Herrschergewalt unterstehen die Epidemien. T-ien sieht die Menschen unter sich, hört ihre Gebete, riecht ihre Opfer und die Tugenden der Menschen. Er belohnt die Tugendhaften und bestraft die Bösen – vor allem die Fürsten – und wacht über das Einhalten der Grundpflichten:
1) gegenseitiges liebevolles Verhältnis von Vater und Sohn, 2) Gerechtigkeit zwischen Fürst und Untertan, 3) Scheidung und Einhaltung der Pflichtenkreise von Mann und Frau, 4) Einhaltung des Rangunterschieds der Generationen, 5) Freundestreue.
Der Himmelskönig wird in seiner Regierung von den ehemaligen Feudalherren unterstützt, deren Seelen in den Himmel aufgestiegen sind. Dazu kommen verschiedene Naturgötter und Götterboten. Den Himmelsgottheiten stehen Erdgottheiten gegenüber, die hierarchisch strukturiert sind. Neben den Erdherren gibt es Provinzherren sowie Herren von Gauen und Ortschaften. Der Erdgott wird in Gestalt eines Baumes (je nach Himmelsrichtung verschieden: N: Akazie, O: Thuja, S: Katalpa, W: Kastanie, Mitte: Kiefer oder als unbehauener Stein) vorgestellt, den man neben dem hl. Baum aufstellte und als Opfertisch benützte.
Besonders verehrt wurden auch die Ahnen. Jede Adelsfamilie hatte ihre Schutzgötter: die Seelen der Verstorbenen. – Die Seelen dachte man sich doppelt, eine ist seit der Empfängnis da und bleibt nach dem Tod beim Leichnam, nährt sich von den Opfergaben und wacht über die strikte Einhaltung der Verehrung. Die andere geht bei der Geburt in den Menschen ein, verläßt ihn beim Tod und steigt auf in das Reich des Himmelsherrn, wo sie als dessen Gast lebt. Der Weg aufwärts ist gefahrvoll und bedarf der Begleitung durch Gebete und Zauberkräfte.

Konfuzius und seine Nachfolger

Etwa um 600 läßt der Druck aus dem Norden etwas nach, und die alte Königsidee erstarkt wieder als Sinnbild der Einheit und Stärke Chinas. Trotzdem bleiben die Feudalhöfe Zentren des kulturellen und religiösen Lebens, deshalb nennt man die Zeit von 590 bis 480 v. Chr. „Späte Feudalzeit".

Konfuzius (Kung-fu-Tse) wurde 551 v. Chr. in der Provinz Lu (heute Schantung) in einer Zeit heftiger politischer Fehden der Feudalfürsten geboren. Sein Vater war 70 Jahre alt, als er die 15jährige Mutter des Konfuzius heiratete. K. selbst heiratete mit 19 Jahren, hatte einen Sohn und eine Tochter und lebte – obwohl wahrscheinlich der Adelskaste zugehörig – in Armut. Mit 20 Jahren eröffnete Konfuzius eine Schule, die bald großen Zulauf fand. Von einem Podium aus nach Süden blickend, lehrte er seine Schüler:

„Die, welche sich keine Mühe geben, zu verstehen, lehre ich nichts. Ich kann die, welche nicht sprechen wollen, nicht zwingen, sich zu äußern. Wenn die Leute, nachdem ich einen Winkel einer Frage dargelegt habe, nicht imstande sind, die anderen drei Winkel zu finden, dann werde ich das Gesagte nicht wiederholen."

Konfuzius lehrte in seiner Schule auch Schreiben, Musik und Mathematik und suchte in allem die Weisheit der Alten weiterzugeben. Im Jahre 517 begab sich Kung an den Chou-Hof nach Loyang und studierte in der Bibliothek und in den Archiven – besonders in den Schriften des Vaters des ersten Chou-Königs Wu (der um 1050 gelebt hatte). 501–499 war er Gouverneur einer Stadt, dann Oberaufseher der öffentlichen Bauten, zuletzt Justizminister. Er hatte großen Einfluß auf den König und das Volk und erreichte eine erstaunliche Haltungsänderung der Gesellschaft. Als Intrigen gegen ihn gesponnen wurden, mußte er fliehen. Er wanderte 14 Jahre lang von Staat zu Staat (damals gab es im Gebiet des Gelben Flusses über hundert Kleinstaaten!) und verbreitete seine Lehre. Mit 69 Jahren (482) kehrte er nach Lu zurück und schrieb die 5 klassischen Bücher der Chinesen:

Das **Yi-King** (= Buch der Wandlungen), eine kommentierte Ausgabe des aus der Shang-Zeit stammenden I-Ging, das 64 Diagramme mit entsprechenden Kommentaren enthält.

Das **Schu-King** (= Buch der Geschichte), ein moralisch-religiöses Erzählbuch, dessen Elemente bis in das 3. Jahrtausend zurückreichen.

Das **Schi-King** (= Buch der Lieder), eine Sammlung von 300 kurzen lyrischen Texten, die bis ins 18. Jh. v. Chr. zurückreichen – die meisten stammen allerdings aus der Chou-Zeit.

Das **Li-King** (= Buch der Riten), ein Regelbuch über den Gottesdienst, gesellschaftliche und familiäre Beziehungen, Opfer usw.

Das **Tsch'un-ts'ui** (= Annalen von Frühling und Herbst), eine Geschichte des Staates Lu in Art einer moralisch-besinnlichen Chronik, die bis ins Jahr 481 reicht.

(Das **Hsiao-King** (= Buch der Kindesliebe), das auch von manchen dem Konfuzius zugeschrieben wird, stammt wahrscheinlich von seinem Schüler Tsang-tse.)

Aus dem Yi-King:

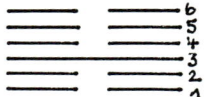

Dieses 15. Hexagramm heißt *Chien* und ist eine Ermahnung zur Demut.

Chien bedeutet Fortschritt und Erfolg. Der Edle, der demütig ist, wie es ihm entspricht, wird bei seinen Unternehmungen gutes Gelingen haben.
Die erste Linie, die geteilte, zeigt uns den Edlen, der Demut zur Demut hinzufügt. Selbst der große Strom kann damit überquert werden, und es wird großes Glück beschieden sein.
Die zweite geteilte Linie zeigt uns die Demut, die sich bemerkbar gemacht hat. Mit entschlossener Korrektheit wird großes Glück beschieden sein.
Die dritte, ungeteilte Linie zeigt den Edlen von anerkannten Verdiensten. Er wird bis zum Ende seinen Erfolg haben und gutes Glück.
Die vierte geteilte Linie zeigt einen Menschen, dessen Handeln in jeder Hinsicht Vorteil bringt und ihn zu noch größerer Demut aufmuntert.
Die fünfte geteilte Linie zeigt einen Menschen, der, ohne reich zu sein, seine Nachbarn in Dienst nehmen kann. Er kann vorteilhaft die Kraft der Arme gebrauchen. Alle seine Bewegungen werden Nutzen bringen.

Die sechste geteilte Linie zeigt Demut, die sich bemerkbar gemacht hat. Der Demütige wird mit Vorteil seine Heere in Bewegung bringen, aber er wird nur seine eigenen Städte und seinen eigenen Staat bestrafen. (I, 15)

Das chinesische Symbol für Yin und Yang in der Mitte der Graphik bedeutet die beiden Pole irdischer Existenz: weiblich Yin (dunkel, passiv usw.) – männlich Yang (hell, aktiv usw.). Die acht Schriftzeichen aus dem I-Ging bedeuten (von oben nach rechts): Himmel, Wind, Wasser, Berg, Erde, Donner, Feuer, See und stehen einander jeweils wie Yin und Yang gegenüber.

Aus dem Schi-King:
Dank für reiche Ernte
Reich ist das Jahr an vieler Hirse, vielem Reis,
so daß wir in den hohen Speichern
zehn, hundert, tausend Tausende schauen.
Nun laßt uns Wein und Süßwein brauen,
zu opfern Ahnherrn und Ahnfrauen
mit all den Bräuchen, drauf wir trauen.
Des Segens viel ward unsern Auen.

Das bekannteste Buch des Konfuzius aber wurde das **Lun-Yü** (= Gespräche), durch Generationen hindurch mündlich überliefert, zu Beginn des 4. Jh. v. Chr. schriftlich fixiert – es gibt am besten die konfuzianische Ethik wieder, die von **Mencius** (371–288 v. Chr.) weitergetragen und verbreitet wurde. Sie ist aber nicht die einzige Form konfuzianischer Ethik. **Hsün-Tzu** (335–288 v. Chr.) z.B. vertrat eine entgegengesetzte Ansicht:

„Die Natur des Menschen ist böse. Was immer in ihm gut ist, ist das Ergebnis erworbener Übung. Die Menschen werden mit der Liebe zum Gewinn geboren; wenn dieser materiellen Neigung Folge geleistet wird, dann sind sie streitsüchtig und geizig, und es geht ihnen jede Höflichkeit und Rücksicht auf andere ab. Sie sind von Geburt an erfüllt von Neid und Haß gegenüber anderen; wenn man diesen Leidenschaften freien Lauf läßt, dann sind die Menschen grausam und gemein und bar jeder Rechtschaffenheit und jeden guten Glaubens. Bei der Geburt wird der Mensch mit den Begierden des Ohres und des Auges ausgestattet, der Liebe zu Klang und Farbe; wenn er so handelt, wie diese es ihm vorschreiben, dann ist er geil und unordentlich und hat nichts übrig für Gerechtigkeit und Mäßigung oder die Richtschnur richtigen Betragens. Gekrümmtes Holz muß unter Dampf gesetzt werden, um es in gerade Form zu zwingen. Eine stumpf gewordene Klinge muß man, um sie wieder scharf zu machen, naß machen und wetzen. In ähnlicher Weise muß die Menschennatur, da sie schlecht ist, von Lehrern und Gesetzen behandelt werden, damit sie sich aufrichtet; man muß ihr li (= der von Gott stammende Grundsatz) und Gerechtigkeit beibringen, damit der Mensch ordentlich sein kann. Ohne Lehrer und Gesetze sind die Menschen eigensüchtig, böswillig und ungerecht. Wenn li und Gerechtigkeit fehlen, dann sind sie zügellos, rebellisch und unordentlich."

■

Ch'eng Yi (1033–1107 n. Chr.) und **Chu Hsi** (1130–1200 n. Chr.), die beiden Begründer des *Neokonfuzianismus*, schufen eine Synthese dieser beiden Extrempositionen, die bis in die Gegenwart hinein gültig blieb:

■

„Diejenigen, die in alten Zeiten der ganzen Welt ein Beispiel glänzender Tugend zu bieten suchten, brachten zunächst ihre eigenen Verhältnisse in gute Ordnung. Aus dem Wunsche heraus, ihre Verhältnisse zu regeln, brachten sie zunächst ihre Familien in Ordnung. Aus dem Wunsche heraus, ihre Familien in Ordnung zu bringen, pflegten sie ihren Charakter. Um ihren Charakter zu pflegen, verbesserten sie ihr Herz. Um ihr Herz zu verbessern, machten sie zuerst ihre Gedanken ehrlich. Um ihre Gedanken aufrichtig zu machen, erweiterten sie zuerst ihr

Vor 2463 Jahren ist Kung-fu-Tse gestorben. Sein Grab befindet sich in seinem Heimatort Chufu, Provinz Schantung/Nordchina. Er war einer der großen Weisen der Menschheitsgeschichte, dessen Bedeutung die Geschichtsperioden überdauert.

Wissen, soweit es ging. Diese äußerste Ausweitung ihres Wissens lag in der Ergründung der Dinge."

■

Zeit seines Lebens verwahrte sich Konfuzius dagegen, als Schöpfer von etwas Neuem, schon gar nicht einer neuen Religion, angesehen zu werden. Er fühlte sich im Gegenteil als Bewahrer und Überlieferer des Altertums, er predigte Rückkehr zur Weisheit des Altertums und trat für eine Wiederbelebung der alten Religion, Weltanschauung und Ethik ein. Der Himmel und die Ahnen standen im Vordergrund seines Bemühens – im Kennenlernen und Erfüllen des Willens des Himmels sah er den Inbegriff der Weisheit:

■

„Wenn die Lehre, die ich vortrage, sich verbreitet, geschieht es, weil es der Himmel gewollt hat. Ein Mensch ist nicht imstande, sie zu zerstören, denn *was vermag ein Mensch gegen den Willen des Himmels?*

Wer die Menschen kennenlernen will, muß erst den Himmel kennenlernen, der den Menschen ihre Natur und seine Gesetze gegeben hat.

Der Himmel handelt, ohne zu reden. Er lenkt die regelmäßige Abfolge der Jahreszeiten und gibt so allem Seienden Leben, ohne ein Wort zu sagen. Daß ein Mensch als vollkommen geboren werde, das liegt in der Macht des Himmels, und der Himmel bewirkt es bei den großen Weisen. Aber das ist eine Ausnahme. Sich allmählich vervollkommnen durch Lernen und Anstrengung, das liegt in der Macht des Menschen und ist der gewöhnliche Weg. Der Sohn des Himmels (der Kaiser) ist der dritte im Bunde mit dem Himmel und der Erde und hilft ihnen, den Wesen Gutes zu tun. Der Sohn des Himmels ist der Bewahrer des Auftrags des Himmels. Die Riten kommen vom Himmel. Durch sie haben die alten Herrscher die Absichten des Himmels betreffs der Menschen verwirklicht und die natürlichen Neigungen des Menschen richtiggestellt. Die sich über sie hinwegsetzen, gehen zugrunde; die sie beachten, gedeihen."

Alles in allem war Konfuzius eher ein Ethiker und Politiker als ein Religionsstifter. Die Religion gehört nach ihm wesentlich zum Leben des Bürgers, des Volkes – sie strukturiert die Gesellschaft, also bezieht er sie in seine Lehre mit ein.

Der alte Himmelsgott der Chinesen erhält bei Konfuzius eine große Vergeistigung und Reinheit, er wird sozusagen personalisiert.

Die Lehre des Konfuzius blieb jahrhundertelang mehr oder weniger wirkungslos. Erst die Kaiser der **Han-Dynastie** (200 v. – 200 n. Chr.) erheben den Konfuzianismus zur Staatsreligion und machten Konfuzius zum größten Weisen Chinas. Sie benützten die Ethik des Konfuzius, um die Macht der Feudalherren zu brechen und die Staatsidee im Metaphysischen zu verankern.

Die Lehre des Lao-Tse (Taoismus) verband sich mit dem chinesischen Buddhismus und brachte reichen Niederschlag in der Kunst, wie dieses Bild erkennen läßt. Auf einem Feigenblatt ist Lao-Tse mit seinen acht Jüngern auf dem Weg zum Paradies der Königin-Mutter des Westens (Szi-Wang-Mu) dargestellt.

Lao-Tse und der Taoismus

Bisher ist es nicht gelungen, den „alten Meister" (= die Bedeutung des Namens Lao-Tse) historisch eindeutig zu identifizieren. Die einen (die Taoisten) sehen in dem 604 geborenen Li-poy-yang den legendären Lao-Tse und schreiben ihm die Abfassung des **Tao-te-King** (= Buch vom Weg zur Tugend) zu; dann wäre er ein halbes Jahrhundert älter als Kung-fu-Tse und der Taoismus älter als der Konfuzianismus. Da das Tao-te-King zwar eine Sammlung alter Sprüche darstellt, die durchaus im 7. oder 6. Jahrhundert entstanden sein können, ihre schriftliche Form und Sammlung aber frühestens um 400 erlebt haben, ist die relative Gleichzeitigkeit der beiden großen chinesischen Weisen wahrscheinlich eine tendenziöse Legende der Taoisten. Egal, wie es sich damit wirklich verhält, lehren das fragliche Buch und sein Schreiber die allerhöchste Weisheit und vermitteln tiefste Erkenntnisse. Dabei ist es

sehr schwer, schon allein den Buchtitel zu „übersetzen": *King* = Buch, das ist klar, *Te* = das wunderbare Wirken des Tao im Menschen, sozusagen die „göttliche Tugend" und *Tao* = Weg, aber nur in der chinesischen Tradition, also etwa bei Konfuzius, nicht mehr bei den Taoisten, für sie ist das Tao das Urprinzip, aus dem alles hervorgeht, durch das die Welt erhalten und gestaltet wird – dies aber nicht im Sinne einer abendländischen Definition des Wortes „Prinzip" verstanden, sondern im Begriffsinhalt viel offener:

■

„Es gibt ein Wesen, gebildet aus dem Unfaßbaren, welches vor Himmel und Erde bestand. Still war es, leer, einzigartig und unveränderlich. Es bewegte sich nach allen Richtungen, ohne seinen Bestand zu gefährden. Man kann es als die Mutter der Welt ansehen.

Ich kenne seinen Namen nicht und bezeichne es als Tao. Ihm notgedrungen einen Namen gebend, nenne ich es das Große, das Große nenne ich fortschreitend, das Fortschreitende das unendlich Ferne, das unendlich Ferne das Zurückkehrende. Unfaßbar ist es und unerkennbar, aber es birgt Formen in seinem Innern... Tief und dunkel ist es, aber es umschließt Kraft.

Das große Tao wogt hin und her, es kann links und rechts sein. Alle Wesen bauen darauf ihr Leben, und es weist sie nicht zurück. Wenn es sein Werk vollendet hat, so beansprucht es nicht den Ruhm desselben. Es liebt und nährt alle Geschöpfe und spielt nicht den Herrn. Stets ist es wunschlos und kann klein genannt werden. Alle Geschöpfe wenden sich ihm zu, aber es kehrt nicht den Herrn heraus und kann als groß bezeichnet werden. Daher: der heilige Mensch macht sich nie groß, darum kann er seine Größe vollenden.
(XXXIV)

■

Der Unterschied zum Konfuzianismus liegt auf der Hand: Stellt der *Konfuzianismus* eigentlich eine *Ethik* dar, so ist der Taoismus *Spekulation*, „Handeln durch Nicht-Tun":

■

„Könnten wir weisen den Weg,
es wäre kein ewiger Weg.
Könnten wir nennen den Namen,
es wäre kein ewiger Name.
Was ohne Namen,
ist Anfang von Himmel und Erde,
was Namen hat,
ist Mutter der zehntausend Wesen.
Wahrlich: Wer ewig und ohne Begehren,
wird das Geheimnis schauen;
wer ewig hat Begehren,
erblickt nur seinen Saum.
Diese beiden sind eins und gleich.
Hervorgetreten, sind ihre Namen verschieden.
Ihre Vereinigung nennen wir mystisch.
Mystisch und abermals mystisch:
die Pforte zu jedwedem Geheimnis. (I)

■

Dem Taoisten schwebt als Idealbild eine Welt vor, in der der Mensch dem kosmischen Tao seinen Willen unterordnet und in der daraus resultierenden Harmonie lebt.

Der Taoismus als System wurde wahrscheinlich außer vom Tao-te-King (wer immer es geschrieben haben mag) von dem Naturphilosophen *Yang Tschu* (440–366) und dem „chinesischen Nietzsche" *Tschu-ang Tse* († 295) entwickelt, die alte Traditionen aufgriffen und kombinierten. Gegen Ende des 3. Jh. kam dann noch die besonders von *Tsou-Yen* (323–298) verbreitete **Yin-Yang-Lehre** dazu: Alles in der Welt ist entweder Yin (= dunkel, passiv, weiblich, schlecht) oder Yang (= hell, aktiv, männlich, gut) – diese beiden Grundprinzipien oder Energien sind in allen Wesen wirksam. Das Geheimnis bzw. die Aufgabe des Menschen besteht darin, herauszufinden, was in der Welt mehr Yin oder Yang besitzt, und sich dementsprechend zustimmend oder ablehnend zu verhalten.

Gegen Ende des 2. Jh. n. Chr. versuchten die Taoisten, den mittlerweile in das Land geholten Buddhismus imitierend, einen kirchlichen Kultus aufzubauen, um das Volk zu gewinnen: ein Pantheon aus Göttern und Geistern, verbunden mit einem kunstvollen Ritual, mit Magie und Kontemplation, Alchemie und volkstümlichen Bräuchen. *Chang Tao-ling* war es, auf den diese Wandlung des „philosophischen" Taoismus in eine Volksreligion zurückging.

Im 5. Jh. n. Chr. entstand als Gegenbewegung zum ritualistischen Buddhismus die **Amida-Sekte** (Glaube an ein inneres Licht, Praxis der dauernden Betrachtung, Hoffnung auf ein glückliches jenseitiges Leben, Glaube in einfachen Formeln). In weiterer Folge entstanden noch zahlreiche, taoistische Geheimgesellschaften, die meist in synkretistischer Weise Elemente aus Taoismus, Buddhismus und Konfuzianismus zusammenfügten.

Der chinesische Buddhismus und die synkretistische Einheitsreligion

Das Ende der späten Feudalzeit und die weiteren zwei Jahrhunderte sind von zahlreichen Kämpfen der einzelnen Feudalstaaten gegeneinander bestimmt. Die Chou-Dynastie spielt praktisch keine Rolle mehr. In den vielen Kämpfen behalten die Mitglieder der **Ch'in**-Dynastie im westlichen Teil des Landes die Oberhand. Ihnen gelingt es, nach Absetzung des letzten Chou-Kaisers 249 den ersten chinesischen Einheitsstaat zu etablieren.

221 nimmt König Cheng den Titel **Shih-huang-ti** (= Erster erhabener Kaiser) an. Das Land ist in 36 Verwaltungsbezirke eingeteilt und wird von Beamten, die oft versetzt werden, organisiert und betreut. Teilweise wird mit radikalen Maßnahmen gegen separatistische Bestrebungen vorgegangen (z. B. Bücherverbrennungen, die gegen traditionalistische Schriften gerichtet sind). Mit dem Tode Chengs (210) zerfällt aber die Ch'in-Dynastie, und 206 geht **Liu Pang** aus dem Lande Han als Sieger in den Nachfolgekämpfen hervor. Er begründet die **Han-Dynastie (206 v. – 220 n. Chr.).** Liu Pang übernimmt von den Ch'in die Idee des Beamtenstaates und organisiert ihn zentralistisch und theokratisch orientiert (nicht absolutistisch). In diesem neuen Staatsgebilde gewinnen die Konfuzianisten wieder mehr Einfluß, sie erreichen ein strenges Prüfungssystem für die Zulassung als Beamter. Die Macht bleibt in den Händen weniger großer Familien, die fähige Leute als Verwalter einsetzen. Dieses System konnte sich im Grunde bis zur kommunistischen Machtübernahme 1948 behaupten.

In dieser Zeit dringt auch der Buddhismus nach China ein und erlangt bald neben dem Konfuzianismus und dem Taoismus große Bedeutung.

● **Der chinesische Buddhismus:** Über Nepal, den Pandschab, Kaschmir und Zentralasien fand der Buddhismus (zum Buddhismus vgl. Seite 218 ff) in der Gestalt des Großen Fahrzeugs (Mahayana) Eingang in China, indem er sich den vorhandenen religiösen Formen anpaßte. Kaiser **Ming-Ti** schickte eine Gesandtschaft nach Indien, ließ buddhistische Bücher ins Chinesische übersetzen und lud Mönche ein, nach China zu kommen und den Buddhismus zu verbreiten. Da weder der Konfuzianismus noch der Taoismus viel über das Leben nach dem Tode gesagt hatten, lag darin die große

Doppelstatue des Buddha Shakya und Buddha Prabhutaratna.

Zugkraft und Chance des Buddhismus. Die Lehren von der Seelenwanderung und der Reinkarnation sowie die buddhistischen Vorstellungen über Himmel und Hölle und die Möglichkeit der Fürbitte für die Verstorbenen fielen in China auf einen fruchtbaren Boden. Er blieb naturgemäß kein indischer Buddhismus, sondern erhielt eine neue Form, die von taoistischen Bräuchen bestimmt war. Mit dem Konfuzianismus gab es immer wieder Auseinandersetzungen. Wie sehr der Buddhismus in China heimisch wurde, zeigt die neue Bauform der **Pagode** (die aus dem indischen Stupa-Tempel entwickelt wurde). In China kristallisierten sich drei buddhistische Richtungen heraus: die Schule des **Amida-Buddha** (gegründet von Hui-yüan), der **T-ien-t'ai-Buddhismus** des Chih-K'ai und der **Ch'an-Buddhismus** des südindischen Fürstensohnes **Bodhidharma**, der wahrscheinlich um 490 n. Chr. nach China kam und dort bis zu seinem Tode 530 wirkte. Dieser Buddhismus setzt sich vor allem in seiner japanischen Form (Zen) breit durch, da seine untheoretische, unmystische, auf das unmittelbare Erleben ausgerichtete Religiosität den Chinesen sehr anspricht: Der Mensch soll sich

In Peking hat der Himmelstempel (im Bild die Halle der Jahresgebete) die kommunistische Revolution überdauert und bezeugt die gestaltende und werterhaltende Kraft der Religion.

nicht nur von einem anderen (Bodhisattva) erlösen lassen, sondern sich aus eigener Kraft, mit Hilfe von Meditation und Selbstdisziplin, aber ohne aufwendigen Ritenvollzug und langwieriges Bücherstudium zu einer erleuchteten Einsicht durcharbeiten. Dieser Ch'an-Buddhismus hat seine Blütezeit während der **T'ang-Dynastie** (618–907). Nach einer Zeit religiöser Toleranz im T'ang-Reich verhärtet sich die Lage in der nachfolgenden **Sung-Zeit** (10.–13. Jh.) und schränkt die fremdländischen Einflüsse zugunsten der chinesischen Tradition wieder ein: die rationale Moral des Konfuzianismus und die Metaphysik des Buddhismus werden zu einer stark ethisch ausgerichteten praktischen Religion verschmolzen. Nach einer Zeit mongolischer Oberherrschaft über China (Khublai-Khan) stellt die **Ming-Dynastie** (1368–1644) das chinesische Reich wieder her und forciert erneut den Konfuzianismus. In dieser Zeit kommt auch der Katholizismus nach China und wird vor allem durch den italienischen Jesuiten Matteo Ricci bekannt gemacht, der wegen seiner Sprachenbegabung und seines Einfühlungsvermögens, seiner Bescheidenheit und seines Bemühens, tiefer in die konfuzianischen Lehren einzudringen, im Lande hochgeschätzt wird. –

● **Die synkretistische Gesamtreligion:** Das Zusammenwirken der drei Religionen oder ethisch-denkerischen Systeme Konfuzianismus, Taoismus und Buddhismus ergab im Laufe der Zeit einen dem westlichen Menschen fast unverständlichen religiösen „Eintopf":

„Im Bereich westlicher Religion ist es praktisch undenkbar, daß jemand gleichzeitig katholisch, evangelisch und Jude, oder Christ und Muslim ist. In Taiwan dagegen ist es durchaus üblich, daß man sich für die Hochzeit und Bestattung an buddhistische Mönche wendet, für gewisse Zukunftsorakel taoistische Würdenträger befragt und am Geburtstag des Konfuzius in den Konfuziustempel geht. Ja, in einigen Tempeln wissen die dort Diensttuenden selbst nicht zu sagen, ob der betreffende Tempel taoistisch oder buddhistisch ist"
(Peter Antes, in: Die Botschaft fremder Religionen)

In der Provinz Honan befindet sich der buddhistische Höhlentempel von Lung-men mit riesigen Statuen des Buddha und einiger Bodhisattvas (= Vollendete, die auf das Nirwana verzichten, um den Menschen Dienste zu leisten).

Im synkretistischen chinesischen Pantheon finden wir Gottheiten verschiedener Herkunft. Wir finden darin die alten Naturgottheiten, eine große Zahl buddhistischer Heiliger und brahmanischer Götter, dann Heilige im Sinne des Taoismus und vergöttlichte historische Heroen. Unter dem Namen „die drei Heiligen" werden z. B. Lao-Tse, Buddha und Konfuzius gemeinsam verehrt und dargestellt. Im Volk beliebt sind auch Darstellungen des ganzen Pantheons in vereinfachter Form, auf dem 66 höhere Wesen zu sehen sind, übereinander in fünf Reihen angeordnet. Daneben gibt es „die drei Reinen", „die drei Beamten", „die drei Anfänge". Eine deifizierte (= vergöttlichte) historische Persönlichkeit ist z. B. der Kriegsgott Kuan-ti, der in der Han-Zeit 162–220 lebte und als Verteidiger der verlorenen Sache in die Heldengeschichte Chinas eingegangen ist. Besonders populär sind in China buddhistische Darstellungen, z. B. der „künftige Buddha" (= Buddha Maitreya), strahlend von Lebenslust, feist, mit lachendem Gesicht, entblößtem Bauch, auf einem Thron sitzend, in der einen Hand ein Beutelchen mit den Keimen aller vergangenen Welten, in der anderen einen Rosenkranz haltend. Dieser als künftiger Retter erwartete Maitreya wohnt jetzt noch im Himmel und wird einmal voll Liebe und Mitleid herabsteigen – ungefähr 5000 Jahre nach dem Eintritt des historischen Buddha in das Nirvana... Amida, die Göttin der Barmherzigkeit, und die „tausendarmige Kuan-yin" sind zwei reich verehrte helfende Göttinnen.

Eine große Rolle spielt die **Jenseitsvorstellung:** Die Unterwelt ist ein großer Verwaltungsapparat oder Gerichtshof – 138 verschiedene Strafplätze werden der Vielfalt menschlicher Vergehen durchaus gerecht. Nach Ablauf der Strafe wird die Seele wiedergeboren und kann ihren Weg neu beginnen.

Bedeutsam sind auch die **Drachentempel** – verehrt wird der Drache als Regenspender und Erntegarant. Zahlreiche andere Gottheiten, die hier nicht einmal aufgezählt werden können, gab es im Laufe der Zeit. Viele gerieten in Vergessenheit, neue tauchten auf.

Die umseitig dargestellte Bronzeplastik aus dem 18. Jh. stellt eine Gottheit der Gnade und Barmherzigkeit dar. Die vielen Arme mit verschiedenen göttlichen Attributen verweisen auf Kontakte zum Hinduismus.

Die Chinesen feiern sehr intensiv den *Jahreslauf.* Dies beginnt mit dem Neujahrsfest, einem Frühlingsfest, zu Beginn der ländlichen Wirtschaftsperiode (bewegliches Fest zw. 21. Jänner und 19. Februar), dabei spielen der Herdgott, die Torgötter und der Reichtumsgott sowie die Ahnenverehrung in jeder Familie eine große Rolle. Das mit dem Neujahrsfest in Zusammenhang stehende Laternenfest bedeutet eine Art Feuer-Fruchtbarkeits-Magie. Viele andere Feste begleiten den Jahreslauf.

Auch die drei Lebenswenden Geburt, Hochzeit und Tod werden mit religiösen Riten begangen und stellen den Menschen mitten in die übersinnliche Welt, in das wirkliche Sein, in den Wirkraum Gottes.

Die heutige Situation

Nach der chinesischen Revolution von 1911, die die Herrschaft der Mandschu-Kaiser beendete, entstanden viele geheime, vor allem taoistisch inspirierte Sekten. Bünde und Gesellschaften, die von Mao-Tse-Tung 1949 aufgelöst und zerschlagen wurden. Viele religiöse Führer flohen nach Formosa/Taiwan, wo der chinesische Synkretismus weiterhin lebendig ist. Wahrscheinlich ist er es bis zu einem gewissen Grade (zumindest in Elementen) auch im kommunistischen China. Besonders der Taoismus hat durchaus Mittel und Wege gefunden, sich in vielem mit dem Sozialismus zu arrangieren und am Umbau der Gesellschaft mitzuarbeiten.

Auch das buddhistische Mönchtum hat unter dem kommunistischen Regime sein geistliches Leben bewahrt und seine Lebensweise weiterhin sichtbar bezeugt, ja, es hat deutlich erkennen lassen, daß es die soziologischen und politischen Verhältnisse der Menschen entscheidend beeinflußt und deshalb nicht einfach ignoriert, nivelliert oder eliminiert werden kann.

Der Himmelstempel in Peking wurde eine nationale Erinnerungsstätte – parallel dazu entstand aber eine Erneuerung des Konfuzianis-

mus, an der der Christ Sun Yat-sen und der frühere Buddhist Liang-Sun-ming entscheidenden Anteil hatten. Es entstanden sogar zwei Schulen des Konfuzianismus (Lu-Wang und Li-hsüch), die im Dienste der Verbreitung des reformierten Konfuzianismus stehen. Das kommunistische Regime begegnet den Lehren des Konfuzius auch nicht mit offener Feindschaft, weil es die Wichtigkeit seiner Lehren in Richtung Weltstaat und Weltfrieden erkennt und um den Einfluß in der Bevölkerung weiß.

P. Josef Freinademetz (1852–1908) (hinten links) lebte lange Jahre als Missionar in China und wurde von der bodenständigen Priesterschaft als „Kollege" akzeptiert und geachtet. Seliggesprochen 1975.

Der Glaube der Japaner

Während der Eiszeit waren die japanischen Inseln durch Landbrücken mit dem Festland (Korea, Mandschurei) verbunden. Im *Mesolithikum* dürfte von Sibirien aus eine Volksgruppe eingewandert sein, deren späte, relativ unvermischte Nachkommen noch in Hokkaido (nördlichste Insel; 15 000 Personen) wohnen. Andere Gruppen kamen aus der Mongolei (über Korea) und aus dem malayischen Bereich (über das Meer). Von einem mehr oder minder einheitlichen japanischen Volk kann man jedenfalls erst um die Zeitenwende sprechen. Es zeigen sich folgende Elemente integriert: Negritos, Ainu, Tungusen, Indonesier, Indochinesen, Proto-Chinesen, Malayen und Mongolen. Ab 3500 ist als älteste Kultur die **Yomon-Kultur** nachzuweisen, also bereits in nacheiszeitlicher, neolithischer Zeit, als durch das Abschmelzen des Eises das Wasser stieg und die

Landbrücken überschwemmte. Es handelte sich um eine ursprüngliche Jäger-Sammler-Fischer-Kultur, die sich nur allmählich (da ohne Austausch mit der Umwelt) in eine Ackerbau-Viehzucht-Kultur wandelte. Genannt ist diese Kultur nach einer charakteristischen Schnurband-Keramik, die offensichtlich auf einer beachtlichen Höhe stand. Im Laufe der Zeit löste Urnenbestattung das ursprüngliche Erdbegräbnis (Hockergrab) ab. Idolfiguren lassen auf den typisch neolithischen Fruchtbarkeitsglauben auch in Japan schließen.

Im 4./3. Jh. v. Chr. verdrängte die sogenannte **Yayoi-Kultur,** die über Korea aus China (Yüeh) stammen dürfte, die Yomon-Kultur bzw. drängte sie nach Norden ab. Die Einwanderer beherrschten den Naßfeldreisanbau, brachten Rinder und Pferde mit, kannten die Töpferscheibe und beherrschten den Bronze- und Eisenguß. Bronze wurde freilich offenbar nur zu kultischen Zwecken verwendet (Glocken und Zeremonialwaffen) – so daß in Japan keine eigentliche Bronzezeit existierte.

Um die Zeitenwende wurden nachweisbar enge Kontakte mit Lo-lang (chinesisch dominierte Provinz in Korea) gepflegt. Im 1. Jh. n. Chr. gab es laut chinesischen Berichten über 100 Kleinstaaten in Japan, ehe sich im 4. Jh. das Reich von **Yamato** durchsetzte, das die Basis für die eigenständige politische und religiöse Kultur Japans bildete.

Der Shintoismus

Es ist sehr verständlich, daß sich die eben geschilderte rassische Vielfalt auch in einer komplexen Religiosität äußerte: im **Shinto** (= Weg der Götter). Als sich im 6. Jh. n. Chr. der Buddhismus und vorher schon der Konfuzianismus von China her in Japan verbreiteten, profilierte sich die angestammte Religiosität als die einheimische, eigenständige, gewachsene Religion. Im 8. Jh. entstanden die beiden wichtigsten Quellen des Shintô:

Kojiki (= Geschichten und Begebenheiten im Altertum)
Nihon-shoki (= Japanische Annalen)
Beide Bücher sind stark von China her beeinflußt, es lassen sich aber doch die eigenständi-

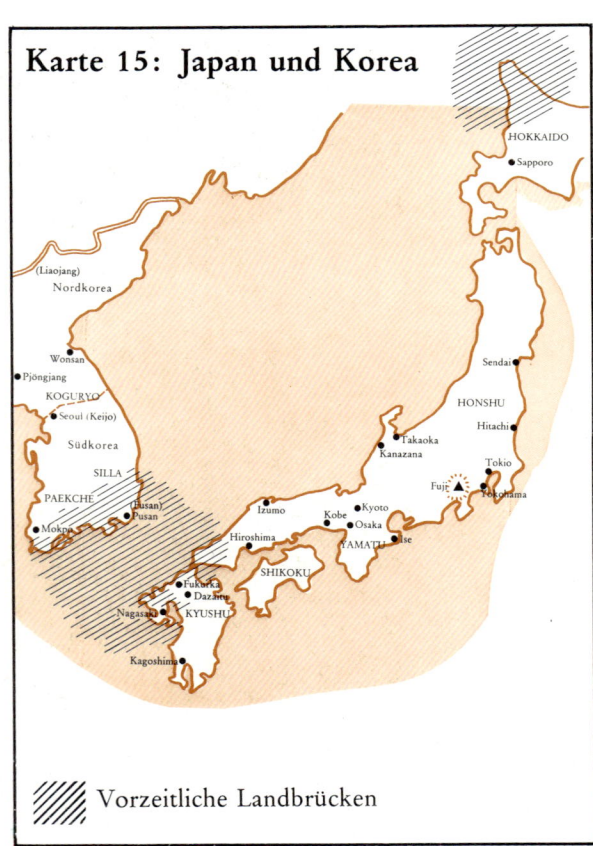

Karte 15: Japan und Korea

HOKKAIDO
· Sapporo

(Liaojang)
Nordkorea

Wonsan
· Pjöngjang
KOGURYO
· Seoul (Keijo)
Südkorea
SILLA
(Pusan)
PAEKCHE
· Pusan
· Mokpo

Sendai

HONSHU
· Hitachi
· Takaoka
Kanazana
Tokio
Fuji ▲ Yokohama

Izumo
Kobe · Kyoto
· Osaka
Hiroshima
YAMATO Ise

SHIKOKU

· Fukara
· Dazanu
Nagasaki KYUSHU

Kagoshima

///// Vorzeitliche Landbrücken

52

53

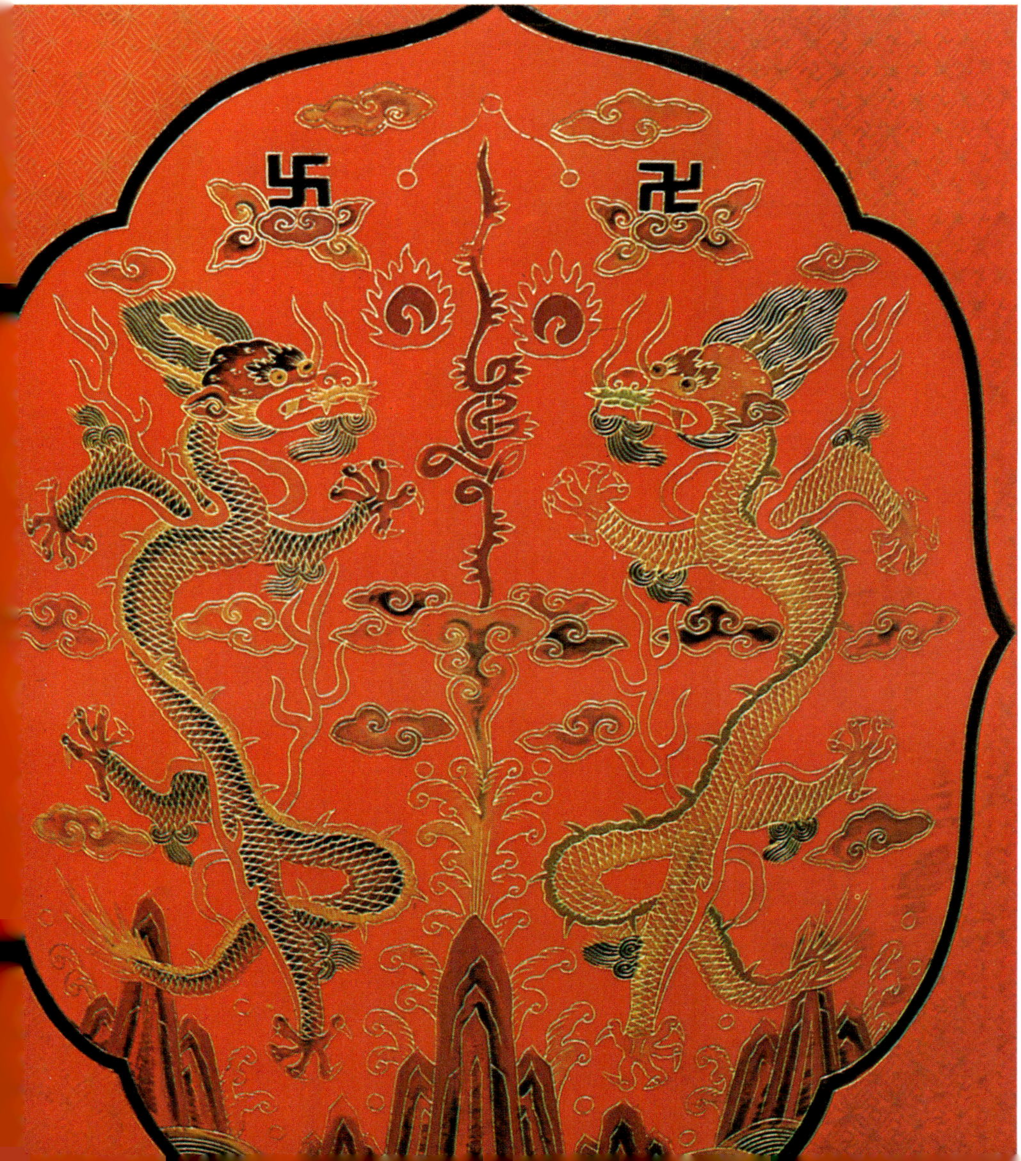

China

Im alten „Reich der Mitte" sind der Taoismus und der Buddhismus die wichtigsten Religionsformen. Bodhisattva-Statue, Sung-Dynastie (960–1279 n. Chr.). Amsterdam, Museum für Asiatische Kunst (**52**). – Prozession der Gottheiten der Himmelskonstellation des Großen Bären. Detail eines taoistischen Freskos (13./14. Jh.) in einem Tempel in Süd-Shansi (**53**). – Der geheiligte taoistische Schriftzug „langes Leben", der den Himmel mit der Erde verbindet und von zwei Drachen flankiert wird. Für westliche Betrachter auffallend sind die „Hakenkreuze", die als Symbolzeichen der Sonne und Fruchtbarkeit bis ins 3. Jahrtausend v. Chr. belegt sind. Meditationsbild, Lackmalerei aus der Wan-Li-Periode (1593–1620) der Ming-Dynastie (**54**).

54

56

55

Japan

Die führende Religionsform im „Reich der aufgehenden Sonne" sind der Zen-Buddhismus und der Shintoismus.

Zehn Rakan (Schüler Buddhas). Gemälde auf Seide des Maler-Mönches Mincho (1352–1431) aus dem Zen-Kloster Tofoku-ji in Kyoto. Tokio, Nezu-Museum **(55)**. – Der große Buddha von Kamakura. 13 m hohe Bronzestatue aus dem 13. Jh. **(56)**. – Buddha auf dem Lotus–Thron. Seidenmalerei (um 1000). Kyoto Jinga-ji **(57)**. – Shinto-Göttin. Tafelgemälde von Gyogen (13. Jh.). Mara, Yakushi-ji **(58)**. – Der Rote Fudo, buddhistischer Schutzgott. Seidenmalerei (10./12. Jh.). Koyasan, Myoo-in **(59)**.

57

58

59

gen Vorstellungen und Glaubenserfahrungen herauslösen:

● **Weltbild:** Am Anfang war das Chaos, aus dem sich allmählich das Weltall („Himmel und Erde") herausgebildet hat, eher als Trennung von Himmel und Erde, denn als Schöpfung gedacht: Der Himmel-Vater und die Erden-Mutter bilden das Welternpaar, das alle Naturdinge und Naturerscheinungen zeugte: Länder, Inseln, Meere, Berge, Flüsse, Bäume, Kräuter, Tiere, Steine, Feuer, Sonne, Mond, Sterne, Sturmwind usw. Nachdem sie alles hervorgebracht hatten, trennten sie sich!

Die japanischen Inseln wurden vom Götterpaar **Izanagi** und **Izanami** hervorgebracht, die von den sieben Himmelsgöttern, die an der Spitze des japanischen Pantheons standen, damit beauftragt wurden:

■

Sie gaben ihnen einen himmlischen Juwelen-Speer und beauftragten sie gnädiglich also. Demgemäß standen die beiden Gottheiten auf der schwebenden Brücke des Himmels, stießen den Juwelen-Speer nach unten und rührten damit herum; und als sie die Salzflut gerührt hatten, bis sie sich zäh verdickte, und den Speer dann hinaufzogen, häufte sich die von der Speerspitze herabträufelnde Salzflut an und wurde eine Insel. Auf diese stiegen Izanagi und Izanami hinab und vermählten sich auf ihr. Sie erzeugten eine Anzahl von Gottheiten sowie die übrigen japanischen Inseln. Bei der Geburt ihres jüngsten Sohnes, des Feuergottes Kagutsuchi, wird Izanami so stark verbrannt, daß sie stirbt und in die Unterwelt gelangt. Izanagi gelingt es fast, sie zu befreien. Aber er sieht nach ihr um und verletzt dabei ein Tabu. Von den Unterweltsbewohnern und auch von Izanami selbst verfolgt, versperrt er den Ausgang der Unterwelt mit einem Felsbrocken und spricht die Scheidung von Izanami aus, die damit in der Unterwelt als Herrin verbleibt.

■

Nach seiner Rückkehr aus der Unterwelt muß sich Izanagi reinigen und erzeugt dabei weitere Götter. Bei der Reinigung seines linken Auges entsteht die **Sonnengöttin Amaterasu,** bei der Reinigung des rechten Auges der Mondgott, bei der weiteren Reinigung der **Sturmgott Susa-no-o.** Sie haben in der Shintô-Mythologie große Bedeutung:

■

Danach wurde Susa-no-o Mikotos Verhalten außerordentlich grob. Als Amaterasu die Saat auf ihre himmlisch schmalen und himmlisch langen Reisfelder gesät hatte, riß er die Abtrennungen zwischen den Reisparzellen nieder, und im Herbst ließ er die himmlischen scheckigen Fohlen frei und ließ sie in der Mitte der Reisfelder lagern ... Als er sah, daß Amaterasu in ihrer heiligen Webstube war, damit beschäftigt, Gewänder für die Götter zu weben, zog er einem himmlischen Fohlen die Haut ab, brach ein Loch in die Dachziegel der Webstube und warf sie hinein. Da fuhr Amaterasu auf und verletzte sich dabei am Weberschifflein. Darüber empört, ging sie geradewegs in ihre himmlische Felsenhöhle und lebte dort, nachdem sie die Felsentüre fest verschlossen hatte, völlig zurückgezogen. Deshalb herrschte überall dauernde Finsternis, und es gab keinen Wechsel von Tag und Nacht.

Dann traf sich eine Vielzahl von Gottheiten im trockenen Bett des Himmelsflusses (= Milchstraße) und überlegten, auf welche Weise sie sie bitten sollten ... Dann nahm Ame-no-Uzume-no-Mikoto (= die Himmelstänzerin) in ihre Hand einen mit Eulalia-Gras umwundenen Speer und führte vor der Tür der himmlischen Felsenhöhle einen mimischen Tanz auf.

Da hörte Amaterasu dies, und sie sagte: „Seit ich mich in der Felsenhöhle eingeschlossen habe, muß sicherlich dauernde Finsternis im Land der fruchtbaren Reisfelder sein. Wie kann dann Ame-no-Uzume-no-Mikoto so vergnügt sein? Dann öffnete sie mit ihrer erlauchten Hand einen schmalen Spalt der Felsentüre und blickte verstohlen hinaus. Dann nahm Tajikarao-no-Mikoto Amaterasu unverzüglich bei der Hand und führte sie hinaus ...

Danach sprachen die Götter Susa-no-o schuldig und auferlegten ihm eine Buße von tausend Tischen mit Opfergaben, und so bestraften sie ihn gründlich. Sie hatten ihm auch das Haar ausgerissen und ließen ihn damit seine Schuld büßen.

■

● **Die Götterwelt:** Die Japaner glaubten an eine Überfülle von Göttern (800 Myriaden!), was verständlich ist, wenn man bedenkt, daß sie als **Kami** (= höhere Wesen mit übermenschlicher Kraft, eigenem Wissen und Wollen) alle Naturkräfte und kosmischen Kräfte verehrten. Alles Großartige, Bedrohliche, Lebensnotwendige, Erhebende, Gefährliche wurde als Kami verehrt und geachtet: Tiere und Wetter, Berge und Wasser, Steine und Pflanzen, Sterne und Elemente. In vielen Gedichten kommt dies zum Ausdruck:

Japanische Schutzgottheit aus dem 13. Jh., der hundekopfförmige Kopfschmuck weist darauf hin, daß die Gottheit mit dem 11. chinesisch-japanischen Tierkreiszeichen (= Hund) in Zusammenhang gebracht wurde.

■

Seit Himmel und Erde sich voneinander schieden, steht ein Gottesmal in erhabener Größe über Suruga, hoch der Gipfel des Fuji.
Zu Himmelsfluren den Blick erhoben, siehst du der wandernden Sonne Licht sich hinter ihm bergen, des hellen Mondes Schein hinter ihm verschwinden. Die weißen Wolken scheuen sich, ihm zu nahen, und unversehens senkt sich die Wolke nieder. Weiter erzählen, weiter rühmen will ich Fuji, den hohen Gipfel.
Zur Bucht von Tago ging ich hinaus, und siehe, weiß, ganz weiß bedeckt hoch den Gipfel des Fuji der frisch gefallene Schnee.
(Yamabe Akahito, 8. Jh. n. Chr.)

■

Die Sonnengöttin Amaterasu ist sicherlich die bekannteste japanische Gottheit. Sie gilt als Ahnherrin der kaiserlichen Familie, seit 660 v. Chr. (den Annalen nach; historisch gesehen wahrscheinlich im 2. Jh. n. Chr.) **Jimmu Tenno** den Thron bestieg und das japanische Kaisertum begründete. In jedem Schrein werden Gegenstände (**Shintai**) aufbewahrt, die die Anwesenheit bestimmter **Kami** manifestieren und die dort in heiligen Schreinen verehrt werden.
Die bedeutendsten Heiligtümer stehen in Ise (Amaterasu) und Atsuta. Unzählige Staats- und Provinz-, Stadt- und Dorfschreine befinden sich überall über Japan verteilt.

● **Ahnenkult:** In Japan waren nicht die Familien, sondern die Sippen maßgeblich, Volksgruppen, die sich von einem gemeinsamen Ahnen herleiteten. An ihrer Spitze stand ein **Uji-Yami**, dem alle zu unbedingtem Gehorsam verpflichtet waren. Die Sippen, die sich auf vergöttlichte Ahnen zurückführten, sind mit der kaiserlichen Sippe verwandt und bilden eine Art Großfamilie. Aus der frühen Zeit sind für solche Sippenälteste bedeutende Grabhügel (= Kofun) errichtet worden, um die herum aus Ton geformte Krieger in die Erde gegraben wurden.

● **Shintô-Kult:** Ursprünglich gab es keine eigenen Gotteshäuser, man verehrte die Kami an Ort und Stelle: auf dem Berg, am Wasser ...

Später wurden dann die Jinjas (= Götterschreine) gebaut, an denen die Sippenobersten den Kult vollzogen. Erst allmählich entstand ein eigener Priesterstand.

Eine wichtige Rolle spielten die rituellen Reinigungen (Harai = Entsühnung durch Gebet und Opfer; misogi = privates Entsühnen mit Hilfe von Salz und Wasser; imi = Schutzvorkehrungen).

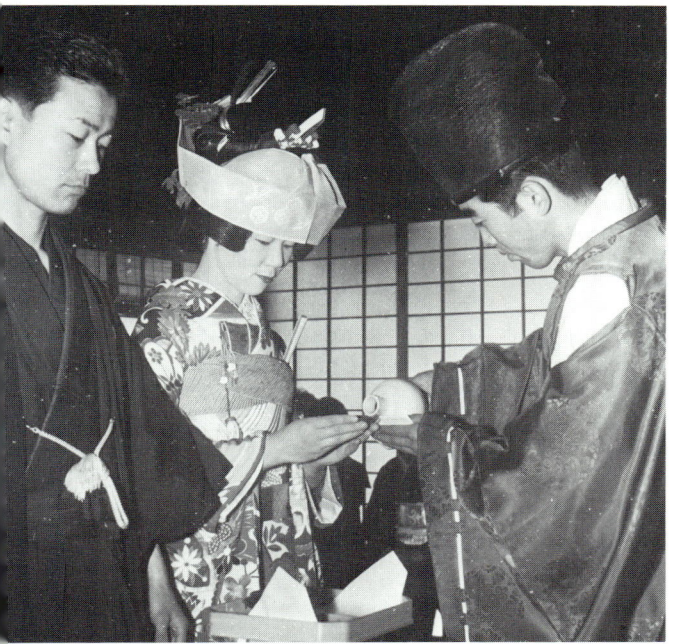

Shintopriester segnet ein japanisches Ehepaar. Die Religion legt großen Wert auf die Gestaltung der Lebenswenden.

Den modernen Shintoismus gestalteten vor allem die drei Theologen **Kamo Mabuchi** (1697–1769), der alles auf den Manyosha-Stil des 8. Jh. zurückführen wollte, **Motoori Norinaga** (1730–1801), der eine Renaissance des Shintô auf der Basis der beiden Bücher Kojiki und Nihongi initiierte, und **Hirata Atsutane** (1776–1843), der Elemente anderer Religionen – auch des Christentums – in den Shintoismus integrierte und einen „reinen Shintoismus" anstrebte:

■

„Takami-musubi ist die Erschaffung von Himmel und Erde zuzuschreiben, einem Gott von unvergleichlicher Macht. Ohne Zweifel wohnt er im Himmel und regiert über die Welt. Trotz der durchscheinend klaren Natur dieser Wahrheiten verstehen Gelehrte, deren Geist durch die chinesische und indische Bildung Schaden erlitten hat – so wie auch Leute, die in ihrer Unwissenheit einen gottlosen Unglauben vertreten –, nicht, daß schon die Tatsache ihrer eigenen Geburt unmittelbar der Schöpferkraft dieses Gottes zuzuschreiben ist. Sie verharren in ihrem Skeptizismus und erklären, die alten Wahrheiten seien lediglich typisch japanische Legenden, die zu glauben sie ablehnen. In vielen anderen Ländern glaubt man, daß die Saat der Menschen und aller anderen Dinge ihr Dasein den Kräften dieses Gottes verdanken.

Bis weit in den Westen Indiens gibt es zahlreiche andere Länder, und in jedem finden wir Traditionen eines Himmelsgottes, der die Himmel und die Erde, den Menschen und alle Dinge schuf."

■

Betendes japanisches Kind. Wie viele Asiaten verfügen auch die Japaner über eine natürliche meditative Begabung.

Diese monotheistische Vorstellung steht zwar in großem Gegensatz zur Kami-Tradition des Shintoismus, zeigt aber andrerseits, wie dehnbar „durchlässig" so manche Traditionen und Vorstellungen des Shintô-Glaubens sind.

Ein Shintôpriester betet vor einem heiligen Tragschrein (= Mikostia), dem Heiligtum des Shintô, um den herum sie ihre Tempel bauten.

Am großen Gottesschrein in Ise

Was es ist, was hier
gegenwärtig in Hoheit
weilt, ich weiß es nicht.
Doch von Dank und Anbetung
gehn mir die Augen über.
(Saigyo Hoschi, 12. Jh.)

● **Jenseitsvorstellungen:** Das Sterben besteht im „Fortgehen der Seele" (shinuru) in eine andere Welt – die aber nicht klar vorgestellt wird. Sie ist eine Welt, die jenseits des Meeres oder auf den Bergen liegend gedacht wird mit dem die Gottheit an Festen herum getragen wird.

Der japanische Buddhismus

552 n. Chr. kam der Buddhismus nach Japan (vgl. zum Buddhismus Seite 218 ff). Der koreanische König Syöng-Myöng sandte einen Gesandten zum japanischen Kaiser Kimmei und überreichte durch ihn eine Statue des Shakya-Buddha und eine Anzahl Sutra-Schriften. Auf die Japaner, die solche Idole nicht gewohnt waren, machte vor allem die Buddhastatue großen Eindruck.

Die neue Weltsicht des Buddhismus haben die Japaner wahrscheinlich anfangs kaum verstanden:

Der Glaube der Chinesen, Japaner und Koreaner

„Die Weide ist grün, die Blüte ist rot;
der Berg ist Berg, das Wasser ist Wasser."

In diesem Spruch kommt deutlich zum Ausdruck, daß hinter der Welt der Erscheinungen nicht die Kami stehen, wie die Japaner bisher glaubten, sondern das absolute Nichts. Aufgabe des Menschen ist es, sich von der Welt loszulösen, um in das Nirwana, das Nichtmehr-Wollen, -Streben, -Leben usw. eingehen zu können. Dieser Hinayana-Buddhismus setzte sich in Japan nicht durch, erst der Mahayana-Buddhismus mit seiner Dialektik, daß das ewig Werdende mit dem ewig Bleibenden identisch ist und im Relativen das Absolute verborgen ist, war den Japanern zugänglich: die vom Regen bewegten Bambusblätter, die kleinen Sperlinge, die gegen den Wind fliegen, sind so, wie sie sind, Buddha selbst:

Auf dem Geierberg: wer stünde dort und sähe
den Mond nicht leuchten? –
Es hinge ihm denn die Wolke
vor dem eigenen Herzen.
(Saigyo Hoshi)

Ist die Welt ein Traum?
Ist sie wesenhaft? Sage! –
Weder wesenhaft, noch auch Traum, daß ich
wüßte:
ein Etwas, ein Nichts in einem.
(unbek., 9. Jh.)

Alle Menschen und alle Dinge sind identisch mit Buddha. Sie sind selbst Buddha. Aber es existiert auch kein Buddha. Das ist der Standpunkt der letzten und höchsten Erkenntnis, welche das eigentliche Ziel des Menschen bildet. Auch diese Mahayana-Metaphysik haben die Japaner zunächst nicht verstanden, sie sahen in Buddha einen fremden, geheimnisvollen Kami. In der *Nara-Zeit* (710–784) kam es zur ersten Blüte des Buddhismus. Sechs verschiedene buddhistische Sekten bzw. Schulen wur-

Buddha Amida (indisch: Amithaba) bedeutet: Buddha, dessen Glanz unendlich ist. Diese wichtigste Buddhagestalt des Großen Fahrzeugs thront auf einer Lotusblüte, ist mit einem Heiligenschein bekränzt und bereitet die Verstorbenen in einer Art Paradies auf das Nirwana vor.

den eingeführt und von Mönchen weitergetragen. Das Volk aber nahm nur gewisse Elemente auf, die es mit dem gewohnten Shintô verschmelzen konnte.

In der *Heian-Zeit* (794–1192) wurde der Buddhismus stärker japanisiert. Kaiser Kammu beauftragte die beiden Priester Saicho und Kukai, diesen Prozeß durchzuführen. Saicho gründete ein Kloster auf dem Berg Hiei, das allmählich eine eigene Klosterstadt wurde und in der Blütezeit bis zu 40 000 Mönche beherbergte. Das **Lotus-Sutra** (Sutra = Lehrbuch) war die Basis seiner Lehre (ein Eklektizismus, der die Gegensätze verband). Kukai gründete die Shingon-Sekte und entwickelte die **tantrische Lehre** zu ihrer Blüte (der japanische Tantrismus ist mit dem Tantrismus in Tibet, Ceylon, Mongolei usw. allerdings nicht zu vergleichen!), die japanische Geheimlehre vertritt nämlich einen „reinen Tantrismus": Shingon = wahres Wort = Mantra. Durch Meditation erlangt der Mensch die absolute Ruhe des Geistes (samadhi) und kann zur Buddhaschaft gelangen. 12 Jahre lang muß ein Mensch als Mönch diese Meditation üben, um in das Grundwesen einzudringen und sich voll auf den Weg der Buddhaschaft zu begeben. In der **Kamakura-Periode** (1185–1333) bildeten sich die **Jodo**-Sekten, **Zen**-Sekten und **Nichiren**-Sekten aus, die heute noch den Kern des japanischen Buddhismus darstellen.

● Die **Jodo-Lehre** stützt sich auf das Amida-Sutra und lehrt die Anbetung des Buddha als das wichtigste im menschlichen Leben und gibt als Ziel ewiges Leben und das glückselige Paradies des Reinen Landes an. Erst die Jodo-Lehre vermittelte in Japan Verlangen und Hoffnung auf ein Jenseits! Eine solche Lehre konnte auch im Volk Eingang finden – hier entstand aus einfacher Meditation Glaube.

● Die **Shin-shu-Lehre:** Der Glaube allein ist die vollständig ausreichende Ursache für die Wiedergeburt im reinen Lande. Glaube bedeutet, die eigene Ohnmacht zu erkennen und sich der heilenden Kraft Amida-Buddhas hinzugeben. Alles persönliche Streben, die eigene Leistung, führt ab vom rechten Weg. Deswegen wird hier nicht gefastet usw., sondern Einfalt und Unwissenheit angestrebt. Glaube ist Gabe Amidas, deshalb heißt diese Lehre auch „die Lehre von der fremden Kraft". Konsequenterweise ist jede Götterverehrung verboten – Amida tritt als einzige und letzte göttliche Kraft in Erscheinung.

● Die **Zen-Sekten:** Ein anderer Versuch, einfach zu leben, ist der Weg der Kontemplation (= Zen), den Bodhidharma begründete. Sein Ziel ist die Erleuchtung (satori) durch Meditation. Die einzelnen Richtungen unterscheiden sich nur durch Akzente: Der Rinzai-Zen ist bekannt durch Derbheit und Schärfe bei der Meditationspraxis, der Soto-Zen setzt auf die ruhige Überlegung. Es gibt keine kanonischen Bücher, entscheidend ist die persönliche Betrachtung und die Vermittlung von Geist zu Geist:

„Buddha saß einst auf dem Geierberg im Kreise seiner Zuhörer und drehte schweigend eine goldfarbene Blume zwischen den Fingern und blinzelte mit den Augen. Alle blickten ihn fragend an. Keiner verstand, was Buddha damit meinte. Allein über Kāśyapas Züge glitt ein Lächeln. Da sprach Buddha: Mein ist der Vollbesitz durchschauter Wahrheit, unfaßbarer Nirwanageist. Den übergebe ich dem Kāśyapa."

Einer der größten Lehrer des Za-Zen (= sitzende Meditation) war Dogen, er verkündete das Meditieren als Nachahmung Buddhas:

„Die Erforschung des Buddhismus ist die Erforschung des Ich. Die Erforschung des Ich ist das Vergessen des Ich. Das Vergessen des Ich ist das Ich-Wiederfinden im All."

Die behutsam gestalteten japanischen Gärten sind ein besonderer Ort der Meditation und Verinnerlichung.

Der Zen-Buddhist lebt durch Buddha, dadurch gewinnt sein Leben einen unendlichen Wert und tiefe Bedeutung. In das tägliche Leben fließt so das Leben Buddhas ein. Dann ist das Leben und Sterben nur das Leben Buddhas. Nicht mehr nach dem ewigen Leben soll man streben oder nach einem seligen Tod, sondern mitten in der Welt der Vergänglichkeit soll man das ewige Leben Buddhas leben.

P. Hugo Enomiya-Lassalle SJ lebt seit vielen Jahren in Japan als Roshi, d. h. Lehrer im Zazen. Von japanischen Buddhisten voll anerkannt, von seinem Orden als Vorkämpfer der Kooperation mit dem Buddhismus akzeptiert, entfaltet er eine weitgespannte Tätigkeit in Japan und Westeuropa.

Moderne Religionen in Japan

Im modernen Japan hat sich – wie in manchen anderen fernöstlichen Ländern – eine Reihe von neuen Religionen entwickelt, die sich be-

wußt von den traditionellen Weltreligionen abgrenzen, obwohl sie Elemente ihrer Lehre übernehmen und integrieren. Diese Religionen haben ein neues Heilsverständnis entwickelt, das den modernen Menschen intensiver und adäquater anspricht und ihn zu persönlichem Heil, größerer Mitverantwortung und aktiver Weltzuwendung führt.

Mit der Erklärung der Religionsfreiheit (1945) erlebten freilich zunächst einmal die traditionellen buddhistischen Sekten einen großen Aufschwung.

Auch der Shintoismus erlebte durch die Erklärung der Religionsfreiheit eine Belebung und trat in seine vierte Entwicklungsphase. Seit die amerikanische Besatzungsmacht den Staatsshintoismus verbot, kam es zu einer gewissen Trennung von Staat und „Kirche", und der Shintoismus entwickelte sich in Richtung Intensivierung des Religiösen, des religiösen Brauchtums und auch der religiösen Inhalte (Lehre). Diese Tendenz hielt an, als Japan seine Souveränität wieder erlangte.

Daß die nationalen Elemente immer noch stark im Bewußtsein der Japaner verankert sind, zeigte die Feier zum Anlaß des letzten periodischen Neubaus (shikinen sengu) des Ise-Schreins. Als die Teilnahme an den Feiern zur Restauration des Ise-Altars für die Schulen verbindlich gemacht wurde, protestierten die christlichen Lehrervereinigungen dagegen, ihnen wurde geantwortet:

■

„Jeder Japaner, der solchen Protest erhebt, schließt sich aus der Volksgemeinschaft aus. Dies gilt für den Bauern, der sich dem Besuch des Dorfschreins entzieht, wie sich jedes Familienmitglied, das den Ahnenkult verweigert, aus der Sippengemeinschaft ausschließt."

■

Neben Buddhismus und Shintoismus und kleinen Gemeinden vieler Weltreligionen existieren heute in Japan an die 400 neue Religionsgemeinschaften, die teilweise großen Zulauf haben. Die wichtigsten seien kurz genannt:

– **Tenri-kyo** (= Lehre von der himmlischen Wahrheit) – 1838 gegründet, von einer Bauersfrau, die sich als auserwählten irdischen Tempel Gottes verstand, durch dessen Vermittlung den Menschen Heil geschenkt werden soll. Die bereits weit über zwei Millionen Gläubige zählende Gemeinschaft feiert Gottesdienste mit ekstatischen Tänzen und viel Frohsinn und versucht die Menschen für den Einsatz im Dienst des Friedens zu rüsten und zu motivieren. Sie verfügen über etwa 15 000 Tempel und 5000 Missionsstationen.

– **Omoto-kyo** (= Große Grundlegung): Die Gründerin, eine medial begabte Frau, schrieb 1892 eine Offenbarung nieder: Das Gottesreich soll aufgerichtet werden und die Gesellschaft wird erneuert werden – nicht nur in Japan, sondern auf der ganzen Welt. An dieser Wiederherstellung und Vollendung der Welt Gottes wollen die Mitglieder mitwirken, weshalb sie stark missionarisch orientiert sind und Menschen guten Willens sammeln.

– **PL-Kyodan** (= Orden der vollkommenen Freiheit): Hier wird die Lebenskunst geübt, die darin besteht, sich in großer Selbstdisziplin dem Dienst an den Mitmenschen zu widmen. Dies geschieht mit viel Kreativität über Ausüben von Sport, Malen, Dichten, Modellieren usw.

– **Seicho-no-Ie** (= Haus des Wachstums) – Es handelt sich um eine stark synkretistisch eingestellte Gemeinschaft, die buddhistische, christliche, abendländisch-philosophische und psychoanalytische Elemente miteinander verbindet, um die Menschheit zu retten und zu erleuchten. Es kommt in allem auf die Verwirklichung des Willens Gottes an, der jeden menschlichen Willen übersteigt und eine von Frieden erfüllte menschliche Gemeinschaft will. In dieser Gemeinschaft wird Gott selbst Wohnung nehmen und sein Reich aufbauen. Das bedeutet, daß die Herrschaft Gottes im Inneren der Menschen beginnt.

– **Odoru Shukyo**: Diese Religion predigt das bereits gegenwärtige Gottesreich, das durch die Menschen von heute verwirklicht werden muß. Die charismatisch begabte Bauersfrau Kitamura Sayo spielte darin eine entscheidende Rolle. Sie rief dank ihrer großen Predigtbegabung große Volksmengen zusammen und wird die „Prophetin von Tabuse" genannt. 1944 begann sie mit ihrer ersten Predigt, in der sie Natur und Gott (kami) gleichsetzt und die Menschen aufruft, zur Natur (= zu Gott) zurückzukehren. Natur ist hier als Einfachheit, Reinheit und Wahrheit verstanden. Die Gründerin sieht sich auch als christliche Prophetin, die im Auftrag Christi die letzte, den Menschen befreiende Lehre kundtut. Gott spricht aus ihr, wohnt in ihr und äußert sich in Freude und Gesang.

– **Soka-Gakkai** (= Studiengesellschaft zur Schaffung von Werten) – Diese in der Zeit nach dem Ersten Weltkrieg entstandene Religionsgemeinschaft wollte ein neues Erziehungssystem gründen (gegen die damals weit verbreitete deutsche Pädagogik). Ziel der Pädagogik muß es – nach ihrem Gründer Tsunesaburo Makiguchi – sein, Werte zu begründen. Dies geschieht am besten dadurch, daß man sich an das Lotus-Sutra anschließt (= buddhistische Lehrschrift, die etwa zwei Jahrtausende alt ist und um die Rettung der Welt besorgt ist. Buddha, der über dem Kosmos thront, ruft die Menschen auf, die von ihm erkannten und verwirklichten Werte zu übernehmen, um das Heil zu erlangen und gerettet zu werden). Nach dem Zweiten Weltkrieg wurde die Bewegung von Josei Toda erneuert und zu einer lebendigen Bewegung erweitert. Jeder Mensch hat die Aufgabe, als Bodhisattva seine Mitmenschen (der ganze Kosmos bildet eine Einheit) zum Heil zu führen. Dies geschieht, indem man die kosmischen Gesetze des Lotus-Sutra aufnimmt und verwirklicht. Die Mission der Soka-Gakkai wendet sich an Familien (nicht an Einzelne) und hat in wenigen Jahren bereits mehr als eine Million Familien gewonnen. In der Begeisterung der Soka-Gakkai wird ein japanisch-messianisches Bewußtsein wach, das von großer Hoffnung für die Erneuerung der Welt getragen ist.

– **Reiyu-Kai** (= Die Gesellschaft der Freunde der Seelen der Verstorbenen) – stammt aus dem Jahre 1925, erlebte nach 1945 eine rasche Ausbreitung. Sie räumt dem Ahnenkult eine große Bedeutung ein, holt ihre Werte und Prinzipien ebenfalls aus dem Lotus-Sutra, setzt sie aber in eine den heutigen Menschen ansprechende und ihm verständliche Lebensart um. In der rasanten Entwicklung der modernen Technik erkennt die Reiyu-Kai die Ankündigung des herannahenden Endes, auf das die Menschheit vorbereitet werden muß, indem sie sich aus der ewigen Verkettung von Tod und Leiden befreit.

– **Rissho-Kosei-Kai** (= Gesellschaft zur Aufrichtung von Gerechtigkeit und Mitmenschlichkeit) wurde von Frau Myoko Naganuma gegründet, die von einem Mitglied der Reiyu-Kai bekehrt wurde und mit ihm zusammen eine neue Bewegung begründete, die sich intensiv der Fürsorge, Erziehung und dem Gruppengespräch widmete und die Menschen lehrt, sich von ihrem selbstischen Ich zu befreien und sich einem religiösen Training (ebenfalls auf der Basis des Lotus-Sutra) zu unterziehen. Die Bewegung, die darauf aus ist, jedes Mitglied zum Bodhisattva zu erziehen, hat in Japan große Verbreitung gefunden, die durch die Begründung vieler Kindergärten, Altersheime und Schulen unterstützt wird.

Der Glaube der Koreaner

Die Koreaner gehören der Ural-Altai-Sprachgruppe an, stammen also überwiegend von tungusischen Stämmen aus dem nordasiatischen Raum ab, die sich mit der nordchinesischen und der koreanischen Urbevölkerung in vorhistorischer Zeit gemischt haben. Wahrscheinlich brachten sie daher auch den animistisch-schamanischen Glauben der asiatischen Steppenbewohner mit. Kleinere Gruppen kamen wahrscheinlich aber auch aus Polynesien und Malaya und vermischten sich ebenfalls mit den Einwanderern. Der stark verbreitete Dämonen- und Zauberglaube wurde von Schamanen geleitet.

Gegen Ende des 4. Jh. v. Chr. erfolgte der Übergang von der Steinzeit zur Metallzeit. In dieser Zeit dominierten vorübergehend die Yayoi in Südkorea, ehe sie nach Japan weiterzogen. Dann wird der chinesische Einfluß immer stärker, bis 108 v. Chr. Kaiser Wu-ti (Han-Dynastie) Korea erobert und in vier chinesische Provinzen teilt. 75 v. Chr. werden diese Provinzen dann zur großen chinesischen Provinz Lolang vereinigt. Um die Zeitenwende bildeten sich drei Staaten: im Norden **Koguryo**, im Südwesten **Paekche** und im Südosten **Silla**. Zu dem während der Han-Zeit übernommenen Konfuzianismus kommt nun auch der Buddhismus in der Mahayana-Form (ab dem 4. Jh. n. Chr. sind buddhistische Mönche in Korea nachgewiesen).

668 n. Chr. erfolgte erstmals eine Einigung der drei Staaten unter der Führung von Silla. Die schrankenlos synkretistische Duldsamkeit des Mahayana-Buddhismus wirkte sich konservierend auch vor allem auf den archaischen koreanischen Glauben aus, so daß bis heute Elemente davon erkennbar blieben.

Hananim nannten die Koreaner ihren Himmelsgott (vgl. Jumala bei den Finnen, Jumal bei den Esten, Juhmel bei den Lappen, Tengere bei den Altai-Stämmen, Tengri bei den Mongolen, Tangri bei den Türken, T-ien bei den Chinesen) und statteten ihn mit sehr verschiedenartigen Attributen aus: Das blaue Firmament ist ebenso sein Symbol wie die Vorstellung, daß er der Beweger der Gestirne ist.

Diese Vielfalt der Perspektiven reicht bis zu einem geistigen Prinzip eines überpersönlichen Himmelsherrn, der das Gute belohnt und das Böse rächt.

Für die erste Hälfte des 1. Jt. wird ein reiner und hochstehender Sonnen-Kult rekonstruiert: **Palk** ist der Sonnengott, vergleichbar der japanischen Amaterasu. Er ist der Gründer eines Lichtreiches, und die Koreaner nennen sich **Iltja** (= Sonnensöhne) und bringen an den Palk-Mal (heiligen Sonnenkultstätten besonders auf Berghöhen) Opfer und Kult dar, wobei der Sonnenaufgang eine besondere Rolle spielt.

Wie beim persischen Sonnengott Ahura Mazda fehlt auch der böse Gegenspieler nicht, er heißt **Kud** und ist das Prinzip des Dunklen und der Sünde, des Schadens und des Unglücks. Ein Mittleramt zwischen dem Sonnengott und den irdischen Sonnenkindern nimmt der **Olkum** (= Richter) wahr. Der erste dieser sagenhaften Priester-Richter hieß Tan-kun und soll auf den Berg Thai-paik-san (im nördlichen Grenzbereich) herabgestiegen sein und eine Theokratie begründet haben.

Dieser Sonnenkult wich aber mehr und mehr der Verehrung sekundärer Gottheiten und Naturgeister, wobei Reigen und Tanz um die hei-

Geisterabwehrpfähle in Korea verweisen auf den alten Volksglauben, der neben dem Buddhismus, Neokonfuzianismus (korean. Tjutjakhak) und dem Christentum weiterhin lebendig ist.

Der Buddhismus hatte viele Jahrhunderte hindurch in Korea eine Monopolstellung inne, ist heute zurückgedrängt, aber immer noch sehr lebendig. Das Bild zeigt einen Andachtsraum in einem buddhistischen Kloster in Seoul.

ligen Stätten und Haine eine große Rolle spielen. Dabei werden oft Menhire und Dolmen (Son-tol oder Koin-tol genannt) als Altäre verwendet, was auf den Ursprung im Neolithikum (Megalithkultur!) verweist.

Der Ahnenkult ist zwar nachgewiesen, spielt aber bei weitem nicht dieselbe Rolle wie in Japan oder China.

Der Buddhismus wirkte sich vor allem im Silla-Großreich aus: Herrliche Tempelbauten und Buddhastatuen (Buddha-Maitreya) legen Zeugnis davon ab. Nach dem Sturze Sillas und dem Übergang der Macht auf die **Korye-Dynastie** (daher stammt auch der Name Korea!) nahm der Buddhismus eine Monopolstellung ein, verflachte aber zusehends und wurde schließlich im 14. Jh. von der **Songkye-Dynastie,** die sich dem Neokonfuzianismus verschrieb, an den Rand gedrängt und erbittert bekämpft. Der Neokonfuzianismus kam in der Form des sog. Dschu-Hsismus (Dschuh Hsi 1131–1200) nach Korea und wurde hier **Tjutjakhak** genannt. Es geht um einen strengen Monismus, getragen von einer hohen und gedankentiefen Ethik, durchaus altruistisch konzipiert. Während der japanischen Annexion (1910–1946) dominierten stark nationalistisch orientierte Sekten. Nach der Befreiung bzw. Teilung in das kommunistische Nordkorea und das westlich orientierte Südkorea wächst die Jugend tw. religionslos auf. Die Religionen der Vergangenheit (animistischer Geisterglaube, Buddhismus und Konfuzianismus) haben viel an Einflußkraft (vor allem in Nordkorea) verloren.

Trotzdem wirkt sich die in Japan festgestellte neue Bewegung der Religionen auch in Korea aus. In Südkorea verzeichnet z. B. das Christentum ein jährliches Wachstum von etwa 10%. Diese Gemeinden schicken von Jahr zu Jahr mehr Missionare in andere Länder aus und legen Zeugnis von der Lebendigkeit und Ernsthaftigkeit ab, die gerade in Zeiten der Bedrängnis oft ungeahnte Erneuerungskräfte freisetzen.

1860 entstand eine neue Religion: „Tonghak" (= Östliche Lehre), die sich an die traditionellen Religionen Buddhismus und Christentum, aber auch an Koreas klassische Religion „Synkyo" (= Religion ohne Namen) anschließt und den alten Himmelsgott Hananim miteinbezieht, der auf monotheistische Weise verehrt wird.

Der Glaube der Inder und Tibeter

Der Glaube der Inder steht in der Gesamtheit der Weltreligionen an zentraler Stelle. der **Hinduismus** und der **Buddhismus** sind Weltreligionen, die über Jahrtausende hinweg lebendig geblieben sind und eine breite Ausstrahlung zeigen.

Wie wir schon im IV. Kapitel gezeigt haben, blühte im Industal bereits vor den Indoeuropäern, die dort um 1500 v. Chr. eindringen, eine reiche Hochkultur. Funde in Mohenjo-Daro und Harappa (vgl. S. 64) zeugen von einer hohen Zivilisation ab etwa 2500 v. Chr.

Funde im Quettatal in Ostbelutschistan lassen aber vermuten, daß bereits noch früher eine megalithische Kultur bestand (Seite), die in neolithische Zeiten zurückreicht.

Das ist durch Funde gut bezeugt. Es sprechen aber auch manche Indizien dafür, daß bereits im mittleren Pleistozän in Indien Menschen lebten und daß in der zweiten Zwischeneiszeit (zwischen 400 000 und 200 000 v. Chr.) die sogenannte **Soan-Kultur** in Indien verbreitet war.

In unserem Zusammenhang wollen wir uns auf die historische Zeit beschränken und uns mit dem Hinduismus und Buddhismus sowie mit dem Jainismus, Lamaismus, Sikhismus und Parsismus beschäftigen.

Der Hinduismus

Der Hinduismus, der sich auf keinen Stifter beruft und der ein Konglomerat aus verschiedensten Strömungen und Richtungen (Pantheismus, Quasi-Monotheismus, Polytheismus, Henotheismus, Okkultismus …) darstellt, läßt sich in vier größere Entwicklungsstadien unterteilen: 1. Älterer Hinduismus: jener Zeitabschnitt, der durch die Dominanz der arischen Einwanderer und ihre Literatur (ca. 1500 v. Chr.) und relig. Vorstellungen geprägt ist; 2. Klassischer Hinduismus: die Zeit der Hochblüte der indischen Kultur (ab 3./4. Jh. n. Chr.), in der die Hindugötter Viṣṇu und Śiva gegenüber dem vedischen Pantheon in den Vordergrund treten und in der ein kulturell-religiöses Spannungsfeld zwischen Bhakti-(Gottesliebe, Emotionalismus, sinnliche Weltzugewandtheit)-Theologie und strenger Scholastischer Theologie (Gotteserkenntnis, Intellektualis-mus, Weltabgewandtheit und Weltüberwindung) zum Tragen kommt; 3. Nachklassischer Hinduismus: Mittelalterliche reformatorische Bewegungen (etwa um die Jahrtausendwende), die neben den bis in die Neuzeit weiterlebenden Traditionen des klassischen Hinduismus entstehen. 4. Neuhinduismus (oder Neohinduismus etwa ab 19. Jh.), dessen Charakteristikum darin besteht, daß einheimische Hindudenker mit der Kultur des Abendlandes, insbesondere mit dem Christentum, bekannt werden und eine umfangreiche Reinterpretation abendländischer Werte auf Hindubasis unternehmen. Davon zu unterscheiden wären bestimmte neuhinduistische Gruppen und Sekten, die in zunehmendem Maße etwa seit den 60er Jahren unseres Jahrhunderts im Westen eine umfangreiche missionarische Tätigkeit entfalten (Transzendentale Meditation [TM] des Rishi Mahesh; Bhagwan-Bewegung des Rajneesh; Divine Light Mission; verschiedenste Yoga-Vereinigungen usw.). Diese Gruppen bieten oft nur ein Zerrbild einheimisch-hinduistischer Tradition.

Älterer Hinduismus

„Veda" bedeutet „Wissen", insbesondere das „religiöse Wissen". Mit Veda wird nicht ein einzelnes in sich abgeschlossenes literarisches Werk bezeichnet, sondern eine Sammlung verschiedener literarischer Werke, die über viele Jahrhunderte hin entstanden und lange Zeit hindurch durch mündliche Überlieferung von Generation zu Generation überliefert worden sind. Das Wissen, das im Veda mitgeteilt wird, befähigt die Opferpriester, die übermenschlichen Kräfte und die Methoden ihrer Beeinflussung zu kennen. Die einzelnen vedischen Schriften sind nach Inhalt und äußerer Form sehr verschieden. Wir können vier große Klassen von literarischen Werken unterscheiden:
1. Die vedischen **Samhitas,** das sind „Sammlungen" von Hymnen, Zauberliedern, Opfersprüchen, Litaneien, usw.
2. Die **Brahmanas,** das sind umfangreiche Prosatexte, die insbesondere theologische Erörterungen über Opfer und die Bedeutung der Opferriten und Zeremonien beinhalten.
3. Die **Aranyakas** und **Upanishaden** sind Texte, die die ältesten philosophischen Spekulationen der Inder überliefern. Und schließlich
4. die Ritual-Handbücher (vedische **Sutras**).

Der *Rigveda* ist der Haupttext des Vedismus (älteren Hinduismus/Brahmanismus). Mit seinen 1028 Hymnen stellt der Rigveda zwar nicht das älteste indoeuropäische Dokument dar (das sind wahrscheinlich die ältesten Texte der Hethiter und Texte in Mitanni; vgl. Seite 76 ff), aber sicherlich das bedeutendste, zumal er offensichtlich eine längere Entwicklungs- und Überlieferungszeit voraussetzt. Es handelt sich nicht um eine einzelne Dichtung, sondern um eine weit ausgebaute und systematisch geordnete Tradition, in der verschiedene Überlieferungen im Lauf der Zeit zu einer Einheit verbunden worden sind.

Das kosmische Opfer

Tausend Köpfe hatte Purusha[1], tausend Augen, tausend Füße. Er bedeckte die Erde allerseits und überragte sie um zehn Finger.

Dieser Purusha ist alles, was geworden ist und was werden wird.

Der Unsterblichkeit Herr ist er und Herr über das, was durch Speise aufwächst.

So gewaltig ist seine Größe, ja größer noch ist Purusha.

Alle Wesen sind ein Viertel nur von ihm; drei Viertel sind im Himmel unsterblich.

Mit drei Vierteln stieg Purusha empor, ein Viertel von ihm entstand wieder hier.

Dann schritt er allseits aus, über alles, was nicht ist und was ist.

Aus ihm ward Viraj[2] geboren, aus Viraj dann wieder dieser Purusha.

Sobald er geboren, erstreckte er sich nach Osten und nach Westen über die ganze Erde.

Als die Götter das Opfer bereiteten mit Purusha als Opfergabe, da war der Frühling sein Öl, die heilige Gabe war der Herbst, der Sommer war das Brennholz. Sie salbten das Opfer auf der Opferstreu, den Purusha, den in Urzeiten Geborenen.

Mit ihm vollzogen die Götter und alle Sadhyas[3] und Rishis[4] das Opfer.

Von diesem großen vollständigen Opfer wurde das tropfende Fett gesammelt.

Man machte daraus die Geschöpfe der Luft, die wilden und die zahmen Tiere.

Aus diesem großen und vollständigen Opfer entstanden die Rig- und Sama-Lieder, die Metren entstanden daraus, die Yajurveda-Sprüche[5].

Aus ihm entstanden die Pferde, aus ihm alle Geschöpfe mit doppelter Zahnreihe, die Rinder auch entstanden aus ihm, die Ziegen und die Schafe.

Als sie den Purusha zerstückelten, wie viele Teile machten sie aus ihm?

Was ward sein Mund, was wurden seine Arme, was seine Schenkel, seine Füße?

Der Brahmane⁶ ward sein Mund, aus seinen Armen wurde der Rajanya⁷ gemacht, seine Schenkel wurden zum Vaishya⁸, zum Shudra⁹ seine Füße. Der Mond entstand aus seinem Geist, und die Sonne ward aus seinem Auge, Indra und Agni¹⁰ aus seinem Mund, der Wind¹¹ aus seinem Hauch. Aus seinem Nabel wurde der Luftraum, der Himmel wurde aus seinem Haupt gestaltet, die Erde aus seinen Füßen, die Weltteile aus seinem Ohr. Auf diese Weise bildeten sie die Welten.
(Rigveda X, 90)

1 = Urwesen (Mann/Person), das von den Göttern als Opfer dargebracht wurde
2 = Weibliches Urwesen, Schöpfungsprinzip
3 = Himmlische Urwesen, frühere Götter
4 = Die heiligen Seher der Vorzeit
5 = Die vier heiligen Texte Altindiens
6 = Die oberste Kaste (Priester)
7 = Die zweite Kaste (Krieger, Herrscher)
8 = Die dritte Kaste (Dorfbewohner, Bauern)
9 = Die vierte Kaste (Sklaven, meist Ureinwohner)
10 = Altindische Götter
11 = Gemeint ist der Windgott Vayu

Der *Yajurveda* und der *Samaveda* sind liturgische Handbücher (für die Brahmanen bestimmt), in denen die Opfertraditionen aufgeschrieben wurden. Der *Atharvaveda* enthält viele Elemente populärer und „privater" Religion, aber auch philosophische Gedankengänge. Die in den Samhitas in Ansätzen vorhandenen Elemente der altindischen Gesellschaft: *Kastenwesen – Hierarchie – Opfertechnik – Philosophische Spekulationen*, kommen im Brahmanismus zur vollen Entwicklung.
Die Brahmanen schufen durch Verschiebung der Schwerpunkte aus dem vedischen Erbe eine gänzlich anders gestaltete Religion und bewirkten dadurch auch eine Neuordnung der

sozialen Kräfte unter ihrer Herrschaft. Dies wirkte sich vor allem in der Neugestaltung des indo-arischen Kastensystems aus: Die ursprüngliche Herrscherkaste wurde zur Kaste der herrschenden Brahmanen umgeformt *(Brahmanas)*, zu der man von nun an durch Geburt, nicht mehr durch Berufung gehörte. Dazu gehören hieß, Inhaber des *brahman*, der magisch-rituellen Kraft zu sein, die sich insbeson-

Ein Brahmane (Angehöriger der Priesterkaste Indiens) beim Vollzug eines Opfers. Genaue Einhaltung der vorgeschriebenen Zeremonien ist nach brahmanischem Glauben unerläßlich, um den Glauben effektiv zu machen.

dere im Opferritual äußerte, das als das eigentliche Machtinstrument der Brahmanen ausgebaut wurde. Vielfältige Kategorien von Priestern versahen den heiligen Dienst: der Hotar (= Rezitator der Hymnen des Rigveda), der Adhvaryu (Vollzieher der Rituale), der Udgatar (Sänger des Samaveda), der Agnidh (= Feuerschürer), Brahmanen (Überwacher der Opfer), Maitravarunas (Priester der beiden Götter Mitra und Varuna), der Potar (Reiniger des Soma-Tranks), der Nestar (Herbeiführer der Gattin des Opferherrn) u. a. m.

Im Leben der alten Inder spielten die Opferriten eine derart bedeutende Rolle, daß man glaubte, alles, was geschehe, vollziehe sich nur dank der Riten: *„Die Sonne würde nicht aufgehen, würde nicht der Priester in der Früh das Feueropfer darbringen"* (Satapathabrahmana 2, 3, 1, 5). So spielen neben den priesterlichen Riten auch die Hausriten (rund um Geburt, Pubertät, Hochzeit, Begräbnis, Ackerbau, Viehzucht usw.) eine zentrale Rolle.

Der zweiten Kaste *(Kshatriyas)*, der Kriegerkaste, war die Ausführung der königlichen Pflichten übertragen. Die dritte Kaste blieb wie bisher mit der Wirtschaft verbunden *(Vaishyas)*, dazu gehörten in der bereits sehr differenzierten Gesellschaft allerdings neben den Bauern, die Ackerbau und Viehzucht ausübten und damit die Hauptlast der Ernährung des Volkes trugen, auch die Händler, Handwerker und Arbeiter. – Als vierte Kaste blieben die sogenannten *Sudras* = vom Ritual Ausgeschlossene.

Jede dieser vier Gruppen war sozial von den anderen völlig isoliert; es gab keine Übergangsmöglichkeit und kein Überspringen der Kastengrenzen (z. B. durch Heirat). Dieses Prinzip wurde allerdings beim Erstarken der Urbevölkerung oftmals durchbrochen, weil die Brahmanen bestrebt waren, ihre Herrschaft auf alle Fälle zu halten und zu stützen. Lieber gewährten sie zumindest der Oberschichte der einheimischen Bevölkerung Eingang in die zweite und dritte Kaste, als daß sie ihre Herrschaft aufs Spiel gesetzt hätten.

Die eindeutige Vorherrschaft der Priesterkaste brachte auch eine Verflachung und Schematisierung (Magisierung) der Religion mit sich. Dagegen wandte sich eine Bewegung, die bestrebt war, das persönliche Heil ohne Hilfe der Priester und des Ritus durch Askese, Versenkung und einsames Leben in der Wildnis zu suchen. Verständlicherweise war diese Bewegung vor allem im sozialen Umfeld der „Sudras" verbreitet. In dieser Bewegung wurde auch die vedische Yoga-Praxis besonders kultiviert. Dieser Bewegung stellten die Brahmanen das System der *Ashramas* (= Lebensstufen) gegenüber: Jeder Inder sollte seine Jugend mit dem Studium der Veden verbringen (und zwar mindestens 12 Jahre lang), sollte dann einen Hausstand gründen und sich als Haus- und Familienvater bewähren, bis die kommende Generation das Leben in die Hand nehmen könne. Darauf konnte der Mann seine Familie wieder verlassen und sich aufs neue der Meditation und Askese widmen. Damit zeigten sich die Brahmanen diesem neuen individualistischen religiösen Geist gegenüber durchaus aufgeschlossen, verminderten aber seine gesellschaftliche Gefährlichkeit durch die Verlagerung auf das Alter. Sie erreichten, daß der anarchischen religiösen Bewegung die Spitze genommen war, konnten aber nicht verhindern, daß sich gerade daraus die Sonderbewegung und religiöse Reform des *Buddhismus* (vgl. Seite 218 ff) und *Jainismus* (vgl. Seite 234 ff) entwickelten (6. 15. Jh. v. Chr.).

Die Mythologie der Brahmanen ist *ätiologisch*, d. h. sie dient der Erklärung und Begründung der Riten – nicht mehr wie in vedischer Zeit als Wiedergabe religiöser Erfahrungen vielfältiger Art. So scheiden sie die *Asuras* (Varuna u. a. Gottheiten), die sich der Opferideologie nicht zuordnen ließen, aus und machen sie zu bösen Dämonen, die durch die Opfer gebannt werden. Sie lassen nur die *Devas* (= jüngere Götter) gelten, die aber im Laufe der Zeit jede Autorität, Individualität und Personalität verlieren und nur mehr Hüter überirdischer Kräfte sind. Über ihnen thront *Prajapati* (= Herr der Geschöpfe), der die Attribute des vedischen Urmenschen Purusha erbte, also die Welt schafft und als männliches und weibliches Prinzip (Purusha und Vac) in einem auftritt. Darüber hinaus ist er auch *brahman* (= die kosmische Ursubstanz allen Seins, das Absolute und die höchste Weisheit zugleich):

„Prajapati ist das ganze Brahman. Dieses Brahman ist das Höchste, denn nicht existiert ein Höhe-

res als dieses Brahman, es hat weder etwas vor sich noch etwas hinter sich. Im Anfang war das Brahman diese Welt. Es schuf die Götter, und nachdem es die Götter erschaffen hatte, verzweigte es diese in den Weltreichen … Und es stieg in die Welt mit zweien, mit Form und Namen hinab. So groß ist die Welt, als Form und Name. Das sind die beiden großen Phänomene des Brahman. Wer diese beiden Phänomene des Brahman weiß, wird selbst ein großes Phänomen" (Satapathabrahman).

Eine weitere wichtige Rolle in den Brahmanas spielt der Atem als das wichtigste Lebensprinzip. Es erscheint in zwei Formen: als *prana* (= Hauch, Lebenshauch), d. h. höchste Lebensenergie, Seele und Lebensprinzip – und als *atman* (= Grundhauch), der wahre Kern des Menschen, eine von der individuellen Persönlichkeit unabhängige Substanz von kosmischer Bedeutung. Die Spekulationen über „atman" können so weit gehen, daß „atman" mit Prajapati und mit „brahman" gleichgesetzt werden kann – eine dem westlichen Menschen schwer verständliche Dialektik, die deutlich machen will, daß der Mensch in seinem tiefsten Wesen Anteil hat am Schöpfungsprinzip und Schöpfergott.

Naturgemäß spielen in einer derart ritualisierten Religion ethische Prinzipien eine untergeordnete Rolle. Dies ist ein weiterer Punkt, wo die Reform des Buddhismus und Jainismus einsetzten.

Die Zukunftslehre der Brahmanen ist bestimmt von der *Karma*-Lehre, dem unentrinnbaren Gesetz der Vergeltung in der Wiederverkörperung (= Reinkarnation) – einer endlosen Kette neuer Existenzen, aus der der Mensch sich nicht aus eigener Kraft herausarbeiten kann. Das sich ewig drehende Rad, das *Samsara* der Wiedergeburten, kann nur derjenige aufhalten, der erkennt, daß alles Vergängliche nicht der Seele angehört, daß diese selbst vielmehr mit dem ewigen seligen Weltgeist verwandt oder sogar wesenseins ist. Wer diese Wahrheit erfaßt, der ist erhaben über Leid und Tod, der wird nicht mehr wiedergeboren, sondern geht zum Absoluten, zu Brahman ein.

Wie diese Erkenntnis zu gewinnen ist, das lehren die sogenannten *Upanishaden* (entstanden

zwischen 800 und 500 v. Chr.). Hier spielen auch die Frauen eine große Rolle. Der bedeutendste Upanishadenlehrer *Yajnavalkya* z. B. belehrte der Brihadaranyaka-Upanishade zufolge seine Frau Maitreyi:

Geheimwissen

Yajnavalkya hatte zwei Gattinnen, Maitreyi und Katyayani; von ihnen war Maitreyi der Rede vom Brahman kundig, Katyayani hingegen wußte nur, was die Weiber wissen. Nun wollte Yajnavalkya in den anderen Lebensstand (aus dem Stand des Hausvaters in den des Einsiedlers) übergehen.

‚Maitreyi!' so sprach Yajnavalkya, ‚ich werde nun aus diesem Stande ausziehen; wohlan! so will ich zwischen dir und der Katyayani Teilung halten!'

Da sprach Maitreyi: ‚Wenn mir nun, o Herr, diese ganze Erde mit allem ihrem Reichtum angehörte, würde ich etwa dadurch unsterblich sein?'

‚Mitnichten', sprach Yajnavalkya.

Da sprach Maitreyi: ‚Wodurch ich nicht unsterblich werde, was soll ich damit tun? Lege mir lieber, o Herr, das Wissen aus, welches du besitzest!'

Und Yajnavalkya sprach: ‚Fürwahr, nicht um des Gatten willen ist der Gatte lieb, sondern um des Selbstes willen ist der Gatte lieb; fürwahr, nicht um der Gattin willen ist die Gattin lieb, sondern um des Selbstes willen ist die Gattin lieb … Fürwahr, nicht um der Söhne (Tiere, Brahmanenstand, Kriegerstand, Welten, Götter, Veden, Wesen, Weltall) willen sind die Söhne lieb, sondern um des Selbst willen.

Das Selbst fürwahr, soll man sehen, soll man hören, soll man verstehen, soll man überdenken, o Maitreyi; fürwahr, von wem das Selbst gesehen, gehört, verstanden und erkannt worden ist, von dem wird diese ganze Welt gewußt …

Nun weißt du die Lehre, o Maitreyi; dieses, fürwahr, reichet hin zur Unsterblichkeit!

Also sprach Yajnavalkya und zog von dannen.

(Brhadaranyaka-Upanishad 4, 5)

Man unterscheidet die sogenannten *Älteren Upanishaden*, die im 7./6. Jh. v. Chr. entstanden sind (Brhadaranyaka-Up., Chāndogya-Up., Ai-tareya-Up., Kausītaki-Up., Taittirīya-Up.), von den *Jüngeren Upanishaden*, die im 6./5. Jh. ent-standen sind (Kena-Up., Kāthaka-Up., Isa-Up., Śvetāśvatara-Up., Muṇḍaka-Up., Maitrāyanī-Up., Māndūkya-Up.). Insgesamt ist den Upani-shaden gegenüber den Brahmanas eine ver-stärkte Kompromißhaltung eigen: Unter dem Druck des Akzeptieren-Müssens der nichtari-schen Götter, der vorarischen religiösen Hal-tungen und Vorstellungen und des vedischen Theismus kommt es zu charakteristischen Um-bildungen der Vorstellungen, die schon deut-lich in Richtung Hinduismus laufen.

So lesen wir in der verhältnismäßig frühen Chāndogya-Upanishad (die dem Denker Sān-dilya zugeschrieben wird):

■

„Wahrlich, das brahman *ist das All. Beruhigten Herzens (= in der Versenkung) es als jalan (= aus Wasser entstanden) meditierend, soll man es erkennen und mit ihm eins werden. Fürwahr, aus Streben besteht der Mensch. Mit welchem Streben er in der Welt ist, so wird er nach seinem Hinschei-den. Demgemäß möge er sein Streben gestalten. Aus* manas *besteht er (=* atman*), Hauch (= prana) ist sein Leib, Licht ist seine Gestalt, Wahr-heit ist sein Ratschluß, Raum ist sein Selbst. All-wirkend ist er, allwünschend, allriechend, all-schmeckend, dies All in sich befassend, wortlos, achtlos. Dieser ist mein* atman *im inneren Herzen, kleiner als ein Reiskorn, ein Gerstenkorn, ein Senf-korn oder Hirsekorn oder eines Hirsekornes Kern. Und derselbe* atman*, der im inneren Herzen ist, ist größer als die Erde, größer als der Luftraum, größer als der Himmel, größer als diese Welten. Der All-wirkende, Allwünschende, Allriechende, All-schmeckende, dies All in sich Befassende, Wortlose, Achtlose, dieser ist mein* atman *im inneren Herzen, dieser ist das* brahman. *Und wer zu sich selbst sagt: Zu ihm werde ich von hier abscheidend einge-hen, für den gibt es wahrlich keinen Zweifel ..."*
(Chāndogya-Upanishad 3,14).

■

Es ist nur ein Schritt dazu, diese Erkenntnis des *atman* als Ausgangspunkt der Weltbetrachtung zu nehmen. Die unausweichliche Folge ist

dann die Erkenntnis der Außenwelt als leid-voll:

■

„Der sich im Bewußtsein befindet, doch vom Be-wußtsein verschieden ist, den das Bewußtsein nicht kennt, dessen Leib aber Bewußtsein ist, der das Be-wußtsein von innen lenkt, dieser ist dein atman, *der innere Lenker, der Unsterbliche. Was von ihm verschieden ist, das ist leidvoll."*
(Brhadaranyaka-Upanishad 3,7).

■

Aufgabe des Menschen ist es, zu lernen, wie man aus diesem Samsara des Leidens erlöst werden kann. Die Upanishaden verstehen sich als Lehre dieses Erlösungsweges, der in drei Schritten vor sich geht:
– Beim Bedenken der Einheit der Welt und der Allgegenwart des *atman* gerät der Mensch in Verzückung.
– In diesem Erlebnis schwinden Wahrnehmen und Denken – aber das Dasein mit seinem *karma* (= Vergänglichkeit, Endlichkeit, Leid) erweist sich als unerbittliches Gegenüber des *atman.* Erlösung geschieht im Überwin-den des Werdens (Enthaltung vom Handeln, Loslösen vom Begehren) und im Festhalten der Natur des *atman.*
– Der Mensch muß einen Kompromiß einge-hen: die Welt des Werdens, die von *atman* grundverschieden ist, muß er als doch aus ihm stammend erkennen. Durch mystisch-religiöse Identifikation muß er diese Einheit wiederherstellen: Indem ich *atman* in mir finde, erlange ich die Selbsterkenntnis, und indem ich feststelle: „Ich bin *brahman*" (= habe Anteil am Urprinzip), erlange ich die All-Erkenntnis: „Das Dasein ist mit dem *at-man-brahman* identisch".

Die Upanishaden halten hier inne und su-chen die Lösung dieses Widerspruchs nicht philosophisch wie der Vedanta des klassi-schen Hinduismus (vgl. Seite 196 ff), sondern religiös: Erlösung geschieht durch die Gnade des höchsten Gottes, des großen Zau-berers (= *māyini*), der das Blendwerk (= *māyā*) der Werdewelt (= *saṃsāra*) verschwin-den läßt. Dieser Zauberer-Gott, der zugleich als Schöpfer und Erlöser gesehen wird, der also sowohl für die Welt des Werdens wie für

Indien

Hinduismus und Buddhismus sind die verbreitetsten Religionsformen auf dem indischen Subkontinent.
Der Gott Shiva als Vernichter und Erneuerer tanzend im Sonnen-Feuerkreis. Bronze (12.–13. Jh.). Amsterdam, Museum für Asiatische Kunst (60).
Der Gott Vishnu. Vergoldete Bronze (15. Jh.). Bombay, Museum (61).
Die Hochzeit der Götter Shiva und Parvati, Steinrelief (8. Jh.). New Delhi, Nationalmuseum (62).

60

61

62

63

64

Die Geschichte Buddhas ist Hauptthema der buddhistischen Kunst Indiens.

Der Traum der Königin Maya, der Mutter des Prinzen Siddharta, der zum Buddha wurde. Sandsteinrelief von einem Tempelpfeiler in Bharhut (1.–2. Jh. v. Chr.). Kalkutta, Museum (63). – Nordtor des Großen Stupa, einem Buddha-Heiligtum aus dem 1. Jh. v. Chr. in Sanchi (64). Buddha bei seiner ersten Predigt. Sandstein (5. Jh. n. Chr.). Sarnath, Archäologisches Museum (65). – Die Erleuchtung des Gautama unter dem Feigenbaum. Dämonen aus dem Heer des Mara versuchen vergeblich, ihn abzulenken. Steinrelief (2. Jh. n. Chr.). Washington, Freer Gallery of Art (66).

65

66

Die Yoga-Meditation gehört zu den ausgefeiltesten und traditionsreichsten Meditationstechniken. Der sogenannte Hatha-Yoga sucht die Meditation über verschiedene Körperhaltungen im Zusammenwirken mit bestimmten Atemtechniken zu steuern.

Links oben: Diamantensitz (Vajrasana) – auch Fersensitz genannt
Oben Mitte: Sitz Goraksas (Goraksasana) – gut bei Gebet und Meditation
Oben rechts: Vollkommener Sitz (Iddhasana) – beliebteste Meditationshaltung
Links Mitte: Zwei Füße am Kopf (Dvipada Kandharasana) – schwierige Übung, wohltuend bei Ischias, Anregung der Nieren
Links unten: Der Hahn (Kukkutasana) – hält Muskeln und Gelenke beweglich
Großes Bild: Ein Pilger im Ganges – Bad für Leib und Seele

die des Absoluten verantwortlich ist, ist in bestimmten theistischen Traditionen *Rudra-Shiva*:

■

„Der eine Rudra ist es – ein zweiter kommt nicht in Frage –, der diese Welten beherrscht mit seinen Herrscherkräften. Hinter den Menschen steht er, der alle Welten schafft, behütet und zur Endzeit in sich einzieht, er, der der Götter Ursprung und Vergehen ist."
(Śvetāśvatara-Upanishade III, 2).

■

Rudra-Shiva ist nicht mehr der vedische *deva* (= niedere Gottheit) der Brahmanen, den man mit Hilfe des Rituals beeinflußt, er ist auch nicht der mythologische Gott der alten Arier, er behält als der einzige All-Gott die pantheistischen Züge des upanishadischen Absoluten.
Ein Weg, mit der Welt umzugehen und sich auf den Erlösungsweg zu begeben, ist in der Zeit der Jüngeren Upanishaden der *Yoga* (= Anspannen). In der Kāṭhaka-Upanishade (3, 3 f) steht das berühmte Gleichnis vom Wagen und Gespann: Der Leib des Menschen ist der Wagen, in welchem der *atman* (die Seele) fährt. Der Wagenlenker ist *buddhi* oder *sattva* (= Intelligenz), sein Zügel ist *manas* (= Denkorgan). Die Sinnesorgane sind die Rosse, und ihre Objekte, die empirischen Dinge, sind die Fahrbahn, auf der dieser Wagen fährt. *Atman* genießt somit die Erfahrungen der Außenwelt nur durch Vermittlung des von der *buddhi/ sattva* gelenkten *manas*. Um den Gipfel der Versenkung, die höchste Transzendenz und Ruhe (= *avyaktam* oder *śānta ātman*), zu erreichen, muß man stufenweise die Sinnesorgane und das Denken bezwingen und den *atman* von allen Hemmungen befreien. Dies geht auf ganz bestimmte bewährte Weise vor sich, die im Zusammenhang mit dem Hinduismus (vgl. Seite 206 ff) behandelt werden wird.

■

Wirkungen des Yoga
Den Leib dreifach gerichtet, ebenmäßig,
Manas und Sinne im Herzen eingeschlossen,
so mag der Weise auf dem Brahmanschiffe
die fürchterlichen Fluten überfahren.

Den Odem hemmend, die Bewegung zügelnd,
bei Schwund des Hauchs ausatmend durch die Nase,
wie jenen Wagen mit den schlechten Rossen (= Sinnen),
so fesselt ohne Lässigkeit das Mana (= Denken).

Rein sei der Ort und eben, von Geröll und Sand,
von Feuer, von Geräusch und Wasserlachen frei;
hier, wo den Geist nichts stört, das Auge nichts verletzt,
in windgeschützter Höhlung schicke man sich an.

Erscheinungen von Nebel, Rauch und Sonnen,
von Wind und Feuer, von Leuchtkäfern, Blitzen,
von Bergkristall und Mondglanz, sind beim Yoga
in Brahman Offenbarung vorbereitend.

Aus Erde, Wasser, Feuer, Luft und Äther dann
fünffach entwickelt sich die Yoga-Tugend;
Der weiß nichts mehr von Krankheit, Alter, Leiden,
der einen Leib erlangt aus Yogafeuer.

Behendigkeit, Gesundheit, Unbegehren,
ein klares Antlitz, Lieblichkeit der Stimme,
schöner Geruch, der Ausscheidungen wenig –
darin betätigt sich zuerst der Yoga.

Gleichwie ein Spiegel, der mit Staub bedeckt war,
wie Feuerschein erglänzt, wenn er gereinigt,
so wird nur, wer erkannt der Seele Wesen,
des Ziels teilhaftig und befreit von Kummer.

Wenn seiner Seele Wesen wird zur Fackel,
im Yoga Brahmans Wesen zu erschauen,
fest, ewig, rein von allen Daseinsformen –
wer so den Gott weiß, der wird frei von Banden.
(Śvetāśvatara-Upanishade II, 8–15)

■

Das Ereignis des Todes
Er (atman) wird eins (mit den Gegenständen der sinnlichen Wahrnehmung), darum sieht er nichts mehr, wie man sagt; er wird eins, er riecht nichts mehr, wie man sagt; er wird eins, er schmeckt nichts mehr, wie man sagt; er wird eins, er redet nichts mehr, wie man sagt; er wird eins, er hört nichts mehr, wie man sagt; er wird eins, er denkt nicht mehr, wie man sagt; er wird eins, er fühlt nicht mehr, wie man sagt; er wird eins, er erkennt nicht

mehr, wie man sagt. Die Spitze seines Herzens wird erleuchtet, und bei diesem Licht geht der Atman aus dem Körper hinaus – entweder durch das Auge oder durch den Kopf oder durch andere Körperöffnungen. Und wenn er so hinausgeht, geht das Leben mit ihm hinweg. Und wenn das Leben so hinweggeht, geht nach ihm aller Lebenshauch hinweg. Er wird eins mit dem Bewußtsein. Was Bewußtsein hat, geht mit ihm hinweg. Sein Wissen und sein Werk und auch sein vergangenes Leben ergreifen ihn ... Fürwahr, wenn der Mensch von dieser Welt scheidet, dann gelangt er in die Luft. Sie öffnet sich ihm wie die Öffnung eines Wagenrades. Dort hindurch geht er aufwärts. Er gelangt zur Sonne. Diese tut sich ihm so weit auf wie die Öffnung einer Trommel. Dort hindurch geht er aufwärts. Er erreicht den Mond.

Dieser tut sich ihm so weit auf wie die Öffnung einer Pauke. Dort hindurch geht er aufwärts. Er gelangt zu der Welt, die frei ist von Kummer, frei von Kälte.

Dort bleibt er für ewige Jahre.
(Brhadaranyaka-Upanishade IV, 4, 2; V, 11, 1)

Das unzerstörbare ewige Selbst (Krishna zu Arjuna:)

Das Nichtseiende kann nicht sein, das Seiende kann nicht aufhören zu sein. Die Wahrheitssucher haben den Schluß aus diesen beiden entdeckt.

Wisse, daß unzerstörbar ist, von dem das alles durchdrungen wird. Niemand kann die Zerstörung dieses Unwandelbaren bewirken.

Ein Ende haben die Körper, unzerstörbar und unfaßbar aber ist das Ewige, welches in diese Körper eingegangen ist. Darum kämpfe, o Bharata (= Arjuna)!

Wer aber denkt, er tötet, wer glaubt, er werde getötet, sind beide im Irrtum. Nicht tötet dieser eine, noch wird er getötet.

Nicht wird er geboren noch stirbt er jemals. Ins Sein gelangt, wird er nicht wieder aufhören zu sein. Er ist ungeboren, ewig, dauerhaft und uralt. Er wird nicht getötet, wenn der Körper getötet wird.

Wer ihn als unzerstörbar und ewig, ungeboren und unvergänglich kennt, wie könnte ein solcher Mensch, o Partha (= Arjuna), irgendeinen töten, irgendeinen töten lassen?

Wie ein Mann abgetragene Kleider ablegt und andere, neue anzieht, so legt auch die Seele die abgetragenen Körper ab und geht in andere, neue, ein.

Nicht spalten ihn die Schwerter, nicht brennt ihn das Feuer, nicht benetzen ihn die Wasser, nicht trocknet ihn der Wind.

Er kann nicht gespalten, verbrannt, nicht benetzt und nicht ausgetrocknet werden. Er ist ewig, allgegenwärtig, unwandelbar, unbeweglich, immerwährend.

Er wird unoffenbar, undenkbar, unveränderlich genannt. Darum sollst du nicht klagen, nachdem du ihn als solchen erkannt hast.

Deine Aufgabe liegt allein im Handeln, nicht in dessen Früchten. Lasse nicht die Früchte deines Tuns deinen Beweggrund sein; ergib dich nicht der Untätigkeit.
(Bhagavadgītā II, 16–25.47)

■

Politisch gesehen, gab es in vedischer Zeit zwei Kulturzentren, beide lagen im westlichen Teil Indiens: *Indraprastha* wurde von den Kauravas (Kurus) beherrscht, *Hastinarura* von den Pāndavas. Die Auseinandersetzung dieser beiden Stämme ist im großen Volksepos *Mahābhārata* wiedergegeben (vgl. dazu Seite 96, 197).

Nach 600 wird das Indusgebiet in den Herrschaftsbereich des Irans integriert und zur persischen Provinz. Im Osten entstehen eigene Zentren, die sich verselbständigen: *Kosala* und *Videha*. Etwas weiter südlich entsteht etwa um die gleiche Zeit ein rasch größer werdendes Reich: *Maghada*. Der sog. Sishunaga-Dynastie gelingt es, die Herrschaft auszudehnen. Von der Hauptstadt *Rajagriha* sind heute noch Reste der riesigen Befestigungsanlagen erhalten. Anfang des 4. Jh. wird Pataliputra am Ganges die Hauptstadt. Mitte des 4. Jh. wird die Sishunaga-Dynastie gestürzt und von der Nanda-Dynastie abgelöst, die über ein gewaltiges Heer verfügt und Alexanders Vorstoß in Indien stoppt. Kurze Zeit nach dem Tod Alexanders d. Gr. (323) wird auch diese Dynastie gestürzt. Chandragupta begründet die Maurya-Dynastie und einigt sich mit dem Alexander-Nachfolger Seleukos I. Nikator über eine Aufteilung der Herrschaft in Indien, wobei sich das

Maurya-Reich über den gesamten indischen Subkontinent (mit Ausnahme Südindiens) erstreckt. Erstmals entsteht ein indisches Nationalgefühl. Doch sind wir damit schon mitten in der klassischen Zeit des Hinduismus.

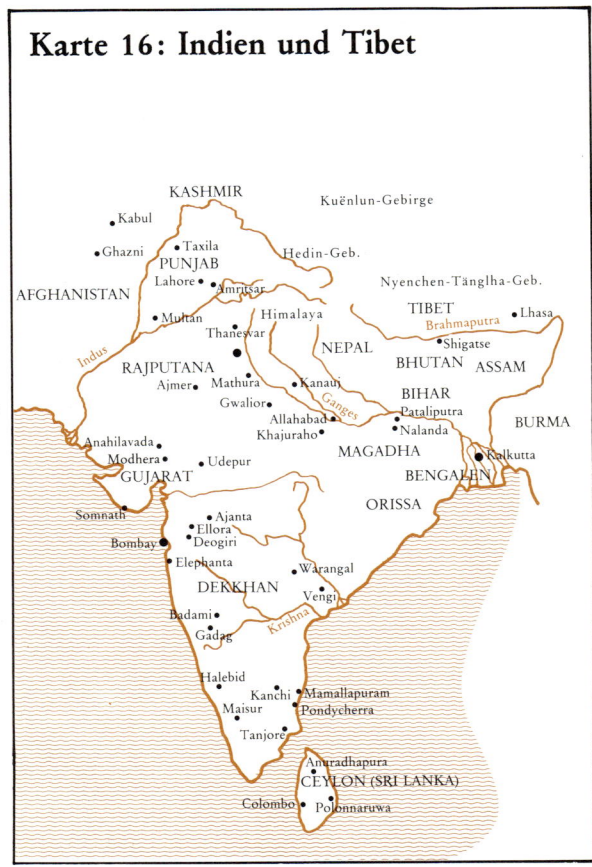

Karte 16: Indien und Tibet

Süden, wo die *Drawiden* im Shatavakana-Reich großen Einfluß auf ganz Indien ausüben und eine erste Kulturblüte erreichen. Daneben spielt der Einfluß der Perser und Griechen und der innerasiatischen Nomadenvölker (Hunnen) eine große Rolle.

Da wir im Besitz vieler Quellen sind, können wir die Geschichte des Hinduismus relativ gut verfolgen und wissen Bescheid über die ungeheure Vielfalt seiner Erscheinungsformen.

Als *Quellenwerke* für die Erforschung des Hinduismus gelten viele Schriften in Sanskrit, daneben Schriften in drawidischen Sprachen, in Hindi und anderen indischen Sprachen.

● **Gottesbegriff**

Der klassische Hinduismus bietet eine Synthese des pantheistisch-monistischen Absoluten der älteren Upanishaden und des Glaubens an den höchsten Gott der Veden bzw. der jüngeren Upanishaden. *„In mir sind alle Wesen, nicht aber bin ich in ihnen beschlossen"*, sagt Krishna in der Bhagavadgītā (IX, 4) und läßt damit ein Verständnis Gottes erkennen, das man am besten *Panentheismus* nennt (= „alles ist in Gott").

Zugrunde liegt der vedische Urmythos von Vac (= Prinzip der werdenden Welt) und Purusha (= Urprinzip des statischen Seins), die sich verbinden und alles in der Welt hervorbringen, wobei Vac *brahman* und Purusha *atman* zugeordnet wird:

Der klassische Hinduismus

Ab dem 4. Jh. v. Chr. tritt aus der brahmanischen Literatur deutlich die neuartige Religiosität des Hinduismus zutage, die sich freilich schon Jahrhunderte vorher angekündigt hat (so daß man mit Recht die vedische Zeit auch als Zeit des „älteren Hinduismus" bezeichnen kann).

Wichtigster Faktor ist der Einfluß der vor allem in Nordindien ansässigen nichtarischen Bevölkerung, wichtig ist auch der Einfluß aus dem

„Höheres als dieses gibt es nicht zu wissen: Wenn man den Genießer (Purusha = Atman), das Genossene (die Welt als Schöpfung der Vac = Prakriti = Shakti = Maya) und den Anreger (Urpurusha = Gott) erkannt hat, ist hiermit alles gesagt. Das ist das dreifache brahman."
(Śvetāśvatara-Upanishad I, 12)

Die hinduistische Theologie erkennt die prinzipielle Einheit Gottes an, versteht ihn aber unter sehr verschiedenen Aspekten, die es erlauben, die Verschiedenheiten in der Einheit zu sehen: Gott ist transzendent (*para*), verkörperlicht (*vi-*

Einige wichtige Quellenwerke des Hinduismus

I. Sanskritwerke

Upanishaden	**Jüngere Upanishaden** (ab der Svetāśvatara-Up.) Aus der Maitrāyanī-Up. entwickelte sich später die *Samkhya*-Philosophie, aus der Muṇḍaka-Up. die *Vedanta*-Philosophie **Upanishaden** (von 300 v. Chr. bis zum 16. Jh. n. Chr.) Sie haben oft sektiererischen Charakter und sind häufig mit grober Magie durchsetzt.
Epen	**Mahābhārata** (dem sagenhaften Dichter Vyāsa zugeschrieben, sicher aber das Werk vieler Generationen – 4. Jh. v. bis 4. Jh. n. Chr.) 180 000 Verse, besteht aus der Geschichte des Kampfes der Kauravas gegen die Pāndavas, angereichert durch zahlreiche Legenden, Mythen, Spekulationen (z. B. im 12. u. 13. Buch, das ethische, juristische und philosophische Belehrungen enthält), das *Mokṣadharmaparvan* (= Buch über die Lehre von der Erlösung) und die *Bhagavadgītā* (= Gesang des Erhabenen), 700 Verse, die sicherlich großartigste Verkündigung der neuen, nachbrahmanischen Religion. **Rāmāyana** (vom Dichter Valmiki geschrieben), jünger als das Mahābhārata, 48 000 Verse, einheitlicher in der Diktion, eher poetisch-erzählend, die Religiosität ist stark schematisch. Der Volksheld Rāma ist in zwei Einschüben (im I. und VII. Buch, die deutlich jünger sind) die Verkörperung des Gottes Vishnu. Bereits Übergang zum Kunstepos.
Purānen	Verschiedene alte Erzählungen (Geschichtswerk, das von der Weltschöpfung über sagenhafte Weltzeitalter, verschiedenartige Mythen, Beschreibungen von hl. Stätten und Wallfahrten bis zu Königsgenealogien eine Fülle von Tradition mitteilt). Entstanden zw. 2. u. 10. Jh. n. Chr.
Tantra	Praktische Handbücher des Rituals und der Magie. Sie geben das sektiererisch-esoterische Bild des hinduistischen Mittelalters wieder.
Sutras und Dharmas	Diese zahlreichen Schriften enthalten das Ritual des Hinduismus, Hinweise auf die täglichen Opfer, die hohen Feiertage, die vielfältigen Reinigungs- und Läuterungsvorschriften, einen ethischen Kodex, die Aufzählung von Tugend- und Lasterkatalogen, Verzeichnisse der Pflichten der Könige, Priester, Asketen, Hausväter sowie rechtliche Bestimmungen über Eheschluß, Erbschaft, Adoption, Schulden, Gerichtspraxis usw. Das berühmteste unter ihnen ist das *Gesetzbuch des Manu* (Manavadharmasastra).
Lyrik	**Gitagovinda** (stammt von Jayadeva, 12. Jh.) schildert die inbrünstige Liebe zwischen Krishna und seiner Geliebten Rādhā und dient als Vorbild für die *bhakti*, die religiöse Hingabe der menschlichen Seele an Gott.

II. Drawidische Quellen

Tēvāram	Sammlung von Gedichten der Tamil-Literatur, die den Ruhm Shivas verkündet (aus dem 7./8. Jh. von Appar, Çambandar und Çundarar)
Tiruvāçagam	(= Heiliges Wort) Es enthält die Grundlage des südlichen Shiva-Kultes und stammt von Manikka Vaçagar aus dem 7. Jh.
Divyaprabandha	Eine riesige Hymnensammlung, die die hl. Schriften der Vishnuiten im Tamil-Land zusammenfaßt (4000 Verse), von den Alvars gedichtet und von Nathamuni gesammelt.

III. Andere Quellen

Darunter faßt man die Schriften der Nordinder Kabīr und Mīrābāi (15. Jh.), des Marathars Tukārām aus dem 17. Jh. sowie der Bengalen Candidās (14. Jh.), Caitanya, Ramakrishna, Rabindranath Tagore und Sri Aurobindo Gosh zusammen.

bhava), verkörpert (*avatāra*), innewohnend als individuelle Seele (*antaryāmin*), anwesend im Götterbild (*arcā*) und Welt aus sich herausschaffend (*sṛsti*).

Die Bhagavadgītā schildert diese doppelte (milde und grausame, erlösende und das *saṃsara* schaffende) Natur Gottes so:

■

Arjuna ruft aus:

In dir muß man das höchste Wesen erkennen, die höchste Grundlage dieses Alls, du bist, das weiß ich, der unvergängliche Hüter der ewigen Ordnung, der immerwährende Purusha. Ich sehe dich als einen, der weder Anfang noch Mitte, noch Ende hat, dessen Macht unendlich ist, dessen Arme unzählbar sind, der als Augen Sonne und Mond hat; mit dem im Munde brennenden Feuer wie mit deinem Glanz verbrennst du dieses All. ... Die Angst erfüllt mich, und ich kann mich nicht beherrschen, o Vishnu, wenn ich dich den Himmel mit dem Haupte berühren sehe, wenn ich deine Riesenaugen voll Feuer, deinen offenen Mund sehe, dich, der mit allen Farben leuchtet. Wenn ich deinen Mund mit den schrecklichen Zähnen, die dem kosmischen Feuer ähnlich sind, der alles vernichtet, sehe, dann weiß ich nicht, wohin ich mich wenden, wo ich Schutz suchen soll. Erbarmen, o Herr der Götter, der du die Welt durchdringst! ... Wie Nachtfalter sich in leuchtende Flammen zu ihrem Verderben mit ganzer Wucht stürzen, so stürzen sich mit ganzer Wucht die Menschen in deinen Mund ... Sage mir, wer du bist in dieser erschreckenden Form! Erbarmen, o höchster der Götter! Ich möchte dich verstehen, der du der Beginn aller Dinge bist. Ich erfasse diese deine vernichtende Erscheinung nicht ...

Krishna erwidert:

Ich bin die Zeit, der Weltzerstörer; um die Welt zu vernichten, bin ich hier erschienen ... Aber durch meine Gnade, mit Hilfe meiner göttlichen Macht, habe ich dir, Arjuna, meine höchste, lichtvolle, ganze, unendliche, urtümliche Gestalt geoffenbart, die noch niemand vor dir gesehen hat. Erschrick also nicht, habe keine Furcht vor meiner grausamen Erscheinung, die du jetzt gesehen hast. Frei von Angst, voll Freude betrachte wiederum meine wirkliche Gestalt.

(Bhagavadgītā XI, 18, 19, 24, 25, 29, 31)

● **Religiöses Verhalten**

Diesem sehr dominierenden Gottesbild des im freien Spiel schaffenden unbegreiflichen Gottes (= *līlā*) entspricht als Verhalten des Menschen blindes Vertrauen auf Gottes Güte in absoluter Hingabe an seinen Willen (= *bhakti*).

■

„Die mit mir durch Hingabe sich verbinden, sind in mir, und ich bin in ihnen ... Die Mühe ist größer für jene, deren Sinn am Ungeoffenbarten hängt, denn das ungeoffenbarte Ziel wird von den Menschen nur schwerlich erreicht. Diejenigen aber, welche alle Werke auf mich beziehen, nur an mir hangen, mit unablenkbarer Hingabe meditieren, mich verehren, solchen, deren Gedanken auf mich gerichtet sind, werde ich alsbald zum Erretter aus dem Ozean des Todes und dem samsara."

(Bhagavadgītā IX, 29; XII, 5–7)

■

Besonders bei den vishnuitischen Sekten (vgl. Seite 209 f) ist diese Haltung der Hingabe (*bhakti*) die Quintessenz der Religion – sie ist aber auch sonst für das Verhältnis des Menschen zu Gott wichtig. Der shivaitische Tamil-Dichter *Appar* betet:

■

„Du bist alles für mich, du bist meine Familie, mein Freund, mein Haus, mein Leben und meine Freude. O Reichtum, Schatz, o strahlendes Licht ... mein Körper, meines Körpers Herz, Geheimnis meines Wesens, mein Auge, mein Augenstern, mein Augenglanz, o Herr, beschütze mich vor Leiden der Sünden."

■

Daraus ergibt sich, daß hier nicht die Taten des Menschen wichtig sind, ob sie gut oder böse sind, sondern wichtig ist einzig und allein, ob sie uneigennützig geschehen.

Nur die Taten haben Wert, die Gottes Absicht erfüllen wollen und menschliche Ziele nicht als Motive nehmen: *„Wer um meinetwegen handelt, mich als Höchstes schätzt, mich liebt, vom Hang zur Welt frei ist und ohne Feindschaft gegen irgendein Wesen, der gelangt zu mir"*, sagt Krishna.

(Bhagavadgītā XI, 55)

● Die drei Hauptgottheiten

Der Kult des Hinduismus ist sehr vielschichtig und nicht ganz mit dem Mehrgottglauben (Polytheismus) anderer Religionen zu vergleichen, weil es sich meist um Meditationssymbole handelt, wenn von verschiedenen Göttern die Rede ist. Die vielfältigen Gestalten erlauben es dem Gläubigen, seinem religiösen Gefühl konkreten Ausdruck zu verleihen ...

Im Hinduismus sind unzählige Kulte verschmolzen: Eingottglaube, monotheistische Sehnsucht – mit ererbtem Polytheismus, Identifizierung ursprünglich verschiedenartiger Gottheiten unter einem einzigen religiösen Namen. Es gibt im Grunde genommen nur ganz wenige *ishvaras* (= alleinige Götter), die meisten sind diesen wenigen zugeordnet:

– **Shiva:** Seit der Śvetāśvatara-Upanishad wurde er zum alleinigen Weltherrn (= ishvara) erhoben, geht auf den Rigveda-Gott *Rudra* zurück, der wieder – wie Funde in Mohenjo-Daro beweisen! (vgl. Seite 64) – auf einen sehr alten vor-arischen Gott verweist, evtl. auch Elemente des drawidischen Ceyyōn (= der Rote) und des Dionysos (Einflüsse von der Berührung mit dem Hellenismus) annahm. Im Atharvaveda (XV, 5) sind viele Beinamen Shivas (Bhava, Sharva, Pashupati, Ugran, Rudra, Mahādeva, Iśāna) noch eigenständige Gottheiten, die im Hinduismus zusammen mit Ashani zu den sogenannten *acht Erscheinungsformen* Shivas verschmelzen.

Beinamen wie der Wegraffende, der Schreckliche, der Entsetzliche verweisen auf seine dämonische, kämpferische, weltvernichtende, zerstörerische Funktion. Als Zeitgott wird er *Kālā* genannt (Kali ist seine Shakti = Begleiterin, sein Dual).

Abbildungen verweisen z.B. auf den Tanzkönig (= Natarāja): Shiva tanzt einen orgiastischen Tanz (= *tāndava),* mit dem Fuß auf einem rebellischen Dämon, von einer Flammenaureole umgeben.

Er vereint so widersprüchliche Komponenten wie Schöpfung – Erhaltung – Zerstörung – Verkörperlichung – Erlösung in sich. Bei Shiva, als Schöpfergott dargestellt, dominiert die sexuelle Komponente (Fruchtbarkeit): so werden ihm viele Beziehungen zu weiblichen Gottheiten zugesprochen, die mythologische Liebe zu Pārvatī gehört hierher, ebenso die Verehrung Shivas in Gestalt eines Phallus (= *linga),* was vielleicht in megalithische Zeit zurückreicht. Er wird auch als „Herr der Stiere" (Gavampati) dargestellt – sein Reittier ist der weiße Stier Nandin.

Dazu kommt seine Funktion als göttlicher *Asket* (dreiäugig, mit Asche bestreut, halbnackt, in Meditation versunken). Die üblichen *ikonischen Attribute* dagegen sind vier Arme und Hände, in denen er Dreizack, Bogen, Trommel und Schnur oder Horn hält, sitzend auf dem Stier Nandin. Manchmal wird er 3- oder sogar 5köpfig dargestellt (Schöpfer – Erhalter – Zerstörer) oder als verkörperte Trimurti (= Dreifaltigkeit), z.B. in Mohenjo-Daro. Shiva ist dem *brahman* gleichgesetzt, wird als Weltschöpfer betrachtet, der selbst aus 8 Substanzen besteht (die 5 Elemente sowie Sonne, Mond und Priester).

Er ist *Patron* des Dramas und des Tanzes (Tempeltanzes), auch der Schriftsteller (er hat die Veden verkündet), aus ihm entstanden die hinduistischen Philosophiesysteme.

Von den *shivaistischen Sekten* wird er als „großer Gott" (Mahadeva, Mahesha, Maheshvara) und

Shiva Natarāja (Tanzender Shiva). Die Trommel in der rechten hinteren Hand symbolisiert den Beginn der Schöpfung. Die Flamme in der linken hinteren Hand symbolisiert den Weltenbrand, durch den diese Weltzeit zerstört wird. Die rechte vordere Hand zeigt die Geste der Beruhigung, die linke vordere Hand die Geste der Erlösung. Shiva tanzt auf dem zwergenhaften Dämon der Unwissenheit und Blindheit.

Der elefantenköpfige Sohn des Shiva und seiner Gattin Pārvatī ist Ganesha, der Gott der Weisheit.

Paar Purusha-Vac. – In der Mythologie findet sich auch tatsächlich ein Zwitterwesen: Ardhanarishvara (halb Frau, halb Mann).

Auch Pārvatī setzt eine Reihe weiblicher Gottheiten in eins: Devi (Göttin), Uma (Gnädige), Gauri (Blonde), Ambikā (Mütterchen), Kumarī (Mädchen), Kālī (Zeit), Candī (Gewalt), Shivā (= weibl. Form von Shiva).

Es finden sich *Inkarnationen* als Sati (= treue Gemahlin) und Durga (= Tochter des Himalaya-Gottes Himavat).

Im Mythos verführt Pārvatī mit Hilfe des Liebesgottes Kāma den Asketen Shiva und wird seine Frau (die erste Begattung war so gewaltig, daß das Weltall erschüttert wurde).

Als *Kālī* ist Pārvatī die zerstörerische Naturkraft und Kriegsgöttin zugleich, sie wird mit rotem Gesicht und nacktem schwarzem Körper dargestellt, mit vier Armen (in denen sie Messer,

„Herrscher über die drei Welten" (Trilokeshvara), auch als „Herr des Alls" (Vishvanātha) bezeichnet.

Eine ganze Reihe von Göttern gehören zu seiner *Familie:*

Ein Sohn heißt *Ganesha,* dargestellt in Zwergengestalt mit Elefantenkopf, dickem Bauch, auf einer Ratte oder einem Löwen sitzend, mit drei Augen, 4 Händen (mit Lotus, Stoßzahn, Reiskuchen und Axt) – er beseitigt die Hindernisse.

Ein anderer Sohn heißt *Skanda,* er ist der Kriegsgott, der auf wunderbare Weise geboren wurde (der Samen Shivas wurde ins Feuer gegossen und geriet mit dem Feuer in den Ganges, Skanda ist aus dem Fluß erstanden). Die Plejaden (= Krittikas, 6köpfig) haben ihn aufgezogen, er hat 4–12 Arme (mit Speer, Hahn, Glocke, Flagge, Bogen u. Pfeilen dargestellt). Manchmal wird er mit dem drawidischen Knabengott Çevvel (Subrāhmanja) identifiziert.

Seine Gattin ist *Pārvatī,* welche die göttliche Energie symbolisiert, das schöpferische Prinzip des in seiner Transzendenz inaktiven Gottes. Shiva ist dann zusammen mit seiner Shakti Pārvatī gleichgesetzt mit atman-brahman, mit purusha-prakriti, mit dem Hochgott in Verbindung mit maya und mit dem mythologischen

Die brahmanische Trinität (Trimurti) zeigt die drei Hauptgötter des Hinduismus: Brahma (= Schöpfer), Vishnu (= Erhalter), Shiva (= Zerstörer) als eine Figur, die das Absolute (= Brahman) versinnbildet.

Schale, Schädel und Schild trägt) oder mit zehn Armen (dann trägt sie die Waffen aller Hauptgötter) – tanzend auf der Leiche Shivas (Leiche bedeutet, daß Shiva ohne seine Shakti inaktiv ist wie ein Toter). Als Shiva-Shakti wird Pārvatī auch mit Seuchen- und Katastrophengöttinnen in eins gesehen (z. B. die Pocken- u. die Choleragöttin).

– **Vishnu:** Im Rigveda ist Vishnu noch eine unbedeutende nicht-arische Gottheit – übernimmt später die Funktionen *Indras* und noch später die des *Prajapati-brahman*. Im Mahābhārata wird Vishnu mit dem „Menschensohn" (Nārāyana) identifiziert und als Purusha oder als dem Urwasser entstammend vorgestellt.

Seitdem ihn die Bhagavadgītā mit *Krishna-Vāsudeva* identifizierte, gilt er als der Allgott, zugleich grausam *(ugramūrti)* und wohlwollend, als Welterhalter und Erlöser, dem gegenüber die Haltung der bhakti geübt wird. Bei den *Vishnuiten* liegt er auf der tausendköpfigen Schlange *Anānta* (= Unendlichkeit) und meditiert über das neue Weltall, das er senden wird, wenn das jetzige vergeht. Beim Erwachen sprießt aus seinem Nabel ein Lotus, in welchem sich der Gott *Brahma* befindet, der die neue Welt schafft.

Er wird mit einem blauen Körper als sitzender oder stehender junger Mann mit hoher Mitra dargestellt, in gelbem Gewand, einen Blumenkranz mit Edelsteinen um den Hals, auf einem Lotus oder auf *Garuda* (mytholog. Tier mit Flügeln und Kopf eines Vogels, Körper, Armen und Beinen eines Menschen) sitzend.

Vishnu ist der Welterhalter und begegnet in seinen zehn avatāras (Herabsteigungen) der Menschheit. Torso aus rotem Sandstein (Mathura).

Auch er hat viele Namen, die ihn als höchsten Gott ausweisen, z. B. *Bhagavan* (= Erhabener) oder *Purusottama* (= höchster Geist).

Bedeutsam sind seine zehn *avatāras* (Herabsteigungen): (1) Fisch *(Matsya),* der den Manu vor der Sintflut rettet:

■

„Am Morgen brachten sie dem Manu in üblicher Weise Wasser zum Händewaschen. Als er sich wusch, kam ihm ein Fisch (Matsya) in seine Hände. Er sprach zu ihm: ‚Zieh mich auf, dann will ich dich retten!' – ‚Wovor willst du mich ret-

Die Hindus pflegen ihre Toten zu verbrennen und meinen, ihnen damit die Loslösung aus der jetzigen Existenz und das Weiterkommen und Reinkarnieren erleichtern zu können. Im Bild eine Leichenverbrennung vor dem Kalitempel in Kalkutta.

ten?' – ,Eine Flut wird alle diese Wesen fortreißen, davor will ich dich retten.' – ,Wie soll ich dich aufziehen?'

Er sagte: ,Solange wir klein sind, herrscht unter uns eine große Vernichtung: ein Fisch verschlingt den anderen. Du wirst mich in einem Topf aufheben. Wenn ich diesem entwachse, dann sollst du eine Grube graben und mich in ihr bewahren. Wenn ich dieser entwachse, dann sollst du mich hinunter zum Meer bringen; dann werde ich jenseits aller Vernichtung sein.' – Er wurde bald ein sehr großer Fisch, denn er wuchs enorm. Dann sagte er: ,In dem und dem Jahr wird die Flut kommen. Du mußt dann auf mich hören und ein Schiff bauen, und wenn die Flut gestiegen ist, sollst du in das Schiff gehen, und ich will dich vor ihr retten.' …

Genau in dem Jahr, das der Fisch ihm angegeben hatte, folgte er dem Rat des Fisches und baute ein Schiff; und als die Flut gestiegen war, ging er in das Schiff hinein. Dann schwamm der Fisch zu ihm empor, und an seinem Horn befestigte er das Schifflein; und auf diese Weise fuhr er schnell zu dem nördlichen Gebirge da drüben.

Der Fisch sagte dann: ,Ich habe dich gerettet. Befestige das Schiff an einem Baum; aber laß dich nicht durch das Wasser losreißen, solange du auf dem Gebirge bist. Wenn sich das Wasser senkt, kannst du nach und nach hinabsteigen!'

Dementsprechend stieg er allmählich hinab, und daher wird dieser Abhang des nördlichen Gebirges ,Manus Abstieg' genannt. Die Flut trieb dann alle diese Wesen hinweg, und nur Manu blieb allein hier."

(Shatapatha-Brahmana I, 8, 1–6)

Ein Vishnu-Priester verkleidete sich als Krishna (8. avatara), um die Menschen auf die wirksame Gegenwart Vishnus hinzuweisen.

(2) Schildkröte (Kurma). Um die Kostbarkeiten und das Ambrosia, das bei der Sintflut verlorengegangen war, zu retten, haben die Götter den Ozean aufgewirbelt, dabei diente Kurma als Unterlage für den mythischen Berg Mandara. (3) Als Eber (Varāha) hebt Vishnu die vom Dämon Hiranyaksa in den Ozean versenkte Erde wieder empor. (4) Als Mannlöwe (Narasimha) rettet Vishnu Prahlada, den Sohn des Dämonenfürsten Hiranyakashipu und tötet diesen. (5) Als Zwerg (Vāmana) überlistet er den Dämonenenkel Bali und entreißt ihm das bereits verloren scheinende Weltall und gewinnt es für die Götter zurück.

(6) Als Held Parashurāma (= Rāma mit dem Beil) befreit er die von den Kschatriyas bedrückte Welt. (7) Als Rāma und (8) Krishna tritt er in Gestalt der beiden bekanntesten indischen Helden auf (vgl. Mahābhārata, Bhagavadgītā und Rāmāyana). Krishnas Leben im Wald, von Hirten erzogen, bewegt sich zwischen Kämpfen mit Dämonen und Liebesspielen mit den Hirtinnen. Er tötet seinen Onkel Kamsa, den Anführer der Dämonen. (9) Buddha. Diese Verkörperung ist erst im 8. Jh. n. Chr. entstanden und hat sich im Volk kaum durchgesetzt – nur im Pali-Buddhismus. Gemeint ist, daß Vishnu in Buddhas Gestalt erschien, um die Bösen zur Abschaffung der Opfer, zur Abschaffung der Veden und

Links oben: Szene aus der Krishna-Legende: Radha (= die Geliebte Krishnas) auf der Schaukel (18. Jh.)
Rechts oben: Radha, vor dem Gewitter zu Krishna flüchtend (Miniatur, 18. Jh.)
Links unten: Der tanzende Krishna, Bronze, 17. Jh.
Rechts unten: Der 10. avatara Vishnus ist Kalkin: Vishnu erscheint am Ende dieser Weltzeit auf weißem Pferd mit flammendem Schwert als Richter und Begründer des Goldenen Zeitalters.

des Kastensystems zu verleiten und so ins Verderben zu stürzen. (10) *Kalkin.* Dieser letzte avatāra ist sozusagen messianisch: erwartet wird Vishnu am Ende unseres Zeitalters in der Gestalt Kalkins mit flammendem Schwert, auf weißem Roß, um die Guten zu belohnen und die Bösen zu bestrafen, die Welt zu vernichten und das Goldene Zeitalter heraufzuführen. –
Einige Puranas zählen weitere 14 avatāras auf oder behaupten sogar eine unendliche Zahl, sie sehen Vishnu z.B. in Christus oder in Mahatma Gandhi erschienen.

In Vishnus Gattin *Lakśmī* lebt die alte Göttin der Schönheit (Shrī) fort. Zu nennen wären auch noch die Shaktis seiner avatāras, also z.B. *Rādhā*, die Shakti Krishnas, welche in hervorragender Weise die inbrünstige Sehnsucht der menschlichen Seele nach Vereinigung mit Gott symbolisiert (in erotischen Bildern dargestellt).

– **Brahma:** Er ist der dritte Hauptgott des Hinduismus, besitzt aber keinen eigenen Kult (der einzige dem Brahma geweihte Tempel steht in Pokar/Rajputāna), sonst wird er sowohl in Shiva- wie in Vishnu-Tempeln verehrt. Er reguliert das *karman*-Gesetz, ist „Herr der Worte" und hat aus seinem Körper die Veden und die großen Dramen hervorgebracht, hat Shiva und Pārvatī getraut. Dargestellt wird er als Mann mit 4 gekrönten Häuptern (gemeint sind die Himmelsrichtungen) und 4 Armen und Händen (Vedaschrift, Gangeswasser, Rosenkranz und Opferlöffel), er sitzt auf einem Lotus oder einem Schwan.

Das Verhältnis der drei Götter zueinander bleibt unbestimmt, sie bilden keine Dreiheit, sondern kämpfen eher um den Vorrang. Die Vishnuiten messen Shiva einen nahezu ebenbürtigen Rang wie Vishnu zu, die Shivaiten dagegen machen Vishnu zum Diener Shivas.
Versuche einer *Synthese* der drei sind vielleicht in der Gestalt des *Hari-Hara* zu sehen: einer Gestalt, die links wie Vishnu und rechts wie Shiva dargestellt ist. Eher noch in der sogenannten *Trimurti* (= drei Formen des Einen): aus einem Körper wachsen drei Köpfe mit den Attributen Brahmas, Vishnus und Shivas. Doch ist auch hier der Bezug nicht ganz geklärt, vielleicht handelt es sich auch um andere Götter (z.B. um Vayu, Agni und Surya). Im Mārkandeya-Purana erschafft Brahma die Welt, Vishnu erhält sie und Shiva zerstört sie. Diese Synthese – wie immer sie aussieht – ist

aber nie der Durchbruch eines Monotheismus. Dies ist erst im Neohinduismus des 19. und 20. Jh. festzustellen (vgl. Seite 212 ff). Zu sehr dominieren im klassischen Hinduismus die verschiedenartigsten Gottheiten!

● **Niedere Götter**

Neben den drei Hauptgottheiten werden die alten vedischen Gottheiten und lokale dämonische Figuren verehrt, die dem karman-Gesetz und dem samsara unterliegen, aber während des laufenden Weltzyklus unsterblich sind.

– *Welthüter (= lokapāla): Indra* beherrscht als Donnergott den Osten, *Agni* als Feuergott den Südosten, *Yama* als Totenrichter den Süden, *Nirṛiti* (in ungeklärter Funktion) den Südwesten, *Varuna* als Meeresgott den Westen, *Vayu* als Windgott den Nordwesten, *Soma* als Mondgott den Norden, *Ishāna* als Shiva-Avatāra den Nordosten. Neben Soma beherrscht den Norden aber auch *Kubera*, ein Fruchtbarkeitsgott wahrscheinlich kleinasiatischen Ursprungs (zugleich Gott des Reichtums und der Reisenden). Seine Gattin *Hāritī* ist Beschützerin der Kinder.

– Der *Liebesgott* erscheint unter drei verschiedenen Namen: *Kama, Kandarpa* oder *Ananga* (= ohne Körper), denn er wurde von Shivas drittem Auge zu Asche verbrannt, als er Pārvatī half, ihn zu verführen. Als Krishnas Sohn Pradyumna (dargestellt als Jüngling auf einem Papagei mit Pfeil und Bogen wie der griechische Eros) wird er wiedergeboren.

– *Astralgötter,* welche die Himmelskörper symbolisieren, bilden eine eigene Kategorie: der Sonnengott *Sūrya* mit seinen 107 verschiedenen Namen, in dem unzählige indische und außerindische Solargottheiten verschmolzen sind. *Aruna* und *Candra,* die Götter der Morgenröte bzw. des Mondes. Die oft als Kuh dargestellte Göttermutter *Prithīvī,* die von ihrem Vater *Prithu* oder von *Manu* gemolken wird. *Budha,* der Gott des Planeten Merkur, *Shukra* bzw. *Bhārgava,* die Götter der Venus. *Angaraha* bzw. *Marigala,* die Götter des Mars, *Brihaspati,* der Gott des Jupiter, *Shani,* der Gott des Saturn, *Rāhu* bzw. *Ketu,* die

Gottheiten, die für Sonnen- und Mondfinsternisse verantwortlich sind, usw.
- Zu nennen sind auch die *Mataras* oder *Ambikas* (= Mütterchen), die zum Gefolge Shivas oder seines Sohnes Ganesha gehören und wahrscheinlich aus dem drawidischen Südindien stammen, ebenso wie *Manasā*, die Schlangenbisse heilt, und *Saṣti*, die während des Wochenbetts angerufen wird.

● Geister und Dämonen

Neben den niederen Gottheiten, und manchmal gar nicht leicht von ihnen zu unterscheiden, sind halbvergöttlichte Geister, die fast alle nicht-arischen Ursprungs sind und im Hinduismus wiederauflebten:
- Die *Asuras*, ein ehemaliges Göttergeschlecht, das mit den wahren Göttern Krieg führt und in der von Maya gebauten Hölle wohnt.
- Die *Nagas*, Schlangengottheiten, die in unterirdischen Palästen wohnen, in Menschengestalt mit Schlangenschwänzen – wahrscheinlich auf einen alten totemistischen Schlangenkult zurückgehend.
- *Yaksas und Yaksīs*: Sie sind die Diener Kuberas – Vegetationsgeister, die menschenähnlich dargestellt sind.
- *Nadidevatas*: Wassergötter (Genien), die vor allem den Flüssen zugeordnet werden wie Gangā und Yumanā.
- *Gandharvas und Apsaras*: Göttliche Sänger und Musiker, die den griechischen Nymphen und Kentauren gleichen (teilweise in Pferdegestalt).
- *Bhūtas*: Seelen von Menschen, die eines plötzlichen Todes gestorben sind und nun in Tiergestalt (Ochs, Pferd, Schwein) oder als Riesen ein dämonisches Leben führen.
- *Raksasas*, *Yātudhānas*, *Pishacas* (die rohes Fleisch verzehren), *Pretas* (= Gespenster) – sie sind böse Geister, die die Menschen quälen und die kultisch (exorzistisch) besänftigt werden (z. B. mit Hilfe des Teufelstanzes).

Aufstieg der Ganga Nagini. Die Nadidevata (= Wassergottheit) Ganga wird hier als Schlangengottheit dargestellt (in unterirdischen Palästen wohnend vorgestellt), die sich als Göttin des heiligen Flusses Ganges zeigt. (8. Jh.)

● Heroen

Sagenhafte Menschen der Vorzeit, die vergöttlicht wurden und als Gottheiten verehrt werden, gibt es auch in Indien. Zu nennen sind:
- *Kashyapa*, ein Enkel Brahmas
- *Prithu*, der Vater der Erdgöttin *Prithīvī*
- *Manu*, Sohn des Gottes *Vivasvant*, der im Auftrag Vishnus nach der Sintflut die neue Menschheit geschaffen hat. Ihm wird das berühmte Rechtsbuch zugeschrieben.
- *Iksvāku*, der Sohn Manus und Vater der sog. Sonnendynastie der Könige
- *Ila*, die Tochter Iksvakus, gründete mit Budha die sog. Monddynastie der Könige
- *Agastya*, der den Ozean ausgetrunken hat und Südindien brahmanisierte

- *Vyasa,* der sagenhafte Verfasser des Mahābhārata und der Puranas
- *Kapila,* der sagenhafte Begründer der *Samkhya*-Philosophie

Daneben gibt es verschiedene Tierkulte, z. B. die Verehrung der Kuh *Kāmaduh,* die alle Wünsche erfüllt, des Stiers *Nandin,* des Pferdes *Kalkin.* Daran knüpfen sich verschiedenartige Bräuche, z. B. darf man die „5 Erzeugnisse" der Kuh (Milch, Topfen/Quark, Butter, Harn, Mist) nur rituell verwenden und die Tiere nicht töten. Dieser Kult der hl. Kühe ist bis heute wirksam! Daneben gibt es *Baumriten* (manche Feigenbäume werden z. B. von der Trimurti bewohnt oder von Seelen – deshalb werden Bäume gerne als Meditationsstellen verwendet), *Bergkult* (der hl. Berg Meru gilt als Zentrum des Weltalls, der Berg Kailasa als Wohnstätte Shivas), *Flußkult* (der Ganges durchfließt Himmel, Erde und Hölle, wer in ihm badet, reinigt sich von Sünden, erlangt Heil) und den Brauch der *Wallfahrten* zu den *tīrthas,* den hl. Städten Benares, Hardwar, Audh, Dwarka, Mathura, Konjeeveram, Ujjain oder religiösen Zentren wie Madurai, Puri oder Gaya.

● Kultformen

Das alte vedische bzw. brahmanische Opferritual ist durch die *Puja* (= Kult) ersetzt worden, die besonders in den Tempeln und um die darin befindlichen Götterbilder vollzogen wird (durch „Sehen", Schmücken, Speisen, Bekleiden, Baden, Anbeten usw.).
Das Götterbild gilt als eine Erscheinungsform des Gottes, in die der jeweilige Gott real „herabgestiegen" (= arcavotara) ist. Er wird in den ihm gewidmeten Gebetsformeln (= **mantras**) symbolisiert, wobei es nicht auf den wörtlichen Sinn dieser Gebete, sondern auf die geheime Bedeutung der Laute und Silben ankommt. Neben diesen mantras gibt es auch **yantras** (= geometrische Diagramme), die das Wesen Gottes darstellen sollen.
Im Leben des hinduistischen Gläubigen spielen neben den bereits erwähnten Wallfahrten und Kulten (z. B. Wasser) auch *Feste* eine große Rolle (das **Krishnajanmastami** z. B. ist das Fest der Geburt Krishnas und dem christlichen Weihnachtsfest vergleichbar). Dazu gehören

Ein Vana-Durga-Yantra (= Versenkungsbild) aus Bengalen, das als Meditationshilfe dient.

auch Fasten- und genaue Eßvorschriften. Insgesamt spielt der Kult eine sehr alltagsbezogene Rolle, was im bunten Treiben in den Tempeln seinen Ausdruck findet, wo es (für den westlichen Menschen) oft erstaunlich laut und wenig pietätvoll zugeht.
Alle diese kultischen Details sind wichtig, aber sie sind nicht heilsentscheidend, denn das Heil kann nur der erlangen, der einen Wandel des Bewußtseins vollzogen hat und dadurch *purusha-* (= Urmensch) ähnlich geworden ist.
Dieser Weg wird neben den schon genannten ethischen Heilswegen vor allem im Yoga gelehrt.

● Yoga

Den Weg zum Heil weist der achtgliedrige Yoga-Weg: Das Wort Yoga ist abgeleitet von **yui** = einigen, verbinden (gemeint ist die Verbindung mit dem Absoluten). Die acht Stufen teilt man in den **hathayoga** (= Yoga der Anstrengung) und in den **layayoga** (= Yoga der Auflösung) oder **rajayoga** (= königlicher Yoga). Der Hathayoga umfaßt **fünf Schritte:** (1) Moralische Zucht, (2) körperlich-geistige Läuterung, (3) Einnehmen bestimmter Haltungen

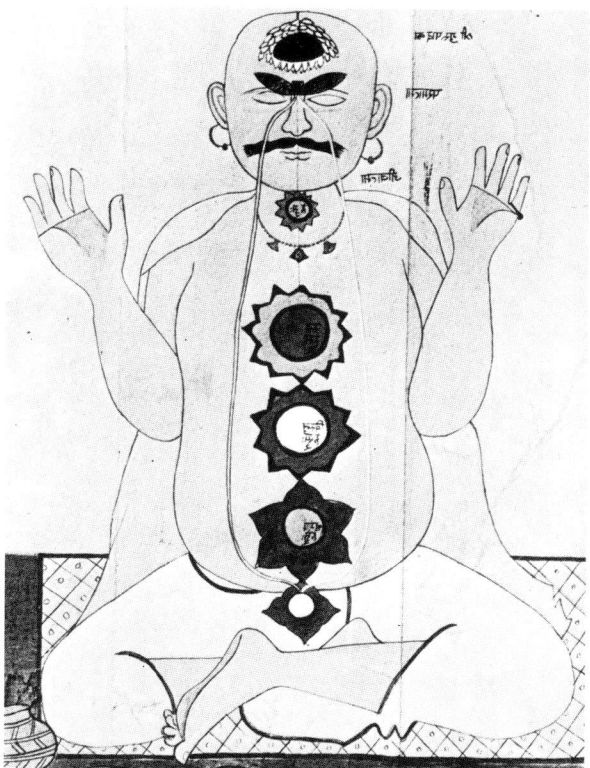

Die Lebenskraft (kosmische, göttliche Energie) in jedem Menschen muß auf dem Weg über die 7 Chakras (= Lebenszentren) mit Hilfe der Yoga-Meditation geweckt, entfaltet, gelenkt und vollendet werden.

1 Erde: Basis-Lotus (Muladhara) – vierblättrig
2 Wasser: Becken-Lotus (Svadhistana) – sechsblättrig
3 Feuer: Nabel-Lotus (Manipura) – zehnblättrig
4 Luft: Herz-Lotus (Anahata) – zwölfblättrig
5 Äther: Kehl-Lotus (Viśuddha) – sechzehnblättrig
6 Bewußtsein: Augenbrauen-Lotus (Ajna) – zweiblättrig
7 reines Bewußtsein: Scheitel-Lotus (Sahasrara) – tausendblättrig

Nach alter Vorstellung schlummert zusammengeringelt am unteren Ende der Wirbelsäule die Lebensschlange **Kundalini,** Sinnbild der im Menschen verborgenen geistigen Energie. Durch die acht Schritte des Yoga, vor allem durch die drei Schritte des Rajayoga wird diese göttliche Schlange geweckt und dazu veranlaßt, im Inneren des Körpers den einzelnen Chakras entlang emporzusteigen, die sie anregt und in Bewegung bringt. In dem 7. Scheitel-Chakra vereinigt sie sich mit ihrem Gemahl Shiva, denn die Kundalini ist eine andere Bezeichnung für die Shakti Shivas, die das „reine Bewußtsein" symbolisiert. Die Vereinigung der Kundalini mit Shiva ist „Erleuchtung", bleibende Verbundenheit bedeutet „Erlösung".

Der Guru führt seinen Schüler bis zu dem Punkt, wo er lernt, das Atmen von den gewohnten Wegen abzuleiten und zu konzentrieren, damit es die Kundalini erweckt und sich ihrer Energie bedienen kann.

Die Chakras entsprechen tatsächlich bestimmten Plexusgeweben des Nervensystems, so daß diese ungewöhnliche Physiologie-Deutung durchaus eine reale Begründung hat.

Man kann die Yoga-Systeme freilich auch anders einteilen, und zwar nach dem hervorstechenden Akzent, den man dabei setzt. In diesem Sinne unterscheidet man je nachdem, ob einer sich mehr auf den Weg des Gefühls oder des Denkens, der Hingabe oder des Wirkens, der Askese oder der Mystik begeben will, die folgenden Wege:

– **Tapas-Yoga:** Weg des Entsagens, der Askese, des Einsiedlers und Weltüberwindens
– **Bhakti-Yoga:** Weg der Hingabe als Gotterfüllter im Überschwang geistlichen Entzückens über die Wirklichkeit Gottes, dem man sich voll Vertrauen überantwortet.

(= **āsanas),** (4) Regulierung des Atems (= **prana),** (5) Abwendung der Sinne von ihren Objekten.

Der Laya- oder Rajayoga umfaßt *drei* Schritte: (6) Festlegung des Denkens auf einen bestimmten Gegenstand, (7) Meditation des gewählten Objekts (wobei das gesamte Denken davon erfüllt sein muß), (8) Versenkung (= **samadhi),** die totale Absorption, „bei der der Sehende in seiner eigenen Natur steht".

Besonders für den Rajayoga braucht man einen **guru** (= einen fortgeschrittenen Führer), der die Schüler in die Meditation einführt und allmählich zum tranceartigen Zustand des samadhi geleitet. Ein wichtiger Bestandteil dieser Stufen 6–8 ist die **chakra-Lehre:** Gemeint sind **sieben Zentren** zwischen dem Sexualorgan und dem Scheitel, die den sieben Bestandteilen des oberen Weltalls entsprechen und jeweils als Lotus dargestellt sind:

– **Mantra-Yoga:** In ständiger Wiederholung eines heiligen Namens („Om", „Hare Krishna" o.ä.) sucht der Hindu seinen Geist mit Gott zu vereinen. Man unterscheidet hier noch Yantra-Yoga (Bildsymbole), Ajapa-Yoga (unwillkürliche Wiederholung heiliger Silben beim Atmen), Japa-Yoga (willentliche Wiederholung heiliger Silben).

– **Tantra-Yoga:** Der Fromme sucht Gott auf dem Weg des Verlangens, wenn er die fleischliche Liebe vergeistigt.

– **Karma-Yoga:** Der Weg des selbstlosen Dienens und Wirkens, man will Gott im Nächsten begegnen.

– **Jnana-Yoga:** Der Weg des Wissens, der in hohen Gedankenflügen Gott meditiert und dem Menschen die eigene Natur entschleiert (in der Nachfolge des Vedanta-Philosophen Shankara).

– **Hatha-Yoga:** Der Weg der Körperbeherrschung, wenn der Mensch seinen Körper zum willigen und gefügigen Werkzeug der Seele macht – dazu gehören die Atembeherrschung, die Beherrschung der 84 āsanas und die Reinigungen der inneren Organe.

– **Raja-Yoga:** Der Weg der Selbstmeisterung als versunkener Mystiker, der zuvor die 10 Yoga-Gebote erfüllen lernen muß: Gewaltlosigkeit, Wahrhaftigkeit, Nichtstehlen, Keuschheit, Besitzlosigkeit, Sauberkeit, Genügsamkeit, Einschränkung, Selbsterforschung, Schriftstudium, Gottergebenheit, Konzentration (Zurücknehmen). Wer sich so bemüht, hofft, die Versenkung (samadhi) zu erreichen.

● Weltbild

Seit den Pūranas denkt man sich die Welt in 3 × 7 Schichten eingeteilt. Das Weltall wird als „Ei des Brahmā", als das kosmische Ei vorgestellt, das 500 Millionen yojonas (= 2 Meilen) Durchmesser hat. Die obere Hälfte besteht aus den 7 Schichten bhur (= Erde), bhuvar (= Luftraum), svar (= Himmel), mohar, janas und tapas (= die feineren höheren Schichten) und satyam oder brahman (= die transzendente Welt).

Die untere Hälfte des kosmischen Eies besteht ebenfalls aus 7 Schichten, und zwar der unterirdischen Welt, in welcher z.B. die Nāgas und andere dämonische Wesen hausen. Unter dem kosmischen Ei befinden sich 7 Höllen (naraka).

Die Erde selbst besteht aus 7 konzentrisch angeordneten Teilen, die durch 7 ringförmige Ozeane (Salzmeer, Zuckersaftmeer, Milchmeer usw.) getrennt werden. Im Mittelpunkt des kosmischen Eies erhebt sich der Berg Meru,

den die Sterne umkreisen und auf dessen Gipfel die Welthüter wohnen.

Das Leben Brahmas dauert 311 000 Milliarden Jahre. Jeder Tag eines Brahma-Jahres dauert deshalb 432 Millionen Jahre und entspricht einem Weltzeitalter (kalpa) von dessen Entstehung bis zur Vernichtung. Die Nächte zwischen diesen Brahma-Tagen sind Ruhepausen der schöpferischen Tätigkeit Gottes. Jedes Kalpa wieder besteht aus 1000 großen Zeitaltern, die in vier Zeitalter zerfallen: das Goldene Zeitalter (kritayuga), in dem die Menschen glücklich und unsterblich sind, das tretayuga, in dem die Menschen das Leid kennenlernen, das dvaparayuga, in dem die Laster und Plagen erscheinen, und das kaliyuga, in dem wir heute leben.

Durch kosmischen Brand und eine nachfolgende Flut wird die Welt vernichtet, bis ein neues Goldenes Zeitalter beginnt. Am Ende eines Kalpa zerfällt das kosmische Ei – nur die göttliche prkriti besteht weiter; dann kann ein neuer Schöpfungsprozeß beginnen.

● Eschatologie und Ethik

Die hinduistische Ethik und Jenseitsvorstellung ist ganz wesentlich von Seelenwanderungs- und Karma-Vorstellungen beherrscht, da ja die Individualität der Seele (= atman) anerkannt und betont (anders im Advaita-Vedanta) und deutlich vom Absoluten (= brahman) unterschieden wird.

Der grobstoffliche Leib ist geschaffen und stirbt wieder, die feinstoffliche Seele (manas und pranas) ist unzerstörbar, sie kann den Leib verlassen und erhält einen Totenkörper (pretadeha), um vom Totenrichter Yama ihr weiteres Schicksal zu erfahren und dann entweder den bhagadeha (= Genußkörper) oder den yatanādeha (= Leidenskörper) zu erhalten. Der Aufenthalt in den Vegeltungsstätten ist zeitlich begrenzt, kann aber sehr lange dauern. Der ohne Ritus Bestattete irrt als Gespenst (preta) oder Dämon (bhuta) umher und versucht in lebendige Körper einzudringen, um in seiner Entwicklung fortzuschreiten. Der Mensch verfügt über den freien Willen, mit dessen Hilfe er sich mit dem karman-Gesetz auseinandersetzen muß und einen Ausweg aus dem samsara zu finden hat. Ziel menschlichen Lebens ist das Ausscheiden aus dem leidvollen Geburtenkreislauf (samsara', das durch die Höherentwicklung durch die verschiedenen Lebensstadien: Pflanzen ↗ Insekten ↗ Vögel ↗ Tiere ↗ Menschen ↗ Dämonen ↗ Geister ↗ Götter erreicht wird.

Dem Menschen sind vier Heilswege gewiesen, unter denen er wählen kann: *bhakti-marga* (Weg der Hingabe), *jnana-marga* (Weg der Erkenntnis), *karma-marga* (Weg der Taten), *dhyāna-marga* (Weg der Meditation).

● **Philosophie**

Die indische Philosophie läßt sich in drei große Perioden unterteilen: 1. Die Philosophie der älteren Zeit. Diese beginnt mit den vedischen Denkern und reicht bis etwa 1200 n. Chr.
2. Die Philosophie der späteren Zeit: diese setzt etwa in der Mitte des zweiten nachchristlichen Jahrtausends ein und reicht bis in die Gegenwart.
3. Moderne indische Philosophie auf der Basis der Auseinandersetzung mit westlichem, besonders auch christlichem, Gedankengut (Neuhinduistische Denker).

Im wesentlichen sind in dieser Entwicklung folgende wichtigste Einzelphänomene eingeschlossen: In der ältesten Zeit finden wir in den philosophischen Texten des Veda noch ganz einfache Fragen, etwa nach dem Träger des Lebens, nach dem Schicksal nach dem Tode oder auch nach den Vorgängen im Schlaf. Darauf werden archaisch-einfache Antworten gegeben. Von hier aus setzt eine Entwicklung ein, die in den ältesten Upanishaden einen ersten Höhepunkt indischen Denkens erreichen und die in der Identifikation von atma und brahma, in der Lehre der Seelenwanderung (= samsara) und von den unausweichlich wirkenden Werken (= karma) ihren Ausdruck finden. Wie sehr sich Denkansätze und Problemstellungen in der weiteren Entwicklung auch verändert und verfeinert haben mögen: diese upanishadischen Lehren bleiben von nun an von grundlegender Bedeutung.

In der **epischen Zeit** wird der Problemkreis allmählich erweitert, man wendet sich nun mehr Problemen der Außenwelt zu, beschäftigt sich mit den Elementen und ihren Eigenschaften, mit dem Körper und seinen Organen. Jetzt entsteht auch die Lehre über die periodische Weltentstehung und Weltvernichtung, jenes zyklische, anfang- und end-lose Entstehen, Sein und Vergehen, von dem das hinduistische Denken so charakteristisch geprägt ist. All diese mehr oder weniger unsystematischen Gedankenansätze münden schließlich an einem wichtigen Wendepunkt indisch-philosophischen Denkens in die **Zeit der ältesten philosophischen Systeme.**

Von nun an werden klar ausgebildete Lehren in in ihren Grundzügen eindeutig festgelegte Gedankengebäude eingefügt. Der Anspruch wird jetzt auch erhoben, ein vollständiges und umfassendes Weltbild aufweisen zu können. Die Erkenntnislehre, die die Grundlage jeder richtigen Erkenntnis darzulegen hat, wird wichtig und Grundlage aller Ausführungen. Daran schließen Erörterungen über die Elemente und Erörterungen über das Weltgebäude und den Weltlauf. Am Schluß folgen ethische Erörterungen, d.h. im indischen Kontext: Lehren über die Erlösung (= moksa).

Das älteste System ist das **Samkhya-System,** eine erste systematische Darlegung einer dualistischen Erlösungslehre, die in Ansätzen bereits in der vedischen und epischen Zeit vorhanden war. Dieses System dominiert in der ersten Hälfte des ersten Jahrtausends und hat um 500 n. Chr. seinen letzten namhaften Vertreter. Nicht viel jünger dürfte das zweite bedeutende System der älteren Zeit sein, das **Vaisheshika,** das eine Kategorienlehre entwickelt und bei dem die Naturphilosophie im Vordergrund steht, wobei die Atomlehre dieses Systems besondere Erwähnung verdient. Etwa im 2. Jh. n. Chr. entwickelt sich das **Nyaya-System,** bei dem einseitig die Erkenntnislehre abgehandelt und weiterentwickelt wird. Dieses System erlebte im 2. Jahrtausend eine neue Blüte. Eingefügt soll hier werden, daß auch der **Buddhismus,** der ursprünglich eine reine Erlösungslehre war und sich mit theoretischen Erörterungen nur wenig abgegeben hat, ebenso wie der **Jainismus** im Laufe der Zeit hervorragende erkenntnistheoretische Schulen entwickelt haben. Als letztes System der älteren Zeit soll die **Mimamsa** erwähnt werden, die ursprünglich ein Interpretationssystem zur richtigen Auslegung der vedischen Ritualtexte war. Eine besondere Bedeutung der Mimamsa liegt in ihrer Erkenntnislehre, welche vor allem bezweckt, die Stellung des Veda als ewig wahre Offenbarung zu rechtfertigen.

Um die Jahrtausendwende sterben die alten Systeme allmählich ab, und es treten neue Phänomene auf, nämlich vishnuitische und shivaitische Sekten, die ihre religiös geprägten Ideen zu Trägern von neuen Lehren machen. Das wichtigste religiös-philosophische System dieser Epoche der späteren Zeit der indischen Philosophie ist das **Vedanta**-System. ‚Vedanta‘ bedeutet ‚Ende des Veda‘ und bezeichnet ursprünglich die Literatur der Upanishaden, deren Lehren von dem indischen Philosophen Badarayana in den Brahmasutren systematisiert wurden. Zu diesen Brahmasutren wurden zahlreiche Kommentare geschrieben, die in der Auslegung stark voneinander abweichen und die als verschiedene Vedanta-Schulen überliefert sind. Die wichtigsten Vedanta-Schulen und ihre Vertreter sind:

a) **Advaita**(‚Nichtzweiheit‘)-**Vedanta:** Das Schulhaupt ist Shankara, er vertritt einen streng monistischen Standpunkt: atma und brahma, individuelles Selbst und All-Seele sind völlig identisch.

b) **Viśishatadvaita**(‚Differenzierte Nicht-Zweiheit)-**Vedanta.** Diese Richtung des Vedanta wird von Ramanuja als Schulhaupt vertreten. Nach seiner Lehre sind die untereinander verschiedenen Dinge der Welt dadurch zu einer Einheit verbunden, daß sie insgesamt den Körper Gottes bilden, während Gott das Selbst(atma) der Welt ist.

c) **Der Bhedabheda**(‚Verschiedenheit–Nichtverschiedenheit‘)-**Vedanta.** Er wird vor allem von Bhaskara (etwa 9. Jh.) und später von Nimbarka (etwa 14. Jh.) vertreten. Nach dieser Lehre sind die Seelen einerseits nicht verschieden von Gott, insofern sie von ihm abhängen und aus ihm hervorgegangen sind, andrerseits aber sind die Seelen doch ihrem Wesen nach ewig verschieden von Gott.

d) **Der Dvaita**(‚Zweiheit‘)-**Vedanta.** Dieser Vedanta beinhaltet eine vom Schulhaupt Madhva vertretene dualistische Lehre.

● Sekten

Etwa um die Jahrtausendwende, gleichzeitig mit dem Absterben der alten philosophischen Systeme, entstehen Gebilde einer neuen Art, die von religiösen Kreisen getragen werden, und zwar von Vertretern shivaitischer, tantrischer und vishnuitischer Sekten. Teilweise

übernehmen diese Kreise das Gedankengut der alten philosophischen Schulen und entwickeln auf ihrer eigenen Grundlage neue Systeme, oder aber sie formen die alten Systeme ihren eigenen Ansichten entsprechend zu etwas völlig Neuem um. So entstehen neue shivaitische, tantrische und zeitlich zuletzt auch vishnuitische neue religiös-philosophische Systeme.

a) Śhivaitische Sekten

Unter den shivaitischen Systemen entsteht zunächst spätestens im 9. Jh. n. Chr. im Norden Indiens das **Śaivadarśana**-System. Seine Grundlage sind Samkhya-Lehren, wobei aber wichtige neue Gedanken eingeführt werden. Seine Gedanken sind wohldurchdacht und abgerundet, und dieses theologische System kann sich an den alten philosophischen Systemen messen. Im 10. Jh. n. Chr. blüht in Kashmir die **Pratyabhijna**-Schule, ein idealistisches System, das dem hochentwickelten Vedanta-System des Sankara mindestens ebenbürtig ist. Utpaladeva (um 950 n. Chr.) und Abhinavagupta (um 1000 n. Chr.) sind die hervorragenden Systematiker dieser Schule. Im 13. Jahrhundert ist im Süden Indiens der **Śaivasiddhanta**, das südindische Gegenstück zum Śaivadarśana, voll ausgebildet. Die **Virashaivas** oder **Lingayats** (‚Linga (= Phallus)-Träger‘) gelangen im 12. Jh. vor allem im Südwesten Indiens zu größerer Bedeutung. Sie verehren Shiva unter dem Symbol des *linga* (Phallus), den sie in einem silbernen Büchslein um den Hals tragen. Es geht ihnen um das Verhältnis zwischen Gott und den Seelen. Durch das Wirken seiner Shakti zerfällt der All-Geist in Gott (Weltherrscher) und die Einzelseelen. Die Erlösung wird durch Umkehrung der Shakti in bhakti erreicht = gläubige Liebe zu Shiva. – Gleichberechtigung der Geschlechter, puritanisch einfache Lebensweise, vegetarisches und alkoholloses Leben – Verwerfung von Wallfahrten, Opfern, Bilderkult, Kastenwesen, Totenverbrennungen usw. Leben in ordensähnlicher Gemeinschaft. Die Eingeweihten, die das linga-Symbol tragen, werden unmittelbar nach dem Tod erlöst.

b) Tantristische Sekten

Der Tantrismus leitet seinen Namen von dem Ausdruck ‚Tantra‘ (= ‚System‘, oder: ‚Lehrbuch eines Systems‘) her. Diese Strömung setzt etwa 500 n. Chr. ein, und zwar sowohl im Hinduismus als auch im Buddhismus (Vajrayana), und besteht aus einem Komplex von rituellen und mystischen Phänomenen. Die Tantren stellen im Gegensatz zum Veda keine für alle Inder verbindliche Sammlung heiliger Texte dar. Verschiedene Gruppen innerhalb des Hinduismus (Vaisnavas, Saivas, Verehrer der Göttin Durga) haben ihre eigene Tantren-Tradition. Nach tantristischer Tradition werden jedem der vier hinduistischen Zeitalter eigene heilige Schriften zugeordnet: nach dem

Veda, den Upanishaden und den Puranas gehören die Tantren dem vierten Zeitalter an. Der Einfluß der tantrischen Schulen auf die Entwicklung des indischen Geisteslebens muß hoch veranschlagt werden. Einige Phänomene des Tantrismus seien im einzelnen erwähnt. Es werden magische Bräuche verwendet, die bis in das Atharvaveda zurückreichen, und zwar mantras (Texte), yantras (Zeichen), mudras (Gesten) sowie Yoga-Praktiken. Hier wurde auch die Chakra- und Kundalini-Lehre entfaltet. Dem Tantrismus geht es vor allem um Integration der Wirklichkeit, er will die uranfängliche Einheit wiederherstellen. Für ihn ist die Welt nicht mehr Maya, sondern das „Sakrament" der Erlösung („Wie könnte es Seligkeit geben, gäbe es keinen Körper?").

Der Shaktismus ist nicht so sehr von der Verehrung weiblicher Gottheiten bestimmt als vielmehr von der Vorstellung, daß die eine oder andere Göttin als Shakti Shivas oder eines der anderen großen Götter eine entscheidende Bedeutung innerhalb des Weltganzen und des Erlösungsganges haben, weil der Gott nur durch seine Shakti wirkt. Die Verehrung geschieht über die *puja*, d.h. die rituelle Verehrung des Gottesbildes mit Hilfe von Gesten (mudras), Texten (mantras), Zeichen (yantras) oder Mandalas (meist komplizierte Diagramme, die symbolisch das Wesen und die Bedeutung der Gottheit darstellen).

Im sogenannten „linkshändigen Tantrismus" wird die weibliche Gottheit in Gestalt einer nackten Frau und im Vollzug der 5 M verehrt, gemeint ist der Genuß von 5 Dingen, die in der hinduistischen Askese streng verboten sind (und die in der Sanskrit-Sprache mit einem M beginnen): Genuß von Wein, Fisch, Fleisch, Getreidekörnern und Geschlechtsverkehr. Dies aber nicht in orgiastischer, sondern in streng ritualistischer Form und in einem kleinen eingeweihten Kreis. Darin soll die alles durchwaltende Macht der Shakti über die Sphäre der (sonst verbotenen) niederen Instinkte geoffenbart werden. Die Leiden-

schaften erhalten so eine feste Regelung und eine höhere Würde. Künstlerischen Niederschlag fanden diese Praktiken in den erotischen Tempelskulpturen von Khajuraho und Konârak, die in der Blütezeit des Tantrismus entstanden sind. „Die Freuden, die für den Nichteingeweihten sündig sind, bedeuten eine Erlösung für den Yogi". Der „rechtshändige Tantrismus" ist dem gegenüber streng asketisch.

Die in der 2. Hälfte des 1. Jh. n.Chr. aus dem Shivaismus entstandene Sekte der **Shaktas** verehrte *Durgā* als höchste Göttin und Weltprinzip und sieht die Tantras als ihre heiligen Schriften an. Durga ist für sie die einzige Quelle der Realität, sie wirkt in Bewegung (nada) und Licht (bindu), wird als eine Art Vibration wahrgenommen und in der Kundalini-Yoga-Praxis kultiviert. Es handelt sich um eine esoterische Sekte, in welche man nur nach komplizierten Einweihungsriten aufgenommen werden kann. Sie unterscheidet drei Arten von Eingeweihten: (1) Tiere, (2) Menschen, (3) göttliche Wesen. Jede Phase hat ihre eigenen Vollendungswege. Für die „Tiere" gilt der Weg des Veda (vedisches Ritual, Fleischgenuß erlaubt, ebenso Geschlechtsverkehr an bestimmten Tagen), der Weg des Vishnu (Verbot des Fleischessens und des Geschlechtsverkehrs), der Weg des Shiva (Askese, verbunden mit philosophischer Meditation) und der „Rechte Weg" (Askese, Meditation und Yoga-Übungen). Für die „Menschen" gelten der „linke Weg" (mit den oben beschriebenen Geheimriten des pancatattva = 5 M) und der „vollendete Weg" (rechte Weg). Für die „göttlichen Wesen" gilt der „Familienweg", der keine Verbote und Vorschriften kennt, weil sich die bis dahin Vorgestoßenen jenseits von dharma, Himmel und Hölle befinden.

c) Vishnuitische Sekten

Unter den vishnuitischen Sekten, die teilweise schon bei der Besprechung des Vedanta-Systems erwähnt wurden (Die **Shrivaishnavas** z.B. beruhen auf der Viśistadvaita-Lehre des Ramanuja und insbesondere auch auf dem Nalayiram Divyaprabandham, den 4000 religiösen, sehr kunstvoll gestalteten Hymnen der Alvars, das sind südindische Visnu-, bzw. Krishna-Fromme), seien im einzelnen noch folgende einflußreiche Gruppen erwähnt:

Die **Bhagavatas**, das sind „die den Bhagavan (‚Erhabener') Verehrenden", sind eine bis in die Mitte des ersten vorchristlichen Jahrtausends zurückreichende Sekte, deren Gott Bhagavan später mit Vishnu bzw. mit Krishna identifiziert wurde. Wichtige Grundlage ihrer Lehre sind die Bhagavadgita, das Bhagavata-Purana und die Pancaratra-Samhitas.

Das **Pancaratra** („Aus fünf Nächten bestehend") wird von einer religiösen Gruppe des Visnuismus vertreten, die eine evolutionistische Theologie lehrte. Hierbei gibt es drei Stufen der Schöpfung: auf der ersten, der „reinen" Schöpfung entsteht dem transzendenten absoluten Prinzip (Vishnu-Narayana) die ‚weltwirkende' Kraft (Shakti), die mythologisch als seine Gattin Lakshmi gedeutet wird. In der Folge manifestieren sich paarweise die 6 Eigenschaften (= gunas) Vishnus, der sich dadurch zu den 4 Vyuhas evolutionistisch differenziert. Aus dem letzten

Yogi oder Fakir? Frommer oder Scharlatan?

Vyuha (Aniruddha) gehen u. a. die Avataras (,Herabstiege' Vishnus) hervor. Auf der 2. Schöpfungsstufe entsteht u. a. die ,Seelentotalität' des Kutastha-Purusha, der der Ausgangspunkt für die individuellen karmagebundenen Seelen ist. Auf der 3. Schöpfungsstufe entwickeln sich über eine modifizierte Samkhya-Evolutionsreihe die Elemente, die Sinnesorgane, usw. Diese evolutionistische Theologie kann je nach philosophischer Grundkonzeption realistisch oder illusionistisch verstanden sein. Die Lehren der Pancaratrins sind in ihren autoritativen Schriften, den Pancaratra-Samhitas, niedergeschrieben. Die Blütezeit des Systems ist zwischen 600 und 800 n. Chr.

Erwähnt sei noch **Caitanya,** ein bengalischer Krishna-Ekstatiker, geboren 1486 in Nadiya, gestorben 1533. Er sammelte durch seine von Musik und Chorgesang begleiteten Radha-Krishna-Hymnen zahlreiche Anhänger und wurde von ihnen als Avatara (,Herabstieg') Vishnus verehrt. Lebendige Frömmigkeit, die über allen Werkdienst gestellt wird, und besonders die leidenschaftliche und ekstatische Liebe zu Radha und Krishna (emotionale Krishna-Bhakti) prägen diese Bewegung.

Von Caitanya's Nachfolgern, den sogenannten Gosvamis, wird die Caitanya-Gemeinde organisiert und das Ritual festgelegt.

Nachklassischer und Neohinduismus

Seit dem 14. Jh. gibt es in Indien reformatorische Bewegungen, die den Hinduismus erneuern wollen und sich strikte gegen die verschiedenen Philosophien und Sekten stellen. Der folgende Text des Telugu-Dichters Vēmana ist dafür bezeichnend:

■

„Alles Priesterwissen ist den Buhldirnen gleich: betörend und jeglicher Reinheit bar. Das Wissen von dem Gott im Herzen gleicht einer treuen Frau ... Es gibt nur einen Herrn der Welt, der das Weltall regiert; wozu noch die anderen Brahmas verehren? Kann ein Affe im Walde die Welt regieren? ... Sie schleppen Steine heran aus den Bergen, stoßen sie umher mit Händen und Füßen, bearbeiten sie mit dem Meißel und – o Neuheit! – verbeugen sich dann vor den stumpfen Steinen ... Benares! Benares! rufen sie und sind entzückt, dahin zu reisen. Ist denn der Gott, der dort ist, hier nicht zu finden? Er ist hier wie dort, wenn das Herz rein ist."

■

Hier klingen kritische Töne an, die ihre Parallelen in allen Reformphasen der großen Religionen haben – sie verweisen auf Veräußerlichung, mechanistische Religiosität und Verlust der ursprünglichen dynamischen Innerlichkeit. Seit dem 15. Jh. kam es zu intensiven Kontakten einerseits mit dem Christentum, andrerseits mit dem Islam. Das führte einerseits zu synkretistischen Sektenbildungen, andrerseits zur Ausbildung des sogenannten Neohinduismus oder aufgeklärten Hinduismus.

Zur Berührung mit dem Islam vgl. weiter unten Seite 241, 268! Mit dem Christentum kam Indien schon viel früher in Berührung. Zuerst vielleicht durch die (allerdings geschichtlich nicht nachgewiesene) Mission des Apostels Thomas („Thomas-Christen"), dann im 6. Jh. durch Nestorianer, die in Südindien wirkten. Intensiv wurde die Begegnung, als ab dem endenden 15. Jh. Portugiesen, Holländer, Dänen, Franzosen und Engländer systematisch missionierten (vor allem in Goa und auf Ceylon). Eine richtige Beeinflussung setzte dann gegen Ende des 18. Jh. im Zuge der englischen Herrschaft in Indien ein. Dabei ging es um eine Reinigung und Modernisierung des stark vom Bhakti-Verhalten und von den Sekten bestimmten Hinduismus im Geist der abendländischen Kultur. Dabei sind die folgenden Persönlichkeiten und Schulen (Bewegungen) zu nennen:

● *Rām Mohan Roy* († 1833): Er studierte den Islam und den Sufismus, den tibetanischen Buddhismus und die christlichen Schriften (lernte dafür sogar Hebräisch und Griechisch), kam als Regierungsbeamter in Berührung mit der abendländischen Kultur. 1828 gründete er den *Brāhma-Samāj* (= Brahmanische Gesellschaft) auf der Grundlage der Upanishaden, die er allerdings im Sinne eines reinen Monotheismus interpretierte. Er verwarf die typisch hinduistischen Prinzipien wie Kastenwesen, Kult, Polygamie, Witwenverbrennung usw. und lehnte auch das Gesetz des karman und des samsara ab.

Sein Nachfolger Debendranath *Thākur* verdrängte die christlichen Ideen und rückte die Gesellschaft wieder näher an den orthodoxen Hinduismus heran. *Keshab* Chandra Sen versuchte dagegen eine andere Richtung zu forcieren, er träumte von der „dritten Offenbarung" (nach AT und NT) und einer universalen Religion. Seine tiefe Christusverehrung geschah im Stil der hinduistischen bhakti, in ein synkretistisches Ritual baute er Taufe und Abendmahl ein. Nach seinem Tod zerfiel die Gesellschaft.

● Dayānand *Sarasvatī* († 1883) gründete den *Arya-Samaj* und predigte die Rückkehr zur vedischen Lehre, er ver-

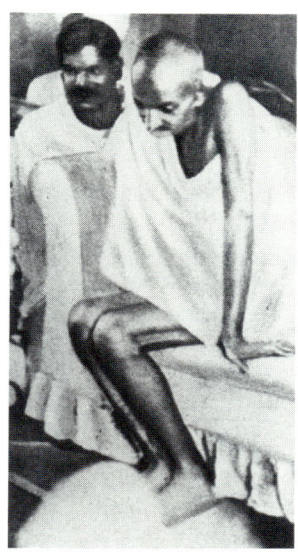

| Jiddu Krishnamurti (geb. 1895) | Rabindranath Tagore (1861–1941) | Sarvapalli Radhakrishnan (1888–1975) | Mahatma Gandhi (1869–1948) |

warf die gesamte smriti und ließ nur die Samhitas gelten (vgl. Seite 197). Er bekämpfte die Puranas ebenso wie Vedanta und Yoga, Kult und Opfer, Kastenwesen und Kinderehe. Die beiden Gesetze des samsara und karman aber ließ er gelten. – Der unerbittliche Gegner des *Arya-Samaj* Sivanāryān *Agnihotri* stiftete 1887 die „göttliche Gesellschaft" *Dev-Samaj* und baute Elemente der abendländischen Naturwissenschaften und des Evolutionismus mit ein. Die *gurus* stehen in dieser Gesellschaft in hoher Achtung und treten mit Hilfe von Medien mit der Geisterwelt in Verbindung. Sie vertreten eine radikale asketische Ethik.

● Große Bedeutung hatte auch die von Jelena Petrowna Blavatsky und Oberst H. S. Olcott 1875 gegründete *Theosophische Gesellschaft*, deren Zentrum 1877 nach Madras verlegt wurde. Trotz vieler sachlicher Fehler in der Beurteilung der indischen Tradition und trotz der Vermischung mit kabbalistischen und westlich-okkulten Elementen hatte diese Bewegung in Indien großen Erfolg – besonders als die Nachfolgerin Jelena Blavatskys, *Annie Besant*, *Krishnamurti* als die Verkörperung Jesu Christi in Indien bezeichnete. Krishnamurti machte sich später selbständig und gründete eine eigene Gesellschaft, die das absolut freie und schöpferische Denken in den Mittelpunkt stellte.

● Die bei weitem größte Bedeutung erlangte aber die auf Gadādhar Chatterji zurückgehende *Ramakrishna-Mission*, die Swami *Vivekananda* 1897 gegründet hatte. Der bengalische Visionär, Ekstatiker und Kalipriester Chatterji nannte sich *Paramhansa Ramakrishna* und betete im Kloster Dakshineshvar (bei Kalkutta) in Kali nicht die grausame Göttin, sondern die liebevolle Mutter der Welt an. Sein Streben ging aber nicht nur auf Anbetung, sondern auf das Erleben der Anwesenheit der Göttin in visionärer Trance. Die zahlreichen Meditationen untergruben seine Gesundheit, er vernachlässigte auch seine Priesterpflichten und wurde entlassen, blieb aber Zeit seines Lebens ein treuer Verehrer der Kali. „Heiliger Narr Gottes" wurde dieser Ekstatiker genannt; den Namen Ramakrishna gab ihm die Nonne Bhairavi, eine Wanderasketin, die jahrelang bei Ramakrishna blieb und in einer starken geistigen Gemeinschaft mit ihm verbunden war. Sie war es auch, die ihn als Verkörperung eines Gottes ausrief und die Totapuri, den „nackten Mann" (einen bedeutenden Asketen), zum geistigen Führer (guru) Ramakrishnas bestimmte. Er lehrte ihn, „das wahrscheinlich größte religiöse Genie des 19. Jahrhunderts" (Kurt Becsi), sich einzig und allein dem Letzten, dem absolut Einen zuzuwenden. In Verbindung mit seiner ungebrochenen Verehrung der Göttin Kali ergab das die Erkenntnis des Absoluten des Weiblichen im Kosmos (neben dem ohnehin immer präsenten Männlichen) und damit die Erfahrung einer lebensvollen Geistigkeit Gottes (in Abwehr gegen eine abstrakte Rationalität, die Gott nur begrifflich erfassen will):

„Gott ist seiner Natur nach Ewigkeit, Reinheit und Bewußtsein. Durch sein Bewußtsein wird man aller Dinge bewußt ... Die Göttin offenbarte mir im Kalitempel, daß sie zum Ding jeder Art geworden war. Sie zeigte mir, daß jedes Ding mit Bewußtsein begabt sei. Das Standbild ist von Bewußtsein erfüllt. Die Trinkschalen sind Bewußtsein, der Altar ist Bewußtsein, die Schwelle ist Bewußtsein. Im Inneren des Zimmers ist jedes Ding in Glückseligkeit gebadet. Gegenüber dem Kalitempel habe ich einen bösen Menschen gesehen, aber selbst in ihm habe ich die Macht der göttlichen Mutter beben gesehen. Ich erkannte klar, daß alles die göttliche Mutter war, auch die Katze ... Mit meinen eigenen Augen habe

ich gesehen, daß Gott selbst im Sexualorgan wohnt. Ich sah ihn einmal im Begattungsakt eines Hundes und einer Hündin."

Ramakrishna war ein Meister der Yoga-Meditation, er brachte vor allem die Kundalini-Meditation zu höchster Vollendung. Ramakrishna beschrieb diesen Vorgang des Aufsteigens der „Schlangenkraft" so:

„Irgendetwas steigt mit einer prickelnden Empfindung von den Füßen zum Kopf. Solange dieses Etwas das Gehirn noch nicht erreicht hat, bleibe ich meiner bewußt, doch im Augenblick, da es geschieht, bin ich der Außenwelt abgestorben. Selbst die Funktionen von Gesicht und Gehör hören auf, und das Sprechen ist mir unmöglich. Wer sollte sprechen? Selbst die Unterscheidung zwischen „ich" und „du" schwindet. Manchmal möchte ich euch berichten, was ich sehe und fühle, wenn diese geheimnisvolle Kraft durch das Rückgrat aufwärtssteigt ... Ich bereite mich vor, euch zu erzählen, was ich fühle, wenn Kundalini über die Kehle hinaussteigt, aber wenn ich noch überlege, wie ich es ausdrücken soll, überschreitet der Geist eine Grenze, und es ist aus ... Dieses, was da zum Gehirn mit prickelnder Empfindung aufsteigt, folgt nicht immer der gleichen Art von Bewegung. Die Schriften sprechen von 5 verschiedenen Bewegungsformen. Die erste ist die der Ameise ... das andere ist die Froschweise: Wie ein Frosch zwei drei kurze Sprünge tut, in rascher Folge, und dann eine Weile anhält, ehe er auf die gleiche Art fortfährt, so fühlt man es von den Füßen aufwärts springen. Hat es das Gehirn erreicht, entsteht Samadhi. Das dritte ist die Schlangenbewegung ... so läuft die aufgerollte Kraft zum Kopf aufwärts. Die vierte ist die vogelartige Bewegung ... die fünfte und letzte Art ist die Affenbewegung. Wie die Affen, die von einem Baum auf den anderen wollen, von einem Ast zum anderen springen, und so die Entfernung in zwei drei Sprüngen überwinden, so fühlt der Yogi Kundalini aufwärtsspringen ...
Der menschliche Geist hat die natürliche Neigung, seine Lebensbetätigungen auf die drei untersten Zentren (Chakras) zu beschränken, deren höchstes sich dem Nabel gegenüber befindet, daher ihm denn die Befriedigung seiner gewöhnlichen Bedürfnisse wie Essen usw. genügt. Erreicht sein Geist aber das 4. Zentrum, dann sieht er schon einen Schimmer höherer Welten. Doch fällt er aus diesem Zustand oft in den der drei niederen Zentren zurück. Wenn sein Geist das 5. Zentrum erreicht, gegenüber der Kehle, kann der Yogi von nichts anderem mehr als von Gott sprechen. Während ich selbst mich in diesem Zustand befand, war mir, als würde ich auf den Kopf geschlagen, wenn jemand in meiner Gegenwart weltliche Gespräche führte ... Ich floh den Anblick weltlich gesinnter Leute, und meine Verwandten kamen mir wie ein gähnender Abgrund vor, aus dem keine Rettung mehr möglich sein würde, fiele ich einmal hinein. Selbst von diesem Punkt kann man noch wieder abgleiten; so muß man auf der Hut sein. Jenseits aller Gefahr ist der Mensch, dessen Geist das 6. Zentrum erreicht hat, gegenüber der Nasenwurzel. Hier findet er die Schau des Höchsten selbst und bleibt immer im Samadhi. Zwischen diesem Zentrum und Sahasrara, dem höchsten, ist nur noch ein dünner Schleier ... Aus diesem Stadium kann der Geist noch wieder herabsteigen zum fünften, oder äußerst, zum vierten Zentrum, doch nicht mehr tiefer ... Nachdem er 21 Tage im Samadhi beständig verweilt hat, reißt der letzte dünne Schleier, und er wird für immer eins mit dem Absoluten."

Ramakrishna versuchte, diesen Zustand der Einung mit dem Höchsten in Worten mitzuteilen:

„Der Magnetberg zieht das Schiff, das an ihn herankommt, an sich, reißt alle Nägel heraus und seine Planken auseinander, bis es schließlich untergeht. So wird auch die Seele vom Magneten des Allbewußtseins angezogen, das in einem Nu ihre ganze Individualität und Selbstsucht zerstört – und sie im Meere der unendlichen Liebe Gottes versinken läßt. Niemand vermag zu sagen, was für ein Zustand das eigentlich ist. Es ist die völlige Verwandlung des eigenen Selbst in das seine. Die Puppe aus Salz tauchte ins Meer, seine Tiefe zu messen. Kaum hatte sie aber das Wasser berührt, als sie sich auflöste. Wer kann dann auftauchen und von der Tiefe des Meeres Kunde geben? Wenn alles Unterscheiden aufhört und die vorstellungslose Versenkung erreicht wird, gibt es weder ein Ich noch ein Du, noch dieses Weltall. Denn dieses Bewußtsein und all seine Ichsucht gehen auf in dem absoluten Brahman."

Die Welt ist aber nicht Schein und Illusion (Maya) oder ein Traum, sondern die Wirklichkeit und Wohnung Gottes. Auf die Frage, ob man denn die Welt aufgeben müsse, antwortet er: *„Nein. Warum denn? Der Mensch kann Gott sogar in der Welt realisieren ... Die Welt ist Gott. Gott ist die Welt. Bruderschaft aller Kreatur. Jedes lebende Wesen ist Gott. Bruderschaft aller Religionen."* Diese sicherlich leicht mißverständlichen Worte müssen auf dem Hintergrund der religiösen Erlebnisse und Erfahrungen Ramakrishnas interpretiert werden, dann bieten sie erregende Perspektiven einer neuen, umfassenden, alle Grenzen der Religionen und Konfessionen überwindenden Möglichkeit der großen Einheit. Das bedeutet aber für Ramakrishna nicht die Preisgabe der verschiedenen Eigenarten der Religionen:

„Ein großer Teich besitzt mehrere Landestellen (Ghats). Wer auch immer eines dieser Ghats benützt, um zu baden oder seinen Krug zu füllen, gelangt zum Wasser, und es ist zwecklos zu streiten und zu behaupten, das eigene Ghat sei besser als das eines anderen. So gibt es auch viele Ghats, die zum Quellwasser der Ewigen Wonne führen. Jede Religion dieser Welt ist eine dieser Ghats. Gehe unbeirrt mit aufrichtigem und ernstem Sinn durch eines dieser Ghats, und du wirst zu den Wassern Ewiger Wonne gelangen. Behaupte aber nicht, deine Religion sei besser als die eines anderen ...
Wie man mittels einer Leiter oder eines Bambusstabes oder einer Treppe oder eines Seiles auf das Dach eines Hauses gelangen kann, ebenso verschieden sind die Mittel und Wege, Gott zu erreichen, und jede Religion der Welt zeigt einen dieser Wege ... wie eine und dieselbe Substanz von den Menschen verschieden benannt wird – einer nennt es Wasser, ein anderer vāri, ein dritter aqua, ein anderer pānī –, so wird der Eine, der Sein, Denken und Wonne ist, von den einen als Gott, von den anderen als Allah, von anderen als Hari und wieder von anderen als Brahman angerufen ... Es ist ein und derselbe avatāra, der in das Meer des Lebens sich stürzt, an einer Stelle herauskommt und als Krishna bekannt wird, wiederum taucht, an einer anderen Stelle heraufkommt und Christus heißt."

1874 hört Ramakrishna in einem Garten seines Klosters die Bibel vorlesen. Damals wurde er vom Verlangen ergriffen, das Christentum kennenzulernen. Die Persönlichkeit, das Leben und die Lehre Jesu beeindruckten ihn tief. Eine göttliche Erregung erfaßte ihn, Christus erweckte seine ganze Liebe. *Mahandranath Gupta,* einer der großen Schüler Ramakrishnas, schreibt in der Einleitung zum „Evangelium M":

■

„Eines Tages sah Ramakrishna während seiner religiösen Meditation ein Wesen mit schönen Augen, heller Haut in heiterer Haltung auf sich zukommen. Als sie beide einander gegenüberstanden, vernahm Ramakrishna aus seinem Inneren heraus eine Stimme: Siehe hier Christus, der das Blut seines Herzens vergossen hat für die Erlösung der Welt, der durch ein Meer der Angst geschritten ist aus Liebe zu den Menschen. Das ist Jesus, die verkörperte Liebe! Der Menschensohn umarmte den Sohn der göttlichen Mutter und verschmolz mit ihm."

■

An Ramakrishna wird deutlich, daß an die Renaissance des Hinduismus im Neohinduismus ohne den schöpferischen Einfluß des Christentums und des europäischen Geistes nicht zu denken ist. Der bekannte Indologe K. M. Panikkar macht darauf aufmerksam, daß alle bedeutenden Werke der indischen Renaissance in englischer Sprache geschrieben wurden und daß der Westen erst die ungeheure Bedeutung der indischen Tradition wiederentdeckt hat und so den Blick der Inder zurück auf ihre große Vergangenheit lenkte. Erst dadurch brach ein neues Bewußtsein auf: *„Erst das Interesse westlicher Gelehrter und die Übersetzung der selbst bei den gebildetsten Indern jener Zeit nur dem Namen nach bekannten Sanskritklassiker machten die neue indische Intelligenz mit den Schätzen indischen Denkens bekannt."* Der bedeutende österreichische Dramatiker und Kulturphilosoph Kurt Becsi spricht in diesem Zusammenhang vom „Indischen Zeitalter": *„Die Renaissance des Hinduismus und der sogenannte Neu-Vedanta erweisen sich als Beginn jener Entdeckung, Entwicklung und Aktualisierung des kosmischen Lebensgefühls, dem wir uns selbst entgegenbewegen, der Indien als geistiges Zentrum dieser kosmischen Kultur vorbereiten könnte".*

■

● Nach Ramakrishnas Tod (1886) beschloß die bereits ansehnliche Schar der Jünger, die ihn als göttliches Wesen verehrten, die Lehre des Meisters zu verbreiten. Die größte Bedeutung unter ihnen erlangte Narandranath Dutt, der als *Vivekananda* vor allem seit seinem Auftreten auf dem Weltkongreß der Religionen (1893 in Chicago) der Ramakrishna-Bewegung zum Durchbruch verhalf. Seine Lehre wird *Neu-Vedanta* genannt, weil er ebenso wie Ramakrishna im Geiste des Vedanta (des Shankara) lebte, doch zugleich aus den Weltreligionen und dem modernen Weltbild der westlichen Zivilisation alle jene Elemente aufgenommen hat, die die Lehre und den Weg des Vedanta bestätigen. Dadurch fand der Neu-Vedanta nicht nur in Indien, sondern auch im Westen große Verbreitung. Vivekananda charakterisiert das Anliegen des Neu-Vedanta so:

■

„Ich hatte nur einen alten Mann als Lehrer, und er war sehr eigenartig. Auf intellektuelle Gelehrsamkeit gab er nicht viel, Bücher studierte er kaum; aber schon als Knabe wurde er von der gewaltigen Idee erfaßt, die Wahrheit direkt zu erlangen. Zuerst versuchte er es durch seine eigene Religion. Dann wollte er auch die Wahrheit anderer Religionen ergründen ... Nachdem er alle erforscht hatte, kam er zu dem Schluß, sie seien alle gut. Er fand keinen Anlaß zur Kritik, denn sie sind alle nur verschiedene Wege, die zum gleichen Ziel führen ... Je größer die Zahl der Wege, umso größer die Möglichkeit für einen jeden von uns, die Wahrheit zu ergründen ... So segnete er alle Religionen. Nun sind aber alle Ideen, die ich verkünde, nur ein Versuch, seiner Lehre Gehör zu verschaffen ... Zu seinen Füßen sitzend, nahm ich diese Gedanken in mich auf ... Ich war noch ein Knabe. Etwa sechzehnjährig kam ich zu ihm ... unser war vielleicht ein Dutzend. Und es war uns allen klar, daß dieses Ideal verbreitet, mehr noch: in die Tat umgesetzt werden mußte. Das heißt, es galt, die Frömmigkeit der Hindus, die Barmherzigkeit der Buddhisten, die Tätigkeit der Christen, die Bruderschaft der Mohammedaner in unserem eigenen Leben zu verwirklichen. Wir müssen eine allumfassende Religion beginnen ... Manchmal wird behauptet, die Religionen stürben ab, die religiösen Ideen verschwänden aus der Welt. Mir kommt es vor, daß sie erst am Beginn ihres Wachstums stehen ... Solange die Religion einer kleinen Kaste, einer Priesterschaft anvertraut war, schloß man sie in Tempel, in Kirchen, in Bücher, in Dogmen, in Zeremonien, in Formen und Riten ein. Aber sobald sie erst ausgeweitet und gereinigt sein wird, sobald wir zum realen vergeistigten, universalen Grundgedanken vordringen, dann erst wird die Religion lebendig werden, wird unsere ganze Natur durchtränken, wird in jeder unserer Bewegungen leben, wird in alle Poren unserer Gesellschaft eindringen, wird unendlich mächtiger im Guten werden, als sie je gewesen ist ... Mein Herz bleibt allen Religionen der Zukunft aufgeschlossen ... Das Buch der Offenbarungen ist nicht abgeschlossen ... Es ist ein Buch der Wunder. Die Bibel, die Veda, der Koran, alle anderen Heiligen Schriften sind nur einzelne Seiten dieses Buches, unzählige Blätter sind noch nicht aufgeschlagen ... Ich kenne keine großartigere Vorstellung von Gott als folgende: Er ist der erste aller Dichter, der herrschgewaltige Dichter. Das Weltall ist sein Gedicht, mit Reimen und Rhythmen in die unendliche Seligkeit eingeschrieben ... Öffnet sich das Herz des Menschen dem göttlichen Licht, nähert sich die Seele Gott, so bemerkt sie, daß ihr altes Ich hinwegschmilzt. Wenn sie nahe genug gekommen ist, sieht sie, daß sie nichts anderes als Gott ist und ruft aus: Er, den ich dir beschrieben habe als das Leben dieses Weltalls, als gegenwärtig in dem Atom, in den Sonnen und Monden. Er ist die Grundlage unseres eigenen Lebens, die Seele unserer Seele. Das bist Du."

■

In der Nachfolge des 1902 mit 40 Jahren gestorbenen Vivekananda sind *Nikhilananda, Brahmananda, Brabhavananda* zu nennen.

● In eine andere Richtung geht die Lehre Ramana *Maharishis* (1879–1950), der nach dem Erleben und dem Erkennen des „wahren Selbst" strebt. Er lebte 12 Jahre lang als Yogi in absolutem Schweigen in einer Höhle in Südindien am Fuße des „Heiligen Roten Berges". Ausgangspunkt seines geistigen Weges wurde ein Todeserlebnis:

„Eines Tages saß ich allein und fühlte mich keineswegs schlecht, da packte mich jäh und unzweideutig der Schrecken des Todes. Ich fühlte, ich müsse sterben, und überlegte sofort, was ich tun solle … Ich fühlte, diese Frage muß ich selbst lösen, hier und jetzt, auf der Stelle. Gut, sprach ich dann zu mir selbst, dieser Leib ist tot. Starr, wie er ist, werden sie ihn zur Leichenstätte tragen, dort wird er verbrannt und zu Asche. Aber wenn er tot ist, bin dann ‚ich' tot? Ist der Leib ‚Ich'? Dieser Leib ist stumm und dumpf. Aber ich fühle alle Kraft meines Wesens, sogar die Stimme, den Laut ‚Ich' in mir – ganz losgelöst vom Leib. Also bin ich ein Geistiges, ein Ding, das über den Leib hinausreicht … Ich bin also ein todlos Geistiges … All das war aber nicht bloß ein Vorgang in meinem Denken, es stürzte als lebendige Wahrheit in Blitzen auf mich ein, ich ward es unmittelbar gewahr, ohne Überlegen und Folgern. ‚Ich' war ein höchstes Wirkliches, das einzige Wirkliche in diesem Zustand, und alles bewußte Geschehen, das an meinem Leib hing, war darauf versammelt … Andere Vorstellungen und Gedanken mögen kommen und gehen wie Töne einer Musik, aber dieses Ich dröhnt als Grundbaß fort, der sie alle begleitet und sich mit ihnen verbindet."

Diese Lehre vom wahren Selbst wird durch seine Lehre vom geistigen Herz-Mittelpunkt ergänzt, der kein entsprechendes körperliches Organ besitzt: *„Alles, was vom Herzbewußtsein gesagt werden kann, ist, daß es der Kern unseres Seins ist, mit dem wir wirklich identisch sind, ob wir wachen, schlafen oder träumen, ob wir arbeiten oder uns im Samadhi befinden. Dieses reine Herzbewußtsein ist unteilbar; es hat keine Teile; es hat weder Form noch Umriß, kein ‚Innen' und ‚Außen', kein ‚Rechts' oder ‚Links'. Reines Bewußtsein, das ist das Herz, es schließt alles in sich ein; nichts ist außerhalb oder getrennt von ihm."*

● Drei bedeutende Yogis der letzten Jahrzehnte, Lahiri *Mahasaya* († 1895), Sri *Yukteswar* († 1936) und Paramahansa *Yogananda* († 1952) führen ihre Yogapraxis auf den *Kriya-Yoga* eines geheimnisvollen Meisters der Himalayas zurück, den sie „Babadschi" (verehrter Vater) nennen. Durch diesen Kriya-Yoga vermag jeder sein ursprüliches Verhältnis zur Natur wiederzugewinnen und Ehrfurcht vor allen alltäglichen und geheimnisvollen Naturerscheinungen zu empfinden. In der „Autobiographie eines Yogi" berichtet Yogananda von seinem Weg, der von kosmischer Geistigkeit bestimmt ist.

● In der Nähe der Lehren Maharishis ist *Anandamayi* (geb. 1896), die in Indien nur „Mataji" (Mutter) genannt wird, denn sie ist die große Volksmissionarin Indiens. Das Alleinheitserlebnis Maharishis wird bei ihr zur strömenden Freude der Allverbundenheit. Nicht nur durch eine tiefe Lehre wirkt sie, sondern durch das Zeugnis ihres Lebens.

● Zu den bekanntesten Indern zählt *Rabindranath Tagore* (1861–1941), Nobelpreisträger, ein Bengale aus berühmter Familie.

● Neben ihm natürlich *Mahatma Gandhi* (1869–1948), dessen eigenartige Verbindung von Tradition und Modernität, Westlichem und Östlichem, Christlichem und Hinduistischem typisch ist für den Neohinduismus. Er war ein großes politisches Talent, der Ethik und Politik zu verbinden verstand wie wenig andere. Eine totale hingebende Liebe zu aller Kreatur, die die Tötung in jeder Form ablehnt (ahimsa), Gewaltlosigkeit (satyagraha) und die Haltung des zivilen Ungehorsams aus dem Grund des Beharrens auf Wahrheit sind drei Haltungen, die seit ihm Schule machten. Sicherlich hat Ghandi in seinen 20 Jahren in Südafrika viele westliche Ideen aufgenommen (die Idee vom zivilen Ungehorsam z. B. hat er von Henry Thoreau), aber er integrierte sie nahtlos in seine Religion. – Sein Erbe wurde nach seinem Tod von *Sarvodaya Samaj* weitergetragen und etablierte sich zwischen Kapitalismus und Staatskommunismus als „dritter politischer Weg" auf einer synkretistischen religiösen Grundlage.

„Ahimsa lehrt uns, die gleiche Achtung dem religiösen Glauben der anderen entgegenzubringen, die wir unserem eigenen zubilligen, wodurch wir die mangelnde Vollkommenheit des letzteren zugeben. Ein Sucher nach Wahrheit wird dies willig tun, wenn er dem Gesetz der Liebe folgt. Wenn wir eine vollständige Vision der Wahrheit erreicht hätten, wären wir nicht mehr bloß Sucher, sondern eins mit Gott, denn Gott ist die Wahrheit. Aber da wir nur Sucher sind, werden wir in der Suche fortfahren und uns unserer Mängel bewußt bleiben. Und wenn wir selbst unvollkommen sind, dann muß auch die Religion, so wie wir sie begreifen, unvollkommen sein. Wir haben die Religion in ihrer Vollendung ebensowenig verstanden, wie wir Gott wirklich verstehen. Unsere Vorstellung von Religion, die so unvollkommen ist, befindet sich daher in einem Vorgang steter Wandlung und Neuinterpretation … Alle Religionen bedeuten eine Offenbarung der Wahrheit, alle sind unvoll-

Verbrennung von Gandhis Leichnam am 31. 1. 1948 am Ufer des Jama in Neu-Delhi.

kommen und neigen zu Irrtümern. Die Verehrung anderer Glaubensformen soll uns nicht blind für ihre Fehler machen. Wir müssen auch stets wachsam bleiben, die Fehler unseres Glaubens zu entdecken, sollen ihn aber aus diesem Grunde nicht aufgeben, sondern versuchen, diese Fehler zu überwinden ... Die eine Religion ist jenseits aller Sprache. Unvollkommene Menschen geben sie in der Sprache wieder, die sie beherrschen, und ihre Worte werden von anderen interpretiert, die ebenso unvollkommen sind. Wessen Interpretation soll die wahre sein? – ... Daher rührt die Notwendigkeit der Toleranz ... Toleranz gewährt uns geistige Einsicht und ist so weit von Fanatismus wie der Nordpol vom Südpol ... Wahres religiöses Wissen reißt die Schranken zwischen den Glaubensformen nieder ... Religionen sind verschiedene Pfade, die alle dem gleichen Ziel zuführen ... Das einzige Mittel, die Wahrheit ins Leben zu rufen, ist Ahimsa. ...Um den allwaltenden und alldurchdringenden Geist der Wahrheit von Angesicht zu Angesicht zu schauen, muß man zuvor gelernt haben, sogar das geringste Wesen der Schöpfung zu lieben wie sich selbst. Und ein Mensch, der danach strebt, kann es sich nicht leisten, sich gegen irgendein Lebensgebiet zu verschließen. Deshalb hat mich auch meine Inbrunst zur Wahrheit auf das Feld der Politik geführt. Und ich darf ohne das geringste Bedenken, wenngleich in aller Demut sagen, daß die, die da behaupten, Religion haben nichts mit Politik zu tun, nicht wissen, was Religion heißt. Einswerden mit allem, was lebt, ist unmöglich ohne Selbstläuterung; ohne Selbstläuterung bleibt der Wunsch, nach dem Gesetz der Ahimsa zu leben, ein leerer Wahn; Gott kann niemals lebendig werden in einem, der nicht reinen Herzens ist. ... Ahimsa ist der äußerste Grad von Demut."

■

● Die radikalste geistige und kosmische Revolution des neuen Indiens aber verkündete *Sri Aurobindo Gosh* (1872–1950), der eine Wandlung vom politischen Revolutionär zum religiösen Visionär erlebte. Sein *Purna-Yoga* (= integraler Yoga) zielt darauf ab, daß die gesamte Menschheit kollektiv einen entscheidenden Schritt tut, nämlich das Göttliche im Menschlichen zu manifestieren. Dies wird erreicht im Zusammenwirken des strebenden Bemühens von unten (von seiten des Menschen) und der gnädigen Herabkunft (avatara) Gottes von oben:

■

„In mir war kein Bedürfnis nach Spiritualität, aber ich habe die Spiritualität entwickelt. Ich war unfähig, Metaphysik zu verstehen, aber ich habe mich zum Philosophen entwickelt. Ich hatte kein Auge für die Malerei – ich entwickelte es durch Yoga. Meine Natur wandelte ich um aus dem, was sie war, in das, was sie nicht war. Ich tat es durch ein besonderes Vorgehen, nicht durch Wunder, und ich tat es, um zu zeigen, was sich erreichen läßt und wie es zu erreichen ist ... Die Entwicklungsgeschichte ist noch nicht zu Ende. Die Vernunft ist nicht das letzte Wort und das vernünftige Tier nicht das höchste Gebilde der Natur. So wie der Mensch aus dem Tier aufleuchtet, so entsteht der Übermensch aus dem Menschen ... der übernatürliche Mensch ist das leuchtende transzendente Ziel unserer menschlichen Rasse."

■

Sri Aurobindo bietet mit seinem Integralen Yoga eine Verwandlung der Menschennatur an. Aurobindo wurde in England erzogen (er kam bereits mit 7 Jahren nach Cambridge) und zum Staatsbeamten ausgebildet. Er wurde jedoch während des Studiums im King's College ein glühender indischer Nationalist, verhinderte seine Aufnahme als Staatsbeamter und schloß sich der revolutionären Gruppe „Lotus und Dolch" an. 1893 kehrte er als Revolutionär nach Indien zurück, wurde nach einem Attentat, an dessen Vorbereitung er beteiligt war, verhaftet und gefangengesetzt. Im Gefängnis vollzog sich seine große innere Wandlung (begleitet von Visionen und Auditionen). Er wurde nach Pondicherry in Südindien verbannt und blieb dort bis zu seinem Tode. Er wird der große Denker Indiens, zieht sich völlig aus dem politischen Leben zurück und schreibt zwischen 1914 und 1920 „Das göttliche Leben", „Die Synthese des Yoga", „Untersuchungen über die Gita", „Das Problem der Wiedergeburt","Das Ideal der Einheit", „Der Zyklus der menschlichen Entwicklung", „Das Geheimnis des Veda". Er gründet die Zeitschrift „Arya", die er anfangs zusammen mit Paul und Mira Richards herausgab. Mira Richards wird seine Lebensgefährtin und im Aurobindo-Ashram (der von ihm gegründeten Gemeinschaft) die „Mutter". Sie besaß bedeutende mediale Fähigkeiten, die bei der Gründung der Stadt Auroville eine große Rolle spielten. Aurobindos Ashram entwickelte sich zu einem bedeutenden internationalen Universitätszentrum. Allerdings spielt dort ein ganz bestimmtes, im Sinne der Synthese des Yoga konzipiertes Erziehungsziel eine bedeutende Rolle: *„den Menschen die notwendigen Lebensbedingungen zu geben, um sich vorbereiten zu können, die neue Kraft zu offenbaren, die die Rasse der Zukunft bilden wird."* Das größte Werk Aurobindos wurde das Epos „Savitri". An seinen beinahe 23 000 Versen schrieb Aurobindo 30 Jahre lang. Darin beschreibt Aurobindo seine Erfahrungen mit der oberen und unteren Welt, die Kämpfe, die er selbst im Unbewußten oder Unterbewußten ausgetragen hat. Dieses Epos umschließt die gesamte okkulte Geschichte der Evolution der Erde und des Universums wie die Schau der Zukunft.

„Sri Aurobindo ist der bisher entscheidendste Höhepunkt der euroindischen Kulturellipse", meint Kurt Becsi und charakterisiert damit die Bedeutung dieses *„größten geistigen Abenteurers der Neuzeit"* (R. R. Diwakar).

● **Sarvapalli Radhakrishnan** (1888–1975) schafft dann die große Synthese zwischen Europa und Indien, zwischen Religion und Naturwissenschaft, zwischen Hinduismus und Christentum, zwischen höchster Philosophie und einfachster Volksfrömmigkeit.

Der Buddhismus

Der geschichtliche Ausgangspunkt des Buddhismus ist im Hinduismus des 6. Jahrhunderts vor Christus zu suchen, also in der Zeit des Übergangs vom Brahmanismus (älteren Hinduismus) zum klassischen Hinduismus. Ausgelöst wurde diese nach dem Christentum von Bedeutung, Dauer, Ausdehnung und Zahl der Anhänger her wichtigste Weltreligion durch *Siddhārta Gautama* aus dem Stamme der Shākya, geboren in Kapilavastu in Nordindien nahe der Grenze zu Nepal. Er ist die erste Persönlichkeit in Indien, von der man relativ genaue Daten kennt: 560–480 v. Chr. Er wuchs als Prinz in Wohlhabenheit auf, heiratete, zeugte einen Sohn, wurde aber mit 29 Jahren an seinem bisherigen Leben irre, verließ seinen Palast und lebte sieben Jahre lang als Wanderasket, um Befreiung vom Leiden zu finden. Die Legende berichtet, daß Prinz Siddharta einmal auf einem Spaziergang einen alten Mann, einen Kranken und einen bereits in Verwesung übergegangenen Leichnam sah und zuletzt einen Asketen. Diese Bilder des Leidens haben den Prinzen erschüttert und ließen ihn erkennen, daß das Dasein leidvoll ist und daß jeder Mensch – auch der wohlhabende und scheinbar glückliche – beständig vom Verlust dessen bedroht ist, was er liebt:

„Hast du jemals einen Mann oder eine Frau gesehen, achtzig, neunzig oder hundert Jahre alt, gebrechlich, geknickt wie ein Giebeldach, niedergebeugt, auf einen Stock gestützt, mit schwankenden Schritten, kränklich, mit abgebrochenen Zähnen, grauem und schütterem Haar oder kahlköpfig, voll Runzeln, mit fleckigen Lippen? Ist dir nie der Gedanke gekommen, daß auch du dem Zerfall ausgesetzt bist und ihm nicht entrinnen kannst?
Hast du jemals gesehen, wie Leute einen Menschen, der leidend, ohnmächtig und ernsthaft krank war, aufgehoben und zu Bett gebracht haben? Hast du je daran gedacht, daß auch du der Krankheit ausgesetzt bist und ihr nicht entrinnen kannst?
Hast du jemals den Leichnam eines Mannes oder einer Frau gesehen, zwei Tage nach dem Hinschei-

den, aufgeschwemmt, blau-schwarz gefärbt und in der Verwesung? Hast du nie daran gedacht, daß auch du dem Tod ausgesetzt bist und ihm nicht entrinnen kannst?"
(Anguttara-Nikaya III, 35)

Sieben Jahre lang sucht er verschiedene Lehrer auf, die ihm Ansatzpunkte vermitteln sollen, dieses Erlebnis der Vergänglichkeit zu bewältigen. Er wird überall enttäuscht und sucht schließlich das Heil in radikalem Asketentum. Am Ende seiner Kräfte, erkennt er auch die Sinnlosigkeit der Abtötung. Eines Nachts, als

Diese vergoldete, mit Steinen inkrustierte Bronzestatuette aus Tibet (17. Jh.) stellt die Geburt Buddhas dar.

er unter einem Feigenbaum sitzt, erlangt er die *Erleuchtung (bodhī)*, wie man die Erfahrung des Leidens aushalten und sich vom Leiden befreien kann. Von dieser Zeit an ist er der *Buddha* (= der Erleuchtete). Er fühlt sich befreit von der ewigen Abfolge von Tod und Wiedergeburt (samsara) und erlöst von der sinnlichen Leidenschaft und aller Begier: *„Es gibt für mich nichts jenseits dieser Welt. Die Unwissenheit war verscheucht, Wissen hervorgeströmt. Die Dunkel-*

heit war vergangen, Licht war aufgegangen." Der Ort dieses denkwürdigen Ereignisses, Bodhgayā in Ostindien, zieht noch heute buddhistische Pilger aus aller Welt an. Buddha ist entschlossen, diese nach so langem Suchen erlangte Erkenntnis zu verkünden, er macht sich auf, die neue Lehre weiterzusagen. Er wendet sich nach Benares und trifft dort fünf Asketen, die er von seinen Wanderjahren her kennt. Sie begegnen ihm zuerst mit Mißtrauen, erfassen aber dann, daß er der *Tathāgata*, der von Gott Erleuchtete geworden ist, und werden seine ersten Jünger. Diese erste „Predigt von Benares" bezeichnet die buddhistische Überlieferung als das *Ingangsetzen des Rades der Lehre:*

„Zwei Enden gibt es, ihr Mönche, denen muß, wer dem Weltleben entsagt hat, fernbleiben. Welche zwei sind das?
Hier das Leben in Lüsten, der Lust und dem Genuß ergeben: das ist niedrig, gemein, ungeistlich, unedel, nicht zum Ziel führend.
Dort Übung der Selbstquälerei: die ist leidensreich, unedel, nicht zum Ziel führend.
Von diesen beiden Enden, ihr Mönche, sich fernhaltend, hat der Vollendete den Weg, der in der Mitte liegt, entdeckt, der Blick schafft und Erkenntnis schafft, der zum Frieden, zum Erkennen, zur Erleuchtung, zum Nirwana führt …
Es ist dies der Edle Achtfältige Pfad, der da heißt: rechtes Glauben, rechtes Entschließen, rechtes Wort, rechte Tat, rechtes Leben, rechtes Streben, rechtes Gedenken, rechtes Sichversenken …
Dies, ihr Mönche, ist die edle Wahrheit vom Leiden. Geburt ist Leiden, Alter ist Leiden, Krankheit ist Leiden, mit Unlieben vereint sein ist Leiden, von Lieben getrennt sein ist Leiden, nicht erlangen, was man begehrt, ist Leiden; kurz, die fünferlei Objekte des Ergreifens sind Leiden.
Dies, ihr Mönche, ist die edle Wahrheit von der Entstehung des Leidens: es ist der Durst, der zur Wiedergeburt führt, samt Freude und Begier, hier und dort seine Freude findend: der Lüstedurst, der Werdedurst, der Vergänglichkeitsdurst.

Darstellung des Feigenbaumes in Bodhgaya, unter dem der Überlieferung zufolge Buddha geistig erweckt wurde (daher Bodhibaum = Baum der Erweckung).

Dies, ihr Mönche, ist die Wahrheit von der Aufhebung des Leidens: die Aufhebung dieses Durstes durch restlose Vernichtung des Begehrens, ihn fahren lassen, sich seiner entäußern, sich von ihm lösen, ihm keine Stätte gewähren. Dies, ihr Mönche, ist die edle Wahrheit vom Wege zur Aufhebung des Leidens: es ist dies der Edle Achtfältige Pfad, der da heißt: rechtes Glauben, rechtes Entschließen, rechtes Wort, rechte Tat, rechtes Leben, rechtes Streben, rechtes Gedenken, rechtes Sichversenken …

Und solange ich, ihr Mönche, nicht von diesen vier edlen Wahrheiten wahrhafte Erkenntnis und Schauen in voller Klarheit besaß, solange, ihr Mönche, hatte ich auch nicht das Bewußtsein, in der Welt Brahmas die höchste Erleuchtung gewonnen zu haben … Erkenntnis ging mir auf und Schauen ging mir auf: unverlierbare Erlösung des Geistes ist mein; dies alles ist die letzte Geburt; nicht gibt es hinterher Wiedergeburt. So sprach der Erhabene.

Mit Freude begrüßten die fünf Mönche des Erhabenen Rede." (Maha Wagga der Winaya)

Neben den fünf ersten Jüngern bildete sich eine richtige Brudergemeinde aus, die beständig wuchs. Neben den *Eingeweihten,* welche die Mönchsgelübde ablegten und den Kern des buddhistischen Ordens bildeten, gab es in gleicher Weise eifrige *Laien,* die die buddhistische Sittenlehre übernahmen, ihr weltliches Leben (Beruf, Familie usw.) weiterführten und für das leibliche Wohl der Mönche sorgten.

Seit sich der König Ajātashatru von Magadha zur neuen Religion des Buddha bekannte, verbreitete sich seine Lehre besonders in diesem Teil von Indien. Bald wurden auch Frauen in den Orden aufgenommen.

Mit 80 Jahren starb Buddha (1956 wurde in Rangoon der 2500. Todestag Buddhas gefeiert!). Im Mahaparinibbana-Sutra wird über die letzten Gespräche berichtet:

„Als nun der Erhabene die Regenzeit angetreten hatte, befiel ihn eine schwere Krankheit. Heftige Schmerzen erhoben sich, die ihn dem Tode nahebrachten … Da sprach der Erhabene zu den Mönchen also:

Es möchte sein, ihr Mönche, daß vielleicht auch nur ein Mönch einen Zweifel oder eine Ungewißheit fühlte über den Buddha, oder die Lehre oder die Gemeinde, oder den Pfad oder die Übung. Fragt, ihr Mönche, damit nicht hinterher ihr voll Reue zueinander sprechen müßt: Von Angesicht zu Angesicht haben wir den Meister gesehen, aber wir haben es nicht über uns vermocht, ihn, wie er noch vor uns stand, zu befragen. Als er so geredet hatte, schwiegen die Mönche.

Der ehrwürdige Ananda aber sprach sodann zum Erhabenen: Wunderbar, Herr! Staunenswert, Herr! Solchen Glauben habe ich, Herr: In dieser Mönchsgemeinde gibt es nicht auch nur bei einem Mönch Zweifel oder eine Ungewißheit über den Buddha, über die Lehre oder die Gemeinde oder den Pfad oder die Übung. Der Erhabene aber sprach zu den Mönchen also:

Wohlan, ihr Mönche, ich sage euch: der Vergäng-

Das Löwenkapitäl auf einer von Ashoka, dem ersten indischen König, der den Buddhismus annahm, errichteten Säule (Sarnath, 3. Jh. v. Chr.) – Erinnerung an die erste Predigt Buddhas.

lichkeit untertan sind alle Gestaltungen. Laßt niemals nach in eurem Streben!
Das war des Vollendeten letztes Wort.
Dann durchmaß der Vollendete die Stufen der Versenkung und ging schließlich in das Nirwana ein ... Im Augenblick seines Nirwana geschah ein großes Erdbeben, ein furchtbares, haarsträubendes, erregendes, und die Trommeln der Götter erdröhnten."

■

Bald nach seinem Tod versammelte sich ein Konzil von 500 Mönchen in Rājagirha, um die Lehre des Meisters festzulegen: Upāli rezitierte die Vorschriften, die Bezug *auf die Disziplin* (vinaya) nahmen: diese erste kanonische Sammlung wurde *„Korb der Disziplin" (vināya-pitaka)* genannt.
Ānanda legte in gleicher Weise die Lehrvorträge des Meisters sowie die gesammelten Parabeln vor, woraus sich der *„Korb der Lehren" (Sutrapitaka)* bildete.
Hundert Jahre später gab es erneut ein Konzil (in Vaishālī), um Zwistigkeiten zu überprüfen. Es entstand ein Schisma zwischen den „Ältesten" (Sthavira) als Verteidigern der Überlieferung und den „Gliedern der großen Gemeinde" (Mahāsāṅghika). 245 v. Chr. tagte in Pātaliputra ein drittes Konzil, dessen Ergebnis der sogenannte **Palikanon** wurde, der aus drei „Körben" besteht: Zu den zwei bisherigen Körben fügte man einen dritten: *den auf die Lehren bezüglichen Korb" (Abhidhammapitaka)*, der scholastische Aufzählungen und Definitionen enthält. Dieser buddhistische Kanon ist in der *Pali*-Sprache abgefaßt, die auch noch andere nachkanonische Texte überliefert, vor allem „die Fragen des Milinda" (Milindapanha), eine Sammlung von theologischen und philosophischen Kommentaren und Chroniken. In Pali heißen die „Ältesten" „Theras", daraus entstand die Bezeichnung **Therevada-Buddhismus** für diese auf Ceylon ununterbrochen bestehende buddhistische Tradition, die dem sogenannten „Hinayana-Buddhismus" nahesteht.
Im übrigen Indien wurde durch die hinduistische Renaissance und vor allem unter dem Einfluß des Islam der Buddhismus fast völlig verdrängt und unterdrückt, so daß es keine geschlossene Tradition und kaum Zeugnisse für die älteste Zeit des Buddhismus gibt. In Nepal fand man aber Sanskrit-Texte des Buddhismus in chinesischer und tibetanischer Übersetzung, die deutlich vom Palikanon abweichen, sich auch nicht unbedingt als kanonisch verstehen. Sie sind Sutras, die jünger sind als der Kanon, aber eine neue Heilslehre bringen, die auf einer tieferen Interpretation der alten Texte beruht und auf Lehren zurückgeht, die zwar von Buddha stammen, die dieser jedoch verborgen halten ließ, bis die Zeit zu ihrer Offenbarung gekommen wäre.
Man nannte diese Lehren das **„Große Fahrzeug" (Mahāyāna** = der große, bedeutende Heilsweg) und nannte den Heilsweg der alten Mönchsschulen das **„Kleine Fahrzeug" (Hīnayāna** = der mindere Heilsweg). Daraus wird ein Schisma deutlich, das vor etwa 2000 Jahren den Buddhismus gespalten hat.

Die Urne von Piprāwā, die Reliquien Buddhas enthält.

221

Etwa im 7. Jh. n. Chr. taucht noch eine dritte Richtung auf, das **„Diamantenfahrzeug"** **(Vajrayāna),** auch tantrisches Fahrzeug genannt, das stark vom hinduistischen Tantrismus/Shaktismus beeinflußt ist und dessen Schriften ebenfalls nur in tibetanischer und chinesischer Übersetzung erhalten sind.

Eine große Bedeutung hinsichtlich der Quellenlage kommt dem König *Ashoka* (Maurya-Reich) zu, der in der Mitte des 3. Jh. n. Chr. beinahe die ganze indische Halbinsel erstmals in einem großen Reich vereinigte und dem Buddhismus anhing. Er ließ in vielen Provinzen auf Felsen Edikte einmeißeln, die weitgehend erhalten sind und die ältesten geschichtlichen Dokumente des Buddhismus darstellen.

Der vorkanonische Buddhismus

Die Schwierigkeiten in der Rekonstruktion des ursprünglichen Buddhismus liegen vor allem darin, daß Jahrhunderte ohne schriftliche Quellen zwischen Buddha und den ältesten Zeugnissen des Buddhismus liegen. Die Ergebnisse der Forschung gehen dahin, daß im Therevada- bzw. Hinayāna-Buddhismus der mönchische Buddhismus, im Mahayana-Buddhismus der Buddhismus der Laien erkennbar wird.

Der Buddhismus war von Anfang an antibrahmanisch eingestellt, lag aber auch nicht voll auf der Linie der damals entstehenden „anarchischen" Asketenbewegung, die viele Elemente des vor-arischen Indien aufgriff. Das Geheimnis des „Erfolges" des Buddhismus bestand vielmehr darin, daß er religiöse Elemente verschiedener Herkunft so zu verbinden und mit neuem Sinn zu füllen verstand, daß er eine Religion brachte, die von den Fesseln der Brahmanen frei war und sich gleichzeitig auf bereits bekannte Elemente stützte. Der Buddhismus lehnt zwar die Autorität des Veda ab, übernimmt aber doch fast alle religiösen Vorstellungen des Brahmanismus, deutet dabei aber dessen Wesen um. Es ist eher eine neue Haltung als eine neue Lehre, es geht um eine „Demokratisierung" und Verallgemeinerung der Religion, welche die Aufspaltung in soziale und rassische Gruppen beseitigt und sich an den Menschen schlechthin wendet; er führt das ethische Element in die traditionellen, magischen und rituellen Schemata der Überlieferung ein; er spiritualisiert die alten religiösen Praktiken und predigt einen Geist der Mäßigung (Mitte), der alle Extreme vermeidet; er vermittelt ein praktisches Streben, das direkt auf die Erlangung des Heils zielt und alles entfernt, was dafür nicht unbedingt notwendig ist.

Der ursprüngliche Buddhismus hat viele Züge der *Shramanas,* der Wanderasketen, übernommen, damit auch die Praxis des Yoga – allerdings weniger die Meditationstechnik, sondern die damit gegebene soziale Gleichheit: jeder kann selbst die Befreiung vom Leid erlangen, alles hängt vom persönlichen Verdienst ab, von der Reinigung als dem Ergebnis eines langen geistigen und sittlichen Bemühens. Die Verhältnisse der Geburt, des Milieus, die Macht der Priester sind unwichtig geworden. Gerade diese Auffassung zog die Massen an und gab ungeheuren Auftrieb.

Der frühe Buddhismus verwendet auch das Wort „ārya", aber es bedeutet nicht mehr den Adel der Geburt oder die Reinheit der Kaste, sondern die persönliche **Heiligkeit,** die vor allem durch die Übung der beiden Haupttugenden **maitrī** (= Freundschaft zu allen Wesen) und **karuṇā** (Mitleid als Solidarität im Leiden) erreicht wird. Damit ist dieser frühe Buddhismus die erste große Religion der Liebe und Brüderlichkeit!

An die Stelle der Priester und ihres Rituals setzt der frühe Buddhismus die Gemeinschaft des Mönchsordens der Shramaṇas. Buddha war ausgesprochen anti-spekulativ eingestellt, ihm kam es in allem auf die Praxis und nicht auf die Theorie (Lehre) an: Nur von hier aus kann man seine Betonung des Leidens verstehen. Das folgende Gleichnis aus dem Majjihima-Nikaya 63 macht das deutlich:

„Wenn ein Mann von einem Pfeile getroffen wäre, dessen Spitze mit Gift bestrichen wurde, und seine Freunde und Genossen, Verwandten und Vettern bestellten ihm einen heilkundigen Arzt, der aber würde sagen: Nicht eher will ich diesen Pfeil herausziehen, bevor ich nicht weiß, wer jener Mann ist,

*der mich getroffen hat, ob es ein Krieger oder ein
Priester, ein Bürger oder ein Sudra ist, er aber sprä-
che: Nicht eher will ich diesen Pfeil herausziehen,
bis ich weiß, ob er ein großer oder mittlerer Mensch
ist, ob seine Hautfarbe schwarz oder braun oder
gelb ist, in welchem Dorf er zu Hause ist; bevor ich
den Bogen nicht kenne, der mich getroffen hat, bevor
ich die Sehne nicht kenne, ob es eine Saite, ein
Draht oder eine Flechte, ob es Schnur oder Bast
war, bevor ich den Pfeil nicht kenne, ob er aus Rohr
oder Binsen ist ... Nicht genug könnte dieser Mann
erfahren, denn er stürbe weg.*

*Wenn die Ansicht ‚Ewig ist die Welt' besteht oder
die Ansicht ‚Endlich ist die Welt', die Ansicht ‚Leben und Leib ist ein und dasselbe' und ‚der Vollendete besteht nach dem Tode' ... ob diese oder
gegenteilige Ansichten bestehen: sicher besteht Geburt, bestehen Alter, Krankheit und Tod, bestehen
Jammer, Wehe, Leiden und Gram und Verzweiflung, deren Zerstörung ich schon bei Lebzeiten ken-
nenlerne.*

*Die Wahrheit über das Leid und über die Befreiung
vom Leide habe ich euch mitgeteilt. Deswegen, ihr
Mönche, bleibt das, was von mir nicht geoffenbart
wurde, ungeoffenbart."*

Diese Radikalität wurde von den Schülern
nicht aufrechterhalten. Die Spaltung und das

Entstehen zahlreicher Sekten ist ein Beweis dafür, daß man sich gerade durch die Diskussion
solcher „müßiger" Probleme auseinanderbrin-
gen ließ. Auch die Entwicklung der überaus
subtilen buddhistischen Philosophie, deren
Dialektik nur ganz wenigen Denkern zugänglich ist, geht in eine ganz andere Richtung.
Sicher ist: die Absage Buddhas an die Erkenn-
barkeit Gottes wurde nicht vom Hinayana geschaffen, denn der schuf die buddhistische
Spekulation; da sie bereits im buddhistischen
Kanon enthalten ist, muß sie aus der vorkanonischen Zeit stammen.
Trotzdem gibt es auch schon in der vorkanonischen Zeit eine Ontologie (= Seinslehre). Sie
ist aber nicht eigenständig entwickelt worden,
sondern wurde aus dem Geist der moralischen
Revolution Buddhas neu erklärt.
Der Buddhismus behauptete, daß die Abstammung, die biologische Vaterschaft, nur eine
Sohnschaft dem Leibe nach ist, daß sie sich
nicht auf die Seelen bezieht. Die Seele wechselt
bei ihrer Wanderung (samsara) die Körper und
damit die Kasten wie die Kleider. Abstammung, Rasse, Kaste verlieren jede religiöse Bedeutung.
Die Seelenwanderungslehre setzt eine eigenartige Kosmologie voraus: Es gibt drei Existenz-

Der liegende Buddha Paranirwana weist darauf hin, daß
Buddha die volle Erleuchtung (Nirwana) erlangt hat.

sphären, die sich in drei übereinander befindlichen Schichten finden: *die Welt des Begehrens* **(kāmadhātu)** ist die unterste, sie umschließt Unterwelten jeder Art, die Welt der Gespenster, die Welt der physischen Lebewesen wie Menschen und Tiere, auch noch die Welt der unteren Götter. Diese Lebewesen leben im Leibe und leiden unter seinen Leidenschaften. – Die obere Schicht ist *die Sphäre der sichtbaren Formen (rūpadhātu),* enthält Paradiese ohne Zahl, die mit göttlichen Wesen bevölkert sind, deren Körper zwar nicht völlig dematerialisiert sind (sie sind noch sichtbar), die aber bereits viel subtiler gedacht werden. Sie sind aus Licht gewoben und verfügen über ein einziges Organ der Wahrnehmung: das Sehen (die Schau). – Die dritte Schicht ist *die Sphäre des dharma (dharmadhātu);* sie ist die feinste und unsichtbare und bildet den Höhepunkt des Kosmos. Das menschliche Individuum setzt sich aus diesen drei Elementen zusammen: der Leib ist aus grober Materie und gehört dem kāmadhātu an, die Sinnesorgane sind aus Äther gebildet und gehören dem rūpadhātu an, das Bewußtsein stammt aus dem dharmadhātu. In seinem Bewußtsein (vijñāna) gehört der Mensch dem dharma an, der absoluten und unvergänglichen Wirklichkeit, unvorstellbar und der Welt durch Buddha geoffenbart.

Erlösung besteht im Buddhismus in der Befreiung des vijñāna vom Zwang der Wiedergeburt in den beiden unteren Sphären.

Das Erreichen dieser Wiedergeburt ist nur dem Mönch möglich, der der Welt entsagt hat. Der Laie, wenn er sich bemüht, der buddhistischen Ethik entsprechend zu leben, kommt in eines der Paradiese der mittleren Sphäre. Wenn die Früchte seiner Verdienste aufgebraucht sind, fällt er wieder in den samsara zurück.

Der Heilsweg umfaßt zwei Etappen: die ethische Disziplin (shīla) und die mystische Versenkung (dhyāna). Auch hier unterscheidet sich freilich die Verpflichtung der Laien von denen der Mönche. Die Laien hatten 5 Verpflichtungen: nicht töten, nicht stehlen, nicht lügen, keine berauschenden Getränke, keine laxe Lebensweise. Die Mönche durften außerdem nur zwischen Sonnenaufgang und Mittag essen, sich nicht an Tänzen, Gesängen, Musik und Theater beteiligen, keine Kränze tragen,

keine Parfüms, Salben, keinen Schmuck verwenden, kein zu hohes oder zu breites Bett benützen, kein Gold oder Silber annehmen, sie durften nur ein Gewand, einen Gürtel, eine Schale, ein Rasiermesser, eine Nadel und ein Wassersieb besitzen, mußten sich die Nahrung durch Betteln besorgen und durften keine Vorräte anlegen, außerdem waren sie an strengen Zölibat gebunden.

Die Versenkung ist den Mönchen vorbehalten und hat den Zweck, die groben Elemente durch Unterdrückung der Sinneswahrnehmungen und der Gefühle zu entfernen. Eine weitere Stufe besteht im Beseitigen der Begriffe, so daß nur die Vorstellung von Ich und Nicht-Ich weiterbesteht. Die höchste Stufe besteht im Beseitigen des letzten Restes von Bewußtsein in der Ekstase der Erleuchtung. Dieses System ähnelt dem Yoga, vermeidet aber die Übungen des Hathayoga und wählt auch darin einen „mittleren Weg".

Höchstes Ziel ist der *acyuta pada,* die ewige Unsterblichkeit. Die Vorstellung des *nirwana* dürfte jüngeren Datums sein, sie fehlt jedenfalls sowohl in den Ashoka-Edikten wie im Pali-Kanon.

Von Anfang an existierte auch der *Buddhakult,* so daß der oft behauptete Atheismus des Buddhismus höchstens für manche Hinayana-Spekulationen, sicherlich nicht für die vorkanonische Form des Buddhismus zutrifft.

Das Kleine Fahrzeug (Hināyāna Therevada)

Gegenüber der ursprünglichen, vorkanonischen Form des Buddhismus, der froh und optimistisch wirkt und den Unterschied zwischen den Mönchen und den Laien nicht sehr betont, ist das „Kleine Fahrzeug" eine strenge und heroische Religion für Menschen, die sich freiwillig von der Welt absondern und entschlossen sind, auf die Freuden des Lebens zu verzichten.

Durch den Übergang vom Herumziehen der Mönche zu festen Klöstern (vihāra) wurde der

Unterschied zwischen den Mönchen und den Laien sehr verstärkt. Die Mönche waren eine abgesonderte Elite, die sich minutiös um die Einhaltung der Disziplin kümmerte und das Heil als „Monopol" auffaßte, das von der Einhaltung der Mönchsregeln abhängig war. Damit wurde die mystische Erfahrung rationalisiert und veräußerlicht. Nicht mehr maitri und karuna sind die Haupttugenden, sondern die Unempfindlichkeit, die Besänftigung aller Affekte, so daß man sich völlig von der Welt loslöste und das Ich unterdrückte – allerdings aus dem Motiv eines extremen Heilsegoismus. Daraus entstand folgerichtig der typisch hinayanische Apersonalismus, dem das vijñāna verloren ging, weil es nicht mehr als das Absolute, Höchste (als atman), sondern als nicht-absolut, kontingent, veränderlich, als nicht-atmanisch angesehen wurde. Der Mensch besteht aus fünf Bestandteilen: Körperlichkeit (rūpa), Empfindungen (vedanā), Wahrnehmungsbewußtsein (samjñā), Gestaltungen (samskarā), Bewußtsein (vijñāna). Aber keines dieser Elemente ist absolut oder auch nur beständig. Das Ich-Bewußtsein stammt nur aus dem Namen, dem man diese fünf Elemente zuordnet. Das Kontinuum, das trotzdem auch nach dem Tod bestehen bleibt und garantiert, daß der betreffende Mensch im samsara bleibt, ist der Wiedergeburtsleib (= ghandarva), der sich im Augenblick des Todes bildet und wartet, bis er wiederverkörpert wird, wenn sich seine zukünftigen Eltern vereinigen. Sobald ein neues Individuum entstanden ist, verschwindet ghandarva wieder.

Dieser ganze Prozeß der Wiedergeburt ist in der „Formel des Entstehens in Abhängigkeit" (pratītya-samutpāda) zusammengefaßt: (1) Alter und Tod gehen auf die (2) Geburt zurück, diese ist durch (3) Werden bedingt, das durch das im vorangegangenen Leben entstandene (4) Festhalten an der sinnlichen Welt verursacht wurde. Dieses Festhalten geschieht aufgrund des (5) Durstes nach den Dingen der Welt, der durch das Vorhandensein der (6) Empfindung ermöglicht wird; die wieder ist ein Ergebnis der (7) Berührung der Sinne mit den Dingen. Es gibt sechs (8) Gruppierungen von Dingen, die aus (9) Name und Körperlichkeit bestehen und im Mutterleib um das (10) Bewußtsein herum entstehen. Dieses Bewußtsein wieder ist bestimmt von den im vorangegangenen Leben formierten (11) Gestaltungen. Und die sind durch das (12) Nichtwissen verursacht.

Durch die feste Verzahnung von Ursache und Wirkung wird das Erlangen des Heils sozusagen automatisiert, eingespannt in zumindest drei Existenzen. Entscheidend ist die Beseitigung des Nichtwissens (avidyā). Durch das rechte Wissen wird man erlöst – und niemand kann einem dabei entscheidend helfen: Buddha hat nur den Weg gewiesen, gehen muß ihn jeder selbst.

Worin besteht das Heil? Was ist dann, wenn der Mensch nicht mehr wiedergeboren wird? Wenn die Kette der Ursachen und Wirkungen gebrochen ist?

„Einst weilte der Herr zu Sāvatthi im Jetahaine im Garten des Anāthapindika. Zu der Zeit aber geschah es, daß der Herr die Mönche mit einer auf das Nirwana bezüglichen Rede über die Lehre belehrte, anregte, anfeuerte und erfreute; und die Mönche lauschten der Lehre mit gespannter Aufmerksamkeit, achtgebend, sie ihrem Geiste einzuprägen und alle Gedanken auf sie zu richten. Als nun der Herr diese Sachlage erkannte, tat er zur selben Stunde folgenden bedeutsamen Ausspruch:
Es gibt, ihr Mönche, eine Stätte, wo es weder Erde noch Wasser noch Feuer noch Luft gibt. Es ist nicht die Stätte der Raumunendlichkeit noch die der Bewußtseinsunendlichkeit noch die des Nichtseins noch auch die Stätte, wo es weder ein Vorstellen noch ein Nichtvorstellen gibt. Es ist nicht diese Welt noch jene Welt, sei es der Mond oder die Sonne. Ich nenne es, ihr Mönche, weder ein Kommen noch ein Gehen noch ein Stehen, weder ein Vergehen noch ein Entstehen. Es ist ohne Stütze, ohne Anfang, ohne Grundlage – das eben ist das Ende des Leidens ... Schwer einzusehen ist die Lehre vom Nicht-Ich, denn die Wahrheit ist nicht leicht zu begreifen. Besiegt ist die Gier in dem Wissenden. Für den Schauenden aber gibt es nichts ...
Es gibt, ihr Mönche, ein Nichtgeborenes, ein Nichtgewordenes, ein Nichtgemachtes, Nichtverursachtes. Wenn es, ihr Mönche, dieses ... nicht gäbe, so ließe sich für das Geborene, das Gewordene, das

Gemachte, das Verursachte kein Ausweg finden. Weil es aber, ihr Mönche, ein Nichtgeborenes, Nichtgewordenes, ein Nichtgemachtes, ein Nichtverursachtes gibt, darum findet sich auch ein Ausweg für das Geborene, Gewordene, Gemachte, Verursachte …

Bei dem, was von anderem abhängig ist, gibt es Bewegung, bei dem, was von nichts anderem abhängig ist, gibt es keine Bewegung. Wo keine Bewegung ist, da ist Ruhe, wo Ruhe ist, da ist kein Verlangen, wo kein Verlangen ist, da gibt es kein Kommen und Gehen, wo es kein Kommen und Gehen gibt, da gibt es kein Sterben und Wiederentstehen, wo es kein Sterben und Wiederentstehen gibt, da gibt es weder ein Diesseits noch ein Jenseits noch ein Dazwischen – das eben ist das Ende des Leidens."
(Udana VIII, 1–4)

Man kann das Nirwana also nicht mit dem Nichts gleichsetzen, auch nicht mit dem Sein. Die logischen Widersprüche und Schwierigkeiten einer Definition sind im Hinayana die direkte Folge der rationalistischen Einstellung und der radikalen Trennung von absolut und kontingent. Nirwana bedeutet etymologisch „Aushauchen" und steht in Zusammenhang mit prana = Hauchen, also mit dem Yoga: das individuelle Bewußtsein, das eine entstellte, in die Vergänglichkeit eingekerkerte Form des atman ist, sucht Befreiung mittels des „Hauchens" und erreicht sie auf vielen Etappen auf dem Weg zum absoluten Einen. Zuletzt haucht sich das Bewußtsein aus der empirischen Welt aus, um sich mit brahman zu vereinigen. Diese endgültige Befreiung heißt in der Bhagavadgītā *brahmanirwana.* Das Nirwana als Endpunkt des Weges konnte nicht mehr rationalisiert werden wie die übrige Lehre. Es handelt sich um einen irrationalen Zustand; so verbannte man es in den Bereich der absoluten Transzendenz, wo es keine Definition mehr erreichen kann. Der logische Weg zum Erfassen des Nirwana kann deshalb nur ein negativer sein.

Von hier aus wird auch die Verehrung Buddhas im Hinayana besser verständlich: Es handelt sich nicht um einen Kult, um die Anbetung eines Gottes, sondern um das Gedenken an den Religionsstifter, der das Heil (bis zum Nirwana) gezeigt hat. Typisch dafür sind die riesi-

gen Darstellungen des liegenden, d.h. im Nirwana befindlichen Buddha (Paranirwana).

Die wichtigsten Staaten, in denen diese Richtung des Buddhismus heute noch bestimmend ist, sind Sri Lanka (Ceylon) und Thailand – die anderen (Burma, Laos, Kambodscha, Vietnam) sind in den letzten Jahren unter den Einfluß des Kommunismus geraten. Von zentraler Bedeutung ist für den Therevada-Buddhismus das Mönchstum – hier ist auch die Kluft zwischen Mönchen und Laien nicht so streng. In Thailand z.B. hält man daran fest, daß jeder Mann mindestens einmal in seinem Leben Mönch sein sollte. So gehen in der Regenzeit Hunderttausende Männer ins Kloster, andere, wenn sie in Pension sind und ihre Angehörigen versorgt haben, viele meditieren auch mehrmals im Jahr für ein bis zwei Tage bei den Mönchen. Auch der umgekehrte Weg ist durchaus legitim, daß ein Mönch sich wieder dem Laienstande zuwendet. Niemand spricht dann von „Weglaufen" oder „Austreten".

Das Mönchsleben

Um 4 Uhr morgens wird vom Hausmeister die Glocke geläutet, die Mönche stehen auf, waschen sich und legen ihre gelben Gewänder an, den Sabong (Untergewand), der um die Hüften befestigt wird, den Ciiwaun (Obergewand), der die Schultern bedeckt, und den Sangkhaati (eine Art Mantel).

Dann knien die Mönche auf dem Boden nieder und entzünden am Altar vor dem Buddhabild Kerzen oder Räucherstäbchen. Darauf verbeugen sie sich dreimal bis zur Erde und nehmen die Sitzhaltung phabphiab ein. Dann singen sie den Gruß an Buddha, das Dhamma und den Sanga (Lehre und Orden). Darauf werden buddhistische Texte gesungen. Nachher übertragen die Mönche ihr Verdienst auf alle Arten von Lebewesen und ändern wieder die Haltung zum Meditationssitz. Nach einigen Minuten der Meditation verlassen sie ihre Kuti (Wohnung) und machen einen Spaziergang. Dabei gehen sie gewöhnlich zu zweit und offenbaren einander alle Verstöße gegen die Ordenszucht. Darauf kehren sie in ihr Kuti zurück, legen die Oberkleider ab und ruhen sich aus.

Dann (nach Sonnenaufgang) ziehen sie sich wieder an und verlassen mit Almosenschalen in Händen das Kloster, um Speiseopfer von den Laien zu erbetteln. Gegen sieben kehren sie zurück und frühstücken in ihrer Kuti. Nach dem Essen erteilen sie allen Spendern den rituellen Segen.

Um 8.15 ruft die Glocke alle in den Gemeinschaftsraum zum zeremoniellen Morgengesang. Die älteren Mönche sitzen vor den jüngeren, alle in Reihen nach dem Altar zu ausgerichtet. Um 8.30 betritt das Oberhaupt des Klosters

Das Große Fahrzeug (Mahāyāna)

Es handelt sich keineswegs um eine Spätform des Buddhismus, sondern um einen anderen Entwicklungsstrang, der vor allem in Laienkreisen gepflegt wurde und sich deshalb auch kaum in schriftlichen Zeugnissen niederschlug. Im 1. Jh. n. Chr. wurde die Macht der mahayanischen Ideen jedenfalls so stark, daß sie nicht mehr nur als Volksglauben angesehen wurden, sondern auch die Elite faszinierten, so daß er damals als Mahāyāna-Buddhismus seine schriftliche und philosophische Gestalt erhielt.

Die Autoren des Großen Fahrzeugs bezweifeln nicht die Autorität des Kanons, erklären ihn aber in anderer Weise als die Hināyāna- und Therevada-Buddhisten und ergänzen ihn durch neue Texte, denen sie denselben Wert beimessen, indem sie sagen, daß sie auf wunderbare Weise direkt von Buddha stammen. Diese

Texte nennt man gewöhnlich „sutras" (nicht zu verwechseln mit den hinduistischen Sutras, vgl. Seite 197), ihre Zahl ist ungeheuer groß, und nur wenige von ihnen sind der westlichen Wissenschaft bekannt. Es gibt aber von den alten Meistern ausgearbeitete Kompendien, die

Stehender Buddha Shakyamuni mit Glorienschein im Mönchsgewand, Statue aus der Guptazeit.

den Raum und entzündet Kerzen und Räucherstäbchen am Altar des Buddha. Währenddessen knien alle nieder und legen die gefalteten Hände an die Stirn. Dann singen alle Begrüßungsgesang und Sutras.

Gegen 9 Uhr vermittelt der Caw-awaad (Abt) den Mönchen Abschnitte aus der Ordenszucht und der Lehre. Nach einer halben Stunde verlassen alle den Raum und begeben sich in ihr Kuti, um sich auf den abendlichen Unterricht vorzubereiten.

Zwischen 11 und 11.30 beginnen die Mönche mit ihrer Hauptmahlzeit (was sie gesammelt haben oder was frisch zubereitet wurde). Nach einer Zeit der Ruhe lesen sie bis etwa 17 Uhr, nehmen ein Bad und ruhen.

Um 18 Uhr ruft die Glocke zur Zusammenkunft im Bood (Gemeinschaftsraum). Die Mönche gehen zu zweit und bekennen einander Verstöße, die sie seit dem Morgen gegen die Ordenszucht begangen haben. Die Abendandacht besteht wieder im Singen verschiedener Sutras und im Verteilen der Verdienste auf alle lebenden Wesen. Nach einer ¾ Stunde kehren alle in ihre Kutis zurück. Um 19.30 beginnen die abendlichen Dhammakurse. Sie enden gegen 21.30. Vor dem Ende des Unterrichts stellen die lehrenden Mönche Aufgaben für die nächste Zusammenkunft.

Nach dem Abendunterricht dürfen die jüngeren Mönche die älteren besuchen und ihnen Fragen stellen. Dann kehren sie in ihr Kuti zurück und bereiten sich auf den Unterricht des nächsten Tages vor. Vor dem Schlafengehen (längstens um Mitternacht) vollziehen sie noch eine Andacht vor ihrem Buddhabild und meditieren.

eine gewisse Synthese der gesamten Schriften darstellen.

Beschäftigt sich das Hinayāna mit der Analyse des Daseins, so verschieben die Mystiker des Mahāyāna den Akzent auf das Absolute, das als das einzig Wirkliche angesehen wird. Das Empirische wird zu einer magischen Illusion (māya), einer irrigen Art, die Wirklichkeit wahrzunehmen.

Die Folge dieser Einstellung ist wie im Hinayāna die Verneinung der Realität der Person, sie ist eine trügerische Individualisierung einer universalen und homogenen Wesenheit. Das Heil besteht nicht in der Auflösung der Person, sondern in der Aufgabe ihrer trügerischen Isolierung, um sie in das absolute, transzendente Eine eingehen zu lassen.

Die Nähe dieser Lehre zum Vedanta ist durch starke Einflüsse zu erklären, die vom Mahāyāna-Buddhismus auf Shankara einwirkten. Ähnlich wie die Einstellung der bhakti im Hinduismus wird im Mahāyāna die Solidarität aller Wesen, eine fast leidenschaftliche Liebe zu Gott und zum Nächsten, die beherrschende Einstellung. Dieses Gefühl bindet den Gläubigen aber nicht an die Welt, sondern eben gerade an das Absolute in ihr. Es gibt für den Mahāyāna-Buddhisten keinen Unterschied zwischen eigenem Schmerz und dem Leid des Nächsten. Es gibt nur ein gemeinsames kosmisches Leid. Wenn man einem anderen Wesen hilft, hilft man sich selbst. Der auf das eigene Heil bedachte Egoismus des Hinayāna wird vom Mahāyāna als sinnlos und gefährlich abgelehnt. Die Shīla (= Moral) des Großen Fahrzeuges läßt sich auf die Formel bringen: *„Hilf den anderen, das Heil zu erreichen!"*

Deshalb ist auch nicht das Nirwana das Ziel des Großen Fahrzeugs, sondern die totale Hingabe nach dem Vorbild Buddhas. Jedem steht die Möglichkeit offen, die Buddha-Würde zu erlangen, auch wenn dies Milliarden Jahre dauern wird. Wichtig ist nicht das Ziel, sondern der Weg. In diesem Zusammenhang hat die Vorstellung des „Buddhas der Zukunft" große Bedeutung erlangt, er wird der erste Buddha sein, der in Zukunft auf die Erde kommen wird: der *Buddha-Maitreya:*

„Sāriputta fragte den Herrn: Vor einiger Zeit habt ihr zu uns über den zukünftigen Buddha gesprochen, der die Welt in einem zukünftigen Zeitalter führen und der den Namen Maitreya führen wird. Der Herr antwortete: Zu jener Zeit wird das Meer viel von seinem Wasser verlieren ... Folglich wird ein Weltbeherrscher keine Schwierigkeiten haben, es zu überqueren. Indien wird überall ganz eben sein, sie wird zehntausend Meilen messen, und alle Menschen werden das Vorrecht haben, auf ihr zu leben. Sie wird unzählige Bewohner haben, die alle weder Verbrechen noch schlechte Taten begehen, sondern Freude am Tun des Guten haben werden ... Das Land duftet köstlich, und ohne Arbeit wächst auf ihm ein schmackhafter Reis. Die Menschen leben heiter und froh. Ihre Körper sind sehr groß, und ihre Haut hat eine schöne Färbung. Ihre Kräfte sind ganz außergewöhnlich groß ...

Die Stadt Ketumati wird zu jener Zeit die Hauptstadt sein. In ihr wird der Weltbeherrscher namens Shanka residieren ... Er wird ein großer Held sein ... Sein geistlicher Rat wird ein Brahmane namens Subrahmana sein, ein äußerst gelehrter Mann, wohl bewandert in den vier Veden und geprägt von der Lehre der Brahmanen ...

Maitreya, der beste der Menschen, wird dann den Tushita-Himmel verlassen und zu seiner letzten Wiedergeburt in den Schoß der Frau des Brahmanen, Brahmavati mit Namen, eingehen. Ganze zehn Monate wird sie mit seinem strahlenden Körper schwanger sein. Dann wird sie zu einem mit wundervollen Blumen angefüllten Hain gehen und dort, weder sitzend noch liegend, sondern aufrecht stehend und sich am Zweig eines Baumes festhaltend, wird sie den Maitreya gebären. Er, der höchste der Menschen, wird aus ihrer rechten Seite hervorgehen, wie wenn strahlender Sonnenschein

Verschiedene Darstellungen Buddhas, die sich vor allem durch die „Sprache der Hände" unterscheiden:
Links oben: Predigender Buddha (Gebärde des Ingangsetzens des Rades der Lehre)
Rechts oben: Sitzender Buddha mit der Geste der Schutzgewährung (linke Hand) und des Schenkens (rechte Hand)
Links unten: Buddha Shakyamuni (Geste der Anrufung der Erde als Zeuge)
Rechts unten: Buddha auf dem Lotusthron, Geste der Argumentation (rechts) und der Meditation (links)

über eine Wolkenbank gesiegt hat. Von den Unreinheiten des Schoßes nicht mehr befleckt als ein Lotus durch Wassertropfen, wird er die ganze dreifache Welt mit Glanz erfüllen. Dann wird er diese Worte sagen: Dies ist meine letzte Geburt. Nach dieser wird es keine Wiedergeburt geben. Niemals werde ich nach hier zurückkehren, sondern in voller Reinheit das Nirwana gewinnen! …

Wenn Maitreya aufwächst, wird die Lehre mehr und mehr von ihm Besitz ergreifen, und er wird erkennen, daß alles Leben dem Leiden unterworfen ist … Als vollkommen Erleuchteter wird er mit vollendeter Stimme die wahre Lehre predigen, die glückverheißend ist und alles Leiden beseitigt … Unter Maitreyas Führung werden Hunderttausende lebender Wesen in den heiligen Lebenswandel eintreten. Und Maitreya wird zu ihnen sprechen: Shakyamuni (Gautama Buddha) hat euch alle gesehen, er, der beste der Weisen, der Retter, hat euch auf den Pfad der Erlösung gestellt, doch bevor ihr ihn endgültig erreichen konntet, mußtet ihr auf meine Lehrunterweisung warten. Weil ihr Shakyamuni mit Sonnenschirmen, Fahnen, Duftstoffen, Blumen und Salben verehrt habt, deshalb konntet ihr hierherkommen … weil ihr stets eure Zuflucht zu Buddha, der Lehre und dem Orden genommen habt, deshalb konntet ihr hierher kommen … Sechzigtausend Jahre lang wird der Maitreya die wahre Lehre predigen, die allen lebenden Wesen Mitleid schenkt. Und wenn er hunderte und aber hunderte Millionen Menschen unterrichtet hat, wird er ins Nirwana eingehen … Erhebt deshalb gläubig eure Herzen zu Shakyamuni, dem Sieger! Denn dann werdet ihr Maitreya sehen, den vollkommenen Buddha, den besten aller Menschen!"
(aus: Maitreyavyakarana)

Die *Bodhisattvas* sind im Mahāyāna viel mehr Gegenstand der Verehrung geworden als der Buddha selbst, denn sie sind die Helfer der Menschen.
Die verwirrende Vielfalt der Bodhisattvas und Wiedergeburten Buddhas versuchte die mahayanistische Theologie durch die Lehre von den *Körpern des Buddha* zu systematisieren: Die alten mahayanistischen Texte unterscheiden zwischen dem dharmakāya (absolute Wirklich-

Im Mahāyāna-Buddhismus stehen die Bodhisattvas (buddhistische Heilige) im Mittelpunkt der Verehrung. Auf diesem Bild ist der „Sonnenglanz"-Bodhisattva Suryabrabha dargestellt.

keit) und dem rūpakāya (irdische Wirklichkeit). Später sah man im *dharmakaya* die unpersönliche, undifferenzierte, ohne Merkmale, jenseits aller Manifestation gegebene Wirklichkeit Buddhas. Im *saṃboghakāya* sah man den Genußkörper, erstrahlend und voll Majestät, persönlich und eigenartig für jeden Buddha ein göttliches Bild, geeignet für den Kult. Schließlich unterschied man noch den *nirmāṇakāya:* ein magischer Leib, ein Phantom mit allen Merkmalen eines Menschen, in dem Buddha auf die Erde niedersteigt, um die Heilslehre zu predi-

Die „grüne Tārā" ist eine Erlösungsgöttin im Vajrayana (Diamantenfahrzeug). Die Vermischung von Volksreligion und Buddhismus kommt darin zum Ausdruck.

gen. In dieser „Trinität" ist der Gipfel der theologischen Systematisierung des Mahāyāna zu erblicken.

Die mahāyānistische Philosophie hat zwei große Schulen, den *Madhyamaka* oder *Sūnyavāda* (= Leerheitslehre) und den *Vijñāvāda* (= Lehre von der alleinigen Realität des Bewußtseins). Die erstere Schule wurde von Nāgārjuna, Āryadeva, Cansrakīrti und Shāntideva als „Lehre vom Mittelweg" begründet und ausgebaut. Es ist eine der extremsten Schulen in bezug auf Negation. Die scharfsinnige Dialektik dieser Philosophie deckt auf, daß die menschliche Vernunft nicht imstande ist, irgend etwas mit Sicherheit zu erkennen: nicht nur die Außenwelt ist maya, sondern es gibt auch nichts, das imstande wäre, dieses maya zu erleben. Alles, was existiert, ist weder real noch irreal, es ist leer (shūnya), d.h. ohne jegliche Bestimmung. Das Absolute z.B. ist weder „a" noch „nicht-a", noch „das a" oder „nicht-a", noch die Negation von allen beiden. Dabei ist diese Lehre durchaus kein Nihilismus, sie kämpft vielmehr sowohl gegen diejenigen, welche die Realität der Dinge behaupten wie gegen diejenigen, die sie leugnen, sie vermeidet die Affirmation ebenso wie die Negation. Auf diesem Wege besteht das Heil darin, endlich zu verstehen, daß man immer schon im Nirwana gewesen ist: *„Die Existenz ist leer. Das Leere aber ist die eigentliche Definition des Nirwana, also ist das Samsara das Nirwana."*

Der Vijñāvāda ist von den beiden Brüdern Asaṅga und Vasubandhu begründet worden. Er bezweckt, den Mechanismus der Entstehung der illusorischen empirischen Welt aus dem reinen, unbewußten Bewußtsein zu erklären. Die Welt existiert nicht außerhalb des Bewußtseins, sondern ist nur in diesem wirklich. Es ist ein vorsichtiger Idealismus, der sagt: *„Ich denke, also existiert das Denken"* (und nicht wie Descartes: Ich denke, also bin ich). Das Heil besteht im Aufhören der schöpferischen Tätigkeit des Denkens, in der Rückkehr zum unveränderlichen Zustand des absoluten Be-

Ein Schrein mit dem Bild Buddhas wird von drei weißen Elefanten bewacht. Ensemble an der Schwe-Dagon-Pagode in Rangun.

wußtseins. – Das Verbreitungsgebiet des Mahāyāna-Buddhismus ist China, Japan und Korea (vgl. auf den Seiten 171 ff, 180 ff und 185 f).

Das Diamantenfahrzeug (Vajrayāna)

Dieses jüngste buddhistische System („Fahrzeug" wird im Sinne von Heilsvehikel verwendet), auch Tantrismus genannt, weist den leichtesten Heilsweg: es verspricht ein sehr rasch erreichbares Heil durch die Versöhnung der Götter mit Hilfe der Rezitation magischer Formeln und metapsychischer Übungen. Die ethische Disziplin und die höhere Mystik des älteren Buddhismus wird hier durch Magie ersetzt.

Der Großteil der verwendeten Techniken existiert bereits im alten Buddhismus: der Kult der Gottheiten, das Rezitieren magischer Formeln, die mystische Lehre der mudrās (Gesten), die Verwendung kunstvoll gezeichneter Kreise (mandalas) als Meditationsobjekte. Das Fahrzeug entwickelt eine bis ins einzelne gehende Lehre der gegenseitigen magischen Abhängigkeit zwischen den Gottheiten des mahayanistischen Pantheons und den mudras. Zu den drei Körpern des Buddha fügen manche tantrische Sekten noch zwei weitere hinzu: den **Svabhāvikāya** (= der aus sich selbst entstandene Leib) und den **Körper der Wonne** (= die Synthese aller vier Körper).

Das Vajrayāna entwickelte eine eigene Theorie der mandalas: es handelt sich um Diagramme, die der mystischen Realisierung einer bestimmten Erkenntnis dienen sollen. Es gibt Mandalas, die eine detaillierte, aber streng bestimmte Darstellung des ganzen Kosmos mit allen Buddhas, Bodhisattvas, Göttern, Geistern, Bergen, Meeren enthält. Hier wird der Buddhismus zur Geheimlehre:

■

Kobo Daishis Initiation

(Kobo Daishi ist der Gründer des Shingon-Shu, der Mantra-Lehre des Buddhismus in Japan, die er in China gelernt hat; gest. 835 n. Chr.)
Während des sechsten Monats des Jahres 804 se-

Ein tibetisches Andachtsbild (Mandala), die besondere buddhistische Weiterentwicklung der hinduistischen Yantras.

gelte ich, Kukai (= sein urspr. Name), nach China in Gesellschaft des Fürsten Fujiwara, der als Gesandter an den Hof der T'ang ging … Eines Tages ereignete es sich zufällig, daß ich im Verlauf meiner Besuche hervorragender buddhistischer Lehrer der Hauptstadt den Abt der östlichen Pagode des Großen Drachen-Tempels traf. Dieser große Priester Hui-kuo, war der Lieblingsschüler des indischen Meisters Amoghavajra gewesen. Seine Tugend vermehrte die Ehrerbietung seines Alters; seine Lehren waren erhaben genug, um Kaiser anzuleiten … Ich besuchte den Abt in Gesellschaft von 5 oder 6 Mönchen des Hsi-ming-Tempels. Sobald er mich sah, lächelte er gefällig und sagte freudig: Ich wußte, daß du kommen würdest! Ich habe so lange Zeit darauf gewartet. Welches Vergnügen bereitet es mir, dich heute endlich zu sehen! Mein Leben geht zu Ende, und bevor du kamst, war niemand da, dem ich die Lehren übermitteln konnte. Geh ohne Aufschub mit dem Weihrauch und einer Blume zum Altar der Ordination.
Ich kehrte zu dem Tempel, wo ich gewohnt hatte, zurück und bekam die Dinge, die für die Zeremonie nötig waren … Ich stand vor dem Garba Mandala (M. des Mutterleibes) und warf meine Blume in der vorgeschriebenen Weise. Zufällig fiel sie auf den

In Tibet und den Himalaya-Gebieten

ist das Meditationsbild, das Mandala, typisch für den Buddhismus in den Lamaklöstern. Diese Malerei aus Stoff (19. Jh.) zeigt neun schachbrettartig geordnete Mandalas (67).

Der Goldene Tempel in Amritsar ist das Hauptheiligtum der Religionsgemeinschaft der **Sikhs** in Indien. Die Gebäude des Tempelbezirks, die sich im Wasser des Nektarteichs spiegeln, stammen meist aus dem späten 18. Jh. **(68)**.

Körper des Buddha Vairocana („der sonnenhafte Buddha"). Der Meister rief freudig aus: Wie erstaunlich! Wie außerordentlich erstaunlich! ... Ich erhielt dann die fünffache Taufe und empfing die Einweisung in die drei Geheimnisse. Daraufhin lehrte man mich die Sanskrit-Formeln für das Garba Mandala, und ich lernte die Kontemplation des Yoga.

Zu Anfang des 7. Monats betrat ich den Ordinationsraum des Vajra-Mandala (M. des Diamanten) für eine zweite Taufe. Als ich meine Blume warf, fiel sie wieder auf Vairocana, und der Abt erstaunte sich darüber ... Ich erhielt auch im nächsten Monat die Ordination als ācārya (= Verkünder, Lehrer). Am Tag meiner Ordination stattete ich ein Fest aus für 500 Mönche ... Später studierte ich das „Sutra der Diamantkrone" und verwandte einige Zeit darauf, Sanskrit und Sanskrit-Hymnen zu lernen. Der Abt unterrichtete mich darin, daß ihr Sinn nur durch Kunst übermittelt werden könne ... er befahl, zehn Rollen des Mutterleib- und des Diamant-Mandalas herzustellen und berief mehr als 20 Schreiber, um Abschriften des Sutra der Diamantenkrone und anderer wichtiger esoterischer Schriften anfertigen zu lassen. Er befahl auch dem Bronzeschmied Chao Wu, 15 Ritualgefäße zu gießen.

Eines Tages sagte mir der Abt: ... Ich bitte dich dringend, die beiden Mandalas und die hundert Bände esoterischer Lehren zusammen mit den Ritualgeräten an dich zu nehmen. Kehre in dein Land zurück und verkünde dort die Lehren ... Dann wird das Land Frieden haben, und jeder wird zufrieden sein. Auf diese Weise wirst du Buddha und deinem Lehrer Dank abstatten. ... Dies waren seine letzten Unterweisungen, die er mir, freundlich und geduldig wie immer, gab. In der Nacht des letzten Vollmondes des Jahres reinigte er sich in einem rituellen Bad, legte sich auf seine rechte Seite, vollzog die Handhaltung des Vairocana und atmete zum letztenmal.

In jener Nacht, als ich meditierend in der Halle saß, erschien mir der Abt und sagte: Du und ich, wir haben uns verpflichtet, die esoterischen Lehren zu verbreiten. Wenn ich in Japan wiedergeboren werde, dann will ich dein Schüler sein."

(Kobo Daishi Zenshu I, 98 ff)

Diese Entwicklung in Richtung Geheimlehre kann man als natürliche Entwicklung einer Religion erklären, deren Aussage und Wesen zu abstrakt und zu schwierig sind, um von den Massen praktiziert werden zu können. Es gibt aber sicherlich Elemente im Diamantenfahrzeug, die aus dem indischen Shaktismus (vgl. Seite 211) stammen: z. B. das Auftauchen von weiblichen Gottheiten und die Einbeziehung des Erotischen in die Lehre und den Kult.

Wenn Samsara und Nirwana nur verschiedene Aspekte derselben Realität sind, ist es nicht mehr notwendig, die Welt zu fliehen und die Leidenschaften zu unterdrücken, dann muß man sie vielmehr – da sie die Keime der Vollkommenheit in sich tragen – veredeln, um sie heilförderlich zu machen. Es liegt auf dieser Linie, wenn man die geschlechtliche Vereinigung als Symbol des Erreichens der absoluten Einheit der beiden Aspekte der Realität versteht und jedem Buddha eine weibliche Gottheit zur Seite stellt, die mit ihm den sakralen Liebesgenuß vollzieht. Dies wird in der tantrischen Kunst dargestellt, und diese Bilder werden angebetet als das Symbol der transzendenten Einheit, die die scheinbare Vielheit der Erscheinungswelt überbrückt.

Daß darin natürlich die Gefahr der Verweltlichung besteht und daß das Diamantenfahrzeug viel zur Dekadenz des Buddhismus in Indien beitrug, nimmt nicht wunder. In Tibet (vgl. Seite 237 ff), der Mongolei und in Japan hat das Vajrayana aber noch heute großen Einfluß.

Der heutige Buddhismus

In den letzten Jahrzehnten hat der Buddhismus gewaltige Wandlungen durchgemacht. Einerseits bedingt durch die politischen Entwicklungen – in den meisten Ländern des Mahayana-Buddhismus herrscht mittlerweile der Kommunismus –, andrerseits durch Kontakte mit dem Westen, die sich nach beiden Richtungen hin auswirkten und zur Belebung der religiösen Substanz beitrugen.

Die Mönchsstruktur des Buddhismus erleichtert den kommunistischen Machthabern die Kontrolle über den Buddhismus in China, Tibet und Nordkorea, in Laos, Kambodscha und Vietnam: die Mönche werden als Parasiten der Gesellschaft behandelt, der Klosterbesitz wird enteignet, die Mönche zur „produktiven Arbeit" gezwungen.

Gleichzeitig investieren die einzelnen Staaten viel, um die religiöse Tradition, die Kunstschätze, die Bauten und Bücher zu erhalten – sie werden zu nationalen Schätzen erklärt und gepflegt – sollen sie doch erkennen lassen, wie sehr auch der Kommunismus religiös-kulturelle Leistungen zu schätzen weiß. Seit dem 19. Jh. hat das Interesse des Westens für den Buddhismus zugenommen. In den letzten Jahren unseres Jahrhunderts kam es zu einer richtigen „Überschwemmung" Mitteleuropas, Englands und Amerikas mit buddhistischer Mission. Vor allem der Zen-Buddhismus mit seiner radikalen Meditationspraktik hat viele Anhänger im Bereich christlicher Innerlichkeit gefunden, wobei man eher die „Reine Lehre" und die „Technik" der Meditation sucht als den Buddhismus, wie er etwa in Japan gelebt wird.

Der Massentourismus, der auch die asiatischen Länder in sein Programm miteinbezieht, hat das Aufsuchen der Pagoden und den Kontakt mit der buddhistischen Folklore ermöglicht und zur Mode werden lassen.

In Deutschland z. B. gibt es mehrere buddhistische Zentren, und der Reichtum der psychologischen und geistigen Schulung durch die buddhistische Tradition wird von einer zunehmenden Zahl von Menschen geschätzt – ganz abgesehen von den Herrlichkeiten buddhistischer Kunst, die in zahlreichen Bildbänden auch denen zugänglich gemacht werden, die nicht auf Reisen gehen können.

Unter japanischem Einfluß entstand Anfang dieses Jahrhunderts auf Hawaii das sogenannte *Navayāna* (= Neues Fahrzeug), eine undogmatische, sehr an die Mentalität der Inselbewohner angepaßte Richtung des Buddhismus.

Seit den großen Gedenkfeiern zum 2500. Todestag des Gautama Buddha (1956) kann man so etwas wie eine *buddhistische ökumenische Bewegung* (Peter Antes) feststellen: den Versuch, die Unterschiede der einzelnen buddhistischen Richtungen, die sich auf Buddha berufen, in den Hintergrund treten zu lassen und stattdessen das allen Gemeinsame hervorzukehren. Es ist gar nicht abwegig, nach der hinduistischen

Renaissance nun auch von einer **buddhistischen Renaissance** zu sprechen.

Der Jainismus

Der Jainismus ist etwas früher als der Buddhismus ebenso wie dieser als eine anti-brahmanische Reformbewegung entstanden. Es gibt zwischen den beiden Religionen so große Übereinstimmungen in geistiger Haltung und Zielsetzung, daß man im Westen lange Zeit hindurch den Begründer des Jainismus, **Vardhamāna Mahāvīra,** für den Lehrer Buddhas hielt und beide Religionen gleichsetzte. Seinen Namen leitet der Jainismus vom Beinamen des Mahāvīra „Jina" (= Überwinder) ab.

Der Jainismus wurde nie eine Weltreligion und hat sich im Soge der hinduistischen Renaissance bzw. unter dem Druck des Islam nach einer Periode großen Einflusses heute zu einer kleinen Minderheit zurückentwickelt (1/2% der indischen Bevölkerung). Außerhalb Indiens leben etwa 70 000 Jainas in Süd- und Ost-Afrika. Die Minorität der Jainas nimmt aber im gesellschaftlichen Leben Indiens (Handel, Industrie, Wirtschaft) eine bedeutende Stellung ein.

Der Jainismus behauptet zwar (wie auch der Buddhismus), daß Mahāvīra viele Vorgänger in seiner Funktion als Tīrthaṅkara (= Heilskünder) hat. Die Angaben, die dazu gemacht werden, verweisen 23 Vorläufer aber in das Reich der Sage und Legende. Nur Pārshvanatha, der im 8. Jh. v. Chr. lebte und aus einer königlichen Familie in Benares stammte, den Asketenorden der „Entfesselten" (Nirgranthas) gründete und hundertjährig durch freiwilligen Hungertod starb, ist wahrscheinlich eine historische Persönlichkeit.

Die Lebensgeschichte Mahāvīras gleicht der des Gautama Buddha, weil wohl eine alte Legende vom Welterlöser in beiden Fällen als Vorbild diente: Als Sohn des Königs (oder Kriegers) Siddhārta und seiner Gemahlin Trishala, die beide Anhänger des Pārshva waren, wurde er in

Kundagrāma in Bihār geboren, etwa zwanzig Jahre nach Siddharta Gautama. Er war außerordentlich begabt und war schon in seiner Jugend entschlossen, sich den Nirgranthas anzuschließen. Um seine Eltern nicht durch einen zu frühen Abschied zu kränken, heiratete er ein vornehmes Mädchen. Mit 28 Jahren, nach dem (freiwilligen) Hungertod seiner Eltern, schloß er sich dem Asketenorden an, verließ ihn aber bald enttäuscht wieder und suchte im Wanderleben als nackter Büßer die Wahrheit zu finden. Nach langen Jahren erhielt er die Erleuchtung und wurde fortan *Jina* genannt. Er verbrachte sein weiteres Leben mit der Belebung und Reform des Nirgranthaordens bzw. der Predigt und erlangte 477 v. Chr. das Nirwana.

Verehrung des Adinath, des Nachfolgers des Mahavira – ein Heiligtum des Jainismus.

Die religiöse Gemeinschaft der Jainas umfaßt Mönche, Nonnen und Laien. Unter dem Schutz des Begründers der Maurya-Dynastie Candragupta (321–297 v. Chr.) blühte die Gemeinschaft in Magadha auf.

Vom 2. Jh. v. Chr. an entwickeln sich zwei Hauptrichtungen: eine mildere Richtung *Svetāmbaras* (= Weißgekleidete) schied sich von einer strengeren, den *Digambaras* (= Luftgekleidete). Sie unterscheiden sich aber in Dogmatik und Kult wenig; außer in ihrer Kleidung sind sie sich nur uneinig über die Kanonizität ihrer heiligen Schriften. Die Luftgekleideten meinen, daß Schriften verlorengangen und daß der von den Weißgekleideten behauptete Kanon unvollständig sei. Dieser Kanon wurde endgültig auf einem „Konzil" im 5. Jh. n. Chr. (in Valabhī) niedergeschrieben und wird seither *Siddhānta* oder *Agama* genannt.

Der Siddhānta ist in einem mittelindischen Dialekt verfaßt (Ardhamāgadhi). Er besteht aus den 12 Gliedern (angas) und 12 Nebengliedern (upangas) sowie den 10 Prakirnas (= zerstreute Stücke), 6 Chedasutras (Legenden, Ordensregeln) und 4 Malasutras (Parabeln, Predigten usw.). Daneben gibr es eine reichhaltige nichtkanonische Jaina-Literatur.

Hemacandra (1088-1172) war einer der vielseitigsten und fruchtbarsten jainistischen Schriftsteller. Sein *Yogaśāstra* stellte den Jainismus dogmatisch wowie ethisch und spirituell (Versenkungstechniken) dar. Das Epos *Trisastishalākāpuruṣacarita* (= Das Leben der 33 großen Männer) enthält die jainistische *Hagiographie* (Darstellung des Lebens der jainistischen Heiligen). Sein *Pramānamīmāmsā* entwickelt die Grundlagen der jainistischen Logik.

Von Bihar aus verbreitete sich der Jainismus über ganz Nordindien und übte vom 5. bis zum 13. Jahrhundert einen großen religiösen und politischen Einfluß aus. In Südindien mußte er im 12. Jahrhundert dem Einfluß des Vishnuismus und Shivaismus weichen, in Nordindien wurde er vom eindringenden Islam verdrängt.

Der Jainismus betrachtet die Welt als wirklich und ewig und leugne ihre Veränderlichkeit. Es verändern sich nur die Formen, die Elemente sind ewig. Es gibt belebte (jīva) und leblose (ajīva) Substanzen, sie sind aber alle in verschiedenen Abstufungen stofflich.

Es gibt 5 leblose Substanzen: Raum (ākāsha),

Bewegung (dharma), Ruhe (adharma), Zeit (kala), Materie (pudgala). – Die Materie kann in die Seelen eindringen, deren natürliche Eigenschaften (allwissend, sittlich vollkommen, selig, allmächtig) einschränken, mit einem Körper umhüllen und in den Samsara stürzen. Diese in die Seele eingedrungene Materie ist das Karman, das aus der Seele ein leidendes, unwissendes, rastloses Lebewesen macht. Lebewesen sind Götter, Dämonen, Menschen, Tiere, Pflanzen, Steine, Flammen, Wassertropfen, Winde usw. (insgesamt 148 Kategorien). Die unheilvollsten Auswirkungen auf die Bindung (bandha) der Seele durch das Karman

Die Statue eines Jaina-Heiligen. Die sich am Körper der riesigen nackten Figur emporrankende Liane symbolisiert die unerschütterliche Ruhe und Konzentration des Meditierenden. Shravana Belgola, 10. Jh. n. Chr.

üben Unglauben, Zuchtlosigkeit, Leidenschaft und weltliche Aktivität aus. Die Erlösung der Seele ist nur möglich, wenn sie sich endgültig vom Karman löst, über den Raum emporsteigt und in das *Isatprāgbhārā*, in die ewige Ruhe und Seligkeit eingeht.

Es gibt dabei keinen Glauben an Gott im Sinne eines Weltschöpfers oder höchsten Wesens. Die Jainisten verehren aber zahllose Gottheiten und Dämonen, die ein buntes Pantheon bilden, aber Lebewesen sind, die mit Karman infiziert sind und im Samsara existieren. Sie leben in Glück und Genuß, bis sich ihr gutes Karman verbraucht hat. Um erlöst zu werden, müssen sie in tierischen oder menschlichen Körpern wiedergeboren werden. Zu diesem Pantheon gehören die meisten vedischen und brahmanischen Götter. Das Weltall hat in der Vorstellung der Jainisten eine sehr große, aber begrenzte Gestalt. Es ist im Prinzip unveränderlich. Nur in der Menschenwelt vollzieht sich unaufhörlich die regelmäßige Abwechslung von auf- und absteigenden Weltperioden, die sich beim Abstieg sechsmal verschlimmern und beim Aufstieg verbessern. Wir leben heute im vorletzten Zeitalter der absteigenden Weltperiode und nach 21 000 Jahren wird die letzte Weltperiode kommen. Am Ende dieser furchtbaren Zeit, die in Verwüstung enden wird, werden sich die Verhältnisse allmählich wieder bessern. In jeder Periode erscheinen 63 große Männer (Shalākāpurusha) – die Taten dieser Heiligen und Helden bilden den Hauptgegenstand der jainistischen Weltgeschichte.

Der Erlösungsweg ist lange und beschwerlich und geht über 14 Stationen: (1) völlig vom Irrglauben beherrscht, (2) Vorgeschmack des rechten Glaubens, (3) Mischglauben, kritischer Moment der Entscheidung, (4) rechter Glaube, aber ohne Selbstzucht, (5) – (12) allmähliche Befreiung von den Leidenschaften, der Fahrlässigkeit, der Unvollständigkeit des Wissens, (13) Allwissenheit, (14) Befreiung von jeglicher Weltbetätigung.

Der Geist des Jainismus äußert sich in den Statuen. Das Abbild des Helden *Gommateshvara* z. B. erhebt sich zu riesiger Höhe, starr und nackt. Totale Gleichgültigkeit allem gegenüber prägt ihn, weil jede Regung der Leidenschaft unterdrückt werden muß. Diese Statue stellt den Weltallriesen dar.

Der Lamaismus

Mit diesem Ausdruck meint man das Diamant-Fahrzeug des Buddhismus in seiner speziellen Ausprägung in Tibet und in der Mongolei. Etymologisch bedeutet Lama „Oberer", und zwar Oberer der tibetanischen Mönche.

In Tibet ist der Lamaismus eine ausgesprochene Mischreligion zwischen magischem Buddhismus (Diamanten-Fahrzeug) und vorbuddhistischer tibetanischer Dämonenverehrung bzw. mongolischer Naturgottverehrung. Die ursprüngliche Religion der Tibeter (die in Osttibet, an den Südhängen des Himalaya, in Bhutan und Sikkim, vereinzelt auch in Westtibet (Ladak) bis heute erhalten blieb) heißt **Bon.** Die älteste Form dieser Religion ist eine Mischung von Animismus und schamanistischem Magiertum, doch ist diese Religion kaum mehr zu rekonstruieren, da sie stark vom Buddhismus und Hinduismus, wahrscheinlich auch vom Manichäismus und vom nestorianischen Christentum beeinflußt ist.

Die Anhänger dieser Bon-Religion nennen sich **Bon-Po** und betrachten eine sagenhafte Persönlichkeit namens **gShen-rabs-mi-bo** als ihren Begründer. Er soll dem Adelsgeschlecht der Guge entstammen und sich mit 31 Jahren aus der Welt zurückgezogen und der Askese und Meditation gewidmet haben. Als Hauptgottheit gilt den Bon-Po „der allgütige Gott" *Kun-tu-bzan-po,* der die Welt aus einem Schleim-

Tibetische Tanzmasken zur Dämonenabwehr.

klumpen und die Lebewesen aus einem Ei geschaffen hat. Andere Gottheiten des Bon-Pantheons sind stark vom Tantrismus beein-

Der tanzende Tod (Ghoom). Im Lamaismus ist noch viel alte (schamanische) Volksreligion lebendig.

flußt und schwer zu isolieren: der „Gott des weißen Lichtes" **gShen-lha-'od-dkar** und seine Shakti **Sa-drig-er-sañs,** auch „Große Mutter" (Yum-chen-mo) genannt, die als göttliches Paar alle anderen Götter hervorbrachten: den „Tigergott des brennenden Feuers" oder die dreiköpfige und sechsarmige „Königin der Welt". Auch Geister wie der schweinsköpfige Hausgott *Nañ-lha,* der Herd-Gott *Thab-lha* und die „Besitzer der Grundmauern" (gZibdag), die sich in den Klöstern aufhalten, gehören dem Bon-Pantheon an.

Der Kult besteht hauptsächlich in Besänftigungsriten (Darbringung von Naturalien, Mysterienspiel und Tanz). Wahrscheinlich erfüllte ursprünglich das Familienoberhaupt die Priester-Funktionen, später bildete sich ein eigener Stand, der wegen seiner Zauberkräfte (Heiler, Wettermacher) geschätzt und gefürchtet wurde.

Entscheidend entwickelte sich die Religion in Tibet durch den Buddhismus weiter, der im 7. Jh. n. Chr. eingeführt wurde, als der erste tibetanische König, der das ganze Land einigte und die Hauptstadt nach Lhasa verlegte, sich bemühte, das Volk zu zivilisieren und aus Indien und China buddhistische Mönche ins Land rief. Sein Name war *Sroñ-btsan-sgam-po* (630–650). Er sandte seinen Minister *Thoñ-mi-sambhota,* der das tibetanische Alphabet erfand und die Übersetzung buddhistischen Schrifttums ins Tibetanische veranlaßte, 632 nach Indien. Der Einfluß des Buddhismus blieb aber gering. Erst der berühmte *Padmasambhava* (= der aus dem Lotus Geborene), den die Tibetaner als Inkarnation Buddhas und eigentlichen Stifter des Lamaismus ansehen, ein Vertreter des Diamantfahrzeugs, konnte sich in Tibet durchsetzen – allerdings in verzweifeltem Kampf gegen die Bon-Priester.

■

„Bei Sonnenaufgang nahm der Padma die Gestalt eines Dharma-Raja (= Gesetzeskönig) an und flog über Bodh-Gaya. Angesichts dieser magischen Kraftentfaltung zweifelte der König an seiner geistigen Gewandtheit und versammelte die gelehrtesten Nicht-Buddhisten zum Kampf.

Padma brachte in jeder der vier Himmelsrichtungen eine ihm gleichende Persönlichkeit hervor, während

er selbst in Meditation verharrte. Diese vier Persönlichkeiten stritten über die religiösen Fragen mit den Nicht-Buddhisten. Die siegenden Buddhisten aber klatschten in die Hände und riefen, die Nicht-Buddhisten seien besiegt ... Nach und nach unterwarf er Götter, Göttinnen und böse Geister in ganz Tibet und vollbrachte viele Wunder ..."

■

Dieser tibetische Buddhismus unterschied sich in der Praxis wenig von der Bon-Religion. Erst um 1000, als der große Weise **Rin-chen bzan-po** zusammen mit dem Inder **Atisha** die Sekte bKa'-gdams-pa gründete und die Magie verbannte, setzte sich die eher mystische Richtung des Vajrayana in Tibet durch. Im 11. Jh. gründeten der Asket **Marpa** und sein Schüler **Milaraspa** (der größte tibetanische Dichter!) die Sekte der **bKa'-rgyud-pa.** Ihre Anhänger zogen sich in die Berge zurück, mauerten sich in Höhlen ein und verbrachten ihr Leben in Meditation. **Bu-ston** entfaltete im 14. Jh. das theologische Studium des Buddhismus und sammelte das gesamte tibetanisch-buddhistische Schrifttum im „**Kandschur**" (108 Bände Übersetzungen indischer sutras, tantras und des vinaya = mönchische Disziplin in tibetischer Sprache) und im „**Tandschur**" (225 Bände Übersetzungen der Kommentare, philosophischer und wissenschaftlicher indischer Werke sowie original tibetischer Texte). Die größte politische Macht besaß damals der Orden der **Saskya-pa,** die eine Theokratie unter dem Protektorat des mongolischen Kaisers Qubilai ausübten. Ende des 14. Jh. ging ihre Macht auf den Orden der „Gelbmützen" („Schule der Tugend" = dGelugs-pa) über, den der große tibetanische Reformer *Tsoñ-kha-pa* (1357–1419) gegründet hatte. Er verurteilte sowohl Magie und Zauberei wie den trockenen rationalistischen theologischen Konventionalismus und begründete die seither in Tibet als orthodox geltende Form des Mahayana-Buddhismus. Er reformierte besonders die Orden und Klöster und verwandelte die Hauptklöster in mächtige Organisationen, die von da an das politische Leben in Tibet beherrschten. An der Spitze stand der in Lha-sa residierende Groß-Lama. Der Groß-

Der Winterpalast des Dalai-Lama (Potala) in Lhasa, eines der eindrucksvollsten Gebäude in Asien überhaupt. Es läßt die Macht und Lebensweise des ehemaligen geistlichen und weltlichen Oberhauptes von Tibet erkennen. Seit 1949 ist Tibet von China annektiert.

Lama galt als Verkörperung Buddhas oder einzelner Bodhisattvas. Sofort nach seinem Tode wurde ein Knabe bestimmt, der ihm in der Verkörperung nachfolgte. Die Äbte des Klosters von *Taschilumpo* tragen den Ehrentitel „Juwel des großen Gelehrten" (Pan-chen-rin-po-che), werden Taschi-Lamas genannt und gelten als Verkörperung des Buddha Amitābha. Die Äbte des Klosters in *Lhasa* („Gelbmützen") dagegen gelten als Verkörperung des Bodhisattva Avalokiteshvara. 1578 erhielt der Groß-Lama von Lha-sa von Altan Khan den Titel **Dalai-Lama** (= Ozean des Wissens) und wurde als Oberherrscher über Tibet anerkannt. Dieses „Doppelpapsttum" blieb bis zur politischen Herrschaft des Kommunismus bestehen. Rivalitä-

ten zwischen dem prochinesischen **Taschi-(Pan-chen-)Lama** und dem proenglischen Dalai-Lama waren politischer, nicht religiöser Natur.

Rechts: Der Dalai-Lama (links) und der Pan-tschen-Lama vor ihrem Zerwürfnis.

Das Geheimnis aus der Lotusblüte ist die Bedeutung dieser tibetischen Inschrift (Zierschrift) auf unzähligen Gebetsmühlen: Om-mane-padme-hum.

Die Bezeichnung *Lamaismus* umfaßt alle diese verschiedenen Sekten und Orden. Man muß aber in Tibet deutlich zwischen der Religion der geistigen Elite und der Religion des Volkes unterscheiden, wo die Magie immer noch eine große Rolle spielt.

Die stark ausgebauten Yoga-Übungen dienen dazu, übernatürliche Kräfte (sidhi) zu erlangen, mit deren Hilfe man das eigentliche Ziel der Religion, den samadhi, zu erreichen hofft. Charakteristisch für den Lamaismus ist der Glaube an die Möglichkeit, durch asketisch-mystische Verfahren die nachfolgenden Wiedergeburten eines Menschen im voraus bestimmen zu können. Überhaupt spielt die Beschäftigung mit den Wiedergeburten und den dazwischen liegenden *bardos* (Zwischenzustände) eine bedeutende Rolle.

Der Schweizer Psychologe C. G. Jung schreibt in seinem Geleitwort zu dem 1927 erstmals in englischer Sprache herausgebrachten „Tibetanischen Totenbuch", das aber in seinen wesentlichen Teilen auf Padmasambhava zurückgehen dürfte:

Der *Bardo Thödol* ist ein Buch der Belehrung der eben Gestorbenen. Es soll ihm als Führer durch die Zeit der Bardo-Existenz – ein Zwischenzustand von symbolischen 49 Tagen Dauer zwischen Tod und Wiedergeburt – dienen ...
Der Text zerfällt in drei Teile. Der Tschikhai-Bardo schildert die seelischen Ereignisse im Moment des Todes. Der *Tschön-yi-Bardo* beschäftigt sich mit dem nach erfolgtem definitivem Tod eintretenden Traumzustand, den sogenannten karmischen Illusionen. Der *Sipa-Bardo* betrifft das Einsetzen des Geburtstriebes und der pränatalen Ereignisse.
Das Charakteristische ist, daß die höchste Einsicht und Erleuchtung und damit die größte Erlösungsmöglichkeit unmittelbar im Prozeß des Sterbens eintritt. Bald danach

Ein lamaistischer Mönch mit seiner Gebetsmühle – eine besondere Form des „unablässigen" Gebetes, das in allen großen Religionen zu finden ist.

beginnen die Illusionen, welche schließlich zur Wiederverkörperung führen, wobei die erleuchtenden Lichter immer trüber und mannigfaltiger werden und die Visionen an Schreckhaftigkeit zunehmen. Dieser Abstieg schildert die Entfremdung des Bewußtseins von der erlösenden Wahrheit und seine Wiederannäherung an die physische Existenz ...
Die Bardo-Texte werden vom Lama in der Nähe der Leiche gelesen ...
Die Philosophie dieses Buches ist die Quintessenz buddhistischer (mahayanischer) psychologischer Kritik und als solche – man kann wohl sagen – von unerhörter Überlegenheit ...
Die Seele ist wahrhaft nicht klein, minderwertig, persönlich, subjektiv ..., sondern die leuchtende Gottheit selbst. Diese Aussage findet der Westen entweder sehr bedenklich, wenn nicht gar verwerflich, oder er eignet sie sich ebenso unbedenklich an und holt sich dabei eine theosophische Inflation. Irgendwie stehen wir zu diesen Dingen schief. Können wir uns aber so weit beherrschen, daß wir uns unseres Hauptirrtums, immer etwas mit den Dingen

machen zu wollen, enthalten, so gelingt es uns vielleicht, daraus eine für uns wichtige Lehre zu ziehen oder wenigstens die Größe des *Bardo Thödol* zu ermessen, welcher dem Toten die letzte und höchste Wahrheit mitgibt, daß auch die Götter Schein und Licht der eigenen Seele sind ... Der *Bardo Thödol* ist ein Initiationsvorgang mit dem Zweck, die durch die Geburt verlorene Gottheit der Seele wiederherzustellen ...

Der *Bardo Thödol* war ein geheimes Buch und ist es geblieben, was wir immer für Kommentare darüber schreiben, denn sein Verständnis erfordert ein geistiges Vermögen, das keiner schlechthin besitzt, sondern nur durch eine besondere Lebensführung und -erfahrung erwerben kann.

Dieses „Tibetanische Totenbuch" ist ein ungemein interessantes Zeugnis des Glaubens an ein Weiterleben nach dem Tode, besser des Glaubens an eine Rückkehr von den Toten. Lama Anagarika *Govinda*, der Bearbeiter und Herausgeber der 7. Auflage des „Tibetanischen Totenbuches", nach der die deutsche Ausgabe übertragen wurde, weist darauf hin, daß der Sinn des *Bardo Thödol* ein dreifacher ist:

■

„1. daß derjenige, der sich ernsthaft müht, die Lehren des Bardo Thödol zu verwirklichen, jeden Augenblick seines Lebens mit dem gleichen Ernst betrachten soll, als wenn es der letzte seines Lebens wäre; 2. daß wenn die letzte Stunde des Eingeweihten herannaht, man ihn an die Worte seines Guru erinnern und in ihm die Erlebnisse der Initiation und der Schauungen wachrufen soll, falls sein Geist im entscheidenden Augenblick getrübt ist; 3. daß man versuchen soll, den soeben aus dem Leben Abgeschiedenen mit liebenden und helfenden Gedanken in den neuen Daseinszustand zu begleiten (solange sein Geist noch unsicher und mit der Vergangenheit verbunden ist), ohne zuzulassen, daß die eigene emotionelle Bindung zu einem Hindernis für ihn oder zu einem Zustand morbider Depression für einen selbst wird."

■

So gesehen, hat das „Tibetanische Totenbuch" wahrscheinlich nicht seinesgleichen unter allen Büchern der Weltreligionen insgesamt. Der Ernst und die fürsorgende Liebe, die aus jedem Wort dieses Buches sprechen, haben vorbildhafte Funktion für jeden gläubigen Menschen und lassen erkennen, wie sehr wir heute darauf angewiesen sind, voneinander zu lernen.

Der Sikhismus

Der Sikhismus ist eine der am wenigsten bekannten Religionen der Welt. Er ist praktisch auf eine einzige Provinz der Republik Indien, nämlich auf den Pandschab, beschränkt. Die Sikhs spielten aber in der religiösen Kultur ihrer Zeit eine unverhältnismäßig große Rolle.

Man darf es sich nicht zu einfach machen und den Sikhismus bloß als Gemisch zweier Religionen (Hinduismus und Islam) bezeichnen, als bewußten Synkretismus. Äußerlich mag dies schon zutreffen, denn die meisten Lehren des Sikhismus haben eine große Nähe zum Hinduismus. Die Unterschiede sind aber doch beträchtlich und machen den Glauben der Sikhs zu einer eigenständigen Religion.

Der Ursprung des Sikhismus hängt eng mit der mohammedanischen Eroberung Indiens zusammen, die im 8. Jh. beginnt und sich im 12. und 13. Jahrhundert über ganz Nordindien erstreckt. Den Höhepunkt der islamischen Herrschaft stellt die Dynastie der Mongolen dar, die zwischen dem 16. und 18. Jahrhundert beinahe den gesamten Subkontinent beherrschten. Sie haben in dieser Zeit das Leben, die Sprache und die Kunst in Nord- und Zentralindien stark beeinflußt.

Bereits im 11. Jahrhundert herrschen die Muslime in Nordindien und versuchen mit Fanatismus, die alten Religionen (Hinduismus und Buddhismus) auszutilgen. Der Buddhismus ist dadurch entscheidend getroffen und praktisch aus Indien vertrieben worden. Der Hinduismus wurde unterdrückt, aber die indische Kultur wirkte beträchtlich auf die islamische Kunst, Literatur und auch Religion zurück. Im 12. Jahrhundert prägte der hinduistische Reformer **Jaidew** die Haltung der andächtigen Wiederholung des Namens Gottes als den zentralen Ausdruck des Glaubens, demgegenüber alle religiösen Zeremonien und Vorschriften nichts zählten. Diese religiöse Praxis wurde zu einem wichtigen Element im Sikhismus.

Die erste dauerhafte Synthese des Hinduismus und des Islam schuf aber **Kabir** (1440–1518). Als uneheliches Kind in Benares von einem islamischen Weber aufgenommen und in islamischer Orthodoxie erzogen, geriet er in den

Einflußbereich *Rāmānandas* und wurde dessen Schüler. Die in der Sekte der Rāmāvants herrschende soziale und religiöse Toleranz regte ihn dann an, beide Religionen zu vereinigen: er übernahm die hinduistische Lehre von der ausgleichenden Gerechtigkeit (karman, samsara), betonte aber als Muslim die Tatsache, daß Gott Person ist, der Einzige, den man verehren und anrufen muß. – Diese Lehre verkündete Kabir in einer großen Anzahl von Gedichten (in Alt-Hindi), die seine Schüler zu einer Sammlung namens *Bījak* (= Rechnung) zusammenfaßten. Ein Beispiel:

„Was, Mullah, schreist du hoch vom Minarett?
Glaubst du, schwerhörig sei der Herr?
Such ihn in deinem tiefsten Herzensgrund,
nach dem so laut und aus der Höh du rufst!"

Kabir sah in vielen hinduistischen Sekten den reinen Gottesbegriff verdunkelt und meinte, daß die Unterschiede und Zwistigkeiten zwischen den einzelnen Religionen und Sekten nur durch die äußerlichen Formen des Kults bewirkt werden, daß sie im Grunde aber alle denselben höchsten und alleinigen Gott verehren. Er predigte das Austilgen aller Äußerlichkeiten, damit nichts die Vereinigung der religiösen Gefühle verhindere und das göttliche Wesen dem menschlichen Herzen in aller Reinheit erscheinen könne:

„Es gibt nichts als Wasser an den heiligen Badeorten, und ich weiß, daß sie nutzlos sind, denn ich habe in ihnen gebadet.
Leblos sind die Götterbilder alle, sie können nicht sprechen; ich weiß es, denn ich habe laut zu ihnen gerufen.
Die Purānas und der Koran sind leere Worte; ich habe den Vorhang gehoben und gesehen. Kabir spricht diese Worte aus Erfahrung, und er weiß, daß alles andere unwahr ist ..."

Kabir verwirft Fasten und Kasteiungen, Pilgerfahrten und die Theorie der avatāras und identifiziert Allah mit Vishnu. Er behält den Monotheismus des Islam bei, die Maya-Lehre des Hinduismus sowie die Vorstellungen des Karman und des Samsara sowie den Glauben

Ein Sikh-Guru mit dem charakteristischen Turban, Bart und Gewand der Singh oder Khāhā (= Reinen), wie sich die vornehme Schicht dieser Volks- und Religionsgruppe im Pandschab, die gegenwärtig um ihre Unabhängigkeit von der indischen Zentralregierung kämpft, selbst nennt.

an die Erlösung durch Bhakti. Insgesamt ist Kabir eher ein vom Islam beeinflußter Hindu als ein zum Hinduismus tendierender Moslem. Die Schüler Kabirs bildeten eine Mönchsgemeinde und nannten sich **Kabīrpanthis** (existiert heute noch in der Provinz Uttar Pradesh). Er beeinflußte aber auch das Entstehen anderer islamisch-hinduistischer Sekten, die sich alle immer stärker dem Hinduismus nähern.
Die älteste und wichtigste wurde von **Nānak Dev** (1469–1538) im Pandschab gegründet. Ihre Mitglieder nennen sich *Sikhs* (= Schüler). Die Lehre Nānaks ist der Kabirs sehr ähnlich. Er verstärkt aber die hinduistischen Elemente: er duldet Hausriten und Kasten und orientiert sich stark an der Bhagavadgītā (Panentheismus, Gnadenlehre, Bhakti-Praxis). Sehr wichtig ist die Rolle der **Gurus** (Sektenführer), die als Ver-

mittler zwischen Gott und den Menschen verehrt werden und die man nach ihrem Tod vergöttlicht. Nānak war der Sohn eines kleinen Beamten, der in der Nähe von Lahore wohnte. Er studierte schon in frühester Jugend Hinduismus und Islam, heiratete dann und gründete eine Familie. Dann wurde er Asket, betete, fastete und meditierte so lange, bis er sich berufen fühlte, seine Botschaft weiterzugeben. Sie war am Anfang sehr einfach: **„Es gibt keinen Hindu, es gibt keinen Muslim!"** Auf seinen langen Wanderungen kam er wahrscheinlich bis nach Mekka.

Nānak hatte als Nachfolger neun Gurus, die aufgrund ihrer Kenntnis der Lehre des Meisters und der Treue zu seiner Sache zwei Jahrhunderte lang dieser Sekte Beständigkeit verliehen, so daß sie in dieser Zeit zur Hochreligion werden konnte.

Besonders bedeutsam wurde der 4. Nachfolger Nānaks *Arjun* (1563–1606), unter dem die Anführerschaft erblich wurde. Er hat den berühmten „Goldenen Tempel" in Amritsar gebaut, der seither zur heiligen Stätte der Sikhs wurde, und die Hymnen und Gebete im sogenannten „Adi Guru Granth" (das erhabene Buch des Guru Arjun) gesammelt; darin finden sich Gedichte Kabirs und Nānaks ebenso wie Hymnen persischer und hinduistischer Mystiker (z.B. vom Sufi-Scheich Farid oder vom Hindu Parmananda). Die Sikhs verehren den „Adi Guru Granth" als die lebendige Stimme aller Propheten.

„Erbarmen sei dein Mekka,
statt Fasten – Demut.
Dein Paradies – Gehorsam dem Guru.
Im Himmel suche keine Huri-Schönheit,
sonden den Glanz des Lichts, das ausgeht von dem Herrn.
Und Gottesdienst sei deine Freude."
(Hymnen von Guru Ardschan II, 28)

„Ich halt' der Hindu Fasten nicht, veracht' der Muslim Ramadan,
dien' ihm allein, der wird mein Heiland sein.
Mein Herr, Er ist Allah den Muslim, den Hindu,
dann Gosain,
und so erlischt der Streit von Hindu und Islam.

Nach Mekka pilgere ich nicht,
noch bade ich an der Hindu heiligen Stätten.
Ich dien' dem Einen Herrn und keinem außer ihm.
Ich meid' der Hindu Opfer und der Muslim Beten,
erniedrige mein Herz vor ihm, der ohne Gestalt.
So bin ich weder Hindu noch ein Muslim,
doch bin mit Leib und Seele ich Dein, Du Einer Gott."
(Hymnen von Guru Ardschan II, 30)

Nach dem Tode Arjuns erfuhr der Sikhismus eine wesentliche Umwandlung: Im Bewußtsein, sich mit bewaffneter Gewalt gegen die Verfolgung durch Muslime und Hindus schützen zu können, begannen die Sikhs sich in der Kunst der Selbstverteidigung zu schulen. Bis heute sind sie berühmt für ihre Geschicklichkeit als Kämpfer.

Besonders der 10. Guru, **Govind Rai Singh** (1675–1708) machte aus der Sekte eine mächtige militärische Theokratie. Er teilte die Gemeinde in zwei Klassen: die einfachen Gläubigen, die dem leichten Wege folgen (Sahijdhārī) und die Elite der „Reinen" (Khālsā), die alle den Beinamen Singh (= Löwe) tragen und sich durch eine spezielle Tracht, Frisur (Bart), das Tragen eines Degens und andere Bräuche absondern. Sie müssen die 5 K tragen: Kees (langes Haar und Bart), Kungha (Kamm), Kuchha (kurze Hosen), Kara (Stahlarmband), Kirpan (Stahldolch).

Govind Singh fügte dem „Adi Guru Granth" noch einige Texte hinzu und stellte darüber hinaus ein anderes Buch zusammen, den „Daśm Granth" (= Zweiter Granth). Seit dem Tode Govind Singhs gibt es keine weiteren Gurus. Die Sikhs halten sich vielmehr an die beiden **Granths**, die ihnen geistliche Weisungen in allen Lebenslagen und Fragen erteilen:

Weisungen des Guru Govind Singh

„Der eine schert sich das Haupt, hofft, heiliger Mönch zu werden.
Der andere versucht sich als Yogi oder sonst eine Art von Asket.
Einige nennen sich Hindus, andere Muslims.
Unter diesen wieder Schiiten sowie Sunniten sich unterscheiden, dabei sind die Menschen in aller Welt gleich.

Gott als Schöpfer wie als höchstes Gut, Gott in seiner Freigebigkeit und Gott in seinem Erbarmen – es ist immer derselbe Gott.

Selbst in unserem Irren dürfen wir nicht Gott von Gott trennen!

Verehrt den einen Gott, den einen göttlichen Lehrer aller Menschen.

Alle Menschen haben die gleiche Gestalt, alle Menschen haben dieselbe Seele.

Seit ich, o Herr, zu deinen Füßen Zuflucht fand, hab keinem andern Gotte ich gedient!

Ram und Rahim, Puranas und Koran dich rufen, die Veden, die Smrtis und die Schastras auch haben verschiedene Namen für dich, der doch nur eins!

O Herr, auf keinen setz ich Glauben als auf dich!

Glorreich schwingst du das Schwert des Rechts, mit deiner Gnade hab ich, Rama, dies Gedicht verfaßt."
(Hymnen des Guru Govind Singh 4 u. 15; „Daśm Granth")

Das 18. Jahrhundert brachte den Sikhs eine Fülle von Kriegen – zuletzt den heldenhaften Kampf gegen die Engländer, bis 1849 der Pandschab von der „East Indian Company" annektiert wurde und Dalip Singh, der letzte Sikh-Herrscher, sich den Engländern ergab. Als Ausdruck seines Treueversprechens übergab er der Königin Victoria den berühmten Kohinoor-Diamanten.

Als sich dann 1857 die Muslimen und Hindus gegen die Engländer erhoben, unterstützten die Sikhs die Briten und waren bald die Elitetruppe der Engländer.

Als 1947 Indien geteilt wurde (mohammedanischer Staat Pakistan und hinduistischer Staat Indien), verschlimmerte sich die Lage der Sikhs, da ihr Heimatgebiet zwischen Indien und Pakistan aufgeteilt wurde. In jüngster Zeit verstärkt sich wieder eine separatistische Bewegung. Unter der Führung Bhindranwales, der 1984 bei der Erstürmung des Goldenen Tempels den Tod fand, strebten die Sikhs die Gründung eines unabhängigen Staates Khalistan – zwischen Indien und Pakistan – an.

Im Gegensatz zu allen anderen indischen Religionen gelten für den Sikhismus die Schriften als Hauptgegenstand der Verehrung und des Rituals. In allen Tempeln liegen Abschriften des „Granth" unter einem Baldachin, das Buch selbst ist in Stoff eingehüllt. Wer vor dem Buch erscheint, entblößt sein Haupt, zieht die Schuhe aus und erweist seine Ehrerbietung.

An bestimmten Festen wird die *Akhand Path* genannte ununterbrochene Lesung des „Granth" vollzogen, die etwa zwei Tage und zwei Nächte dauert.

Einer der Widersprüche in der Sikh-Religion ist ihr theoretischer Pazifismus und praktischer Militarismus – man kann diesen Widerspruch wahrscheinlich nur aus der Geschichte heraus verstehen. Die Rechtfertigung ihrer militanten Haltung (*„Wenn alle anderen Mittel versagten, dann ist es recht, das Schwert zu ziehen"*) stammt jedenfalls aus dem Islam und steht immer wieder im Gegensatz zur ursprünglichen Lehre Nānaks, der die Liebe und die Demut predigte und lehrte, dem Frieden zuliebe das Schwert in die Scheide zu stecken:

Ein Tempelwächter vor dem Goldenen Tempel von Amritsar, in dem der „Granth", das heilige Buch der Sikh, aufbewahrt wird.

Der Parsismus

Bereits 633 n. Chr., ein Jahr nach dem Tod Mohammeds, fielen die arabischen Armeen in Persien ein. Die Anhänger des Zoroastrismus (vgl. Seite 106) wurden nicht im selben Maße als „Leute des Buches" anerkannt wie die Juden und Christen und daher zunehmend unterdrückt und in der Ausübung ihres Glaubens behindert. Sie wurden gezwungen, sich in die Einsamkeit der Wüstendörfer zurückzuziehen (Yazdi-Ebene) oder auszuwandern.

Gegen Ende des 9. Jh. n. Chr. verließen viele Anhänger der Religion des Zarathustra, vor der islamischen Unterdrückung fliehend, ihr Land und wandten sich entweder nach Pakistan oder Nordwestindien (Sanjan). 936 erhielten sie vom Fürsten von Sanjan die Erlaubnis, in seinem Land zu leben, frei ihre Religion auszuüben (dort wurden sie auch Parsen = Perser genannt) und sogar Tempel zu bauen. Sie nahmen die Landessprache Gujarati an und paßten sich in vielem den Landessitten der Hindus an. Als die Hindus in späteren Jahrhunderten ebenfalls von den Muslimen bedroht wurden, halfen ihnen die Parsen im Kampf, unterlagen zwar (Moghul-Reich), wurden aber nicht im selben Maße unterdrückt wie früher in Persien, sie konnten ihre religiöse Eigenständigkeit bewahren.

Als die Engländer im 17. Jh. die Inseln vor Bombay zum Zentrum ihres Handels machten (East India Company), nahmen viele Parsen das Angebot der Religionsfreiheit und der Gleichheit vor dem Gesetz an und siedelten sich in Bombay an. Dort trugen sie entscheidend dazu bei, daß Bombay zum Haupthafen der Westküste und zur wirtschaftlichen Hauptstadt Indiens wurde. Auch in der Kongreßpartei, die die Unabhängigkeit von der Kolonialherrschaft durchsetzte, spielten die Parsen eine bedeutsame Rolle. Heute leben etwa 100 000 Parsen im volkreichen Indien, bilden freilich nur eine kleine Minderheit.

Die Entwicklungsgeschichte wirkte natürlich auch auf die Religion ein. Die Kontakte mit den Engländern brachten gewisse Säkularisierungserscheinungen mit sich bzw. führten zur Ausbildung einer eigenen Richtung der Theo-sophie unter Beramshah Shroff († 1929). Die meisten Parsen hielten aber an der traditionellen Glaubenshaltung ihrer Väter fest und praktizierten unbeirrt die überkommenen Riten:

● **Naujate** (Initiation): Mit neun Jahren treten die Kinder in das „Heer Gottes" ein, entscheiden sich für den Kampf gegen das Böse und für das Gute. Als Zeichen dieser Entscheidung erhalten sie das heilige Hemd und die heilige Schnur und werden in die religiösen Pflichten eingeführt. Das heilige Hemd wird direkt am Körper getragen und ist das Symbol der Reinheit, die Schnur aus Schafwolle wird fünfmal am Tag geknotet und wieder gelöst, wobei bestimmte Gebete gesprochen werden (beim Lösen der Schnur weist der Betende den Bösen und seine Macht zurück, beim Knüpfen gelobt er, in Gedanken, Worten und Werken gut zu sein).

● *Dakhma* (Turm des Schweigens): Weil der Tod als vorübergehender Sieg des Bösen angesehen wird, sind dem Glauben der Parsen zufolge beim Sterben viele Dämonen anwesend. Die Bestattungsriten sollen daher die Ausbreitung und Wirksamkeit des Bösen unterbinden. Das muß man wissen, um die Riten nicht mißzuverstehen. Wenn ein Parse stirbt, wird er möglichst sofort nach dem Hinscheiden gewaschen und in alte Kleider gehüllt und noch am Todestag in den „Turm des Schweigens" gebracht. Der nach oben offene Turm ist rund, fensterlos und hat hohe Mauern, über die man nicht sehen kann. Der Leichnam wird von einem Priester („Mobed" = Herr der Magie) entkleidet und den Geiern und Krähen dargeboten. Während dieser Zeit beten die Angehörigen in einem nahegelegenen Gebäude. Die Priester führen drei Tage lang bestimmte Zeremonien aus (Wartezeit der Seele auf das Gericht). Am dritten Tag wird eine bestimmte Summe zum Andenken an den Gestorbenen für wohltätige Zwecke gestiftet. Die von der Sonne ausgebleichten Knochen werden später in ein Loch geworfen. Diese Türme des Schweigens stehen meist weitab vom täglichen Leben, damit die Verderbnis des Bösen und des Todes keinen Einfluß auf das Leben der Menschen gewinnen kann.

Die Parsen bestatten ihre Toten im „Turm des Schweigens" (dakhma). Diese Begräbnisstätte liegt in der Einsamkeit auf einem Hügel und ist nach oben hin offen. Die fensterlosen Mauern weisen nur eine Tür auf, durch die der Tote von Parsenpriestern in das Innere gebracht wird, nachdem man ihn zuvor entkleidet hat. Im Turm des Schweigens wird er den Geiern und Krähen zum Fraß dargeboten. Solange der Leichnam im Turm des Schweigens bleibt, beten die Angehörigen teils in einem nahegelegenen Gebäude, teils zu Hause (drei Tage lang) und führen verschiedene Zeremonien durch, die dem Verstorbenen helfen sollen, aus der Verderbnis des Bösen (Tod ist ein Werk der Dämonen) freizukommen.

● *Feuertempel:* Das heilige Feuer ist seit Zarathustras Zeiten das lebende Bild und Symbol Gottes. Es wurde zum Mittelpunkt der späteren Heiligtümer (ursprünglich feierte man den Feuerkult im Freien). In dem kahlen und meist schmucklosen Tempel befindet sich an zentraler Stelle ein bis zu 2 Meter hohes Gefäß hinter bis zur Decke reichenden Mauern, die nur die Priester durch eine Tür betreten dürfen, die Gläubigen können durch Fenster auf das heilige Feuer schauen. Der Beter spendet Holz für den Unterhalt des heiligen Feuers (Aufgabe der Priester) und erhält auf einem Löffel etwas Asche gereicht. Stehend betet er zu Gott. – Es gibt keinen gemeinsamen Gottesdienst, keine Kultgemeinde. Die Priester vollziehen „höhere" Riten für die Laien, die vor allem auf ein Leben guter Gedanken, Worte und Werke, auf mehrmaliges Beten und zum Besuch des heiligen Feuers verpflichtet sind. Der Schimpfname „Feueranbeter", den die Muslime den Parsen gaben, geht an der Sache vorbei, da die Parsen keineswegs das Feuer, sondern in der Gestalt des Feuers den unsichtbaren guten Gott anbeten.

Heute gibt es Parsen in Pakistan, in Ostafrika, Großbritannien, Kanada und in den USA. Insgesamt sind es aber nicht mehr als etwa 200 000 auf der ganzen Welt.
Eine kleine Gruppe von etwa 17 000 Parsen lebt auch heute noch im Iran, seit 1300 Jahren verfolgt, unterdrückt, versklavt und doch entschlossen, ihrem Glauben treu zu bleiben.

Der Glaube der Muslimen

Die jüngste unter den Weltreligionen ist zugleich die zahlenmäßig stärkste unter den heutigen außerchristlichen Religionen. Dabei ist es nicht so sehr die andersartige Spiritualität, die z. B. das Interesse der Europäer am Islam erweckt, sondern einerseits die „Einwanderungswelle der Gastarbeiter" nach Mitteleuropa, die z. B. allein 1,5 Millionen Mohammedaner in die Bundesrepublik Deutschland gebracht hat, andrerseits die beachtliche politische und wirtschaftliche Potenz, die hinter der Religion des Islam steht.

Auch hinsichtlich der Verbreitung erweist sich der Islam als die nach dem Christentum bei weitem expansivste Weltreligion. Zum ursprünglichen Verbreitungsgebiet im Vorderen Orient (Arabien, Türkei, Persien) kamen Indien/Pakistan sowie Malaysia und Indonesien, dann die islamischen Sowjetrepubliken und die ständig wachsende Zahl von Muslimen in Schwarzafrika. Insgesamt dürften sich gegenwärtig über 600 Millionen Menschen zwischen Marokko und Indonesien zum Islam rechnen. ‑

Die „Geographie des Islam" zeigt seine große Verbreitung: Zu Beginn des 9. Jahrhunderts, also etwa 180 Jahre nach der *Hedschra* (= Flucht Muhammads nach Medina, 622 n. Chr. = Beginn der islamischen Zeitrechnung) beherrschte der Islam Länder und Gebiete, die heute unter den folgenden Namen bekannt sind: Spanien, Portugal, Marokko, Algerien, Tunesien, Libyen, Ägypten, Südjemen, Saudiarabien, Oman und die Arabischen Emirate, Kuwait, Israel, Jordanien, Syrien, Libanon, Irak, Georgien, Iran, Afghanistan, Teile von Sowjetisch-Zentralasien und Pakistan. Spanien und Portugal wurden zwar nach Jahrhunderten blutiger Auseinandersetzung zurückerobert, die anderen Staaten blieben aber praktisch vom Islam geprägt, ja die Expansion ging weiter: der Süden des Balkan und die Türkei, die ostafrikanische Küste, Sansibar, die Saharrouten nach Nigeria und weit hinein in die verschiedensten Staaten Schwarzafrikas, ebenso nach Malaysia, die Philippinen und Indonesien und sogar nach China. In Indien beherrschte das islamische Mogulreich mit Delhi als Schwerpunkt weite Teile des Subkontinents. Der Islam macht einen sehr homogenen Eindruck – aber unsere Vorstellungen sind weithin von Klischees geprägt, die eine Mischung aus exotischen Elementen und Karl Mayscher Idylle darstellen. Kaum einer hat eine Vorstel-

lung von der Vielfalt der Gruppierungen innerhalb des Islam. Seit dem Vormarsch des islamischen Fundamentalismus und der Moslem-Bruderschaft wie auch durch das politische Engagement der Mullahs und Ayatollahs sind uns darüber die Augen aufgegangen.

Die Aufteilung in *Sunniten* und *Schiiten* besteht bis heute, aber die persischen Mullahs und

Ein muslimischer Geistlicher (Imam) hat großen gesellschaftlichen Einfluß. Im Bild ein persischer Mullah (schiitischer Geistlicher).

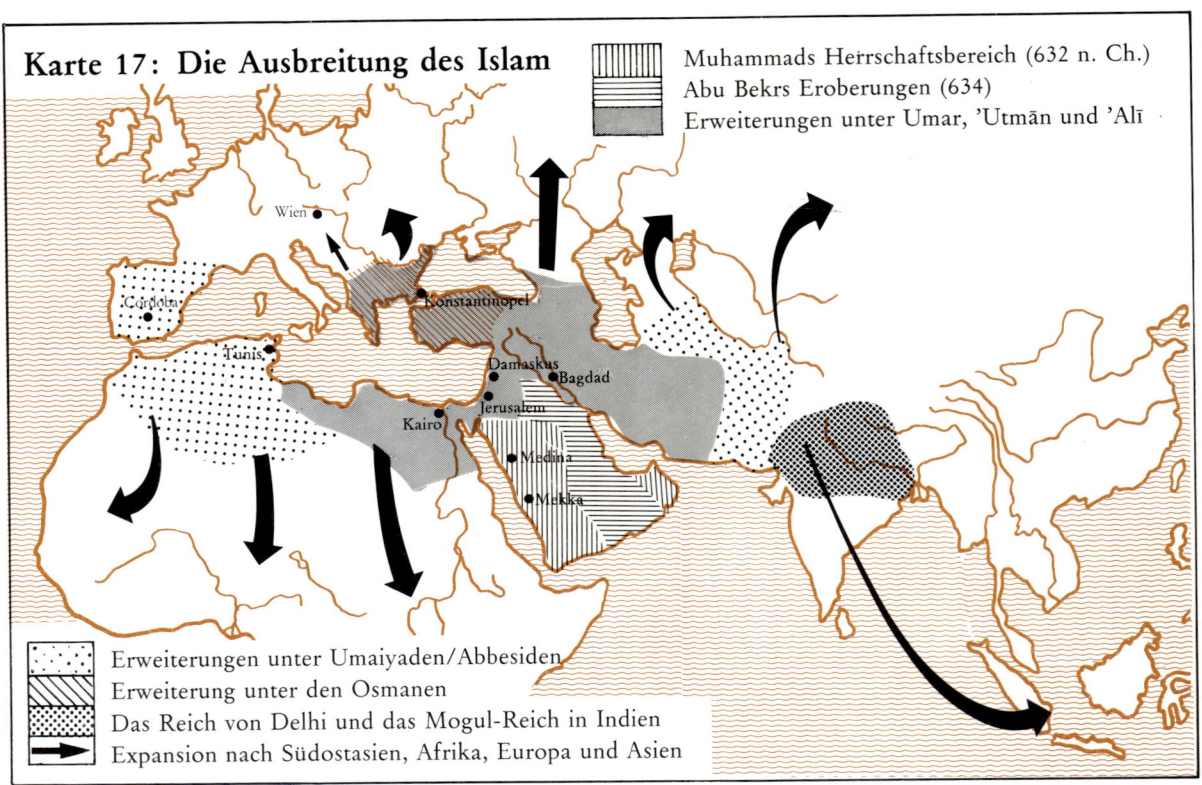

Karte 17: Die Ausbreitung des Islam

Muhammads Herrschaftsbereich (632 n. Ch.)
Abu Bekrs Eroberungen (634)
Erweiterungen unter Umar, 'Utmān und 'Alī

Erweiterungen unter Umaiyaden/Abbesiden
Erweiterung unter den Osmanen
Das Reich von Delhi und das Mogul-Reich in Indien
Expansion nach Südostasien, Afrika, Europa und Asien

Ayatollahs gehören z. B. zur sogenannten *Zwölferschia*, neben der es auch eine zweite Hauptrichtung, die *Siebenerschia*, und eine ganze Reihe von Nebenrichtungen gibt. Auch die Sunniten vertreten sehr verschiedene Modelle des Islam, die von verschiedenen Rechtsschulen geprägt werden: da gibt es die konservative und rigorose Schule des *Ibn Hanbal* (3 Mill.; verbreitet in Saudiarabien, Libanon u. Syrien), die Schule des *Abu Hanifa* (340 Mill.; verbreitet in Jordanien, Türkei, Afghanistan, Pakistan, Indien, Sowjetunion, China und Indonesien), die Schule des *Malik* (45 Mill. Anhänger; verbreitet in Marokko, Algerien, Tunesien, Sudan, Kuwait, Bahrain) und die Schule *Schafi'is* (100 Mill. Anhänger; Verbreitung vor allem in Ägypten, Palästina, Libanon, Saudiarabien, Jemen, Irak und Indonesien), die am liberalsten ist. Die Zugehörigkeit zu einer der Schulen ist stark traditionsabhängig – man wird hineingeboren. –
Innerhalb der einzelnen Rechtsschulen gibt es aber wieder Reformatoren, die großen Einfluß erlangten. So orientieren sich z. B. viele Muslimen in Saudiarabien an den Lehren des Mohammed Ben Hanbal *al-Wahhab* († 1887), der

nur das am Islam gelten läßt, was auch zur Zeit Mohammeds Richtschnur und Praxis war. Die Saudis finanzieren mit ihrem Öl-Geld eine ausgedehnte Buchproduktion in vielen islamitischen Ländern und versuchen so, das wahhabitische Gedankengut unter das Volk zu bringen. Ähnliches gilt z. B. von Oberst Gaddafi in Libyen, der deutlich an die Tradition des *Sanussi-Ordens* anknüpft und damit an den *Sufismus*, die islamische Mystik, die zu manchen Zeiten eine ungeheure Bedeutung erlangte.
Sufisten waren es auch, die am ehesten Kontakt mit anderen Religionen suchten und Gemeinsamkeiten betonten. In der unmittelbaren Gottsuche kann man ja tatsächlich den meisten Gläubigen aller Religionen begegnen. Das folgende Gebet hat der katholische Priester Ernst Bannerth, der Leiter einer islamisch-katholischen Sufi-Gemeinde – also so etwas wie ein christlicher Derwisch –, aus einer arabischen Handschrift abgeschrieben, übersetzt und als Einführungsgebet empfohlen:

„Gepriesen sei der Allerhabene – Er sagt zu seinen Dienern: Such mich, du findest mich!

69

er Islam

d seine religionsgeschichtliche
twicklung ist geprägt durch die
schichte des Propheten
uhammad und seine Visionen.
r den strenggläubigen Muslim
die bildliche Darstellung des
opheten nicht statthaft.
uhammad, geführt vom
zengel Gabriel, erblickt auf
er nächtlichen Traumreise das
radies. Türkische
niaturmalerei des 15. Jh. (69). –
r Erzengel Gabriel erscheint
uhammad. Persische
niaturmalerei des 15. Jh. (70).

70

71

Die **Kaaba in Mekka**, an deren Ecke ein Meteoritenstein eingelassen ist, ist alljährlich das Ziel der Wallfahrt von Tausenden von Muslimen aus aller Welt **(71)**.

Ich bin der Mächtige, der alles ins Dasein rief – Ich bin der Richter: Such mich, du findest mich!
Ich bin der reichlich Gaben Spendende – Ich bin der Geber: Such mich, du findest mich!
Ich bin der Herr, der alles Gestaltende – Ich bin der Vergebende: Such mich, du findest mich!
Ein Halt bin ich für jeden Menschen – Deine Zuflucht bin ich: Such mich, du findest mich!
Ich bin der allweise Gott, ich, der Behütende – Gegen jeden Feind: Such mich, du findest mich!
Anwalt der Witwen und Waisen bin ich – Mich sucht man: Such mich, du findest mich!
Der das Flehen erhört, bin ich – Ich erhöre den Diener: Such mich, du findest mich!
Wirfst du dich nieder, da du mich anflehst – So bin ich dir nahe: Such mich, du findest mich!
Ich sehe ja nicht auf deine Schuld – Schütze ich dich nicht? Such mich, du findest mich!
Weißt du nicht, daß ich dir näher bin als Deine Schlagader? – Such mich, du findest mich!"
(aus: Heinz Gstrein, Islamische Sufi-Meditation für Christen)

Im Sufismus spielt der Tanz eine große Rolle, er hilft den Frommen (Derwischen), sich vom Irdischen zu lösen und sich zu vergeistigen.

Die Moslem-Bruderschaft geht einen anderen Weg – den Weg des Fundamentalismus und der Ideologie:

„In früheren Zeiten hat es eigene Propheten für die verschiedenen Völker gegeben ... Diese Zeit des mehrfachen Prophetentums ging mit dem Auftreten Muhammads zu Ende. Die Lehren des Islam wurden durch ihn vervollkommnet, ein fundamentales Gesetz wurde für die ganze Menschheit formuliert, und er wurde zum Propheten für die ganze Welt gemacht. Seine Botschaft war weder für ein bestimmtes Volk oder Land noch für einen begrenzten Zeitraum gedacht. Sie ist vielmehr für alle Menschen und alle Zeiten gültig."
(Abul Ala Maududi, † 1979)

Den Christen sind solche Töne eher ungewohnt, besser gesagt: sie haben sie verdrängt – im Islam ist die Theokratie, ist die Absicht der kämpferischen Vereinnahmung der ganzen Welt für den eigenen Glauben in den letzten Jahren neu erwacht. Noch kann man nicht sagen, zu welchem Ziel dies führen wird. Damals, vor etwas mehr als 1400 Jahren, als Muhammad in Mekka geboren wurde, hätte sich auch niemand träumen lassen, daß aus den Visionen eines Kaufmannes die arabische Nation und eine die Kontinente überspannende Weltreligion werden könnten.

Muhammad und die Entstehung der neuen Religion

Die Heimat des **Islam** (= Unterwerfung, Hingabe an Gott) ist die zwischen Asien und Afrika gelegene Halbinsel Arabien, eine etwa 3 Millionen km² große Landmasse, eine Steppen- und Wüstengegend, die nur von wenigen fruchtbaren Oasen unterbrochen wird. Die einzige fruchtbare Gegend ist die Südwestecke, der heutige Jemen (in der Antike Arabia Felix genannt), wo unter dem Einfluß der Monsunwinde eine vielseitige Landwirtschaft möglich ist. Hier lebte die sagenhafte „Königin von Saba", von hier aus wurde der aus dem benachbarten Hadramaut bezogene Weihrauch zusammen mit Gewürzen in alle Welt gebracht. In der südwestlichen Küstenlandschaft gab es deshalb eine uralte Karawanenstraße zwischen dem Jemen und dem Mittelmeer. An dieser Karawanenstraße liegt Mekka, wo zwischen 570 und 580 n. Chr. Muhammad geboren wurde. Er gehörte zum Stamm der Qurais, der damals Mekka beherrschte, seine Sippe (die Hashim) war aber wenig bedeutend.

Mekka war ein Kreuzungspunkt der Süd-Nord-Handelsstraße mit einer Wüstenroute. In Mekka lag ein altes Heiligtum, die würfelförmige **Kaaba**, eine Kultstätte des Gottes *Hubal*, der in dem in der Kaaba eingemauerten schwarzen Stein (Hadschar) verehrt wurde. Der Hubal-Kult gehört zum beduinischen Polydämonismus (Vielgeisterglauben), der für Arabien seit Jahrhunderten typisch war. Die Vor-

Die Kaaba in Mekka ist eine alte Kultstätte des arabischen Naturgottes Hubal. Muhammad hat die Kaaba in seinen monotheistischen Allahglauben einbezogen und zum Mittelpunkt der alljährlich stattfindenden und jedem frommen Muslim einmal in seinem Leben vorgeschriebenen Wallfahrt nach Mekka gemacht; 15 m hoch, 12 × 20 m Grundfläche, enthält schwarzen Kultstein.

geschichte der arabischen Religion ist aber wenig erforscht, sie reicht sicherlich in die megalithische Zeit und Kulturform zurück (vgl. Seite 57), wofür ja auch der Steinkult um die Kaaba ein Indiz bietet.

Beeinflußt durch jüdische, christliche und persische Minoritäten und Händler hatte sich allerdings auch eine Art Hochgottglauben *(Allāh)* entwickelt, der freilich keine weite Verbreitung gehabt haben dürfte.

Muhammad war bereits mit 6 Jahren Vollwaise und wurde im Hause seines Großvaters väterlicherseits erzogen. Er trat dann in die Dienste eines reichen Handelshauses und heiratete mit etwa 30 Jahren die um 10 Jahre ältere Witwe Hadīga, die ihm vier Kinder schenkte und ihm eine treue Helferin und Stütze in den schwierigen Jahren der Verfolgung war. Über Muhammads Berufung lesen wir in der Traditionssammlung des *al-Buchāri* († 870):

Der Glaube der Muslimen

„Die erste Offenbarung, die der Prophet erhielt, begann mit guten Traumgesichten im Schlaf; jeder Traum, den er sah, pflegte ihm so deutlich wie der Anbruch des Morgens zu kommen. Dann empfand er Liebe zur Einsamkeit und pflegte sich in die Höhle des Berges Hirā zurückzuziehen, sich in ihr eine bestimmte Anzahl von Nächten religiösen Übungen zu widmen, bevor er zu seiner Familie zurückkehrte, und sich dafür zu verproviantieren, dann zu Hadīga zurückzukehren und sich für ein weiteres Mal zu verproviantieren, bis die Wahrheit zu ihm kam, während er in der Höhle des Hirā war. Da kam der Engel zu ihm und sagte: Rezitiere! Er aber antwortete: Ich kann nicht rezitieren! Er berichtete: Da ergriff er mich und preßte mich, bis ich es nicht mehr aushalten konnte. Dann ließ er mich los und sagte: Rezitiere! Aber ich antwortete: Ich kann nicht rezitieren. Da ergriff er mich und preßte mich ein zweites Mal, bis ich es nicht mehr aushalten konnte. Dann ließ er mich aus und sagte: Rezitiere! Aber ich antwortete: Ich kann nicht rezitieren. Da ergriff er mich und preßte mich zum dritten Mal. Dann ließ er mich los und sagte: Rezitiere im Namen deines Herrn, der erschaffen hat, der den Menschen aus einem Blutklümpchen erschaffen hat. Rezitiere, denn dein Herr ist der Allgütige. Da kehrte der Prophet damit zurück, während sein Herz zitterte, trat bei Hadīga, der Tochter der Chuwalid, ein und sagte: Wickelt mich ein, wickelt mich ein! Und man wickelte ihn ein, bis ihn die Furcht verlassen hatte. Da erzählte er der Hadīga und teilte ihr das Erlebnis mit: Ich fürchte für mein Leben.

Da erwiderte Hadīga: Nein, bei Allah, nie wird Allah dich in Schande kommen lassen; du pflegst die Verwandtschaftsbande, unterhältst die Abhängigen, spendest den Armen, nimmst die Gäste auf und hilfst bei den Unglücksfällen, die das Recht treffen.

Hadīga nahm ihn mit und brachte ihn zu Waraqa ibn Naīfal ibn Asad Abdaluzzā, einem Vetter, der in der Heidenzeit Christ geworden war, hebräisch schreiben konnte … er war hochbetagt und blind. Zu dem sagte Hadīga: Mein Vetter, höre deinen Neffen an … Da erzählte ihm der Prophet, was er erlebt hatte. Da antwortete ihm Waraqa: Das ist der Namus (= Gesetzesengel), den Allah zu Mose hat hinabsteigen lassen; o wäre ich doch ein junger Mann, o wäre ich doch am Leben, wenn dein Volk dich vertreibt! Da fragte der Prophet: Werden sie mich etwa vertreiben? Er erwiderte: Ja, niemand hat jemals dasselbe wie du gebracht, ohne daß er Feindschaft erfuhr. Wenn ich deinen Tag erlebe, werde ich dir kräftig helfen.

Danach dauerte es nicht lange, bis Waraqa starb, und die Offenbarung an Muhammad erlitt eine Unterbrechung … Während ich einherging, hörte ich eine Stimme vom Himmel; da blickte ich auf, und da saß der Engel, der auf dem Hirā zu mir gekommen war, auf einem Thron zwischen Himmel und Erde. Da fürchtete ich mich vor ihm, kehrte zurück und sagte: Wickelt mich ein, wickelt mich ein! – Da offenbarte Allah (die Koranverse): Du Eingewickelter, steh auf und weihe dich! Deinen Herrn, den preise! Deine Kleider, die reinige! Den Greuel, den fliehe! (Sure 74, 1–5). Dann kamen die Offenbarungen häufig.“

Muhammads Himmelfahrt, iugurische Handschrift aus Zentralasien, 15. Jh.

Allmählich wurde Muhammad klar, daß er zum Propheten seines Volkes berufen war. Und dieses Erleben wurde so stark, daß er niemals mehr an der Grundtatsache seines Prophetentums gezweifelt hat. In Sure 42,50–53 wird die Art und Weise der Offenbarung Gottes an Muhammad erklärt:

VII. Kapitel

„Und nicht kommt es einem Menschen zu, daß Allah mit ihm sprechen wollte, es sei denn in Offenbarung oder hinter einem Vorhang.
Oder er sendet einen Gesandten, zu offenbaren mit seiner Erlaubnis, was er will. Siehe, er ist hoch und weise.
Und also entsendeten wir zu dir einen Geist (den Erzengel Gabriel) mit einer Offenbarung auf unser Geheiß. Nicht wußtest du, was das Buch und der Glaube war. Jedoch machten wir es zu einem Licht, mit dem wir leiten, wen wir wollen, von unseren Dienern. Und siehe, du solltest wahrlich auf einen rechten Weg leiten.“

■

Muhammad war sich darüber im klaren, daß seine Verkündigung auf einer heiligen Schrift beruht, die ihm der Erzengel Gabriel bei seinen Visionen in arabischer Sprache vorgesprochen hat und die er auswendig behielt und seinen Landsleuten wiedergeben konnte. Stückweise, wie er die Offenbarungen erhielt, hat er sie weitergegeben. Er ließ von Anfang an keinen Zweifel darüber, daß es sich nicht um seine Erkenntnisse und Spekulationen handle, sondern um Gottes Wort im vollen Sinn des Wortes, um geschaute und wiedergegebene Wahrheit, die mit Hilfe des Erzengels Gabriel vermittelt worden war. Muhammad verstand sich als Sprachrohr Allahs – wie vor ihm Mose und die jüdischen Propheten als Sprachrohr Jahwes (vgl. Kap. VIII).
Seine ersten Anhänger findet Muhammad in seiner Familie. Nur allmählich breitete sich seine Gefolgschaft aus. Seine unmittelbare Umgebung, die mekkanische Gesellschaft, stellte sich allerdings sehr bald gegen ihn, verfolgte ihn, der sie mit seinen Offenbarungen schonungslos traf. In einer arabischen Handschrift (bajha ki) antwortete Amr-Ibn el-As, als er gefragt wurde, was das schwerste gewesen sei, das der Prophet von seinem Stamm der Quraiš zu erdulden hatte:

■

„Ich war einmal Zeuge, wie sich die vornehmsten der Götzendiener bei der Kaaba versammelten. Sie sprachen von Allahs Apostel und sagten: Nie ha-

ben wir von jemand erdulden müssen, was wir von diesem Mann erduldet haben. Er schmäht unsere Väter, tadelt unsere Religion, zersplittert unser Volk und lästert unsere Götter ... Unterdessen kam der Apostel Allahs gegangen. Er berührte die Ecke der Kaaba und ging an den Versammelten vorbei, um das Heiligtum zu umschreiten. Sie riefen ihm Schmähworte zu, und man sah seinem Gesichte an, daß er verstand, was sie sagten. Dreimal wiederholte sich dies. Da blieb er stehen und sagte: Männer der Quraiš! Dies werde ich euch sicher mit Zinsen heimzahlen!*
Seine Worte ergriffen die Männer so, daß es keinen unter ihnen gab, der nicht so still dasaß, als trüge er einen Vogel auf dem Kopfe. Endlich sagte derjenige unter ihnen, der vorher am schlimmsten gewesen war: Geh, Abu-I-Kasim, du bist kein Narr. – Während der Nacht bereuten die Feinde ihre Nachsicht. Am Tage darauf, als sie wieder mit Muhammad bei der Kaaba zusammentrafen, stürzten sie vereint gegen ihn, umringten ihn und sagten: Bist du es, der so spricht, der unsere Götter und unsere Religion schmähte? Er antwortete: Ja, ich bin es, der so spricht. – Da sah ich, daß ihn ein Mann am Mantel ergriff. Jetzt stand Abu Bekr auf und sagte unter Tränen: Wehe euch, wollt ihr einen Mann töten, weil er sagt: Allah ist mein Herr? – Da gingen sie ihres Weges.
Dies war das schwerste, was er von ihrer Seite zu erdulden hatte.“

■

Muhammad entging der Verfolgung, als er sich 622 n. Chr. entschloß, zusammen mit seinen Anhängern nach Medina (etwa 300 km nördlich von Mekka) auszuwandern. Dort ging es rasch aufwärts. Er wurde der politische und religiöse Führer einer schnell größer werdenden Gemeinde. Er gab dieser Gemeinde eine neue Rechtsordnung, durch die die Mitglieder zum Frieden untereinander, zur gemeinsamen Verteidigung gegen äußere Feinde sowie zu Gehorsam und Gefolgstreue gegenüber dem erwählten Führer Muhammad und seinem Gott Allah verpflichtet wurden.
Zuerst hoffte Muhammad, die zahlreichen Juden in Medina für sich gewinnen zu können, er glaubte sich offensichtlich auf dem Boden der

Bibel stehend und nahm an, von ihnen als ein Prophet Gottes akzeptiert zu werden. Als er ihre eindeutige Ablehnung erfuhr, betonte er die gemeinsame religiöse Basis durch Abraham, den Stammvater sowohl der Juden und Christen wie der Araber, und machte die der Sage nach von Abrahams Sohn Ismael gegründete Kaaba zum religiösen Mittelpunkt.

Damit war die nächste Aufgabe gegeben, die Eroberung seiner Vaterstadt. 630 n. Chr. war es so weit; Mekka wurde von den Quraiŝ kampflos übergeben, und Muhammad baute die Stadt zum Haupheiligtum des neuen Glaubens aus. Er organisierte seine Herrschaft in Form einer Theokratie und hatte in kurzer Zeit großen Erfolg. Bei seinem Tod im Jahr 632 war der größte Teil Arabiens für den Islam erobert und der Grundstein für eine Lebensform gelegt, die sich in der Folgezeit sehr bewähren sollte.

Die religionspolitische Entwicklung des Islam

Da Muhammad völlig unerwartet starb, existierten keine Anordnungen, wie es weitergehen sollte. Das größte Problem war die Nachfolge, da ja an der Person des Propheten sowohl die politische wie die religiöse Führung hing. So entschloß sich der Kreis der engsten Mitarbeiter, einen aus ihrer Mitte zum Nachfolger zu wählen, und zwar **Abu Bekr,** seinen ältesten Freund, der zugleich sein Schwiegervater war. Er wurde zum ersten Stellvertreter (= Kalif) proklamiert und von der Gemeinde akzeptiert. Er war aber nur ein politischer Nachfolger, kein Prophet oder charismatischer Führer. Innerhalb eines Jahres nach dem Tode Muhammads gelang es Abu Bekr, die Einheit in Arabien herzustellen und zu festigen. Er erreichte dies vor allem durch die großen Eroberungen, die unternommen wurden, um die Botschaft Muhammads über die ganze Welt zu tragen.

Bei seinem Tode im Jahr 634 bestimmte Abu Bekr **Umar ibn al-Ḥaṭṭāb** (634–644) zu seinem Nachfolger. Die Gemeinde akzeptierte ihn, und Umar eroberte *Syrien* und *Ägypten* (die er dem byzantinischen Reich entriß) und vernichtete das *Perserreich.* Er war nicht nur ein großer Feldherr, sondern auch ein geschickter Verwalter, der die Stellung der unterworfenen Völker (wenn sie den Islam annahmen oder bei ihrer angestammten Religion blieben) mit großem Weitblick regelte. Zu diesem Zweck unterschied man – den Weisungen des Koran folgend – zwischen „Leuten des Buches" (ahl al-kitāb) (Juden, Christen, Anhänger des Zarathustra) und Heiden. Die Gemeinden der ahl al-kitāb erhielten Selbstverwaltung der eigenen Angelegenheiten gegen eine Kopfsteuer – konnten aber auch zum Islam übertreten, was ihnen beträchtliche wirtschaftliche und gesellschaftliche Vorteile brachte. An der Spitze der eroberten Provinz stand ein militärischer Befehlshaber (ʾamil), der als Vertreter des Kalifen und zugleich als *Imam* (der den freitäglichen Gottesdienst zu halten hatte) fungierte. Außerdem gab es einen Beamten für die Finanzverwaltung und einen höchsten Richter (*Qāḍī*).

Umar fiel 644 einem Attentat zum Opfer und konnte nur noch ein Wahlkollegium bestimmen, das sich nach seinem Tod auf **ʾUtmān ibn ʾAffān** einigte, einen Schwiegersohn und alten Anhänger Muhammads. Politisch war ʾUtmān eher unbegabt – so liegt seine Bedeutung vor allem in der Vereinheitlichung des Koran-Textes, der eine immer größere Bedeutung im Leben der muslimischen Gemeinden gewann. ʾUtman ließ allen Überlieferungen sorgfältig nachgehen und eine kanonische Fassung des Korans schreiben. Diese Fassung ließ er in alle wichtigen Städte des Reiches bringen, damit Abschriften angefertigt bzw. die vorhandenen Fassungen revidiert werden konnten. Dies blieb seine wichtigste Tat. 656 fiel er einer Verschwörung zum Opfer, die zum ersten Bürgerkrieg führte. In Medina ließ sich **ʾAlī,** der Neffe und Schwiegersohn Muhammads, zum 4. Kalifen wählen. Einige der ältesten und angesehensten Freunde des Propheten und seine ehrgeizige Witwe ʾAʾisha aber machten ihm das Kalifat streitig. Unter der Parole „Rache für ʾUtmān" wandten sie sich nach Mekka, dann in den Irak. Dort stellte sich ʾAlī in der sogenannten „Kamelschlacht" 656 und besiegte sie. Darauf erhob sich der Vetter des ermordeten ʾUtmān, *Muʾawiya,* der Statthalter Syriens, ge-

Das Innere der Moschee von Cordoba (erbaut 786–990) läßt gut den maurischen Bau- und Lebensstil erkennen.

gen ʿAlī. 657 kam es an der Grenze zwischen Syrien und dem Irak zur Schlacht. Durch eine List Muʿawiyas wurde ʿAlī ins Unrecht gesetzt, so daß sich ein Teil seiner Anhänger von ihm trennte und eine eigene Gruppierung (die **Harigiten**) bildete. Sie wurden zwar von ʿAlī geschlagen, zettelten aber weiterhin Aufstände an. 661 fiel ʿAlī einem Attentat dieser Harigiten zum Opfer.

Jetzt war der Weg für Muʿawiya frei, der sich 661 in Jerusalem als alleiniger Herrscher proklamierte und damit die **erste muslimische Dynastie (Umaiyaden)** mit der Residenz in Damaskus begründete. Diese Verlegung des Zentrums und das Überhandnehmen der arabischen Stammesfehden war vielen Südarabern ein Dorn im Auge, so daß sich eine immer stärkere Opposition bildete. Diese fand auch Zuzug durch die vielen sogenannten *mawālī* (= Neu-Muslimen), die kraft ihrer Bekehrung zum Islam das Recht forderten, den arabischen Muslimen gleichgestellt zu sein, was diese aber nicht zugestehen wollten. Außenpolitisch expandierte das islamische Reich zu Beginn des 8. Jahrhunderts noch einmal kräftig sowohl im Westen (Spanien, Portugal, Provence – 732 von Karl Martell gestoppt) wie im Osten (Zentralasien, Westindien). – 750 verlor der letzte Umaiyaden-Kalif gegen die **Abbasiden** Thron und Leben, nur ein Verwandter, ʿAbdarrahman, konnte entkommen und in Spanien ein unabhängiges Reich gründen. Damit war 120 Jahre nach dem Tode des Propheten auch die politische Einheit des Islam zerbrochen.

Die *Abbasiden*, die nun 500 Jahre lang die Herrschaft innehaben sollten (750–1258), waren zwar Nachkommen von Muhammads Onkel al-Abbas, hatten aber mit dem alten Geist der ersten Freunde des Propheten wenig mehr gemein. Sie errichteten eine Theokratie und fühlten sich als „Herrscher der Gläubigen" – nicht mehr als Könige der Araber. Sie verlegten die Residenz in den Irak, nach **Bagdad,** und umgaben sich als echt orientalische Herrscher mit dem großen Hofzeremoniell des Alten Orients. Sie zogen Theologen an ihren Hof und verfolgten als Vorkämpfer der Orthodoxie alle, Sekten (vor allem die Anhänger 'Alīs, die sich **Schiiten** nannten, und die Harigiten) als Ketzer und Frömmler. Sie waren aber nicht imstande, die zentrifugale Dynamik im Griff zu behalten. 969 begründeten die **Fatimiden** (eine dem Haus 'Alī verwandte Dynastie) in Ägypten eine vom Zentralreich unabhängige Herrschaft, die sich 200 Jahre lang halten konnte. Die Kalifen verloren bald alle Macht, und die Garde setzte ab und wählte neu, wen sie wollte – nur die Institution als solche blieb bewahrt. Erst die Mongolen unter Hūlāgū machten 1258 dem Schattendasein des Abbasidenreiches ein Ende. Die **Mamlukensultane** in Ägypten aber, die Syrien und Palästina vor den Mongolen retteten, leisteten sich einen Abbasiden-Kalifen an ihrem Hof, der ihre Machtergreifung legalisieren

Mehmed II. (1451–1481) war der Eroberer von Byzanz (1453) und einer der bedeutendsten Herrscher der gesamten islamischen Welt.

sollte. Bis 1517 gab es auf diese Weise in Kairo einen abbasidischen Kalifen! Dann bereitete der **osmanische Sultan** Selim dieser Institution ein Ende und nahm selbst den Titel Kalif an. Fast 200 Jahre lang führte der Kalif-Sultan von Konstantinopel aus dann seinen Kampf gegen die christliche Welt, bis der Angriff 1683 vor Wien zum Stehen kam und die Wende eintrat, die erst in den Wirren des Ersten Weltkriegs ihr Ende fand. 1924 wurde das Kalifat offiziell von **Mustafa Kemal Pascha,** dem Präsidenten der türkischen Republik, abgeschafft und seither auch nicht mehr wiederbelebt.

Die Glaubenslehre des Islam

Der Prophet soll gesagt haben: *„Der Islam ist auf fünf Grundlagen aufgebaut: dem Glaubensbekenntnis, der Gebetsübung, der Almosensteuer, der Pilgerfahrt und dem Fasten im Monat Ramadān."*
Das Glaubensbekenntnis des Islam ist in den zwei einfachen Sätzen zusammengefaßt: *„Ich bezeuge, es gibt keinen Gott außer Allah; ich bezeuge, Muhammad ist der Gesandte Allahs."* Diese Bekenntnisformel findet sich zwar nicht ausdrücklich im Koran, wohl aber sinngemäß – z. B. in Sure 4,135: *„O ihr, die ihr glaubt, glaubt an Allah, seinen Gesandten, das Buch, das er auf seinen Gesandten herabgesandt, und die Schrift, die zuvor herabgekommen ist. Wer nicht an Allah glaubt, seine Engel, die Schriften, seine Gesandten und an den jüngsten Tag, der ist weit abgeirrt."*
Bei allen dogmatischen Spaltungen bildete die Kalifatsfrage den Ausgangspunkt. Am starrsten war der Standpunkt, den die Partei 'Alīs vertrat, die Schiiten: die Nachfolge des Propheten und damit die Führung innerhalb des muslimischen Lagers gebührt einzig und allein 'Alī und seiner Familie. Dieser „legitimistische" Standpunkt kostete viele Aliden das Leben, brachte ein starkes Passionsmotiv in den Islam und führte dazu, daß man im rechtmäßigen **Imam** eine Epiphanie Gottes sah. Ein Bekenntnissatz der Schiiten lautet z. B.: *„Ich glaube, daß der von Gott besonders erkorene Imam als Träger eines göttlichen Wesensteiles der Führer zur Seligkeit ist".* Wenn man bedenkt, daß sich die Führer der gegenwärtigen iranisch-muslimischen Re-

volution in der schiitischen Tradition wissen, dann kann man ihr Sendungsbewußtsein besser verstehen. Im Laufe der Geschichte kam dazu, daß man glaubte, der göttliche Imam könne keinen gewöhnlichen Tod erleiden, sondern werde entrückt und kehre als **Mahdi** der Endzeit (= der verheißene Paraklet der Bibel) wieder. Zwischen den beiden Extremen der Harigiten und der Schia entwickelten sich zwei andere Richtungen: die orthodoxen **Altfrommen** in den heiligen Städten Südwestarabiens und die Partei derer, die jedes Urteil über die Verhaltensweise der Menschen (also auch über die Rechtmäßigkeit der Regierung) Allah überlassen wollen: die **Murgia**.

In der Frage der Prädestination (Vorherbestimmung) waren sich die meisten Richtungen einig. Nur die Harigiten und eine kleine Minderheit (die Qadariten) lehnten diese Lehre ab.

Das älteste Credo des Islam, das den orthodoxen Standpunkt gegen die Sekten festhielt, geht auf **Abu Hanifa** zurück und lautet:

Art. 1: Wir betrachten keinen als Ungläubigen wegen einer Sünde, auch sprechen wir einem solchen den Glauben nicht ab. (gegen die Harigiten)

Art. 2: Wir mahnen zum Guten und verbieten das Böse.

Art. 3: Was dich trifft, könnte dich nicht verfehlt haben, und was dich verfehlt, könnte dich nicht getroffen haben. (Prädestination)

Art. 4: Wir verleugnen keinen der Gefährten des Gesandten Allahs; wir folgen keinem von ihnen ausschließlich.

Art. 5: Wir überlassen die Frage von 'Utmān und 'Alī Allah, der die Geheimnisse und verborgenen Dinge kennt.

Art. 6: Verständnis in Sachen der Religion ist besser als Verständnis in Sachen von Kenntnis und Recht.

Art. 7: Meinungsverschiedenheiten in der Gemeinde sind ein Zeichen der göttlichen Barmherzigkeit.

Art. 8: Wer alles glaubt, was er zu glauben gehalten ist, aber sagt: Ich weiß nicht, ob Mose oder Isa (Jesus) – Friede über ihnen – zu den Gesandten Gottes gehören oder nicht, ist ein Ungläubiger.

Art. 9: Wer da sagt: Ich weiß nicht, ob Allah im Himmel oder auf Erden ist, ist ein Ungläubiger.

Art. 10: Wer da sagt: Ich bekenne nicht die Strafe im Grabe, gehört zur Sekte der Gahmiten, welche zugrunde geht.

Der Koran nimmt im Islam die zentrale Stellung ein. Es werden aber von den orthodoxen Muslimen noch drei andere Quellen islamischer Lehre und Praxis anerkannt: die *sunna* (= Tradition), das *idschma* (= der Konsens der Gemeinde) und der *qisas* (= das Analogieprinzip).

Diese kostbar geschmückte Buchseite aus dem Koran (16. Jh.) enthält die erste Hälfte der 1. Sure.

Der Glaube der Muslimen

Die Tradition besteht aus allen ausdrücklichen oder impliziten Aussagen Muhammads, die er nicht persönlich im Koran aufzeichnete. Der Konsens ist schwierig zu definieren, bedeutet aber, daß die Einigkeit eines ansehnlichen Teils der gläubigen Muslimen hinsichtlich einer Lehre dieselbe zum Bestandteil des Glaubensgebäudes macht. Der Analogieschluß wird vor allem im Bereich der Orthopraxie (Ethik) angewendet und bietet Anlaß zu vielen Auseinandersetzungen.

Im Mittelpunkt der islamischen Glaubenslehre steht **Allah,** „der höchste Gott" der Araber vor Muhammad. Der Prophet behielt diese Gottesbezeichnung bei, reinigte aber die Gottesvorstellung von allen polytheistischen Beigaben. Die folgenden Texte aus dem Koran lassen die Reinheit des islamischen Gottesglaubens deutlich werden:

„Allah, es gibt keinen Gott außer ihm, dem Lebendigen, dem Ewigen. Schlummer ergreift ihn nicht noch Schlaf. Ihm gehört all das, was in den Himmeln und auf Erden ist. Wer ist es, der Fürsprache bei ihm einlegen wird ohne seine Erlaubnis? Er weiß, was vor ihnen liegt und was hinter ihnen, und sie verstehen nichts von seinem Wissen, außer, was er will. Sein Thron umschließt die Himmel und die Erde; ihre Überwachung ist ihm keine Bürde. Er ist der Erhabene, der Ruhmreiche.

Kein Zwang ist im Glauben. Rechtschaffenheit ist nunmehr klar unterschieden von Irrtum. Wer die Götzen verleugnet und an Allah glaubt, der hält sich an die stärkste Stütze, die unzerbrechliche. Allah ist der, der alles hört, der alles weiß.

Allah ist der Beschützer der Gläubigen; er führt sie aus den Finsternissen zum Licht.

Die Ungläubigen aber – ihre Beschützer sind Götzen, die sie aus dem Licht in die Finsternis führen; jene sind die, die im Feuer wohnen werden, dort verweilen sie für immer."
(Sure 2,256/9)

„Im Namen Allahs, des Erbarmers, des Barmherzigen. Es preiset Allah, was in den Himmeln und was auf Erden ist; er ist der Allmächtige, der Allweise. Ihm gehört das Reich der Himmel und der Erde, er macht lebendig und tötet, und er ist aller Dinge mächtig.

Er ist der Erste und der Letzte, der außen ist und innen, er hat Kenntnis von allem.

Er ist es, der die Himmel und die Erde in sechs Tagen schuf und sich dann auf dem Thron niederließ. Er weiß, was in die Erde eingeht und dann aus ihr hervorkommt, was vom Himmel herabkommt und was zu ihm aufsteigt. Er ist mit euch, wo immer ihr sein möget, und Allah sieht die Dinge, welche ihr tut. Ihm gehört das Reich der Himmel und der Erde, und zu ihm kehren alle Dinge zurück.

Er läßt die Nacht zum Tag werden und den Tag zur Nacht, und er kennt das Innerste der menschlichen Brust."
(Sure 57,1–5)

Typisch für den Glauben der Muslimen ist der entschiedene kompromißlose Monotheismus, aus dem sich konsequenterweise auch die Orientierung des sittlichen Handelns des Menschen ergibt. Aufbau und Form des nachfolgenden Textes aus der 17. Sure erinnern an die jüdischen Zehn Gebote, weshalb er auch „islamischer Dekalog" genannt wird:

1. *Setz nicht dem einen Gott einen anderen zur Seite, damit du nicht getadelt und verlassen dasitzt.*

2. *Und dein Herr hat bestimmt, daß ihr ihm allein dienen sollt.*

3. *Und zu den Eltern sollt ihr gut sein. Wenn einer von ihnen oder beide bei dir hochbetagt geworden sind, dann sag nicht Pfui! zu ihnen und fahr sie nicht an, sondern sprich ehrerbietig zu ihnen. Und senke für sie in Barmherzigkeit den Fittich der Selbsterniedrigung und sag: Herr! Erbarm dich ihrer ebenso mitleidig, wie sie mich aufgezogen haben, als ich klein war!*

 Euer Herr weiß wohl, was ihr in euch bergt. Er erkennt, falls ihr rechtschaffen seid. Den Bußfertigen ist er bereit zu vergeben.

4. *Und gib dem Verwandten, was ihm zusteht, ebenso dem Armen und dem, der unterwegs ist. Aber sei dabei nicht ausgesprochen verschwenderisch! Diejenigen, die verschwenderisch sind, sind Brüder der Satane. Und der Satan ist seinem Herrn gegenüber undankbar.*

Und falls du dich von ihnen abwendest, ohne ihnen etwas zu geben, indem du erwartest, daß dein Herr sich ihrer erbarmen wird, dann sprich wenigstens begütigend zu ihnen! Mach nicht, daß deine Hand an deinen Hals gefesselt ist (= sei kein Geizkragen), aber streck sie auch nicht vollständig aus, damit du nicht getadelt wirst und entblößt dasitzest! Dein Herr teilt den Unterhalt reichlich zu, wenn er will, und begrenzt. Er kennt und durchschaut seine Diener.

5. *Und tötet nicht eure Kinder aus Furcht vor Verarmung! Wir bescheren ihnen und euch den Lebensunterhalt. Sie zu töten, ist eine schwere Verfehlung.*

6. *Und laßt euch nicht auf Unzucht ein! Das ist etwas Abscheuliches und eine üble Handlungsweise.*

7. *Und tötet niemand, den zu töten Gott verboten hat, außer wenn ihr dazu berechtigt seid. Wenn einer zu Unrecht getötet wird, geben wir seinem nächsten Verwandten Vollmacht zur Rache. Er soll aber dann im Töten nicht maßlos sein, ihm wird ja geholfen.*

8. *Und tastet das Vermögen der Waisen nicht an, es sei denn auf die beste Art – bis sie volljährig sind.*

9. *Und erfüllt die Verpflichtungen, die ihr eingeht. Nach der Verpflichtung wird dereinst gefragt.*

10. *Und gebt, wenn ihr zumeßt, volles Maß und wägt mit der richtigen Waage! So ist es am besten und nimmt am ehesten einen guten Ausgang.*

11. *Und geh nicht einer Sache nach, von der du kein Wissen hast. Gehör, Gesicht und Verstand – für all das wird Rechenschaft verlangt.*

12. *Und schreite nicht überheblich auf Erden einher! Du kannst ja weder ein Loch in die Erde machen noch die Berge an Höhe erreichen. Jedes derartige schlechte Verhalten ist deinem Herrn zuwider.*

(Sure 17, 22–38)

Im Mittelpunkt des Islam steht der Koran, weil er die Offenbarungen Muhammads enthält, die dieser durch die Vermittlung des Erzengels Gabriel von Allah selbst empfangen hat. Erst unter dem 3. Kalifen ʿUtmān (20 Jahre nach Muhammads Tod) ist die kanonische Fassung festgelegt worden. Seither wird aus dem Koran (= Lesung) während der religiösen Zeremonien gelesen. In deutscher Übersetzung besteht der Koran aus etwa 200 000 Wörtern und ist in 114 Kapitel = Suren eingeteilt, die im wesentlichen der Länge nach angeordnet sind: und zwar die längsten zuerst und die kürzesten zuletzt. Die Suren sind in Verse eingeteilt und tragen bestimmte Überschriften (nicht Nummern), die mitgelesen werden. Die Sprache des Islam ist ein klassisches Arabisch – wobei es der Verbreitung des Islam sicherlich sehr zugute kam, daß dieses Gemeinarabisch schon vor Muhammad in einem weiten Umkreis von vielen Stämmen gesprochen wurde.

Wie der Grazer Alttestamentler und Orientalist Claus Schedl aufgezeigt hat, ist der Koran (ebenso wie das Alte und das Neue Testament) in einer sehr kunstvollen, auf ganz bestimmten Zahlensymbolen beruhenden, literarisch durchgeformten Sprache verfaßt. Muhammad wußte sich in der Nachfolge vieler Propheten, die gleich ihm Gottes Offenbarungen gehört und den Menschen weitergegeben haben:

„Und gedenke im Buch des Abraham. Siehe, er war aufrichtig, ein Prophet … und da er sich von seinem Vater und von dem, was sie außer Allah anbeteten, getrennt hatte, da schenkten wir ihm Isaak und Jakob und machten beide zu Propheten. Und wir bescherten ihnen von unserer Barmherzigkeit und gaben ihnen die hohe Sprache der Wahrheit."
(Sure 19, 42 ff.)

„Und wahrlich, wir gaben Mose neun deutliche Zeichen. Erkundige dich nur bei den Kindern Israels. … Er sprach zum Pharao: Du weißt doch, daß niemand anders dir diese Zeichen hinabgesandt hat als der Herr der Himmel und der Erde als sichtbare Beweise. Und wahrlich, ich halte dich, o Pharao, für verloren … Da suchte der Pharao sie aus dem Lande zu treiben; aber wir ertränkten ihn und die bei ihm waren … Und wir sprachen nach seiner Vernichtung zu den Kindern Israels: Bewohnet das Land, und wenn die Verheißung des Jenseits ein-

trifft, dann werden wir euch herbringen in bunten Haufen. Und in Wahrheit haben wir den Koran hinabgesandt, und in Wahrheit stieg er hinab, und dich entsandten wir nur als Freudenboten und Warner."
(Sure 17, 103 ff.)

„Und in ihren Spuren ließen wir folgen Jesus, *den Sohn der Maria, zu bestätigen die Thora, die vor ihm war, und wir gaben ihm das Evangelium, darinnen eine Leitung und ein Licht, bestätigend die Thora, die vor ihm war, eine Leitung und eine Ermahnung für die Gottesfürchtigen.*
Und damit das Volk des Evangeliums richte nach dem, was Allah in ihm herabgesandt hat; und wer nicht richtet nach dem, was Allah hinabgesandt hat – das sind die Frevler ... Und wir sandten hinab zu dir das Buch der Wahrheit, bestätigend, was ihm an Schriften vorausging, und Amen darüber sprechend. ... Jedem von euch gaben wir eine Norm und eine Heerstraße. Und so Allah es wollte, wahrlich, er machte euch zu einer einzigen Gemeinde; doch will er euch prüfen in dem, was er euch gegeben. Wetteifert darum im Guten. Zu Allah ist eure Heimkehr allzumal, und er wird euch aufklären, worüber ihr uneins seid."
(Sure 5, 50–53)

■

Einer der wichtigsten Inhalte der Glaubenslehre Muhammads und des Korans ist das **Gericht.** Es war schon der Hauptinhalt von Muhammads Verkündigung in Mekka:

■

„Wenn die Erde erbebt im furchtbaren Beben und die Lasten aus ihrem Grund sich erheben und der Mensch wird fragen: Was ist ihr doch?
Dann wird sie Kunde von sich geben, denn dein Herr hat es ihr eingegeben.
Dann kommen die Menschen in Scharen, ihre Werke zu schauen,
Und wer nur ein Körnchen Gutes getan, wird es sehen,
Und wer nur ein Körnchen Böses getan, wird es sehen.
(Sure 99)

Und wenn in die Posaune gestoßen wird mit einem einzigen Stoß, und von hinnen gehoben werden dann die Erde und die Berge und zerstoßen werden mit einem einzigen Stoß, dann wird an jenem Tag eintreffen die Stunde.
Und spalten wird sich der Himmel, denn an jenem Tag wird er zerreißen; und die Engel werden zu Seinen Seiten sein, und acht werden den Thron des Herrn ob ihnen tragen an jenem Tage.
An jenem Tage werdet ihr vorgeführt werden; nichts Verborgenes von euch soll verborgen sein."
(Sure 69, 13–18)

■

Aus dieser Verkündigung Muhammads entwickelte sich die islamische Vorstellung vom Jüngsten Gericht: das nahe Ende wird bestimmt durch die Ankunft des Antichrist, der fast alle Menschen in die Irre führen wird, bis ihn der Mahdi oder Jesus besiegt und eine Epoche der Gläubigkeit beginnt.

Beim ersten Posaunenstoß sterben alle Lebewesen, beim zweiten stehen sie wieder auf und warten, auf den Versammlungsplatz geführt, in großer Furcht auf das Beginnen des Gerichts. Bei der nun beginnenden Verhandlung stellt Allah selbst die Fragen; die Bücher der guten und bösen Taten werden verlesen. In zweifelhaften Fällen werden die Taten gewogen. Feindschaften zwischen Menschen und zwischen Menschen und Tieren werden geschlichtet. Die Propheten und Frommen legen Fürsprache ein. Dann haben die Menschen über eine Brücke zu gehen, die die Hölle überspannt und so schmal und scharf wie eine Messerschneide ist. Die Gläubigen kommen heil hinüber, die Ungläubigen stürzen in die Hölle. – Paradies und Hölle aber sind von unbegrenzter Dauer.

Es gibt im Islam einige dogmatische Schulen, doch haben sie allesamt sehr viel weniger Bedeutung als die Rechtsschulen. Die wichtigste unter ihnen ist der **Mu'tazila.** Er entstand zu Beginn der Abbasidenzeit (Ende des 8. Jh.) und wurde von der Orthodoxie bekämpft, der er zu scholastisch (kalām) war. **Al-As'ari** († 935) gelang es, die Mu'tazila zu überwinden und eine orthodoxe Dogmatik zu schaffen, die eine mittlere Haltung einnimmt zwischen den Neuerern und dem „alten Glauben". Aber bald nach seinem Tode wurde die Dogmatik kaum noch gefördert, sie wurde vielmehr in die Form von Katechismen gegossen, die bis heute im Umlauf sind und nach denen unterrichtet wird.

Das Gesetz

Die Sharī'a regelt das äußere Verhältnis der Gläubigen (und der im islamischen Herrschaftsgebiet lebenden Angehörigen der Buchreligionen) zu Allah und untereinander – sie bezieht sich nicht auf die Frömmigkeit der Gläubigen (hier setzt die islamische Mystik an, die für diesen Bereich Hilfen bietet und einen gewissen Gegensatz aufbaut).

Inhaltlich umfaßt das Gesetz die ganze religiöse, politische, private und individuelle Verpflichtung eines Muslim. Ihre Grundtendenz ist die *Wertung aller Lebensverhältnisse* von der Botschaft des Propheten her!

Die Wissenschaft vom islamischen Gesetz wird **Fiqh** genannt und bezieht sich auf 4 Quellen: den *Koran,* die Lebensführung Muhammads (= *Sunna*), die Einsicht oder Analogie (*ra'y* oder *qisas*), die Meinung der Gelehrten (*igma*). Da der Koran sehr viele Themen berührt, die durchaus nicht in das Gesetz passen (nur etwa ein Zehntel der 6000 Verse sind relevant), kam der 2. Quelle bzw. der *hadit* = der ausgebauten Überlieferung (sechs Sammlungen von Überlieferungen gab es im 9. Jh.) große Bedeutung zu. Die europäische wissenschaftliche kritische Forschung hat gezeigt, wie fragwürdig viele dieser Quellen sind (z. B. die von al-Buchari), auch wenn die enthaltene Lehre als „gesund" oder „schön" und nicht als „schwach" qualifiziert wird. Deswegen sah man zeitweise eine Lösung in der 3. und 4. Quelle, doch wird sie gerade in der jüngsten islamischen Bewegung wieder sehr in Zweifel gezogen, und man beschränkt sich lieber auf die Sunna und vor allem auf den Koran.

Vom juristischen Denken her erreichen aber trotzdem die Juristenschulen große Bedeutung, die sich nicht nur auf das islamische Recht im engeren Sinn, sondern auch auf die Sharī'a bezogen.

Vier Schulen haben sich durchgesetzt: die **Ha-**

Der Muezzin ruft täglich fünfmal zum Gebet auf. Jede Moschee verfügt zu diesem Zweck über einen Turm (Minarett), von dem aus der adan (Gebetsruf) erschallt. Im Bild ein Minarett in Kairo.

nifiten (nach Abu Hanifa, † 767), die besonders im osmanischen Reich die führende Schule darstellten, die **Malikiten** (nach Malik ibn Anas, † 795), deren Schule vor allem im Westen verbreitet ist, die **Safiten** (nach as-Safi'i, † 820), die eigentlich die islamische Rechtswissenschaft begründeten und bis zum osmanischen Reich die größte Bedeutung hatten, heute in Ägypten, Indien, Südarabien und Ostafrika dominieren, und die **Hanbaliten** (nach Ahmad ibn Hanbal, † 855), eine kleine ultrakonservative Schule, die aber in der Neuzeit größere Bedeutung erlangte, weil sich die Wahhabiten zu dieser Schule zählen.

Die Pflichtenlehre

Wir haben zu Beginn des Punktes über die Glaubenslehre (3.) bereits die sogenannten „fünf Säulen" (arkān) des Islam genannt, die erste, das Glaubensbekenntnis (shahāda), haben wir behandelt; die vier anderen sind Gegenstand der Pflichtenlehre jedes Muslimen: der Gottesdienst *(salāt)*, die Almosensteuer *(zakāt)*, das Ramadān-Fasten *(saum)* und die Pilgerfahrt *(hadsch)*. Zeitweise war auch die Teilnahme am heiligen Krieg *(ğihad)* ein Grundgebot, konnte sich aber auf die Dauer nicht durchsetzen.

Zusammen mit dem Gebot der Reinheit *(tahāra)* bilden diese vier Gebote die religiösen Pflichten *('ibādāt)* jedes Muslimen, wobei immer die Intention *(nīya)* entscheidend ist. Sie muß immer klar, in Worten oder Gedanken, gegeben sein. Alle Handlungen werden nach fünf Graden bewertet: Pflicht *(fard)*, verdienstlich *(mandūb)*, erlaubt *(mubāh)*, verwerflich *(makrūh)*, verboten *(hārām)*.

- **Reinheit:** Die Herstellung der Reinheit (um gottesdienstliche Handlungen vollziehen zu können) erfolgt durch Waschungen, für deren Durchführung genaue Vorschriften bestehen: Gesicht, Hände bis zum Ellenbogen, Befeuchten des Kopfes, Füße bei der kleinen Waschung *(wusu)*, die auch mit Sand vorgenommen

werden kann. Große Waschung *(gusl)* nach Geschlechtsverkehr, Menstruation, Geburt usw. Die Enthaltung von Unreinem *(nagīs)*: Schweinefleisch, Aas, Blut, Hunde, Alkohol, Glücksspiel, Abbildung lebender Wesen (geistbeseelt), manche Musikinstrumente.

- **Gebetsübung:** Jeder volljährige Muslim muß fünfmal am Tag die rituelle Gebetsübung verrichten (Mittag, Nachmittag, Sonnenuntergang, später Abend, Morgen), Gebetsteppich wird wegen der vorgeschriebenen Reinheit des Ortes verwendet. Eine Verbindung von körperlichen Übungen und Gebetsformeln bestehend aus 17 Teilen, Reihenfolge ist genau festgelegt: Richtung nach Mekka (1), Absicht (2), Erhebung der Hände zur Schulterhöhe und Sprechen: „allahu akbar" (= Gott ist groß) (3), Senken der Hände, Umfassen des linken Handgelenks mit der rechten Hand (4), Sprechen der Eröffnungssure des Koran *(fatiha)*, Beugen des Rumpfes, bis die Handflächen die Knie berühren (5), Aufrichten (6), Niederknien, mit den Händen, zuletzt mit der Stirn, den Boden berühren (7), Aufrichten des Oberkörpers (8), Einnehmen einer knienden Haltung, Hände auf die Schenkel, Wiederholung von (3)–(8) = (9)–(14) ist (15), in

Das tägliche Gebet der Muslime wird in der Regel gemeinsam durchgeführt. Genaue Vorschriften regeln den Ablauf.

kniender Haltung Glaubensbekenntnis und Segens-
wunsch für den Propheten und die anwesenden Gläubigen, wobei der Kopf zuerst nach rechts (16), dann nach
links gewendet wird (17).

Die Gebetszeiten verkündet der Muezzin vom Minarett
der Moschee durch den Gebetsruf *(adan),* der aus sieben Formeln besteht. In der Moschee ordnen sich die
Gläubigen in Reihen hinter dem Vorbeter (Imam), der
sich in Richtung Mekka gewendet hat. Frauen können
teilnehmen, jedoch in gesonderten Reihen.

Es gibt keinen eigenen Feiertag, aber die Teilnahme am
Freitag-Mittag-salat hat eine vergleichbare Funktion
(„Tag der allgemeinen Zusammenkunft"). Am Freitag
wird eine Predigt gehalten *(hutba),* die allerdings nur
formelhaft ausfällt.

Der *salat* hat eine hohe erzieherische Wirkung und ermöglicht durch die Formelhaftigkeit eine starke Konzentration (Versenkung).

● **Almosensteuer:** Die Verpflichtung dafür geht schon auf
die mekkanische Zeit zurück, in Medina appellierte der
Prophet zur Deckung der notwendigen Ausgaben an
die Gläubigen. Zur Entrichtung der Steuer ist jeder
Muslim verpflichtet, der über ein bestimmtes Mini-
mum an Besitz verfügt. Die Höhe wird nach einem bestimmten Schlüssel festgelegt.

● **Fasten:** Muhammad wählte – wahrscheinlich von christlichen Gebräuchen beeinflußt – den Monat Ramadān
als Fastenzeit. Diese Bestimmung stammt erst aus der
Medina-Zeit, Muhammad hat aber oft gefastet, so daß
der Ursprung des Fastens sicher älter ist. Das Fasten besteht im Sichenthalten von Speise, Trank, Rauchen und
Geschlechtsverkehr von der Morgendämmerung bis
zum Sonnenuntergang, dazu Enthaltung von Streit und
Üben guter Werke. Das muslimische Jahr ist ein Mondjahr, bestehend aus 12 Monaten, 6 haben 29, 6 haben 30
Tage, d. h. der Monat Ramadan kann in jede Jahreszeit
fallen. Am Ende steht das Fest des Fastenbrechens, das
feierlich begangen wird.

● **Pilgerfahrt:** Die Wallfahrt erinnert an die Eroberung
Mekkas für den Islam, macht das direkte Anknüpfen
des Islam an die alte arabische Religion (Kaaba) deutlich. Zur Pilgerfahrt ist jeder volljährige Muslim einmal
in seinem Leben verpflichtet – wenn der Unterhalt seiner Familie gesichert ist, er die Mittel zur Reise hat und
der Reiseweg sicher ist –; er erhält den Ehrennamen
„hadschi".

Im Mittelpunkt der Wallfahrt stehen die Kaaba und der
Zamzam-Brunnen. Die Kaaba ist 12 × 10 m breit und
15 m hoch, ein viereckiges Gebäude, Ecken ungefähr in
die Himmelsrichtungen weisend, an der Ostecke ist der
schwarze Stein eingemauert, die Außenwände mit jährlich erneuertem Brokatteppich behangen (aus Ägypten,
fromme Sprüche eingewebt), Tür in der Nordostwand,
das Innere ist leer. Die Kaaba soll von Adam begründet
und nach der Sintflut von Abraham erneuert worden
sein. – Der Zamzam-Brunnen ist 42 m tief, liegt der
Ostecke gegenüber in einem eigenen, von einer Kuppel
überdachten Gebäude. Sein Wasser gilt als wunderwir-
kend. Er soll von Gabriel für Hagar geöffnet worden

sein. – Der Monat der Wallfahrt ist der letzte im islamischen Jahr. – Das Gebiet von Mekka ist heilig, kein
Baum darf gefällt, kein Tier getötet werden. Der Pilger
muß den Weihezustand annehmen und zuerst die
kleine Wallfahrt *(umra)* durchführen: siebenmaliges
Umschreiten der Kaaba und siebenmaliger Lauf zwischen der Moschee, der Kaaba und den nahe bei der
Stadt liegenden Hügeln Safa-Marwa-Safa, darauf Sche-
ren des Haupthaares und Beginn der eigentlichen Wallfahrt am 7. Tag um die Mittagszeit mit einer Predigt, am
nächsten Tag Zug nach dem Ort Arafa (vier Stunden
von Mekka entfernt) über Mina, wo gelagert wird. In
Arafa Anhören einer Predigt, am 9./10. Tag Lagerung in
Muzdalifa, in Mina ist am 10. der Opfertag der Opfer-
tiere und das Steinwerfen auf dafür bestimmte Haufen.
Festtage vom 11.–13. Tag in Mina beschließen die Pil-
gerfahrt. Empfohlen wird noch ein kurzer Besuch in
Mekka mit zweimaligem Umschreiten der Kaaba. –
Diese gesamte Wallfahrt ist das Symbol des mystischen
Weges jedes Muslimen.

Das religiöse Recht

Volle Rechtsfähigkeit besitzt nur der muslimische Mann, die Frau ist von den öffentlichen
Ämtern ausgeschlossen, ihr Zeugnis vor Gericht gilt nur halb so viel wie das des Mannes,
das Blutgeld für sie beträgt nur die Hälfte, und
sie erbt auch nur halb so viel. Vermögensrecht-
lich dagegen steht sie dem Mann in der Ehe
gleichberechtigt gegenüber, sie verwaltet auch
ihr eigenes Vermögen.

Die Ehe ist eine Kaufehe geblieben: ein Vertrag
zwischen Bräutigam und Vormund der Braut
ist nötig, der Brautpreis (den der Bräutigam zu
zahlen hat) wird vor zwei Zeugen festgelegt.
Die Braut selbst tritt dabei nicht in Erscheinung. Sie soll ihre Einwilligung geben, ihr Vater darf sie aber auch zwingen. Ehehindernisse
sind nahe Verwandtschaft, ungleicher Stand
und verschiedene Religion (außer Angehörige
von Buchreligionen). Nach der Scheidung besteht für die Frau eine gesetzliche Wartezeit,
ebenso nach dem Tod ihres Mannes. Dem
Mann ist die Polygamie (bis zu vier Frauen) gestattet, dazu unfreie Konkubinen. Der Mann
kann die Scheidung ohne Angabe von Gründen aussprechen, die Frau dagegen muß sich
loskaufen oder nachweisen, daß ihr Mann sie
nicht erhalten kann.

Religiös gesehen, sind Mann und Frau gleich-
wertig.

Die Blutrache hat Muhammad nicht abschaffen

Jährlich im Herbst kommen Millionen Pilger aus der ganzen Welt nach Mekka. Für 1984 z. B. wurden über drei Millionen erwartet. In dieser Zeit bedecken riesige Zeltstädte die heiligen Stätten.

können, aber durch Ermahnung zur Annahme von Blutgeld gemildert.

Die Rechtsschulen zeichnen ein Idealbild des Staates, hinter dem die Wirklichkeit natürlich oft zurückbleibt. Es entstand durch den Rückblick auf die Zeit der ersten vier Kalifen, als das Religionsgesetz die Grundlage der Gesellschaft war.

Die islamische Mystik (Sufismus)

Die Kehrseite des islamischen Gesetzes ist die Mystik, sozusagen zum Ausgleich der Betonung der äußeren Form und des Reglements. Setzt das Gesetz die medinische Linie Muhammads fort, so die Mystik die mekkanische.

Schon in den ältesten Zeiten des Islam hat es Asketen und Büßer gegeben, die sich in die Einsamkeit zurückzogen und sich zur Enthaltung all dessen entschlossen, was sie von Gott abziehen könnte. Sie folgten darin Muhammad nach, der so oft die Einsamkeit in der Höhle am Berg Hirā gesucht hatte.

Das äußere Zeichen dieser Männer war ein einfaches Wollgewand, von dem sich auch der Name der islamischen Mystik *tasawwuf* ableitet. Darin steckt das Wort **suf = Wolle,** und es bedeutet: das wollene Gewand anziehen, ein Sufi (= Mystiker) werden. Früh schlossen sich diese Asketen zu Gemeinschaften zusammen, aus denen sich die späteren Orden entwickelten.

Der ersten, ursprünglichen Offenbarung des Propheten folgend, liegt der Ausgangspunkt des islamischen Mystikers in der Furcht vor dem angekündigten Gericht:

„Hoffnung und Furcht sind die beiden Reittiere des Gläubigen ... die Furcht muß größer sein als die Hoffnung, denn wenn die Hoffnung stärker ist als die Furcht, so verdirbt das Herz ...

O Mensch, wenn du den Koran liest und an ihn glaubst, dann muß deine Trauer hienieden lang, deine Furcht hienieden heftig und dein Weinen hienieden viel sein ... Der Gottvertrauende fordert nicht von Gott den Lebensunterhalt für morgen ein, so wie sein Gott nicht von ihm das Werk von morgen einfordert ... O Menschenkind, tue nicht, was zu tun recht ist, als Augendienst, und unterlasse es nicht aus Scham ... Einem Glaubensbruder einen Gefallen zu tun, ist mir lieber als ein Monat andächtigen Aufenthalts in der Moschee.“

So lehrt **Ḥasan al-Baṣrī** († 725), der berühmteste Vertreter des frühen Asketismus und Stammvater der Derwische.

Von hier aus ist es nur mehr ein Schritt zur mystischen Gottesliebe, wie sie z. B. aus den Worten der Mystikerin **Rabiʿa al-Adawiya** († 801) klingt:

„Auf zwei Arten habe ich dich geliebt: selbstsüchtig, und mit einer Liebe, die deiner wert ist.

Bei selbstsüchtiger Liebe finde ich meine Freude in dir, während ich für alles und alle anderen blind bin.

Bei jener Liebe, die deiner wert ist, dich sucht, ist der Schleier gehoben, so daß ich auf dich blicken kann.

Doch ist der Ruhm in jenem und diesem nicht mein, in diesem und jenem ist der Ruhm gänzlich dein.“

Extremer klingt, was der vielleicht berühmteste Mystiker **Abū l-Muġīt al-Ḥallāǧ** († 922) sagt. Er geriet deshalb auch in Konflikt mit der Staatsautorität und wurde eingekerkert und hingerichtet. Trotzdem wird er heute noch vielfach als Heiliger verehrt:

„Dein Geist hat sich mit meinem Geist gemischt, wie sich der Wein mit klarem Wasser mischt, wenn

etwas dich berührt, berührt es mich, nun bist du ich in jeder Lage ...

Zwischen mir und dir ist ein ‚ich bin‘, das mich bekümmert; dann räume in deiner Güte das ‚ich bin‘ fort.“

Die mystische Himmelsreise des Bayazid al-Bistami († 875)

„Ich sah, daß mein Geist zum Himmel getragen wurde. Er sah auf nichts und beobachtete nichts, obgleich das Paradies und die Hölle sich vor ihm entfalteten; denn er war vom Schleier der Erscheinungswelt befreit. Dann wurde ich ein Vogel, dessen Körper aus Einheit und dessen Flügel aus Dauer waren, und ich fuhr fort, in der Luft des Absoluten zu fliegen, bis ich in die Sphäre der Läuterung gelangte und auf das Feld der Ewigkeit schaute und dort den Baum der Einheit (im 7. Himmel, zur rechten Seite des Throns Allahs) erblickte. Als ich hinsah, war ich selbst all dies. Ich schrie auf: O Herr, in meiner Eigenliebe kann ich dich nicht erreichen, und ich kann meinem Selbst nicht entrinnen. Was soll ich tun?

Gott sprach: O Abu Yazid, du mußt Befreiung von deinem Du-Sein gewinnen, indem du meinem Geliebten (= Muhammad) folgst. Bestreiche deine Augen mit dem Staub seiner Füße und folge ihm beständig.“

Aus dem Diwan des Dschelāl ad-Dīn Rūmī († 1273)

„Was soll ich tun, ihr Muslims? Ich kenne mich doch selber nicht. Ich bin weder Christ noch Jude, noch Parse, noch Muslim. Ich bin nicht vom Osten noch vom Westen, weder vom Land noch von der See, ich komme nicht aus dem Schoß der Natur noch aus himmlischen Welten.

Ich bin nicht aus Erde, Wasser, Luft oder Feuer und entstamme nicht dem Licht noch dem Staub, nicht dem Seienden und Wesenhaften.

Ich komme nicht aus dem Irak noch aus dem Lande Khorasan. Ich entstamme nicht dieser Welt noch der kommenden, nicht dem Paradies noch der Hölle. Mein Ort ist da, wo kein Ort ist, meine Spur ist spurlos. Nicht Körper bin ich noch Seele, denn ich gehöre der Seele des Geliebten.

*Die Zweiheit habe ich verworfen; ich sah, daß beide
eine Welt sind.*
*Ich suche und kenne und sehe und rufe nur einen. Er
ist der Erste und Letzte, ist außen und innen. Ich
weiß nichts außer: O Gott, Er!*
*Ich bin berauscht vom Trank der Liebe, die beiden
Welten sind mir entschwunden."*

Das letzte Gebet des al-Hallāğ († 922)

*„O mein Gott, der du an jedem Ort offenbar und
doch an keinem Ort bist, ich flehe dich an bei der
Wahrheit deines göttlichen Wortes, das bezeugt,
daß ich bin, und bei der Wahrheit meines schwachen menschlichen Wortes, das bezeugt, daß du
bist:*
*Schenke mir die Dankbarkeit für diese deine
Gnade, daß du vor anderen verbargst, was du mir
enthülltest, nämlich die Herrlichkeit deines erhabenen Angesichtes, und daß du verwehrtest anderen,
was du mir gestattet hast: den Anblick deines verborgenen Geheimnisses.*
*Und diesen deinen Dienern, die versammelt sind,
mich im Eifer für deine Religion und im Streben
nach deiner Gunst zu töten, vergib ihnen. Denn
wenn du ihnen enthüllt hättest, was du mir enthülltest, würden sie nicht getan haben, was sie taten;
und hättest du mir vorenthalten, was du ihnen vorenthalten hast, so wäre ich nicht in dieser Drangsal.
Dir sei Preis für alles, was du tust, dir sei Preis für
alles, was du willst."*

Wie in diesen Texten Parallelen zu anderen Religionen (z. B. zur hinduistischen, zoroastri-
schen oder christlichen) deutlich werden, so
findet man sie auch bei der sufitischen Lehre
von den Seelenzuständen *(halat)*. Es handelt
sich um Stimmungsphänomene, die der gläubige Sufi-Mystiker und der im Glauben Erfahrene als spontan gewährte unverdiente Gna-
denzustände identifiziert, die der Fromme
demütig und dankbar annehmen und sorgfältig
bewahren muß, um die steilen Stufen zum
Allerhöchsten aufsteigen zu können:

Der Rosenkranz ist kein exklusiver Sakralgegenstand
der Christen. Er findet sich z. B. auch bei den Muslimen.

● **Bast** (= Erhebung, Berufung) ist jener Zustand freudi-
ger Ergriffenheit und Erwartung einer meist
noch unbestimmten Jenseitssehnsucht, wie ihn
der Gottsucher zur Stunde der Berufung aus
tiefstem Herzen mächtig aufsteigen fühlt. Dieses unvergeßliche Gefühl der „Vorfreude", das
nicht mehr zur Ruhe kommen läßt, bis man dem
noch fernen und verhüllten göttlichen Freuden-
spender nahegekommen ist, hat Ibn-Farid so beschrieben: *„In der Gnade meiner Berufung bin ich
ganz Sehnsucht, und meine Hoffnung trägt die Last
der Welt."* Es ist die unterste Stufe, auf der die
Ich-Verhaftung gerade wegen des oft rauschhaf-
ten Selbstgenusses noch am größten ist.

● **Qabd** (= Verzweiflung, panische Angst). Gegenüber *bast* ist der bald darauf folgende „Kreuzweg" ein Zustand panischen, teuflischen Schreckens. Diese Pein wird vielfach beschrieben, um so den Schülern Mut und Anleitung zum Durchhalten zu geben. Ibn-Farid beschreibt: *„Im Schrecken des Zusammenbrechens bin ich mir selbst nur Last, wohin mein Blick auch irrt, kein Heil, kein Heil!"* Durch diese seelische Dunkelkammer muß man durch, muß ihn als Zwang zu radikaler Selbstverleugnung sogar dankbar annehmen: *„Preßt er mit Furcht und Panik mich zusammen, so macht er mich von jeder Selbstsucht frei!"* (Al-Dschunaid).

● **Fana** (= Liebeshingabe) ist der Höhepunkt der sufischen Hal-Zustände und bedeutet das Verschmelzen des Tropfens menschlicher Liebe und Hingabe mit dem göttlichen Ozean aller Gnaden, Freuden und Herrlichkeiten, das Verschmelzen und völlige Aufgehen und Aufgeben des menschlichen Willens im Gotteswillen. Ergebnis ist „Armut im Geiste", Entleerung des Ichs von allem Irdischen und Menschlichen, so daß es zum Gefäß Gottes wird. Darauf laufen alle meditativen islamischen Übungen hinaus.

Feinde des Sufismus waren vor allem die Hariğiten, aber auch ein großer Teil der Schiiten, die Mutaziliten und strengen Hanbaliten. – Die Versöhnung zwischen Sufismus und Orthodoxie begründete *Abu Ḥāmid al-Gazzālī* († 1111). Er war ein persischer Rechtsgelehrter und wurde 1091 nach Bagdad an die berühmte Hochschule berufen. Damals war er ein Skeptiker. Nach Jahren des Studiums des Sufismus erlebte er eine vollständige Bekehrung, gab seine Karriere auf und lebte als Sufi zehn Jahre lang zurückgezogen in Syrien. Seine umfangreichen Schriften wurden vielfach ins Lateinische übersetzt (für den mittelalterlichen Westen hieß er Algazel). Er gab den Anstoß, das Leben als Sufi ähnlich zu regeln wie das der Theologen, dies war die Grundlage für die späteren Orden, die sich seit dem 12. Jahrhundert bildeten. Die berühmtesten dieser Derwisch-Orden (Derwisch = Bettler) zeigt die Tabelle. Neben dem Sufismus ist für den Islam und

Name	Gründer/Entstehungszeit	Heutige Verbreitung	Ordenstracht
Ahmadia	al-Badawi († 1277)	Ägypten	Roter Turban
Bajumia	al-Bajumi († 1766)	Ägypten, Irak, Pakistan	Grüner Turban
Bektaschia	Bektasch Wali (12. Jh.)	Reste in Ägypten	Weiße Mütze
Cischtia	ad-Din Cischti († 1236)	Punjab-Region	Ockerfarbenes Mönchskleid
Dasuqi („Burhania")	al-Dasuqi († 1278)	Unterägypten	Weißer Turban
Derqawa	al-Derqawi († 1823)	Marokko	Grüner Turban, Mosesstab, langer Bart
Ishaqia	Kazaruni († 1033)	ausgestorben	islam. Kriegskleidung (Ritterorden)
Kadiria	Abd al-Kader al-Dschilani († 1166)	weit verbreitet	Grüne oder weiße Turbane, Banner und Gewänder
Kalandaria	seit 13. Jh.	vereinzelt in Ägypten	Lumpengewänder
Maulawia	ar-Rumi († 1273)	Zypern	Sikke-Kappe („tanzende Derwische")
Naqschbandia	Naqschband († 1389)	Turkestan und Ägypten	
Saadia	al-Dschibauwi (8. Jh.)	Syrien und Ägypten	Gelber Turban (Krankenseelsorger)
Sanussia	as-Sanussi († 1859)	Libyen, Ägypten, Afrika	Nordafrikan. Kriegskleidung
Schadhilia	al-Schadhili (13. Jh.)	Tunis Komoren	Roter Fez
Tidschania	at-Tidschani († 1815)	Afrika	Weiße Turbane
Zijania	Ibn Abi Zijan († 1733)	Saharargion	Berberkleidung

Der Tadj Mahal in Agra ist eines der berühmtesten indischen Bauwerke, ein Höhepunkt der Mogul-Architektur. Kaiser Shadzhaban ließ den Bau als Mausoleum für seine Gattin Mumtez-e Mahal in weißem Marmor ausführen.

seine Frömmigkeit die *Heiligenverehrung* typisch. Darin schuf sich die Volksfrömmigkeit einen weiteren Ausweg aus dem kalten Monotheismus. Obwohl Muhammad immer entschieden abgelehnt hatte, als Wundertäter, Unfehlbarer, Sündenloser und dgl. bezeichnet und behandelt zu werden, wurde er schon von seinen frühesten Biographen ins Übermenschliche erhoben und zum vollkommenen Menschen umgedeutet, um den sich ein Kranz von Legenden rankt (in der Sunna bzw. Hadit überliefert). An Muhammad schließen sich Märtyrer des Islam wie ʾAlī und seine Familie, die Gründer der großen Rechtsschulen, vor allem aber die großen Mystiker, Ordensstifter und wandernden Sufis und Derwische an. Darunter findet sich auch eine nicht unerhebliche Zahl von Frauen. Gegen diese Volksfrömmigkeit haben sich immer wieder Erneuerer gewandt. Einer der bekanntesten ist der Gründer der nach ihm benannten Bewegung der Wahhabiten, *Muhammad ibnʾ Abdalwahhāb* († 1787). Seine Bewegung ist vor allem durch die Förderung, die sie in Saudiarabien findet, auch heute interessant und sehr einflußreich. Die Lehren des Gründers zeigen seinen unbedingten Reformwillen:

1. *Alle Objekte der Verehrung außer Allah sind falsch, alle, die sie verehren, verdienen den Tod.*
2. *Die meisten Menschen sind keine Monotheisten, da sie sich bemühen, Gottes Gunst durch den Besuch der Heiligengräber zu gewinnen, sie verhalten sich damit wie Heiden.*
3. *Es ist Polytheismus* (shirk), *den Namen eines Propheten, Heiligen oder Engels in das Gebet einzufügen.*
4. *Es ist shirk, Fürsprache bei irgendeinem anderen als bei Allah zu suchen.*
5. *Es ist shirk, irgendeinem anderen Wesen gegenüber Gelübde abzulegen.*
6. *Es bedeutet Unglauben* (kufr), *Wissen zu bezeugen, das nicht auf dem Koran, der Sunna oder zwingenden Vernunftschlüssen beruht.*
7. *Es bedeutet Unglauben und Häresie* (ilhad), *Prädestination in allem Tun zu leugnen.*
8. *Es bedeutet Unglauben, den Koran durch allegorische Auslegung* (taʾwil) *zu erklären.*

Diese Reformbewegungen richten sich gegen das Eindringen europäischer Lebensweise in islamische Länder. In dieser Tradition stehend, müssen heute auch die islamische Revolution in Persien und die Anzeichen zu revolutionären Bewegungen in anderen islamischen Ländern gesehen werden.

Die Bewegung der Sufis war nicht die Angelegenheit einiger weniger spirituell besonders Begabter, wenngleich diese (die Pirs oder Scheichs) eine große Rolle gespielt haben, vergleichbar den Gurus des Hinduismus oder Sikhismus, den Roshis im Zen-Buddhismus, den Zaddiks im Judentum, den Starzen und anderen großen Mönchsgestalten des Christentums.

Es war eine typische Weg-Religion, vergleichbar gerade besonders der indischen Religiosität: möglichst viele sollten sich auf den Weg machen – begleitet von den erfahrenen Führern.

Wir haben schon im VI. Kapitel gesehen, wie das Zusammentreffen des Islam mit dem Hinduismus im 11./12. Jh. in Indien zu einer großen „Bekehrungswelle" der Hinduisten zum Islam geführt hat. Dabei hatte der Sufismus eine entscheidende Rolle gespielt. Auch die lebensbejahenden Tendenzen der Sufi-Mystik schufen in Indien ein Gegengewicht zu den asketischen Tendenzen des Hinduismus, schlugen freilich auch in verwandte Kerben, was sich vor allem in den herrlichen Kunstwerken in der Zeit des Mogul-Reiches äußerte. Die Festung von Agra, die rote Stadt Fatehpur Sikri oder der Tadj Mahal gehören zum Großartigsten indischer Kunst – zugleich islamischer Geistigkeit und Kultur.

Das Zusammentreffen der beiden Religionen führte zu Versuchen von Synthesen. Eine davon ist die Religion der Sikhs (vgl. Seite 241 ff), eine andere ist mit der Person des großen Kaisers **Akbar (1556–1605)** verknüpft, der die neue Hauptstadt Fatehpur Sikri in der Nähe von Agra erbaute. Er stiftete die synkretistische Religion **tauhīd ilāhī**, die alle Bekenntnisse seiner Untertanen (auch das Christentum) vereinen sollte. Er führte diese Religion offiziell in seinem Reich ein und baute ein eigenes, genial gebautes Konferenzzentrum, wo Akbar persönlich bei Streitgesprächen und Dialogen präsi-

der Nachfolge zugunsten seines Bruders Musa al-Kazim übergangen worden ist. Ismail soll seines Alkoholismus wegen ausgeschlossen worden sein. Das nahm eine Gruppe zum Anlaß, eine islamische Geheimlehre auszuarbeiten und die religiöse Gruppe der Ismailiten zu gründen. Deren komplizierte Theologie enthält Vorstellungen, die auf hellenistische Philosophie als ihren Ursprung verweisen. Sie setzt den Glauben an eine ganze Reihe von Wesen voraus, die in einer Hierarchie angeordnet sind, mit dem unerkennbaren Einen an der Spitze. Dieser Eine schafft göttliche Wesen, angefangen von der Ersten Intelligenz bis zur Zehnten. Diese Zehnte Intelligenz ist Allah. Allah steht also in der Hierarchie verhältnismäßig niedrig, ist aber der Schöpfer der Welt, der Tiere und der Menschen und auch des Vollkommenen Einen, eines „Urmenschen", der auf Ceylon gelebt haben soll. Dieser „Erste Adam" ist in den aufeinanderfolgenden Imams reinkarniert und wird in den letzten Tagen der Menschheit als der sündenlose unfehlbare Führer wiederkommen, der dem Propheten Muhammad übergeordnet sein wird. – Die Ismailiten sind der traditionellen Koranauslegung und islamischen Lehre sehr fern, sie haben viele bodenständige mythologische Traditionen aufgenommen. – Im Westen wurde diese islamische Sekte bekannt durch den legendären **Aga Khan,** der zu seinem Geburtstag von den Gläubigen in Gold aufgewogen wurde und im gesellschaftlichen Leben des Westens eine große Rolle spielte. – Aus ähnlichen Voraussetzungen bildete sich auch die Sekte der **Assassinen,** die dadurch bekannt wurde, daß ihre Mitglieder Haschisch einnahmen, um sich Mut zum Töten zu machen.

Eine Begräbnisstätte im Volk beliebter und verehrter Mullahs in Persien.

dierte und versuchte, das allen Religionen Gemeinsame herauszuheben und an den gemeinsamen Glauben der Menschen zu appellieren. Dieses künstliche Erzeugnis hat freilich seinen Erfinder nicht überlebt, auch die Hauptstadt mußte aufgegeben werden, da sie nicht mehr mit Wasser versorgt werden konnte. Trotz seines Scheiterns ist Akbar aber eine Schlüsselfigur des Dialogs und ein Vorläufer heutiger Versuche, Religionsgespräche durchzuführen.

Die Ismailiten

Die Schiiten glauben an die Nachfolge Muhammads durch 'Alī bis Mohammed al-Muntazar, den 12. Imam. Deshalb werden sie Zwölferschiiten genannt. Es gibt aber auch eine Gruppe, die sich auf **Ismail,** den Sohn des 6. Imam, beruft, der ihrer Meinung nach bei

Die Drusen

Die islamische Splittergruppe der Drusen lebt in der Hauptsache in den gebirgigen Teilen des südlichen Syrien und im Libanon, einzelne Gruppen auch in Jordanien und in Israel. Sie zeigen in ihrer Lebenshaltung und Glaubenslehre Ähnlichkeiten mit den **Albigensern.** Der

Glaube ist geheim. Es besteht eine Teilung in Auserwählte und Erleuchtete einerseits und in „unwissende" gewöhnliche Menschen andererseits. Jede Gemeinde verfügt über ein Versammlungshaus, in dem die Auserwählten verschiedene Formen der Kontemplation und Meditation ausüben.

Die Drusen glauben, daß die Anzahl der Gläubigen schon von der Schöpfung an festgelegt worden ist (sie ist auf das Volk der Drusen beschränkt), so daß sich jedwede Missionierung von selbst erübrigt, ja im Gegenteil streng verboten ist. Die Religion enthält eine große Skala von Elementen asiatischer Religiosität, einschließlich der Reinkarnation, doch ist alles streng auf das Volk der Drusen beschränkt, auch Reinkarnationen geschehen nur wieder im Volk, damit die Reinheit der Botschaft gewahrt bleibt. Die Drusen verehren als ihren Gründer **al-Hakim,** der im 11. Jh. in Ägypten lebte, und stellen ihn über Muhammad. Diese Glaubensgemeinschaft versteht den Islam nicht mehr universal und nach außen gerichtet, sondern eher als Deckmantel ihrer geheimen elitären religiösen Offenbarung.

Islamische Mission

Bis vor kurzem hatte der Islam nichts für eine organisierte Mission übrig, weil jeder Muslim kraft seines individuellen Glaubens immer ein Verkünder seines Glaubens sein soll und der Koran jedes Mittlertum zwischen Allah und den Menschen streng verbietet. Dies hat sich aber in der letzten Zeit geändert. Sogar in der El Azhar-Universität in Kairo werden neuerdings islamische Studenten zu Missionaren ausgebildet.

Sehr rührig auf diesem Gebiet ist die von Pakistan aus operierende **Ahmadiyya-Bewegung,** die über Zweigstellen in Europa, Afrika, Amerika und im Fernen Osten eine systematische Mission betreibt und vor allem in Afrika großen Erfolg hat. Von den 420 Millionen Bewohnern dieses Kontinents bekennen sich immerhin gegen 120 Millionen zum Islam. Muhammads Botschaft von der Bruderschaft aller Gläubigen und die gelebte Gleichberechtigung aller Rassen im Islam fallen vor allem in Schwarzafrika, das seit Jahrhunderten unter dem Rassenvorurteil der Weißen leidet, auf besonders fruchtbaren Boden. Auch dies ist eine Facette der islamischen Revolution, die zu denken geben muß.

Die Bahai-Religion

Innerhalb des schiitischen Islam entstand in der um 1800 gegründeten Sekte der **Shaykhi** eine Reformbewegung, die zur Gründung der **Bahai-Religion** führte, einer modernen Religion, die mit dem Anspruch auftritt, alle Offenbarungsreligionen der Vergangenheit zusammenzufassen und zu überhöhen und das verheißene Reich Gottes auf Erden herbeizuführen.

Der Führer der in Persien beheimateten Sekte der Shaykhi war Siyyid Kázim von Rescht. Charakteristisch für ihren Glauben ist die Verehrung der Zwölf Imame, die in ihrem verborgenen Wirken der Welt den Willen Allahs kundtun und als göttliche Hypostasen (= Wesenheiten) oder Inkarnationen verehrt wurden. Vom Zwölften Imam erwarteten sie eine Wiederkunft am Ende der Zeiten als **Mahdi** (= der von Gott Geleitete) oder **Qa'im** (= der am Ende dieses Zeitalters sich Erhebende).

Nachfolger des Siyyid Kázim wurde 1843 **Ali Muhammed** aus Shiraz, ein Sufi-Frommer, in dessen Bewußtsein am 22. Mai 1844 die Erkenntnis durchbrach, selbst der Qa'im zu sein, auf den die Propheten vergangener Zeiten hingewiesen haben. Er verstand seine Aufgabe als Qa'im allerdings so, daß er der Herold für den noch Größeren, nach ihm Kommenden sein sollte. Er nannte sich **Bab** (= das Tor) und **Nukta** (= der Punkt unter dem ersten Buchstaben des Koran, der alle Erkenntnis in sich begreifen sollte) und trat mit seinem Anspruch an die Öffentlichkeit. In zahlreichen Sendschreiben an die Herrscher Persiens und Arabiens, im „Kommentar zur Josef-Sure" (= 12. Sure des Koran) im **Bayan,** seinem neuen islamischen Gesetzbuch, das die Lebensform seiner Anhänger revolutionieren sollte, rief er zur Nachfolge auf.

Die klassische Lehre des Islam erläuterte er existentialistisch-personal (Himmel und Hölle

Baha'u'llah (1817–1892) ist der Begründer der Bahai-Religion. Sein Name bedeutet „Herrlichkeit Gottes".

Im „Buch der Gewißheit" vollendet er den unvollendet gebliebenen Bayan. In der Sammlung **„Verborgene Worte"** bietet er den Anhängern Trostworte der „Fatima" (= Lieblingstochter Muhammads und Gattin 'Alīs) an, die der verborgene Imam wiederbringen und auslegen sollte. In den Werken **„Sieben Täler"** und **„Vier Täler"** beschreibt er den Weg zur mystischen Einung mit dem Göttlichen. Diese sieben Täler, die jeder Glaubende durchwandern muß, sind das Tal des Suchens, der Liebe, der Erkenntnis, der Einheit, des Genügens und Staunens, der Armut und des völligen Vergehens. Er kann sie nur durchwandern, wenn er die Anordnungen des Sendboten befolgt. Wer die sieben Täler durchwandert hat, kommt zu den vier Tälern der Namen Gottes: der Ersehnte, der Preiswürdige, der Anziehende, der Geliebte, und lernt, sich mit Gott zu vereinen. Diese und viele andere Schriften Baha'u'llahs gelten den Bahai als geoffenbart wie der Koran, der Pentateuch und das Neue Testament.

Baha'u'llah übte eine große Anziehungskraft aus, was wieder die persische Regierung mit Mißtrauen beobachtete. Schließlich wurde Baha'u'llah nach Adrianopel verbannt. Von dort her verbreitete sich seine Botschaft auch im Ausland, so daß er in die türkische Strafkolonie Akka, am Fuß des Karmel, vor dem Libanon gelegen, verschleppt wurde. Seine Anhänger wurden wieder verfolgt, dies festigte aber in ihnen das Bewußtsein, daß mit ihm ein neuer Anfang für die Menschheit gesetzt war:

„Für Israel war er nicht mehr und nicht weniger als die Verkörperung des ‚ewigen Vaters', des ‚Herrn der Heerscharen', der mit ‚Zehntausenden von Heiligen' herabkam;

für die Christenheit kehrte Christus ‚in der Herrlichkeit des Vaters' wieder;

für die Schiiten war er die Wiederkunft des Imam Husayn;

für die Sunniten war er die Herabkunft des Geistes Gottes;

für die Zarathustrier war er der verheißene Shah-Bahram;

für die Hindu die Wiedergeburt Krishnas;

für die Buddhisten der fünfte Buddha."

sind innerpersonale Zustände, die Auferstehung ist das geistliche Erwachen der Seelen usw.) und gewann zahlreiche Anhänger, die aber bald schlimmen Verfolgungen ausgesetzt waren. Der Bab selbst wurde gefangengenommen und 1850 erschossen. Sein Leichnam wurde versteckt und erst viele Jahre später 1909 in einem heute kunstvoll überbauten Mausoleum am Abhang des Karmel bei Haifa beigesetzt, das seither als einer der heiligsten Orte der Bahai-Religion gilt.

Einer der Anhänger des Bab war Mirza Husayn-Ali aus Mazindaran. Im Gefolge eines Attentates einiger junger fanatischer Babi auf den Schah wurde 1852 auch er festgesetzt, nach kurzer schwerer Haft aber nicht wie die meisten seiner Mitgefangenen getötet, sondern nach Bagdad verbannt. Dort erklärte er 1863 öffentlich seine Sendung und trat mit dem Anspruch auf, der vom Bab vorausverkündete Erwählte Gottes zu sein: Baha'u'llah.

Baha'u'llah erließ neue Aufrufe an die Herrscher und Könige der Welt, z.B. an den Schah von Persien, an Napoleon III., an Königin Viktoria von Großbritannien, an Zar Alexander II., an Papst Pius IX., an die Patriarchen und Erzbischöfe der katholischen und orthodoxen Kirchen und viele andere.

1873 entstand in Akka das **Kitab-is Aqdas** (= Heiliges Buch), in dem er seine Sendschreiben zusammenfaßte, Zerstörungen und Verwüstungen der Länder voraussagte und zur Einigung der Menschheit in einem Reich des Friedens aufrief. Er forderte eine Einheitssprache und Einheitsschrift und die Einigung aller Religionen, da sie nur die eine Gottheit in verschiedenen Formen anbeten. Weitere Teile des Buches enthalten verschiedene Vorschriften über die Lebensweise der Bahais, die Aufforderung zur Fürsorge für Arme und Kranke und die organisatorischen Grundstrukturen der Bahai-Religion: „Häuser der Gerechtigkeit" (= neun gewählte Gemeindemitglieder) sollen die Zentren der Gemeinschaft sein. Sie betreiben die Verwirklichung der Bahai-Ideale.

1892 starb Baha'u'llah und wurde von seinem Sohn und Nachfolger **Abdul-Baha,** nachdem die Verfolgung durch die türkische Revolution 1908 zu Ende ging, zusammen mit den sterblichen Überresten des Bab im Mausoleum in Haifa beigesetzt. Seit 1910 bereiste Abdul-Baha Ägypten, Europa und Nordamerika und fand großen Anklang. Vorher schon hatte sich die Bewegung in Rußland und Indien, im Irak, in Syrien, Palästina und in der Türkei ausgebreitet. Bald griff die Bewegung auch nach Afrika und Australien über. In seinen Ansprachen legte er die 12 Prinzipien der Bahai-Religion dar:

1. Die gesamte Menschheit muß als eine Einheit betrachtet werden. 2. Alle Menschen sollen die Wahrheit selbständig erforschen. 3. Alle Religionen haben eine gemeinsame Grundlage. 4. Die Religion muß die Ursache der Einigkeit und Eintracht unter den Menschen sein. 5. Die Religion muß mit Wissenschaft und Vernunft übereinstimmen. 6. Mann und Frau sind gleichberechtigt. 7. Vorurteile jeglicher Art müssen abgelegt werden. 8. Der Weltfrieden muß verwirklicht werden. 9. Beide Geschlechter *sollen die beste geistige und sittliche Bildung und Erziehung erfahren. 10. Die sozialen Fragen müssen gelöst werden. 11. Es müssen eine Welthilfssprache und -schrift eingeführt werden. 12. Es muß ein Weltschiedsgerichtshof eingesetzt werden.*

Das Bild zeigt den prunkvollen Kuppelbau in Haifa, den Shogi Effendi in den fünfziger Jahren unseres Jahrhunderts über dem Grab des Baha'u'llah errichten ließ. Abdul-Baha, der Nachfolger Baha'u'llahs, hatte seinen Vater und den Bab in einem Mausoleum in Haifa beisetzen lassen. Heute ist das Gebäude eines der wichtigsten Bahai-Zentren.

Abdul-Baha starb 1921. In seinem Testament setzte er seinen Enkel **Shogi Effendi** als Nachfolger und allein bevollmächtigten Ausleger der Schriften Baha'u'llahs ein, der damals in Oxford studierte und trotz seines jugendlichen Alters (24 Jahre) diese Aufgabe sofort übernahm und sich schnell durchsetzte.

In seinem Buch **„Gott geht vorüber"** entwarf er sein Geschichtsbild, das der Bahai-Religion das Heraufführen der Weltzivilisation zutraut, das Schaffen einer weltumspannenden Ordnung als Frucht der jüngsten Gottesoffenbarung für die Menschheit, durch die das von Jesus Christus verheißene Reich des Vaters auf Erden in aller Form eröffnet wird.

Shogi Effendi organisierte die Bahai-Religion durch die Gründung von vorerst sechs „Nationalen Geistigen Räten" in England, Deutschland/Österreich, im Irak, in Ägypten/Sudan, in Australien/Neuseeland und in USA/Kanada, die unter der unmittelbaren Leitung des „Hüters der Sache Gottes", wie er sich selbst bezeichnete, arbeiteten. 1937 enthüllte er den amerikanischen Bahai den **Ersten Siebenjahresplan,** der die Eröffnung des gesamten amerikanischen Kontinents für den Bahai-Glauben vorsah. Der **Zweite Siebenjahresplan** sah die Errichtung eines Nationalen Geistigen Rates in Kanada, eines für Mittel- und Südamerika und die weitere organisierte Verbreitung in Europa vor. Nach dem Zweiten Weltkrieg verbreitete sich die Bahai-Religion auch in den östlichen Ländern. In Israel wurde die Bahai-Religion zuerst als eine vom Islam getrennte selbständige Religion anerkannt. Weitere Neun- und Zehnjahrespläne folgten, durch die die Bahai-Religion in einem steten Wachstum begriffen ist. Das **Hüteramt** legt aus, was ausdrücklich offenbart ist und sorgt für die strikte Durchführung. Das **Universale Haus der Gerechtigkeit** hat das Amt der Gesetzgebung, das Erlassen und Aufheben von Anordnungen für solche Fälle inne, in denen von Baha'u'llah keine ausdrücklichen Regelungen vorliegen.

Als Shogi Effendi 1957 starb, hatte er keinen Nachfolger als Hüter bestimmt. Die 56 Nationalen Geistigen Räte wählten deshalb 1963 das **„Universale Haus der Gerechtigkeit"** mit Sitz in Haifa und übertrugen ihm die Verwaltung und

Shogi Effendi (1897–1957) ist der zweite Nachfolger des Baha'u'llah.

Führung der Bahai-Religion. Die Bahai-Religion sieht sich heute an einem dem Ende nahen Punkt der Entwicklung angekommen: *„Der Kampf zwischen den Kräften der Dunkelheit – der niederen Natur des Menschen – und den Göttlichen Lehren, welche den Menschen zu seiner wahren Stufe emporheben, wird von Tag zu Tag erbitterter",* das Aufrichten des Königreiches Gottes auf Erden wird für die nahe Zukunft erwartet.

Der Glaube der Juden

Ferdinand Dexinger

Wer den Glauben der Juden verstehen will, kann nicht einfach eine Religionsgeschichte des Judentums studieren. Wie bei allen Religionen besteht nämlich auch im Judentum ein gewisser Unterschied zwischen dem, was gläubiges Bewußtsein als Tatsachen festhält und dem, was die Forschung als Entwicklung darstellt. Heilsgeschichtliche Schau und historisch-kritisch rekonstruiertes Geschichtsbild sind nicht identisch. Dazu kommt, daß die von den Christen „Altes Testament" genannte Bibel allein nicht ausreicht, die jüdische Religion als eine Weltreligion, die die Wurzel der beiden anderen Weltreligionen, Christentum und Islam, bildet, in ihrer heutigen Form umfassend zu beschreiben. Der Glaube der Juden wurzelt zwar in der Bibel, ist aber wesentlich geprägt durch geschichtsbedingte, nachbiblische Entwicklungen.

Die Bibel – der Tanách

Für die Juden heißt die Bibel nicht „Altes Testament", sie wird umgangssprachlich Tanách genannt. Dieses Wort ist aus den Anfangsbuchstaben der Namen für die drei Teile der hebräischen Bibel gebildet:

T . . . . **T**orá	=	5 Bücher des Mose (Pentateuch)
N . . . . . . **N**ewiïm	=	Prophetische Bücher
CH (= **K**) . . . **K**etuwim	=	Übrige Schriften

Da die Bezeichnung „Altes Testament" auf das „Neue Testament" hinweist, das selbstverständlich nicht zur jüdischen Bibel gehört, ist dieser Ausdruck vom Standpunkt der jüdischen Religion her nicht sinnvoll. Die hebräische Bibel umfaßt neben den fünf Büchern des Mose noch eine Reihe anderer Bücher, die der babylonische Talmud aufzählt:

„Die Rabbanan lehrten: Das ist die Reihenfolge der Propheten: Jehoschua, Schoftim, Schmuel, Melachim, Jirmejahu, Jecheskel, Jeschajahu und die Zwölf Kleinen Propheten. Die Reihenfolge der Schriften ist: Rut, Tehillim, Ijjow, Mischle, Kohelet, Schir Haschirim, Echa, Daniel, Ester, Esra und Diwre Hajjamim."

(Baba Batra 14b)

In katholischen Bibeln finden sich darüber hinaus einige Bücher, die man im katholischen Sprachgebrauch deuterokanonische Bücher, im Sprachgebrauch der evangelischen Christen Apokryphen nennt. Es sind das: Judit, Jesus Sirach, Weisheit, Baruch, Tobit sowie I u. II Makkabäer. Die Zusammenstellung auf Seite 276 zeigt die Namen der einzelnen Bücher im Hebräischen, die gebräuchlichen Namen im Deutschen (sie folgen oft dem Namen in der griechischen Bibel, der Septuaginta) und die üblichen Abkürzungen, die auch hier verwendet werden.

Die deuterokanonischen Bücher sind nicht in hebräischer, sondern in griechischer Sprache überliefert. Das frühe Christentum hat an die Traditionen der griechisch sprechenden Juden angeknüpft und deren griechische Bibel (= Septuaginta) als die Heilige Schrift angesehen. Der durch die Bibel gegebene wurzelhafte Zusammenhang zwischen Judentum und Christentum wird deutlich, wenn man an eine Stelle im Neuen Testament, im Matthäusevangelium denkt:

Rolle mit dem hebräischen Text der Tora (sichtbar Ex 23, 18 – 24, 10). Im Gottesdienst verwendet man bis heute die Schriftrolle. Der in Kolumnen geschriebene Text wird durch Drehen der Stäbe, an denen die Enden der Pergamentrolle befestigt sind, zum Lesen sichtbar.

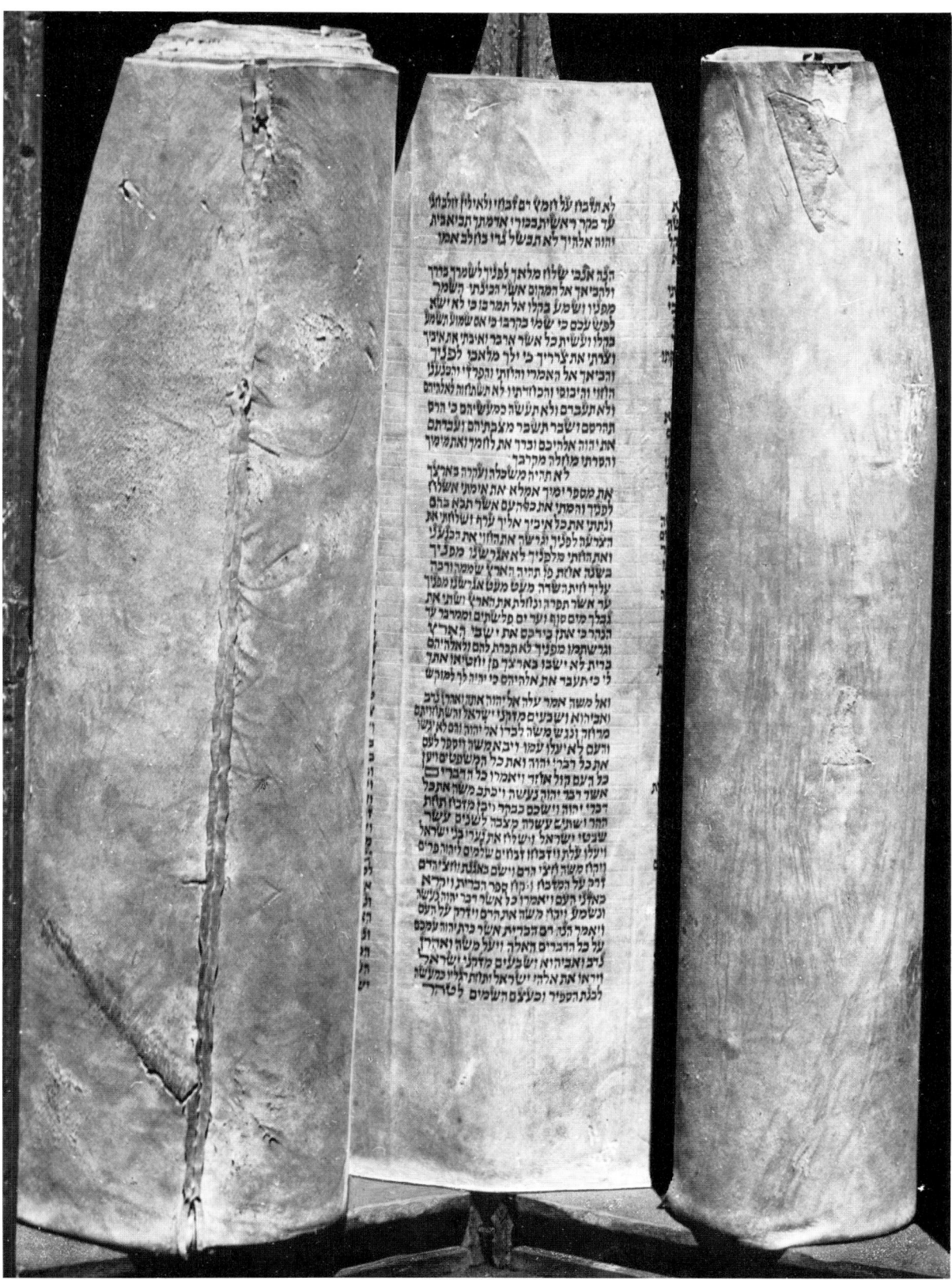

■

*Denkt nicht, ich sei gekommen, um das Gesetz und
die Propheten aufzuheben. Ich bin nicht gekommen,
um aufzuheben, sondern um zu erfüllen. Amen, das
sage ich euch: Bis Himmel und Erde vergehen, wird
auch nicht der kleinste Buchstabe des Gesetzes vergehen, bevor nicht alles geschehen ist."*
(Mt 5,17–18)

■

An der Frage, worin diese Erfüllung bestehen
sollte, schieden sich die Geister, so daß das
Christentum den Weg zu einer vom Judentum
verschiedenen Religion ging. Der unterschiedliche Umfang der Bibel war dabei keineswegs
die entscheidende Ursache.
Für den gläubigen Juden aller Zeiten war die
Bindung an das Gesetz, die Tora, bewegender
Lebensinhalt. Mit dem Bekenntnis des Schemá
Jisraél (= „Höre, Israel!") auf den Lippen starben nicht nur die jüdischen Märtyrer der Antike, sondern auch gläubige Juden in den
Konzentrationslagern gingen mit diesen Worten in den Tod:

■

*„Höre, Israel! Jahwe, unser Gott, Jahwe ist einzig.
Darum sollst du den Herrn, deinen Gott, lieben mit
ganzem Herzen, mit ganzer Seele und mit ganzer
Kraft.
Diese Worte, auf die ich dich heute verpflichte, sollen auf deinem Herzen geschrieben stehen. Du sollst
sie deinen Söhnen wiederholen. Du sollst von ihnen
reden, wenn du zu Hause sitzt und wenn du auf der
Straße gehst, wenn du dich schlafen legst und wenn
du aufstehst. Du sollst sie als Zeichen um das
Handgelenk binden. Sie sollen zum Schmuck auf
deiner Stirn werden. Du sollst sie auf die Türpfosten deines Hauses und in deine Stadttore
schreiben."*
(Dtn 6,4–9)

■

Die biblische Tradition insgesamt steht für den
gläubigen Juden in einem großen Traditions-
bogen, der die ganze Geschichte umfaßt. Diese
Tradition erweist ihre Kraft oft auch dann
noch, wenn für einen Juden religiöse Bindun-

Die biblischen Bücher			
	Hebräische Namen	Deutsche Namen	Abkürzungen
Pentateuch = Tora	Bereschít	Genesis	Gen
	Schmót	Exodus	Ex
	Wajjikrá	Leviticus	Lev
	Bemidbár	Numeri	Num
	Dwarím	Deuteronomium	Dtn
Newiïm 1: Frühere	Jehoschúa	Josue	Jos
	Schöftím	Richter	Ri
	Schmuél I, II,	Samuel I, II	1, 2, Sam
	Melachím I, II,	Könige I, II	1, 2, Kg
Prophetische Bücher = Newiïm 2: Spätere	Jeschajáhu	Jesaja	Jes
	Jirmejáhu	Jeremia	Jer
	Jecheskél	Ezechiel	Ez
	Hoschéa	Hosea	Hos
	Joél	Joel	Joel
	Amós	Amos	Am
	Owadjá	Abdias	Ob
	Joná	Jona	Jon
	Michá	Michäas	Mi
	Nachúm	Nahum	Nah
	Chawakkúk	Habakuk	Hab
	Zefanjá	Sophonias	Zeph
	Chaggaí	Aggäus	Hag
	Secharjá	Zacharias	Sach
	Malachi	Malachias	Mal
Übrige Schriften = Ketuwim	Tehillím	Psalmen	Ps
	Mischlé	Sprüche	Spr
	Iijów	Job	Hiob
	Schir Haschirím	Hoheslied	Hld
	Rut	Rut	Rut
	Echá	Klagelieder	Kgld
	Kohélet	Prediger	Koh
	Estér	Ester	Est
	Daniél	Daniel	Dan
	Esrá	Esra	Esr
	Nechemjá	Nehemias	Neh
	Diwré Hajjamím	Chronik	1, 2 Chr.

Die hebräischen Eigennamen und Termini werden,
soweit nicht eine bestimmte Schreibweise üblich
geworden ist (Lokkumer Richtlinien), so geschrieben,
daß sie vom deutschsprachigen Leser richtig
ausgesprochen werden. Die gelegentlich beim ersten
Vorkommen eines Wortes gesetzten Akzente geben nur
eine richtige Betonung an und gehören nicht zur
Orthographie.

gen geschwunden sind und er sich als Atheist oder Agnostiker versteht. Nicht zuletzt von daher wird deutlich, daß Judentum nicht nur Religion, sondern auch Volk im Sinne eines gemeinsamen prägenden kulturellen Erbes bedeutet.

Die Bibel ist für gläubiges jüdisches Bewußtsein nicht das Produkt eines langsamen historischen Prozesses. Gott selbst ist es, der auf diesem Weg den Menschen sein Gesetz zur Erfüllung übergeben hat. Dieses Gesetz wurde nach Aussage der *Mischna* (= Lehre) in einer ununterbrochenen Traditionskette der jeweiligen Gegenwart überliefert:

„Mose hat die Tora auf dem Sinai empfangen und sie dem Josua überliefert und Josua den Ältesten und die Ältesten den Propheten, und die Propheten haben sie den Männern der großen Versammlung überliefert."
(Awot 1, 1)

Die biblische Überlieferung ist Wurzel und Bezugspunkt der jüdischen Traditionsliteratur aller Jahrhunderte. In irgendeiner Form ist die gesamte jüdische Traditionsliteratur Bibelauslegung. Traditionelles jüdisches Schriftverständnis geht in zwei Richtungen: Einerseits gilt es, die erzählenden Teile der Bibel immer wieder neu und ergriffen zu bedenken. Das ist der Zweck der *agadischen Midraschím* (= Agadá). Anderseits geht es darum zu erkennen, was verpflichtendes Religionsgesetz (= Halachá) im Rahmen der sich stets ändernden kulturellen und gesellschaftlichen Umweltbedingungen ist. Als Angelpunkt der gesamten Geschichte Gottes mit seinem Volk gilt der Bundesschluß am Sinai, wie er in der Bibel (Ex 19–20) überliefert ist. Bei diesem Ereignis sind Geschichte und Gesetz in einer unzertrennlichen Einheit verbunden. Damit wird auch klar, daß jüdische Religion sich nicht in äußerlicher Gesetzeserfüllung erschöpft, sondern daß die Erfüllung des Religionsgesetzes wesentlich vom Gottesbild her geprägt ist und als Hingabe an den göttlichen Willen verstanden wird.

Die Übergabe der Tora an Israel gilt dem frommen Juden als Geschenk und Auszeichnung Israels und nicht etwa als Last. Der folgende Abschnitt aus dem Midrasch Rabba läßt die Geschichte von Adam bis Mose als den Weg der Tora zu den Menschen erscheinen:

„Gott sprach zu Israel: Ehe ich die Welt erschuf, hatte ich schon die Tora bereitet ... und ich habe sie nicht den Heiden, sondern Israel übergeben. Als die Israeliten am Sinai standen, sprachen alle: ‚Alles, was der Herr gesagt hat, wollen wir tun; wir wollen gehorchen' (Ex 24, 7). Sogleich gab er ihnen die Tora gemäß dem Psalmvers: ‚Er verkündet Jakob sein Wort, Israel seine Gesetze und Rechte' (Ps 147, 19). Nicht an jedem Volk hat Gott so gehandelt, sondern nur an wem? Nur an Jakob, den er aus allen Nationen erwählte. Er tat es nicht auf einmal, sondern nach und nach. Dem Adam gab er sechs Gebote, dem Noach fügte er ein weiteres hinzu, dem Abraham acht und dem Jakob neun, Israel aber hat er alle gegeben. Rabbi Simeon sagte im Namen des Rabbi Chanina, das ist gleich wie bei einem König, vor dem ein mit vielerlei Speisen gedeckter Tisch stand. Als sein Diener kam, gab er ihm eine Schnitte (Brot), einem zweiten gab er ein Ei, einem dritten Gemüse, eben einem jeden etwas. Da trat sein Sohn ein, ihm gab er den ganzen Tisch mit den Worten: ‚Jenen habe ich nur einzelne Speisen gegeben, dir aber gebe ich alles.' So hat Gott auch den Heiden nur einzelne Gebote gegeben. Als aber die Israeliten hintraten, sprach er zu ihnen: ‚Euch gehört die ganze Tora.' "
(Midrasch Exodus Rabba 30, 9)

Gesetz und Ethik

Wenn im Bereich der jüdischen Religion vom Religionsgesetz die Rede ist, so ist damit eine große Zahl von Geboten und Verboten gemeint, die sich aus dem Wortlaut der Bibel ergeben. Diese Gesetze beziehen sich auf den kultisch-religiösen Raum, aber auch auf jenes Gebiet, das man Ethik nennt. Insgesamt wird hier keine genaue Trennlinie gezogen. Das zeigt die bekannte Stelle aus dem Talmud sehr schön, wo erkennbar wird, wie die beiden berühmten rabbinischen Autoritäten aus dem ersten vorchristlichen Jahrhundert auf den Wunsch eines Nichtjuden reagieren, den großen gemeinsamen Nenner des gesamten Gesetzes zu erfahren:

„Es geschah, daß ein Nichtjude zu Schammai kam und zu ihm sagte: Ich lasse mich von dir ins Judentum aufnehmen, wenn du mich die ganze Tora lehrst, während ich auf einem Fuß stehe. Da gab er ihm mit der Elle, die er in der Hand hatte, einen Stoß. Darauf wandte er sich an Hillel. Der nahm ihn ins Judentum auf, indem er zu ihm sagte: Was dir nicht recht ist, das füg auch deinem Nächsten nicht zu! Das ist die ganze Tora. Alles andere ist nur Erklärung. Geh und lerne sie!"
(Schabbat 31a)

Im Mittelalter hat man die zahlreichen (613) Gebote und Verbote, die der Bibel zu entnehmen sind, systematisch zusammengestellt. Die Liste, die auf *Moses Maimonides* (1135–1204) zurückgeht, ist die bekannteste.

Maimonides hat im „Séfer Ha-Mizwót" (= Buch der Gebote) jene Sammlung systematisch vorgelegt, der die folgende Auswahl entnommen ist. Er führt 248 Gebote und 365 Verbote an und weist jeweils auf die zugrundeliegende Bibelstelle hin.

Diesen Geboten und Verboten liegen vielfach ethische Normen zugrunde, auf die sich zusammenfassend schon Hillel bezog und die in

		Die 613 Gebote und Verbote der Tora (in Auswahl)	
		Gebote	
1.	Ex 20,2	Glaube an Gott
2.	Dtn 6,4	Glaube an Gottes Einheit
3.	Dtn 6,5	Liebe zu Gott
4.	Dtn 6,13	Ehrfurcht vor Gott
5.	Ex 23,25	Verehrung Gottes im Gebet
6.	Dtn 10,20	Vertrauen auf Gott
7.	Dtn 10,20	Beim Namen Gottes schwören
8.	Dtn 28,9	Auf Gottes Wegen wandeln
9.	Lev 22,32	Heiligung des göttlichen Namens
10.	Dtn 6,7	Lesen des Schemá am Morgen und am Abend
11.	Dtn 6,7	Studium der Tora und Unterweisung anderer
12.–13.	Dtn 6,8	Anlegen der Gebetsriemen (Tefillín)
14.	Num 15,38	Tragen der Schaufäden (Zizít)
15.	Dtn 6,9	Anbringung der Inschrift am Türpfosten (= Mesusá)
19.	Dtn 8,10	Dankgebet nach dem Essen (Birkát ha-Masón)
26.	Num 6,23	Priestersegen für das Volk (Birkát ha-Kohaním)
37.	Lev 21,2–3	Kultische Verunreinigung der Priester an Leichen von Verwandten

52.	Ex 23,14	Feier der drei Wallfahrtsfeste
55.	Ex 12,6	Schlachten des Pésach-Opfers
77.	Lev 12,6	Opfer der Wöchnerin nach ihrer Reinigung
146.	Dtn 12,21	Schächten (= rituelle Schlachtung) der zum Essen bestimmten Tiere
154.	Ex 20,8	Schabbatruhe
156.	Ex 12,15	Wegschaffen allen Sauerteigs vor Pésach
157.	Ex 12,18	Erzählung vom Auszug aus Ägypten und Essen der ungesäuerten Brote (Mazzót)
162.	Lev 23,21	Feier des Festes Schawuót (Pfingsten)
163.	Lev 23,24	Feier von Rosch Ha-Schaná (Neujahr)
166.	Lev 23,35	Feier des Festes Sukkót (Laubhüttenfest)
169.	Lev 23,40	Tragen des Feststraußes (= Luláv) am Laubhüttenfest
177.	Lev 19,15	Unparteilichkeit bei Gericht
185.	Dtn 12,2	Ausrottung des Götzendienstes
195.	Dtn 15,8	Hilfe für die Armen
198.	Dtn 23,21	Darlehen auf Zinsen für Nichtjuden
200.	Dtn 24,15	Entlohnung des Taglöhners am selben Tag
206.	Lev 19,18	Nächstenliebe
207.	Dtn 10,19	Liebe zum Fremden
212.	Gen 1,28	Verpflichtung zur Eheschließung
222.	Dtn 24,1	Ehescheidung durch Scheidebrief

der Bibel in dem Satz gipfeln: „Liebe deinen Nächsten wie dich selbst" (Lev 19,18). Im Abschnitt der Mischna, der Awót genannt wird, findet man eine von weisheitlichem Denken geprägte Sammlung von Maximen, die den ethischen Aspekt der Tora verdeutlichen:

■

„Seid vorsichtig den Machthabern gegenüber, denn sie ziehen die Menschen nur aus Eigennutz an sich heran. Sie zeigen sich als Freunde, wenn man ihnen nutzt, stehen aber dem Menschen nicht bei in der Zeit seiner Not. (2,3)

248.	Num 27,8–11	Einhaltung der Erbschaftsgesetze
	Verbote	
2.	Ex 20,4	Kein Bild von Gott machen
28.	Dtn 13,3	Keinem falschen Propheten folgen
50.	Ex 23,33	Keine Nachsicht mit Götzendienern haben
62.	Ex 20,7	Kein überflüssiges Schwören
66.	Dtn 21,22–23	Einen Gehenkten nicht über Nacht hängen lassen
172.–179.	Lev 11	Keine unreinen Tiere essen
186.–187.	Ex 23,19; 34,26	Fleisch nicht in der Milch kochen und nicht zusammen essen.
194.	Dtn 32,38	Keinen Götzenopferwein trinken
196.	Lev 23,29	Am Jom Kippúr nicht essen
219.	Dtn 25,4	Einem arbeitenden Tier nicht das Maul verbinden
227.	Lev 25,23	Im Land Israel kein Grundstück für immer verkaufen
244.	Ex 20,15	Keine Menschen rauben
246.	Dtn 19,14	Den Grenzstein nicht verrücken
270.	Ex 23,5	Ein unter der Last zusammengebrochenes Tier nicht ohne Hilfe lassen
277.	Ex 23,3	Den Armen vor Gericht nicht schonen
312.	Dtn 17,11	Dem obersten Gericht nicht den Gehorsam verweigern
365.	Dtn 17,16	Der König darf nicht zuviel Gold und Silber anhäufen

... Richte deinen Nächsten nicht, bevor du in seine Lage gekommen bist ... (2,4)
Denke über drei Dinge nach, und du wirst keine Sünde begehen: wisse, woher du gekommen bist, wohin du gehst und vor wem du einst Rechenschaft abzulegen haben wirst. Woher du gekommen bist? Aus übelriechendem Keime. Wohin du gehst? An einen Ort, wo Staub, Moder und Gewürm ist. Vor wem du einst Rechenschaft ablegen wirst? Vor dem König aller Könige, dem Heiligen, gebenedeit sei er. (3,1)
Die Überlieferung ist ein Zaun für die Tora. (3,14)
Diese Welt gleicht dem Vorzimmer zu der künftigen Welt; rüste dich im Vorzimmer, damit du in den Speisesaal eintreten kannst. (4,16)
Wende die Tora hin und wende sie her, denn alles ist in ihr (5,22)."

Die Heilsgeschichte in Fest und Feier

Wie die religionsgesetzlichen Bestimmungen an die biblischen Gesetzesvorschriften anschließen, haben auch die meisten jüdischen Feste ihren Anknüpfungspunkt in der biblischen Geschichte, die durch sie immer wieder gegenwärtig wird. Die Feier der Feste ist auch ein starkes Band, das die Juden der ganzen Diaspora und – über die Geschichte hinweg – aller Generationen verbunden hat und immer noch verbindet.

Der Schabbát

Eng verbunden mit dem biblischen Schöpfungsbericht ist die Feier des Schabbats. In den Zehn Geboten (Ex 20,8 ff) wird die Feier des Schabbáts (= Sábbat) gefordert und motiviert:

■

„Gedenke des Sabbats: Halte ihn heilig! Sechs Tage darfst du schaffen und jede Arbeit tun. Der siebte Tag ist ein Ruhetag, dem Herrn, deinem

Gott, geweiht. An ihm darfst du keine Arbeit tun: du, dein Sohn und deine Tochter, dein Sklave und deine Sklavin, dein Vieh und der Fremde, der in deinen Stadtbereichen Wohnrecht hat. Denn in sechs Tagen hat der Herr Himmel, Erde und Meer gemacht und alles, was dazugehört; am siebten Tag ruhte er. Darum hat der Herr den Sabbattag gesegnet und ihn für heilig erklärt."

(Ex 20,8–11)

Vor oder nach der gottesdienstlichen Lesung erfolgt die feierliche Erhebung der Tora-Rolle, wobei die Gemeinde die Worte aus Dtn 4,4 singt.

Ähnlich wie Gott selbst enthält sich der Fromme am Schabbat aller Arbeiten und Tätigkeiten, die gleichsam das Schöpfungswirken fortsetzen. Diese Vorschrift prägt in ungeahnter Weise den jüdischen Lebensrhythmus. Für diesen Tag wird alles festlich vorbereitet. Der Schabbát (jiddisch: Schábbes) beginnt wie alle Feste und Feiertage bereits am Vorabend. Die Schabbatlichter werden von der Frau des Hauses entzündet, die auch den Segen darüber spricht. Das Abendgebet (Ma'ariv) am Freitag in der Synagoge enthält eigene, sich auf den Schabbat beziehende Gebete. Sozusagen als Begrüßung des Schabbats singt der Vorbeter (= Chasán) das „Lechá Dodí", einen gottesdienstlichen Gesang (= Pijjút), der im 16. Jh. von dem in Safed lebenden Kabbalisten *Salomo Alkabez* (1505–1584) verfaßt wurde und der den Schabbat symbolisch als Braut beschreibt. Eines der Gebete, die gegen Ende des Freitag-Abend-Gottesdienstes gesprochen werden, drückt vorzüglich die Grundgedanken der Feier des Schabbats aus:

„Söhne Israels, bewahrt den Schabbat, haltet den Schabbat in allen Geschlechtern als einen ewigen Bund. Zwischen mir und den Söhnen Israels ist er ein Zeichen auf ewig, denn in sechs Tagen hat Gott Himmel und Erde erschaffen und am siebenten ruhte er und verweilte."

Sowohl in der Synagoge (= Versammlungsort) wie auch beim Abendessen zu Hause wird der mit Wein randvoll gefüllte Kiddúsch-Becher nach dem Segensspruch geleert. Zu Hause schließt sich daran die festliche Mahlzeit, die auch Arme so festlich wie möglich gestalten. Das Morgengebet (= Schacharít) am Schabbatmorgen verbindet die für das Morgengebet allgemein geltenden Texte natürlich mit für diesen Tag spezifischen Hinzufügungen. Der Synagogengottesdienst ist im Prinzip ein Wortgottesdienst mit ganz wenig Ritual. Bei diesem Morgengebet werden die Tora-Rollen aus dem Arón Ha-Kódesch (= Heiliger Schrein) genommen. Es wird jeweils ein bestimmter Abschnitt aus der Tora gelesen. Dieser Abschnitt wird in acht Teile geteilt, zu denen acht Män-

Grab des Kabbalisten Salomo Alkabez (1505–1584) am alten Friedhof in Safed (Israel). Im 16. Jh. war Safed das Zentrum der jüdischen Mystik. Die Gräber dieser Gelehrten sind auch heute noch Stätten frommen Gedenkens.

ner – zuerst ein Kohén (= Priester), dann immer ein Levi(t) – aufgerufen werden.
Nach dem Mussáf-Gebet (= Zusatzgebet) schließt der Gottesdienst. Mit dem Abendgebet am Schabbat schließt dieser Tag. Zu Hause wird die Hawdalá (= Unterscheidung, nämlich von Schabbat und Wochentag) vorgenommen. Dabei brennt eine Kerze, die man dem jüngsten Kind anvertraut, während der Hausvater in einer Hand den vollen Becher mit Wein und in der anderen die Besomímbüchse (= Behälter für Räucherwerk) hält und dabei Gebete spricht. Am Ende wünscht man einander eine gute Woche.

Das jüdische liturgische Jahr ist ein Mondjahr, das im Regelfall 12, im Schaltjahr 13 Monate hat. Die Monatsnamen sind Nisán (März/April), Ijjár (April/Mai), Siwán (Mai/Juni), Tammús (Juni/Juli), Aw (Juli/August), Elúl (August/September), Tischrí (September/Oktober), (Mar)cheschwán (Oktober/November), Kislév (November/Dezember), Tewét (Dezember/Jänner), Schwát (Jänner/Februar), Adár (Februar/März). Im Schaltjahr schließt daran Adár Scheni (zweiter Adar).

Rosch Ha-Schaná (Neujahrsfest)

Als erster Monat des Jahres gilt der Monat Nisan, der Frühlingsmonat. Das jüdische Neujahrsfest wird am 1. Tag des Monats Tischri gefeiert. Schon in der Woche vor Rosch Ha-Schaná werden, noch im Monat Elul, die Slichót-Tage gehalten, die Bußcharakter haben. In den Gebeten kommt der Gedanke der *teschuwá* (= Umkehr, Buße) zum Ausdruck und wird durch ein halbtägiges Fasten noch unterstrichen. Am Nachmittag vor dem Neujahrsfest begibt man sich in die *Míkwe* (= rituelles Bad). Mit dem Abendgebet am Vorabend des 1. Tischri beginnt dann das eigentliche Neujahrsfest. Dieses Fest vereinigt mehrere Festgedanken. So ist nach Rabbi Eliëser der Neujahrstag der Tag der Weltschöpfung und des Gerichtes Gottes über die Welt zugleich. Gott trägt an diesem Tag das Schicksal jedes Menschen im kommenden Jahr in ein Buch ein. Von daher ist der Wunsch zu verstehen, den man sich gegenseitig zu diesem Fest entbietet: *„Zu einem guten Jahr möget ihr eingetragen werden".* Damit verbunden ist auch der Brauch, ein Stück Apfel in etwas Honig zu tauchen. Dabei spricht der Hausvater das Gebet: *„Möge es, Herr unser Gott, Gott unserer Väter, dein Wille sein, uns ein gutes, ein süßes neues Jahr zu schenken."* Es ist heute auch üblich, zum Neujahrsfest Grußkarten zu verschicken.
Der Bußgedanke findet seinen Ausdruck im sogenannten Taschlích. Beim Propheten Michäas (7, 19) findet man die Bitte an Gott: *„In die Tiefe des Meeres wirf doch* (= hebr.: taschlích) *unsere Sünden!"* Daher geht man am Nachmittag von Rosch Ha-Schaná zu einem fließenden Gewässer und spricht dabei diese Bitte.
Der Höhepunkt des Synagogengottesdienstes am Neujahrsfest ist das Blasen des Schofár (= Horn). Damit wird die biblische Forderung erfüllt: *„Der erste Tag des siebten Monats soll bei euch ein Ruhetag sein, ein Gedächtnistag mit Hörnerschall, eine heilige Festversammlung"* (Lev 23, 24). In der Tradition werden seit dem Mittelalter folgende Inhalte dieses Gedächtnisses angeführt: die Erschaffung der Welt, die Pflicht zur Buße, die Pflicht zur Befolgung der Tora, der Gedanke an die ständigen Bedrohungen, denen

Am Neujahrsfest (= Rosch Ha-Schana) wird das Schofar (= Widderhorn) geblasen. Es ist üblich, das Schofar außerdem bei besonderen Anlässen ertönen zu lassen (vgl. dazu die Abbildung auf Seite 317).

Israel ausgesetzt ist, das Gedenken an die Eroberung Jerusalems durch die Feinde, das Abraham-Opfer, das Kommen des Messias und die Auferstehung der Toten. Der Gedanke der Buße bestimmt dann die auf das Neujahrsfest folgenden 10 Tage bis zum 10. Tischri.

Jom Kippúr (= Versöhnungstag)

Der geistig-religiöse Inhalt dieses Buß- und Gebetstages wird von der biblischen Tradition festgelegt:

„Folgendes soll euch als feste Regel gelten: Im siebten Monat, am zehnten Tag des Monats, sollt ihr euch Enthaltung auferlegen und keinerlei Arbeit tun, der Einheimische und ebenso der Fremde, der in eurer Mitte lebt. Denn an diesem Tag entsühnt man euch, um euch zu reinigen. Vor dem Herrn werdet ihr von allen euren Sünden wieder rein. Dieser Tag ist für euch ein vollständiger Ruhetag, und ihr sollt euch Enthaltung auferlegen. Das gelte als feste Regel. Der Priester, den man gesalbt und an Stelle seines Vaters als Priester eingesetzt hat, soll die Sühne vollziehen. Er soll die Leinengewänder, die heiligen Gewänder, anlegen. Er soll das geweihte Heiligtum, das Offenbarungszelt und den Altar entsühnen; dann soll er die Priester und das ganze Volk der Gemeinde entsühnen. Das soll für euch als feste Regel gelten: Einmal im Jahr sollen die Israeliten von allen ihren Sünden entsühnt werden. Und man tat, wie es der Herr dem Mose befohlen hatte.“
(Lev 16, 29–34)

Natürlich kann jener Teil des Ritus nicht vollzogen werden, der den Bestand des Tempels in Jerusalem voraussetzt. Der Vortag des Jom

Kippur ist im Kontrast zum folgenden Tag von festlicher Stimmung geprägt. Man fastet nicht, ja, selbst ein Gelübde, zu fasten, ist an diesem Tag aufgehoben. An diesem Tag wird eine symbolische Bußhandlung ausgeführt. Man schwingt ein lebendiges Huhn über dem Kopf. So wird das Tier, ähnlich dem Sündenbock, zum Träger der Sünden. Danach wird es geschlachtet. Diese Symbolhandlung ist kein Gebot, sondern ein Brauch (Minhág). Die reale Bußgesinnung drückt sich vor allem darin aus, daß man sich an diesem Tag um die Wiedergutmachung von Unrecht bemüht, das man seinen Mitmenschen angetan hat. Man gibt an diesem Tag Almosen und bezieht die Toten gleichsam mit ein, indem man den Friedhof besucht. Vor dem Abendgebet begibt man sich in die *Mikwe* (rituelles Tauchbad), um auch kultisch rein zu werden.

Mit dem Ma'ariv (= Abendgebet), das nach dem für diesen Abend speziellen Gebete Kol Nídre (= alle Gelübde) genannt wird, beginnt das Fasten, das bis zum Abend des Jom Kippur dauert. Im Kol Nídre wird Gott gebeten, den Menschen von allen voreilig abgelegten Gelübden zu befreien. Besonders beeindruckend ist die ergreifende Melodie, nach der dieses Gebet gesungen wird und die allein schon den ganzen Ernst dieses Bußtages ausdrückt.

Wie am Schabbat brennen auch am Jom Kippur zu Hause zwei Kerzen. Eine zusätzliche dritte brennt im Gedenken an die Toten. Damit verbunden ist auch der Gedanke an den eigenen Tod. Die Männer tragen in der Synagoge unter dem Tallít (= Gebetsmantel) ein weißes Gewand („Kittel"), das als Totengewand verstanden wird. Die Gebete dauern an diesem Tag vom Morgengebet ununterbrochen bis zum Abendgebet, und das Fasten muß ganz strikt eingehalten werden. Vor der Zerstörung des Tempels in Jerusalem vollzog an diesem Tag der Hohepriester (bekleidet mit einem einfachen weißen Gewand) den Entsühnungsritus am Heiligtum selbst und entsühnte auch das Volk, dessen Sünden dem Sündenbock (Asasél) symbolisch aufgeladen wurden, ehe man ihn in die Wüste trieb. In späterer Zeit stürzte man ihn von einem Felsen hinunter. Am Jom Kippur betrat der Hohepriester auch das Allerheiligste des Tempels und vollzog dort einen Sühneritus. Das Heiligtum besteht zwar nicht

mehr, aber der Gedanke der Buße und Sühne ist am Jom Kippur lebendig, wie das Schlußgebet (Neïlá) des Tages zum Ausdruck bringt:

„Öffne uns das Tor, zur Zeit, da es geschlossen wird, denn der Tag hat sich geneigt.
Der Tag geht zur Neige, die Sonne geht unter, wir kommen zu deinem Tor.
Ach Gott, vergib doch, verzeih doch, erlaß doch, hab doch Mitleid, hab doch Erbarmen, gewähre doch Versöhnung, tritt nieder Sünde und Schuld."

Die Gebete für den Jom Kippur füllen einen dicken Band des 5bändigen *Machsór* (= Sammlung der speziellen Gebete für die großen Feste). Wenn der fromme Jude an diesem Tag vom Gebet nach Hause kommt, nimmt er eine leichte Mahlzeit ein, und man beginnt bereits mit den ersten Vorbereitungen für das in fünf Tagen beginnende Laubhüttenfest.

Sukkót (= Laubhüttenfest)

Sukkót ist zusammen mit Ostern und Pfingsten eines der drei Wallfahrtsfeste. Als der Tempel in Jerusalem noch nicht zerstört war, zog man an diesen Festen aus dem ganzen Land Israel nach Jerusalem zum Heiligtum hinauf. Das Fest dauert vom 15. bis zum 21. Tischri. Das Laubhüttenfest als ein Erntefest wird bereits in der Bibel erwähnt:

„Das Laubhüttenfest sollst du sieben Tage lang feiern, nachdem du das Korn von der Tenne und den Wein aus der Kelter eingelagert hast."
(Dtn 16,13)
„Am ersten Tag nehmt schöne Baumfrüchte, Palmwedel, Zweige von dicht belaubten Bäumen und von Bachweiden, und seid sieben Tage lang vor dem Herrn, eurem Gott, fröhlich! Feiert dieses Fest zur Ehre des Herrn jährlich sieben Tage lang! Das gelte bei euch als feste Regel von Generation zu Generation. Ihr sollt dieses Fest im siebten Monat feiern. Sieben Tage sollt ihr in Hütten wohnen. Alle Einheimischen in Israel sollen in Hütten wohnen,

*damit eure kommenden Generationen wissen, daß
ich die Israeliten in Hütten wohnen ließ, als ich sie
aus Ägypten herausführte. Ich bin der Herr, euer
Gott."*
(Lev 23, 40–43)

Religionsgeschichtlich gesehen hat das Fest
eine komplizierte Vorgeschichte. Das macht
etwa der Umstand deutlich, daß die Israeliten
bei ihrem Zug durch die Wüste offenkundig
nicht in Hütten, sondern in Zelten wohnten. So
ist ein Erntefest erst später mit dem Auszug
aus Ägypten verbunden worden. Der heutige
Festbrauch sieht vor, daß man sieben Tage lang
in der Laubhütte (Sukká) ißt. Das Dach dieser
Hütte muß so gestaltet sein, daß es noch den
freien Blick zum Himmel zuläßt. Die Wände
im Inneren sind bunt dekoriert. Da nicht jeder
die praktische Möglichkeit hat, eine Sukka zu
errichten, wird meist in der Nähe der Synagoge
eine solche für den Gebrauch der Gemeinde
aufgestellt.
Zum Festbrauch gehört im Anschluß an die biblische Festordnung auch das Tragen des Luláv
(= Palmzweig) zusammen mit drei Myrten
und zwei Bachweidenzweigen und der Etróg-
Frucht. In der Bibel selbst wird die symbolische
Bedeutung dieses Brauches nicht erläutert. In

der späteren Tradition gelten zufolge einer
Auslegung die verschiedenen Gewächse als
Symbol für die Verschiedenheit der einzelnen
Glieder des Volkes Israel, die einander ergän-
zend eine Einheit bilden.
Lulav und Etrog werden von den Teilnehmern
an der synagogalen Bittprozession in der linken Hand gehalten, wobei sie um das Podium
der Synagoge (Bimá oder Almémar genannt)
herumgehen. Diese Zeremonie stammt aus der
Zeit vor der Zerstörung des Tempels, wo sich
die Prozession um den Brandopferaltar bewegte. Am siebenten Tag des Laubhüttenfestes, *Hoschána Rábba* genannt, wird die Bima
siebenmal umschritten.
Der 22. Tischri, der achte Tag von Sukkót, ist
ein eigenes Fest mit dem Namen *Schminí Azéret*
(= Abschluß am achten Tag). Dieser Tag markiert das Ende des Laubhüttenfestes, wobei das
Abendessen an diesem Tag noch in der Laubhütte eingenommen wird. An Schmini Azéret
wird, der Jahreszeit entsprechend, das Gebet
um Regen verrichtet. Im Heiligen Land beginnt
im Spätherbst die Regenzeit. Die Nieder-
schläge, die von jetzt ab fallen, sind für das Gedeihen der Feldfrüchte entscheidend.
Der 23. Tischri ist das Fest *Simchát Torá* (= Ge-
setzesfreude), das nur in der Diaspora (d. h. außerhalb des Landes Israel) von Schmini Azéret
getrennt gefeiert wird. Wie der Name dieses
Feiertages sagt, ist der Festgedanke die Freude
über das Gesetz, das dem Volk Israel übergeben ist. An diesem Tag endet auch der Jahreszyklus der Tora-Lesungen und wird sofort
wieder begonnen. Mit der allgemeinen Übernahme dieser Leseordnung im Mittelalter fällt
auch die Entstehung dieses biblisch nicht belegten Feiertages zusammen. In der Synagoge
werden beim Schacharit, in vielen Gemeinden
aber auch nochmals beim Arawit, sieben fröhliche, ausgelassene Umzüge in der Synagoge gehalten. Es werden alle vorhandenen Tora-Rollen mitgetragen. Kinder mit Fähnchen in der
Hand folgen. Die Männern wechseln einander
beim Tragen der Rollen ab und verleihen zusätzlich ihrer Freude Ausdruck, indem sie bei
der Prozession tanzen.

Zum Festbrauch des Laubhüttenfestes (Sukkót) gehört
das Einnehmen der Speisen in einer Sukká (= Laubhütte) während einer vollen Woche. Das Bild zeigt eine
für diesen Zweck hergestellte faltbare Sukká aus Süd-
deutschland.

Chánukka (Einweihung)

Das am 25. Kislev gefeierte Fest wird in den Makkabäerbüchern beschrieben. Es geht auf die (Wieder)einweihung des Tempels durch die Makkabäer im Jahre 164 v.Chr. zurück (vgl. 1 Makk 4,36–59).

In der Darstellung des zweiten Makkabäerbuches erscheint Chanukka als ein nachgeholtes Laubhüttenfest (10,5–8).

Vom Anzünden der acht Lichter an acht aufeinanderfolgenden Tagen ist nicht die Rede. Es gehört zum heutigen Festbrauch, an jedem Abend von Chanukka sowohl in der Synagoge wie auch zu Hause je eine Kerze des neunarmigen Leuchters zu entzünden. Eine Kerze (genannt Schámes = Diener) dient dazu, die acht Kerzen zu entzünden. Die Entstehung dieses Lichterbrauches ist ungeklärt. Der Leuchter für das Chanukka-Fest darf übrigens nicht mit dem Siebenarmigen Leuchter verwechselt werden, der sich im Tempel zu Jerusalem befand und heute nur als Symbol und nicht mehr als Kultgerät verwendet wird. Chanukka ist ein heiteres Fest, das im modernen Staat Israel im Sinne der nationalen Renaissance gefeiert wird.

Purim (Lose)

Die Selbstbehauptung der Juden angesichts einer drohenden Gefahr hat das „Losfest" zum Inhalt, das am 14. Adar gefeiert wird. Die Entstehungslegende ist im biblischen Buch Ester enthalten. Dort wird vom Plan eines gewissen Hamán berichtet, die Juden im Perserreich zu vernichten. Dieser Plan wird durch den Einsatz von Mordechai und Ester verhindert: „Mordechai schrieb alles auf, was geschehen war. Er schickte Schreiben an alle Juden in allen Provinzen des Königs Artaxerxes nah und fern und machte es ihnen zur Pflicht, den vierzehnten und fünfzehnten Tag des Monats Adar in jedem Jahr als Festtag zu begehen" (Est 9,20–21). Dementsprechend wird in der Synagoge auch das Buch Ester (Megillát Estér = Ester-Rolle) verlesen. Diese Bücher sind oft mit bildlichen Darstellungen der Begebenheiten, die im Buch Ester geschildert werden, ge-

schmückt. Wenn bei der Lesung der Name Haman vorkommt, machen die Kinder in der Synagoge allerlei Lärm (z. B. mit Ratschen), um den Namen dieses Bösewichts zu übertönen. An diesem Fest, das faschingsartige Züge trägt, kostümieren sich die Kinder, es gibt den Brauch des „Mischlóach Matanót" (Geschenke-Schicken) und überhaupt der Wohltätigkeit. Mit diesem Fest schließt auch jener Jahreszyklus, der mit dem Monat Nisan beginnt. Es gibt aber den gleichsam darübergelagerten zweiten Jahreszyklus, dessen erster Monat Tischri mit dem Neujahrsfest ist. Im Laufe der Geschichte wurden diese beiden Jahreszyklen ineinander gestülpt. Der eine ist davon bestimmt, daß er den Schluß des Jahres mit der Ernte fixiert und demgemäß auch das Jahr im Herbst beginnen läßt. Der andere ist vom Frühling als dem Beginn des Jahres bestimmt und verlegt dorthin den Anfang des Jahres. Diesem Prinzip folgt die Feier des wohl wichtigsten Festes im jüdischen Kalender, nämlich des Pesach.

Pésach (Ostern)

Dieses Fest hat in der Bibel zwei verschiedene Namen, die erkennen lassen, daß Elemente verschiedener Herkunft in das Fest eingeflossen sind: „Pésach" und „Fest der Ungesäuerten Brote" (= Mazzot). Die Bibel verbindet bereits beide Aspekte (Dtn 16,1–3).

Die Schlachtung der Lämmer gehört offenbar zu einem Hirtenfest, während das Essen der ungesäuerten Brote dem agrarischen Bereich entstammt. Diese Elemente, die an die Natur gebunden sind, wurden historisiert und mit dem Gedanken an den Auszug aus Ägypten verknüpft. Das Gedächtnis an die Befreiung aus dem Sklavenhause ist der beherrschende Gedanke dieses Festes. Zur Vorbereitung auf das Fest der Ungesäuerten Brote gehört die Entfernung jeglichen Sauerteiges aus dem Haus, also auch aller Brotreste. Das Geschirr wird, sofern es nicht ohnedies nur für dieses Fest reserviert ist, besonders gereinigt (gekáschert). Auch das Backen der ungesäuerten Brote (= Mazzot, jiddisch: Mázzes), das in der Festzeit an Stelle des gewöhnlichen Brotes gegessen wird, fällt in die Vorbereitungszeit. Das

Pesachfest ist das erste der drei Wallfahrtsfeste neben Schawuot (= Wochenfest, Pfingsten) und Sukkot. In der Zeit vor der Zerstörung des Tempels wurden die Osterlämmer im Tempel geschlachtet und dann der biblischen Vorschrift entsprechend zu Hause gegessen: *„Dieser Monat soll die Reihe eurer Monate eröffnen, er soll euch als der erste unter den Monaten des Jahres gelten. Sagt der ganzen Gemeinde Israel: Am Zehnten dieses Monats soll jeder ein Lamm für seine Familie holen, ein Lamm für jedes Haus"* (Ex 12, 2–3). Pesach ist ein Fest der Familie, dort wird das Pesach-Mahl, der Seder-Abend, gehalten. Der *Séder* (= Ordnung) gehört zu den wichtigsten Erlebnissen des Juden von Kindheit auf. Der Ablauf, die Ordnung für dieses Abendmahl, ist schon im Buch Exodus beschrieben, stammt aber in seiner voll entwickelten Form aus dem Mittelalter. Das Buch, in dem die Texte für diesen Abend zusammengestellt sind, nennt man Pésach-Haggadá. Alte kostbare Handschriften sind oft reich illustriert und somit wichtige Zeugen jüdischer Buchmalerei.

Auf dem festlichen Tisch steht vor dem Platz des Hausherrn die oft künstlerisch gestaltete Seder-Schüssel mit drei Mazzot, dem Bitterkraut (Kren), der Tunke aus Apfelmus und Nüssen (charóset genannt), einem gekochten Ei sowie, statt des Osterlammes, einem gerösteten Knochen mit einem kleinen Stück Fleisch daran. Vor jedem Platz liegt eine Pesach-Haggada und steht ein Becher, der an diesem Abend viermal geleert wird. Für den Propheten Elija wird symbolisch ein besonders kostbarer Becher reserviert. Er soll ja in der Pesach-Nacht als der Vorläufer des Messias kommen. Wie es schon im Buch Exodus vorgesehen ist, fragt ein Kind nach der Bedeutung dieser Feier:

■

„Wenn euch eure Söhne fragen: Was bedeutet diese Feier?, dann sagt: Es ist das Pascha-Opfer zur Ehre des Herrn, der in Ägypten an den Häusern der Israeliten vorüberging, als er die Ägypter mit Unheil schlug, unsere Häuser aber verschonte."
(Ex 12, 26–27)

■

Dieser Gedanke an die Befreiung aus Ägypten durchzieht alle Texte der Haggada. Die Aktualisierung dieses Heilsgeschehens ist auch der Kerngedanke des Seder-Abends: „Zu allen Zeiten ist es Pflicht eines jeden, sich so zu sehen, als wäre er selbst aus Ägypten ausgezogen." Nachdem der zweite Becher geleert wurde, folgt die festliche Sättigungsmahlzeit, nach der noch ein Stück Mazze gegessen und der Becher zum dritten Mal geleert wird. Mit dem großen Hallel (Lobpsalmen 115–118) und dem Leeren des vierten Bechers schließt der Seder. Ehe man auseinandergeht, werden noch einige sehr beliebte traditionelle Lieder gesungen. Wie der Auszug aus Ägypten Kernstück der biblischen Heils-Geschichte ist, so ist das Gedenken an dieses Ereignis Zentrum des jüdischen liturgischen Jahres.

Schawuót (Wochenfest, Pfingsten)

Die Zeit der Ernte ist im Monat Siwan. Am 6. Siwan feiert man Schawuot, Wochenfest genannt, weil es gerade eine Woche-Woche, d. h. sieben Wochen nach Pesach, am 50. Tag darnach (daher griechisch Pentekostes = Pfingsten), als Erntefest gefeiert wird. Die Bibel nennt es *„Fest der Ernte, des ersten Ertrags deiner Aussaat"* (Ex 23, 16). Es ist nach Pesach das zweite Wallfahrtsfest. In der Zeit vor der Zerstörung des Tempels wurde im Heiligtum ein Brotopfer dargebracht: *„Bringt als Erstlingsgaben für den Herrn aus eueren Wohnsitzen zwei Brote dar …"* (Lev 23, 17). Seit dem 2. Jh. n. Chr. ist belegt (Pes 68 b), daß dieses Fest ein Gedächtnisfest der Übergabe der Tora am Berg Sinai an das Volk Israel ist. In der Synagoge, die oft mit grünen Zweigen geschmückt ist, wird das Büchlein Rut gelesen, dessen Motive den Charakter von Schawuot als Erntefest betonen. Andrerseits ist es zu Schawuot Brauch, sich die ganze Nacht über in der Synagoge oder im Lehrhaus dem wiederholenden Studium der *Lehre* zu widmen.

Im Religionsgesetz und in der Feier der Feste wird die Heilsgeschichte aktualisiert und bewußt gemacht. Eine jüdische Dogmatik gibt es nicht, nur systematische Zusammenfassungen der wesentlichen Glaubensvorstellungen als logische Voraussetzung für den Glauben. Der schon genannte Moses Maimonides verfaßte eine Zusammenstellung von 13 Glaubensartikeln, die täglich beim Morgengebet rezitiert werden:

1. Ich glaube mit vollkommener Glaubenstreue, daß der Schöpfer, gepriesen sei sein Name, jede Kreatur schafft und leitet und daß er allein es ist, der in allem, was geschieht, wirkt, wirkte und wirken wird.

2. Ich glaube mit vollkommener Glaubenstreue, daß der Schöpfer, gepriesen sei sein Name, eins ist und es in keinerlei Weise eine Einheit seinesgleichen gibt und daß er allein unser Gott war, ist und sein wird.

3. Ich glaube mit vollkommener Glaubenstreue, daß der Schöpfer, gepriesen sei sein Name, keinen Körper hat und nicht wie Körper erfaßt und mit nichts Körperlichem verglichen werden kann.

4. Ich glaube mit vollkommener Glaubenstreue, daß der Schöpfer, gepriesen sei sein Name, der Erste und der Letzte ist.

5. Ich glaube mit vollkommener Glaubenstreue, daß der Schöpfer, gepriesen sei sein Name, allein es ist, dem Anbetung gebührt und daß außer ihm kein Wesen der Anbetung würdig ist.

6. Ich glaube mit vollkommener Glaubenstreue, daß alle Worte der Propheten Wahrheit sind.

7. Ich glaube mit vollkommener Glaubenstreue, daß die prophetische Verkündigung unseres Lehrers Mose, der Friede sei auf ihm, die Wahrheit ist und daß er der Vater aller früheren und späteren Propheten ist.

8. Ich glaube mit vollkommener Glaubenstreue, daß die ganze Tora, wie wir sie jetzt besitzen, dieselbe ist, die unserem Lehrer Mose übergeben wurde.

9. Ich glaube mit vollkommener Glaubenstreue, daß die Tora unaustauschbar ist und es keine andere Tora vom Schöpfer her, gepriesen sei sein Name, geben wird.

10. Ich glaube mit vollkommener Glaubenstreue, daß der Schöpfer, gepriesen sei sein Name, alles Tun und Denken der Menschen kennt, wie es heißt: Er, der ihre Herzen gebildet hat, er achtet auf all ihre Taten (Ps 33,15).

11. Ich glaube mit vollkommener Glaubenstreue, daß der Schöpfer, gepriesen sei sein Name, wohl vergilt denen, die seine Gebote halten, und jene straft, die seine Gebote übertreten.

12. Ich glaube mit vollkommener Glaubenstreue, daß der Messias kommt, und obwohl er schon so lange säumig ist, erwarte ich täglich sein Kommen.

13. Ich glaube mit vollkommener Glaubenstreue, daß zur Zeit, da es dem Schöpfer, gepriesen sei sein Name und verherrlicht sein Gedenken auf immer und ewig, wohlgefällig ist, die Auferstehung der Toten erfolgen wird.

Der Glaube in der Geschichte

Wer das gläubige Bewußtsein des heutigen Juden verstehen will, muß sich die Geschichte der jüdischen Religion bewußt machen. Ein Vergleich der Glaubensinhalte (z. B. Auferstehung) des maimonidischen Glaubensbekenntnisses mit den einzelnen Phasen der biblischen Religion läßt einen Entwicklungsprozeß erkennen, der auch in der Bibel selbst festzustellen ist. Schon mittelalterliche jüdische Schrifterklärer (z. B. Ibn Esra) bemerkten, daß die biblischen Texte, wie sie heute vorliegen, innere Spannungen aufweisen, die auf einen längeren Entstehungsprozeß schließen lassen.

Die Zeit der Patriarchen

Bei einer ersten Lektüre von Gen 12–50 erscheint die **Patriarchengeschichte** als eine abgerundete Familiengeschichte. Wer die Texte jedoch aufmerksam liest, dem wird bewußt werden, daß in der Patriarchengeschichte eine Sammlung von Einzeltraditionen vorliegt, die ursprünglich nicht miteinander verbunden waren, sondern erst später zu einer Einheit zusammengefaßt wurden. Diese einzelnen Traditionen waren an bestimmte Orte geknüpft (Sichem, Bet-El, Beerscheba, Hebron). Der Patriarch Jakob mit seiner Verankerung in Sichem dürfte der ursprünglichste Erzvater sein. Abraham ist erst später hinzugetreten, als der im Süden siedelnde Stamm Juda die Vorherrschaft gewann. Ebenso wurde die Überlieferung von den Erzvätern mit jener vom Auszug aus Ägypten erst später verbunden. Die Einfügung aller einzelnen Traditionen in den Rahmen eines großen Stammbaumes (= Genealogie) ließ die Patriarchenerzählung zur Einheit werden. Die einzelnen Traditionen selbst wurden vorher als Stammessagen weitergegeben. Erst als Israel in der Zeit des Königs David aus vielen Stämmen zu einem Volk geworden war, wurden die Stammestraditionen als Bestandteil der einen großen Geschichte Israels gesehen.

Das ist auch der Grund, warum bei dieser Zusammenfassung den Patriarchen die Verehrung Jahwes zugeschrieben wurde, obwohl sie ihren „Gott der Väter", der keinen eigenen Namen hatte, mit dem Hochgott der Kanaanäer „El" gleichgesetzt hatten (vgl. Seite 80). Die Religion der Patriarchen wird aus einem Text erkennbar, der über die vertragliche Vereinbarung zwischen Jakob und dessen Schwiegervater Laban spricht:

*„Weiter sagte Laban zu Jakob: Hier, dieser Stein-
hügel, hier dieses Steinmal, das ich zwischen mir
und dir errichtet habe – Zeuge sei dieser Steinhügel.
Zeuge sei dieses Steinmal: Nie will ich diesen Steinhügel in böser Absicht gegen dich überschreiten,
und nie sollst du diesen Steinhügel oder dieses
Steinmal in böser Absicht gegen mich überschreiten.
Der Gott Abrahams und der Gott Nahors seien
Richter zwischen uns. Da leistete Jakob einen Eid
beim Schrecken seines Vaters Isaak. Dann schlach-
tete Jakob auf dem Berg ein Opfertier und lud seine
Brüder zum Mahl ein. Sie aßen und verbrachten
die Nacht auf dem Berg."*
(Gen 31,51–54)

Daraus ergibt sich, daß Gott (El) in enger Verbindung mit dem jeweiligen Anführer des
Stammes gesehen wird. Hier liegen auch die
ersten Wurzeln eines späteren Bundesden-
kens. Die Gottheit steht in einer Art Bundes-
verhältnis mit dem Clan. Die ganze Sippe
fühlte sich als „Gottesfamilie". Als diese Sippen
nach Kanaan kamen, gestalteten sie die jeweiligen örtlichen Heiligtümer der Kanaanäer (vgl.
oben Sichem, Bet-El) zu ihren eigenen Kultorten um. Wie der Text Gen 31,53 zeigt, geschah
die kultische Verehrung durch das *Tieropfer*.
Die Religion der Patriarchen war noch kein
Monotheismus (= Eingottglaube), sondern bestand in der Verehrung des Stammesgottes.
Man leugnete die Existenz der Götter anderer
Stämme nicht, kümmerte sich jedoch nicht um
sie. Zweifellos ist hierin schon ein erster Schritt
zum späteren Monotheismus zu sehen.

Israel in Ägypten

Die **Josephsgeschichte** (Gen 37–50) bildet im
heutigen Zusammenhang der biblischen Darstellung das Bindeglied zwischen der Patriarchengeschichte und der Landnahme nach dem
Auszug aus Ägypten. Der Text Gen 50,22–24
beschreibt sozusagen die Ausgangssituation
vor den bekannten Ägyptenereignissen:

*„Joseph blieb in Ägypten, er und das Haus seines
Vaters. Josef wurde hundertzehn Jahre alt. Er sah
noch Efraims Söhne und Enkel. Auch die Söhne
Machirs, des Sohnes Manasses, kamen auf Josefs
Knie zur Welt. Dann sprach Josef zu seinen Brüdern: Ich muß sterben. Gott wird sich euer annehmen, er wird euch aus diesem Land heraus- und in
jenes Land hinaufführen, das er Abraham, Isaak
und Jakob mit einem Eid zugesichert hat."*
(Gen 50,22–24)

Ein Text aus der Zeit Ramses' III. (1184–1153
v. Chr.) läßt erkennen, daß die Sonderstellung
des „Aramäers" Joseph kein Einzelfall war:

*„Als danach andere Zeiten gekommen waren mit
Jahren der Teuerung, machte sich ein gewisser Syrer
unter ihnen zum Anführer. Er machte sich das
ganze Land insgesamt zinspflichtig."*

Die Tradition vom Aufenthalt und Sklaven-
dienst in Ägypten ist fest im Bewußtsein des
späteren Israel verankert. Das zeigt sich in der
Bekenntnisformel, die im Buch Deuterono-
mium überliefert ist:

*„Mein Vater war ein heimatloser Aramäer. Er zog
nach Ägypten, lebte dort als Fremder mit wenigen
Leuten und wurde dort zu einem großen, mächtigen
und zahlreichen Volk. Die Ägypter behandelten uns
schlecht, machten uns rechtlos und legten uns harte
Fronarbeit auf. Wir schrien zum Herrn, dem Gott
unserer Väter, und der Herr hörte unser Schreien
und sah unsere Rechtlosigkeit, unsere Arbeitslast
und unsere Bedrängnis. Der Herr führte uns mit
starker Hand und hoch erhobenem Arm, unter großem Schrecken, unter Zeichen und Wundern aus
Ägypten, er brachte uns an diese Stätte und gab
uns dieses Land, ein Land, in dem Milch und Honig fließen."*
(Dtn 26,5–9)

Das Sinai-Massiv spielte in der Geschichte Israels eine wichtige Rolle. Am Fuß des Dschebel Musa (Mose-Berg 2240 m) liegt das im 6. Jh. n. Chr. erbaute Katharinenkloster. Eine genaue Lokalisierung des Gottesberges Horeb ist nicht mehr möglich.

Ähnliches gilt auch für die Persönlichkeit des **Mose.** Er trägt einen ägyptischen Namen und hatte eine nicht aus Israel stammende Frau (Ex 3, 1). Beides hätte man einer so entscheidenden Gestalt nie zugeschrieben, wenn nicht eine feste Überlieferung diesbezüglich bestanden hätte. Noch dazu, wo seine Frau aus dem später so gefürchteten Stamm der *Midianiter* stammte. Wenn man die Fixpunkte seines Lebens festhält, so lassen sich etwa folgende nennen:
– Er wird in Ägypten von hebräischen Eltern geboren.
– Er befreit die Stämme aus Ägypten.
– Er vermittelt den Bund zwischen Jahwe und Israel.
– Er schreibt Gesetze auf.
– Er führt durch die Wüste.
– Er erreicht Kanaan selbst nicht mehr.
Die entscheidende Tat des Mose war es, auf Grund eines persönlichen Gotteserlebnisses

den „Gott der Väter" mit Jahwe gleichzusetzen, wie der Text Ex 3, 15 sagt:

„*Weiter sprach Gott zu Mose: So sag zu den Israeliten: Jahwe, der Gott eurer Väter, der Gott Abrahams, der Gott Isaaks und der Gott Jakobs, hat mich zu euch gesandt. Das ist mein Name für immer, und so wird man mich nennen in allen Generationen.*"

Die Führergestalt des Mose spielte auch eine entscheidende Rolle im Auszugsgeschehen. Wie es zu diesem Auszug kam, ist heute nicht mehr ganz greifbar. Der konkrete Anlaß für die Auflehnung der Stämme unter der Führung des Mose mag die Verweigerung der Erlaubnis zur Feier eines Frühlingsfestes, des Pesach, gewesen sein. Durch die Ereignisse, die dann folgten, erfuhr das Pesachfest eine Umdeutung als Feier des Auszuges aus Ägypten.
Dieses Ereignis des Auszuges (= Exodus), das im „Wunder" am Schilfmeer gipfelte, war für die Stämme, die es erlebt hatten, ein grundlegendes religiöses Erlebnis gewesen, das Mose selbst mit den Worten: „*Jahwe führte uns aus Ägypten weg*" (Dtn 26, 8) gedeutet haben mag.
Im Rahmen des Seder-Abends am Pesach-Fest gedenken die Juden bis heute dieses entscheidenden Geschehens in der Geschichte des Volkes.
Mit eben diesem Gott Jahwe vom Sinai (wohl der heutige Dschebel Musa) schlossen die Stämme durch Vermittlung des Mose einen Bund und brachten ihre Traditionen mit nach Kanaan, wo sie der entscheidende Faktor der späteren Volkwerdung und Religion Gesamtisraels waren.
Wenn man den Versuch unternimmt, den Zeitpunkt des Auszuges zu bestimmen, so bietet die Siegesstele des Pharao Merenptah, des Nachfolgers Ramses' II., die aus dem Jahre 1220 stammt und erstmals den Namen „Israel" gebraucht, einen wichtigen Hinweis. In diese Zeit fallen also die Anfänge der Landnahme und das endgültige Seßhaftwerden (vgl. Seite 290 f).

VIII. Kapitel

Die vorstaatliche Zeit

Im Buch Josua wird die Landnahme der israelitischen Stämme in Kanaan als ein zusammenhängender Vorgang geschildert, in dessen Verlauf die Israeliten mittels kriegerischer Auseinandersetzung das Gebiet unter ihre Herrschaft bringen. Schon eine oberflächliche Lektüre läßt erkennen, daß die Art, wie hier Krieg geführt wird (vgl. etwa die Eroberung von Jericho), eher den Charakter eines liturgischen Geschehens als eines wirklichen Krieges hat.

Im Hinblick auf die Berichte aus der Patriarchenzeit und der Tatsache, daß nicht alle Stämme in Ägypten waren, ergibt sich daher die Vermutung, daß die sog. Landnahme nicht in einem einzigen kriegerischen Prozeß vor sich ging, sondern daß sich die israelitischen Stämme in einem langsamen Infiltrationsprozeß allmählich des Landes bemächtigt haben. Dieser Vorgang begann damit, daß einzelne nomadische Sippen (die Vorfahren der späteren Israeliten) in jenen Gebieten zu siedeln begannen, die von der Urbevölkerung Kanaans wenig berührt waren. Dazu eignete sich am besten das nur dünn besiedelte mittelpalästinensische Hochland, während die Urbevölkerung die fruchtbare Küstenebene bevorzugte.

Dieser Prozeß der Durchdringung der kanaanäischen und der israelitischen Kultur fiel den Israeliten keineswegs leicht. Für sie war mit dem Übergang vom Nomadentum zur Seßhaftigkeit auch die Übernahme des Ackerbaues

verbunden. Damit mußte auch eine religiöse Krise entstehen. Die Religion der Patriarchen war eine solche der „Vätergötter", der Gott hatte keinen eigenen Namen, sondern wurde als der Gott Abrahams oder der Gott Isaaks bezeichnet. In der Religion der Patriarchen – als Nomaden – lag ein dynamisches Element. Man kann sagen, daß die Hoffnung auf Land eine große Rolle spielte.

Ein Volk mit Ackerbaukultur ist wesentlich an das Werden und Vergehen in der Natur gebunden. Hier ist das Ziel der Erwartungen die Fruchtbarkeit. Es geht wesentlich um die Fruchtbarkeit des Bodens. Religion ist auf dieser Ebene (selbst in heutigen bäuerlichen Gebieten lassen sich davon noch Reste feststellen) hauptsächlich Bemühen um die Erhaltung und Gewinnung von Fruchtbarkeit. Die Kanaanäer nannten ihre Götter, von denen sie die Fruchtbarkeit des Bodens erwarteten, *Baal* und *Aschera*. Ihnen wurde durch Fruchtbarkeitskulte gedient, die den Israeliten als pervers und schamlos erschienen. Sie bildeten aber gerade deshalb eine Versuchung für sie. Gegen die Übernahme kanaanäischer Kulte hatten ja die Propheten bis in die Zeit vor dem Untergang Jerusalems zu kämpfen. Die Fremdheit beider Religionen war aber dennoch kein Hindernis für die Übernahme mancher Feste (Weizen- und Traubenernte, Frühlingsfest der ungesäuerten Brote).

Neben der religiösen Auseinandersetzung gab es auch soziale Probleme. Die kanaanäischen Stadtstaaten wurden von einem Stadtkönig und dem Adel beherrscht. In der Bevölkerung gab es Gewerbetreibende und Händler. Die Geldwirtschaft war üblich. Es ist klar, daß es zu einer Beeinflussung Israels seitens der höheren kanaanäischen Kultur gekommen ist. Dies vollzog sich in friedlicher Form, bedeutete für Israel aber eine einschneidende Veränderung.

Selbstverständlich gab es auch kriegerische Auseinandersetzungen mit den übrigen in Kanaan ansässigen Volksgruppen. Die Eroberung von Städten war am schwierigsten und konnte erst in der letzten Besiedlungsphase erfolgen. Zunächst eroberte man wohl Orte, die für die Kanaanäer etwas abseits lagen (Ri 1, 10–15).

Die im Buch Josua erwähnten Mauern von Jericho existierten schon Jahrtausende vor der Landnahme der Israeliten. Im Bild ein Stadtturm aus dem 8. Jt. v. Chr.

Der einzige bedeutendere Kampf gegen eine Stadt, über den im Richterbuch berichtet wird, ist der Sieg bei Taanach am Wasser von Megiddo (Ri 4–5). Barak, der Feldherr, der zusammen mit der „Prophetin" Debora diese Schlacht gewinnt, ist der Typus des charismatischen Führers, der den „heiligen Krieg" führt. Durch diesen Sieg hatten die Israeliten an Selbstbewußtsein gewonnen. Hier zeigte sich für sie nun auch das Wirken Gottes, wie es das „Debora-Lied" beschreibt, das eine der ältesten Überlieferungen des ganzen Alten Testaments ist.

Dieser Sieg markiert den Abschluß des endgültigen Seßhaftwerdens Israels im Kulturland. In den Einzelerzählungen über die Heldengestalten der Richterzeit wird der Glaube sichtbar, daß der Sieg Israels durch Gottes Führung zustandekommt. An dem Ausspruch Gideons (Ri 8, 23): *„Ich will nicht über euch herrschen, und auch mein Sohn soll nicht über euch herrschen, der Herr soll über euch herrschen"*, wird auch deutlich, daß es in Israel zunächst keine Führung durch einen König – ähnlich den kanaanäischen Stadtkönigen – geben konnte. Das bedeutete aber auf lange Sicht einen realpolitischen Nachteil für Israel.

Das Königtum

Neben den Kanaanäern gehörten auch die **Philister** zu den Gegnern der Israeliten. Sie bildeten einen losen Stämmebund, wie Jos 24 überliefert ist. Die Philister waren ungefähr zur gleichen Zeit wie die israelitischen Stämme – aber auf dem Seeweg – nach Palästina gelangt und seßhaft geworden. Da sie letztlich dieselben Interessen wie die Israeliten hatten, konnten Auseinandersetzungen nicht ausbleiben. Die Situation in der Richterzeit wird sehr gut durch den Bericht über die Bundeslade im Kampf gegen die Philister (1 Sam 4–7; 2 Sam 6) beleuchtet.

Die Bundeslade, die zwar schon in die Zeit der Wüstenwanderung zurückprojiziert wird, ist wahrscheinlich als Kriegspalladium (Palladium = heiliges Schutzbild) der mittelpalästinensischen Stämme aufzufassen.

Wenn die Lade in den Kampf gebracht wird, bedeutet dies, daß der ganze Stämmeverband

Dieser Deckel vom Kopfende eines typischen Tonsarges aus dem 12. Jh. v.Chr. zeigt die Gesichtszüge eines Philisters. Die Philister waren bis ins 10. Jh. v.Chr. ernstzunehmende Widersacher der Israeliten bei der Vorherrschaft im Land Kanaan.

aufgeboten wird. Die Israeliten erlitten in der Schlacht bei Aphek eine totale Niederlage. Die Bundeslade ging verloren und geriet in Vergessenheit. Der Tempel in Schilo wurde zerstört, Israel entwaffnet und die weitere Ausübung des Schmiedehandwerks untersagt. Damit waren sie den Philistern untertan. Diese Situation ermunterte noch dazu die Nachbarvölker, sich an dem Besitzstand Israels zu vergreifen. So versuchten die Ammoniter, die Stadt Jabesch zu erobern, in der Annahme, der Stämmebund werde kaum in der Lage sein, Hilfe zu bringen. Anderseits waren die Philister an diesen für sie entlegenen Vorgängen nicht interessiert.

In dieser Lage wird das charismatische Führertum (im Sinne der „Richter") noch einmal wirksam.

● **Saul** fühlt sich vom Geist Gottes ergriffen und versucht ein Aufgebot der Stämme zu mobilisieren.

Dies gelingt ihm, und er erringt dadurch nicht nur einen militärischen, sondern auch einen psychologischen Sieg über die Ammoniter.

Nun versammelt er die Stämme in Gilgal und läßt sich zum König ausrufen.

Damit hatte Israel das Beispiel der Nachbarvölker nachgeahmt. Wie die Staaten im Ostjordanland (Ammon, Moab, Edom) hatte es nun auch einen König als ständigen Heerführer.

Wie das Buch Samuel zeigt, erfolgte die Einrichtung des Königtums nicht *unwidersprochen*. Es gab ja Kreise, die an der Einrichtung des alten charismatischen Führertums festhalten wollten; Israel konnte sich aber dennoch der geänderten Situation nicht entziehen.

Über die *Organisation* des Reiches durch Saul ist nicht viel bekannt. Zu seinen engsten Mitarbeitern zählten Jonatan, Abner und David. In Gibea hatte er eine kleine Burg als Residenz. Da er sich nicht an die Weisungen Gottes hielt, sprach Samuel die Verwerfung Sauls aus und machte David zu seinem Nachfolger.

● **David**, der aus Bethlehem in Juda stammte, wurde von Saul verfolgt und mußte fliehen. Er begab sich zu den Stämmen im südlichen Juda. Da die Philister auch angeworbene Söldnertruppen hatten, waren sie bereit, David in ihre Dienste zu nehmen. Das umsomehr, als ihnen ein Zwist innerhalb Israels nur recht sein konnte. In den Diensten des Philisterfürsten Achisch von Gath begann David von Ziklag aus ein bedenkliches Doppelspiel, das auch ein ungünstiges Licht auf seinen Charakter wirft. Er täuschte Achisch vor, gegen die israelitischen Stämme zu kämpfen. In Wirklichkeit bekriegte er die Feinde der Israeliten, die Amalekiter, und schenkte die Beute den Ältesten der Stämme Judas. Dabei bestand für David die ständige Gefahr, doch einmal in einen Bruderkrieg verwickelt zu werden.

Als Saul bereits geschwächt war, wandte sich David an die Südstämme und ließ sich in Hebron zum König über Juda proklamieren.

Nach dem Tode Sauls übernimmt zunächst Abner, der Feldherr Sauls, die Führung und läßt Eschbaal, den Sohn Sauls, zum König über Israel ausrufen. Da es aber zwischen Eschbaal und Abner zu Differenzen kommt, verrät Abner die Sache Eschbaals und nimmt Kontakt mit David auf. David ist mißtrauisch. Er wird aber allen Schwierigkeiten dadurch enthoben, daß Joab, der Feldherr Davids, Abner, den er als Konkurrenten sehen muß, tötet. David läßt

ihm ein Staatsbegräbnis zuteil werden; ähnlich versucht er, jeden Verdacht von sich abzuwaschen, als auch Eschbaal ermordet wird. Er läßt die Mörder hinrichten und den Kopf Eschbaals feierlich im Grab Abners bestatten.

Im Norden gab es nun keinen Königskandidaten mehr. Die Ältesten kamen daher zu David nach Hebron und machten ihn zum König auch über Israel. Damit waren die beiden Reichshälften in Personalunion vereinigt.

Den Philistern konnte diese Entwicklung nun nicht mehr gleichgültig sein. David aber gelingt es, sie vernichtend zu schlagen und ihr Herrschaftsgebiet auf die südliche Küstenebene zu beschränken.

Die entscheidende politische und religiöse Tat Davids bestand darin, daß er zunächst Jerusalem aus der Hand der Jebusiter eroberte und zur Hauptstadt seines Reiches machte.

Da Jerusalem an der Grenze zwischen Norden und Süden liegt, konnte die Stadt die Funktion einer Verbindung beider Reichshälften übernehmen. Um sie auch zum religiösen Mittelpunkt werden zu lassen, brachte David die Bundeslade, das Palladium der Nordstämme, das in Kirjat-Jearim vergessen war, nach Jerusalem und damit wieder zu Ehren.

Jerusalem hatte schon als Jebusiter-Heiligtum eine alte kultische Tradition gehabt. Es hat den Anschein, als ob David den Kult des El von Jerusalem mit dem Jahwekult verschmolzen hat. Das würde auch eine Erklärung dafür bieten, daß in den Patriarchentraditionen El und Jahwe identifiziert werden. Der kultisch motivierte Anspruch Davids findet in der sog. „Nathansprophetie" seinen Ausdruck. Dort heißt es:

„Ich will meinem Volk Israel einen Platz zuweisen und es einpflanzen, damit es an seinem Ort (sicher) wohnen kann und sich nicht mehr ängstigen muß und schlechte Menschen es nicht mehr unterdrücken wie früher und auch von dem Tag an, an dem ich Richter in meinem Volk Israel eingesetzt habe. Ich verschaffe dir Ruhe vor allen deinen Feinden. Nun verkündet dir der Herr, daß der Herr dir ein Haus bauen wird. Wenn deine Tage erfüllt sind und du dich zu deinen Vätern legst, werde ich deinen leiblichen Sohn als deinen Nachfolger einsetzen und seinem Königtum Bestand verleihen. Er wird für

Luftaufnahme des Felsendomes und der Aksamoschee, die auf dem Areal des salomonischen und des herodianischen Tempelbezirkes stehen.

meinen Namen ein Haus bauen, und ich werde seinem Königsthron ewigen Bestand verleihen. Ich will für ihn Vater sein, und er wird für mich Sohn sein. Wenn er sich verfehlt, werde ich ihn nach Menschenart mit Ruten und mit Schlägen züchtigen. Meine Huld aber soll nicht von ihm weichen, wie sie von Saul gewichen ist, den ich vor deinen Augen verstoßen habe. Dein Haus und dein Königtum sollen durch mich auf ewig bestehen bleiben; dein Thron soll auf ewig Bestand haben."
(2 Sam 7,10b–16)

● Die beiden möglichen Thronfolger, Davids Söhne *Salomo* und *Adonija,* wurden von verschiedenen Seiten unterstützt. Adonija wurde vom Feldherrn Joab und dem Priester Ebjathar bevorzugt. Für Salomo aber setzten sich neben seiner Mutter Batseba der Priester Zadok und der Prophet Natan ein.
David entschied sich schließlich für **Salomo,** über dessen Eignung für dieses Amt man geteilter Meinung sein kann (vgl. 1 Kg 1,1–53).

Als Salomo 965 v. Chr. seinem Vater nachfolgte, suchte er keine kriegerischen Auseinandersetzungen, was nicht so sehr ein Zeichen friedlicher Gesinnung, sondern Symptom der Schwäche war. Trotzdem kann die Periode Salomos durchaus als glanzvoll gelten. Es gab freilich bereits Anzeichen des Verfalls. Im Norden des Reiches erhob sich ein gewisser Jerobeam, der zuerst mit der Finanzverwaltung beauftragt war, gegen die Herrschaft aus dem Süden. Dabei wurde er vom Propheten Ahia aus Schilo unterstützt. Dabei verlor Salomo die Vorherrschaft über Damaskus und teilweise über Edom. Das war aber kein Hindernis für ihn, im Inneren eine prunkvolle Machtentfaltung zu betreiben. Höhepunkt war die Errichtung des Tempels im Palastkomplex Jerusalems. In seinem Bauplan folgte der Tempel dem der kanaanäischen Heiligtümer, wie sie z. B. König Hiram von Tyrus vermittelt hatte. Die nachstehende Rekonstruktion gibt ein Bild vom Aussehen des Tempels. Alles in allem gesehen, war die Zeit Salomos sicher ein Höhepunkt des kanaanäischen Einflusses auf Israels Religion, die sich jedoch als stärker erwies.
Die Regierungszeit Salomos war auch auf an-

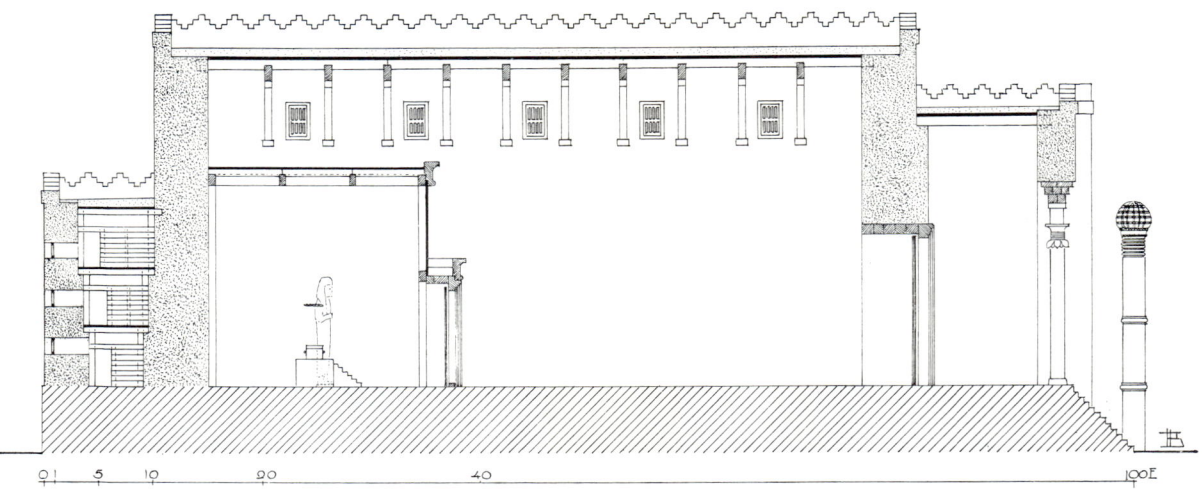

Eine Rekonstruktion des Salomonischen Tempels, der im 2. Buch der Chronik minutiös beschrieben wird (3, 1 ff).

deren Gebieten fruchtbar. Jetzt hielt in Israel die Stadtkultur, die zuerst nur die Kanaanäer gekannt hatten, Einzug. Die mit der Geldwirtschaft beginnenden sozialen Probleme waren später immer wieder Gegenstand prophetischer Sozialkritik.

In die Zeit Salomos fällt die einmalige Leistung Israels, der Anfang einer eigentlichen Geschichtsschreibung. Die Hofchronisten sammelten die vielfältigen Überlieferungen und formten aus ihnen größere zusammenhängende Erzählungen. Kulturgeschichtlich gesprochen, haben wir es mit einer Zeit zu tun, die gewisse Ähnlichkeiten mit den Epochen europäischer Geschichte aufweist, die man Humanismus und Aufklärung nennt.

Im Alten Orient war die sog. Weisheitsdichtung schon im 2. Jahrtausend v. Chr. verbreitet und fand in der Zeit Salomos auch in Israel Eingang. Dieses weisheitliche Denken war bemüht, die Welt und ihre Gesetzmäßigkeiten zu erfassen und die Gedanken, die dem Menschen angesichts der Schöpfung kamen, in poetischer Weise auszudrücken. König Salomo selbst werden auch einige weisheitliche Gedichte zugeschrieben.

Das Nordreich Israel

Salomo starb im Jahre 926 v. Chr. Mit seinem Tod kommt es zur Trennung des Nordreiches Israel vom Südreich Juda. Die Reichsteilung wäre vermeidbar gewesen, wenn der Sohn Salomos, Rehabeam, den Wünschen des Nordens mehr entgegengekommen wäre. Er war aber nicht bereit, den Steuerdruck, den die Bauarbeiten seines Vaters notwendig gemacht hatten, zu lockern. Die damalige Situation ist 1 Kg 12, 1–10 sehr anschaulich beschrieben.

Als die führenden Persönlichkeiten des Nordens diese unnachgiebige Haltung sahen, entschieden sie sich für Jerobeam, der nach seinem mißglückten Aufstand unter Salomo nach Ägypten geflohen war. So wurde Jerobeam König im Norden – zunächst mit der Hauptstadt Sichem –, während Rehabeam Juda von Jerusalem aus regierte.

Ausgrabungen der unter König Salomo befestigten Stadt Hazor.

Jerobeam wurde vom Propheten Ahija von Silo unterstützt. Es zeigt sich darin, wie sehr die Propheten die alte Ordnung eines charismatischen und nicht-dynastischen Führertums in Israel bevorzugten. Jerobeam war wie Saul durch vorhergehende Bezeichnung durch den Propheten und nachfolgende Akklamation seitens des Volkes auf den Thron gekommen. Darüber berichtet wieder das 1. Königsbuch:

„Als in jener Zeit Jerobeam einmal aus Jerusalem herauskam, begegnete ihm auf dem Weg der Prophet Ahija aus Schilo. Dieser war mit einem neuen Mantel bekleidet. Während nun beide allein auf freiem Feld waren, faßte Ahija den neuen Mantel, den er anhatte, zerriß ihn in zwölf Stücke und sagte zu Jerobeam: Nimm dir zehn Stücke; denn so spricht der Herr, der Gott Israels: Ich nehme Salomo das Königtum weg und gebe dir zehn Stämme."
(1 Kg 11,29–31)

Über den Verlauf der Geschichte nach der Reichsteilung sind wir vor allem aus dem 1. Buch der Könige unterrichtet.
Die beiden Staaten, die nun entstanden waren, wiesen nicht unerhebliche Unterschiede auf:

Juda:	klein	einheitliche Bevölkerung	Dynastie
Israel:	größer	starker kanaanäischer Bevölkerungsanteil	keine Dynastie

Jerobeam mußte neben seiner Hauptstadt, die er bald von Sichem nach Tirza verlegte, auch religiöse Zentren schaffen. Dies geschah an den alten Heiligtümern von Bet-El und Dan. Dort wurde der Thron Jahwes in Gestalt eines Stieres aufgerichtet.
Seine verhältnismäßig lange Regierungszeit erlaubte es Jerobeam (926–910), die Herrschaft zu festigen und die Grundlage für den 200jährigen Bestand des Nordreiches zu legen. Die Gründung einer Dynastie gelingt aber erst unter Omri (876–869). Omris Sohn Ahab (869–850) mußte sich mit den Assyrern auseinandersetzen und verbündete sich zu diesem Zweck mit dem Herrscher von Damaskus. Es gelang ihnen tatsächlich, in der Schlacht von

Karkar am Orontes (853) Salmanassar III. zu schlagen und für 5 Jahre Ruhe zu schaffen. Die politische Verbindung mit den Phönikern (Tyrus) hatte die Heirat Ahabs mit einer tyrischen Prinzessin (Isebel) zur Folge. Sie brachte den Kult des Baal Melkart aus Tyrus mit und förderte diesen Kult mit fast missionarischem Eifer. Ahab duldete die heidnischen Kulte und ließ es sogar zur Verfolgung jahwetreuer Kreise kommen. Dagegen richtete sich die heftige Kritik des Propheten **Elija**.
Über ihn wird in den Kapiteln 1 Kg 17–19 berichtet. Er ist die Verkörperung der streng jahwistischen Tradition, und es war sein Lebenswerk, gegen den Staat Ahabs zu kämpfen. So ist das Urteil der Bibel über Ahab auch nicht weiter verwunderlich:

„Ahab, der Sohn Omris, wurde König von Israel im achtunddreißigsten Jahr des Königs Asa von Juda. Er regierte in Samaria zweiundzwanzig Jahre über Israel und tat, was dem Herrn mißfiel, mehr als alle seine Vorgänger."
(1 Kg 16,29b–30)

Unter diesen Umständen wuchs auch die Opposition gegen das Haus Omri. Das konnte nicht einmal Joram (849–842) verhindern, der versuchte, die heidnischen Kulte zurückzudrängen.
Führer der Opposition zur Zeit des Joram war **Elischa.**
Er gibt das Startzeichen zum Umsturz, indem er einen Prophetenschüler in das Hauptquartier schickte und kurzerhand den General Jehu (842–815) zum König salben ließ. Darauf folgte – nach alter Sitte – die Akklamation durch das Volk. Jehu begründete eine Dynastie, die etwa 100 Jahre Bestand hatte.
Jehus Vorgänger wurde getötet. Isebel wurde aus dem Fenster des Palastes gestürzt und von Hunden zerfleischt, der Baal Melkart-Tempel wurde zerstört, die Baal-Anhänger getötet.
Die politischen Konsequenzen waren katastrophal, Israel war durch das Massaker seiner Führungsschicht beraubt, die Kontakte zu Tyrus brachen durch die Tötung Isebels weitgehend ab, die sozialen Verhältnisse verschlech-

König Jehu unterwirft sich dem Assyrerkönig Salmanassar III.

terten sich. Gegenüber den Assyrern konnte Jehu nicht standhalten und wurde Salmanasser III. gegenüber tributpflichtig.

Unter den Nachfolgern Jehus, Joas und Jeroboam II., besserte sich die wirtschaftliche Lage Israels, wenn auch das Schicksal der kleinen Leute hart blieb.

Jehu hatte mit dem ausländischen Heidentum aufgeräumt, aber es gab auch innerhalb der Jahwereligion nicht wenige heidnische Tendenzen. Zu diesem Zeitpunkt treten die beiden ersten sog. Schriftpropheten auf, **Amos** und **Hosea**. Der Inhalt ihrer Botschaft läßt den religiösen Ernst erkennen, der sich hinter der sicher blutrünstigen und oft abstoßenden äußeren Geschichte verbirgt.

Amos war von Beruf Viehzüchter und Herdenbesitzer. Unter der Regierungszeit Jerobeams II. predigte er in den Heiligtümern von Samaria, Gilgal und Bet-El, daß Jahwe der Gott aller Völker und der ganzen Welt sei. Jahwe dienen heißt seinen sittlichen Forderungen entsprechen.

Bei Hosea spielt eine wichtige Rolle der Gedanke der Erziehung Israels von seiten Gottes. Durch diese Erziehung soll die „Umkehr" erreicht werden. Gott ist voll des Mitleids:

„Wie könnte ich dich preisgeben, Efraim, wie dich aufgeben, Israel? Wie könnte ich dich preisgeben wie Adma, dich behandeln wie Zebojim? Mein Herz wendet sich gegen mich, mein Mitleid lodert auf. Ich will meinen glühenden Zorn nicht vollstrekken und Efraim nicht noch einmal vernichten. Denn ich bin Gott, nicht ein Mensch, der Heilige in deiner Mitte. Darum komme ich nicht in der Hitze des Zorns."
(Hos 11,8–9)

Nach dem Tode Jerobeams II. begannen in Israel nahezu anarchische Zustände. Zwischen 746 und 736 v.Chr. herrschten fünf Könige. Keiner starb eines natürlichen Todes.

In dieser Zeit ließ der Druck aus Assyrien nicht nach. Als König Rezin von Damaskus eine Koalition gegen Assyrien aufbaute, schloß sich König Pekach von Israel an.

Beide wollten auch König Achaz von Juda für diese Koalition gewinnen. Diesem war bewußt, daß ein solches Beginnen aussichtslos war. Pekach und Rezin bedrängten ihn so sehr, daß es zum Syrisch-Ephraimitischen Krieg kam (734 v.Chr.). Um sich seiner Rivalen erwehren zu können, rief Achaz den assyrischen König Tiglatpileser III. zu Hilfe, der die Koalition vernichtend schlug.

Nach einer neuerlichen Erhebung Israels gegen

296

die Assyrer wurde die Hauptstadt Samaria von Sargon II. erobert, die Bevölkerung deportiert und teilweise fremde Kolonisten angesiedelt. Damit hat das Nordreich fast genau 200 Jahre nach seinem Beginn (926) im Jahre 722 zu bestehen aufgehört. Der Süden konnte noch etwa 150 Jahre seine Selbständigkeit bewahren.

Das Südreich Juda und seine Propheten

Seit den Tagen Salomos stand die Bevölkerung Judas fremden Einflüssen offen gegenüber.
In eine sehr schwierige Situation kam König Ahas (735–715), der den assyrischen König gegen Pekach und Rezin zu Hilfe gerufen hatte und sich zu Tributzahlungen verpflichten mußte. Dies schloß auch die Verehrung der Götter Assyriens mit ein. Um dieser offiziellen Forderung entsprechen zu können, wurde im Tempel von Jerusalem ein solcher Kult eingerichtet. Die drückenden Forderungen Assyriens veranlaßten Ahas sogar, sich am Tempelschatz zu vergreifen.
Gegen diese religiösen und sozialen Mißstände treten die beiden Propheten **Jesaja** und **Micha** auf, deren Botschaft nur auf dem Hintergrund dieser geschichtlichen Situation zu verstehen ist.
Erst König Hiskija (716–687) entfernte die heidnischen Kulte aus dem Tempel. Die Versuchung war groß, sich nach Abwendung von Assyrien auf ein Bündnis mit Ägypten einzulassen, Jesaja warnte davor und behielt recht, denn Israel entging so der assyrischen Rache. Hiskija leitete eine *Kultreform* ein, die so weit ging, daß er auch das Bild der Ehernen Schlange, die angeblich auf Mose zurückgehen sollte, aus dem Tempel entfernen ließ:

■

„Er schaffte die Kulthöhen ab, zerbrach die Steinmale, zerstörte den Kultpfahl und zerschlug die Kupferschlange, die Mose angefertigt hatte und der die Israeliten bis zu jener Zeit Rauchopfer darbrachten – man nannte sie Nehuschtan (Kupferbild)."
(2 Kg 18,4)

Das Allerheiligste des Tempels in Tel Arad aus israelitischer Zeit. Den beiden Kultsteinen gegenüber steht jeweils ein kleiner Altar.

■

Er wollte seine Reformen auch auf das Nordreich ausdehnen und hoffte sogar auf Wiedervereinigung, liebäugelte aber immer wieder mit einem Widerstand gegen Assyrien. Zu diesem Zweck ließ er die Stadtmauern Jerusalems erneuern und auch einen Tunnel zum *Siloa-Teich* bauen, um die Wasserversorgung sicherzustellen.
701 zog Sancherib, der assyrische König, nach Palästina, um Hiskias geplante Rebellion bereits im Keim zu ersticken. Er belagerte Jerusalem. Daraufhin riet Jesaja Hiskija zu Friedensverhandlungen, die dieser auch tatsächlich aufnahm. Wieder mußte der Tempelschatz zur Abgeltung der Tributleistungen herhalten. Der Tempelschatz hatte ungefähr jene Funktion wie die Goldreserven der Nationalbank.

Unter diesen Umständen hat Manasse, der Nachfolger des Hiskija, keinen Versuch mehr unternommen, sich gegen die Assyrer aufzulehnen. Er erklärt sich sofort zum Vasallen Assyriens. Dies hatte natürlich zur Folge, daß man zur Religionspolitik des Ahas zurückkehren mußte und wieder assyrische Gottheiten im Tempel Jahwes verehrt wurden.

Auf der weltpolitischen Ebene bereitete sich eine entscheidende Änderung vor, als das assyrische Weltreich vom neubabylonischen Reich mit der Eroberung *Ninives* 612 abgelöst wurde. In diese Zeit fällt das Auftreten der Propheten **Habakuk** und **Nahum,** deren Botschaft sich auf die Zeit kurz vor bzw. nach dem Fall Ninives bezieht.

Die geänderte Weltlage nach dem Fall Ninives ermöglichte auch in Israel die neuerliche Durchführung von *Reformen.* Diese fallen in die Zeit des Königs Joschija (640–609), und zwar in sein 18. Regierungsjahr, wie aus 2 Kg 22, 3 – 23, 25 hervorgeht. Joschija schaffte alle fremden Kulte ab, die Kultdiener dieser heidnischen Kulte wurden hingerichtet. Alle Jahweheiligtümer außerhalb Jerusalems wurden geschlossen und die Priester zum Dienst nach Jerusalem berufen.

Die ganze Bewegung stand unter dem Motto der Rückkehr zu alten Traditionen. Damit stand Israel nicht allein da. Eine solche Sehnsucht gab es damals auch sonst im Nahen Osten: in Ägypten etwa begann man wieder mit dem Bau von Pyramiden, und auch die Einrichtung der Bibliothek des Assurbanipal geht auf diese Tendenz zurück. Die prophetische Bewegung erhielt einen neuen Auftrieb.

Es ist nicht verwunderlich, daß die Reform des Joschija auch erbitterte Gegner hatte, vor allem die Kultzentralisation (d. h., daß es nur ein Heiligtum, und zwar in Jerusalem, geben durfte). Die Priesterschaft außerhalb Jerusalems wollte ihre Positionen nicht aufgeben, und die Priester Jerusalems weigerten sich, die auswärtigen Kollegen aufzunehmen. Außerdem trug die Reform die Gefahr zu großer Sicherheit im Vertrauen auf den Tempel in sich, so daß **Jeremia** dagegen Stellung nahm.

Der Fall Ninives (612) veranlaßte die Ägypter zu dem Versuch, ihre Herrschaft auf Palästina auszudehnen. Pharao Necho zog daher nach Palästina, und Joschija versuchte ihm entgegenzutreten. Als er dabei sein Leben verlor (609), geriet auch die Reform in Mißkredit, weil man seinen tragischen Tod als ein Gottesurteil ansah.

Unter dem letzten König Zidkija (597–586) kam es mit Einverständnis Ägyptens zum Aufruhr gegen Babylon. Nebukadnezar, der König von Babylon, aber griff hart durch. Er belagerte und zerstörte Jerusalem. Die Söhne Zidkijas wurden vor dessen Augen getötet und er selbst geblendet und in Ketten deportiert.

Juda wurde der Provinz Samaria angeschlossen und verlor jede Eigenstaatlichkeit (586 v. Chr.). Die Bevölkerung wurde nach Babylonien deportiert. Jeremia floh mit einer Gruppe nach Ägypten.

Das Exil

Das Schicksal der nach der Zerstörung Jerusalems Deportierten unterschied sich grundsätzlich von dem der Nordstämme, über deren Verbleib es keine Zeugnisse gibt.

Ein wichtiger Grund für diesen Unterschied war zweifellos die Tatsache, daß die deportierten Judäer von der Reformbewegung Joschijas geprägt waren. Durch diese Reform hatten sie das religiöse Rüstzeug erhalten, um auch in einer völlig fremden Umgebung als Volk bestehen zu können. Über die äußere Geschichte der Exulanten ist nicht viel bekannt. Wie aus einer Notiz beim Propheten Ezechiel hervorgeht, siedelten sie am Fluß Kebar.

Da auch die Oberschicht deportiert worden war, übten die Priester in der Gemeinde der Exulanten einen maßgeblichen Einfluß aus. Der bedeutendste unter ihnen war **Ezechiel,** der Sohn des Priesters Busi. Seine Berufung war schon vor dem Exil im Jahre 593 v. Chr. erfolgt. Er wirkte dann auch während des Exils bis 573 v. Chr. Es ist auffällig, daß sich bei Jeremia nichts über Ezechiel findet, da sie doch beide eine Zeitlang gemeinsam in Jerusalem gewirkt haben müssen. Das heutige Buch Ezechiel geht in seinem Kern auf den Propheten zurück, wurde aber in späterer Zeit überarbeitet. Die Botschaft Ezechiels ist so wie die der anderen Propheten auf die Gerechtigkeit und Transzendenz Gottes sowie auf dessen sittliche Forderungen ausgerichtet und schuf die geistige Grundlage für die nachexilische jüdische Gemeinde. Man nennt ihn deshalb auch den Vater des Judentums. Das Exil trug zur Entwicklung einiger grundlegender Wesenszüge des späteren Judentums bei. Es sind vor allem 3 Verpflichtungen, die zum Unterscheidungszeichen wurden: die Beobachtung des *Schabbat*, der *Speisevorschriften* und der *Beschneidung*. Durch das Festhalten an diesen Verpflichtungen konnte Israel die Geschichte überdauern. Da ein Tempelkult nicht mehr möglich und seit der Reform des Joschija außerhalb Jerusalems auch verboten war, wurde der Gottesdienst zu einem reinen *Wortgottesdienst*, der im *Lehrhaus* (= *Synagoge*) abgehalten wurde. Die Synagogen sind zwar erst viel später archäologisch nachgewiesen, aber aller Wahrscheinlichkeit nach gehen sie auf die Zeit des Exils zurück.

Das Exil ist auch ein Wendepunkt für die weitere Geschichte Israels. Es bedeutete keinen Zusammenbruch, sondern einen schöpferischen Beginn. Seit dem Exil kann man vom „Judentum" sprechen.

Von der Perserherrschaft bis zur Zerstörung Jerusalems

Nach dem Tod Nebukadnezars verlor das neubabylonische Reich rasch an Bedeutung. Außerdem verfeindete sich der letzte neubabylonische Herrscher Nabonid mit der Marduk-Priesterschaft Babylons. Das führte dazu, daß man den Perserkönig Kyrus auch seitens der Mardukpriesterschaft in Babylon als Befreier feierte (539 v. Chr.). Die neue persische Regierung war daran interessiert, daß die einheimischen Kulte in den von ihr eroberten Gebieten wiederhergestellt wurden.

Das sog. *Kyrusedikt*, das im Buch Esra (6,3–5) enthalten ist, sieht den Wiederaufbau des Tempels vor und ist damit die Geburtsurkunde für das nachexilische Judentum:

„Im ersten Jahr des Königs Kyrus hat König Kyrus einen Befehl erlassen, der das Gotteshaus in Jerusa-

lem betrifft: Das Haus soll wieder aufgebaut werden als Ort, an dem man Opfer darbringt. Seine Fundamente sollen erhalten bleiben. Seine Höhe soll sechzig Ellen betragen und seine Breite zwanzig Ellen. Auf drei Lagen Quadersteinen soll eine Lage Holz kommen. Die Kosten bestreitet der königliche Hof. Auch soll man die goldenen und silbernen Geräte des Gotteshauses zurückgeben, die Nebukadnezzar aus dem Tempel von Jerusalem weggenommen und nach Babel gebracht hat. Alles soll wieder an seinen alten Platz in den Tempel von Jerusalem kommen und in das Gotteshaus gebracht werden."

Freilich haben sich die Erwartungen des **Deuterojesaja** nicht erfüllt, daß mit Kyrus eine entscheidende Wende der Weltgeschichte vom religiösen Standpunkt her verbunden sein werde.

Die Rückkehr aus dem Exil wurde von einem gewissen Scheschbazzar organisiert. Der *Wiederaufbau des Tempels* ging aber nicht so gut voran, wie man vielleicht erwartet hatte. Trotz der Bemühungen der Propheten **Haggai** und **Secharja** kam er 16 Jahre lang zum Stillstand. Haggai erreichte schließlich die Wiederaufnahme der Bauarbeiten (520 v. Chr.), und die Einweihung konnte 515 v. Chr. erfolgen.

Das Judentum war in dieser Zeit aber nicht mehr auf das bisherige Territorium Palästina konzentriert. Viele Juden lebten in Babylonien und in Ägypten (d. h. in der Diaspora = Zerstreuung).

In Ägypten gab es z. B. auf der Insel Elephantine eine jüdische Kolonie. Im 3. Jh. v. Chr. bildete sich auch eine starke Gemeinde in Alexandrien heraus, in der es zur griechischen Übersetzung des Alten Testamentes (= Septuaginta, abgek. LXX) kam.

Einen großen kulturellen Wandel löste das Weltreich Alexanders d. Gr. aus. Vor allem unter den Nachfolgestaaten, die nach dem frühen Tod Alexanders (323 in Babylon) entstanden waren, ergab sich für das Judentum Palästinas und der Diaspora eine beachtliche kulturelle Bewegung.

Die ägyptischen Ptolemäer wurden von den syrischen Seleukiden in der Vorherrschaft über Palästina abgelöst. In dieser Zeit geminderter Selbständigkeit war der Hohepriester in Jerusa-

lem auch das weltliche Oberhaupt der Juden. Zunächst stand aber Palästina unter der Kontrolle der ägyptischen Ptolemäer. Ptolemäus I. Soter (305–283/82 v. Chr.) siedelte zwangsweise jüdische Gefangene in ägyptischen Garnisonen an, wobei diese ihre inneren Angelegenheiten selbst regeln konnten. Unter Ptolemäus II. Philadelphus (285–246 v. Chr.) wurden die Juden sogar als eigene Volksgruppe (ethnos) anerkannt und durften im ganzen Herrschaftsbereich nach den väterlichen Gesetzen, d. h. nach der Tora, leben. Es ist nicht verwunderlich, daß der sogenannte Aristeasbrief die offizielle Anfertigung der griechischen Übersetzung der Bibel in diese Zeit verlegt. Allein schon das Bedürfnis nach einer solchen Übersetzung zeigt, daß für Teile der Judenschaft, vor allem in der Diaspora, Griechisch zur Muttersprache geworden war. Besonders die führenden Schichten (Hohepriester!) waren zu dieser kulturellen Anpassung in erstaunlichem Ausmaß bereit. Eine Zuspitzung der Lage trat ein, als die Seleukiden in der Schlacht bei Panion (198 v. Chr.) über die Ptolemäer siegten. Dadurch kam Jerusalem unter seleukidische Herrschaft. Damit wurde auch das Zentrum Jerusalem stärker von der unter ptolemäischer Herrschaft lebenden jüdischen Diaspora getrennt. Darüber hinaus gewannen im Land Israel selbst die hellenistischen, von den Seleukiden geförderten Stadtstaaten an Bedeutung. Das jüdische Siedlungsgebiet war dadurch weitgehend von heidnischen Ansiedlungen durchsetzt. Es ging damals um das Überleben der jüdischen Religion schlechthin. Es galt, die Entscheidung zu treffen, ob die jüdische Religion als selbständige Größe bestehen blieb oder sich in hellenistischem Synkretismus auflöste. Diese Auseinandersetzung bestand nicht nur im Kampf gegen einen äußeren Feind, sondern bedingte eine maßgebende innere Entwicklung der jüdischen Religion, deren Spuren auch noch im Christentum und Islam deutlich zu erkennen sind. Stichworte dafür sind Apokalyptik und Eschatologie, insbesondere die Auferstehungshoffnung als religiöse Vorstellung, die der älteren biblischen Religion noch nicht bekannt war.
Den Höhepunkt der Herausforderung bildete der Umstand, daß es unter Antiochus IV. Epiphanes am 6. Dez. 167 v. Chr. zur Schändung des Heiligtums in Jerusalem und zu religiösen Zwangsmaßnahmen kam, die das 1. Makkabäerbuch folgendermaßen beschreibt:

„Am fünfzehnten Kislev des Jahres 145 ließ der König auf dem Brandopferaltar den unheilvollen Greuel aufstellen; auch in den Städten Judäas ringsum baute man Altäre. Vor den Haustüren und auf den Plätzen opferte man Weihrauch. Alle Buchrollen des Gesetzes, die man fand, wurden zerrissen und verbrannt. Wer im Besitz einer Bundesrolle angetroffen wurde oder zum Gesetz hielt, wurde aufgrund der königlichen Anordnung zum Tod verurteilt.“ (1 Makk 1,54–57)

Diese Maßnahmen lösen die kriegerische Revolte der national-religiösen Kreise unter der Führung der Makkabäer aus. Ihnen schließt sich eine Gruppe von Frommen, die Asidäer, an. Es gelingt mit vereinten Kräften, im Jahre 164 v. Chr. den Tempelkult wiederherzustellen. Von da an haben die Makkabäer, nach ihrem Ahnherrn auch Hasmonäer genannt, fast genau 100 Jahre lang die weltliche und dann auch die hohepriesterliche Autorität innegehabt.
Diese Periode fand ihr Ende, als im Zuge der Partherkriege der römische Senat im Jahre 40 v. Chr. Herodes d. Gr. zum König von Judäa einsetzte. Nach dem Tode Herodes' d. Gr. (4 v. Chr.) werden römische Prokuratoren eingesetzt, unter deren Oberaufsicht es zu schweren Spannungen zwischen den Juden und der Besatzungsmacht kommt, die zum ersten Jüdischen Krieg (66–70 n. Chr.) führen, der mit der Zerstörung Jerusalems im Jahre 70 n. Chr. endet. Die Schuld an dieser Katastrophe trifft dabei auch jene radikale Aufstandsgruppe, die unter dem Namen Zeloten bekannt ist.
Für den Glauben der Juden ist in dieser Zeit weniger die äußere Geschichte von Bedeutung als vielmehr die Entstehung einer Reihe von innerjüdischen Gruppen, die man auch Religionsparteien nennt.

● Die Sadduzäer

Eigentlich verdienen die Sadduzäer die Bezeichnung „Gruppe" gar nicht, weil sie keine eigene Organisation hatten. Sie waren die in

Auf dem Titusbogen in Rom ist der Triumphzug abgebildet, den Rom dem siegreichen Feldherrn bereitete, der 70 n.Chr. die aufständischen Juden besiegte und Jerusalem zerstörte. Die Tempelschätze aus Jerusalem (unter ihnen der berühmte siebenarmige Leuchter) wurden im Triumphzug mitgetragen.

Jerusalem eingesessene Priesteraristokratie, die sich ein Judentum ohne Tempel und Priesterschaft überhaupt nicht vorstellen konnte. Sadduzäer gab es praktisch nur in Jerusalem. Sie waren die Träger der alten Traditionen, sahen sie doch vor allem in den Priestern und nicht in den Schriftgelehrten die Nachfolger des Mose. Ihr Namen kommt von dem Priestergeschlecht des Zadok, das schon zur Zeit Davids priesterliche Aufgaben erfüllte und in nachexilischer Zeit die priesterlichen Funktionen mit solcher politischer Führung verband. Die Hohenpriester stammten aus ihren Reihen. Gerade sie waren es aber, die wohl auch aus politischer Räson dem Hellenismus zuneigten und in den Augen der Frommen das väterliche Erbe verrieten.

Erst unter Herodes d.Gr. (ca. 37–4 v.Chr.) wurde wieder ein Zadokide, ein Sadduzäer, Hoherpriester. Damit stieg auch der Einfluß der Sadduzäer, allerdings nur im Hohen Rat, in dem sie eine kleine, jedoch sehr einflußreiche Gruppe bildeten.

Aufs Ganze gesehen vertraten die Sadduzäer keinerlei Sonderlehren, sondern ihr Credo war das nach dem Exil im Judentum allgemein gültige. Sie suchten ihre Glaubensvorstellungen und die religionsgesetzlichen Vorschriften aus ihrer Bibel, die in erster Linie aus den 5 Büchern des Mose bestand, zu belegen. Ob sie überhaupt noch andere Bücher wie etwa die Propheten als Hl. Schrift kannten, ist zumindest fraglich. Jedenfalls war das *geschriebene* Gesetz für die Sadduzäer die einzige Autorität, die sie anerkannten. Sie mußten daher in vieler Hinsicht strenger als die Pharisäer sein, die durch die Annahme einer mündlichen Tradition in der Lage waren, besser auf die Zeiterfordernisse einzugehen und das Religionsgesetz anzupassen.

Die Sadduzäer sahen ihre Funktion wesentlich im Bewahren überkommener Traditionen. Sie machten daher gewisse innerjüdische Lehrentwicklungen nicht mit. So entstand allmählich ein Gegensatz zwischen ihnen und dem Sammelbecken verschiedener frommer Richtungen, wie es die Asidäer darstellten. Es hat jedoch auch innerhalb der priesterlichen Kreise Spannungen gegeben. Das zeigt der Umstand, daß im 4./3. Jahrhundert v.Chr. zadokidische Priester Jerusalem verließen und im Heiligtum am Garizim ein neues Wirkungsfeld fanden.

Wir wissen freilich über die Sadduzäer nur aus Quellen Bescheid, die ihnen feindlich gegenüberstanden.

● Die Samaritaner

Unter dem Einfluß der von Jerusalem auf den Garizim ausgewanderten Priester und der politischen Entwicklung unter den Seleukiden wuchsen die separatistischen Tendenzen im Norden. Als dann der Makkabäer Hyrkanus I. im Jahre 128 v. Chr. den Tempel auf dem Garizim zerstörte, bewirkte er damit den totalen Bruch der Samaritaner mit Jerusalem. Seit diesem Zeitpunkt gibt es also eine jüdische Gruppe, die von Jerusalem unabhängig ist, nämlich die Samaritaner.

Letzter Anlaß für den Vollzug der Trennung war die politisch motivierte Vorgangsweise der Makkabäer, denen die Kultzentralisation ein politisches Machtmittel war. Im Kampf gegen die Seleukiden waren die Samaritaner nämlich nicht auf der Seite der Makkabäer gestanden. Lehrmäßig hingegen bestanden zwischen den Sadduzäern und den von den Samaritanern vertretenen Ansichten keine prinzipiellen Unterschiede. Jedoch bildete sich im samaritanischen Bereich eine immer absoluter werdende, Jerusalem diametral entgegengesetzte Tempelideologie heraus. Dazu kam, daß von den Samaritanern naturgemäß auch die theologischen

Bescheiden präsentiert sich die samaritanische Synagoge auf dem Garizim. Die Samaritaner werden auch im Neuen Testament zur Zeit Jesu erwähnt. Heute leben etwa 500 Samaritaner.

Entwicklungen im Süden nicht mehr mitgemacht wurden, die vor allem durch die asidäische Bewegung ausgelöst worden waren. So blieb das samaritanische Credo im wesentlichen das sadduzäische.

Die Quellen über die Samaritaner fließen viel reicher als jene über die Sadduzäer. Samaritaner gibt es heute insgesamt noch etwa 450, die in Nablus und Tel Aviv leben. Die Sadduzäer aber sind mit der Zerstörung des Tempels im Jahre 70 n. Chr. ausgestorben. Darin liegt ein wichtiger Unterschied zu den Samaritanern, die trotz der Zerstörung ihres Tempels durch Hyrkanus I. weiter bestanden. So gibt es bei den Samaritanern bis heute einen Hohenpriester, der die kleine Gruppe seines Volkes in einer Priesterherrschaft leitet. Die 5 Bücher des Mose sind die einzigen, die für sie Offenbarungsautorität haben. Ihr Buch Josua ist nicht mit dem biblischen identisch, sondern eine mittelalterliche Schöpfung. Heute glauben die Samaritaner auch an die Auferstehung der Toten. Wahrscheinlich ist es eine spätere Übernahme, so daß sie zur Zeit Jesu diesen Glauben noch nicht kannten. Die Zukunftserwartung der Samaritaner war auf das Kommen eines Propheten (vgl. Dtn 18,18) gerichtet, der entweder Mose selbst oder eine wiederkehrende Gestalt wie Henoch oder Josua sein sollte und von ihnen Taheb (= Wiederkehrender) genannt wird.

Man kann bei den Samaritanern nicht mehr von einer innerjüdischen Richtung sprechen, sondern hier handelt es sich bereits um eine unabhängige Gruppe, die allerdings einen gemeinsamen Ursprung mit dem Judentum hat.

● Die Asidäer

Bei den Asidäern, jenen Frommen, die in der makkabäischen Zeit den Aufstand gegen die seleukidischen Fremdherrscher unterstützt hatten (vgl. 1 Makk 2,42), handelte es sich um eine Laienbewegung, die insofern als progressiv zu bezeichnen ist, als ihre Mitglieder – anders als die Sadduzäer – für eine Weiterentwicklung der in der Tora niedergelegten Lehre durch mündliche Traditionen offen waren. Allerdings lehnten sie jede Anpassung an den Hellenismus radikal ab.

Als Volksbewegung mußte in den Kreisen der

Asidäer Antwort auf drängende Zeitfragen gegeben werden. Die Frage nach dem Schicksal der makkabäischen Märtyrer etwa führte zur Ausbildung des Glaubens an die individuelle Auferstehung (vgl. Dan 12,13). Darüber hinaus entwickelte sich in diesem Milieu eine umfassende Lehre von den Letzten Dingen, die dann vor allem im Gewand der Apokalyptik auftrat. Daran schieden sich freilich auch die Geister, und es wuchsen aus demselben Stamm einerseits die Essener und andererseits die Pharisäer.

● Die Essener

Durch die 1947 gemachten berühmten Textfunde von Qumran, deren Veröffentlichung bis heute nicht abgeschlossen ist, liegt ein umfassendes Quellenmaterial über die Qumran-Essener vor. Sie verstanden sich demnach als das eigentliche Israel.

Die Gemeinde vom Toten Meer dürfte im letzten Viertel des 2. Jh. v. Chr. gegründet worden sein. Für sie war der Tempelkult in Jerusalem nicht mehr legitim, obwohl sie – im Unterschied zu den Samaritanern – die Heiligkeit Jerusalems nicht grundsätzlich bestritten. Nur die konkrete Durchführung des Jerusalemer Tempelkults war für sie nicht akzeptabel. So verstanden sie ihr Gemeinschaftsleben als Ersatz für den Tempelkult.

Ihre Botschaft war bestimmt von der nahe bevorstehenden Ankunft der Endzeit. Ganz im Sinne dieser Lehre sind die Worte Johannes des Täufers zu den Pharisäern und Sadduzäern zu verstehen: *„Ihr Schlangen, wer hat euch denn ge-*

lehrt, daß ihr dem kommenden Gericht entrinnen könnt?!" (Mt 3,7). Das Endgericht steht also unmittelbar bevor! Aus diesem Geist heraus entstanden die eigenen Schriften dieser Gruppe, wie etwa die sogenannte Sektenregel und die Loblieder. Bereitwillig nahmen die Essener aber auch apokalyptische Schriften wie das Henochbuch und das Buch der Jubiläen, die nicht in ihrem Kreis entstanden waren, an. Die Schriften der Propheten, wie etwa das Buch Habakuk, interpretierten sie als Voraussage des nahenden Endes. Die Essener – als aus dem asidäischen Kreis kommend – hatten auch den Glauben an die Auferstehung, wenn auch kaum darüber in ihren Schriften gesprochen wird (vgl. auch Kap. IX, S. 323 f).

● Die Pharisäer

Die Sonderentwicklung, die zur Ausbildung der pharisäischen Bewegung führte, setzte bereits nach den makkabäischen Kriegen um etwa 160 v. Chr. ein. Von ihrem asidäischen Mutterboden her behielten auch die Pharisäer eine positive Einstellung zum Tempel. Von den Sadduzäern und Essenern unterschieden sie sich durch eine großzügigere Auslegung des Gesetzes, von letzteren auch noch durch die Ablehnung einer akuten Naherwartung. Für die Pharisäer waren nicht die Hohenpriester die Nachfolger in der Autorität des Mose, sondern die rabbinischen Gelehrten. Sie opponierten daher schon in der makkabäischen Zeit gegen die Union von Thron und Altar. „Könige salbt man nicht zu Priestern", ist eine Maxime des Talmud. Hier trafen sich durchaus noch die Interessen von Pharisäern und Sadduzäern. Allerdings standen bereits tiefere lehrmäßige Unterschiede im Hintergrund. Zur Trennung beider Gruppen kam es um 120 v. Chr., als in der Diskussion um die Auferstehung und jenseitige Vergeltung von beiden Gruppen völlig disparate Standpunkte vertreten wurden.

● Die Zeloten

Sadduzäer und Pharisäer waren gemeinsam bemüht, mit der römischen Besatzungsmacht

In Qumran lebte vom 2. Jh. v. Chr. bis 70 n. Chr. die Essenergemeinde. Die Handschriftenfunde und die Ausgrabungen vermitteln ein wertvolles Bild der religiösen Vorstellungen dieser jüdischen Sondergruppe um die Zeitenwende.

auszukommen. Dem stand die Politik der anti-römischen Aufstandsgruppen diametral entgegen. Diese Zeloten (= Eiferer), eine „linksradikale" Abspaltung von den Pharisäern, hatten in ihrem apokalyptisch gestimmten Denken den Entschluß gefaßt: *„weder den Römern noch irgend einem anderen untertan zu sein, sondern allein Gott, denn er allein ist der wahre und rechtmäßige Herr der Menschen."* Während nun die Pharisäer dieses Ziel durch treue Befolgung des Religionsgesetzes zu erreichen suchten, wollten es die Zeloten mit bewaffnetem Kampf herbeizwingen. Für Realpolitiker waren sie somit die Störenfriede schlechthin. Letztlich führte auch der von ihnen angezettelte Kampf im Jahre 70 n. Chr. zur Zerstörung Jerusalems und zum Ende des jüdischen Staates.

Das Tempelmodell des Herodianischen Tempels, den die Römer 70 n. Chr. zerstörten, wird hier abgebildet. Dieser Zeitpunkt bedeutet eine tiefe Zäsur in der jüdischen Geschichte und Religion.

Von der Schulgründung in Jawne bis zur islamischen Eroberung

Die Zerstörung des Jerusalemer Tempels im Jahre 70 n. Chr. bedingte einen Strukturwandel innerhalb der jüdischen Religion. Die Sadduzäer verloren die priesterliche Führung und damit ihre Bedeutung. Soweit sie die Katastrophe des Jahres 70 überlebten, waren sie jedenfalls ihrer Funktionen beraubt. Völlig in den Hintergrund traten jene apokalyptischen Gruppen, zu denen auch die Zeloten zählten und die die Katastrophe durch ihre eschatologische Ungeduld provoziert hatten. Dafür übernahmen die schon immer lebenspraktisch eingestellten Pharisäer die geistig-religiöse und praktisch-politische Führung. Die entscheidenden Ereignisse, die das Überleben des Judentums weitgehend ermöglichten, sind mit dem Namen des **Rabbi Jochanan ben Sakkai** verbunden.
Noch während der Belagerung Jerusalems soll Rabbi Jochanan ben Sakkai die Stadt verlassen und in Jawne ein Lehrhaus gegründet haben. Dort fand nicht etwa eine „Synode" statt, wie der öfter gebrauchte Ausdruck „Synode von Jawne" vielleicht nahelegt. Vielmehr wurde in Jawne schulmäßig rabbinische Gelehrsamkeit betrieben. Die Gelehrten standen vor der Aufgabe, den Strukturwandel der jüdischen Religion, den die Zerstörung des Tempels und der

Wegfall des täglichen Opferkultes bedingt hatten, zu bewältigen. Aus einer Religion, in der früher der Opferkult am kultischen Zentrum eine wesentliche Rolle gespielt hatte, wurde eine Religion des Wortes. Parallel dazu fiel diesen Gelehrten auch an Stelle des alten Sanhedrin die Wahrnehmung der Leitungsfunktion nach innen und der Repräsentanz nach außen zu. In diesem Zusammenhang war besonders Gamaliel II. unermüdlich tätig. Es ging ja auch darum, der pharisäischen Interpretation des Religionsgesetzes beim eigenen Volk zum Durchbruch zu verhelfen. Vieles von dem, was in Jawne endgültig wurde, hatte sich schon vor der Zerstörung des Tempels angebahnt. Wesentlich war es, den Gottesdienst, der von jetzt ab nur mehr in den Synagogen und nicht mehr im einen Tempel gehalten wurde, neu zu ordnen. Dabei knüpfte man naturgemäß an die Festtraditionen an, wie sie zur Zeit des Tempels bestanden hatten. In Jawne wurde auch der Umfang des Tanach festgelegt, wobei die Zugehörigkeit der Bücher Ester, Hoheslied und Prediger vorerst noch umstritten blieb.
Die ruhige Entwicklung in Jawne wurde durch die zweite Erhebung gegen die römische Besatzung unterbrochen. Nicht zuletzt wegen der harten Vorgangsweise der Römer gewannen die apokalyptisch-messianischen Erwartungen wieder Oberhand. Vor allem als sich das Gerücht verbreitete, Kaiser Hadrian wolle Jerusa-

lem zu einer heidnischen Stadt umgestalten, sprang der Funke über. **Simeon ben Kosiba** übernahm die Führung eines antirömischen Aufstandes, der von 132 bis 135 n. Chr. dauerte. Dazu erhielt er auch die Legitimation rabbinischer Autoritäten. Rabbi Akiba nannte ihn **„Bar Kochba"** (= Sternensohn) und wendete damit die messianisch verstandene Bibelstelle Num 24, 17 auf ihn an. Diese Stellungnahme zugunsten der Revolte gegen Rom bezahlte Rabbi Akiba mit dem Leben. Er starb als Märtyrer in Caesarea. Den Juden wurde nun das Betreten Jerusalems untersagt, so daß sich das Zentrum jüdischen Lebens nach Galiläa verlagern mußte. Der Sanhedrin residierte dann der Reihe nach in den galiläischen Orten Uscha, Schefar-am, Bet Schearim, Sephoris und Tiberias. Die Juden in der Diaspora (seit der Zerstörung des Tempels war es zu einer starken jüdischen Auswanderung aus Palästina gekommen) hielten mit dem „Nasi" (= Fürst), dem Vorsitzenden des Sanhedrin (auch Patriarch genannt), engen Kontakt. Die Nekropole von **Bet Schearim** legt durch die ganz verschiedene Herkunft der dort Bestatteten beredtes Zeugnis von der Bindung der Juden in der Diaspora an das Heilige Land ab. Durch das steigende Interesse der Christen an diesem Land wuchs damals die nichtjüdische Bevölkerung stark an.

Die rechtliche Lage der Juden verschlechterte sich unter dem christlichen Kaiser Theodosius II. (408–450) wesentlich. In den Jahren bis zur Eroberung Jerusalems durch die Perser (613 n. Chr.) hatten die Juden ein wechselndes politisches Geschick. Ihr Rechtsstatus war im Bereich der christlichen Herrscher schlechter als im Sassanidenreich, d. h. in Babylonien, wo sich eine starke jüdische Diaspora (ihr geistlich-weltlicher Führer wurde „Exilarch" genannt) gebildet hatte. Bedeutende Gelehrtenschulen bestanden in Nehardea, Sura und Pumbedita, die bald auch den Gelehrten in Palästina den Rang abliefen. Außer in Babylonien gab es auch in Ägypten, in Rom und Süditalien sowie in anderen Teilen des römischen Reiches jüdische Gemeinden, die sich an die jeweiligen geistigen Zentren gebunden wußten.

Das religiöse Denken dieser Zeit fand seinen Niederschlag in den klassischen Werken der rabbinischen Literatur, nämlich der **Mischna**,

In Bet Schearim residierte nach dem Aufstand des Bar Kochba der Sanhedrin. Die gut erhaltene Nekropole läßt erkennen, wie sehr die Juden in der Diaspora mit dem Heiligen Land in Verbindung blieben.

dem **Talmud** und den **frühen Midraschim.** Das Entstehen dieser Literatur steht in engem Zusammenhang mit dem rabbinischen Schulwesen, den Akademien in den genannten Zentren des jüdischen Lebens. Dort wurde das Traditionsgut gesammelt und zunächst mündlich weitergegeben. Nach frommem jüdischem Verständnis ist diese Überlieferung Teil der Offenbarung vom Sinai, die Mose übergeben wurde. Diese mündliche Überlieferung erfolgte an Hand von Interpretation und Auslegung der biblischen Offenbarung im Lehrgespräch der rabbinischen Autoritäten. Dabei herrscht entweder ein *halachisches* (vom hebräischen Zeitwort „gehen") Interesse vor, d. h. die Absicht festzustellen, was religionsgesetzlich verbindlich ist, wie man sozusagen den religiösen Lebensweg gehen soll, oder es handelt sich um *agadische* Traditionen, eine Art erzählend-aus-schmückender Meditation der in der Offenbarung vorliegenden Motive, die man Agadá (vom hebr. Zeitwort „erzählen") nennt. Die schriftliche Fixierung der anfänglich nur mündlichen Überlieferungen wurde nicht zuletzt unter dem Eindruck der bedrohlichen äußeren Ereignisse drängend. Die offiziell gewordene systematische Sammlung des religionsgesetzlichen Traditionsgutes erfolgte durch *Rabbi Jehuda Ha-Nasi* um etwa 200 n. Chr. und wird **Mischna** (= Lehre, Wiederholung) genannt. Sie besteht aus sechs „Ordnungen", wobei jede Ordnung wieder in „Traktate" gegliedert ist. Die rabbinischen Gelehrten, die diese Stoffe diskutierten und überlieferten, nennt man *Tannaïten* (= Lehrer). Da nicht das gesamte einschlägige Material Eingang in die Mischna fand, entstand eine ergänzende, gleich wie die Mischna aufgebaute Sammlung, die man **Tosefta** (= Hinzugefügtes) nennt.

Die Mischna wurde in den folgenden zwei bis drei Jahrhunderten zur Grundlage weiterer religionsgesetzlicher Reflexionen. Auch diese Traditionsstoffe wurden schließlich schriftlich gesammelt und heißen **Gemara** (vom hebr. Zeitwort „vollenden"). Nicht zu allen Teilen der Mischna gibt es diese Gemara. Die zusammen mit den entsprechenden Teilen der Mischna gedruckte Gemara nennt man **Talmud** (= Lehre, Belehrung). Der Talmud folgt im Aufbau der Mischna. Entsprechend den beiden Zentren des jüdischen Lebens in diesen Jahrhunderten entstand ein babylonischer und ein Jerusalemer Talmud. Ersterer wurde im 4./5. Jh., der andere im 5./6. Jh., n. Chr. vollendet. Offizielle Verbindlichkeit kommt in erster Linie dem babylonischen Talmud zu. Die gelehrten Tradenten der beiden Talmude werden palästinensische bzw. babylonische *Amoräer* (= Sprecher) genannt. Spätere Ergänzungen und Bearbeitungen am babylonischen Talmud nahmen die sogenannten *Saboräer* vor. Die Mischna ist in hebräischer, die Gemara in hebräischer oder aramäischer Sprache abgefaßt. Das Aramäische war in dieser Zeit die Umgangssprache. Das bedingte auch, daß paraphrasierende Übersetzungen der Bibel entstanden, die sogenannten **Targume** (= Übersetzungen). Die griechische Übersetzung der Bibel verlor für die Juden ihre Bedeutung. Au-

ßer diesen paraphrasierenden Übersetzungen entstanden seit dieser Zeit fortlaufende Erklärungen zur Bibel, die **Midraschim** (Einzahl: Midrasch = Schriftauslegung), die sowohl halachische, in der Hauptsache aber agadische Inhalte haben. Um die Eigenart dieser Literatur besser verstehen zu können, seien auf der folgenden Seite einige kurze Textbeispiele angeführt.

In diesen Schriften drückt sich der Glaube der Juden aus, ohne im Sinne einer christlichen systematischen Theologie oder Dogmatik geordnet zu sein. In solchen Texten sind viele theoretische Aussagen enthalten, die selbstverständliche Voraussetzung für jüdisches Glaubenshandeln enthalten, ohne daß sie als philosophisch-theologisches Gedankengebäude vorlägen. So dürfen vor allem Einzelaussagen der rabbinischen Literatur nicht als solche absolut gesetzt werden. Es handelt sich sehr oft um pointierte Formulierungen, die paradoxalen Charakter haben. Mit dieser Ausdrucksweise soll vielmehr versucht werden, oft sehr komplexe theologische Sachverhalte zu verdeutlichen. Erst wenn man diese Eigenart rabbinischer Texte kennt, kann man versuchen, die Lehren des rabbinischen Judentums systematisch darzustellen.

Die Erwartung des Messias (hebr. Maschiach = griechisch: Christos = der Gesalbte) ist fest in der jüdischen Glaubenstradition verankert, wie zahlreiche Gebete, aber auch das Glaubensbekenntnis des Maimonides zeigen. Diese Hoffnung ist im Laufe der Geschichte auch immer wieder praktisch-politisch virulent gewor-

Die Synagoge von Kapharnaum ist ein berühmtes Beispiel für die Synagogenarchitektur in den ersten Jahrhunderten der christlichen Zeitrechnung.

Der Glaube der Juden

Als Beispiel für die verschiedenen Funktionen und Interpretationsmöglichkeiten eines **Bibeltextes** möge hier der allgemein bekannte Anfang des Schöpfungsberichtes dienen und gleich in Parallele zu der paraphrasierenden Übersetzung des **Targum** (Jonatan ben Usiël) gestellt werden.

Wird im Targum nur eine erweiterte Übersetzung geboten, so beschäftigt man sich im **Midrasch** ausführlicher mit einzelnen Problemen, die man durch Vergleich mit anderen Bibelstellen zu lösen versucht. So wird im Midrasch Rabba im Zusammenhang mit dem Beginn der Genesis nach der Reihenfolge der Erschaffung von Himmel und Erde gefragt.

Der 10teilige Schöpfungsbericht dient in der **Gemara** bei einer halachischen Erörterung der Frage, wie lang bei der öffentlichen Vorlesung ein Bibeltext mindestens sein müsse, damit der Sinnzusammenhang gewahrt bleibe, als Belegstelle (neben anderen) für eine Mindestlänge von 10 Versen:

Bibel

„Im Anfang schuf Gott Himmel und Erde; die Erde aber war wüst und wirr, Finsternis lag über der Urflut, und Gottes Geist schwebte über dem Wasser. Gott sprach: Es werde Licht. Und es wurde Licht. Gott sah, daß das Licht gut war. Gott schied das Licht von der Finsternis, und Gott nannte das Licht Tag, und die Finsternis nannte er Nacht. Es wurde Abend, und es wurde Morgen: erster Tag."

Targum

„Am Anfang schuf Gott Himmel und Erde, und die Erde war wüst und leer. LEER VON MENSCHEN, LEER VON LEBEWESEN. Und Finsternis lag über der Urflut, und der Geist der BARMHERZIGKEIT VON SEITEN Gottes schwebte über dem Wasser. Gott sprach: Es werde Licht, UM OBEN ZU LEUCHTEN, und es wurde SOFORT Licht. Und Gott sah, daß das Licht gut war. Gott schied das Licht von der Finsternis. Und Gott nannte das Licht Tag, UND ER MACHTE IHN, DAMIT DIE BEWOHNER DER WELT AN IHM ARBEITEN, und die Finsternis nannte er Nacht, und er schuf sie, DAMIT DIE GESCHÖPFE IN IHR AUSRUHTEN. Es wurde Abend, und es wurde Morgen: Erster Tag."

Midrasch

„Zwischen der Schule Schamais und Hillels bestand eine Meinungsverschiedenheit. Nach jener wurde erst der Himmel und dann die Erde, nach dieser dagegen erst die Erde und dann der Himmel erschaffen, und beide bringen einen Beweis für ihre Ansicht bei. Die Schule Schamais führte dieses Gleichnis an: Ein König fertigt sich zuerst den Thron und dann erst den Fußschemel; dagegen die Schule Hillels führte dieses Gleichnis an: Ein König, welcher einen Palast baut, macht erst die unteren und dann die oberen Gemächer. Ebenso heißt es Gen 2,4: „Am Tage, da Gott vollendete Erde und Himmel." R. Jehuda bar Ilai führte noch einen Beweis für die Ansicht der Schule Hillels aus Ps. 102,26 an, wo zuerst „Erde" und dann „Himmel" steht. ...

R. Simeon bar Jochai wundert sich, wie die Väter der Welt, die Schule Schamais und Hillels, wegen der Schöpfung des Himmels und der Erde verschiedener Meinung sein konnten; nach seiner Ansicht wurden Himmel und Erde nicht anders als wie die Pfanne und ihr Deckel erschaffen, welcher der Meister zugleich fertigt" (vgl. Jes 48,13).

Gemara

„R. Simi lehrte, daß man im Bethause aus der Tora nicht weniger als zehn Verse vorlese, wobei auch der Einleitungsvers ‚Und er sprach' mitgezählt werde; wem entsprechen nun diese zehn? R. Joseph erwiderte: Entsprechend den zehn Geboten, die Mose am Sinai erteilt wurden. R. Levi erwiderte: Entsprechend den zehn Lobliedern, die David im Buche der Psalmen gedichtet hat. R. Jochanan erwiderte: Entsprechend den zehn Aussprüchen, durch die die Welt erschaffen wurde. – Welche sind es? – Die Worte er sprach im Abschnitte Am Anfang."

Überblick über Aufbau und Inhalt des Talmud			Mischna (Zahl der Abschnitte)	Babylonischer Talmud (Zahl der Blätter)	Jerusalemer Talmud (Zahl der Seiten)
Seder (Ordnung)	Massechet (Traktat)	Inhalt			
SEDER SERAÏM (Ordnung „Samen")	Berachot (Segenssprüche)	Regeln für den Gebrauch der Segensgebete	9	64	14
	Pea (Ackerecke)	Nachlese am Feld für die Armen (Lev 19,9–10)	8	–	7
	Demai (Zweifelhaftes)	Früchte, bei denen Zweifel bez. d. Verzehntung bestehen	7	–	6
	Kilajim (Geflechte)	Verbot von Mischungen (Lev 19,19; Dtn 22,9–11)	9	–	7
	Schewiit (Schabbatjahr)	Brachjahr und Schuldenerlaß (Ex 23,10–12)	10	–	7
	Terumot (Priesterabgabe)	Priesterabgaben (Num 18,8–10)	11	–	9
	Ma'asserot (Zehent)	Abgaben an die Leviten (Num 18,21–24)	5	–	5
	Ma'asser schení (Zweiter Zehent)	Abgaben für allgemeine Kultmähler (Dtn 14,22–26)	5	–	5
	Challa (Teighebe)	Abgaben vom Backteig (Num 15,17–21)	4	–	4
	Orla (Unbeschnittenes)	Baumfrüchte der drei ersten Jahre (Lev 19,23)	3	–	4
	Bikkurim (Erstlinge)	Darbringung von Erstlingsfrüchten (Ex 23,19; Dtn 18,4)	3	–	3
SEDER MOËD (Ordnung „Festzeit")	Schabbat (Ruhetag)	Das Verhalten am Schabbat	24	157	18
	Eruwim (Vermengungen)	Bereichsabgrenzungen für die Schabbatgebote	10	105	9
	Pesachim (Osterlämmer)	Vorkehrungen für die Feier des Osterfestes	10	121	11
	Schekalim (Tempelsteuermünzen)	Tempelabgabe (Ex 30,11–16)	8	–	7
	Joma (Versöhnungstag)	Bestimmungen für den Jom Kippur	8	88	8
	Sukka (Laubhütte)	Gestaltung des Laubhüttenfestes	5	56	5
	Beza (Ei)	Vorschriften für die Festtage (Speisenbereitung)	5	40	5
	Rosch Ha-Schana (Jahresanfang)	Gestaltung des Neujahrsfestes	4	35	4
	Ta'anit (Fasten)	Über das Gebet um Regen und die Fasttage	4	31	7
	Megilla (Schriftrolle)	Bestimmungen über das Lesen des Esterbuches	4	32	7
	Moëd Katan (Halbfeiertag)	Erlaubte und verbotene Tätigkeiten an den Halbfeiertagen	3	29	4
	Chagiga (Festopfer)	Pflichten an den Wallfahrtsfesten (Dtn 16,1–7)	3	27	5
SEDER NASCHIM (Ordnung „Frauen")	Jewamot (Schwägerinnen)	Bestimmungen zur Leviratsehe (Dtn 25,5–10)	16	122	16
	Ketubbot (Heiratsverträge)	Eheschließung und eheliches Güterrecht	13	112	12
	Nedarim (Gelübde)	Bestimmungen über Gelübde (Num 30,2–17)	11	91	7
	Nasir (Enthaltsamer)	Bestimmungen zum Nasiräergelübde (Num 6,1–21)	9	66	8
	Sota (Die Ehebruchsverdächtige)	Maßnahmen bei Ehebruchsverdacht der Frau (Num 5,11–31)	9	49	9
	Gittin (Scheidungsbriefe)	Scheidungsrecht	9	90	7
	Kidduschin (Trauung)	Eherecht	4	82	9
SEDER NESIKIN (Ordnung „Schadensfälle")	Bawa Kamma (Erste Pforte)	Eigentumsverletzungen (Ex 21,18 – 22,5)	10	119	7
	Bawa Mezia (Mittlere Pforte)	Haftung für fremdes Eigentum (Ex 22,6–14)	10	119	6
	Bawa Batra (Letzte Pforte)	Eigentumsrecht	10	176	6
	Sanhedrin (Gerichtshof)	Strafrechtsverfahren	11	113	14
	Makkot (Schläge)	Über die Anwendung der Geißelung (Dtn 25,1–3)	3	24	3

Überblick über Aufbau und Inhalt des Talmud			Mischna (Zahl der Abschnitte)	Babylonischer Talmud (Zahl der Blätter)	Jerusalemer Talmud (Zahl der Seiten)
Seder (Ordnung)	Massechet (Traktat)	Inhalt			
SEDER NESIKIN (Ordnung „Schadensfälle")	Schewuot (Schwüre)	Über das Schwören	8	49	7
	Edujot (Zeugnisse)	Verschiedene Zeugnisse rabbinischer Autoritäten	8	–	–
	Awoda Sara (Götzendienst)	Vorsichtsmaßnahmen gegen den Götzendienst	5	76	7
	Awot (Väter)	Ethische Weisheitssprüche	5	–	–
	Horajot (Entscheidungen)	Vorgangsweise bei irrtümlichen religionsgesetzlichen Entscheidungen	3	14	4
SEDER KODASCHIM (Ordnung „Heiliges")	Sewachim (Schlachtopfer)	Bestimmungen über Schlachtopfer	14	120	–
	Menachot (Speiseopfer)	Bestimmungen über Speiseopfer	13	110	–
	Chullin (Profanes)	Über die rituelle Schlachtung (Schächten)	12	142	–
	Bechorot (Erstgeburten)	Bestimmungen über Erstgeburten (Dtn 15, 19–23)	9	61	–
	Arachin (Schätzungen)	Ablösung von Gelübden durch Geldspenden (Lev 27, 1–25)	9	34	–
	Temura (Umtausch)	Über den Austausch von Opfergaben (Lev 27, 10)	7	39	–
	Keritot (Ausrottungen)	Todeswürdige Vergehen und Ersatzopfer (Lev 18, 29)	6	28	–
	Meïla (Veruntreuung)	Veruntreuung an Heiligtümern (Lev 5, 14–19)	6	22	–
	Tamid (Tägliches Opfer)	Verrichtungen kultischer Art am Heiligtum (Num 28, 3–4)	7	9	–
	Middot (Maße)	Maße und Struktur der Tempelanlage in Jerusalem	5	–	–
	Kinnim (Vogelnester)	Opfer von Vögeln (Lev 5, 7–13)	3	–	–
SEDER TEHAROT (Ordnung „Reinheiten")	Kelim (Geräte)	Kultische Unreinheit von Geräten aller Art	30	–	–
	Ohalot (Zelte)	Kultische Verunreinigung des Menschen (Num 19, 14–15)	18	–	–
	Negaïm (Aussatz)	Bestimmungen über den Aussatz (Lev 13, 1 – 14, 47)	14	–	–
	Para (Kuh)	Asche der „Roten Kuh" zur rituellen Reinigung (Num 19, 1–22)	12	–	–
	Teharot (Reinheiten)	Verschiedene Fragen kultischer Reinheit	10	–	–
	Mikwaot (Tauchbäder)	Bestimmungen über das kultische Tauchbad	10	–	–
	Nidda (Die Menstruierende)	Reinheitsbestimmungen f.d. Menstruierende (Lev 15, 19–23)	10	73	4
	Machschirin (Geeignetsein)	Flüssigkeiten, die geeignet sind zu verunreinigen (Lev 11, 37)	6	–	–
	Sawim (Ausflußbehaftete)	Über kultisch verunreinigende Körperausflüsse (Lev 15, 1–8)	5	–	–
	Tewul Jom (Tauchgebadeter)	Verhaltensregeln nach dem Tauchbad	4	–	–
	Jadajim (Hände)	Rituelle Unreinheit der Hände	4	–	–
	Ukzin (Stiele)	Pflanzenteile (Schalen etc.) und kultische Unreinheit	3	–	–

den und löste Bewegungen aus, die von Bar Kochba bis *Schabtai Zwi* reichen. Im Talmudtraktat Sanhedrin werden viele Aspekte der messianischen Zeit erörtert. Wesentlich ist, daß der Messias aus davidischem Geschlecht stammen muß. Er ist Mensch und in keiner Weise Gott. Die messianische Zeit ist eine irdische Idealzeit, die aber nicht ohne das vorbereitende Tun des Menschen anbrechen wird. In der messianischen Zeit wird Israel auch aus allen Teilen der Welt in seinem Land zusammengeführt werden. Von daher erhebt sich auch die Frage, wie der moderne Staat Israel theologisch einzuordnen ist. Von einer orthodoxen Richtung wird die Staatsgründung als rein menschlicher Vorgriff auf die messianische Zeit abgelehnt. Die bei religiösen Zionisten meist verbreitete theologische Sicht besteht darin, im Staat Israel den „Anfang der Erlösung" zu sehen und das Wirken am Staat als menschlichen Beitrag zur Heraufführung der messianischen Zeit zu verstehen. Die eigentliche Erlösung wirkt aber nicht der Messias, sondern Gott selbst. Ist die messianische Welt eine irdische und gehört „dieser Welt" (Olam ha-sé) an, so kennt die rabbinische Theologie sehr wohl auch den Begriff der „kommenden Welt" (Olam ha-bá).

Zum rabbinischen Denken gehört auch die Lehre vom Menschen, der aus Leib und Seele zusammengesetzt ist. Diese Zusammensetzung ist freilich als eine unzertrennliche Einheit gesehen. Im Anschluß daran bestehen auch zwei zueinander in Spannung stehende Vorstellungen: das „Fortleben der Seele" und die „Auferstehung des Leibes". Wie im Christentum wurden auch im Judentum die beiden Vorstellungen harmonisiert. Interessant ist der Umstand, daß sich in der jüdischen Mystik, der **Kabbalá,** die Vorstellung von der Seelenwanderung entwickelte. Diese Lehre hat besonders **Chajjim Vital** (1543–1620) im Anschluß an **Isaak Luria** dargestellt. Trotz weiter Verbreitung ist sie eine Sonderlehre geblieben.

Mit dem Jenseitsgedanken wird auch die Vorstellung von Lohn und Strafe verbunden, wobei die Frage nach der Ewigkeit der Hölle (Gehinnom) unentschieden bleibt.

Die schriftliche Fixierung des mündlichen Traditionsmaterials in den klassischen Werken der rabbinischen Literatur (Mischna und Talmud) erfolgte in einer Zeit, die dem jüdischen Leben im Land Israel und in Babylonien genug Spielraum ließ. In dieser Zeit wurden viele prächtige Synagogen, vor allem in Galiläa, errichtet, deren künstlerische Darstellungen einen wichtigen Einblick in die Religion dieser Zeit als Ergänzung zu den schriftlichen Quellen bieten. Diese Entwicklung erreichte sogar einen politischen Höhepunkt, als die Herrschaft der byzantinischen Kaiser 613 n. Chr. durch den Persereinfall in einem kurzen Zwischenspiel vor der islamischen Eroberung zurückgedrängt wurde. Von 614–617 n. Chr. konnten die Juden in Jerusalem sogar wieder ein selbständiges

Gemeinwesen errichten. Schon 629 freilich eroberte Kaiser Heraklius das Gebiet wieder zurück. Schon nach neun Jahren verlor er es endgültig an die islamisch-arabischen Eroberer. Damit beginnt auch die mittelalterliche jüdische Geschichte.

Das jüdische Mittelalter

Mehr noch als in der vorausgehenden geschichtlichen Periode verlagert sich im Mittelalter das Zentrum des jüdischen Lebens auf die verschiedenen Gebiete der Diaspora. Das Judentum stand im islamischen und christlichen Herrschaftsbereich Mehrheitsreligionen gegenüber, die beide wesentliche Wurzeln im Judentum haben. Solche Zentren jüdischen Lebens im islamischen Bereich waren Palästina, Babylonien, Nordafrika und Spanien. Im christlichen Europa ist zunächst Süditalien zu nennen, das noch lange unter byzantinischer Herrschaft stand, weiters Nordfrankreich und die Provence. Die jüdische Siedlung reichte aber bis Osteuropa. Die dort anfänglich sehr schwache jüdische Besiedlung wuchs erst im Zuge der mit den Kreuzzügen im 13./14. Jh. in Zusammenhang stehenden Judenaustreibungen aus Westeuropa.

Für die religiöse Entwicklung des Judentums waren in dieser Periode zwei Faktoren entscheidend. Einerseits bedingte die Berührung mit einer von ihr verschiedenen, nämlich islamischen bzw. christlichen Umwelt eine differenzierte Ausprägung jüdischen Lebens in einer ethnisch-religiösen Verbindung. Die Auseinandersetzung mit den verschiedenen Kulturen führte jedoch nie zur gänzlichen Aufgabe der jüdischen Identität. Dieses kulturgeschichtlich seltene Phänomen ist wesentlich aus der Wirkung der jüdischen Religion zu begreifen. Hier liegt auch der zweite bestimmende Faktor jüdischen Lebens. Die weniger bedeutenden jüdischen Gemeinden suchten den Kontakt mit den jeweiligen Zentren des geistig-religiösen Lebens, um ihre Eigenart und Existenz als Juden bewahren zu können. Nicht zuletzt war es dieser Umstand der Bewahrung der Eigenart, der zu mehr oder minder berechtigten Vorwürfen der nichtjüdischen Umwelt und nicht selten zu vorurteilsgeladener Feindschaft gegenüber den Juden führte, die sich dann in Pogromen und Vertreibungen entlud. Auf jüdischer Seite stand dem nicht selten ein Aufflackern der messianischen Hoffnungen gegenüber.

Die religiöse Einheit bzw. die Einheit der religiösen Praxis unter den verstreuten jüdischen Gemeinden wurde in diesem Zeitraum auch dadurch aufrechterhalten, daß man sich beim Auftauchen von religionsgesetzlichen Problemen an berühmte rabbinische Autoritäten wandte, die dann ihre Antworten (Responsen = Teschuwót) auf die Fragen (Sche'elot) gaben. Diese Entscheidungen wurden gesammelt und dienten wieder als Vorlage für weitere Entscheidungen. Ihre schriftliche Fixierung nennt man die **Responsenliteratur.**

Vorerst ging es aber noch darum, die Überlieferung des biblischen Textes, der ja nur handschriftlich weitergegeben werden konnte, zu sichern. In diesem Sinne wirkten in Babylonien und vor allem in Tiberias jene Gelehrten, die man **Masoreten** (= Überlieferer) nennt. Sie erforschten die Textgestalt der hebräischen Bibel und versahen diesen Text etwa im 8. Jh. mit Vokalzeichen. In dieser Form, d. h. mit der tiberiensischen Vokalisation, wird der Text der hebräischen Bibel bis heute gedruckt. Diese Arbeit war deshalb wichtig, weil sowohl von christlicher Seite (unter Berufung auf die Septuaginta) wie auch von den **Karäern** (einer jüdischen Sekte des 8. Jh.) eine Auseinandersetzung um den exakten Wortlaut des biblischen Textes geführt wurde. Das regte im 9./10. Jh. das intensive Studium der hebräischen Grammatik an. Ein grundlegendes Verdienst dabei kommt dem in Babylonien wirkenden Gelehrten **Saadja Gaon** zu, der auch eine arabische Bibelübersetzung herstellte. All das geschah letzten Endes im Dienste eines besseren Verständnisses der Bibel. Dem diente auch die Sammlung der großen **Midraschim,** die in dieser Zeit erfolgte. Darüber hinaus entstanden während des ganzen Mittelalters Kommentare zur Bibel. Einige davon gelangten zu besonderer Bedeutung und fanden allgemeine Anerkennung, so daß sie bis heute in den „Mikraót gedolót", den sogen. Rabbinerbibeln, am Rand des Textes abgedruckt werden. Ein solcher Kommentar ist der des **Schlomo ben Isaak** (1040–1105), kurz **RaSchI** genannt, und der des

Ibn Esra (1093–1163), weiters der Kommentar des **Mose ben Nachman** (1195–1270), kurz **RaMBaN** genannt, und der des Jakob ben Ascher (1280–1340), der den Beinamen Ba'al ha-Turim trägt. Auch der etwas spätere Kommentar des Owadja ben Jakob Seforno (1475–1550) gelangte zu weiter Verbreitung und Wertschätzung.

Nicht nur zur Bibel, auch zu Mischna und Talmud entstanden immer wieder Kommentarwerke. Immer wieder wurde auch die Tendenz spürbar, die Stoffülle des überlieferten Materials systematisch zu ordnen. Dieses Bemühen wurde auch in den nun beginnenden Versuchen einer philosophischen Systematisierung des jüdischen Glaubens sichtbar. Auch hier war das Werk des schon genannten *Saadja Gaon* (882–942), „Buch der Glaubensüberzeugungen", bahnbrechend. Wurde von solchen Werken der Verstand angesprochen, so kennt das jüdische Mittelalter auch eine erbauliche Literatur, wie das vielgelesene Werk des *Bachja ibn Pakuda* (1050–1120) = „Herzenspflichten" zeigt.

Eine überaus bedeutende Äußerung jüdischen Glaubens in dieser Periode sind die poetischen Texte (Pijjutím), die für die Liturgie verfaßt wurden. Solche Gedichte wurden auch von Autoren verfaßt, die ansonsten als Grammatiker, Kommentatoren oder Philosophen hervortraten, wie Saadja Gaon, Abraham Ibn Esra oder **Jehuda Halevi** (1075–1141).

Eine besondere Rolle im Rahmen der jüdischen Religion kommt der Religionsphilosophie zu. Im Unterschied zum Christentum und dem Islam erlangte die systematische, auf philosophischem Denken beruhende Glaubenslehre nie offiziellen Charakter. Es gibt daher im Judentum auch keine Dogmen im Sinne einer offiziell definierten Glaubenslehre. Das bedeutet freilich nicht, daß es keine selbstverständlichen glaubensmäßigen Voraussetzungen der jüdischen Religion gäbe, wie etwa das Dasein Gottes. Die äußeren geistig-kulturellen Umstände bedingten jedoch das Bedürfnis nach systematischen Darstellungen, vor allem zum Zweck der Verteidigung jüdischer Glaubensüberzeugungen. Bahnbrechend wirkte wieder Saadja Gaon. Jehuda Halevi, Dichter und Theologe, dessen Hauptwerk „Kusari" heißt, erfaßte zutiefst die Spannung, die zwischen Religion als philosophischem System und als sinngebender Lebenshaltung besteht.

Die philosophische Durchdringung des jüdischen Glaubens wurde von Gelehrten geleistet, die den religionsgesetzlichen Aspekt keineswegs vernachlässigten. Das bekannteste Beispiel eines solchen Gelehrten ist **Mose Maimonides** (1135–1204). Von ihm stammt eine systematische Sammlung der religionsgesetzlichen Bestimmungen, wie sie in den klassischen Quellen enthalten sind, mit dem Namen „Mischne Tora". Dazu kommt sein philosophisches Hauptwerk „Führer der Unschlüssigen", in dem er nachweisen will, daß zwischen Offenbarungswissen und Vernunfterkenntnis kein prinzipieller Widerspruch besteht. Maimonides übte auch einen beachtlichen Einfluß auf die christliche Scholastik aus und wird bei Thomas v. Aquin oft als „Rabbi Moyses" zitiert. Die Vorwürfe der jüdischen Gelehrten gegen Maimonides kamen besonders daher, daß sie in seinen Darlegungen eine Allegorisierung der Bibel im Dienste der Philosophie sahen, die über die Hl. Schrift gestellt erschien.

Diese Vorwürfe waren insgesamt nicht ohne Fundament, und sie bewirkten jedenfalls die totale Reduktion der philosophisch fundierten Theologie für die jüdische Religion. Der Vorteil, der sich dadurch ergab, war die Vermeidung spitzfindiger dogmatischer Auseinandersetzungen im Herzen der Religion. Freilich blieben dadurch auch unabweisbare Fragen auf der Strecke, die jedoch immer wieder gestellt werden. Das entscheidende Problem bildet die Notwendigkeit zur jeweiligen Aktualisierung der biblischen Texte und der halachischen Vorschriften. Im Dienste dieser Aufgabe entwickelten sich bis zur Gegenwart immer wieder innerjüdisch-geistige Strömungen, die diesem Bedürfnis gerecht werden wollten.

Ein sehr bekannter Versuch in dieser Richtung ist die **Kabbala** (= Überlieferung), die jüdische Mystik. Das zentrale Problem einer Offenbarungsreligion besteht immer in folgendem: Die heiligen Texte bedürfen, da sie ja über Jahrhunderte, im Fall des Judentums schon über mehr als zwei Jahrtausende, Geltung haben, einer Aktualisierung hin auf die jeweilige Gegenwart mit ihren spezifischen Fragestellungen. Dabei gerät der heilige Text in Spannung zu ihm fremden Fragestellungen aus dem philosophischen,

Rabbi Mose ben Maimon, auch Moses Maimonides (1135–1204) genannt, wurde in Cordoba (Spanien) geboren und lebte später in Fostat bei Kairo. Er war Arzt und Religionsphilosoph. Man machte ihn sogar zum Nagid, d.h. zum offiziellen Repräsentanten der ägyptischen Juden.

aber auch sozio-kulturellen Bereich einschließlich der Geschichte. Die Anwendung der Allegorie bei der Bibelauslegung kann hier weiterhelfen. Dabei wird anerkannt, daß der heilige Text grundsätzlich alle Probleme bewältigt, aber nur dann, wenn ihm ein auf den ersten Blick verborgener Wortsinn unterlegt werden kann. Nicht ganz zu Unrecht sehen orthodoxe Richtungen darin die Gefahr einer völligen Uminterpretierung des Textes und letzten Endes einer Untergrabung seiner Autorität.

In der Kabbala wurde im Prinzip eine allegorische Schriftauslegung betrieben. Durch ihre verblüffenden Ergebnisse und Sichtweisen findet sie bis heute, nicht zuletzt auch unter Nichtjuden, eifrige Zuhörer.

Der Glaube der Juden

verbietet nach dem Gebot des
Mose bildliche Darstellungen.
Deshalb herrschen
symbolische Darstellungen
vor.
Der siebenarmige Leuchter
(Menorá), Fresko aus einer
jüdischen Katakombe (3. Jh.
n. Chr.). Rom, Villa Torlonia
(72). –
Die Bundeslade im
Tempel des Dagon. Fresko
(245 n. Chr.) aus der Synagoge
von Dura Europos. Damaskus,
Nationalmuseum (73).

72

3

Die Menorá und Kultgegenstände. Detail einer Miniatur in einer hebräischen Bibel (1299) aus Perpignan. Paris, Bibliothèque Nationale (74).

Die Reste der Mauer des herodianischen Tempels in Jerusalem, bekannt als „Klagemauer", sind für den orthodoxen Juden eine Stelle von besonderem Wert (75).

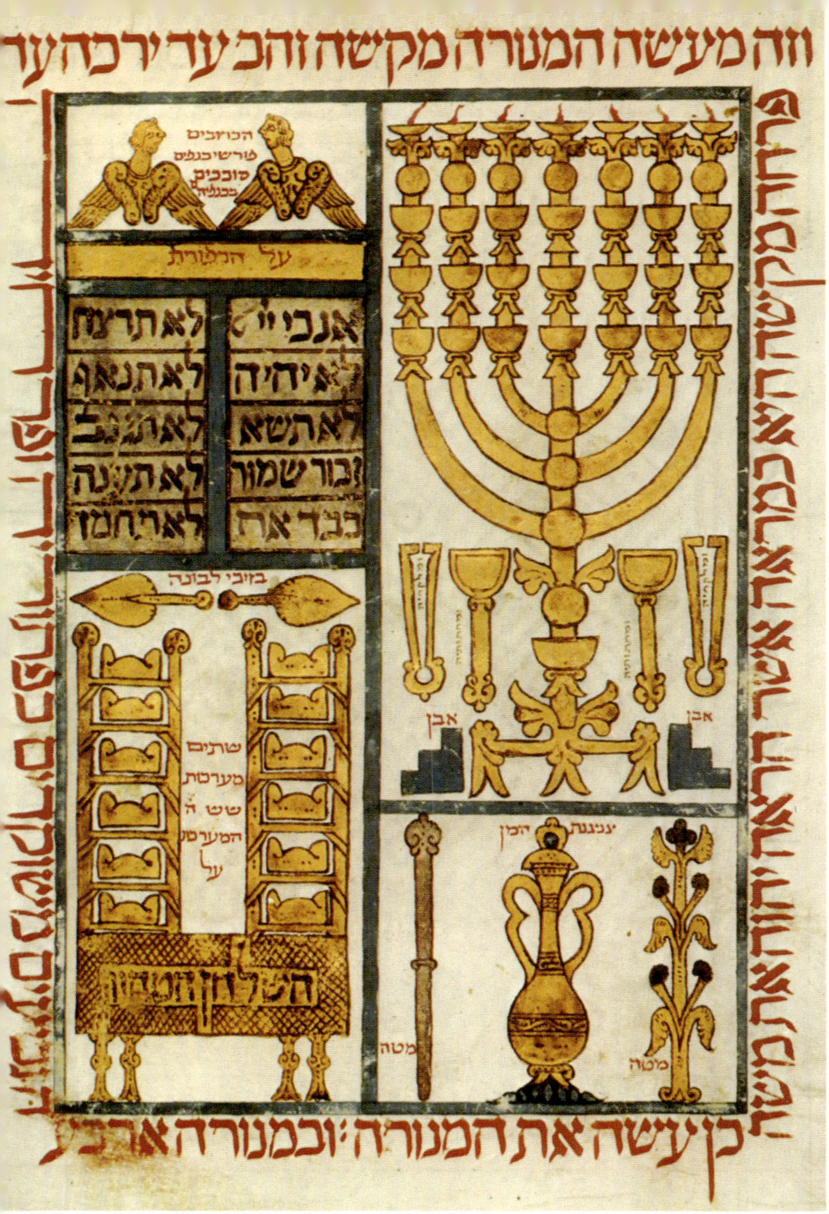

74

75

Äußerlich gesehen wird bis hin zum einzelnen Buchstaben Treue gegenüber dem Wortlaut der Tora geübt. Gleichzeitig wird aber jedem Detail eine überragende, nur dem Eingeweihten zugängliche Bedeutung beigemessen. Faktisch bedeutete diese hauptsächlich vom 11. bis zum 15. Jh. lebendige Richtung, deren Wirkungen bis in die Gegenwart reichen, eine Dienstbarmachung des biblischen Textes für eine Fülle von außerbiblischen Ideen. Vor allem ist es die neuplatonische Sefirót-(=Sphären-) Lehre, die hier bestimmend wurde. In der Kabbala wurden auch apokalyptische Vorstellungen neu belebt und besonders auch mystische Zahlenspekulationen zur Anwendung gebracht. Für den Kabbalisten ist das alles aber keine neue Methode, sondern vielmehr der Nachvollzug, das Sich-Versenken in die Überlieferung (= Kabbala). Der Kabbalist ist überzeugt, damit zum eigentlichen Sinn der Hl. Schrift vorgestoßen zu sein.

Das vielschichtige Hauptwerk dieser Richtung ist das Buch **„Sohar"** (= Glanz). Dieses Werk ist nach Art der Midraschim als Kommentar zum Pentateuch angelegt. Dem Sohar dient die Sefirot-Lehre als Struktur-Modell zur Deutung der gesamten irdischen und überirdischen Wirklichkeit als einer Reihe göttlicher Emanationen. Der Verfasser des Kernes dieses sehr umfangreichen, in einem künstlichen Aramäisch abgefaßten Werkes ist der in Spanien lebende **Mose de Leon** (1250–1305).

Die jüdische Mystik führte zu einer starken Verinnerlichung der Religiosität und förderte Tendenzen zum Asketismus, insgesamt also auch das, was man individuelle Frömmigkeit nennt.

Die beschriebenen innerjüdischen Geistesbewegungen entfalteten sich vor allem im **sefardischen Judentum** (hebr. Sefarad = Spanien), also im arabisch beeinflußten Judentum, aber auch in Italien und Südfrankreich. Das **aschkenasische Judentum** (aschkenas = im mittelalterlichen Hebräisch: Deutschland) war in seiner religiösen Erfahrung stark durch die Kreuzzüge und die Leiden, die es dabei erfuhr, geprägt. So entwickelte sich dort eine frühe Form des Chassidismus (Chassid = der Fromme), die ihren Niederschlag im Sefer Chassidim (= Buch d. Frommen), einem Werk

des in Regensburg lebenden *Jehuda Hä-Chasid* (gest. 1217), fand.

Zu betonen ist noch, daß weder die philosophische noch die kabbalistische Richtung in einem prinzipiellen Gegensatz zu den religionsgesetzlichen Vorschriften stand. Es ging beiden Richtungen um den Versuch einer theoretischen Reflexion, wobei die Kabbala auf mehr Gegenliebe stieß als die Philosophie.

Die Juden in der Neuzeit

Der Beginn der Neuzeit, der allgemein mit dem Datum 1492 verbunden wird, brachte für die Juden die Vertreibung aus Spanien, wo sich ihr geistig-kulturelles Zentrum befunden hatte. Ein goldenes Zeitalter ging damit zu Ende. Die Flüchtlinge wandten sich dem Land Israel zu, auf das ja durch alle Jahrhunderte Hoffnungen und Sehnsüchte gerichtet waren.

So siedelten sich viele spanische Gelehrte in der obergaliläischen Stadt Safed an. Das Heilige Land stand seit 1517 unter türkischer Oberherrschaft. Neben Safed begann auch in Jerusalem wieder das geistig-religiöse Leben. Es war die Kabbala, die das Denken beherrschte, wobei aber die Halacha keineswegs vernachlässigt wurde. Man dachte sogar an die Wiedererrichtung des Sanhedrin. Die wichtigsten Vertreter der Kabbala, die in Safed lebten und dort auch bestattet sind, waren Mose Cordovero (1522–1570) sowie Isaak Luria (1534–1572), abgekürzt ARI genannt, sowie dessen Schüler Chajjim Vital (1543–1620). Zu gleicher Zeit wirkte auch der berühmte Halachist Josef Karo (1488 in Toledo geb., 1575 in Safed gest.) in Safed. Er schuf einen Gesetzeskodex, der in der ganzen Diaspora Anerkennung fand und auch von den Aschkenasim akzeptiert wurde. Es handelt sich um den bekannten **„Schulchán Arúch"** (= gedeckter Tisch).

In Osteuropa gab es zu dieser Zeit kleinere jüdische Gemeinden, die zu verschiedener Zeit und aus verschiedenen Gründen in Polen und der Ukraine ansässig geworden waren. Vor allem hatten im 13. und 14. Jh. Judenvertreibungen aus deutschen Ländern Juden hierher geführt. Ihr spezifisches Idiom ist das **Jiddische** mit Sprachelementen aus dem Mittelhochdeutschen, dem Hebräischen und Slawischen. Die Zahl dieser jüdischen Bevölkerung wuchs bis ins 18. Jh. sehr stark an. Die jüdischen Gemeinden Osteuropas entfalteten eine beachtliche Selbstverwaltung und kulturelle Selbständigkeit. Die geistig-religiösen Entwicklungen, die sich im sefardischen Judentum vollzogen, wie etwa die Kabbala und die Rechtskodifikationen, wurden auch vom osteuropäischen Judentum mitvollzogen. Dabei ist zu bedenken, daß es keine zentrale Autorität in religiösen Fragen gab und gibt. Entscheidend für die Relevanz einer religiösen Strömung war deshalb stets die Annahme durch die Gemeinden. Dieser dynamische Prozeß sorgte im Judentum stets für starke Pluralität unter Wahrung eines Basiskonsenses.

Vor allem war es das traditionelle Bildungssystem (Chéder und Jeschiwá) sowie die jüdische Familie, die die Weitergabe des als grundlegend angesehenen Wissensstoffes und der traditionellen jüdischen Lebensweise ermöglichten. Wie schon dargelegt, gehörte dazu weder im aschkenasischen noch im sefardischen Judentum die Religionsphilosophie im eigentlichen Sinn. In diesem Bereich beherrschte weithin die Kabbala sozusagen als Ersatz für eine Religionsphilosophie das Feld. Die dazu gehörende religiöse Erregbarkeit war unter Umständen auch für die Reaktivierung messianischer Erwartungen offen. In diese Periode fällt auch die letzte große Bewegung dieser Art. Im Jahre 1626 wurde in Smyrna **Schabtai Zwi** geboren. Er widmete sich dem Studium der Kabbala. Nach einem messianischen Berufungserlebnis spricht er öffentlich den Gottesnamen aus und lenkt so die Aufmerksamkeit auf sich. In Palästina will er als Messias auch eine neue, messianische Tora verkünden. Durch die Infragestellung der Gültigkeit der Tora in der messianischen Zeit hat diese Bewegung der jüdischen Religion eine Hypothek für die Zukunft aufgelastet. Sie bewirkte nämlich, daß die tiefe und emotionale Bindung an das traditionelle jüdische Erbe in eine schwere Krise geriet.

Die chassidische Bewegung

Die Bewältigung der religiösen Krise erfolgte im osteuropäischen **Chassidismus,** der bis zur Gegenwart dem Judentum seinen Stempel aufprägt. Begründer dieser spirituellen Bewegung im Judentum war der als Wunderrabbi und Visionär bekannte **Israel ben Eliëser** (1700–1760) mit dem späteren Beinamen **Ba'al Schem Tov** (= Meister des guten Namens, abgekürzt BeSCHT genannt). Offenbar vermochte diese innerjüdische spirituelle Bewegung, das emotionelle Vakuum nach dem Sabbatianismus auszufüllen und dennoch die Übereinstimmung mit der Halacha zu wahren. Gerade in diesem Punkt freilich erregten auch die Chassidim die Kritik rabbinischer Kreise (Mitnagdim = „Gegner" genannt), die eine gewisse Laxheit bei der Gesetzeserfüllung zu sehen meinten und ähnliche Unzukömmlichkeiten befürchteten, wie sie der Sabbatianismus heraufbeschworen hatte. Grund dafür war der Umstand, daß die geistigen Führer der Chassidim (Zaddikim genannt) auch halachische Entscheidungen trafen. Eine solche Absicht war aber dem Chassidismus fremd. Es ging um eine Verinnerlichung der Frömmigkeit und um die Hervorhebung des beispielhaft religiösen Menschen, des **Zaddik** (= Gerechter), der das Vertrauen seiner Anhänger als **Maggíd** (= Prediger, Verkünder) besaß. Prototyp eines solchen Maggíd ist Dov Bär, der Maggíd von Meseritsch (gest. 1772), der Nachfolger des Bescht. Nach dem Tod des Maggíd von Meseritsch entwickelten sich innerhalb des Chassidismus verschiedene Richtungen, die dadurch entstanden, daß ein Zaddik und sein jeweiliger Nachfolger eine bleibende Gruppe von Anhängern um sich scharten, die ihre geistigen Leiter überaus schätzten. In dieser Struktur liegt auch der „Sitz im Leben" der vielen chassidischen Erzählungen. Es sind das lehrhafte Erzählungen, die entweder von einem Zaddik stammen oder legendenhafte Ausschmückungen von Episoden aus dessen Leben sind. Eine bekannte Sammlung solcher Erzählungen hat *Martin Buber* in deutscher Fassung vorgelegt. Neben ihrer gleichnishaften, poetischen Schönheit machen sie auch deutlich, daß der Chassidismus an kabbalistische Elemente der jüdischen Volksreligiosität in Osteuropa anknüpfte.

◼

Man bat einen Rabbi, dessen Großvater ein Schüler des Ba'al-Schem gewesen war, eine Geschichte zu erzählen. ,Eine Geschichte', sagte er, ,soll man so erzählen, daß sie selber Hilfe sei.' Und er erzählte: ,Mein Großvater war lahm. Einmal bat man ihn, eine Geschichte von seinem Lehrer zu erzählen. Da erzählte er, wie der heilige Ba'al-Schem beim Beten zu hüpfen und zu tanzen pflegte. Mein Großvater stand und erzählte, und die Erzählung riß ihn so hin, daß er hüpfend und tanzend zeigen mußte, wie der Meister es gemacht hatte. Von der Stunde an war er geheilt. So soll man Geschichten erzählen.'"
(M. Buber, Erzählungen der Chassidim)

◼

Ein Zweig des Chassidismus geht auf *Schne'ur Salman von Ljadi* (1745–1813) zurück und wird CHaBaD-Chassidismus genannt. Der Name stammt aus den Anfangsbuchstaben der Namen der drei ersten Sefirot (*CH*ochma = Weisheit, *B*iná = Einsicht, *D*a'at = Erkenntnis). Der Rav von Ljadi legte in seinem Werk „Likkute Amarim" (= Sammlungen von Aussprüchen) eine systematische Darstellung des Chassidismus vor, die bis heute eine beachtliche Wirkung über den Kreis seiner eigentlichen Anhänger hinaus entfaltet. Das Zentrum dieser Bewegung war im 19. Jh. in Ljubawitsch im Gebiet der heutigen Sowjetunion. Heute lebt der Leiter dieser Bewegung, der „Ljubawitscher Rebbe", in New York. Ein eindrucksvolles Bild vom Leben der Chassidim in Osteuropa vor der Vernichtung durch die Nazis kann man heute noch in dem seit 1874 bestehenden Jerusalemer Stadtviertel „Mea Schearim" gewinnen.

Ein kurzes Stück aus einem Werk des Schne'ur Salman von Ljadi gibt einen Einblick in das Grundanliegen des Chassidismus

◼

„So, wie es im Leben ist, daß der Mensch oft von etwas so bewegt wird, daß der innerste Mittelpunkt seines Herzens dadurch berührt wird und er dann etwas tut und redet ohne Überlegung, so ist es auch in geistiger Hinsicht (,im Gottesdienste des Herzens'). Die Anbetung aus Erkenntnis breitet sich aus und hüllt sich ein in die (sittlichen) Eigenschaften (der Seele), die aus ,Weisheit, Einsicht und Erkenntnis' erzeugt werden. Die Anbetung aus der Tiefe, aus dem Innern, wird bewirkt durch Erleuchtung aus der höheren Weisheit, die über Einsicht

und Erkenntnis ist. In dieser Weisheit ist das Licht Gottes wirklich eingehüllt und verborgen, wie geschrieben steht (Spr 3, 19): ,Der Herr ist in der Weisheit' (eigentlich: ,Der Herr hat mit Weisheit die Erde gegründet'; wird aber so gedeutet, als ob es hieße: Gott selbst ist in der Weisheit verborgen). Dies ist eben der göttliche Funke, der in jeder israelitischen Seele verborgen ist. Daß es nicht jedem Menschen gelingt, diese Stufe der Gottesanbetung aus der Tiefe des Herzens zu erreichen, kommt daher, daß dieser Funke in ihm gefangengehalten ist; das heißt eigentlich: Die Schechina selbst ist in ihm gefangen; denn sie ist eben dieser göttliche Funke seiner göttlichen Seele. Die Ursache der Gefangenschaft ist, wie unsere Meister, ihr Andenken sei zum Segen, sagten: ,Sie (die Israeliten) gingen nach Babel in die Gefangenschaft, und die Schechiná ging mit ihnen.' Weil der Mensch nämlich das Innere seines Herzens mit schmutzigen Gewändern umhüllt, nämlich mit der Lust dieser Welt, die ,Babel' heißt."
(Aus: Sendschreiben der Heiligkeit, Übers. Paul Levertoff)

◼

Schwerpunkt des Chassidismus ist seine unmittelbare Gotteserfahrung. Auf pantheistischen Aspekten der Kabbala gründend, ist dem Frommen in allen belebten und unbelebten Dingen und im gesamten menschlichen Handeln die göttliche Schöpferkraft gegenwärtig. Durch die sichtbare Schöpfung ist anderseits aber diese Gegenwart Gottes auch wieder verdeckt. So ist es Aufgabe des Frommen, wieder zur Einheit mit Gott zu finden. Mittel dazu sind das Studium der Hl. Schriften und das Gebet, wobei letzteres zu einer fast ekstatischen Begeisterung führen kann. Die schaukelnde Bewegung des Oberkörpers im Gebetsrhythmus wurde schon vom Ba'al Schem Tov als eine Unterstützung des Gebetes im Sinne eines körperlich-geistigen Aktes gedeutet. Das Leben der Chassidim ist von Freude bestimmt, die ihren Niederschlag auch in den chassidischen Tänzen gefunden hat. Vieles, das im deutschen Sprachraum mit Judentum und jüdischer Religion assoziiert wird, stammt aus dieser Richtung des Judentums.

Neue Entwicklungen

Als konservative Richtung hatte der Chassidismus wesentlich dazu beigetragen, den Kern traditioneller jüdischer Religiosität zu erhalten und zu beleben. Dieser Umstand ist umso bedeutender, als durch Aufklärung und Säkularisation wesentliche Elemente der jüdischen Religion von außen, aber auch von innen in Frage gestellt wurden. Das geschah nicht aus antisemitischer Gesinnung, sondern im Namen des Fortschritts. Faktisch erfolgen parallel zu dieser Entwicklung verschiedene Repressalien gegen die Juden in den europäischen Staaten, vor allem in Osteuropa. Letzten Endes brachten Aufklärung, Liberalismus und Marxismus für die Juden keine andere Alternative als die, daß sie zwischen Selbstaufgabe oder Diskriminierung zu wählen hatten. Die gegenwärtige Situation der Juden in der Sowjetunion ist die klassische Illustration dieses Zustandes. Seit dem 19. Jh. gab es daher parallel zur nichtjüdischen Emigration eine starke jüdische Auswanderung aus europäischen Ländern in die **Vereinigten Staaten**. Das führte dazu, daß heute in den Vereinigten Staaten die größte Zahl von Juden lebt.

Insgesamt war die Reaktion der Juden auf die Herausforderung durch Aufklärung, Liberalismus und Marxismus eine je nach geistiger Richtung verschiedene. Es entstanden als Reaktion verschiedene innerjüdische Richtungen, aber auch Tendenzen, die überhaupt aus dem Judentum hinausführten.

Ein wesentlich neuer Faktor in dieser Entwicklung war die Gründung des **Staates Israel**. Die zionistische Bewegung und deren Vorläuferin, die Chibbát-Zión-Bewegung in Osteuropa, wollten in einem jüdischen Nationalstaat eine selbständige und freie Entfaltung jüdischer Existenz in ihren vielfältigen Formen ermöglichen. Der Staat Israel ist kein religiöser Staat, muß aber die Anliegen der religiösen Gruppen und natürlich das durch die Religion geprägte kulturelle Erbe voll berücksichtigen. Interessant ist in diesem Zusammenhang ein Abschnitt aus **Theodor Herzls** „Judenstaat", in dem er zu dem Problem Staat – Religion Stellung nimmt:

„Werden wir also am Ende eine Theokratie haben? Nein! Der Glaube hält uns zusammen, die Wissenschaft macht uns frei. Wir werden daher theokratische Velleitäten unserer Geistlichen gar nicht aufkommen lassen. Wir werden sie in ihren Tempeln festzuhalten wissen, wie wir unser Berufsheer in den Kasernen festhalten werden. Heer und Klerus sollen so hoch geehrt werden, wie es ihre schönen Funktionen erfordern und verdienen. In den Staat, der sie auszeichnet, haben sie nichts dreinzureden, denn sie würden äußere und innere Schwierigkeiten heraufbeschwören.

Jeder ist in seinem Bekenntnis oder in seinem Unglauben so frei und unbeschränkt wie in seiner Nationalität. Und fügt es sich, daß auch Andersgläubige, Andersnationale unter uns wohnen, so werden wir ihnen einen ehrenvollen Schutz und die Rechtsgleichheit gewähren. Wir haben die Toleranz in Europa gelernt. Ich sage das nicht einmal spöttisch. Den jetzigen Antisemitismus kann man nur an vereinzelten Orten für die alte religiöse Intoleranz halten. Zumeist ist es bei den Kulturvölkern eine Bewegung, mit der sie ein Gespenst ihrer eigenen Vergangenheit abwehren möchten."

Der Staat Israel versteht sich nicht als die Verwirklichung der messianischen Zeit, wenn auch gläubige Interpretation ihn als „Anfang der Erlösung" deutet.

Die Judenverfolgungen der Neuzeit, insbesondere der Massenmord an den Juden in der NS-Zeit, führten auch in der jüdischen Religion zu einer bemerkenswerten Bewegung. Die Assimilationstendenzen, d.h. die Bereitschaft, jüdische Identität aufzugeben, war für viele Juden die klare Konsequenz aus dem geistigen Erbe der Aufklärung. Die Verfolgungen bewirkten auch in weiten Kreisen der assimilierten und gleichgültigen Juden eine stärkere Solidarisierung mit den Verfolgten, mit denen sie aufgrund der Rassenideologie auch ohne Rücksicht auf ihr religiöses Selbstverständnis identifiziert wurden.

In dieser Situation trat auch bei solchen Juden neben der selbstverständlichen Solidarisierung eine Besinnung auf die geistig-religiöse Her-

Der Glaube der Juden

Schlomo Goren bläst als oberster Armee-Geistlicher beim ersten offiziellen Gebet nach dem Sechs-Tage-Krieg an der Westmauer („Klagemauer") das Schofar.

kunft ein, die dann zu einer positiven Hinwendung zum religiösen Erbe der Vergangenheit führte.

Hier gilt es nun abschließend, einige religiöse Strömungen im Judentum darzustellen, die mit der im 18. Jh. beginnenden jüdischen Aufklärung, der **Haskala,** in Zusammenhang stehen. Im Unterschied zu jenen Tendenzen, die überhaupt aus dem Judentum hinausführten, wurde hier der Versuch einer positiven Synthese unternommen.

Einen ersten Ansatz lieferte **Moses Mendelssohn** (1729–1786) mit seiner deutschen Bibelübersetzung. Im 19. Jh. wurde erstmals der Versuch einer wissenschaftlichen Darstellung des Judentums in der sogen. „Wissenschaft des Judentums" unternommen. Freilich vermochte diese Vorläuferin der modernen „Judaistik" nicht jenen Beitrag zum jüdischen Selbstverständnis zu liefern, den man sich erhofft hatte. Religionswissenschaftliche Forschung ist eben nicht Theologie, und nur letztere vermag die gläubige Weiterentwicklung der Tradition zu leisten. Dieser Versuch gerät noch dazu in das Spannungsfeld zwischen angestrebter Reform und faktischer Anpassungsfähigkeit der Tradition.

Von dieser Problematik war besonders die Reform im Judentum betroffen. In der Mitte des 19. Jh. legte **Abraham Geiger** (1810–1874), ein bedeutender Vertreter der „Wissenschaft des Judentums", die Grundlage für die Reform. Zunächst kam es zu Veränderungen im Gottesdienst (etwa die Einführung der Orgel), die heftigen Widerspruch orthodoxer Kreise hervorriefen. Im Sinn des religionsgeschichtlichen Ansatzes von Geiger war die Reform von dem Prinzip geleitet, daß der historische Entwicklungsprozeß der jüdischen Religion nicht abgeschlossen sei. Damit wurden die religionsgesetzlichen Bestimmungen als zeitgebunden relativiert. Von da war es nur ein kleiner Schritt zur Identifikation des Judentums als der Vernunftreligion der Aufklärung. Der Verlust spezifisch jüdischer Tradition in der Reform bedingte naturgemäß deren Ablehnung durch die Orthodoxie.

Einen anderen Weg gingen die Konservativen, wobei die Grenzen zur Reform nicht immer genau zu ziehen sind. Jedenfalls ging es den Vertretern dieser Richtung mit **Sacharja Frankel** (1801–1875) an der Spitze um eine positive Beziehung zur Tradition und zu deren prinzipiellem Offenbarungscharakter. In den Vereinigten Staaten war besonders der Gelehrte **Salomo**

317

Schechter (1847–1915) der Repräsentant dieser in den USA bis heute besonders starken innerjüdischen Richtung.

Naturgemäß kam es auch im Bereich der Orthodoxie zur Auseinandersetzung mit der Herausforderung, die Reformierte und Konservative boten. Den ersten bedeutsamen Versuch einer Synthese zwischen Gesetzesfrömmigkeit und Rationalismus unternahm **Samson Raphael Hirsch** (1808–1888), dessen Anliegen weithin auf positives Echo stieß.

Die beschriebenen, von verschiedenen Ansätzen ausgehenden Versuche einer theologischen Auseinandersetzung mit den Zeitströmungen führten zur Bildung innerjüdischer Gruppen. Dabei darf nicht übersehen werden, daß sich das Judentum als Religion *und* Volk versteht und beide Aspekte wesentlich zusammengehören. Anderseits sind viele, die von der jüdischen Tradition her kulturell und herkunftsmäßig bestimmt sind, religionslos. In einem säkularisierten Staat ist dieses Problem prinzipiell gelöst. Anders freilich im Staat Israel, wo der zentrale religiöse Aspekt des jüdischen Selbstverständnisses organisatorische Fragen aufwirft. So ist etwa das orthodoxe Oberrabinat die einzige offizielle Repräsentanz des religiösen Judentums, was naturgemäß die Unzufriedenheit der anderen innerjüdischen religiösen Richtungen hervorruft. Wenn sich der Staat Israel auch nicht als religiöse Institution begreift, so besteht denn doch eine unentwirrbare Interdependenz von Staat und Religion. Das gilt nicht zuletzt auch deshalb, weil ja das physische Land Israel selbst eine theologische Größe als das von Gott geschenkte Land ist. Territoriale Abmachungen sind daher nach religiösem Verständnis nicht einfach die in diplomatischen Verhandlungen gefundene Lösung, sondern sie müssen halachische Normen, wie etwa die Frage nach den Grenzen des Heiligen Landes, mitberücksichtigen. Die parlamentarischen Mehrheitsverhältnisse seit der Gründung des Staates waren überdies stets so gelagert, daß die religiös motivierten politischen Parteien das Zünglein an der Waage bei politischen Entscheidungen und Kabinettsbildungen waren und sind.

Neben diesen Richtungen, die zu gesellschaftlich faßbaren religiösen Gruppierungen führten, ist das moderne jüdische Denken durch eine Reihe von Einzelpersönlichkeiten geprägt. Sie haben mit ihren Gedanken Entwicklungslinien für den jüdischen Glauben entworfen, über deren Wirkungsgrad noch kein Urteil möglich ist. Bei dem Hinweis auf solche Persönlichkeiten sind wohl nur jene gemeint, die als Juden bewußt einen Beitrag zum geistig-religiösen Erbe des Judentums leisten. Daneben gibt es bedeutende Juden, deren philosophisches Werk nicht den spezifischen Fragen des jüdischen Selbstverständnisses gewidmet ist. Als spezifisch auf die jüdische Glaubenstradition hin ausgerichtete Denker sind etwa der Neukantianer **Hermann Cohen** (1842–1918) und **Franz Rosenzweig** (1886–1929) zu nennen. Ihre Ansätze blieben nicht zuletzt wegen der Katastrophe des deutschen Judentums in ihrer Wirksamkeit begrenzt. Die religiöse Philosophie **Martin Bubers** (1878–1965) wirkte vornehmlich in nichtjüdischem Milieu und beeinflußte das traditionelle Judentum nur wenig. Wirksamer waren dagegen die Bemühungen von **Leo Baeck** (1875–1956), dessen Werk „Das Wesen des Judentums" viel Beachtung, vor allem auch in den USA, fand. Besonders hier kam es nicht zuletzt durch die Konfrontation mit einer weltanschaulich pluralistischen Gesellschaft zu einer Reihe von Neuansätzen, von denen vor allem das Werk von **Mordecai M. Kaplan** (1881–1983!) „Judaism as a Civilisation" zu nennen ist.

Die weitere Entwicklung des Judentums als Religion wird jedenfalls wie in der Vergangenheit wesentlich vom Lauf der Geschichte des jüdischen Volkes geprägt werden.

Der Glaube der Christen

Wir sind an das Ende unseres langen Ganges durch die verschiedenen Epochen der Menschheitsgeschichte und durch die verschiedenen Kulturbereiche gekommen und kehren an den Ausgangspunkt der Fragestellung zurück: „Was kann der Christ aus den Antworten auf die Frage nach dem Glauben der Menschen für seinen eigenen Glauben lernen?"

Das eine drängt sich spontan als Antwort auf: Er kann lernen, daß die religiösen Phänomene derartig vielfältig, andererseits derart verbreitet und übereinstimmend sind, daß man nur unter ganz bestimmten Voraussetzungen von „eigenständigen Kreationen" der großen Religionsstifter sprechen kann.

Sie alle bauen auf dem auf, was Jahrtausende, wahrscheinlich aber Jahrzehntausende bzw. Jahrhunderttausende lang vor ihnen bereits geglaubt, geahnt, gespürt, gewußt und als Tradition weitergegeben wurde. Sie sind eher „Erneuerer" als „Stifter", eher „Propheten", die zum „wahren Glauben" aufrufen oder zurückrufen, als „Schöpfer" eines neuen Glaubens. Sie sind Deuter archaischer Menschheitserfahrungen. Sie sind insoferne religiöse Genies, als es ihnen gelingt, große Menschengruppen zu einer Gemeinschaft zusammenzurufen und für die Begegnung mit dem Transzendenten zu sensibilisieren. Indem sie den Glauben institutionalisieren, ermöglichen sie den Gleichklang vieler Menschen in ihrem Beten, ihrem Hoffen, ihrer Sehnsucht, ihrer Selbsteinschätzung, ihrer Weltdeutung, ihrer Zukunftserwartung, in ihrem Schuldbewußtsein und Erlösungsstreben, in ihrer Gottesbegegnung und Arbeit an sich selbst. – Indem sie aber den Weg der Institutionalisierung, der „Kirchen"-Bildung gehen, gießen sie den Glauben in mehr oder minder feste Formen, fixieren sie die Glaubenserfahrungen zu „heiligen Lehren", die spontanen Äußerungen zu einem „Ritual" und „Zeremoniell", das Lebenszeugnis zur „Moralkasuistik", die Weisungen und Gemeinschaftsregeln zu Gesetzen und Paragraphen.

Das Christentum macht da keine Ausnahme, obwohl sein „Stifter" eine Ausnahmeerscheinung unter den Großen der religiösen Menschheitsgeschichte war. All das, was eine Institutionenkritik bei den verschiedensten Religionen an Fixierungen, Veräußerlichungen und Verfälschungen feststellen muß, ist in der einen oder anderen Form auch im Christentum vorhanden.

Vielleicht besteht ein Unterschied darin, daß solche Kritik positiver gefaßt und aufgenommen werden kann, weil jener Mann am Anfang des Christentums den Geist der „Scheidung" (= Krisis) denjenigen einpflanzte, die seine Botschaft hörten und sich ihm zuwandten und seinen Weg gingen. Vielleicht schärft die Kenntnis der Wege und Irrwege, den der Glaube der Menschen im Laufe der Menschheitsentwicklung ging, den Blick und das Bewußtsein für diesen Weg der glaubenden „Rückverbindung" (= religio) mit dem Ausgangspunkt jedes Geschöpfs, mit dem *liebenden* Schöpfergott.

Leben und Glauben des Jesus von Nazareth

„Es war im fünfzehnten Jahr der Regierung des Kaisers Tiberius. Pontius Pilatus war Landpfleger von Judäa, Herodes Vierfürst von Galiläa, sein Bruder Philippus Vierfürst von Ituräa und der Landschaft Trachonitis, Lysanias Vierfürst von Abilene. Hohepriester waren Hannas und Kajaphas. Da erging in der Wüste das Wort Gottes an Johannes, den Sohn des Zacharias. Und er zog in die Gegend am Jordan und verkündigte dort überall Umkehr und Taufe zur Vergebung der Sünden …
Das Volk war voll Erwartung, und alle überlegten im stillen, ob Johannes nicht vielleicht selbst der Messias sei. Doch Johannes gab ihnen allen zur Antwort: Ich taufe euch nur mit Wasser. Es kommt aber einer, der stärker ist als ich, und ich bin es nicht wert, ihm die Schuhe aufzuschnüren. Er wird euch mit dem Heiligen Geist und mit Feuer taufen …
Zusammen mit dem ganzen Volk ließ sich auch Jesus taufen. Und während er betete, öffnete sich der Himmel, und der Heilige Geist kam sichtbar in Gestalt einer Taube auf ihn herab, und eine Stimme aus dem Himmel sprach: Du bist mein geliebter Sohn, an dir habe ich Gefallen gefunden.
Jesus war etwa dreißig Jahre alt, als er zum erstenmal öffentlich auftrat. Man hielt ihn für den Sohn Josefs. Die Vorfahren Josefs waren Eli, Mattat, Levi, Melchi, Jannai … Enosch, Set, Adam; der stammte von Gott her.“
(Lukasevangelium 3, 1–3.15–16.21–24.38)

Jesus ist Jude. Er lebt in einer Zeit politischer Unselbständigkeit der Juden, nachdem die Römer mit ihrem verblüffenden politischen Geschick das Land Palästina zu einer römischen Provinz mit relativ hohem Anteil an Selbstverwaltung gemacht haben. Das Sagen aber hat der römische Statthalter bzw. der Kaiser, wenngleich die Infrastruktur – wie man heute sagen würde – intakt bleibt: Tetrarchen (= Vierfür-

sten) regieren in den einzelnen Landstrichen, die Hohenpriester wachen über die Einhaltung der mosaischen Gesetze und den Tempelkult. Jesus lebt in einer Zeit angespannter religiöser Erwartung: die Apokalyptik (vgl. Seite 341 ff) schärft das Glaubensbewußtsein in Richtung „Endzeit“, man glaubt sich an einer Zeitenwende, ist aufgeschlossen für Bußrufe und Führergestalten. Und dies nicht nur in der Provinz Judäa, sondern im gesamten Römischen Reich. Es ist die Zeit des Hellenismus, der Mysterienreligionen, der Esoterik (vgl. Seite 126 ff). Es ist die Zeit der Gnostik, der Heilswege zum Licht reiner Geistigkeit durch Wiedergeburt und ekstatischen Aufstieg, weg aus der Sogkraft der dunklen unerlösten Leiblichkeit, hin zur Freiheit der „Gotteskinder“.
Die zitierte Stelle aus dem Lukasevangelium läßt alle diese Perspektiven erkennen, macht klar, in welchen Zusammenhängen Jesus lebte, in welche Welt er eintrat, als er mit „etwa dreißig“ Jahren mit seiner eigenen Predigttätigkeit begann: *„Die Zeit ist erfüllt. Das Reich Gottes ist nahe. Kehrt um und glaubt an das Evangelium.“* (Markusevangelium 1,15)
Wie über andere religiöse Persönlichkeiten der Menschheitsgeschichte sind wir auch über Jesus nicht lückenlos informiert. Die Quellen sind eher zufällig, finden sich nicht in historischen Archiven, sondern sind Texte, die nur Rückschlüsse auf die Biographie Jesu zulassen. Trotzdem genügen sie, um die ungefähre Zeit seiner Geburt und einige wichtige Details seiner Lebensumstände entnehmen zu können.
Jesus dürfte um das Jahr 4 vor unserer Zeitrechnung geboren worden sein, ist ein Jude aus dem Stamm Juda. Sein Vater ist arm, *„ein Zimmermann“*. Die eingangs zitierte Stelle bietet nach jüdischem Brauch eine Geneaologie von Josef zurück bis zu Adam, *„der von Gott stammt“*. Seine Mutter Maria stammt wie Josef aus Nazareth, aus dem Priestergeschlecht Levis (Aarons). Die verschiedenen Details, die in den ersten Kapiteln der Evangelien (Matthäusevangelium Kap. 1–3; Lukasevangelium Kap. 1 und 2), in der sogenannten „Kindheitsgeschichte“, erzählt werden, haben weniger biographische

Im Bewußtsein vieler Gläubiger kommt über der göttlichen Natur seine menschliche Seite zu kurz. Das Gemälde von Rembrandt zeigt Jesus von Nazareth, den Bruder Jesus, den Juden und tiefsinnigen Meister. ➔

als bekenntnishafte Bedeutung: Sie geben der Überzeugung Ausdruck, daß jener Jesus von Anfang an eine Ausnahmeerscheinung war: Vorherverkündet bei den großen Propheten Israels (z. B. Mt 1,23; 2,6; Lk 1,46ff), bezeugt von den Engeln Gottes (Lk 2,9ff), von den Sternen (der bei Mt 2,1ff genannte Stern, dem die Magier folgten, ist vielleicht die „coniunctio magna" von Jupiter und Saturn im Sternbild der Fische) und Sterndeutern, der Abstammung nach in der großen Geschlechterfolge der Heiligen Israels stehend (*Stammbaum Jesu Christi, des Sohnes Davids, des Sohnes Abrahams*" – so beginnt Mt 1,1), von den zeitgenössischen Propheten Simeon und Hanna erkannt und gepriesen (Lk 2,25–38).

Ähnlich einzuschätzen sind die Aussagen über die besondere Berufung seiner Mutter, auf die Verfolgung durch Herodes, der sich Josef mit seiner Familie nur durch die „Flucht nach Ägypten" entziehen konnte, und auf die vielfältigen „wunderbaren" Ereignisse, die das Hereinwirken überirdischer Kräfte erkennen lassen: durch das Wirken des Heiligen Geistes hat Maria das Kind empfangen / ein Engel des Herrn erscheint Josef im Traum und klärt ihn über die Zusammenhänge auf bzw. weist ihn an, das Kind „Jesus" (= Gott ist Heil) zu nennen / Erfüllung von uralten Prophetien (Hos 1,15; Jer 31,15; Jes 7,14) / der Stern des neugeborenen Königs der Juden wird in fernen Ländern gesehen und gedeutet / die Magier erhalten Weisungen über ihren Reiseweg im Traum, ebenso Josef hinsichtlich der Flucht vor Herodes / dasselbe bezüglich der Rückkunft (dies im Matthäusevangelium – ähnlich bei Lukas) / dem Zacharias erscheint ein Engel des Herrn während seines Tempeldienstes und eröffnet ihm, daß er einen Sohn bekommen werde (Johannes, in dem Elija wiedersteht, um den Weg des Herrn zu bereiten), Gabriel schlägt Zacharias mit Stummheit als „Zeichen" der Wahrheit und Wirkkraft dieser Vorhersage / Maria erscheint derselbe Erzengel Gabriel, verheißt ihr Empfängnis und Geburt Jesu und gibt ihr Aufschluß über seine Bedeutung / Elisabeth erkennt hellsichtig, daß Maria mit dem Messias schwanger ist / Zacharias wird vom Heiligen Geist erfüllt und beginnt prophetisch zu reden („Benediktus") / der Engel des Herrn trat zu den Hirten, der Glanz des Herrn

Jesu Geburt wird im Matthäus- und Lukasevangelium mit vielen wunderbaren Ereignissen umgeben. Die Hirten, denen Engel von der Ankunft des Messias berichten, und die drei Magier, die ein Stern führt, werden in dieser Buchminiatur lebendig.

strahlt sie, er verkündet ihnen die Geburt Jesu / *„Plötzlich war bei dem Engel ein großes himmlisches Heer, das Gott lobte"* / Simeon erhält die Offenbarung, daß er nicht eher sterben werde, als bis er den Messias gesehen habe, er wird vom Geist in den Tempel geführt und weissagt über das Kind / ähnlich verhält sich die Prophetin Hanna.

Man nennt diese Passagen gerne „Legenden" und meint, daß aus ihnen nichts „Beweisbares" über die tatsächlichen Ereignisse und biographischen Daten um die Geburt Jesu entnommen werden könne. Diese Texte lassen jedenfalls deutlich die Erfahrung und den Glauben derer erkennen, die dabei waren bzw. die über die Ereignisse erzählen hörten und die das Außergewöhnliche rund um diese Geburt zum Ausdruck brachten.

Nazaret, arab. en-Nasira, war der Wohnort der Familie Jesu. Das Städtchen, das in Galiläa, südwestlich des Sees von Tiberias (Gennesaret) liegt, hat heute etwa 20 000 Einwohner.

Wir hören von der Ansiedlung der aus Ägypten Heimgekehrten in Nazareth (Mt 2,23), von wo aus der Zwölfjährige zum Paschafest nach Jerusalem reiste (Lk 2,51); wir hören von „Brüdern Jesu" (Mk 3,31) namens Jakobus, Joses, Judas und Simon (Mk 6,3) und vom „Herrenbruder" Jakobus, der später in der Christengemeinde in Jerusalem der führende Mann wird (Apg 21,17 f).

Wir wissen wenig von den Jahren bis zu seinem ersten öffentlichen Auftreten am Jordan, als er von Johannes, mit dem er verwandt war, getauft wurde. Manche meinen, er habe sich den *Essenern* angeschlossen, die damals an den Ufern des Toten Meeres in Mönchsgemeinden ein esoterisches Judentum in der Tradition der Propheten lebten. Sie standen in direktem Zusammenhang mit den Chassidim, die eine große Rolle im Makkabäerkrieg spielten und sich bei der Übernahme des Hohepriesteramtes durch die Hasmonäer von Jerusalem trennten und „in die Wüste gingen" (vgl. Seite 303). Der „Lehrer der Gerechtigkeit" war ihr Anführer, er sorgte für eine gründliche Erneuerung des Alten Bundes und nahm sozusagen die

messianische Ära vorweg. Die Essener betrachteten sich als Mitglieder des Neuen Bundes, erwarteten aber einen endzeitlichen Propheten und einen Messias-Priester sowie Messias-König.

Der König werde die Söhne des Lichtes zum großen endzeitlichen Kampf gegen die Söhne der Dunkelheit führen, er könne auf eine Verstärkung durch eine große Zahl von Engeln rechnen und auf das Eingreifen Gottes, der den Söhnen des Lichtes den Sieg schenken werde.

Der „Lehrer der Gerechtigkeit" war nicht der Messias, aber der große Wissende, der den wahren, esoterischen (= inneren) Sinn der Schriften enthüllt, der mit außerordentlichen prophetischen Kräften begabt ist.

Zwischen der Gemeinschaft der Essener und der Gemeinschaft der Christen (Urkirche) gibt es viele Parallelen in der Organisation: eine Führungsgruppe von zwölf Laien und drei Priestern, der oberste Führer wird „Hirt" genannt; sie spenden eine Einweihungstaufe, verstehen das gemeinsame Mahl als Vorwegnahme des messianischen Freudenmahls, leben in einer stark endzeitlich bestimmten Erwartung und schätzen die Gnosis (= geheime Erkenntnis) sehr hoch ein. Der „Heilige Krieg", auf den sie sich vorbereiten, ist zugleich ein inneres Ereignis, das auf geistiger

1947 gelang in Höhlen am Toten Meer die Entdeckung der Klosterbibliothek der Essener-Gemeinde von Qumran mit Dokumenten von unschätzbarem Wert.

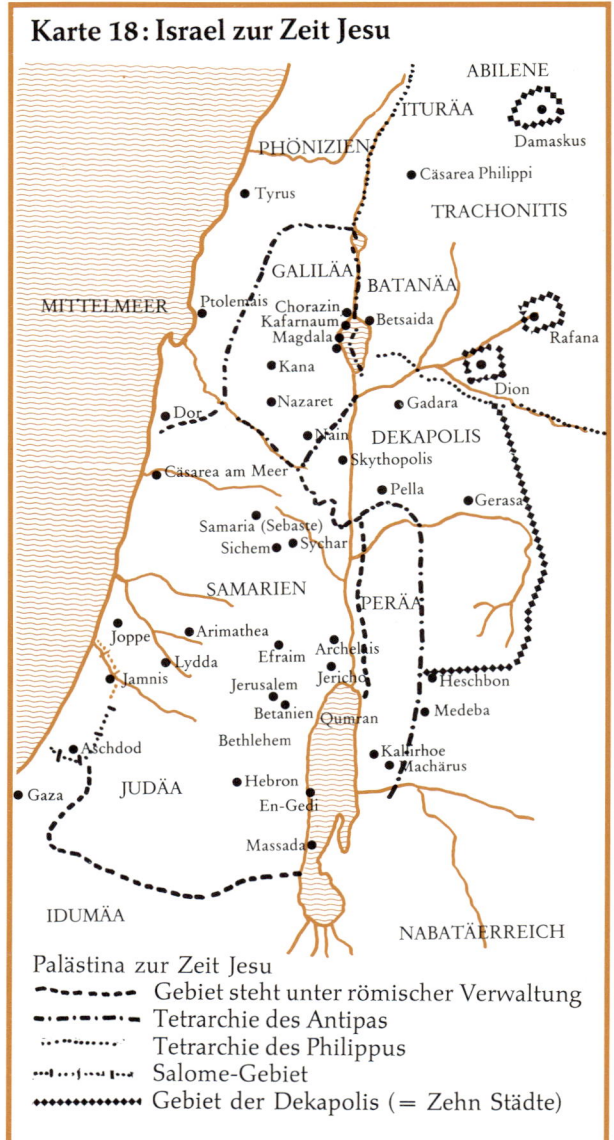

Karte 18: Israel zur Zeit Jesu

ABILENE
ITURÄA
PHÖNIZIEN
Damaskus
Tyrus
Cäsarea Philippi
TRACHONITIS
GALILÄA
BATANÄA
MITTELMEER
Ptolemais
Chorazin
Kafarnaum · Betsaida
Magdala
Rafana
Kana
Nazaret
Dion
Dor
Nain
Gadara
DEKAPOLIS
Cäsarea am Meer
Skythopolis
Pella
Gerasa
Samaria (Sebaste)
Sichem · Sychar
SAMARIEN
PERÄA
Joppe
Arimathea
Lydda
Efraim
Archelais
Jamnis
Jericho
Jerusalem
Heschbon
Betanien
Qumran
Medeba
Aschdod
Bethlehem
Kallirhoe
Machärus
Gaza
Hebron
JUDÄA
En-Gedi
Massada
IDUMÄA
NABATÄERREICH

Palästina zur Zeit Jesu
– – – – – Gebiet steht unter römischer Verwaltung
– · – · – Tetrarchie des Antipas
· · · · · · · Tetrarchie des Philippus
· ·|·|· · · Salome-Gebiet
✦✦✦✦✦✦ Gebiet der Dekapolis (= Zehn Städte)

Zur Zeit Jesu befand sich das Land Israel unter römischer Herrschaft und gehörte zum größten Teil zur römischen Provinz Iudaea. Die kommunale Verwaltung lag in der Hand einheimischer Fürsten und der Hohenpriester (Sanhedrin) in Jerusalem.

Ebene zwischen den Kindern Gottes und den Kindern des Teufels abläuft. Der *Paraklet* (= Tröster) ist der große Helfer der Söhne des Lichtes ... Trotzdem gibt es auch viele Unterschiede. Man kann daher wohl von einer gewissen Nähe sprechen. Heute aber werden beide Gemeinschaften deutlich voneinander unterschieden.

See Genesareth und Überreste der Burg des Tiberius, Schauplatz des Wirkens Jesu.

Die Frage, ob Jesus ein Mitglied der Essener war, ob er bis zu seinem öffentlichen Auftreten in Gemeinschaft mit ihnen lebte, oder ob nur der gleiche Geist die Essener und Jesus leitete und erfüllte und erst nach dem Zerschlagen der Essener durch Vespasian 68 n. Chr. versprengte Mitglieder sich den Christengemeinden anschlossen und dazu beitrugen, daß der esoterische, gnostische Geist im Christentum verstärkt wurde, läßt sich nicht mehr beweisen. Die Entdeckung der „Klosterbibliothek" von Qumran zwischen 1947 und 1952 hat jedenfalls unser Wissen über diesen Zweig des apokalyptischen Judentums sehr gefördert und vieles im Neuen Testament, das unklar und dunkel war, verdeutlicht und erhellt.

Der Glaube der Christen

Einige Zeit nach der Taufe durch Johannes blieb Jesus noch in Judäa, dann zog er sich (nach der Gefangennahme des Täufers) nach Galiläa zurück und begann ein Wanderleben. Er verkündete den Anbruch des Reiches Gottes und heilte Kranke. Er rief zwölf Jünger zu sich, die ihm nachfolgten und ihn als ihren Meister (Rabbi) anerkannten und verehrten und ihr Leben mit ihm teilten. Sehr schnell wurde Jesus bekannt und begehrt. Er predigte und lehrte in den Synagogen oder unter freiem Himmel und wandte sich an alle (anders als die Essener!). Er weiß sich besonders zu den Armen und Entrechteten gesandt, um ihnen die Frohe Botschaft von der Liebe und Menschenfreundlichkeit Gottes zu verkünden. Er redet von der bevorstehenden Erlösung, von der kommenden Welt und der Notwendigkeit, sich von einer bloßen Gesetzesgläubigkeit zu lösen und zu Gott in ein neues Verhältnis zu treten, sich zur „Kindschaft" zu bekennen mit allem, was dazugehört: Liebe, Demut, Güte, Offenheit, Mildtätigkeit. Die sogenannte *Bergpredigt* faßt diese Predigtinhalte Jesu klassisch zusammen:

Mit naiven Mitteln bringt dieses Relief zum Ausdruck, wie Jesus in der Wüste vom Teufel versucht und von Engelwesen gestärkt wurde.

„Als Jesus die vielen Menschen sah, stieg er auf einen Berg. Er setzte sich, und seine Jünger traten zu ihm. Dann begann er zu reden und lehrte sie:

Er sagte: Selig, die arm sind vor Gott; denn ihnen gehört das Himmelreich.

Selig die Trauernden; denn sie werden getröstet werden.

Selig, die keine Gewalt anwenden; denn sie werden das Land erben.

Selig, die hungern und dürsten nach der Gerechtigkeit; denn sie werden satt werden.

Selig die Barmherzigen; denn sie werden Erbarmen finden.

Selig, die ein reines Herz haben; denn sie werden Gott schauen.

Selig, die Frieden stiften; denn sie werden Söhne Gottes genannt werden.

Selig, die um der Gerechtigkeit willen verfolgt werden; denn ihnen gehört das Himmelreich.

Selig seid ihr, wenn ihr um meinetwillen beschimpft und verfolgt und auf alle mögliche Weise verleumdet werdet. Freut euch und jubelt: Euer Lohn im Himmel wird groß sein. Denn so wurden schon vor euch die Propheten verfolgt.

Ihr seid das Salz der Erde. Wenn das Salz seinen Geschmack verliert, womit kann man es wieder salzig machen? Es taugt zu nichts mehr; es wird weggeworfen und von den Leuten zertreten ...

Denkt nicht, ich sei gekommen, um das Gesetz und die Propheten aufzuheben. Ich bin nicht gekommen, um aufzuheben, sondern um zu erfüllen.

Amen, das sage ich euch: Bis Himmel und Erde vergehen, wird auch nicht der kleinste Buchstabe des Gesetzes vergehen, bevor nicht alles geschehen ist ... Darum sage ich euch: Wenn eure Gerechtigkeit nicht weit größer ist als die der Schriftgelehrten und der Pharisäer, werdet ihr nicht in das Himmelreich kommen ...

Ihr habt gehört, daß gesagt worden ist: Aug für Auge, Zahn für Zahn. Ich aber sage euch: Leistet dem, der euch etwas Böses antut, keinen Widerstand, sondern wenn dich einer auf die rechte Wange schlägt, dann halte ihm auch die andere hin ... Ihr habt gehört, daß gesagt worden ist: Du sollst deinen Nächsten lieben und deinen Feind hassen.

Ich aber sage euch: Liebet eure Feinde und betet für die, die euch verfolgen, damit ihr Söhne eures Vaters im Himmel werdet; denn er läßt seine Sonne aufgehen über Bösen und Guten ... Ihr sollt vollkommen sein wie euer himmlischer Vater."
(Matthäusevangelium, Kap. 5,1–48 gek.)

Das sittliche Gesetz des Neuen Bundes zeigt sich deutlich und leicht faßbar mit allen seinen Folgerungen. Nicht die glänzenden Eigenschaften des Menschen zählen, sondern die verborgenen und unscheinbaren Tugenden, die jeder verwirklichen kann. Jesus bringt tiefste Wahrheiten und höchste Erkenntnisse, die man in den Religionen ringsum (wenn man sie überhaupt erfaßte) den Eingeweihten vorbehielt, und verkündete sie dem „Volk" = jedem Menschen ohne Ansehen der Person. Jeder ist zur höchsten Vollkommenheit berufen. Jeder muß dieses Ziel klar sehen und erkennen, daß er es nicht aus eigenem erreichen kann, sondern daß der Vater seinen Kindern dabei hilft. Entscheidend ist die Bereitschaft, sich auf den Weg zu machen und der Frohbotschaft zu öffnen.

Sehr bald werden die religiösen Führer der Juden auf Jesus und seine „neue Botschaft" aufmerksam. Sie sehen seinen Einfluß auf das einfache Volk und wittern Gefahr. Mk 1,22 faßt den Grund lapidar zusammen: *„Und die Menschen waren sehr betroffen von seiner Lehre; denn er lehrte sie wie einer, der göttliche Vollmacht hat, und nicht wie die Schriftgelehrten."* In der Begegnung mit Jesus wird etwas kraftvoll Unmittelbares spürbar: Seine Heilkraft und Lehrautorität, seine Macht über die Dämonen und über die Naturmächte, über Krankheit und Tod, all dies war ganz anders als die penible Überwachung der Moral, wie sie die Juden von ihren Rabbinern (= Lehrern) und dem Sanhedrin (= Ältestenrat), den frommen Pharisäern und den Hohenpriestern, gewohnt waren.

Seine Auseinandersetzungen mit den Sadduzäern, der reaktionären, mit den Römern kollaborierenden liberalen Gruppe, die relativ große Macht im Lande hatte, aber auch seine Absage an die Pharisäer und Zeloten (die Orthodoxen und die Revolutionäre, wenn man diese beiden „Parteien" mit einem Wort charakterisieren will) trieben sehr schnell auf einen offenen Konflikt hin: Jesus zieht zum Paschafest nach Jerusalem, wird als berühmter Wunderrabbi begeistert empfangen, empört sich gegen die Geldwechsler und Händler im Tempel und „säubert" das Gotteshaus. Er hält mit seinen Jüngern das Sedermahl, zieht sich am Abend vor dem Rüsttag zum Paschafest auf den Ölberg zurück, wird von einem seiner engsten Gefolgsleute – Judas – verraten und von einer Abteilung der Tempelwache verhaftet. In einem Schnellverfahren vor dem Hohenpriester wird das Todesurteil wegen messianischen Aufruhrs über ihn gefällt und von Pontius Pilatus, dem römischen Prokurator, bestätigt. Der Rettungsversuch des Römers, ihn im Zuge der Pascha-Amnestie gegen den Kriminellen Barabbas auszutauschen, schlägt fehl. Jesus wird zum Kreuzestod verurteilt, wird gefoltert und gequält und stirbt den qualvollen Erstickungstod „um die neunte Stunde" am Nachmittag des Vortages des Paschafestes. Wegen des Festes wird er gleich vom Kreuz abgenommen und in das Felsengrab des Ratsherrn und geheimen Jesus-Anhängers Josef von Arimathäa gelegt.

Das Fresko Giottos aus Padua (14. Jh.) vermittelt die Atmosphäre am Ölberg, als Jesus von Judas verraten und von den Knechten der Hohenpriester ergriffen wird.

Turiner Grabtuch. Von den mehr als vierzig bekannten Grabtüchern das wahrscheinlich echte, das die Züge des gemarterten und am Kreuz gestorbenen Herrn festgehalten hat.

In konstantinischer Zeit wurde dieser Zentralbau in Jerusalem errichtet, der das Grab Christi, den Golgothaplatz und die 336 geweihte Grabeskirche umfaßt. Mehrfach umgebaut.

Eine Wache soll verhüten, daß Voraussagen einer wunderbaren „Auferstehung" durch irgendwelche Tricks und Aktionen seiner Jünger eintreffen können.

In der Nacht vom Pascha-Samstag auf den ersten Wochentag (= Sonntag) geschieht jenes Ereignis der Auferstehung unter ähnlich wunderbaren Begleitumständen, wie sie auch im Zusammenhang mit der Geburt Jesu berichtet werden: Ein Engel des Herrn verursacht ein gewaltiges Erdbeben, als er vom Himmel her zum Grab Jesu tritt, den Eingangsstein wegwälzt und sich daraufsetzt. / Sein Gewand ist weiß wie Schnee, und seine Gestalt leuchtet wie der Blitz. / Die Wächter fallen wie tot zu Boden. / Der Engel verkündet Frauen, die nach dem Grab Jesu sehen wollen, daß er auferstanden ist und sie nach Galiläa bestelle, wo er sich ihnen als Lebender zeigen werde (nach Mt 28,1–7). / Maria von Magdala sah Jesus selbst dastehen, wußte aber nicht, daß er es war. Als

er zu ihr „Maria!" sagte, erkannte sie ihn und wollte ihn umarmen. Da sagte er: *„Halte mich nicht fest, denn ich bin noch nicht zum Vater hinaufgegangen."* / Und er trägt ihr auf, zu seinen Brüdern zu gehen und ihnen zu bezeugen, daß er zu seinem und ihrem Vater hinaufgegangen sei (nach Joh 20,11–18).

„Zeugen" des Auferstandenen nennt der Apostel Paulus aus Tarsos in seinem ersten Korintherbrief:

„Er erschien dem Kephas, dann den Zwölf. Danach erschien er mehr als fünfhundert Brüdern auf einmal; die meisten von ihnen sind noch am Leben, einige sind entschlafen. Danach erschien er dem Jakobus, dann allen Aposteln. Als letztem von ihnen erschien er auch mir, dem Unerwarteten, der ‚Mißgeburt'... weil ich die Kirche Gottes verfolgt habe." (1 Kor 15,5–9)

Der Christus des Glaubens

Jesus hat zweifellos eine große Ausstrahlung gehabt, er hat auf die Menschen gewirkt, er war nicht „irgend jemand", sondern er erregte Aufsehen – obwohl sein Leben in der Öffentlichkeit nur kurze Zeit gedauert hat. Seine Bedeutung lag eben nicht primär auf der Ebene des Öffentlichen: er war kein politischer Führer, der die Juden aus den Händen der Römer befreien sollte, er war kein Philosoph, der ein neues Denksystem erdachte und formulierte, er war eigentlich nicht einmal ein Religionsstifter, der eine neue Weltorganisation oder -institution aufbaute … All dies war er vielleicht auch, aber seine Bedeutung erschöpfte sich nicht darin, und die Fülle seines Wesens läßt sich mit den Begriffen politischer Führer, Philosoph oder Religionsstifter nicht befriedigend fassen.

Die Bedeutung Jesu liegt auf einer höheren Ebene, liegt im Wirklichkeitsbereich des Religiösen im Sinne von „Rückverbindung" (nämlich der Menschheit zu ihrem Schöpfer): Er erfüllte die Aufgabe, die gottferne, in Schuld verstrickte, unter der Sünden- und Todesmacht

des Bösen stehende Menschheit wieder zu Gott zu führen, die Verbindung zum Ursprung wiederherzustellen, ein erreichbares Ziel vor Augen zu führen und die Voraussetzungen dafür zu schaffen, daß die Menschheit eine bleibende Zukunft hat (Heil, ewiges Leben). Seine Bedeutung übersteigt das Natürliche, Irdische, Diesseitige. Sein irdisches Leben, seine Botschaft und seine Liebe, sein Leiden und sein Zeugnis, sein Tod und seine Hingabe ereigneten sich natürlich durchaus in der Geschichte und nicht nur dies – sie gestalten sie auch um, sind Anruf in die Geschichte. Die Anhänger Jesu, die ihn kannten, die mit ihm lebten, die seine Worte hörten und weitergaben, nannten diese Ebene die Wirklichkeit des **Glaubens**. Und diesen Jesus, dem sie nachfolgten, auf den sie hörten, den nannten sie „Messias" (= auf griechisch **Christos** = Gesalbter). Sie äußerten damit ihre Überzeugung, daß sich in ihm die erhoffte und ersehnte Heimholung der Menschheit durch eine Initiative von Gott her ereignet.

In der Glaubenserfahrung der Auferstehung und in der Deutung dieses ungewöhnlichen Ereignisses als Überwindung der Todes- und Sündenmacht wurde sozusagen aus dem „historischen Jesus" der „Christus des Glaubens": die große Wende der Geschichte der Menschheit; Paulus preist sie im Philipperbrief:

◼

„Seid untereinander so gesinnt, wie es dem Leben in Christus entspricht:
Er war Gott gleich, hielt aber nicht daran fest, wie Gott zu sein,
sondern er entäußerte sich und wurde wie ein Sklave und den Menschen gleich. Sein Leben war das eines Menschen;
er erniedrigte sich und war gehorsam bis zum Tod, bis zum Tod am Kreuz.

Die Heilsbedeutung Jesu ist ein tausendfach abgewandeltes Thema der christlichen Kunst.
links oben: Der Gekreuzigte (Isenheimer Altar)
rechts oben: Die Gesichtszüge des Schmerzensmannes (G. Rouault)
links unten: Der lächelnde Auferstandene (Kloster Wienhausen [lüneburgisch])
rechts unten: Der Pantokrator (Allherrscher)

Luzifer, der Gegenspieler Christi. Eine Skulptur, welche den gefallenen Lichtengel darstellt, der als Satan (Teufel) und „Herr dieser Welt" gegen Gott und seinen Messias aufbegehrt.

Das Christentum

übernahm in seinen bildlichen Darstellungen in der Frühzeit Formen der heidnischen Spätantike, daneben ist diese Frühzeit der Verfolgungen auch durch Symbol- und Geheimzeichen gekennzeichnet. Erst mit der Erhebung zur Staatsreligion im Römischen Reich entwickelt sich – vor allem durch die Kunst von Byzanz inspiriert – die Bilderfülle, die für Jahrhunderte fast ausschließlich die Kunst des Abendlandes bestimmte. Hauptthemen christlicher Kunst im Dienst der Glaubensverkündigung sind das Leben Christi und später der Heiligen.

Christus zwischen Petrus und Paulus. Mosaik (13. Jh.) in der Cappella Palatina in Palermo (**76**). – Der Gute Hirte. Malerei (um 250) in der Lucina-Gruft der Calixtus-Katakombe in Rom (**77**).

76

77

78

Christus zwischen den Schächern am Kreuz und österliche Szenen. Miniaturseite aus dem
Rabula-Codex syrische Arbeit. 586. Florenz, Laurenziana (78).

*Darum hat ihn Gott über alle erhöht und ihm den
Namen verliehen, der größer ist als alle Namen,
damit alle im Himmel, auf der Erde und unter der
Erde ihre Knie beugen vor dem Namen Jesu
und jeder Mund bekenne: „Jesus Christus ist der
Herr" – zur Ehre Gottes, des Vaters."*
(Phil 2,5–11)

In diesem Glauben an den Auferstandenen
werden dem Menschen die Augen geöffnet,
damit er erkennt, was dem bloßen Auge, der
Erfahrung, der Wissenschaft, dem bloß-irdi-
schen Zugriff verborgen bleibt. Aus dieser
Sicht her erschließen sich auch erst die 27
Schriften des *Neuen Testamentes,* die alle samt
und sonders auf der Basis des Glaubens entstanden sind und als Zeugnis dieser Glaubenserfahrung und Glaubensüberzeugung gelesen
werden müssen. – Jetzt verstehen wir auch besser, warum sie relativ wenig für die Biographie
Jesu hergeben bzw. warum man die Aussagen
des Neuen Testamentes nicht einfach als historische Berichte fassen und interpretieren darf.
Diese besondere literarische Art, Glaubens-
zeugnis der Jüngergemeinde des Jesus Christus zu sein, macht aber ihr Zeugnis nicht
unglaubwürdig, wie vielfach behauptet wurde;
deshalb ist das Neue Testament auch keine
„Tendenzschrift", „fromme Illusion" o.ä., als
wollten diese Schriften die Wahrheit und Wirklichkeit verfälschen. Das Neue Testament will
die Wirklichkeit nicht verfälschen, es will die
„ganze Wirklichkeit", die „neue Wirklichkeit"
zur Sprache bringen, wie sie sich seit Jesus
Christus der Menschheit für immer darstellt.

Die Schriften des Neuen Testamentes

Hier kann nicht die Geschichte der Auseinandersetzung um das Neue Testament nachge-
zeichnet werden, es soll vielmehr ein Überblick
über Entstehung und Gliederung des Neuen
Testaments geboten werden, wie er sich derzeit
darstellt:

Evangelien

(Sammlung von Aussprüchen und Taten Jesu, wie sie in
den urkirchlichen Gemeinden verkündet und etwa zwischen 70 und 100 n.Chr. aufgeschrieben wurden)
- **nach Markus** (geschrieben um 70 in griechischer Sprache, wahrscheinlich in Rom)
- **nach Matthäus** (geschrieben um 80 n.Chr. in griechischer Sprache, wahrscheinlich in Syrien)
- **nach Lukas** (geschrieben um 85 n.Chr. in Kleinasien
oder Griechenland vom „Arzt" Lukas, einem
Mitarbeiter des Paulus, in griechischer Sprache)
- **nach Johannes** (geschrieben in der heutigen Form um
100 n.Chr., hat wahrscheinlich einen längeren
Entstehungsprozeß erlebt)

Apostelgeschichte

(ein „Bericht" über die ersten Jahrzehnte des jungen Christentums, die „Missionszeit", geschrieben von Lukas zwischen 80 und 90 n.Chr.)

Die Paulusbriefe

(eine Briefsammlung von 14 Briefen, die entweder von
Paulus selbst stammen oder doch aus seinem Wirkkreis
(= Deuteropaulinen); geschrieben zwischen 51 und 95
n.Chr.; die Briefe sind etwa heutigen „Rundschreiben"
vergleichbar, dienten zum Verlesen in den Gemeinden)
- **Römerbrief** (55 n.Chr., geschrieben in Korinth; an die
Christengemeinde in der Hauptstadt Rom ge-
richtet, um eine Reise vorzubereiten)
- **1. Korintherbrief** (54 n.Chr., geschrieben in Ephesus –
Paulus greift in Gemeindekonflikte ein)
- **2. Korintherbrief** (58 n.Chr., geschrieben in Troas, beendet die Konflikte in der Gemeinde von Korinth)
- **Galaterbrief** (54 n.Chr., geschrieben in Ephesus, wendet
sich gegen eine Irrlehre)
- **Epheserbrief** (stammt von einem Paulusschüler, der im
Namen des Apostels schrieb, hymnenartige Predigt über die Kirche)
- **Philipperbrief** (55 n.Chr., aus Ephesus geschrieben, mit
dieser Gemeinde war Paulus besonders verbun-
den)
- **Kolosserbrief** (um 60 n.Chr. oder später geschrieben,
evtl. von einem Paulusschüler, wendet sich gegen eine Irrlehre, bedeutsame christologische
Aussagen)
- **1. Thessalonicherbrief** (51 n.Chr., in Athen geschrieben,
ältester erhaltener Paulusbrief)

Diese 27 Schriften wurden im Laufe des
2. Jahrhunderts n.Chr. gesammelt, weil sie den
Glauben der apostolischen und der nachapo-
stolischen Zeit zuverlässig bezeugen. Sie gelten als *inspiriert* (= unter Mithilfe des Heiligen
Geistes verfaßt) und *kanonisch* (= für den Glauben und das Leben der Kirche maßgeblich und
richtungweisend). Einige Schriften blieben bis

– **2. Thessalonicherbrief** (Abfassung unbestimmt, aber einige Jahre später, Naherwartung ist bereits abgeflaut)

– **Pastoralbriefe** (zwei an Timotheus, einer an Titus – wenden sich an Gemeindeleiter, wahrscheinlich von Paulusschülern aus etwas späterer Zeit)

– **Philemonbrief** (55 n. Chr., geschrieben in Ephesus, persönlicher Empfehlungsbrief, der das Sklavenproblem aufgreift)

[– **Hebräerbrief**] (um 90 n. Chr., wahrscheinlich in Rom geschrieben, gewisse paulinische Anklänge, aber sicher nicht von Paulus stammend, Zeugnis für die Situation am Ende des 1. Jh. n. Chr.)

Die Bibelwissenschaft unterscheidet „Hauptbriefe" (Röm, 1 u. 2 Kor, Gal, Phil, 1 Thess, Phm) und „Deuteropaulinen" (Eph, Kol, 2 Thess, 1 u. 2 Tim, Tit, Hebr)

Die Katholischen Briefe

(die zweite Briefsammlung im NT, sie sind nicht an einzelne Gemeinden adressiert, sondern an die ganze Kirche (= katholisch) gerichtet – wie die Deuteropaulinen den angegebenen Verfassern nur zugeschrieben)

– **Jakobusbrief** (gegen Ende des 1. Jh. verfaßt, dem „Herrenbruder" Jakobus zugeschrieben)

– **1. Petrusbrief** (vielleicht von Silvanus, einem Paulusschüler und Petrusmitarbeiter, verfaßt, in Rom geschrieben)

– **2. Petrusbrief** (einige Zeit nach dem 1. Petr verfaßt)

– **1. Johannesbrief** (gegen Ende des 1. Jh. entstanden, im gleichen Bereich, in dem das Johannesevangelium seine Endgestalt erhalten hat)

– **2. Johannesbrief** (ein Gemeindebrief, im selben Bereich wie der 1. u. 3. Joh entstanden)

– **3. Johannesbrief** (ein persönlicher Brief – an Gajus –, aber darüber hinaus bedeutsam)

– **Judasbrief** (vor dem 2. Petrusbrief entstanden, dem „Herrenbruder Judas" (vgl. Mk 6,3) zugeschrieben, warnt vor Irrlehren)

Die Offenbarung des Johannes

(eine „Apokalypse", gegen 95 n. Chr. am Ende der Regierungszeit Kaiser Domitians geschrieben, endzeitlich ausgerichtet, prophetisch-visionären Ursprungs. Der mit dem Namen Johannes bezeichnete Schreiber (wahrscheinlich weder mit dem Lieblingsjünger noch mit dem Verfasser des Johannesevangeliums und der drei Johannesbriefe identisch) ist ein Visionär von hohem Rang. Sein Werk war ein großes Mahn- und Trostbuch für die Urkirche)

ins 4. Jh. umstritten (Hebräerbrief, Jakobusbrief, 2. Petrusbrief, Offenbarung des Johannes). Seit damals aber ist der Kanon der 27 neutestamentlichen Schriften nicht mehr verändert worden. Zugleich mit den Schriften des Alten Testamentes, die ja für die christlichen Gemeinden (von ihrem palästinischen und jüdischen Ursprung her) die primären heiligen Schriften waren, zu denen die Evangelien und Briefe „dazukamen", bilden sie die *Bibel* (= das heilige Buch).

Seit der Provinzialsynode von Hippo (393 n. Chr.) wird zwischen dem Alten und dem Neuen Testament (= Bund) unterschieden, es gelten für das Alte Testament eigene, von der jüdischen Kanon-Auffassung (vgl. Seite 274 ff) etwas abweichende Verzeichnisse der Heiligen Bücher (AT: Geschichtsbücher, Lehrbücher, Prophetenbücher). Diesen *Kanon* setzt die *Vulgata* (= die allgemein verbreitete lateinische Bibelübersetzung) voraus; er wurde auch 1546 auf dem Konzil von Trient bestätigt. Dieser Kanon gilt in der lateinischen und in der orthodoxen Kirche, nicht aber unter den Evangelischen, denn Martin Luther schied die sogenannten „deuterokanonischen Bücher" (Tobit, Judith, 1 u. 2 Makkabäer, Baruch, Weisheit, Sirach) aus dem Kanon aus und bezeichnete sie als *Apokryphe* (= verborgene, geheime, „verdächtige" Bücher). Im Sprachgebrauch der ka-

Die reichverzierten Einbände der Evangelienbücher (Evangeliare) beweisen die Wertschätzung der Bibel.

tholischen und orthodoxen Kirchen dagegen sind die Apokryphen jene Bücher, die in manchen Gemeinden zusätzlich zu den kanonischen Büchern als heilige Schriften verwendet, aber nicht in den Kanon aufgenommen wurden. Diese Schriften bezeichnen die reformatorischen Kirchen als *Pseudepigraphen* (= fälschlich biblischen Personen zugeschriebene Bücher). – Die deuterokanonischen Bücher des Alten Testamentes und alle Schriften des Neuen Testamentes sind in griechischer Sprache geschrieben, die protokanonischen Bücher des Alten Testamentes (= erster Kanon) dagegen wurden in hebräischer Sprache geschrieben, Teile aus Daniel und Esther in aramäischer Sprache.

Man merkt, daß die Kirchenleitung es immer als eine ihrer vornehmsten Aufgaben gesehen hat, über die Reinheit der Bibel zu wachen. Der folgende Text des II. Vatikanischen Konzils läßt diese Haltung deutlich erkennen:

„Was Gott zum Heile aller Völker offenbart hatte, das sollte durch seine gütige Anordnung für alle Zeiten unverändert erhalten bleiben und allen Geschlechtern weitergegeben werden.

Darum hat Christus, der Herr, in dem Gottes gesamte Offenbarung sich vollendet, die Apostel beauftragt, das Evangelium, das schon vorher durch die Propheten verheißen war und das er selbst erfüllt und mit eigenem Mund verkündet hat, als die Quelle jeglicher Heilswahrheit und aller Sittenordnung zu predigen und ihnen so die göttlichen Gaben mitzuteilen. Das ist getreulich ausgeführt worden sowohl von den Aposteln, wenn sie durch Predigt, Beispiel und Lehre alles das weitergegeben haben, was sie entweder aus Christi Mund, im Umgang mit ihm und durch seine Werke empfangen haben oder unter dem Einfluß des Heiligen Geistes gelernt hatten, wie auch im besonderen von den Aposteln und den Apostelschülern, welche die Heilsbotschaft unter Eingebung desselben Heiligen Geistes schriftlich niedergelegt haben. Damit aber das Evangelium für immer unversehrt und lebendig in der Kirche bewahrt werde, haben die Apostel Bischöfe als ihre Nachfolger zurückgelassen und ihnen ihr eigenes Lehramt übertragen. Diese heilige Überliefe-

rung also und die Heilige Schrift beider Testamente sind gleichsam der Spiegel, in welchem die auf Erden pilgernde Kirche Gott anschaut, von dem sie alles empfängt, bis sie hinausgeführt wird, ihn von Angesicht zu Angesicht zu sehen, wie er ist." (Dogmatische Konstitution über die göttliche Offenbarung, Kap. 7)

Die Schriften des Neuen Testamentes sind uns aber nicht im Original erhalten, sondern nur in Abschriften. Die ältesten sind Teile des 18. Kapitels des Johannesevangeliums im Papyrus 52 (120 n. Chr.), die Evangelien und die Apostelgeschichte im Papyrus 45 und 10 Paulusbriefe im Papyrus 46 zu Anfang des 3. Jh.

Die älteste vollständige Abschrift findet sich im Codex Sinaiticus und Codex Vaticanus aus dem 4. Jh. sowie im Codex Alexandrinus und Codex Ephraemi rescriptus aus dem 5. Jh.

Es ist Aufgabe der Bibelwissenschaft, durch sorgfältige Vergleiche die ursprüngliche Textgestalt herauszuarbeiten. Da die Quellenlage im Vergleich zu anderen Schriften aus dieser Zeit außergewöhnlich gut ist, gibt unser heutiger Bibeltext den Urtext bis in Einzelheiten hinein zuverlässig wieder.

1962 begann im deutschen Sprachraum die große Arbeit einer **Einheitsübersetzung** der Bibel, in der alle Erkenntnisse der Bibelwissenschaft Berücksichtigung finden sollten. Ab 1967 beteiligte sich auch die Evangelische Kirche Deutschlands an diesem Vorhaben. 1978 approbierte die Deutsche Bischofskonferenz die Endfassung der Einheitsübersetzung.

Der Inhalt der Botschaft Jesu

Bedenkt man die geschichtliche Situation des Judentums zu dem Zeitpunkt, als Jesus mit seiner Lehrpredigt begann, so fällt auf, daß er offensichtlich die große Erwartung aufgriff, die damals in gewissen Gruppierungen des Judentums herrschte: Die Essener von Qumran etwa erwarteten das Kommen des **Herrn** (das Himmelreich = Gottesreich, die Herrschaft Gottes) als unmittelbar bevorstehend und bereiteten sich durch die Haltung einer freien und freudigen Unterwerfung unter die Gebote Gottes und durch die bedingungslose Annahme des Willens Gottes darauf vor.

Diese Erwartung greift Jesus auf und bringt sie in eine charakteristische Form:

bedingungen" erfüllen muß. Der Glaubende weiß, daß das Reich im Werden ist und daß er berufen ist, daran teilzuhaben. Auf dieses Ziel muß er sein ganzes Leben ausrichten. Er weiß aber zugleich auch, daß dieses Gottesreich *„nicht von dieser Welt"* ist (Joh 18,36).

Wer an Jesus glaubt und sich von ihm führen läßt, der hat die Chance dazuzugehören.

Das Reich Gottes

Jesus verkündet das Gottesreich als *„nahe herbeigekommen"*, als Realität, dessen *„Anfänge"* bereits zu sehen sind:

■

„Jesus sagte:
Mit dem Reich Gottes ist es so, wie wenn ein Mann Samen auf seinen Acker sät; dann schläft er und steht wieder auf, es wird Nacht und wird Tag, der Samen keimt und wächst, und der Mann weiß nicht, wie. Die Erde bringt von selbst ihre Frucht, zuerst den Halm, dann die Ähre, dann das volle Korn in der Ähre.
Sobald aber die Frucht reif ist, legt er die Sichel an, denn die Zeit der Ernte ist da."
(Markusevangelium 4,26–29)

„Als Jesus von den Pharisäern gefragt wurde, wann das Reich Gottes komme, antwortete er: Das Reich Gottes kommt nicht so, daß man es an äußeren Zeichen erkennen könnte. Man kann auch nicht sagen: Seht, hier ist es! Oder: Dort ist es! Denn: Das Reich Gottes ist (schon) mitten unter euch."
(Lukasevangelium 17,20–21)

■

Zu sehen ist also nicht die äußere, soziologisch und politisch erfaßbare Realität eines „Reiches", sondern eine innere, geistige Wirklichkeit, die nur mit den Augen des Glaubens erkennbar ist. Der Glaubende weiß, daß das Reich Gottes bereits existiert, er kennt den Weg, er ist aufgerufen, daran zu bauen, er kennt die Gefahren und weiß, daß man nicht „automatisch" dazugehört, sondern durch Wachsamkeit und tätige Bereitschaft „Einlaß-

Der Vater im Himmel

Im Mittelpunkt der Verkündigung Jesu steht der **Vater.** So bezeichnet Jesus in den meisten Fällen Gott und unterscheidet sich darin auch von der Mehrzahl der Juden, die Gott als den Unzugänglichen, Verhüllten verehren, aber durchaus nicht als den „Nahegekommenen", den man mit dem familiären Wort „Papa" anreden darf (= die Bedeutung des oftmals von Jesus verwendeten aramäischen Wortes „Abba"). Wenn die Juden vom Vatergott sprechen, dann immer nur kollektiv: das Volk Israel ist der Sohn Gottes, Gott ist der Vater seines Volkes. *„Denn unser Vater bist du!"* erklärt Jesaja, *„Abraham weiß nicht um uns, und Israel kennt uns nicht. Du, Herr, bist unser Vater, ‚Unser Erlöser von altersher' lautet dein Name"* (Jesaja 63,16). Meist aber ist Gott „der Herr", den man liebt und verehrt.

Daran knüpft Jesus an, geht aber um einen entscheidenden Schritt weiter:

■

„Ein Schriftgelehrter ging zu Jesus hin und fragte ihn:
Welches Gebot ist das erste von allen?
Jesus antwortete:
Das erste ist: Höre, Israel, der Herr, unser Gott, ist der einzige Herr. Darum sollst du den Herrn, deinen Gott, lieben mit ganzem Herzen und ganzer Seele, mit all deinen Gedanken und all deiner Kraft. Als zweites kommt hinzu: Du sollst deinen Nächsten lieben wie dich selbst. Kein anderes Gebot ist größer als diese beiden.
Da sagte der Schriftgelehrte zu ihm:

Sehr gut, Meister! Ganz richtig hast du gesagt: Er allein ist der Herr, und es gibt keinen anderen außer ihm, und ihn mit ganzem Herzen, ganzem Verstand und ganzer Kraft zu lieben und den Nächsten zu lieben wie sich selbst, ist weit mehr als alle Brandopfer und anderen Opfer.

Jesus sah, daß er mit Verständnis geantwortet hatte, und sagte zu ihm:

Du bist nicht fern vom Reich Gottes."
(Markusevangelium 12,28–34)

Völlige und totale Gottesverehrung und Gottesliebe ist der Inhalt des ersten Gebotes. Ihm an die Seite gestellt ist die uneingeschränkte Nächstenliebe (welche Mt 5,44 zufolge auch „Feinde" miteinschließt), die ihr Maß an der Selbstliebe hat. Nicht selbstvergessener Altruismus ist daher die Forderung Jesu, sondern die Balance zwischen Selbst- und Nächstenliebe und Nächsten- und Gottesliebe. Wenn aber die Gottesliebe auf diese Weise an der Nächstenliebe gemessen wird, dann wird der Horizont des Menschen ungeheuer ausgeweitet, dann wird das Sprichwort „Jeder ist sich selbst der Nächste" aufgebrochen auf den Urgrund jedes Ichs, nämlich auf das alles umfassende Du Gottes hin, von dem jeder Mensch total abhängig und der darin sichtbar gemacht wird.

Dies deutlich zu machen und vor Augen zu stellen, darin sah Jesus seine vordringliche Aufgabe:

„Euer Herz lasse sich nicht verwirren. Glaubt an Gott und glaubt an mich! Im Haus meines Vaters gibt es viele Wohnungen. Wenn es nicht so wäre, hätte ich euch dann gesagt: Ich gehe, um einen Platz für euch vorzubereiten?

Wenn ich gegangen bin und einen Platz für euch vorbereitet habe, komme ich wieder und hole euch zu mir, damit auch ihr dort seid, wo ich bin. Und wohin ich gehe – den Weg dorthin kennt ihr.

... Ich bin der Weg und die Wahrheit und das Leben; niemand kommt zum Vater außer durch mich. Wenn ihr mich erkannt habt, werdet ihr auch meinen Vater erkennen. Schon jetzt kennt ihr ihn und habt ihn gesehen.

Philippus sagte zu ihm: Herr, zeig uns den Vater; das genügt uns.

Jesus antwortete ihm: Schon so lange bin ich bei euch, und du hast mich nicht erkannt, Philippus? Wer mich gesehen hat, hat den Vater gesehen. Wie kannst du sagen: Zeig uns den Vater! Glaubst du nicht, daß ich im Vater bin und daß der Vater in mir ist?"
(Johannesevangelium 14,1–10)

Diese Sichtweise Jesu ist etwas völlig Neues in der Geschichte der Religionen, der Versuche, die verlorene Einheit mit Gott wiederherzustellen. Diese Worte Jesu machen schlagartig klar, daß die Initiative der „Rückverbindung" von Gott ausgeht, daß Gott seine „verlorenen Kinder" (die „sich selbst die Nächsten sind" oder

Der Evangelist Johannes schreibt vom Geiste Gottes inspiriert – von ihm gelenkt, sozusagen Auge und Auge mit ihm – sein Evangelium. Das ist die Botschaft dieser mittelalterlichen Buchmalerei.

die „sein wollen wie Gott" [Genesis 3,5] und sich als „Maß aller Dinge" glauben) heimsucht, daß er ihnen in Jesus begegnet, sich ihnen offenbart, sich als wirklich und wirksam zeigt, um sie zur Heimkehr einzuladen und ihnen den Weg zur Rückkehr zu eröffnen.

Das ist das tiefste Geheimnis Jesu – vor jeder dogmatischen Definition, daß Jesus die „zweite göttliche Person" ist, „aus dem Vater geboren vor aller Zeit", „eines Wesens mit ihm" usw. –, daß jeder Mensch, der Jesus sieht (auf seine Worte hört und sie annimmt und befolgt), den Vater sieht, Gott vor Augen hat. Nicht den Fernen, Unnahbaren, Majestätischen, sondern den Liebenden, Leidenden, Barmherzigen, Führenden, Rettenden, der *alles in allem* sein will (1 Kor 15,28).

Die Kinder Gottes

„Seid vollkommen, wie euer himmlischer Vater vollkommen ist", sagt Jesus (Mt 5,48) und macht damit klar, daß der Mensch sein Ziel nicht zu tief stecken darf. Der Mensch ist berufen, ein Ebenbild Gottes zu sein, ein Geistwesen, das seine Wohnstätte *„im Haus des Vaters"* und nicht *„in der Welt"* hat. Das Evangelium erreicht den Menschen in einer hoffnungslosen Situation, in der Gottferne, unter der Macht der Sünde und des Todes stehend und ohne Chance, aus eigenem diesem Machtbereich des Bösen zu entkommen. Inhalt des Evangeliums ist die frohe Botschaft, daß Gott nicht zürnt und straft, sondern barmherzig ist und die Menschen, die guten Willens sind, wieder zu sich nimmt in sein Reich. Daß der Unheilskreis des Bösen durchbrochen und eine Kraft ins Spiel gebracht wird (nämlich Jesus), die der Sünde und dem Tod gewachsen ist, die Macht des Teufels überwindet und das Reich Gottes heraufführt.

In dieses Reich des Vaters gehen die Menschen *„aus Gnade"* ein, nicht weil sie ein Recht darauf haben oder für ihre Leistungen belohnt werden und es sich „verdient" haben! Aber die Teilhabe am Reich geschieht trotzdem nicht ohne Zutun des Menschen. Die Menschen werden nicht sozusagen durch Zauber erlöst und verwandelt, sondern finden den Weg gebahnt. Sie müssen ihn aber Schritt für Schritt selbst gehen, gestützt von den Boten Gottes, durch die Machtfülle des Guten, des *„Geistes"* (= pneuma), des *„Trösters"* (= parákletos), der Jesu Stelle bei den *„Seinen"* vertritt und *„bei ihnen ist"*. Sie müssen den täglichen Weg wachsam und kritisch gehen und müssen wissen, daß die Macht des Bösen zwar gebrochen, aber noch nicht „aus der Welt geschafft" ist. Diese Kinder des Reiches lehrt Jesus auf ihre Bitte hin das **„Vaterunser"**:

■

„Vater unser im Himmel,
geheiligt werde dein Name.
Dein Reich komme.
Dein Wille geschehe, wie im Himmel so auf Erden.
Unser tägliches Brot gib uns heute.
Und vergib uns unsere Schuld,
wie auch wir vergeben unsern Schuldigern.
Und führe uns nicht in Versuchung,
sondern erlöse uns von dem Bösen.
Denn dein ist das Reich und die Kraft
und die Herrlichkeit. Amen."
(Diese Fassung ist gegenwärtig in den christlichen Gemeinden üblich, die beiden biblischen Fassungen zeigen gewisse Varianten: Mt 6,9–15; Lk 11,1–4)

■

Zu dieser Rückverbindung mit Gott sind *alle Menschen* eingeladen. Niemand ist dabei bevorzugt, entscheidend ist allein die Bereitschaft, sich mit dem Vater versöhnen zu lassen und in die bereitete Wohnung heimkehren zu wollen. Sicherlich lud Jesus zuerst einmal *„die verlorenen Kinder des Hauses Israel"* ein – sein Auftrag richtete sich aber auf die ganze Erde:

■

„Darum geht zu allen Völkern und macht alle Menschen zu meinen Jüngern; tauft sie auf den Namen des Vaters und des Sohnes und des Heiligen Geistes und lehrt sie, alles zu befolgen, was ich euch geboten habe. Seid gewiß: Ich bin bei euch alle Tage bis zum Ende der Welt."
(Matthäusevangelium 28,19–20)

■

So hat ihn auch bereits die Urkirche – wenige Jahre nach Jesu Tod – begriffen und ausgeführt:

■

„Ihr seid alle durch den Glauben Söhne Gottes in Christus Jesus. Denn ihr alle, die ihr auf Christus getauft seid, habt Christus (als Gewand) angelegt. Es gibt nicht mehr Juden und Griechen, nicht Sklaven und Freie, nicht Mann und Frau; denn ihr alle seid einer in Christus Jesus ... Weil ihr aber Söhne seid, sandte Gott den Geist seines Sohnes in unser Herz, den Geist, der ruft: Abba, Vater. Daher bist du nicht mehr Sklave, sondern Sohn; bist du aber Sohn, dann auch Erbe, Erbe durch Gott!"
(Galaterbrief des Paulus 3,26–28; 4,6–7)

■

Der Glaube der Urkirche

Wie wir schon beim Überblick über die Schriften des Neuen Testaments gesehen haben (vgl. Seite 330), ist aus Jesus, dem Verkünder des Evangeliums vom nahegekommenen Gottesreich, Jesus Christus, der Verkündigte, geworden. Alle Schriften, die in den urkirchlichen Gemeinden entstanden und von dort her zu uns gekommen sind, bezeugen ihn als den vom Vater gesandten Erlöser der Menschheit. Seine Botschaft weiterzusagen, die Erfahrungen mit Jesus, mit dem Vater, mit dem Gottesreich auch den anderen zu vermitteln und den Weg des Glaubens, den Jesus gewiesen hat, unverdrossen weiterzugehen, das sahen die Anhänger Jesu als ihre große Aufgabe an. Ihr widmeten sie sich mit vollem Einsatz. Die folgende **Pfingstpredigt des Petrus** aus der Apostelgeschichte steht für viele andere überlieferte Predigten der Urkirche und zeigt, wie die Gemeinde ihr Verkündigungsamt verstand und welche Wirkung es hatte:

■

„Als der Pfingsttag gekommen war, befanden sich alle am gleichen Ort. Da kam plötzlich vom Himmel her ein Brausen, wie wenn ein heftiger Sturm daherfährt, und erfüllte das ganze Haus, in dem sie waren. Und es erschienen ihnen Zungen wie von Feuer, die sich verteilten; auf jeden von ihnen ließ sich eine nieder.
Alle wurden vom Heiligen Geist erfüllt und begannen, in fremden Sprachen zu reden, wie es der Geist ihnen eingab ...
Da strömte eine Menge zusammen und war ganz bestürzt, denn jeder hörte sie in seiner Sprache reden ... Die einen sagten zueinander: Was hat das zu bedeuten? Andere aber spotteten: Sie sind vom süßen Wein betrunken.
Da trat Petrus auf, zusammen mit den Elf; er erhob seine Stimme und begann zu reden: Ihr Juden und alle Bewohner von Jerusalem! Dies sollt ihr wissen, achtet auf meine Worte! Diese Männer sind nicht betrunken, wie ihr meint; es ist ja erst die dritte Stunde am Morgen; sondern jetzt geschieht, was durch den Propheten Joel gesagt worden ist:
In den letzten Tagen wird es geschehen, so spricht Gott: Ich werde von meinem Geist ausgießen über alles Fleisch. Eure Söhne und eure Töchter werden Propheten sein, eure jungen Männer werden Visionen haben, und eure Alten werden Träume haben ... Und es wird geschehen: Jeder, der den Namen des Herrn anruft, wird gerettet.
Israeliten, hört diese Worte! Jesus, den Gott vor euch beglaubigt hat durch machtvolle Taten, Wunder und Zeichen, die er durch ihn in eurer Mitte getan hat, wie ihr selbst wißt – ihn, der nach Gottes beschlossenem Willen und Vorauswissen hingegeben wurde, habt ihr durch die Hand von Gesetzlosen ans Kreuz geschlagen und umgebracht.
Gott aber hat ihn von den Wehen des Todes befreit und auferweckt; denn es war unmöglich, daß er vom Tod festgehalten wurde ... Diesen Jesus hat Gott auferweckt, dafür sind wir alle Zeugen. Nachdem er durch die rechte Hand Gottes erhöht worden war und vom Vater den verheißenen Heiligen Geist empfangen hatte, hat er ihn ausgegossen, wie ihr seht und hört ... Mit Gewißheit erkenne also das

Das Steinschliff-Monument bezeugt die christliche Mahlgemeinschaft. Von jeher ist das gemeinsame Mahl ein starkes Ausdrucksmittel der Gemeinschaft unter Menschen. Mit wem man das Brot teilt, mit dem weiß man sich auch im Geiste verbunden. In der christlichen Eucharistiefeier wird das dankbare Gedenken an die Gemeinschaft mit dem Herrn Jesus Christus wachgehalten, der unter den Gestalten von Brot und Wein die Hingabe für die Schwestern und Brüder als christliche Grundhaltung festgelegt hat.

ganze Haus Israel: Gott hat ihn zum Herrn und Messias gemacht, diesen Jesus, den ihr gekreuzigt habt.

Als sie dies hörten, traf es sie mitten ins Herz, und sie sagten zu Petrus und den übrigen Aposteln: Was sollen wir tun, Brüder?

Petrus antwortete ihnen: Kehrt um, und jeder von euch lasse sich auf den Namen Jesu Christi taufen zur Vergebung seiner Sünden; dann werdet ihr die Gabe des Heiligen Geistes empfangen. Denn euch und euren Kindern gilt die Verheißung und all denen in der Ferne, die der Herr, unser Gott, herbeirufen wird ...

An diesem Tag wurden (ihrer Gemeinschaft) etwa dreitausend Menschen hinzugefügt. Sie hielten an der Lehre der Apostel fest und an der Gemeinschaft, am Brechen des Brotes und an den Gebeten."
(Apostelgeschichte 2,1–4.6.12–17.21–24.32–33.36–42)

Die Gemeinde in Jerusalem

An zwei Stellen der Apostelgeschichte (des Lukas) wird zusammenfassend und beispielhaft über das Gemeindeleben in Jerusalem berichtet. Daraus lassen sich folgende Schwerpunkte des Lebens der ersten Christen ableiten: Gemeinschaftsleben der Mitglieder / Gütergemeinschaft / Gebet im Tempel / Eucharistiefeier daheim, verbunden mit Agape (= Liebesmahl) / freudige Stimmung, beim Volk beliebt / starke einladende Wirkung (viele neue Mitglieder) / Zeugnis von der Auferstehung Jesu / Gnadenerweise (Wunder und Zeichen durch die Apostel) (Apg 2,43–47 und 4,32–37).

Die Urgemeinde wußte sich also als endzeitliche Gemeinde, die auf die vorausgesagten endzeitlichen Ereignisse (apokalyptischer Art) wartete. Sie bildete im Glauben an den Herrn Jesus Christus eine Gemeinschaft, erfuhr die von Jesus angekündigte pneumatische Kraft, brachte sie zur Wirkung und bemühte sich, in der Nachfolge Jesu das Gottesreich zu leben und die empfangene Kindschaft Gottes zu bestätigen.

Die jüdische Behörde, der Jesus ein Dorn im Auge war und die ihn deshalb gefangengesetzt, angeklagt und seine Hinrichtung durchgesetzt hatte, war natürlich über diese Entwicklung wenig erfreut. Sie ließ die Apostel verhaften und einsperren. Auf wunderbare (geistgewirkte) Weise wurden sie befreit.

Als die ergrimmten Sadduzäer und Mitglieder des Sanhedrin (= Hoher Rat) ihren Tod verlangten, um diesen unheilvollen Einfluß der Lehre Jesu einzudämmen, setzte sich Gamaliel (ein führender Rabbi) für sie ein und schlug eine Art Gottesgericht vor: Wenn es sich nur um einen religiös-fanatischen Aufruhr handelt, werde er von selbst zusammenbrechen (wie viele Beispiele dieser unruhigen Zeit beweisen), wenn aber diese Bewegung gottgewollt ist, sei der Kampf dagegen Sünde und noch dazu ergebnislos. Die Versammlung nahm diesen Ratschlag an und ließ die Inhaftierten frei.

Das Gemeindeleben verlief aber doch nicht ohne Spannungen:

Jerusalem war eine große Stadt, und zu den Festen kamen zahllose Menschen von weither, die teilweise von den Bewohnern erhalten werden mußten. Die Christengemeinde tat sich dabei sehr hervor. Es kam dabei aber zur Benachteiligung der griechisch sprechenden Juden („Hellenisten" = wahrscheinlich Proselyten, zum jüdischen Glauben Bekehrte, die nicht von Geburt Juden waren). Um die daraus entstehenden Konflikte abzubauen, bestellten die Apostel sieben Helfer (= Diakone), die in Zukunft den „Tischdienst" (die Versorgung der Gemeindemitglieder und die Betreuung Bedürftiger) versehen sollten. Unter diesen sieben Gemeindehelfern war Stefanus, ein besonders Begnadeter, ein Hellenist, der bei der Behörde denunziert wurde und dem man Verachtung der jüdischen Gesetze vorwarf. In einer spirituellen Rede verteidigte sich Stefanus (Apg 7, 1–53). Als er zum Schluß in einen ekstatisch-visionären Zustand geriet und rief: *„Ich sehe den Himmel offen und den Menschensohn zur Rechten Gottes stehen"* (7, 56), wurde er gesteinigt. Die Aufsicht über diesen Hinrichtungsakt übernahm ein junger Mann, der damals in Jerusalem studierte, ein Pharisäer, also ein orthodoxer, strenggläubiger Jude war und aus Tarsos in Zilizien stammte. Er hieß Saulus.

Dieser Saulus veranlaßte eine schwere Verfolgung der Christengemeinde in Jerusalem, deren Mitglieder sich dieser Verfolgung nur durch die Flucht entziehen konnten. – Die Flüchtlinge bildeten Gemeinden im benachbarten Syrien und auch ringsum in Judäa und Samaria. Auf diese Weise breitete sich die Botschaft Jesu wahrscheinlich schneller aus als in friedlicher Zeit.

Als Saulus sich Vollmachten für Damaskus geben ließ, um auch dort seine Verfolgung der Christengemeinden zu betreiben, hatte er eine visionäre Begegnung mit dem Auferstandenen und ließ von seiner Verfolgung ab. Er wollte sich der Christengemeinde anschließen, war gläubig geworden, wurde aber nun selbst von der Judengemeinde in Damaskus bedroht. Er floh und hielt sich einige Zeit in der Einsamkeit auf – wohl um sich auf seine Mission vorzubereiten. Währenddessen entstanden viele neue Gemeinden, in die nicht nur Juden und Proselyten, sondern auch Heiden aufgenommen wurden. Petrus, der diese Entscheidung fällte, wurde zuerst vom „Herrenbruder" und den „Judenchristen" in Jerusalem deswegen getadelt, konnte aber sein Vorgehen rechtfertigen.

Saulus (oder Paulus, wie er sich seit Damaskus nannte) fand Anschluß an die Christengemeinde in Antiochien (eingeführt durch Barnabas), dann auch in Jerusalem und wurde schließlich zusammen mit Barnabas zur Mission nach Kleinasien ausgeschickt.

Das Wirken des Paulus

In den nächsten 15 Jahren entfaltete Paulus seine bedeutsame Missionstätigkeit, die ihn in drei großen Reisen durch Kleinasien und Griechenland führte. Er verstand sein Amt im Sinne des Petrus, der mit seiner Aufnahme von Heiden in die Christengemeinde den Anstoß zur raschen und universalen Verbreitung des Evangeliums gegeben hatte.

Die Briefe des Paulus, die ein wichtiger Bestandteil des Neuen Testamentes sind, lassen erkennen, welche vielfältigen Probleme bei dieser Ausbreitung der Botschaft Jesu zu bewältigen waren. Im Galaterbrief schlägt sich z.B. die Auseinandersetzung des Paulus mit Petrus über die Frage der Heidenchristen nieder (in der Petrus zuvor den ersten Schritt getan hatte!):

Der Glaube der Christen

„Ihr habt doch gehört, wie ich früher als gesetzestreuer Jude gelebt habe, und wißt, wie maßlos ich die Kirche Gottes verfolgte und zu vernichten suchte. In der Treue zum jüdischen Gesetz übertraf ich die meisten Altersgenossen in meinem Volk … Als aber Gott, der mich schon im Mutterleib auserwählt und durch seine Gnade berufen hat, mir in seiner Güte seinen Sohn offenbarte, damit ich ihn unter den Heiden verkündige, da zog ich keinen Menschen zu Rate … Vierzehn Jahre später ging ich wieder nach Jerusalem hinauf, zusammen mit Barnabas; ich nahm auch Titus mit. Ich ging hin aufgrund einer Offenbarung, legte der Gemeinde und im besonderen den ‚Angesehenen‘ das Evangelium vor, das ich unter den Heiden verkündige; ich wollte sicher sein, daß ich nicht vergeblich laufe oder gelaufen bin. Doch nicht einmal mein Begleiter Titus, der Grieche ist, wurde gezwungen, sich beschneiden zu lassen … auch von den ‚Angesehenen‘ wurde mir nichts auferlegt. Im Gegenteil, sie sahen, daß mir das Evangelium für die Unbeschnittenen anvertraut ist wie dem Petrus für die Beschnittenen … und sie erkannten die mir verliehene Gnade … Als Kephas aber nach Antiochia gekommen war, bin ich ihm offen entgegengetreten, weil er sich ins Unrecht gesetzt hatte. Bevor nämlich Leute aus dem Kreis um Jakobus eintrafen, pflegte er zusammen mit den Heiden zu essen. Nach ihrer Ankunft aber zog er sich von den Heiden zurück und trennte sich von ihnen, weil er die Beschnittenen fürchtete. Ebenso unaufrichtig wie er verhielten sich auch die übrigen Juden …
Als ich aber sah, daß sie von der Wahrheit des Evangeliums abwichen, sagte ich zu Kephas in Gegenwart aller: Wenn du als Jude nach Art der Heiden und nicht nach Art der Juden lebst, wie kannst du dann die Heiden zwingen, wie Juden zu leben? Wir sind zwar von Geburt Juden und nicht Sünder wie die Heiden. Weil wir aber erkannt haben, daß der Mensch nicht durch Werke des Gesetzes gerecht wird, sondern durch den Glauben an Jesus Christus, sind auch wir dazu gekommen, an Christus Jesus zu glauben, damit wir gerecht werden durch den Glauben an Christus und nicht durch die Werke des Gesetzes. …

Der Jude Paulus, Pharisäer aus dem Stamme Benjamin, Schriftgelehrter, römischer Bürger, zuerst Verfolger der jungen Kirche, wird nach seiner Bekehrung vor Damaskus zu einem der wichtigsten und erfolgreichsten Missionare, vor allem unter Nichtjuden.

Ich bin mit Christus gekreuzigt worden; nicht mehr ich lebe, sondern Christus lebt in mir. Soweit ich aber jetzt noch in dieser Welt lebe, lebe ich im Glauben an den Sohn Gottes, der mich geliebt und sich für mich hingegeben hat".
(Galaterbrief 1,13–16; 2,1–3.6–9.11–16.19–20)

In oft harten Auseinandersetzungen mit den verschiedenen Gruppierungen innerhalb der Urkirche verfolgte Paulus seinen Weg der „Gleichbegnadung" aller: *„Es gibt nicht mehr Juden und Griechen, nicht Sklaven und Freie …"* (Gal 3,28). Es war ein Weg, der durchaus auf der Linie der Botschaft Jesu lag und auch durch die Praxis der Urgemeinde gedeckt war. Paulus ging ihn nur (inmitten des hellenistischen Synkretismus, der in den Städten Kleinasiens und Griechenlands herrschte, in denen Paulus seine Gemeinden gründete und betreute) entschlossener und kompromißloser – insgesamt

Karte 19: Die Missionsreisen des hl. Paulus

••••••••• erste Reise   ――――― zweite Reise
▬▬▬ dritte Reise   ------ vierte Reise

Die Missionsreisen des hl. Paulus in Kleinasien und Europa, ein Beispiel für die explosive Verkündigungsarbeit der Urkirche.

aber toleranter als die zur Exklusivität (das jüdische Erbe!) neigenden „Jakobusleute" (die die Übernahme des jüdischen Gesetzes als Voraussetzung des Christseins ansahen). Im 1. Brief an die Gemeinde in Korinth hat Paulus diese Toleranz programmatisch formuliert:

■

„Den Juden bin ich ein Jude geworden, um Juden zu gewinnen; denen, die unter dem Gesetz stehen, bin ich, obgleich ich nicht unter dem Gesetz stehe, einer unter dem Gesetz geworden, um die zu gewinnen, die unter dem Gesetz stehen. Den Gesetzlosen war ich sozusagen ein Gesetzloser – nicht als ein Gesetzloser vor Gott, sondern gebunden an das Gesetz Christi –, um die Gesetzlosen zu gewinnen. Den Schwachen wurde ich ein Schwacher, um die Schwachen zu gewinnen. Allen bin ich alles geworden, um auf jeden Fall einige zu retten. Alles aber tue ich um des Evangeliums willen, um an seiner Verheißung teilzuhaben."
(1. Korintherbrief 9, 20–23)

Das Idealbild, das die Apostelgeschichte von der Urgemeinde in Jerusalem zeichnet, war in erster Linie als Leitbild und nicht als „Bericht" gedacht – sah doch die Wirklichkeit (wie der Streit mit den „Hellenisten" zeigt) auch dort anders aus. Das Beispiel der Gemeinde in Korinth läßt erkennen, wie sehr in den jungen Gemeinden verschiedene religiöse Gruppierungen, die von starrem Nomismus (Gesetzestreue) bis zu laxestem Libertinismus (= Freizügigkeit) reichten, brisanten Konfliktstoff boten. Die ersten Gemeinden derer, die den Weg Christi gingen, bildeten keine „heile Welt" – aber sie wußten sich zum Glauben berufen und auf eine neue Existenzebene gestellt, in der sie sich jeden Tag aufs neue bewähren mußten. Dieser Glaube gründete sich nicht auf eine „Lehre", nicht auf Beredsamkeit und schlagende „Beweise":

■

„Als ich zu euch kam, Brüder, kam ich nicht, um glänzende Reden oder gelehrte Weisheit vorzutra-

gen, sondern um euch das Zeugnis Gottes zu verkündigen. Denn ich hatte mich entschlossen, bei euch nichts zu wissen außer Jesus Christus, und zwar als den Gekreuzigten. ...
Meine Botschaft und Verkündigung war nicht Überredung durch gewandte und kluge Worte, sondern war mit dem Erweis von Geist und Kraft verbunden, damit sich euer Glaube nicht auf Menschenweisheit stützte, sondern auf die Kraft Gottes."
(1. Korintherbrief 2, 1–5)

*

Was den Glauben der Gemeinden festigte, war die Erfahrung der Wirklichkeit Gottes in der Gemeinde. Im Miteinander – auch in den Auseinandersetzungen –, im Zusammenwirken der verschiedenartigen Charismen (= Geistwirkungen) zum Aufbau der Gemeinschaft, vor allem in der alles umfassenden Liebe (Agape) erfuhren die Mitglieder der Gemeinde Tag für Tag, daß das Evangelium Wirklichkeit ist, daß der verheißene Paraklet bereits am Werk ist:

*

„Auch über die Gaben des Geistes möchte ich euch nicht in Unkenntnis lassen, meine Brüder. Als ihr noch Heiden waret, zog es euch, wie ihr wißt, mit unwiderstehlicher Gewalt zu den stummen Götzen. Darum erkläre ich euch: Keiner, der aus dem Geist Gottes redet, sagt: Jesus, sei verflucht! Und keiner kann sagen: Jesus ist der Herr!, wenn er nicht aus dem Heiligen Geist redet.
Es gibt verschiedene Gnadengaben, aber nur einen Geist ... Es gibt verschiedene Kräfte, die wirken, aber nur den einen Gott. Er bewirkt alles in allen. Jedem aber wird die Offenbarung des Geistes geschenkt, damit sie anderen nützt. Dem einen wird vom Geist die Gabe geschenkt, Weisheit mitzuteilen, dem anderen durch den gleichen Geist die Gabe, Erkenntnis zu vermitteln, dem dritten im gleichen Geist Glaubenskraft, ... die Gabe, Krankheiten zu heilen, ... Wunderkräfte, ... prophetisches Reden, ... Unterscheidung der Geister, ... verschiedene Arten von Zungenreden, ... die Gabe, sie zu deuten ...
So hat Gott in der Kirche die einen als Apostel eingesetzt, die anderen als Propheten, die dritten als Lehrer; ferner verlieh er die Kraft, Wunder zu tun,*

sodann die Gaben, Krankheiten zu heilen, zu helfen, zu leiten, endlich die verschiedenen Arten von Zungenreden ... Strebt nach den höheren Gnadengaben!"
(1. Korintherbrief 12, 1 ff.)

*

Paulus war ein geisterfüllter Prediger und Berater der Gemeinde, er verstand sein Amt als „diakonia pneumatos", als „geistigen Dienst", als vom Geist Gottes getragene Aufbauarbeit allen Menschen gegenüber, um ihnen weiterzugeben, was er erfahren, geschaut und erkannt hat. Darin muß wohl das Geheimnis der sich ungeheuer rasch ausbreitenden Urkirche gesehen werden, daß es nicht nur um eine Lehre ging, sondern um den „Erweis der Kraft Gottes", um die Deutung der Zeichen der Zeit in Richtung auf die sich vollziehende Erlösung.

Zwischen Apokalyptik und Institutionalisierung

In der Botschaft Jesu, in der angespannten Erwartung der Jerusalemer Urgemeinde und in den ältesten Paulusbriefen ist deutlich die Erwartung zu spüren, daß „das Ende des gegenwärtigen Äons" (nicht das Weltende und nicht das Ende des Kosmos insgesamt, sondern das Ende eines Weltzeitalters) unmittelbar bevorstehe. Zahlreich sind die Zeugnisse dafür, daß man meinte, in der Endzeit zu leben und „demnächst" in das Gericht Gottes einzugehen und den „Tag des Herrn" (den „jüngsten Tag des neuen Äons") zu erleben:

*

„Brüder, wir wollen euch über die Verstorbenen nicht in Unkenntnis lassen, damit ihr nicht trauert wie die anderen, die keine Hoffnung haben. Wenn Jesus – und das ist unser Glaube – gestorben und auferstanden ist, dann wird Gott durch Jesus auch die Verstorbenen zusammen mit ihm zur Herrlichkeit führen. Denn dies sagen wir euch nach einem Wort des Herrn: Wir, die Lebenden, die noch übrig sind, wenn der Herr kommt, werden den Verstorbe-*

nen nichts voraus haben. *Denn der Herr selbst wird vom Himmel herabkommen, wenn der Befehl ergeht, der Erzengel ruft und die Posaune Gottes erschallt. Zuerst werden die in Christus Verstorbenen aufersteh'n; dann werden wir, die Lebenden, die noch übrig sind, zugleich mit ihnen auf den Wolken in die Luft entrückt, dem Herrn entgegen. Dann werden wir immer beim Herrn sein ...*
Über Zeit und Stunde, Brüder, brauche ich euch nicht zu schreiben. Ihr selbst wißt genau, daß der Tag des Herrn kommt wie ein Dieb in der Nacht. Während die Menschen sagen: Frieden, Sicherheit!, kommt plötzlich Verderben über sie wie die Wehen über eine schwangere Frau, und es gibt kein Entrinnen ...“
(1. Thessalonicherbrief 4, 13 ff.)

Als dann die für die nächste Zeit erwarteten apokalyptischen Ereignisse nicht eintrafen, als es zwar zu Verfolgungen vielfältiger Art kam, aber nicht zu den von der jüdischen und judenchristlichen Apokalyptik erwarteten „Umwandlung der Welt“, machte sich eine gewisse Laxheit breit, gegen die sich alle späteren Schriften des Neuen Testaments mehr oder minder deutlich wenden:

„Ich, euer Bruder Johannes, der wie ihr bedrängt ist, der mit euch an der Königsherrschaft teilhat und mit euch in Jesus standhaft ausharrt, ich war auf der Insel Patmos um des Wortes Gottes willen und des Zeugnisses für Jesus.
Am Tag des Herrn wurde ich vom Geist ergriffen und hörte hinter mir eine Stimme, laut wie eine Posaune. Sie sprach: Schreib das, was du siehst, in ein Buch und schick es an die sieben Gemeinden: nach Ephesus, nach Smyrna, Pergamon, Thyatira, Sardes, Philadelphia und nach Laodicea.
Da wandte ich mich um ... und sah einen, der wie ein Mensch aussah ... Sein Haupt und seine Haare waren weiß wie weiße Wolle, leuchtend weiß wie Schnee, und seine Augen waren Feuerflammen ... In seiner Rechten hielt er sieben Sterne, und aus seinem Mund kam ein scharfes, zweischneidiges Schwert ...

Als ich ihn sah, fiel ich wie tot vor seinen Füßen nieder. Er aber legte seine rechte Hand auf mich und sagte: Fürchte dich nicht! Ich bin der Erste und der Letzte und der Lebendige. Ich war tot, doch nun lebe ich in alle Ewigkeit, und ich habe die Schlüssel zum Tod und zur Unterwelt. Schreib auf, was du gesehen hast: was ist und was danach geschehen wird.“
(Apokalypse des Johannes 1, 9–19)

Die *Nah*erwartung der Endzeitereignisse verwandelte sich in eine *Stets*erwartung. Immer bereit zu sein, wurde zur Haltung, die es den Gemeinden ermöglichte, sich auf eine lange Wartezeit einzurichten.
Sie entwickelten eine eigene Ethik und Gemeinschaftsordnung (und lernten dabei von den Juden); sie etablierten eine durchstrukturierte Kirchenorganisation (und lernten dabei vom römischen Staat), sie entwickelten die Frohbotschaft vom nahegekommenen Gottesreich weiter und formten die heilige Lehre über Gott und die durch den Herrn Jesus Christus geschehene Erlösung (= Theologie) und gaben ihr eine philosophische Basis (und lernten dabei von der griechisch-lateinischen Philosophie); sie schufen eine Hierarchie und ein Zeremoniell (und lernten dabei von den Mysterienreligionen, von der synkretistischen Religiosität ihrer Zeit und vom römischen Kaiserkult).
Sie bemühten sich zweifellos, ihr ganzes Leben an der Botschaft und Praxis Jesu zu orientieren. Sie waren voll guten Willens, sich vom Geiste gern führen und leiten zu lassen. Sie paßten aber doch nolens volens die in den Gemeinden gültige Orthodoxie (= rechte Lehre) und Orthopraxie (= rechtes Handeln) an die Denk-, Lebens- und Glaubensweise der Bewohner des Römischen Reiches an.
Populärphilosophien (Stoa, Epikuräismus, Neupythagoräer u. a.) und Mysterienreligionen (Isiskult und -mysterien, Mithraskult, Hermetik u. a.) hatten in dieser Zeit die römische Religiosität unterwandert und verändert und trugen viel zur allgemeinen Ratlosigkeit und Skepsis bei.
Aus dieser Unsicherheit und Ratlosigkeit heraus entstanden gegenüber den christlichen Gemeinden große Aversionen, die weitgehend

auf Verleumdung und Böswilligkeit und nicht auf Tatsachen beruhten. Viele Leiter der christlichen Gemeinden sahen daher eine wichtige Aufgabe darin, das Christentum gegen diese Anschuldigungen zu verteidigen; man nennt sie deshalb „Apologeten". Einer der bekanntesten unter ihnen ist **Tertullian:**

„Man sagt, wir seien die größten Verbrecher wegen des rituellen Kindermordes und des Fraßes von den Gemordeten und wegen der auf das Mahl folgenden Blutschande ...

Man sagt es jedoch immer nur, ohne daß ihr es euch angelegen sein ließet, dem, was man schon so lange sagt, auf den Grund zu gehen ...

Ihr erweist den Göttern keine Ehren, werft ihr uns vor, und für die Kaiser bringt ihr keine Opfer dar. Daher werden wir der Religions- und Majestäts-verletzung angeklagt. Das ist das Schwerste, vielmehr: das ist es überhaupt, was man uns vorwirft ... Eure Götter zu verehren, unterlassen wir von dem Augenblick an, in dem wir erkennen, daß sie keine Götter sind. Das also müßtet ihr von uns verlangen, euch zu beweisen, daß sie keine Götter sind und deshalb auch durchaus nicht verehrt zu werden brauchen ...

Wir wenden uns für das Wohl des Kaisers an den ewigen Gott, den wahren Gott, den lebendigen Gott, den auch die Kaiser selbst sich vor allen anderen Göttern gnädig wünschen ... Es gibt noch eine andere, höhere Notwendigkeit für uns, für die Kaiser zu beten; wir wissen, daß die gewaltige Katastrophe, die dem Erdkreis droht, nur durch die dem Römischen Reich gewährte Frist aufgehalten wird. Indem wir um Aufschub beten, tragen wir zum Fortbestande Roms bei ...

Das Kolosseum in Rom. Todesstätte vieler christlicher Märtyrer während der römischen Christenverfolgungen.

Zusammen kommen wir zur Verlesung der göttlichen Schriften, wenn die augenblickliche Lage Anlaß gibt, etwas im voraus zu bedenken, oder im Rückblick zu begreifen. Zumindest geben wir unserem Glauben mit den heiligen Worten Nahrung, richten unsere Hoffnung empor, festigen unsere Zuversicht und stärken gleichermaßen unsere Lehre durch Einschärfung der Gebote. Ebenda ist auch der Ort für Ermahnungen, für Bestrafungen und für die Prüfung im Namen Gottes …

Höchste Vorwegnahme des künftigen Gerichts ist es, wenn jemand so schwer gesündigt hat, daß er von der Teilnahme am gemeinsamen Gebet, an den Zusammenkünften und an jedwedem heiligen Verkehr ausgeschlossen wird. Den Vorsitz führen jeweils Ältere, die sich bewährt und diesen Ehrenplatz nicht durch Geld, sondern durch das Zeugnis des Lebens erlangt haben …

Ein bescheidenes Scherflein steuert jeder einzelne bei an einem bestimmten Tag im Monat oder wenn er will und falls er überhaupt will und falls er überhaupt kann … für den Unterhalt und das Begräbnis Armer, für Knaben und Mädchen, die kein Geld und keine Eltern mehr haben, und für alt gewordene Diener, für Schiffbrüchige … Doch solcher Liebe Werk drückt uns in den Augen vieler ein Mal auf. "Seht", sagen sie, "wie sie einander lieben und wie sie füreinander zu sterben bereit sind" …

Niemandem schaden, niemanden betrüben wir. Trotzdem gibt es viele, die laut nach dem Blute Unschuldiger schreien, wobei sie diesen Haß mit dem Vorwand begründen, daß nach ihrer Überzeugung an jeder Katastrophe des Staates, an jedem Mißgeschick des Volkes die Christen die Schuld trügen. Wenn der Tiber die Mauern überflutet, wenn der Himmel sich nicht rührt, wenn die Erde sich bewegt, wenn eine Hungersnot, eine Seuche wütet, gleich schreit man: "Die Christen vor die Löwen!"

Und doch hilft euch eure noch so ausgeklügelte Grausamkeit nichts; ein Lockmittel ist sie für unsere Gemeinschaft. Nur zahlreicher werden wir, so oft wir von euch niedergemäht werden; ein Same ist das Blut der Christen …"

(Tertullian: Apologeticum)

Das Christentum im Römerreich

Die Eroberung Jerusalems durch die Römer und die Zerschlagung der nationalen Einheit des Judentums (70 n.Chr.) bedeutete für das junge Christentum die erste einschneidende Zäsur insofern, als ein fanatischer Gegner, der die Jünger Jesu als Verräter am Gesetz und als Gotteslästerer verfolgte, ausgeschaltet wurde. Diese Vertreibung der Juden beschleunigte die Ausbreitung der jungen Kirche, weil so die Mitglieder der Urgemeinde rasch in teilweise sehr weit voneinander entfernte Gebiete verschlagen wurden und ihren Glauben weitertrugen.

Von den Römern verfolgt

Die Ausbreitung des Christentums ging in großer Schnelligkeit und vorwiegend in ost-westlicher Richtung vor sich: Von Palästina bzw. Antiochia, wo die Anhänger Jesu erstmals Christen genannt wurden, ausgehend, erreichte das Evangelium schnell Kleinasien, Makedonien, Griechenland (Paulus). In den Zentren des Römischen Reiches – in Rom und in Nordafrika/Ägypten (Alexandria) – wuchsen viele christliche Gemeinden. Um die Mitte des 2. Jahrhunderts gab es bereits blühende christliche Gemeinden in Gallien (z.B. Irenäus). 200 n.Chr. war das gesamte Römische Reich von christlichen Gemeinden durchsetzt, wechselte man langsam von der bisher üblichen griechischen Sprache (bei den Schriftlesungen und Gebeten im Gottesdienst) auf die lateinische Sprache.

Nero (54–68) war der erste Kaiser, der eine Verfolgung von Christen in der Art eines Pogroms befahl. Kleinere Feindseligkeiten und Verfolgungen, vereinzelte Hinrichtungen waren schon bisher da und dort vorgekommen. Das eigentliche Zeitalter der christlichen Märtyrer (= Glaubenszeugen) war aber das 3. Jh. Unter Decius (249–51) und Diokletian (284–305) kam

Domitilla-Katakombe, Ritzzeichnung einer Beterin in Orante-Haltung.

es zu den großen Auseinandersetzungen zwischen der Staatsreligion und dem neuen Bekenntnis. Den Christen wurde der Niedergang des Reiches als Strafe der Götter wegen des Abfalls in die Schuhe geschoben. Das Edikt Diokletians vom 22. Februar 303 schloß die Christen als unzuverlässige Staatsbürger aus der Armee und dem Staatsdienst jeder Art aus. Das Vermögen der christlichen Gemeinden wurde eingezogen, jeder „Kult" verboten, die Versammlungshäuser wurden zerstört, viele Christen zum Staatskult gezwungen und bei Weigerung gefoltert und getötet. Die Priester wurden gefangengenommen und als Sklaven in die Bergwerke geschickt. Die Verfolgung wurde von den beiden Mitregenten Diokletians, Galerius und Maximianus, im Osten des Reiches mit großer Schärfe, vom dritten Mitregenten, Konstantius, im Westen in milderer Form durchgeführt. Im Osten dauerten diese Verfolgungen, die zuletzt zur Zerstörung ganzer Ortschaften führten, bis 313 an. Kaiser Ma-

ximinus Daia, der Neffe des Galerius, war der erbittertste Feind der Christen. Im Westen dagegen erließ Galerius 311 ein Toleranzedikt, erkannte das Christentum neben dem traditionellen Staatskult an und brach die Verfolgung ab.
313 gelang es dem Cäsar Britanniens und Galliens, Konstantin, unter der Parole „Befreiung Roms von seinem Tyrannen", seinen Widersacher Maxentius in der Schlacht an der Milvischen Brücke zu besiegen. Erst 324 allerdings hatte er alle Gegner, zuletzt den Cäsar Asiens, Licinius, besiegt und wurde Alleinherrscher im Römischen Imperium
313 war das Jahr seiner persönlichen religiösen Wandlung, er bekannte sich zum Christentum und verehrte das Kreuz als Symbol der ihm geschenkten Macht („In hoc signo vinces = In diesem Zeichen wirst du siegen"). Konstantin läßt jedoch die alten Staatsgötter weiterhin verehren, behält die Funktion eines Pontifex Maximus und läßt sich als Sonnengott Helios darstellen. Bereits 313 erneuert er mit dem Edikt von Mailand das Toleranzedikt des Galerius. 330 erklärt er Byzantion (Constantinopolis) zur neuen Hauptstadt seines Imperiums und setzt damit einen bewußten Gegensatz zum „heidnischen Rom". Er etabliert in Byzanz die gleiche Regierung und Verwaltung wie in Rom (Senat, Kapitol usw.) und dokumentiert durch zahlreiche Kirchenbauten das „christliche Rom". Damit begründet er zugleich ein

Urchristliche Symbole (Fisch, Kreuz) in einer römischen Katakombe.

Kaiser Konstantin mit seiner Siegesstandarte, die das Christusmonogramm wiedergibt: XP = griech. CHR.

pompöses Hofzeremoniell, das die Gottähnlichkeit des Herrschers betont und den untrennbaren Zusammenhang zwischen Christentum und Römischem Imperium darstellt: der Kaiser ist Stellvertreter Christi und Herr über Staat und Kirche. 337 stirbt Konstantin und läßt sich erst auf dem Sterbebett taufen (dahinter steht die damals verbreitete Ansicht, daß das Sakrament alle Sünden „beseitigt" und der Sterbende deshalb völlig „rein" vor das Gericht Gottes tritt).

Die „Konstantinische Wende"

Von Anfang an hatte die junge Kirche große Mühe, sich gegen Fehlinterpretationen und Einseitigkeiten durchzusetzen und die zentra-

len Aussagen der Botschaft Jesu zu bewahren. Da Jesus keine „Lehre" hinterließ, war es eine der vordringlichen Aufgaben, festzulegen, was „im Sinne Jesu" ist und was nicht. Man bediente sich dabei der Philosophie und versuchte, die teilweise in Form von Gleichnissen und Bildworten überlieferten Äußerungen Jesu in präzise Begriffe zu gießen und in ein System zu bringen. Zentrum dieser Tätigkeit wurde Alexandria. An der „Hochschule" von Alexandria wirkten Pantainos, Clemens von Alexandrien und vor allem Origenes (185–250), der an die 2000 Schriften verfaßt hat, die allerdings weitgehend verloren sind. – Um 300 erfolgte in Antiochia die Gründung einer zweiten theologischen Schule durch Lukian, den Lehrer des Arius. Der allegorisch-mystischen Erklärungsmethode der Bibel, wie sie in der Schule von Alexandria üblich war, stellte man hier eine nüchtern-kritische, eher begrifflich und systematisch vorgehende Methode entgegen. Besonders deutliche Unterschiede gab es auf dem Gebiet der systematischen Reflexion des Glaubens an Christus: Die Alexandriner gingen vom göttlichen *Logos* (= Wort) aus, der sich mit der menschlichen Natur auf das innigste verbunden hat. Diese Verbindung sahen sie als eine mystisch-ontologische. Infolgedessen lehrten sie auch, daß Maria wirklich „*theotókos*" (= Gottesgebärerin) sei.

Altchristliche Basilika in Trier, von Kaiser Konstantin im 4. Jh. gegründet.

Kirchenversammlung: mehrere Bischöfe und Patriarchen beraten mit dem Kaiser.

Im Vordergrund dieser theologischen Philosophie stand Gott – das Obere, Ewige –, nicht der Mensch – das Zeitliche, Untere. Die Antiochener dagegen lehrten eine philosophische Theologie. Sie waren in ihrer Grundhaltung realistisch-empirisch, gingen vom Geschichtlichen und Erfahrbaren aus. In der Christologie sahen sie primär den historischen Menschen Jesus. Deshalb war es für sie auch ein großes Problem, wie sich die selbständige menschliche Natur in Christus mit dem Sohn Gottes vereinigen hatte können. Sie nannten diese Vereinigung auch nicht ontologisch, sondern psychisch-moralisch und scheuten sich folglich auch, Maria „Gottesgebärerin" zu nennen.

Sieht man diese doch sehr verschiedenen Ansätze, dann wird es schnell verständlich, daß es zu harten Auseinandersetzungen über einzelne Glaubenslehren kam und sich Gruppen formierten, die von den anderen als Häretiker (= „Irrlehrer") bezeichnet und abgelehnt wurden. Verstärkt wurde diese Problematik, die in der Folgezeit zu Absonderungen von „Sekten" und Teilkirchen (Nestorianer, Monophysiten) und schließlich zur Kirchenspaltung führte, durch die neue *Situation*, die Konstantin durch sein Toleranzedikt und die Bevorzugung des Christentums vor der traditionellen Staatsreligion geschaffen hatte.

Das Christentum war nun nicht mehr die verfolgte Religion einer kleinen Minderheit, der man die Ursache aller Übel in die Schuhe schieben konnte, sondern wurde rasch zur staatserhaltenden Macht. Die höheren Beamtenstellen wurden mit Christen besetzt, das Heidentum wurde bekämpft, die Kirche organisierte sich nach dem Modell des Hofzeremoniells und der bewährten römischen Verwaltung als eigenständige *„societas"* (= Gesellschaft). Der Kaiser nannte sich *„episkopos tōn éktos"* (= Bischof für die äußeren Angelegenheiten) und betrieb die

Christianisierung des Staates. Dadurch erhielt die christliche Bewegung und Gemeinschaft das Gewand eines juristisch-bürokratisch durchorganisierten gesellschaftlich verfaßten *Gebildes* übergestülpt. Diese in manchen Zügen theokratisch anmutende (weil durchgängig hierarchisch strukturierte) Institution orientierte sich bei aller Eigenständigkeit und „Innensteuerung" (Amtsgnade, Berufung, Tradition = Überlieferung, Sendungsbewußtsein) stark an der Staatlichkeit und Gesellschaftsstruktur des Römischen Reiches.

Für diese Umgestaltung der urkirchlichen Gemeinschaftsstruktur in die staatskirchliche Gesellschaftsstruktur wurde der Ausdruck „Konstantinische Wende" geprägt, der freilich nur punktuell bezeichnet, was sich über einen längeren Zeitraum hinweg innerhalb der Kirche vollzog.

Orientalische und abendländische Christenheit

Die unter Diokletian begonnene und nach Theodosius vollends durchgeführte Teilung des Römischen Reiches, die vorerst rein verwaltungstechnisch gedacht war, führte vor allem wegen der tiefgreifenden Verschiedenheit der östlichen und westlichen Geistesart zur Entfremdung zunächst der nichtrömischen und nichtgriechischen Christen von der römisch-griechischen Reichskirche und schließlich zur Trennung der byzantinischen Kirche von der römischen. Die geistige Kluft zwischen Osten und Westen zeigte sich von Anfang an.

Die kulturellen, politischen, nationalen und mentalitätsmäßigen Verschiedenheiten begünstigten naturgemäß die kirchlichen Spaltungen und Sonderentwicklungen in den östlichen Kirchen.

Der Osten besteht politisch aus nationalen Gemeinschaften, sozusagen aus höherentwickelten Stammesgenossenschaften, die patriarchalisch geleitet werden. Sehr leicht wird hier die Monarchie zum Despotismus. Religiös gesehen, ist der Orient mehr von Gott bestimmt als der Westen, die orientalische Religion ist Theokratie, die alles bestimmende Macht ist die Herrschaft Gottes. Darum geht im Osten alles Denken und alle Bildung von oben aus: Religion, Glaube, Wissenschaft, Kunst und Politik werden von oben her bestimmt. Darin liegt die Überlegenheit des östlichen Menschen sowie eine gewisse Zeitlosigkeit und Distanz gegenüber den Alltagsdingen. – Diese demütige Haltung gegenüber Gott und der Umwelt hat freilich auch ihre Schattenseiten: die Demut kann in menschenunwürdige Unterwürfigkeit entarten und die Distanz zu sündhafter Apathie und zu einem Indifferentismus, der sich mit Zuständen und Praktiken aussöhnt, durch die ein Abendländer bereits zum fanatischen Revolutionär geworden wäre.

Inneres der Hagia Sophia, 532/7 für Kaiser Justinian erbaut, Synthese von Zentral- und Längsbau. Hauptwerk der Byzantinischen Baukunst. Der Zentralbau mit seinen verschiedenen Kuppelverschneidungen und raffinierten Lichtbrechungen soll die himmlische Vollkommenheit spürbar machen.

Im Abendland dagegen herrscht das Prinzip der Bewährung und des persönlichen Mutes. Gegenüber dem Einzelnen verlieren die Stämme und die Nationen an Bedeutung. Der westliche Mensch beugt sich der Macht menschlichen Könnens und Wissens, er ist nicht bereit, sich naturhaft unterzuordnen wie der Orientale, höchstens freiwillig wie der ritterliche Krieger. Darum ist der Westen zwar kulturell geeinter, aber politisch differenzierter als der Osten. Die das Abendland einende Lebenshaltung und Kulturgemeinschaft ist die lateinische; die lateinische Sprache des Mittelalters ist gleichsam die Nationalsprache des Abendlandes. Dagegen können im Osten weder die griechischen Syrer und Ägypter, noch weniger die Armenier, Georgier oder Äthiopier unter das oströmische Byzanz geeint werden.

Anfänge des christlichen Mönchtums

Das erste christliche Kloster wurde von **Pachomius** um 315 am östlichen Nilufer gegründet. Für die altchristlichen Asketen ist das irdische Leben nichts anderes als eine Vorbereitung zum ewigen Leben, zur „theosis" (= Gottwerdung/Vergöttlichung des Menschen), und die Mittel dazu werden in den asketischen Übungen gesehen:

◼

„Der wahre und vollkommene Gehorsam der Untergebenen dem Meister gegenüber drückt sich darin aus, daß sie nach der Weisung des Abtes sich von den Unvernünftigen fernhalten, aber ohne seinen Willen auch nichts Lobenswertes tun.
Mit großer Sorgfalt und Überlegung bemühe dich, jemanden zu finden, der ohne Makel seinen Lebensweg dir voranging, die zu Gott Schreitenden klug zu führen versteht und tief in die heiligen Schriften eingedrungen ist."
(Basilius d. Gr. † 379)

◼

Diese geistige Führung steht bei den ältesten Mönchsvätern *Ephräm* dem Syrer († 373) oder *Nilus* von Sinai († 453), von denen wir Aufzeichnungen besitzen, im Mittelpunkt der Weisungen. Ein Gleiches gilt für den „Vater des abendländischen Mönchtums", den hl. *Benedikt von Nursia,* aus dessen Regel der folgende Text stammt:

◼

„Höre, auf dem Weg zu Gott, die Lehren des Meisters. Höre mit dem Ohr deines Herzens.
Wie ein Sohn nimm die Worte des geistlichen Vaters auf. Setze die Worte in Taten um.
Dann wirst du durch Gehorsam, der nicht leicht ist, dorthin zurückkehren, von wo du durch Ungehorsam und Trägheit des Herzens abgekommen bist."
(Anfang des Prologs der Regel)

◼

Der hl. Benedikt von Nursia schreibt unter Eingebung des Hl. Geistes seine Regel, Kupferstich von J. Ch. Smischek 1640, St. Peter/Salzburg.

Gehorsam und Demut stehen freilich im Mittelpunkt der anfänglichen oder „äußerlichen" Askese („praxis"), sie dienen als Hauptmittel im Kampf gegen die acht Hauptsünden: Unmäßigkeit, Unzucht, Habgier, Zorn, Traurigkeit, Trägheit, Eitelkeit und Hoffart.

Ebenso wesentlich und notwendig ist das Gebet. Der hl. *Makarios* der Ägypter schreibt in seinen Geistlichen Homilien, die richtungweisend für das spätere Mönchtum werden:

■

„Es muß der Mensch vorerst dem Herrn sich nahen, er soll sich zum Guten zwingen, mag auch das Herz sich widersetzen, beständig in zuversichtlichem Glauben Sein Erbarmen erwarten ...

Er muß sich zum Gebete zwingen, so ihm das geistige Gebet mangelt. Und sieht Gott, wie er also kämpft und sich trotz seines widerstrebenden Herzens mit Gewalt nötigt, so verleiht er das wahre Gebet des Geistes, spendet wahre Liebe, wahre Sanftmut, herzliches Erbarmen, wahre Güte – kurz, Er erfüllt ihn mit den Früchten des Geistes ...

Die Krone alles edlen Strebens aber ist das anhaltende Gebet. Durch dieses können wir auch die übrigen Tugenden von Gott erbitten und täglich erlangen. Durch das Gebet erhalten die würdig Befundenen Anteil an der Heiligkeit Gottes und der geistigen Kraft. Es erfolgt gleichsam die Verbindung ihrer Geistesgesinnung mit dem Herrn in unaussprechlicher Liebe."

■

Das Gebet – als mystisches Tun verstanden – ist deshalb die Brücke zwischen der äußerlichen Übung („praxis") und der mystischen Schau („theoria"). Der hl. *Nilus vom Sinai* war der erste, der eine Darstellung der Mystik des Gebetes versuchte:

■

„Das Gebet ist eine Unterredung des Geistes mit Gott.

Das Gebet ist ein Zweig vom Baume der Sanftmut und der Zornlosigkeit.

Das Gebet ist ein Erscheinen der Freude und der Danksagung.

Der hl. Antonius der Einsiedler, Mitbegründer des christlichen Mönchtums.

Das Gebet ist die Heilung von Traurigkeit und Trägheit.

Das Gebet ist ein Emporsteigen des Geistes zu Gott.

Das gesammelte Beten ist höchstes Tun des Geistes.

Der Zustand des Betens ist ein leidenschaftsloses Geschehen, das durch die höchste Liebe den weisheitsliebenden und geistigen Sinn in himmlische Höhen entrückt.

Wenn dein Geist, vom Verlangen nach Gott entflammt, mählich vom Leibe losgelöst und von allen Versuchungen, die aus der Sinnen- und Gedankenwelt herkommen, behütet und nun von Ehrfurcht und tiefer Freude erfüllt wird, dann begreife, daß dein Geist sich den Grenzen des Betens nähert.

Das Beten der Vollkommenen: das ist eine gewisse Verzückung des Geistes, seine völlige Lossagung von allem Sinnlichen, wenn er Gott in wortlosem Flehen naht. Gott sieht das Bereitsein des Herzens, das wie ein vollgeschriebenes Buch aufgeschlagen daliegt und ohne Worte seinen Willen kundgibt. So wurde Paulus bis in den dritten Himmel entrückt und wußte nicht, ob er in dem Leibe oder außer dem Leibe gewesen war."

Das östliche Mönchtum breitete sich nach der ersten Blüte in Ägypten (Antonius der Einsiedler und Pachomius der Begründer der Klostergemeinschaften) in Palästina, Syrien, Mesopotamien, Armenien und Persien aus. In den späteren Jahrhunderten erlangte vor allem das griechische und das russische Mönchtum (Starzen) große Bedeutung (vgl. Seite 367 ff).
Das abendländische Mönchtum – von Athanasius 335 in seinem Exil in Trier „begründet" – entwickelte sich einerseits auf der Iberischen Halbinsel (von Afrika aus) und von hier aus in Frankreich (z. B. Lérin) und Irland/Schottland, andrerseits durch Benedikt v. Nursia in Italien und von hier aus in Mitteleuropa bis nach England und Skandinavien. Es hatte an der Kultivierung Europas entscheidenden Anteil.

Irländische Klosterkirche. Imposantes Zeugnis der christlichen Mission, die zuerst vom Mittelmeerraum aus Irland erreichte, dann aber – von den iro-schottischen Mönchen getragen – auf ganz Europa rückwirkte.

Die Kirchenväter

Dieser Ausdruck stammt aus der Urkirche, wo – nach dem Vorbild der jüdischen Weisheitsliteratur – die Lehrer und die Bischöfe immer wieder „Väter" genannt wurden, ohne daß diese Bezeichnung institutionalisiert wurde. Im 4. Jh. wird der Ausdruck in den Lehrauseinandersetzungen üblich, wenn man sich auf eine bestimmte Tradition beruft. Der Ausdruck bürgert sich z. B. für die Teilnehmer an dem von Konstantin einberufenen Konzil von Nizäa ein („Väter der Kirche"). Nicht nur Bischöfe werden „Väter" genannt, auch Hieronymus, der ein „Presbyter" (= Priester) war, oder Prosper von Aquitanien, ein gelehrter Laie. Das erste Verzeichnis solcher „Kirchenväter" bietet das „Decretum Gelasianum" (in der Auseinandersetzung mit den Arianern). Die östliche „Patristik" erreicht mit der Zitatensammlung des Johannes Damascenus ihren Höhepunkt. Im Westen wird der dogmatische Beweis aus der „Väterliteratur" (= Patristik) vor allem seit Vinzenz von Lérin gepflegt und findet so Eingang in die systematische Theologie (Scholastik).
Herausragende Persönlichkeiten sind *Hieronymus,* von dem die älteste lateinische Bibelübersetzung („Vulgata") stammt, *Ambrosius,* der Vater des Kirchenlieds, *Leo* der Große, der um 450 Rom vor dem Einfall der Hunnen und Vandalen schützt und die Lehrautorität des Bischofs von Rom („Papst") begründet; vor allem aber *Augustinus,* der aus Nordafrika stammende Bischof von Hippo, dessen Werke von allergrößter Bedeutung nicht nur für das Christentum, sondern für die Menschheit überhaupt werden. Seine „Confessiones" und der „Gottesstaat" (De civitate Dei) gehören zu den klassischen Werken der Weltliteratur.
Die **Patrologie (Patristik)** unterscheidet drei Perioden: 1) *Die Zeit der Grundlegung* bis zum Konzil von Nizäa (325). Hierher gehören die Apologeten und antihäretischen Schriftsteller wie Hegesipp, Irenäus von Lyon und Hippolyt v. Rom. Seit Tertullian gibt es auch lateinisch schreibende Kirchenväter (Minucius Felix, Cyprian, Lactanz) und die östlichen Schulen in Alexandria (vor allem Klemens von Alexandrien, Origenes, Eusebius von Cäsarea).

Der hl. Augustinus, Bischof von Hippo, diskutiert mit dem Manichäer Felix. Augustinus gehört zu den wichtigsten abendländischen Denkern überhaupt. Seine „Confessiones" z. B. sind eine vorweggenommene Psychoanalyse.

2) *Die Blütezeit* der Patristik (zwischen 325 und 451 = Konzil von Chalcedon): Hier sind führend die Schulen von Alexandria, Antiochia, Cäsarea, Jerusalem und Konstantinopel (Athanasius, Cyrill, Gregor v. Nazianz, Gregor von Nyssa, Johannes Chrysostomus u. v. a.). Im Westen sind es Hilarius, Ambrosius, Augustinus und Hieronymus, Leo I., Johannes Cassian und Prosper v. Aquitanien. 3) *Der Ausgang* der patristischen Literatur: Hier geht es bereits mehr um das Kompilieren und Vermitteln der Lehren der vorangegangenen großen Kirchenväter. Zu nennen sind u. a. Boethius, Cassiodorus, Isidor von Sevilla, Dionysios Areopagita, Maximus Confessor und Johannes Damascenus.

Die großen Konzilien

Unter Konzilien (oder Synoden) versteht man die Zusammenkünfte von Bischöfen und anderen kirchlichen Würdenträgern zur Beratung, Beschlußfassung und Gesetzgebung in allen kirchlichen Angelegenheiten. Ein „ökumenisches Konzil" (bei dem die Weltkirche repräsentiert ist) muß von Partikularkonzilien und Generalkonzilien unterschieden werden.
Durch die Kirchenspaltung entstand freilich eine prekäre Situation, weil die Kluft zwischen den alten ökumenischen Konzilien (vor der Spaltung) und den ökumenischen Konzilien der römisch-katholischen Kirche im Grunde nur unzulänglich überbrückbar ist.

Zeittafel der Ökumenischen Konzilien

1. **Nizäa** (325) unter dem Papst Silvester I. (314–335). Hauptergebnis: das Nizänische Glaubensbekenntnis gegen Arius (die Wesensgleichheit des Sohnes mit dem Vater)
2. **Konstantinopel I** (381) unter Papst Damasus I. (366–384). Hauptergebnis: das Nizäno-Konstantinopolitanische Glaubensbekenntnis: Gottheit des Hl. Geistes
3. **Ephesus** (431) unter Papst Coelestin I. (422–432). Hauptergebnis: Gottesmutterschaft Marias gegen Nestorius
4. **Chalcedon** (451) unter Papst Leo I. (440–461). Hauptergebnis: zwei Naturen in der einen Person Christi
5. **Konstantinopel II** (553) unter Papst Vigilius (537–555). Hauptergebnis: Verurteilung der „Drei Kapitel" der Nestorianer.
6. **Konstantinopel III** (680/81) unter Papst Agatho (678–681) und Leo II. (681–683). Hauptergebnis: Verurteilung des Monotheletismus, Behandlung der Honoriusfrage
7. **Nizäa II** (787) unter Papst Hadrian I. (772–795). Hauptergebnis: Sinn und Erlaubtheit der Bilderverehrung
8. **Konstantinopel IV** (869/70) unter Papst Hadrian II. (867–872). Hauptergebnis: Beseitigung des Schismas des Photios
9. **Lateran I** (1123) unter Papst Calixtus II. (1119–24). Hauptergebnis: Bestätigung des Wormser Konkordates
10. **Lateran II** (1139) unter Papst Innozenz II. (1130–43). Hauptergebnis: Behandlung des Schismas Anaklets II.

Ausgrabungen der Konzilskirche in Ephesus (431 n. Chr.)

11. **Lateran II** (1179) unter Papst Alexander III. (1159–81). Hauptergebnis: Zweidrittelmehrheit bei der Papstwahl (= Konklave)

12. **Lateran IV** (1215) unter Papst Innozenz III. (1198–1216). Hauptergebnisse: Glaubensbekenntnis gegen die Katharer, Wesensverwandlung in der Eucharistie, jährliche Beichte und Kommunion

13. **Lyon I** (1245) unter Papst Innozenz IV. (1243–54). Hauptergebnis: Absetzung Kaiser Friedrichs II.

14. **Lyon II** (1274) unter Papst Gregor X. (1271–76). Hauptergebnis: Konklaveordnung, Griechenunion, Kreuzzug

15. **Vienne** (1311–12) unter Papst Clemens V. (1305–14). Hauptergebnis: Aufhebung des Templerordens. Franziskanischer Armutsstreit, Reformdekrete

16. **Konstanz** (1414–18) unter Papst Johannes XXIII. (1410–1415). Hauptergebnis: Beseitigung des abendländischen Schismas. Papst Gregor XII. (1406–15) dankt ab. Johannes XXIII. wird abgesetzt, Benedikt XIII. (1394–1417), der Avignoner Papst, wird abgesetzt, Neuwahl des Papstes Martin V.
Hauptergebnis: Verurteilung des Johannes Hus. Dekret über die Oberhoheit des Konzils über den Papst, über die Periodizität der Konzilien. Konkordate mit den fünf Konzilsnationen.

17. **Basel-Ferrara-Florenz** (1431–37; 1438; 1439–43). Hauptergebnis: Union mit den Griechen (1439), den Armeniern (1439) und den Jakobiten (1442) unter Papst Eugen IV. (1431–47).

18. **Lateran V** (1512–17) unter Papst Julius II. (1503–13) und Leo X. (1513–21). Hauptergebnis: Gegen das schismatische Konzil von Pisa (1511–12), Reformdekrete

19. **Trient** (1545–63) unter Papst Paul III. (1534–49), Julius III. (1550–55) und Pius IV. (1559–65). Hauptergebnisse: Lehre von Schrift und Tradition, Erbsünde und Rechtfertigung, Sakramente und Meßopfer, Heiligenverehrung, Reformdekrete

20. **Vatikanisches Konzil I** (1869–70) unter Papst Pius IX. (1846–78). Hauptergebnis: Definitionen der Lehre über den katholischen Glauben und über Primat und Unfehlbarkeit des Papstes

21. **Vatikanisches Konzil II** (1962–65) unter Papst Johannes XXIII. und Paul VI. (1963–1978). 168 Plenarsitzungen. Hauptergebnisse: 16 Texte wurden veröffentlicht (über Liturgie, Kirche, Offenbarung, Kirche in der Welt von heute, Kirche und Medien, katholische Ostkirchen, Ökumenismus, Bischofsamt, Priesterausbildung, Ordensleben, Laienapostolat, Priestertum, Mission, christliche Erziehung, nichtchristliche Religionen, Religionsfreiheit)

Gnostizismus – christliche Gnosis – Orthodoxie

Wie dieser Überblick über die bisherigen 21 Ökumenischen Konzile (nach römisch-katholischer Zählung) erkennen läßt, waren es vielfach Lehrdifferenzen, die Anlaß boten, die Vertreter der Weltkirche zusammenzurufen, um eine Lösung der anstehenden Fragen herbeizuführen und Entscheidungen zu treffen. Waren es bis 313 die äußeren Verfolgungen, die die Kirche gefährdeten, so waren es in der Folgezeit (auch vorher schon!) in zunehmendem Maße verschiedene Häresien (= Abweichungen) und damit gegebene Notwendigkeiten, die Glaubensinhalte zu „definieren" (= abzugrenzen), was freilich über kurz oder lang eine Erstarrung der lebendigen Botschaft und des Glaubenslebens zur Folge hatte.

Es war besonders der sogenannte *Gnostizismus*, der der Kirche in den ersten Jahrhunderten zu schaffen machte und sie veranlaßte, die esoterischen (= nur für Eingeweihte bestimmten, geheimen) Lehren und Traditionen an den Rand zu drängen oder überhaupt auszuscheiden und jeder Gnosis (oft auch jeder Mystik) mit Mißtrauen und Skepsis zu begegnen. Dabei gibt es „Gnosis" (= tieferes, geistiges Wissen, das auf Offenbarung beruht) in vielen Religionen: in den Mysterienkulten der griechisch-römischen Religiosität (vgl. Seite 118 ff), im Zoroastrismus (Seite 98 ff), im Islam (Seite 263 ff), im Judentum (Seite 304 ff) und im frühen Christentum.

Von Anfang an kann und muß man auch von **„christlicher Gnosis"** sprechen. Neben den vier Evangelien und der Apostelgeschichte waren bereits im 2. Jh. unter den Namen der Apostel Texte im Umlauf, die man *„Apokryphe"* (= verborgen gebliebene Offenbarungen) nannte: das Thomasevangelium, das Evangelium der Wahrheit, das Evangelium des Pseudo-Matthäus, die Petrus- und Johannesakte u. v. a. Diese Schriften trugen eine hermetische (= „verborgene") Lehre vor, die den Aposteln vom auferstandenen Christus mitgeteilt worden sei und sich auf den geheimen Sinn der Ereignisse seines Lebens bezog. Auf diese Schriften beriefen sich die Gnostiker und gerieten immer wieder in Kontroversen mit „Kirchenvätern", die sich strikte gegen die Authentizität dieser Texte und der darin enthaltenen „geheimen Offenbarungen" wandten.

Man kann die Leugnung der Authentizität dieser Quellen aus der Auseinandersetzung um die Reinheit der Lehre heraus verstehen, sie widerspricht aber zum Teil sicherlich den Tatsachen, denn auch in den kanonischen Texten gibt es solche esoterischen Unterweisungen:

■

„Als Jesus mit seinen Begleitern und den Zwölf allein war, fragten sie ihn nach dem Sinn seiner Gleichnisse. Da sagte er zu ihnen: Euch ist das Geheimnis des Reiches Gottes anvertraut; denen aber, die draußen sind, wird alles in Gleichnissen gesagt, denn sehen sollen sie, sehen, aber nicht verstehen, hören sollen sie, hören, aber nicht verstehen ..."
(Markus 4, 10–12)

■

Man unterschied deshalb innerhalb der Gemeinde drei Grade, die ein voranschreitendes Lehren voraussetzten: die „Anfänger", die „Fortgeschrittenen" und die „Vollkommenen". Die Lehrweise Jesu (Gleichnisse, Metaphern, Parabeln, Sinnsprüche usw.) setzte geradezu die Interpretation und Erschließung des tieferen Sinns (der hinter dem buchstäblichen Sinn der Worte liegt) voraus.

Dies wurde auch bereits in der Urkirche praktiziert (die Evangelien und die Briefliteratur, vor allem auch die Apokalypse des Johannes sind voll von Beispielen dafür!) und wurde in der Patristik weiter entfaltet. Klemens von Alexandrien ist ein wichtiger Zeuge dafür:

■

„Meine Lehrer bewahrten die wahre, unmittelbar von den heiligen Aposteln Petrus und Jakobus, Johannes und Paulus stammende Überlieferung der seligen Lehre unversehrt, indem immer ein Sohn sie von seinem Vater übernahm ... so kamen sie mit Gottes Hilfe auch zu uns. ... Jakobus, dem Gerechten, Johannes und Petrus gab der Herr nach seiner Auferstehung die Gnosis; diese gaben sie den anderen Aposteln, die anderen Apostel gaben sie den 70, von denen Barnabas einer war."
(Stromateis I, 1,13,3)

■

Diese Belehrungen blieben einer bestimmten Zahl von Gläubigen vorbehalten, wurden nur mündlich überliefert und mußten geheimbleiben. Deshalb sind auch die Kriterien der Auswahl dieser Eingeweihten und die näheren Umstände und Stufen der Initiation (= Einweihung) unbekannt.

Eine gewisse Esoterik freilich ist auch in der Unterweisung der „Anfänger" deutlich festzustellen (Symbolik der Taufe, des Kreuzes, der Eucharistie, der Ehe usw., die Interpretation der Apokalypse, Christi Abstieg in das Reich des Todes und die Auffahrt durch die sieben von Engeln bewohnten Himmel, die individuelle Eschatologie, der mystische Weg der Seele nach dem Tod).

Die Parallele zur jüdischen Gnosis und Esoterik liegt auf der Hand: die christliche Gnosis ist offensichtlich die direkte Fortsetzung der jüdischen – und hat zahlreiche Parallelen in der hellenistischen, iranischen und mandäischen Gnosis.

Als auf dem Wege der Esoterik und Gnosis zahlreiche Ideen in die christlichen Gemeinden eindrangen, die der Überlieferung, wie sie die „kanonischen Schriften" des NT enthalten, eindeutig zuwiderliefen (das Alte Testament hat keine Gültigkeit mehr, Gott Vater ist ein böswilliger Demiurg, die Welt ist böse und verdammt, das Leben ist eine zufällige und dämonische Schöpfung, Inkarnation, Tod und Auferstehung des Sohns haben nie stattgefunden usw.), griffen die Verantwortlichen ein, gossen freilich oft das Kind mit dem Bade aus, verdammten mit den „Abweichungen" auch die Gnosis und Esoterik insgesamt.

Besonders bedeutsam wurde die Gnosis des *Valentin*, derzufolge es eine „geheime Geschichte" gibt, die dem Initiierten vermittelt wird. Man erlangt Erlösung, indem man erkennt, „wer wir waren und was wir wurden, wo wir waren und wohin wir geworfen wurden, zu welchem Ziel wir eilen und wovon wir freigekauft sind, was Geburt ist und was Wiedergeburt" (Excerpte ex Theodoto 78,2 des Klemens v. Alex.). Es geht um den „totalen Mythos": Er erzählt alle entscheidenden Ereignisse seit der Entstehung der Welt bis zur Gegenwart. Der Gnostiker erfährt somit, daß sein wahres Sein, sein geistiges Sein göttlichen Ursprungs und Wesens ist, obwohl es gegenwärtig in einem Körper gefangen ist. Er erfährt, daß er in einer transzendenten Region (Paradies) beheimatet ist, dann aber in diese untere Welt geworfen wurde, in die jetzt das Heil kam, um ihn zu befreien und wieder heimzuholen. Dieses Schicksal des Menschen ist in ein viel gewaltigeres, im Inneren der Gottheit sich abspielendes Drama eingebunden:

Nach Valentin ist der Vater, das absolute und transzendente Erste Prinzip, unsichtbar und unbegreifbar. Er vereinigt sich mit seiner Gefährtin, dem Gedanken (Ennoia), und zeugt 15 Äonenpaare, die zusammen das Pleroma bilden (= die die Urgottheit umgebende geistige Welt). Der letzte der Äonen, Sophia, beschwört, geblendet vom Verlangen, den Vater zu erkennen, eine Krise herauf, in deren Verlauf das Böse und die Leiden in Erscheinung treten. Aus dem Pleroma vertrieben, schaffen Sophia und die von ihr hervorgebrachten abnormen Geschöpfe eine untere Weisheit. Oben wird ein neues Paar geschaffen, Christus und sein weiblicher Partner, der Heilige Geist. Schließlich zeugt das Pleroma, in seiner ursprünglichen Vollkommenheit wiederhergestellt, den Erlöser, der ebenfalls Jesus heißt.

In die unteren Regionen hinabgestiegen, fügt der Erlöser die unsichtbare Materie mit den aus der unteren Weisheit kommenden materiellen Elementen zusammen, und mit den psychischen Elementen bildet er den Demiurgen, das ist: den Gott der Genesis. Dieser weiß nichts von der Existenz einer höheren Welt und betrachtet sich als den einzigen Gott. Er erschafft die materielle Welt und bildet, indem er sie mit seinem Atem belebt, zwei Arten von

Vertreibung Adams u. Evas aus dem Paradies nach dem Sündenfall. Angelpunkt in der gnostischen Deutung der Heilsgeschichte.

Menschen, die Hyliker und die Psychiker. Aber die geistigen Elemente, die aus der oberen Sophia kommen, mischen sich ohne dessen Wissen in den Atem des Demiurgen und lassen die Pneumatiker entstehen.

Um die geistigen, in der Materie gefangenen Teilchen zu retten, steigt Christus auf die Erde hinab und offenbart, ohne sich im eigentlichen Sinn zu inkarnieren, die befreiende Erkenntnis. So steigen, durch die Gnosis erweckt, die Pneumatiker (nur sie allein!) zum Vater auf.
(Nach Mircea Eliade)

Ein weiterer Höhepunkt der Gnosis war der von Mani (216–277) begründete *Manichäismus*, der eine universale Religion sein wollte, die für alle zugänglich ist und nicht nur die esoterische Belehrung Auserwählter zum Ziel hat. Er beansprucht, in seiner Kirche die wesentlichen Elemente aller Heiligen Schriften und aller Weisheit zusammengefaßt zu haben. Er räumt Jesus eine hervorragende Rolle ein, übernimmt von Johannes die Idee des Parakleten (= Tröster, Hl. Geist), entlehnt aus Indien die Theorie der Seelenwanderung und vom Zoroastrismus den Dualismus Licht–Finsternis und den eschatologischen Mythos. Der Manichäismus entfaltete eine rege Mission in Nordafrika,

Kleinasien und Europa, später auch in Zentralasien und China. Der Manichäismus wurde als „die Häresie" schlechthin betrachtet und von allen – Juden, Christen, Iranern, Muslimen, ja selbst von den Gnostikern – heftig kritisiert und bekämpft.

Das Christentum entwickelt gegenüber dem Dualismus der Gnosis eine „optimistische Religion", verherrlicht die Schöpfung, heißt das Leben gut, akzeptiert die Geschichte und ist um Ausgewogenheit bemüht, wenn es auch oft in der Auseinandersetzung „die Gegenposition" überbetont.

Im Zuge der antignostischen Polemik wurden die esoterische Unterweisung und die Tradition der christlichen Gnosis in der Großkirche fast ganz erstickt. Diese Haltung ist im Wesentlichen bis heute beibehalten worden und führte immer wieder zur Ablehnung und Bekämpfung von Versuchen, „tieferen Sinn", „tie-

Hildegard von Bingen, die große Mystikerin und Ärztin war eine Meisterin der Weltdeutung.

fere Erkenntnis" und „mystische Schau der Zusammenhänge" zu verbreiten. Dies ist ein hoher Preis, den die Kirche zahlt, um die „Orthodoxie" (= rechte Lehre) zu bewahren.

Trotzdem ist die christliche Gnosis in der allegorischen Schriftauslegung, in der mystisch-spekulativen Literatur, im spirituellen Mönchtum, in der christlichen Lyrik und nicht zuletzt in der Volksfrömmigkeit weiterhin lebendig. Von Zeit zu Zeit, wenn das Bedürfnis größer wurde, nach dem allem zugrundeliegenden Sinn zu fragen, konnte man daher relativ leicht die Schätze der Esoterik hervorholen und das Bewußtsein der Erlösung vertiefen und vergeistigen.

Die orientalische Christenheit

Im Laufe des 4. Jahrhunderts traten zwischen den Kirchen des Westens (vor allem Rom) und des Ostens (vor allem Konstantinopel) gewisse Differenzen auf, die sich in der Folge nicht beilegen ließen, sondern zu immer größeren Klüften wurden und schließlich zur Trennung der Ostkirche von der Westkirche und dem abendländischen Christentum führten.

Ursachen der Trennung

Einen wichtigen Anstoß dafür bildete sicherlich der Entschluß Kaiser Konstantins, im Jahre 326 Byzanz zu seiner Residenzstadt zu wählen. Damit erhielt der Bischof von Konstantinopel (wie Byzanz bald genannt wurde) eine besondere Bedeutung, die der des Bischofs von Rom nicht nachstand. Dieser Vorrang wurde unter anderem auch dadurch begründet, daß Konstantinopel die Reliquien des hl. Andreas aufbewahrte, des „ersten von Jesus persönlich Berufenen". Die Einrichtung des hierarchischen Amtes der „Patriarchen" war überhaupt eine Maßnahme, die von Rom und der westlichen Kirche mit Besorgnis vermerkt wurde.

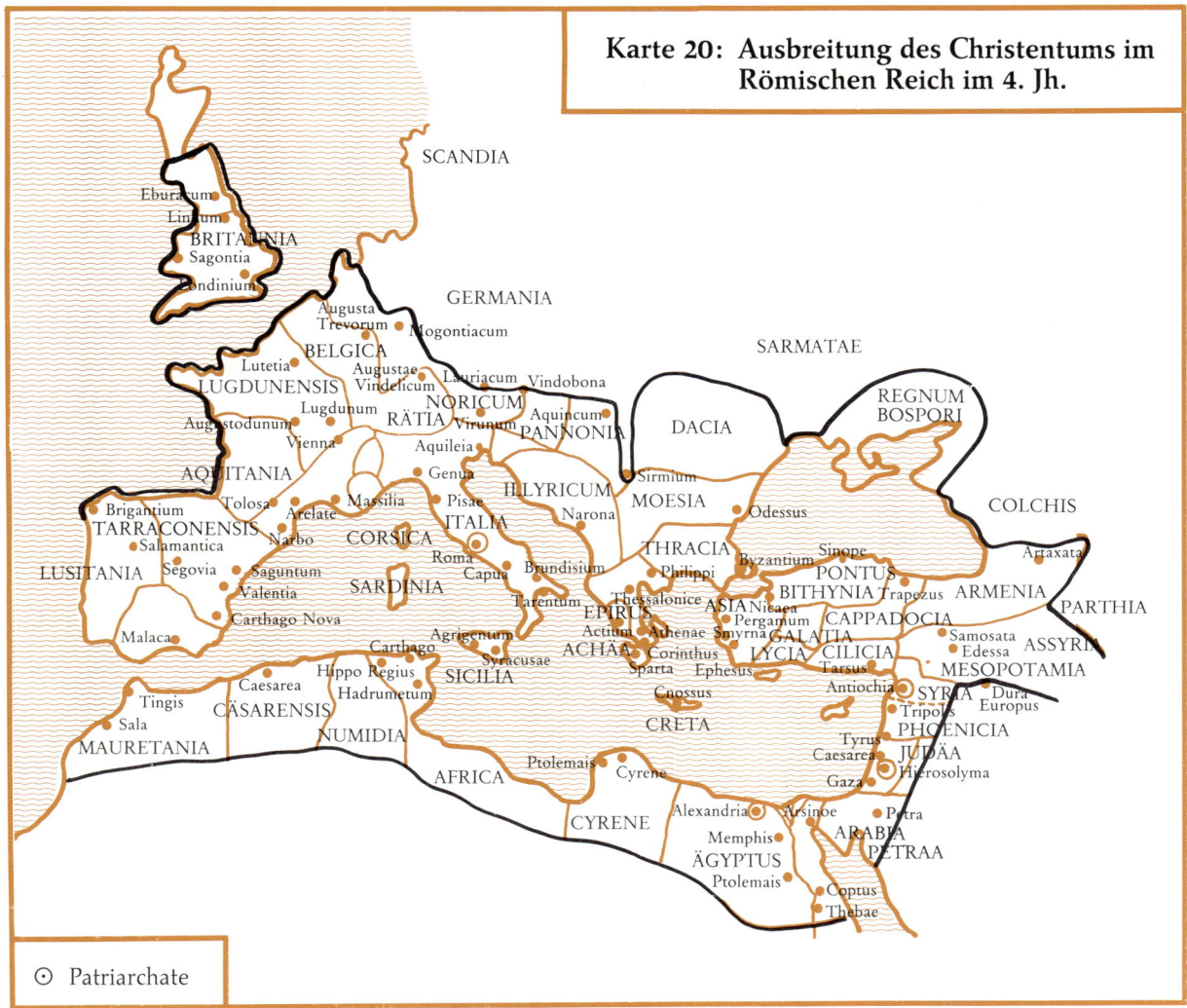

Karte 20: Ausbreitung des Christentums im Römischen Reich im 4. Jh.

⊙ Patriarchate

Auf dem I. Konzil von Konstantinopel (381) wurden die vier Patriarchate Jerusalem, Antiochia, Alexandria und Konstantinopel bestätigt (Konstantinopel mit Ehrenvorrang), als Jurisdiktionsbereiche (= geistliche Gerichtsbarkeit) regionaler Art verstanden, mit deren Hilfe das gesamte Gebiet der Christenheit „aufgeteilt" wurde (Rom erhielt nur mehr ein Fünftel zugesprochen, behielt allerdings vorläufig eine Sonderstellung). Die starke Betonung Konstantinopels hatte ihren Grund natürlich vor allem darin, daß damit eine besondere Nähe zum Kaiser gesucht und gefunden wurde.

Diese Errichtung von vier Jurisdiktionsbezirken (über den sonstigen Bischöfen und Metro-

politen) führte auch zu einer gewissen Parteiung innerhalb der Ostkirche. So protestierte z. B. Patriarch Theophil von Alexandrien scharf gegen die Ernennung des antiochenischen Priesters Johannes Chrysostomus zum Patriarchen von Konstantinopel, weil er ein Zusammengehen der Antiochener und Byzantiner gegen Alexandrien befürchtete. Kyrill von Alexandria brachte es schließlich zuwege, daß Johannes Chrysostomus verbannt wurde (er starb in der Verbannung). Sein Nachfolger Nestorius von Antiochien trug als neuer Patriarch von Konstantinopel viel dazu bei, daß sich die Klüfte zwischen den Parteien (Patriarchaten) vertieften und gewisse Formulierungen in der

Christologie Anlaß zu Verdammungen und Gruppenbildungen gaben. So wurde 431 beim Ökumenischen Konzil von Ephesus die Lehre des Nestorius verurteilt, der darauf bestand, in Christus die göttliche und die menschliche Natur „getrennt" zu sehen, nur durch ein „moralisches", nicht aber ein „ontologisches" Band verbunden.

Die Antwort des Nestorius war eine Gegensynode der Antiochener, die zum Konzil zu spät gekommen waren und daher Nestorius nicht verteidigen konnten. Auf dieser Gegensynode wurde Kyrill von Alexandrien, der Wortführer der Gegner des Nestorius, für abgesetzt erklärt. Die Legaten des **Papstes** Coelestin (seit Papst Siricius 384/99 kam dieser Titel für den Bischof von Rom in Gebrauch) stellten sich auf die Seite Kyrills, erklärten die Synodenbeschlüsse für ungültig, bestätigten die Beschlüsse von Ephesus und exkommunizierten Patriarch Johannes von Antiochien und seinen Anhang. Kaiser Theodosius versuchte in dieser Auseinandersetzung zu vermitteln, setzte beide Patriarchen ab und ließ Nestorius und Kyrill verhaften. In den darauffolgenden Verhandlungen setzte sich die Partei der Alexandriner durch, Kyrill triumphierte – der Streit war damit jedoch nicht beendet. Selbst als 432 eine Versöhnung erreicht wurde und Kyrill zu Kompromissen bereit war, schwelte die Uneinigkeit weiter, da die ostsyrisch-persische Reichskirche, die im Gegensatz zur oströmischen Reichskirche stand, sich des Nestorianismus annahm und damit ihren politischen Gegensatz auch ideologisch untermauerte.

Im Bestreben, die nestorianischen Formulierungen zu bekämpfen, fiel der Archimandrit (= Vorsteher eines Klosters) Eutyches von Konstantinopel in ein anderes Extrem. Er sah die Menschwerdung Gottes so, daß sich die göttliche und menschliche Natur in Jesus so vereinigt hatte wie ein Wassertropfen mit dem Ozean. Wieder kam es zu schweren Auseinandersetzungen, und Kaiser Theodosius berief 449 eine Synode nach Ephesus ein, die vom alexandrinischen Patriarchen Dioskur dominiert und manipuliert wurde. Dieser zwang die anwesenden Bischöfe zur Unterschrift der Verurteilung der Gegner des Eutyches. Der Nachfolger des 451 gestorbenen Theodosius, Kaiser Markian, berief darauf 451 ein Konzil nach

Arius (256–336), Theologe in Alexandria, seine Lehre des Subordinatianismus und Monarchianismus wurde 325 beim Konzil von Nizäa verurteilt. Er wurde verbannt, aber 3 Jahre später zurückgerufen.

Chalcedon ein, das die „Räubersynode" von Ephesus (449) für ungültig erklärte und die Lehre des Eutyches verurteilte. Das Konzil veröffentlichte die folgende feierliche Erklärung, die sich einer Formel Papst Leos I. bediente:

„Folgend also den heiligen Vätern, lehren wir alle einstimmig, daß der Sohn, unser Herr Jesus Christus, ein und derselbe sei. Er ist vollkommen der Gottheit und vollkommen der Menschheit nach, wahrer Gott und wahrer Mensch, bestehend aus einer vernünftigen Seele und dem Leibe. Der eine und selbe ist wesensgleich dem Vater der Gottheit nach, und wesensgleich auch uns seiner Menschheit nach. ‚Er ist uns in allem ähnlich geworden, die Sünde ausgenommen' (Hebräerbrief 4, 15). Vor aller Zeit wurde er aus dem Vater gezeugt seiner Gottheit nach, in den letzten Tagen aber wurde derselbe für uns und um unseres Heiles willen aus Maria, der

Jungfrau, der Gottesgebärerin, der Menschheit nach geboren: Wir bekennen einen und denselben Christus, den Sohn, den Herrn, den Einziggeborenen, der in zwei Naturen unvermischt, unverwandelt, ungetrennt und ungesondert besteht. Niemals wird der Unterschied der Naturen wegen der Einigung aufgehoben, es wird vielmehr die Eigentümlichkeit einer jeden Natur bewahrt, indem beide in eine Person und Hypostase zusammenkommen. Wir bekennen nicht einen in zwei Personen getrennten und zerrissenen, sondern einen und denselben einziggeborenen Sohn, das göttliche Wort, den Herrn Jesus Christus, wie schon die Propheten es vor ihm verkündet und der Herr Jesus Christus selbst es uns gelehrt und das Glaubensbekenntnis der Väter es uns überliefert haben. Da wir nun diese Entscheidung mit großer, allseitiger Umsicht und Genauigkeit verfaßt haben, so beschloß die heilige und allgemeine Kirchenversammlung, daß niemand einen anderen Glauben vortragen oder niederschreiben, verfassen, hegen oder andere lehren dürfe."

Ikonostase (= Bilderwand) trennt Priesterraum vom Volksraum in den orthodoxen Kirchen.
Ikonostase der griech.-katholischen Kirche von St. Barbara in Wien.

Dieser Versuch der Synthese des antiochenischen und alexandrinischen Denkens ist von großer Bedeutung, weil er die Begriffe „Natur", „Hypostase" (= Wirklichkeit, Substanz) und „Person", die 325 in Nizäa unscharf verwendet wurden, genau und präzise faßte. Diese Formel wurde aber von einem Teil der orientalischen Christenheit nicht angenommen und führte zur Abspaltung der monophysitischen Kirchen. Die monophysitischen Streitigkeiten wurden durch die Jahrhunderte weitergeführt, erfaßten weite Teile des orientalischen, aber auch des abendländischen Christentums und fanden keine befriedigende Lösung.

Ein weiterer Grund für die Entfremdung der orientalischen und abendländischen Christenheit lag in der **Liturgie.** Die byzantinische Liturgie mit ihrem rituellen und künstlerischen Glanz spielte sich wie ein Mysterium ab, das den Eingeweihten vorbehalten war. Die Ikonostase (= Bilderwand), die das Presbyterium (= Priesterraum) von den Kirchenschiffen und damit vom Volk trennte, wurde nur mehr für kurze Zeiten geöffnet, wenn der Diakon, der die Gebete leitete und eine Mittlerfunktion zwischen dem Klerus und dem Volk ausübte, zu den entscheidenden Momenten der Liturgie den Vorhang wegzog.

In der Theologie und Mystik nahm ein starker Traditionalismus überhand. Die von den Vätern überkommene Lehre wollte man bewahren, schützen und verteidigen. Die Folge war eine Erstarrung der Theologie und eine Häresieangst jeder Neuerung gegenüber.

Dennoch behielt die Zentrallehre der östlichen Theologie, die Überzeugung von der „theosis" (= Gottwerdung) des Menschen, ihre befruchtende Kraft. Die Fleischwerdung des Logos hat die Gottwerdung des Menschen möglich gemacht. Es bleibt aber der Güte Gottes überlassen, die theosis zu bewirken. Der Mensch kann sich durch inneres Beten („immerwährendes Beten") darauf einstellen. So erklären sich die Bedeutung der Kontemplation (= Betrachtung) und die Wertschätzung des monastischen (= klösterlichen) Lebens in der Ostkirche. Die Erfahrung eines inneren Lichtes

Ein koptischer Priester in seiner charakteristischen Tracht: eine überwiegend von Rom getrennte monophysitische orientalische christliche Kirche in Ägypten.

erfüllte die Tradition des ostkirchlichen Mönchtums und verhalf ihm zu seinem hohen Ansehen. Pseudo-Dionysius Areopagita, ein syrischer Mönch des 5. Jh., vermittelte diese „Mystische Theologie" der abendländischen Christenheit und legte den Grundstein zur „negativen Theologie", wie sie auch das Abendland aufgriff und entfaltete (vgl. z.B. Bernhard v. Clairvaux und Nikolaus von Kues).

Die starke Verehrung der Bilder in der Liturgie und in der Volksfrömmigkeit steht in gewissem Gegensatz zum Bilderverbot des alttestamentlichen Dekalogs. Als der abergläubische Mißbrauch allzusehr zunahm, belegte 754 die Synode von Konstantinopel den Bilderkult (die Ikone ist ein „Organ, eine Ausweitung der Göttlichkeit selbst") mit dem Bannfluch. Die Folge war eine verheerende Auseinandersetzung zwischen den Ikonophilen und den Ikonoklasten (= Bilderstürmer), die mit zur Entfremdung

zwischen östlicher und westlicher Christenheit beitrug.

Weitere Gründe waren Differenzen in der kirchlichen Ordnung (z.B. Heirat der Priester), die keine Gemeinsamkeit zuließen. So protestierte z.B. Papst Nikolaus I. gegen die übereilte Erhebung des Laien Photius zum Patriarchen von Konstantinopel. Andererseits reagierte Byzanz negativ, als der Papst am Weihnachtstag des Jahres 800 Karl den Großen zum römischen Kaiser krönte.

Der Bruch wurde durch die Hinzufügung des „filioque" zum Nizäokonstantinopolitanischen Credo hervorgerufen, als z.B. das Konzil von Toledo (589) betonte, daß „der Geist vom Vater und vom Sohn ausgeht". In Rom wurde diese Formulierung freilich erst 1014 auf Verlangen Kaiser Heinrichs II. verwendet, der damit gegenüber Byzanz, das als einziger Träger des universalen christlichen Reiches fungierte, einen neuen universalen christlichen Staat proklamieren und legalisieren wollte.

Die Beziehungen zwischen den beiden Staaten wurden aber nicht definitiv abgebrochen. 1053 schickte Papst Leo IX. eine Gesandtschaft nach Konstantinopel, die eine Allianz gegen die Normannen, die das südliche Italien besetzt hatten, zustandebringen sollte. Der Patriarch von Konstantinopel, Michael Cerularius, verhielt sich ablehnend und wies jede Konzession von sich. Deshalb legte 1054 der päpstliche Legat Kardinal Humbert auf den Altar der Hagia Sophia den Bannfluch nieder, der die Exkommunikation des Michael Cerularius beinhaltete und ihn in 10 Punkten der Häresie anklagte (daß er das „filioque" nicht in das Credo aufgenommen habe, die Ehe der Priester zulasse uw.).

Seit diesem Zeitpunkt nahm die Feindschaft zwischen den beiden Lagern mehr und mehr zu. Als 1204 die Armeen des 4. Kreuzzuges Konstantinopel angriffen und plünderten, die Ikonen zerbrachen und die Reliquien zerstörten, wurde der Bruch irreparabel.

Trotzdem suchte die orthodoxe Kirche wegen der Bedrohung durch die Türken 1261 wieder den Kontakt und forderte sogar Rom auf, ein Ökumenisches Konzil einzuberufen, um die Kontroverse über das „filioque" zu regeln und die Einheit vorzubereiten. Die Verhandlungen dauerten mehr als ein Jahrhundert. 1438/39 nahmen die Vertreter der Orthodoxie schließlich unter dem Druck des Kaisers die Bedingungen Roms an (Konzil von Florenz).

Als 1453 die Türken Konstantinopel besetzten, hörte das byzantinische Reich zu bestehen auf, seine spirituelle Struktur aber überlebte in Osteuropa und Rußland und hatte in den Patriarchaten und „autonomen" bzw. „autokephalen" Kirchen eine Struktur entwickelt, die durchaus lebensfähig ist und die Basis für die Existenz einer einzigen Orthodoxen Kirche bildet, die freilich in verschiedenen autokephalen bzw. autonomen Patriarchaten und Kirchen organisiert ist.

Die heutige Situation

Man kann heute nicht mehr von „der" Westkirche oder „der" Ostkirche sprechen, weil weder da noch dort eine einheitliche und ungebrochene Struktur besteht. Die Orthodoxie versteht sich aber als die eine heilige Kirche Jesu Christi, deren Einheit aber nicht durch ein gemeinsames Kirchenoberhaupt und eine gemeinsame organisatorische Leitung für alle Orthodoxen zutage tritt wie bei den römischen Katholiken durch den Papst und die Kurie (= römische Kirchenverwaltung).

Die Orthodoxie ist heute zwar in einzelne Kirchen gegliedert, die jeweils ein eigenes Oberhaupt und eigene Leitungsgremien besitzen. Dies ist aber von altersher so, so daß immer dann von einer einzigen Orthodoxen Kirche zu sprechen ist, wenn man die gnadenhafte Wirklichkeit, ihr eigentliches inneres Leben im Blick hat. Wo es um die konkrete Ausgestaltung der Kirche in der sich stets wandelnden Welt geht, um ihre Erscheinungsweise in Raum und Zeit, kennt die Orthodoxie eine größere Anzahl autokephaler Kirchen, deren Jurisdiktionsbereiche sich im Laufe der Geschichte verändert haben. Nach dem Zerfall des Zarenreiches in Rußland, des Osmanischen Reiches und der Donaumonarchie ergibt sich heute folgender Überblick:

1) Ökumenisches Patriarchat von Konstantinopel
2) Patriarchat von Alexandrien
3) Patriarchat von Antiochien
4) Patriarchat von Jerusalem
5) Patriarchat von Moskau
6) Patriarchat von Belgrad
7) Patriarchat von Bukarest
8) Patriarchat von Sofia
9) Kirche von Zypern
10) Kirche von Griechenland
11) Kirche von Warschau
12) Kirche von Georgien
13) Kirche der Tschechoslowakei
14) Kirche von Finnland

Die angeführte Liste bedeutet eine gewisse Präzedenzordnung. Die Oberhäupter der einzelnen autokephalen Kirchen stehen gleichrangig nebeneinander, aufgrund der historischen Umstände räumt diese Präzedenzordnung aber dem Patriarchen von Konstantinopel den ersten Platz in der Orthodoxie ein.

Die Vielheit der Orthodoxie, die aus der autonomen Struktur der einzelnen Kirchen erwächst, wird als kostbares Gut angesehen, solange diese Vielfalt innerhalb eines gewissen Rahmens bleibt. Die Vielfalt wird auch deshalb so hoch geschätzt, weil in den meisten Ländern die kirchliche und die nationale Tradition in einem überaus hohen Maße verwachsen sind, so daß die Mehrzahl der autokephalen Kirchen sich als zugleich geistige wie nationale Größen darbieten.

Das Ökumenische Patriarchat in Konstantinopel sorgt auch für die Betreuung griechisch sprechender Orthodoxer in Ländern, wo keine autokephale Kirche besteht. Die orthodoxen Kirchen der Slawen, Rumänen und Araber verwahren sich aber z.B. vor diesem Anspruch Konstantinopels, schlossen sich zu eigenen Pfarren und Diözesen zusammen und halten Kontakt mit den Heimatkirchen. Die Orthodoxie tritt damit z.B. in katholischen und evangelischen Ländern als schwer überschaubares Gebilde nationaler Gruppen in Erscheinung. Dort, wo durch Auswanderung die Trennung von der Mutterkirche schon Jahrhunderte andauert (z.B. bei russisch-orthodoxen Gruppen in den USA und in Kanada), gewährt die eine oder andere Mutterkirche Autokephalie (= Selbstbestimmung), die anderen müssen dem aber nicht zustimmen. So ist z.B. die (von der russisch-orthodoxen Kirche her gesehen) amerikanische orthodoxe Kirche von Konstantinopel aus nicht als autokephal anerkannt und kann deshalb an gemeinsamen Beratungen (Religionsgesprächen usw.) nicht teilnehmen.

Wenn die orthodoxe Kirche heute in Form von 14 Patriarchaten bzw. autokephalen oder autonomen Kirchen aufscheint, so haben diese doch unterschiedliche Bedeutung, denn die historisch bedeutsamen Patriarchate von Alexandrien und Jerusalem stellen z.B. im Vergleich mit der Kirche in Griechenland oder den Volkskirchen der Russen, Serben, Rumänen und Bulgaren nur mehr eine verschwindende Minderheit dar.

Natürlich bringt es die starke nationale Ausrichtung der orthodoxen Kirchen mit sich, daß es auch innerhalb der einzelnen Kirchen zu Spaltungen und Gruppierungen kommen kann. Als besonders charakteristisches Beispiel sei die im 17. Jahrhundert entstandene Spaltung in der russisch-orthodoxen Kirche genannt, die in der Folge zur Ausbildung verschiedener Sekten geführt hat:

Überblick über Kirchenspaltungen und Sekten innerhalb der russisch-orthodoxen Kirche:

1) Anlaß zur größten **Kirchenspaltung** innerhalb der russischen Orthodoxie bildete die großangelegte Reform des Patriarchen Nikon (1652/66). Die **Starowjerzi** (= Altgläubige), die Nikons Reformen ablehnten, wurden von der orthodoxen Staatskirche am russischen Kirchenkonzil von Moskau (1666/7) exkommuniziert und **Raskolniki** (= Abgespaltene) genannt und streng verfolgt. Besonders Zar Peter d. Gr. (1689–1725), der Rußland zu einer europäischen Großmacht machen wollte, verfolgte die Altgläubigen, besetzte seit 1700 den Patriarchenstuhl nicht mehr und schaffte 1721 sogar das Patriarchat ab. An seiner Stelle installierte er den „allerheiligsten dirigierenden Synod", an dessen Spitze ein kaiserlicher Beamter (ein Laie!) stand. Bis 1917 (kommunistische Revolution) waren auf diese Weise die Zaren die Oberhäupter der russisch-orthodoxen Kirche. Durch die orthodoxe Kirche wurden die verschiedenen Völkerschaften des russischen Großreiches eng an das Herrscherhaus und den Staat gebunden. Die Güter der russischen Kirche wurden von Zarin Katharina (1762–96) enteignet, verstaatlicht, und die Kleriker als Staatsbeamte besoldet.

Erst 1917 wurde von den russischen Bischöfen wieder ein Patriarch gewählt und konsekriert und die alte Kirchenstruktur wiederhergestellt.

Von der russischen Patriarchalkirche spaltete sich die autokephale ukrainische Kirche ab; im südrussischen Gebiet entstand die „Lebendige Kirche", die das Neurussische zur Kirchensprache machte; die „Erweckungskirche" und die „Freie Kirche der Arbeit" erlangten dagegen keine besondere Bedeutung.

Auch die russische Auslandskirche spaltete sich nach Aufhebung des „Heiligen Synod": die westeuropäische Kirche unterstellte sich dem Metropoliten Eulogius von Paris, weshalb sie „Eulogianer" genannt wurden, die mittel- und südosteuropäische sowie die asiatische Gruppe dagegen pflegten das Synodalsystem weiter, weshalb sie „Synodale" genannt wurden. Die orthodoxen Russen in Bulgarien unterstellten sich dem bulgarischen Patriarchen. Und die Auslandsrussen, die unter der Jurisdiktion des 1917 neuernannten Patriarchen Tychon blieben, wurden „Tichonowij" genannt. Seit 1945 wurden fast alle orthodoxen Russen aber wieder im Moskauer Patriarchat geeint.

2) **Russische Sekten:** Die im 17. Jh. entstandene Spaltung führte zu weiteren Trennungen und Sektenbildungen. Die **Powowyzen** sind eine Gruppe der Raskolniki, die sich weiter an die Tradition hielt; die **Bespopowyzen** lehnten überhaupt das Priestertum ab. Daraus entwickelten sich Gruppen, die zunehmend die orthodoxe Staatskirche, den russischen Staat, das Kaisertum und die gesamte Weltöffentlichkeit als Satanswerk ablehnten und extrem eschatologisch gestimmt waren. Von den Powowyzen zweigten sich die **Habakukianer** ab, die den freiwilligen Feuertod als sündenreinigende gottwohlgefällige Tat ansahen. Rund 20 000 Habakukianer, die neben dem dreifaltigen Gott auch noch den Gott Christus anbeteten, folgten diesem Aufruf. Die **Theodorianer** und **Disitheaner,** die einen krassen Monotheismus bekannten, spalteten sich wieder von den Habakukianern ab. Die **Wjetkowen** verlangten die Wiederholungstaufe für alle, die aus der russischen Staatskirche zu ihnen kamen. Die **Kadilniken, Stephanowschtschinen, Starodubowzen** und **Tschernobolen** sind eher skurrile Gemeinschaften mit ausgefallenen Bräuchen und Ansichten, die alle einen stark endzeitlich gefärbten Glauben hatten, wegen differenzierter Stellungnahmen zu einzelnen gesellschaftlichen oder liturgischen Bräuchen und Ordnungen aber sich vielfältig differenzierten. Besonders hinsichtlich der Ehe gab es die seltsamsten und extremsten Standpunkte unter den **Fedosejewzen, Stefanowzen, Nowojenen** und **Philippowyzen.** Diese propagierten wie die Habakukianer den Selbstmord und spalteten sich wieder in die **Samoschenzen** (= Selbstverbrenner) und **Morilschtiken** (= Selbstpeiniger). Sie wurden von der Regierung verfolgt und flüchteten entweder in die unzugängliche Wildnis oder ins Ausland. Ende des 18. Jh. entstanden die Gruppen der **Stranniken** (= Wanderer) und der **Bjegunen** (= Läufer), die jede gesellschaftliche Ordnung verneinten, radikalsten Kommunismus lebten und nihilistisch und anarchisch zugleich waren. Die **Nietowzen** und **Nemoliaken** verwarfen jede Art religiöser Äußerung, selbst das Gebet. Das apokalyptische Denken dieser extremen Sekten verbreitete sich auch im russischen Volk und prägte den Volksglauben.

Natürlich gab es Sekten auch schon vor der Kirchenspaltung des 17. Jh., besonders die von gnostischen Ideen beeinflußten **Strigolniken,** die Judensekte des Zacharja (14./15. Jh.) und einige andere Gruppen im 15./16. Jh. Die

---

Der Glaube der Christen

Feierliche liturgische Prozession der russisch-orthodoxen Liturgie (Sergiew-Kloster).

Chlysten (= Gottesleute) sind die russische Form der „Geißler", historisch und ideenmäßig von den Manichäern abhängig und den bulgarischen „Bogumilen" und abendländischen Katharern und Albigensern verwandt. Bis ins 17. Jh. gibt es keine historischen Belege für ihre Existenz, sie sind aber sicherlich schon lange vor den Raskolniken aufgetreten. Bekannt wurde der Knecht Danila Philippowicz, der sich als „Gott-Vater" ausgab, seinen Freund Iwan Susslow, einen Leibeigenen, „Sohn Christus" nannte und dessen Lebensgefährtin als „Gottesmutter" bezeichnete. Susslow starb 1716 in der Haft, sein Grab wurde als heilige Stätte verehrt, und allmählich verbreitete sich der Glaube, er sei an der Mauer des Kreml gekreuzigt worden, am dritten Tag aber auferstanden. Die Sekte breitete sich schnell über das Wolgagebiet, um Moskau und bis nach Sibirien aus. Zeitweise wurden mehrere als „Christus" und „Gottesmutter" verehrt. Die konträrsten philosophischen und religiösen Ideen bestanden nebeneinander, trotzdem sind drei Grundanschauungen allen Chlysten gleich: 1) Gott verkörpert sich in diesem oder jenem Menschen und erneuert das Leben Christi, 2) die Ehe ist die einzige Sünde unter den Menschen, 3) die Seele wandert nach dem Tode, bis sie Christus geworden ist, dann wird sie mit dem Heiligen Geist erfüllt. Da es sich um eine Geheimsekte handelte, die Fremde nicht zuließ und ihren Mitgliedern strenges Stillschweigen auferlegte, weiß man wenig von ihnen. Ihre Gottesdienste dürften aber stark ekstatisch geprägt gewesen sein (Tanz, Singen, ekstatische Verzückung, Glossolalie, Bacchanalien, Orgien), obwohl das Wissen darüber – aus Prozessen gegen Chlysten stammend – kaum objektiv sein dürfte. Außerhalb ihrer Zusammenkünfte führten sie ein sehr zurückgezogenes Leben, ernährten sich meist vegetarisch und enthielten sich des Alkohols, Tees, Kaffees, Tabaks usw.

In Finnland entstanden im 19. Jh. die **Skakunen** (= Springer), eine besondere Modifikation der Chlysten, für die kultisches Tanzen und Springen charakteristisch ist. An Stelle der Ehe pflegten sie offene Promiskuität, lebten ansonsten ähnlich wie die Chlysten in Rußland.

Die **Skopzen** (= Verstümmelte) sind die wahrscheinlich seltsamste russische Sekte. Im 18. Jh. entstanden, enthielt sie ebenfalls uraltes Gedankengut – im Gegensatz zu den Chlysten dominierte allerdings strengste Abtötung: *„Der Leib muß getötet werden, um die Seele zu retten"*, sagte der ver-

mutliche Gründer Seliwanow und verlangte zur Eindämmung der Unzucht die Entmannung. Viele folgten der Aufforderung der Skopzen und verstümmelten sich – sogar am russischen Hof gab es Skopzen, die die Ideen des zuletzt in einem Irrenhaus festgehaltenen Seliwanow befolgten, sich als gefallene Geister verstanden, die durch Seelenwanderung einen Reinigungsprozeß durchmachen müssen. Da sie die Ehe als Erbsünde verstanden, bestand die Reinigung im Ausmerzen aller sexuellen Begierden durch Verstümmelung. Wegen einsetzender Verfolgungen entwickelten sie eine strenge Arkandisziplin (= Geheimhaltungspflicht), lebten nach außen hin angepaßt und konnten deshalb kaum gefaßt werden. – Im 19. Jh. spalteten sich von dieser Hauptrichtung die „geistlichen Skopzen" ab, die zwar die körperliche Verstümmelung ablehnten, die radikal dualistische Ausprägung aber beibehielten: das Böse pflanzt sich durch Ehe und Triebleben fort und ist in Staat und Kirche ausgeprägt. Wenn die Fortpflanzung des Menschengeschlechtes aufhört, ist der Endsieg des Guten gegeben, daher die ethische Forderung nach vollständiger sexueller Enthaltsamkeit, radikalem Verzicht auf alles, was die Sinne fordern, also strenges Fasten, Verzicht auf Eigentum usw.

Im 19. Jh. siedelten sich pietistische Protestanten (Schwaben) in der Gegend von Odessa an. Ihre Bibelstunden regten den Bauern Mihail Ratushnij zu einer biblisch orientierten Gemeinschaft an, die **Stundisten** genannt wurde und sich über das ganze südliche Rußland verbreitete. Zuerst innerhalb der orthodoxen Kirche verbleibend, lösten sie sich allmählich von ihr und entwickelten rationalistische, nihilistische und kommunistische Ideen unter dem einfachen Volk. Das Pendant dazu in Adelskreisen waren die **Paschkowianer,** die ebenfalls vom pietistischen Protestantismus angeregt worden waren, aber nie größere Bedeutung erlangten.

Zu Beginn des 20. Jh. entstanden die stark eschatologisch orientierten **Malewanzen, Panijaschken** und **Kosinschschinen,** in denen kommunistische und anarchische Ideen gepflegt wurden. – Die Bewegung „**Neues Israel",** die **Johanniten** (nach dem Prediger Johannes v. Kronstadt), **Napoleonowen, Wosdüchanzen Kanüginen** (haben Ähnlichkeit mit den Mormonen) und **Fjodorowzen,** die **Duchoborzen** (an Jakob Böhme orientiert, aber bald rationalistisch-pantheistisch verflacht), **Molokanen** (= Milchtrinker), **Subbotniken, Karainiken, Geren** (= Fremdlinge), **Nasiräer** (diese vier sind stark jüdisch orientiert), **Presniken, Bessudniken, Prügunen, Obschtschijen** (fordern radikalen Kommunismus), die **Tolstowzen** (die die Ethik Tolstojs pflegten), **Tschurikowzen** (Antialkoholiker), die „**Neutestamentliche Jüngergemeinde Jesu"** und die „**Gemeinde des einen Tempels"** sind verschiedenartige Ausfaltungen eines ideen- und lebensmäßigen Synkretismus, der von der religiösen Potenz, zugleich aber von der Chaotik russischer Mentalität Zeugnis ablegt. Wie weit diese verschiedenartigen Sekten und Gruppierungen nach fast 70 Jahren Kommunismus noch existieren, kann schwer erhoben werden. Daß viele unter ihnen den Boden für die jetzige Staatsform und Weltanschauung bereitet haben, steht außer Zweifel.

Unionsversuche

Sehr bald nach dem *„morgenländischen Schisma"* gab es Bestrebungen, die zerstörte Einheit zwischen den Ostkirchen und der lateinischen Kirche wiederherzustellen. Im Laufe der Jahrhunderte wurden verschiedene Teilunionen erreicht, insgesamt sind heute etwa 10 Millionen Mitglieder der Ostkirchen mit Rom uniert. Die „Ökumenische Bewegung" hat als Fernziel die allgemeine Union aller christlichen Kirchen, ist aber relativ weit von diesem Ziel entfernt, denn die teilweise Einigung von einzelnen Diözesen oder Teilkirchen mit Rom vertiefte oftmals die Spaltung der Bruderkirchen, die sich nicht zur Einigung bereitfanden. Wenn die Unierten in den betreffenden Ländern Minderheiten blieben, hatten sie oft auch unter Verfolgungen und Anfeindungen zu leiden.

Worin bestand die Union? Gewöhnlich anerkennt die unionsbereite Kirche den Primat Roms und äußert den Wunsch, durch diese Anerkennung des Vorrangs der lateinischen Kirche wieder zur universalen katholischen Kirche zu gehören. Dafür garantiert Rom die Beibehaltung der jeweiligen eigenständigen Liturgie und Kirchensprache sowie der kanonischen Konstitutionen (= eine Art Statuten) der unierten Patriarchate und Diözesen. Trotzdem kam es im Laufe der Jahrhunderte auch hier zu gewissen Repressalien, weil man auch die Übernahme des lateinischen Ritus verlangte.

Das Zweite Vatikanische Konzil verstand sich als „Ökumenisches Konzil", lud die getrennten ostkirchlichen Bruderkirchen zur Teilnahme (als Beobachter) ein; unter den etwas über 2300 Teilnehmern am Konzil gehörten etwa 2180 dem lateinischen Ritus an. Das Konzil erarbeitete ein eigenes „Dekret über die Ostkirchen" („Orientalium ecclesiarum"), das am 21. November 1964 feierlich verkündigt wurde.

Die Basilius-Kirche auf dem Roten Platz in Moskau ist typisch für den Stil der russischen Orthodoxie.

Die folgenden Zitate lassen den Geist dieses Dekrets erkennen:

■

„2. Die heilige katholische Kirche ist der mystische Leib Christi und besteht aus den Gläubigen, die durch denselben Glauben, dieselben Sakramente und dieselbe oberhirtliche Führung im Heiligen Geist organisch geeint sind. Durch ihre Hierarchie zu verschiedenen Gemeinschaften zusammengeschlossen, bilden sie „Teilkirchen" oder „Riten". Unter diesen herrscht eine wunderbare Verbundenheit, so daß ihre Vielfalt in der Kirche keinesfalls der Einheit Abbruch tut, sondern im Gegenteil diese Einheit deutlich aufzeigt. Das ist nämlich das Ziel der katholischen Kirche: daß die Überlieferung jeder einzelnen Teilkirche oder eines jeden Ritus unverletzt erhalten bleibe; zugleich soll sich der Lebensstil dieser Kirchen den verschiedenen zeitlichen und örtlichen Notwendigkeiten anpassen.
3. Diese Teilkirchen – seien es die östlichen oder die westlichen – unterscheiden sich in gewissem Grade durch ihre sogenannten Riten, d. h. durch ihre Liturgie, ihr kirchliches Recht und ihr geistiges Erbgut; aber alle sind sie in gleicher Weise der Hirtenführung des Bischofs von Rom anvertraut, der nach göttlichem Recht dem hl. Petrus im Primat über die ganze Kirche nachfolgt. Alle nehmen sie daher die gleiche Würde ein, so daß auf Grund ihres Ritus keine von ihnen einen Vorrang vor der anderen hat. Alle genießen dieselben Rechte und haben dieselben Verpflichtungen, auch bezüglich der unter Oberleitung des Bischofs von Rom auszuübenden Verkündigung des Evangeliums an die ganze Welt (Mk 16,15) …
30. Das heilige Konzil ist hocherfreut über die fruchtbare und tatkräftige Zusammenarbeit der katholischen Ost- und Westkirchen. Gleichzeitig erklärt es: Alle Rechtsbestimmungen dieses Dekretes gelten nur für die gegenwärtigen Verhältnisse, bis die katholische Kirche und die getrennten Ostkirchen zur Vollendung der Gemeinschaft zusammenfinden.
Bis dahin aber werden alle Christen, die des Ostens und die des Westens, inständig gebeten, glühende und ausdauernde, ja tägliche Gebete an Gott zu richten, auf daß mit der Hilfe der hochheiligen Got-

tesgebärerin alle eins werden. Sie sollen auch beten, daß den vielen Christen der verschiedenen Kirchen vom Heiligen Geist, dem Beistand, die Fülle der Kraft und des Trostes zuströme."

■

Seit dem Mittelalter gab es zahlreiche Unionen, die freilich teilweise wieder verlorengingen:

1181	Union mit den Maroniten	die einzige Ostkirche, die zur Gänze katholisch ist
1198–1375	Union in Kleinarmenien (Kilikien)	
1204–1235	Union in Bulgarien	
1274	Union mit der byzantinischen Kirche	Ergebnis des 2. Konzils von Lyon
1439	Union mit den Kopten, Armeniern, Syrern sowie zypriotischen Chaldäern und Maroniten	Ergebnis des 4. u. 5. Konzils von Florenz
16. Jh.	Union mit den malabarischen Thomaschristen Union mit den Italo-Albanern Union mit den Chaldäern von Mesopotamien	dauerte nur bis 1700
17. Jh.	Union mit der Chaldäischen Kirche Union mit den Weißrussen und Ukrainern Union mit den Serben und Kroaten Union mit den Ruthenen und Slowaken Union mit den Rumänen	(von (1750–1920 vollständig)
18. Jh.	Union mit den Melchiten des Antiochenischen Patriarchates Union mit den Armeniern des Katholikates Kilikien Union mit den Syrern des Antiochenischen Patriarchates	(1724) (1740) (1782)
19. Jh.	Union mit den Malankaresen in Indien Union mit den Bulgaren Union mit den Griechen Union mit den Georgiern Union mit den Russen Union mit den Albanern	(1830) (1859)
1946/50	Die Union in der Sowjetukraine, in Rumänien und in der ČSSR wurde von den kommunistischen Behörden der betreffenden Staaten wieder zerstört.	

Das orthodoxe Mönchtum

Einen großen Aufschwung erlebte das Mönchtum durch die sogenannten Hesychasten (von hesychia = Ruhe), einer Mönchsgruppe, die in Klöstern auf dem Berg Sinai lebte und sich insbesondere dem sogenannten „Herzensgebet" oder „Jesusgebet" widmete. Ein Kurztext (*„Herr Jesus Christus, Sohn Gottes, habe Mitleid mit mir"*) mußte unaufhörlich wiederholt, meditiert und verinnerlicht werden. Johannes Climacos war der bedeutendste Theologe vom Berg Sinai und erläuterte Wert und Bedeutung dieser Art von Meditation. Nikephoros der Einsiedler verpflanzte im 13. Jh. diese mystische Bewegung auf den Berg Athos und in andere Mönchsgemeinschaften. Ziel des spirituellen Lebens ist es nach Nikephoros, den Verstand mit dem Herzen zu vereinen und so ein sakramentales Bewußtsein zu erlangen, den „Schatz, der verborgen im Herzen liegt". Der Weg, zu diesem „Ort Gottes" vorzudringen, ist es, wenn man den Geist über den Atem in das Herz hinabsteigen läßt:

■

„Wie ich dir gesagt habe: Setz dich hin, sammle deinen Geist, führe ihn in deine Nasenflügel, dies ist der Weg, den der Atem nimmt, um zum Herzen zu gelangen. Stoß ihn, zwing ihn, hinabzusteigen in dein Herz, zur gleichen Zeit, in der du einatmest, ist er angelangt, wirst du die Freude fühlen, die folgt ...
Wie der Mann, der nach einer Zeit der Abwesenheit zu sich nach Hause zurückkehrt, die Freude, seine Frau und die Kinder wiederzusehen, nicht verbergen kann, so schäumt der Geist, wenn er in der Seele ist, über vor Freude und unauslöschlichem Glück.
Dann wisse, daß, während sich dein Geist dort befindet, du weder schweigen noch müßig sein sollst. Aber du sollst keine anderen Dinge tun, keine Meditation, als den Schrei: Herr Jesus Christus, Sohn Gottes, habe Mitleid mit mir! Keine Unterbrechung, zu keinem Preis."
(Nikephoros: „Peri phylakēs kardías")

■

Griechisch-orthodoxer Mönch auf dem Berg Athos betet vor einem Heiligenstandbild. Auf dem Berg Athos ist die ungebrochene Kraft der großen spirituellen Tradition der Ostkirche spürbar.

Das liturgische Gebet, das sonst in den Klöstern üblich ist, schien den Hesychasten (z. B. Gregor Sinaita) zu sehr von außen zu kommen, als daß es Erinnerungen an Gott ermöglichte. So förderten sie das Eremitenleben und die mystische Erfahrung. Einen großen Anstoß erhielt der Hesychasmus durch den großen Theologen *Gregor Palamas* (geb. 1296), der 20 Jahre in der Mönchsgemeinschaft auf dem Berg Athos lebte, ehe er Erzbischof von Thessaloniki wurde und die Erfahrungen der Hesychasten theologisch untermauerte und gegen Angriffe verteidigte. Er betonte, daß die Lichterfahrung während der Meditation ein Geschenk der Gnade sei, das den stumpfen Körper befähige, das göttliche Licht wahrzunehmen. Adam habe diese Fähigkeit vor dem

Syrisches Wüstenkloster. In der Einsamkeit der kargen Landschaft versucht die Glaubensgemeinschaft, sich ganz auf Gott und den Nächsten zu konzentrieren.

Sündenfall besessen, und die Menschen werden sie im Eschaton wiedererlangen. Der Kontemplative erfährt jetzt schon, sozusagen im Vorgriff, daß der Leib ein Tempel des Heiligen Geistes ist, der durch Jesu Gnade in uns existiert, um uns hineinzuverwandeln in seine geistige Wirklichkeit. Diese Theologie richtet sich gegen den Platonismus, der die Materie zu negativ sieht, wendet aber andrerseits den Sinn auf die Sakramentalität und die darin erscheinende Transsubstantiation (= Wesensverwandlung) der Materie.

Griechische Sionskirche in Ateni (13. Jh.)

Nicht zuletzt ist Gregor Palamas die Ursache, daß der Geist der Renaissance und des Humanismus mit seiner großen platonischen Wurzel weder im byzantinischen noch im russischen spirituellen Bereich Eingang fand.

Die frühchristliche und griechische Mönchtradition fand eine überaus beachtliche Fortsetzung im sogenannten russischen *Starzentum.* Das Klosterwesen Altrußlands bietet ansonsten wenig Eigenständiges, das über die Traditionen der alten Kirche, des abendländischen und vor allem des griechischen (Berg Athos) Klosterlebens hinausgeht. Der „Starez" aber steht in einer Reihe mit dem indischen Guru, dem japanisch-buddhistischen Roshi, dem islamischen Sufi-Scheich und dem jüdischen Zaddik. Er ist ein „Meister des Weges".

Aus dem vom hl. Pawel von Obnorna gegründeten gleichnamigen Kloster stammt eine Lehrschrift aus dem 15. Jh., die als ältestes schriftliches Zeugnis für das Starzentum gelten kann:

„Der Abt ruft einen bewährten Starez zu sich, spricht den Segen und übergibt ihm den neugeweihten Bruder, indem er ihn seiner Führung empfiehlt und dabei sagt: Bruder, sorge für ihn, als ob du ihn vom Evangelium Christi bekämest, um ihn dereinst unserm himmlischen Vater rein vorzustellen. Sodann sagt er zu dem Schüler: Mein Sohn, achte auf den Starez als deinen Vater und Lehrer, sei ihm gehorsam und diene ihm, als wäre er Christus selbst. Gib dich ihm zu eigen und schneide deinen eigenen Willen ab mit dem Schwerte des Wortes Gottes ...
Der Starez nimmt den Schüler aus den Händen des Abtes, geht in seine Zelle und lehrt ihn zuerst das Gebet Jesu, wie es die heiligen Väter bestimmten, den Rosenkranz zählend, folgendermaßen:
Herr Jesus Christus, Sohn Gottes, erbarme Dich über mich Sünder!
Man soll aber das Gebet Jesu leise sprechen, indem man sich sorgsam von jeder Versuchung fernhält; nach hundert Gebeten eine Perle im Rosenkranz weiterschiebend, nach weiteren hundert abermals eine. Also soll man tun nach der Morgen- und Abendgebetregel und sich Tag um Tag darin üben; alsdann in einem Atem zwei- oder dreimal das Gebet Jesu sprechen, den Atem angehalten, und das

ohne Aufhören. Dergestalt verfahre an allen Orten, wo du weilest, in der Kirche, in der Zelle, bei der Arbeit, den ganzen Tag über, bis daß deine Augen sich zum Schlafen schließen.

Späterhin aber, so du in der Übung fortgeschritten sein wirst … wiederhole es immerzu, in einem Atem oder ohne jeglichen Atem und blicke in dein Herz … Wenn aber das Heer der Teufel dich bedrängen wird, sei es mit Visionen oder Lichterscheinungen oder häufigen Schlafanwandlungen, mögen sie von innen oder außen kommen, so wisse, daß es Teufel sind.

Weiterhin belehrt der Starez den Schüler, wie er sich in der Zelle verhalten, wo er sitzen soll und wo schlafen; sich nicht setzen auf den Platz des Starez … Auch soll man dem Starez Dienste tun, ihm das Holz in die Zelle bringen oder in den Ofen legen, Feuer anmachen und das brennende Holz mit dem Feuerhaken gut stochern … die Tür leise auf- und zuklinken, ohne Lärm; und dann nach der Arbeit den Segen erbitten. Ferner soll ihn der Starez belehren …"

Der Starez ist durchaus nicht mit dem Abt identisch. Er ist zwar ein Mönch, muß aber nicht einmal Priester sein. Er wird auch nicht zum Starez „ernannt", sondern sein Leben verschafft ihm diesen Rang. Seine geistliche Erfahrung, sein Gebet und seine Selbstverleugnung machen ihn zu dem, was er darstellt. Starez = Greis, das weist auf die langen Jahre hin, die ein Mönch braucht, um zu diesen Fähigkeiten heranzureifen. Weder durch ein Amt noch durch einen obrigkeitlichen Auftrag, sondern einzig und allein durch die Ausstrahlung seines geisterfüllten Lebens ist ein Mensch dazu legitimiert, anderen ein Führer auf dem großen Weg heim zu Gott und zu sich selbst zu sein, den Menschen zu den paradiesischen Anfängen zurückzuführen.

Das russische Mönchtum hat mehrere bedeutende Starzen hervorgebracht; der bekannteste unter ihnen ist wahrscheinlich der heilige *Serafim von Sarow*, 1759 in Kursk geboren, sein Name war Prochor. Mit achtzehn Jahren verließ er seine Familie und fragte den Starez Dosifej, der im berühmten Höhlenkloster bei Kiew lebte, um Rat für sein künftiges Leben.

Der wies ihn zur Sarow-Einsiedelei, wo die Mönche in strenger asketischer Zucht lebten, unter ihnen die beiden bekannten Starzen Nazarij und Josif. Nach acht Jahren Vorbereitungszeit wurde er eingekleidet und zum Hierodiakon geweiht. Damals erhielt er den Namen Serafim. Rasch verbreitete sich der Ruf seines frommen Lebens, und der Bischof weihte Vater Serafim zum Hieromonarchen (= Priester). Als sein Abt Pachomij 1794 starb, verließ Serafim das Kloster und zog sich in die undurchdringlichen Urwälder als Einsiedler zurück. Drei Jahre lang verbrachte er – wie einstmals Simon der Säulensteher am Anfang des Mönchtums – im Gebet auf einem großen Stein kniend, das „Gebet Jesu" unablässig betend und meditierend, dann lebte er drei Jahre in vollkommenem Schweigen, darauf 15 Jahre in strenger abgeschlossener Klausur. 31 Jahre lang dauerte dieses Einsiedlerdasein. Mit 71 Jahren, am 25. November 1825, öffnete Vater Serafim die Türe seiner Mönchzelle und nahm wieder die Gemeinschaft mit den anderen Mönchen auf. Kaum sprach sich das herum, setzte ein gewaltiger Besucherstrom ein: von weither kamen die Menschen, um Vater Serafim – der endlich zum Starez gereift war – zu sehen, um Rat zu fragen, seinen Segen zu erbitten. Von Nikolow Motowilow ist eine ergreifende Lehre des heiligen Serafim überliefert, wie der Mensch den Heiligen Geist erlangen kann:

„ … also will ich, der arme Serafim, Euch jetzt erklären, welches der wahre Sinn des christlichen Lebens ist.

Gebet, Fasten, Wachsein und all die anderen Werke sind wohl an sich gut, doch liegt die Bedeutung unseres christlichen Lebens nicht etwa nur darin, daß wir sie ausführen, obwohl sie sicher notwendige Mittel sind. Der wahre Sinn unseres christlichen Lebens besteht in dem Erlangen des Heiligen Geistes. Merkt Euch wohl, Väterchen: nur die für Christus allein verrichteten guten Werke verschaffen uns die Gaben des Heiligen Geistes. Alles, was nicht um Christi willen getan wird, mag es auch gut sein, bringt uns keine Vergeltung im künftigen Leben ein und läßt uns auch schon im irdischen Leben der Gnade Gottes nicht teilhaftig werden. Darum sagte doch unser Herr Jesus Christus: Jeder, der nicht mit mir sammelt, der vergeudet. Die guten Werke kann man nicht anders nennen als ein Sammeln. Und wenn sie auch nicht für Christus allein getan werden, so können sie doch wohl gut sein. Der Herr wendet alle seine göttlichen Mittel an, damit der Mensch im ewigen Leben nicht der Vergeltung für seine guten Werke verlustig gehe. Darum muß man schon hier anfangen, in wahrhafter Weise an unsern Herrn Jesus Christus, den Sohn Gottes, zu glauben, der in die sündige Welt gekommen ist, sie zu retten, und sich um die Gnade des Heiligen Geistes zu mühen, der in unsere Herzen das Gottesreich einführt und uns den Weg weist, auf dem wir die Glückseligkeit künftigen ewigen Lebens uns erwerben können ...

So ist das, mein Gottesfreund. Also, im Erlangen dieses Heiligen Geistes besteht das wahre Ziel unseres christlichen Lebens, und Beten, Wachsein, Almosengeben und andere für Christus verrichtete gute Werke sind eben nur Mittel zum Erlangen des Heiligen Geistes ...

Reicht die Gabe der Gnade des Heiligen Geistes allen Suchenden weiter, wie eine brennende Kerze, die hell leuchtend mit der Flamme ihres irdischen Feuers, ohne dabei selbst zu erlöschen, noch andere Kerzen entzündet, auf daß auch alle diese Dinge ringsum sich erleuchten ...

Wir Menschen von heute sind fast alle innerlich in Kälte erstorben gegenüber dem heiligen Glauben an unsern Herrn Jesus Christus, und wir haben nicht mehr acht auf die Wirkung Seiner göttlichen Erscheinung. Deshalb scheinen uns jetzt die Worte der Heiligen Schrift sonderbar, wenn der Heilige Geist spricht: Adam sah den Herrn, der im Paradiesgarten ging. Oder wenn wir beim Apostel Paulus lesen: Wir kommen nach Achaja, und der Geist Gottes war nicht mit uns, wir wenden uns nach Mazedonien, und der Geist Gottes war mit uns! Die Unverständlichkeit dieser Stellen kommt daher, daß wir uns von der ganzen Weite des urchristlichen Schauens entfernt haben und durch unsere angebliche Aufklärung in ein solches Dunkel der Unwissenheit geraten sind ...

Als unser Herr Jesus Christus nach seiner Auferstehung geruhte, das Werk unserer Rettung zu vollenden, hauchte er den Aposteln den Atem des Lebens ein, den Adam verloren hatte, ihn also erneuernd, und brachte ihnen damit die Gnade des Allerheiligsten Geistes Gottes zurück ...

Damit ihr aber noch klarer begreift, was unter der Gnade Gottes zu verstehen ist, will ich euch noch zeigen, wodurch ihre Wirkung auf die Menschen sichtbar wird ...

Da faßte mich der Vater Serafim fest an den Schultern und sagte eindringlich: Wir beide, Väterchen, sind jetzt im Heiligen Geiste! – Warum siehst du mich nicht an?

Ich antwortete: Ich kann euch nicht anblicken, Vater, aus euren Blicken leuchten Blitze, Euer Gesicht ist heller als die Sonne geworden, und meine Augen brennen vor Schmerz!

Habt keine Furcht! sagte der Vater Serafim, Ihr selbst seid jetzt leuchtend geworden wie ich. Nun seid ihr selber in der Fülle des Heiligen Geistes, sonst könntet ihr mich so nicht schauen!

Und indem er seinen Kopf zu mir hinneigte, flüsterte mir der Starez ins Ohr: Danket Gott für seine unaussprechliche Gnade! Ihr habt gesehen, daß ich mich nicht einmal bekreuzte, vielmehr nur in meinen Gedanken betete ich leise zu Gott und sprach in meinem Herzen drinnen: Herr, gib ihm Klarheit und laß ihn mit seinen Fleischesaugen die Ausgießung des Heiligen Geistes schauen ... Und im selben Augenblick, Väterchen, hat der Herr die demütige Bitte des armen Serafim erfüllt. Wie müssen wir ihm danken für seine unbeschreibliche Gabe, die er uns beiden schenkte!"

Die Erinnerung an Rußlands große Starzen ist auch in der „schweigenden Kirche" der Sowjetunion noch lebendig. Nach der Revolution wurden die Gebeine Serafims nach Moskau geschafft und dort im Gottlosenmuseum als ein Relikt des überwundenen Aberglaubens ausgestellt. Die Gläubigen hörten trotzdem nicht auf, zu ihren kostbaren Reliquien zu pilgern – jetzt eben nach Moskau ins Gottlosenmuseum. Sogar Blumen bringen sie hin. Die Starzen sind sicherlich der Höhepunkt in der spirituellen Geschichte Rußlands, denn sie lehrten das russische Volk, „den Himmel über den Kuppeln der herrlichen Kathedralen zu sehen".

Die abendländische Christenheit

An der Wende vom 7. zum 8. nachchristlichen Jahrhundert schichtete sich die „Aufteilung" der Machtsphären beträchtlich um: Nordafrika, das bis dahin eine große Rolle in der Geschichte des Christentums gespielt hatte, fiel dem Ansturm des Islam zum Opfer und schied aus dem christlichen Kulturkreis aus. In Mittel- und Westeuropa verlagerte sich der Schwerpunkt vom Süden (Italien) nach dem Westen (Westgotenreich). Spanien war bald zum größten Teil in islamischer Hand. Die vergebliche Belagerung von Konstantinopel 717/8 und der Sieg von Karl Martell in der Schlacht bei Tours und Poitiers (732) brachten im Osten wie im Westen die islamische Expansion zum Stehen und ermöglichten die Entwicklung der „abendländischen Christenheit".

Die Kirche unter der Schirmherrschaft der „Westkaiser"

Eine wichtige Voraussetzung für die Bildung der „abendländischen Christenheit war die Lösung Roms vom alten römischen Imperium, das eindeutig griechisch geworden war. Eine Zeitlang waren die römischen Bischöfe (Päpste) sowohl Wortführer Italiens, treue Untertanen des griechischen Kaisers und die führende geistliche Autorität des Weltchristentums. Als sich jedoch das karolingische Reich entwickelte, das die Herrschaft der Merowinger ablöste und eine stabile Machtgröße in Mitteleuropa wurde, die durchaus geeignet schien, ein Gleichgewicht der politischen Kräfte zwischen Ost und West herzustellen, wendeten sich die Päpste von Ostrom ab und dem Frankenreiche zu. Nicht unbedeutenden Einfluß hatte dabei die Missionstätigkeit der iro-schottischen Mönche, die von Irland und Britannien aus nach Frankreich kamen und von dort aus nach Norden, Osten und Süden zogen und missionierten (Winfried-Bonifatius wurde der bekannteste dieser „Kirchenmänner", die von

Rom den Segen für diese Mission erhielten). Drei fränkisch-bonifatianische Reformkonzilien (743/4), von Pippin und Karlmann einberufen und geleitet, trugen wesentlich zu dieser weiträumigen Entwicklung bei. Als Pippin nach Karlmanns Abdankung (er wurde Mönch in Monte Cassino, fasziniert vom Mönchsideal des Bonifatius) zum König geweiht wurde, konnte sich der christliche Königsgedanke im Abendland frei entfalten. Papst Stefan II. wandte sich 753 in einer Auseinandersetzung mit den Langobarden an Pippin um Unterstützung. Dieser schritt gegen die Langobarden ein, gab zugleich aber das Versprechen, den Gebietsstand von Rom und Ravenna, Venetien und Istrien und verschiedene Stadtautonomien zu respektieren. Damit war einerseits der Grundstein für die Bildung des Kirchenstaates gelegt, andrerseits die Oberhoheit des fränkischen Königs über das Abendland manifestiert. Als Karl d. Gr. 767 seinem Vater Pippin nachfolgte, konnte er bereits die Früchte dieser Politik ernten. Nach der „Abrundung" des fränkischen Großreiches widmete sich Karl der in-

Der sogenannte Sachsenspiegel, das älteste, umfassendste deutsche Rechtsbuch (Abschrift aus Dresden)

neren Reform („Karolingische Renaissance")
und machte damit sein Reich zum Mittelpunkt
des Christentums. Als Papst Leo III. 795 Nachfolger Hadrians I. geworden war und Karl gegenüber den Gehorsams- und Treueid der
Römer erneuerte, antwortete ihm Karl:

„Uns liegt es ob, mit Gottes Hilfe die heilige Kirche
Christi nach außen durch die Waffen überall gegen
die Einfälle der Heiden und die Verwüstungen der
Ungläubigen zu verteidigen, nach innen sie durch
die Erkenntnis des wahren Glaubens zu festigen.
Eure Aufgabe, heiliger Vater, ist es, wie Moses die
Arme zum Gebet zu erheben und so unserem Heere
zu helfen, damit durch Eure Fürbitte unter Gottes
Führung und Gewähr das christliche Volk allzeit
Sieg habe über die Feinde seines heiligen Namens
und der Name unseres Herrn Jesus Christus in der
ganzen Welt verherrlicht werde."
(Epp. Alcuini n. 93)

Romanische Kirche. In der Apsis Pantokrator und Apostel-
chor

Rechte Seite: Irisches Kreuz mit typischen Ornamenten,
die keltische und christliche Motive verschmelzen

Nachdem Papst Leo III. 798 abgesetzt worden
war und zu Karl floh, zog dieser im Jahr 800
nach Rom, hielt ein Konzil in der Art der fränkischen Reichssynoden und ließ sich, da das
Kaisertum der Griechen gerade vakant war,
von Papst Leo zum Kaiser krönen.

Nach einigen Auseinandersetzungen mit Byzanz erkannte Kaiser Michael Karl als „West-
kaiser" an, nachdem Karl den Verzicht auf den
römischen Bezug seiner Kaiserwürde zuge-
standen hatte. Tatsächlich reichte der Einfluß
Karls d. Gr. und seines Nachfolgers Ludwig d.
Frommen weit über die Grenzen des Franken-
reiches hinaus bis nach Spanien und England
hinein. In der zweiten Hälfte des 9. Jahrhunderts wurde das fränkische Reich durch die
Normannen- und Vandalenstürme stark geschwächt. In dieser Zeit wandte sich die Kirche
verstärkt nach dem Osten und organisierte von
Regensburg, Passau, Salzburg und Aquileja
aus die Slawenmission (Böhmen, Mähren,
Kroatien); zu den bekanntesten Missionaren
zählten Cyrillus und Methodius, deren Versuch, innerhalb der lateinischen Kirche Slawisch als Kirchensprache einzuführen, aber
bald wieder verboten wurde, so daß viele eben
Gewonnene sich lieber der Ostkirche anschlossen, um ihre vertraute Kirchensprache Slawisch behalten zu können.

Von Deutschland und England aus setzte im
10. Jh. die Missionierung der Nordgermanen
ein: Jütland, Dänemark, Norwegen und Schweden wurden zum Teil richtig „zwangsmissio-
niert". Das Christentum setzte sich aber nur
allmählich gegen die angestammten germanischen Kulte durch; ähnlich war es in Ungarn,
Polen, im „Rus"-Reich (Kiew) und auf dem Balkan. Großen Einfluß dabei hatte die weitblik-
kende Politik des Papsttums und der Ottonen
(besonders Kaiser Otto III.), wobei allerdings
das Christentum als Staatskirche verstanden
wurde und die Missionierung Hand in Hand
mit politischer Unterwerfung oder zumindest
Eingliederung in den Machtbereich von Kirche
und Kaiser ging. Überaus stark dominierte die
Verwaltung. Die Seelsorge verlief dagegen eher

Modell-Zeichnung (Rekonstruktion) der großen Klosterkirche von Cluny, 1089 errichtet, größte Kirche ihrer Zeit (555 Fuß lang), 5schiffiges Langhaus, zwei Querschiffe, Chor mit Umgang und Kapellenkranz 1809 zerstört.

primitiv, beschränkte sich auf die regelmäßigen Gottesdienste und die Spendung der Sakramente. Es gab weder eine ausreichende Schulung des Klerus noch eine weitergehende Glaubensverkündigung. Die Folge war, daß der Kampf gegen Aberglaube und Reste des Heidentums (wie der angestammte Glaube der einzelnen Völker von der Kirche genannt wurde) sehr im Vordergrund stand und ein innerliches religiöses Leben eher die Ausnahme und mehr oder minder den Mönchen und Nonnen vorbehalten war. Deshalb prägte auch die monastische Spiritualität den Volksglauben und war dort am lebendigsten, wo Menschen im Wirkbereich eines Klosters lebten.

Dabei war oft auch die spirituelle Situation in den Klöstern nicht unbedingt befriedigend, denn diese hatten oft wesentlich mehr mit politischen Problemen oder wirtschaftlichen Fragen zu tun als mit geistlich-religiösen. Gegen die eingerissene Verweltlichung entstand eine starke Reformbewegung, getragen von *Cluny* (in Burgund), die durch die deutschen Päpste Clemens II., Damasus II. und Viktor II. im 11. Jh. auf die gesamte abendländische Kirche übergriff. Seine Blüte erreichte der Reformwille in der Gestalt Papst Gregors VII.

Kirchlich-päpstliche Führungsgewalt im Abendland

Gregor, der „Mönch auf dem Papstthron", war zutiefst davon überzeugt, daß es in der Welt letztlich nur um das Ringen zwischen dem Gottes- und dem Teufelsreich ging und daher um den kämpferischen Einsatz der Gotteskinder, damit der Friede, die Liebe und die Gerechtigkeit Gottes möglichst viele Menschen erfülle. Gottes Reich war die universale Kirche (er meinte allerdings damit die abendländische Kirche mit Rom als ihrem Zentrum) mit den beiden von Christus eingesetzten Gewalten „Regnum" (= Kaisertum und Verwaltung) und „Sacerdotium" (= geistliche Gewalt), die allerdings nicht nebeneinander standen, sondern einen deutlichen Vorrang des Papsttums als des Stellvertreters Petri in Rom aufwiesen, dem der Herr alle Macht übertragen hatte und der für das Seelenheil aller verantwortlich war. 1074 berief Gregor seine erste Reformsynode in Rom ein und erneuerte, geleitet von dieser umfassenden Sicht, die Strukturen der Kirche (und des Kaisertums). Jährliche Synoden sollten Schritt für Schritt die stark unter der Herrschaft der jeweiligen Machthaber stehende Kirche vom Zugriff der Politik (geistliche Aristokratie, Simonie, Laieninvestitur, Eigenkirchenwesen) befreien. Mit Hilfe von Dekreten und päpstlichen Legaten, die die Durchführung der Reformen in den einzelnen Ländern überwachten, etablierte er die monarchische Regierungsweise der römischen Kirche, die in der Folgezeit für die römisch-katholische Kirche typisch wurde.

Allmählich wurde im 12. und 13. Jahrhundert durch diese Reform und das Erstarken der Einzelherrscher das Kaisertum ausgehöhlt und relativ machtlos. Die abendländische Einheit beruhte jetzt auf dem gemeinsamen Glauben und auf der Zugehörigkeit zur selben Kirche, die vor allem durch das einheitliche und in allen Ländern in gleicher Weise gültige Kirchenrecht eine übernationale Macht darstellte. Die Kirche wurde der eigentliche Träger, das Papsttum der Führer der abendländischen Christenheit.

Da hinter dieser übernationalen Macht aber kein Territorium stand (der „Kirchenstaat" war ja nur eine relativ kleine „Hausmacht" in Italien), blieb die Verwirklichung dieses Selbstverständnisses der abendländischen Christenheit immer vom guten Willen aller abhängig; von einem Universalstaat war jedenfalls de facto keine Rede.

Ein typischer Ausdruck dieses neuen päpstlich-kirchlichen Selbstverständnisses waren die *Kreuzzüge*. Dahinter stand die zu Beginn des Mittelalters aufgekommene Idee des heiligen Krieges, zu dem die Kirche aufruft, um gegen Friedensbrecher und Feinde der Kirche einzuschreiten. Dem Rufe folgten die *Ritter*, deren Waffen gesegnet wurden, da sie sich als Verteidiger des heiligen Glaubens sahen und diese Art von Kriegsdienst als heilige Verpflichtung und Aufgabe verstanden. Über die Bedenken einzelner (z. B. Fulbert von Chartres) setzte sich die Kirche hinweg und provozierte damit ein Ritterethos, das bisher nur der König für sein Amt beanspruchte. In den Auseinandersetzungen französischer Ritter mit dem in Spanien herrschenden Islam und seiner Ideologie vom „Heiligen Krieg" (vgl. 261) wurde die Kreuzzugsidee geboren: der Islam sollte im Orient angegriffen werden, um ihm die heiligen Stätten der Christenheit zu entreißen und ihn nach Möglichkeit zu vernichten.

Beim Konzil von Clermont 1095 rief Papst Urban II. zum erstenmal zu einem Kreuzzug auf – 1270 führte der hl. Ludwig von Frankreich zum 7. (und letzten) Kreuzzug sein Heer nach Tunis, kam aber dort mit dem größten Teil seines Heeres um. – Insgesamt scheiterten die Kreuzzüge, weil es nicht gelang, die nationalen Interessen der beteiligten Fürsten und Länder der universalen Idee unterzuordnen. Dieses politische Scheitern ist aber verbunden mit der für viele Jahrhunderte fixierten Meinung, es sei der Wille Gottes, Andersgläubige mit Feuer und Schwert zu „bekehren" (oder zu vernichten). Vom Evangelium und seiner Gesinnung der Feindesliebe her gesehen, stellt sich die ganze Kreuzzugsbewegung als bedauerlicher Irrtum, als Fehlinterpretation und Selbsttäuschung dar, als unentschuldbare Verirrung der gesamten abendländischen Kirche.

Obwohl das Papsttum und die abendländische Christenheit in diesen zwei Jahrhunderten am Höhepunkt ihrer Entfaltung waren, sind doch bereits deutlich die Zeichen des Verfalls zu erkennen: aus den Reformideen Papst Gregors VII. ist eine Institution übriggeblieben, die nicht mehr imstande ist, Geistiges und Weltliches, Autorität und Machtmißbrauch, Haltung und Gesetz in genügendem Maße auseinanderzuhalten. Die Botschaft Jesu bleibt über weite Strecken hin leeres Gerede, das nicht ins Leben eingreift und das Gewissen der Christenheit nicht entscheidend prägt und verändert.

Gegenbewegungen

Gegenüber dem immer mehr im feudalen Wirtschafts- und Herrschaftsdenken befangenen Kirchensystem bildeten sich etwa mit Beginn des 11. Jahrhunderts Gegenbewegungen, die auch kritisch gegenüber dem Klosterwesen eingestellt waren, das ebenfalls vom Feudaldenken bestimmt war. Gegenüber diesen stark institutionalisierten christlichen Lebensweisen setzten sich spontane Bewegungen zur Wehr, die ein Leben nach dem Evangelium forderten und vorlebten. Im Mittelpunkt stand das Ar-

Franz von Assisi, Fresko von Cimabue aus der Unterkirche der Basilika San Francesco in Assisi. So einfach er ausschaut, so konsequent hat er gelebt. Er hat das Evangelium wörtlich genommen und damit seinen Sinn viel besser erfaßt als sehr viele hochgelehrte Theologen.

mutsideal, das wieder strikt interpretiert wurde, nachdem es z. B. in der benediktinischen Tradition so verstanden wurde, daß zwar der einzelne Mönch besitzlos war (weil alles, was er hatte, der Klostergemeinschaft gehörte), die Klöster aber teilweise über große Einkünfte verfügten, die von vielen Knechten und Mägden in harter Fron-Arbeit erwirtschaftet wurden, während die „Stiftsherren" das Leben von Privilegierten führten.

In dieser Zeit entstanden zahlreiche Einsiedeleien und informelle Ordensgemeinschaften, die einen alternativen, vom Armutsideal geprägten Lebensstil pflegten und ihre religiösen Erfahrungen als Wanderprediger an die „Weltleute" weitergaben. Ihren Höhepunkt erreichte diese Bewegung in der Gründung der beiden Bettelorden der *Dominikaner* und der *Minderbrüder* (Franziskaner). Diese beiden Orden entstanden in Gebieten, wo sich im Zuge dieser Reformbewegungen häretische Schwerpunkte

gebildet hatten, nämlich in Südfrankreich und in Mittelitalien.

Die Person des *Franz von Assisi* bleibt bis heute ein Signal dafür, daß das Evangelium aus den Sicherheiten von Besitz und Macht herausruft in die Freiheit der Armut, die sich der ganzen Welt verbunden weiß. Geboren um 1182 in Assisi als Sohn eines wohlhabenden Tuchhändlers, wächst Francesco Bernardone ohne Sorgen und in Luxus auf. Während einer Gefangenschaft (in der Auseinandersetzung mit der Nachbarstadt Perugia) vollzieht sich in Franz ein innerer Wandel, der ihn dazu bringt, sich von seinem bisherigen Lebensstil loszusagen und sich der Sorge um die Armen und Kranken, um die verfallenden Kirchen und um den evangeliumsfernen Glauben zu widmen. Er bricht mit seinem Vater und zieht sich in die Einsamkeit zurück. In kurzer Zeit löst er eine ungeahnte Bewegung aus: Tausende junge Männer und Frauen – angeführt von Klara Offerduccio, die den weiblichen Zweig der Minderbrüder, die „Klarissen", gründete – schließen sich ihm an und fordern die Gründung eines Ordens. Der religiös sensible, mystischmedial veranlagte Franz tritt in eine harte Auseinandersetzung mit dem Papst und dem Kardinal Ugolino von Ostia ein, die ihm das Korsett bestehender Ordensregeln auferlegen wollen. Mit großer Festigkeit und prophetischer Kraft widersteht Franz dieser Versuchung und hält an seinem freien, nur am Evangelium orientierten Konzept fest, das eine ungeheure Sogkraft entfaltet. Durch große Entbehrungen geschwächt, krank und in seinen Versuchen, gegenüber den Kreuzzügen mit Feuer und Schwert die Bekehrung der Mohammedaner mit der Kraft des Evangeliums und des Zeugnisses der Liebe durchzusetzen, gescheitert, verbringt Franz seine letzten Lebensjahre in der Einsamkeit der umbrischen Berge, nur von wenigen treuen Freunden begleitet. Auf dem Monte La Verna empfängt er 1224 die Stigmata (Wundmale Jesu), wird blind und stirbt 1226 in einer Hütte bei der Portiunkula-Kapelle, wo er sein Leben als Minderbruder begonnen hat.

Wenige Tage vor seinem Tod vollendet er den berühmten „Sonnengesang":

Das orthodoxe Christentum

in Griechenland und Rußland entwickelte auch künstlerisch eigene Formen, deren Wurzeln in der byzantinischen Kunst liegen.
Kuppelkirche des Klosters Sveti Naum (15. Jh.) am Ochridasee **(79)**.
Kuppeln der Basiliuskathedrale (1555–60) am Roten Platz in Moskau **(80)**.

79

80

81

Die Orden und ihre Gründer

hatten entscheidenden Anteil an der
Verbreitung des Christentums.
Blick auf Monte Cassino, das von Benedikt
gegründete Stammkloster der Benediktiner
(**81**). – Der hl. Benedikt mit Mönchen bei
der Mahlzeit. Fresko von Sodoma (ab 1505)
im Kreuzgang des Klosters Monte Oliveto
Maggiore bei Siena (**82**). – Die Begegnung
von Franziskus mit Dominikus, den
Begründern des Bettel- und
Predigerordens. Tafelbild (1335) von Fra
Angelico auf der Predella des Triptychons
von Cortona. Cortona, Diözesan-Museum
(**83**). – Ignatius, der Gründer des
Jesuitenordens, entsendet Franz Xaver auf
Missionsreisen. Gemälde (17. Jh.) von
A. Pozzo. Rom, Kammer des Ignatius (**84**).

84

83

82

„Höchster, allmächtiger, guter Herr,
Dein sind das Lob, die Glorie, die Ehre und alle
*   Preisung,*
Dir allein sind sie eigen,
Und kein Mensch ist würdig, Dich zu nennen.

Gelobt seiest Du, mein Herr, mit all Deinen
*   Geschöpfen,*
Besonders dem Herrn Bruder Sonne,
Welcher der Tag ist und durch den Du uns leuch-
*   test,*
Und dieser ist schön und strahlend mit großem
*   Glanze,*
Von Dir, Höchster, trägt er das Sinnbild.

Gelobt sei mein Herr durch Schwester Mond und
*   die Sterne.*
Im Himmel hast Du sie befestigt, strahlend, kost-
*   bar und schön.*

Gelobt sei mein Herr durch Bruder Wind
Und durch Luft und Wolke und Klarheit und alle
*   Wetter,*
Durch die Du Deinen Geschöpfen Erhaltung gibst.

Gelobt sei mein Herr durch Bruder Feuer,
durch den Du die Nacht erleuchtest,
Und er ist schön und freudig und kräftig und stark.

Gelobt sei mein Herr durch unsere Schwester Mut-
*   ter Erde,*
Die uns erhält und regiert
Und verschiedene Früchte hervorbringt mit farbigen
*   Blumen und Gras.*

Gelobt sei mein Herr durch jene, die verzeihen
*   durch Deine Liebe*
Und Krankheit ertragen und Not.
Selig jene, die dies ertragen in Frieden,
Denn sie werden von Dir, Höchster, umkrönt sein.

Gelobt sei mein Herr durch unsere Schwester, den
*   leiblichen Tod,*
Vor der kein leiblicher Mensch entfliehen kann.
Entsetzen denen, die in Todsünden sterben.

Selig jene, die Deinen heiligen Willen finden,
Denn der zweite Tod wird nichts Böses tun.

Lobet und preiset meinen Herrn und danket und
*   dienet,*
dienet ihm mit großer Demut."
(Übertragen von Ernst Degasperi)

Bereits zwei Jahre nach dessen Tod sprach der mittlerweile Papst (Gregor IX.) gewordene Kardinal Ugolino von Ostia den „Poverello" (= kleiner Armer) heilig. *„Er ging der Welt wie eine Sonne auf",* sagte Dante Alighieri und erfaßte damit in unnachahmlicher Weise die Wirkung und Bedeutung dieses kleinen Mannes aus Umbrien, dieses großen Mystikers, Dichters, Sängers, Predigers und Beters, dessen Wirksamkeit heute genauso leuchtend strahlt wie vor 800 Jahren, als er in Assisi geboren wurde. Eine Gegenbewegung, die sich brüsk gegen die kirchliche Organisation wandte, waren die häretischen Bewegungen, vor allem der **Katharer, Albigenser** und **Waldenser**. Peter von Bruis, Heinrich von Lausanne, Arnold von Brescia waren Vorläufer dieser Bewegung. Sie predigten gegen die mächtige Kirche, die sich vom Evangelium abgewandt und der Welt ergeben hatte, sie waren radikal und forderten auf, die Kirchen zu verbrennen, die Altäre zu zerschlagen und die Priester zu verjagen. Sie verlangten eine radikal arme Kirche und den Verzicht

Begegnung zwischen Dominikus und Franziskus, den beiden Gründern der Bettelorden des 12. Jahrh. Tafelbild von Fra Angelico (Cortona).

auf alle Macht und Herrschaft. Eine Massenbewegung entfachten erst die von den bulgarischen Bogumilen (vgl. Seite 45) beeinflußten *Katharer* (= die Reinen), die einen manichäisch getönten Dualismus vertraten mit einem guten Gott, der die Geister geschaffen hat, und einem bösen Gott, der die sichtbare Welt schuf. Durch das Wirken St. Michaels und Christi, welche Satan besiegen und dadurch die Geister aus seiner Herrschaft befreien, wird die alte (in Gute und Böse getrennte) Ordnung wiederhergestellt. Dieser Lehre des absoluten Dualismus steht eine gemäßigte Lehre zur Seite, die nur einen Schöpfergott kennt, dessen Ordnung durch die Revolte Satans, der die Engel verführt und sie als Seelen den Leibern der Menschen einfügt, gestört wird. Aus diesem Gefängnis des Fleisches werden die Geister durch Christus erlöst, der nicht Sohn Gottes, sondern ein hoher Engel ist, der in Maria nur scheinbar Mensch wird. Der Geist Gottes nimmt bei der Taufe im Jordan in ihm Wohnung, bleibt bei ihm bis zu seiner Verherrlichung, geht dann auf die Apostel über und teilt sich den Gläubigen bei der Taufe mit, die allerdings keine Wassertaufe, sondern ein Exorzismus ist. Die Führer der Katharer, die Vollkommenen, sündigen nicht, die einfachen Gläubigen können durch eine Buße von ihren Sünden befreit werden. Der Tod befreit die Engel für das Paradies, doch ist auch eine Art Seelenwanderung nicht ausgeschlossen. Beim Weltende werden die Verdammten und die Dämonen vernichtet, eine leibliche Auferstehung gibt es nicht.

In dieser Lehre scheinen viele altkirchliche gnostische Häresien erneuert zu sein (vgl. Seite 353 ff). Die Bewegung verbreitete sich in Lüttich und Köln, seit 1165 in Norditalien, in der Lombardei und in der Toskana, in Südfrankreich und in England.

Der Lyoner Kaufmann Petrus Waldes gründete 1175 unabhängig von den Katharern eine Buß- und Armengenossenschaft auf der Basis des Evangeliums. Ursprünglich predigten sie Buße und forderten zu einem einfachen Leben auf. Als sie mit Predigtverbot belegt wurden, wendeten sie sich auch gegen die Kirche und den Klerus und gerieten seit 1184 unter den Einfluß der Katharer. In ganz Europa missionierten die Katharer und Waldenser und wurden zu einer drohenden Gefahr für die Kirche, die sich alsbald zur Wehr setzte und die *Inquisition* dagegen einsetzte. Papst Alexander III. verlangte auf dem Konzil von Tours aktives Eingreifen angesichts der Gefährdung der kirchlichen Glaubensreinheit und Ordnungseinheit. Bischöfe, Priester und Laien sollten Häretiker anzeigen, und der Magistrat sollte mit strengen Strafen gegen die Verdächtigen vorgehen. In der Art eines Kreuzzuges wurde gegen die durch die häretischen Bewegungen „verseuchten" Gebiete vorgegangen: die Angezeigten wurden exkommuniziert, eingekerkert, ihrer Güter beraubt, mit schweren Strafen belegt. Geistliche und weltliche Gewalt wirkten zusammen bei diesem „Ketzerkrieg", der wie der Kreuzzug als verdienstlicher heiliger Krieg angesehen wurde.

Wie unselig sich diese zur Verteidigung des Glaubens geschaffene Institution auswirken sollte, wurde erst allmählich deutlich.

Glaubenslehre als Wissenschaft

Während der Auseinandersetzungen um die Glaubenslehren ab dem 4. Jahrhundert hatte die systematische Reflexion des christlichen Glaubens eine beachtliche Höhe erreicht. Um alle Konsequenzen einer bestimmten Glaubens-Annahme beurteilen zu können, war es nötig, systematisch zu denken und alle Für und Wider zu beachten. Naturgemäß bediente man sich dabei der vorhandenen Denkmethoden, also der vor allem in Griechenland entwickelten Philosophie. Die großen Theologen der Patristik waren alle auch beachtliche Philosophen.

Mit dem Niedergang des Römischen Reiches und seiner Kultur ergab sich eine neue Situation: Man griff mit Vorliebe auf die theologische Tradition der Väterzeit zurück; stieß dabei aber auf sehr verschiedene philosophische Ansätze und Standpunkte und hatte Mühe, die auftretenden Widersprüche zu klären.

Ab dem 11. Jahrhundert wurde man sich dieser Problematik mehr und mehr bewußt und legte das Augenmerk auf die methodologischen Probleme der Theologie. Dazu kam, daß neben der patristischen Tradition und der griechisch-klassischen Philosophie arabisches Gedankengut mehr und mehr eine Rolle spielte, da die Araber in der Zeit des römischen Niedergangs und europäischen (abendländischen) Aufbruchs die Vermittlerrolle zwischen der griechischen Philosophie (vor allem der Philosophie des in der christlichen Tradition sehr vernachlässigten Aristoteles) und den Naturwissenschaften (Mathematik, Astronomie, Medizin usw.) übernommen hatten.

Wenn man nach einem Beginn bzw. nach einer Persönlichkeit sucht, mit der man die neuerwachte Wissenschaftlichkeit verbinden kann, dann dürfte wohl vor allem **Anselm von Canterbury** zu nennen sein (1033–1109). Geboren bei Aosta in Piemont, wurde er von Benediktinern erzogen, Abt des Klosters Le Bec in der Normandie und 1093 Erzbischof von Canterbury. Anselm geht von Augustinus aus, führt aber dessen Gedankengänge radikal weiter zur Formel *„fides quaerens intellectum":* dem denkenden Gläubigen werden Sachverhalte deutlich, die in der einfach hingenommenen Glaubenswahrheit nicht in Erscheinung getreten wären. Anselm übte großen Einfluß aus und wird mit Recht der Vater der **Scholastik** genannt, weil er kühn und unerschrocken seinen Zeitgenossen den Weg wies, wie man Dialektik und metaphysische Spekulation in den Dienst des theologischen Fragens stellen kann.

Das Beispiel Anselms rief viele Nachfolger auf den Plan, es bildeten sich Schulen, aus denen sich allmählich die Universitäten entwickelten. Einer der wichtigsten Männer dieser „Schultheologie" war **Petrus Abälard** († 1142), der in Paris lehrte und dank seiner großen logischen Begabung die Theologie zur Wissenschaft machte und damit den Grund zu den großen „Summen" der Hochscholastik legte, in denen das Wissen der Zeit enzyklopädisch zusammengetragen und unter dem verbindenden Gesichtspunkt der Theologie zu einer Synthese vereinigt wurde. Die herausragenden Theologen der Scholastik wurden aber **Albertus Magnus** und **Thomas von Aquin,** beide Dominikanermönche, die die Philosophie des Aristoteles, des großen Systematikers, benützten, um die Theologie zu systematisieren und zu einem glasklaren Lehrsystem zu machen.

Paris, Oxford und Bologna waren im 13. Jh.,

Triumph des heiligen Thomas von Aquin (1225–1274), Tafelbild F. Traini (Pisa). Der gelehrte Dominikaner hat gezeigt, daß Glaube und Vernunft keine Gegensätze sind.

der Blütezeit der Hochscholastik, die Zentren des wissenschaftlichen Theologisierens. Daneben entstanden aber viele andere Universitäten in Neapel, Toledo, Salamanca, Rom, Siena, Padua, Orléans, Angers, Toulouse usw.

Die meisten Studenten waren Kleriker, und auch die Lehrer kamen meist aus dem geistlichen Stand, so daß trotz der Beschäftigung mit verschiedenen Sachbereichen die Theologie dominierte.

Zu Beginn des 14. Jh. vollzog sich erneut ein Wandel, als die theologischen Synthesen kritisch hinterfragt wurden und man Einzelprobleme genauer untersuchte. Naturgemäß gab man dabei der Vernunfteinsicht größeren Raum als der Lehrtradition und -autorität. Der Name **Wilhelm von Ockham** steht für diesen neuen Geist, den man gerne **Nominalismus** nennt und womit man andeuten will, daß die formale Logik gegenüber den Inhalten dominiert, daß man mit Begriffen arbeitet, aber das Sein und das Allgemeine nicht mehr im Griff hat, ja als im Grunde nicht beweisbar ansieht und preisgibt.

Wilhelm von Ockham: Über die Schwäche unseres Verstandes

„Ein Glaubenssatz kann nicht evident bewiesen werden. Die Wahrheit, daß nur ein Gott ist, ist ein Glaubenssatz. Also kann sie nicht evident bewiesen werden.

Über den Namen „Gott" bestehen verschiedene Beschreibungen. Die eine lautet: Gott ist etwas Edleres und Besseres als alles andere außer ihm. Die zweite: Gott ist identisch mit dem, worüber hinaus nichts besser, früher oder vollkommener ist.

Nimmt man den Begriff „Gott" in der ersten Art, dann kann durch ein Beweisverfahren nicht dargelegt werden, daß nur ein Gott existiert. Der Grund dafür ist, weil man nicht evident wissen kann, daß Gott existiert. Also kann man auch nicht überzeugend nachweisen, daß nur ein Gott existiert.

Der Vordersatz wird so bewiesen: Dieser Satz, Gott existiert, leuchtet nicht von selbst ein, denn viele bezweifeln ihn noch; noch kann er aus von selbst Bekanntem bewiesen werden, weil in all diesen Gründen etwas Zweifelhaftes oder nur zu Glaubendes angenommen wird. Auch auf experimentellem Wege ist er nicht bekannt, wie selbstverständlich ist …

Die Einzigartigkeit Gottes kann auch dann nicht evident bewiesen werden, wenn man den Begriff „Gott" in der zweiten Art nimmt. Denn die negative Einheit Gottes kann deswegen nicht evident bewiesen werden, weil man nicht beweisen kann, daß die Einheit Gottes nicht evident bewiesen werden kann, wenn man nicht die Gegengründe entkräftet. So kann man auch nicht demonstrativ beweisen, daß die Gestirne eine gerade Zahl haben.

Aber man kann es auch negativ nicht evident beweisen, weil man nicht nachweisen kann, daß die Zahl der Gestirne nicht eine gerade ist …

Jedoch muß man wissen, daß das Dasein Gottes, wenn man Gott in der zweiten oben angegebenen Art nimmt, bewiesen werden kann. Es ergäbe sich

sonst ein Fortschreiten ins Unendliche, wenn in der Reihe der Seienden nicht eines wäre, worüber hinaus nichts früher oder vollkommener wäre. Doch daraus folgt nicht, daß man nachweisen kann, daß nur einer dieser Art existiere. Diesem Satz stimmen wir nur durch den Glauben zu."

Damit war der Grund gelegt für den neuzeitlichen Rationalismus und für die Selbständigkeit der Einzelwissenschaften gegenüber der Theologie. Daß dies nicht unbedingt in Atheismus und Ablehnung von Theologie und Metaphysik münden muß, bewies der große Kardinal **Nikolaus von Kues** (1401–1464), der neben seinem großen Reformwerk sich in seinen Schriften als echt neuzeitlicher Denker erwies. Die Philosophie des Seins wird bei ihm zur Philosophie des Bewußtseins, des Wissens, ja des Wissens vom Nichtwissen. In dieser Rückwendung des Geistes auf sich selbst, in der Frage nach der eigenen Subjektivität und dem alles um- und übergreifenden personalen Geist wies der Kusaner einen Weg in die Neuzeit, der leider nur von wenigen beschritten wurde, der aber bis heute für den kritischen Theologen Gültigkeit behält. Er war befreundet mit dem Humanisten Äneas Silvio Piccolomini, der als Papst Pius II. die letzte Anstrengung machte, die Kirche zu reformieren, ehe die auf ihn folgenden „Renaissance-Päpste" sich jeder Reform verschlossen und damit das Zeitalter der Reformation und Revolution der abendländischen Kirche heraufbeschworen.

Christliche Mystik des Abendlandes

Neben der stark ritualisierten Frömmigkeit der offiziellen Liturgie und des Stundengebetes der Mönche und Nonnen entwickelte sich im christlichen Abendland etwa seit Alkuin im 9. Jh. eine mystische Frömmigkeit, die stark die Gestalt Jesu Christi in den Mittelpunkt stellte. Es ist aber nicht mehr der *„Christus passus et gloriosus"* (Christus, gelitten und verherrlicht) der christlichen Frühzeit, sondern der *„Christus patiens"* (der leidende Christus) – den Evangelienberichten folgend –, der aber zugleich einfach für Gott steht: *„Gott wurde von der Jungfrau Maria geboren und für uns gekreuzigt"*, heißt es in einer Predigt des hl. Bonifatius, die für viele Formulierungen der damaligen Zeit stehen kann. Das Paradox des leidenden Gottes ist es wahrscheinlich, das die mystische Saite der Frömmigkeit anrührt und zum Schwingen bringt. Eine Folge der starken Divinisierung (= Vergöttlichung) Jesu ist das Ausschauhalten nach anderen „Mittlern", die man jederzeit als Helfer anrufen kann. Man verehrt die Reliquien der Heiligen und erhofft sich vom Besitz, von der Verehrung, vom Berühren solcher heiligen Überreste Schutz und Hilfe für Leib und Seele. Auch die Verehrung der Gottesmutter nimmt stark zu. Der Osterfestkreis tritt gegenüber dem Weihnachtsfestkreis zurück.

Franz von Assisi ist es, der im Jahr 1220 in seiner Einsiedelei bei Greccio erstmals die Krippe in Bethlehem dramatisch nachbilden läßt und sich meditativ in die Inkarnation Gottes vertieft. Nicht lange danach wird er stigmatisiert (Wundmale Jesu) und kann so auch körperlich mit dem leidenden Christus mitfühlen. – In den damals aufkommenden dramatischen Passionsspielen (freilich noch eher liturgisch geprägt und erst später zum Mysterienspiel weiterentwickelt) kann das breite Volk, in Prozessionen daran Anteil nehmend, sich ebenfalls in das heilige Erlösungsgeschehen nachahmend hineinziehen lassen.

Damit setzte eine Bewegung der Volksfrömmigkeit ein, die viel dazu beitrug, daß das Christentum im Zuge der großen Gefährdungen der kirchlichen Obrigkeit durch Besitz und Macht nicht zugrunde ging, sondern im Gegenteil spirituell wuchs und sich vertiefte: Die Eltern unterwiesen ihre Kinder, die ganze Familie nahm an den Wallfahrten, am Heiligenkult, am gemeinsamen Gebet teil, wurde in den Kirchen durch Kult, Predigt und Sakramente zur persönlichen Frömmigkeit geführt.

Dieser Zug zur Frömmigkeit fand auch in die ansonsten eher rationalistisch eingestellte Theologie Eingang. **Anselm von Canterbury** war nicht nur der Vater der Scholastik, sondern auch der erste „mystische Theologe". Seine Theologie griffen **Bernhard von Clairvaux, Wilhelm von Saint-Thierry** und andere Theologen des 12. Jh. auf. **Rupert von Deutz** und **Hildegard von Bingen** sowie **Elisabeth von Schönau**

sind wichtige Vertreter der mystischen Theologie in Deutschland.

Die Dominikaner waren es schließlich, die in Deutschland den Anstoß zur Entwicklung einer sehr hochstehenden mystischen Bewegung gaben. Die zunehmende Mündigkeit der Laien, vor allem vieler Frauen, die infolge der Kreuzzüge und Seuchen verwitwet oder ehelos waren und großes religiöses Interesse und Bildungshunger äußerten, rief nach religiös-theologischer Unterweisung. Im 13. Jh. entstanden zahlreiche Frauenklöster, vor allem der Dominikanerinnen, die von dominikanischen Lektoren und Magistern betreut wurden und in denen eine mehr praktische, die Herzensfröm-

Die deutsche Mystik hat ganz entscheidend zur Verinnerlichung des Glaubens beigetragen. Im Bild Johannes Tauler (1300–1361).

migkeit kultivierende, direkt zur Einung mit Gott hinführende Theologie vermittelt wurde. Diese Theologie bediente sich der deutschen Sprache und hatte im 13. und 14. Jh. große, Bedeutung. Zu nennen sind unter anderen **Mechthild von Magdeburg** mit ihrem Buch „Das fließende Licht der Gottheit", das erste große in deutscher Sprache geschriebene mystische Werk, in dem Betrachtungen und Sprüche, vermischt mit vom Minnegesang bestimmten Bildern, versuchen, die Visionen eines 30jährigen Bußlebens zum Ausdruck zu bringen. Mechthild lebt in Helfta und beeinflußt dort **Gertrud die Große,** eine der wichtigsten Visionärinnen des Mittelalters.

Unter den Dominikanern ist vor allem **Dietrich von Freiberg** zu nennen, der großen Einfluß auf **Meister Eckhart, Berthold von Moosburg, Heinrich Seuse** und **Johannes Tauler** ausübte. Meister Eckhart ist sicherlich der bedeutendste und kühnste Vertreter der spekulativen deutschen Mystik. 1260 in Hochheim in Thüringen geboren, wird er Vikar des Dietrich von Freiberg und wie er Dominikaner. 1302 wird er Provinzial der Dominikaner in der sächsischen Provinz (47 Konvente, 70 Frauenklöster) und Generalvikar der böhmischen Provinz. Seine „Reden der Unterscheidung", das „Buch der Tröstungen" und zahlreiche Predigten machen ihn zu einem der ganz großen deutschen religiösen Redner und Schriftsteller:

„Der Mensch soll nicht bloß einen gedachten Gott haben und es sich bei dem genug sein lassen; wenn der Gedanke vergeht, so vergeht auch der Gott. Vielmehr; soll man einen wesenhaften Gott haben, der hoch über den Gedanken der Menschen ist und aller Kreatur. Der Gott vergeht nicht, es kehre sich denn der Mensch freiwillig von ihm ab.

Wer Gott so im Wesen innehat, der erfaßt ihn göttlich, und dem leuchtet er in allen Dingen; denn alle Dinge kommen ihm dann göttlich vor, und aus allen auch erbildet sich ihm Gott. In ihm hat allezeit Gott die Augen offen, in ihm begibt sich eine stille Abkehr vom Äußeren und ein Eindringen des geminnten allgegenwärtigen Gottes ...

Also soll der Mensch von Gottes Gegenwart durchdrungen, soll mit der Form seines geliebten Gottes*

durchformt und in ihr eingewest sein, daß ihm seine Gegenwärtigkeit leuchtet ohne alle Bemühung und daß er die Dinge in ihrer wahren Gestalt erkennt und ihrer gänzlich ledig bleibe ...

Darum sage ich: Wenn sich der Mensch abkehrt von sich selbst und von allen geschaffenen Dingen – soweit du das tust, so weit wirst du geeint und beseligt in dem Fünklein der Seele, das weder Zeit noch Raum je berührte. Dieser Funke widersagt allen Kreaturen und will nichts als Gott, unverhüllt, wie er in sich selber ist ...

So verstört ist Gott mit seiner Minne zu uns, recht als ob er vergessen habe Himmelreiches und Erdenreiches und aller seiner Seligkeit und aller seiner Gottheit und mit nichts zu tun habe, denn alleine mit mir, auf daß er mir gebe alles, was mich getrösten könnte."*

Es verwundert nicht, daß Eckhart angegriffen wurde und man ihm Pantheismus und andere Häresien vorwarf. 1329 wurden 17 Sätze als häretisch und 11 als verdächtig verurteilt. Gleichzeitig erfolgte auch die Verurteilung des Nominalisten Wilhelm von Ockham – zwei gegensätzliche Denkweisen und beide verurteilt. Die Kirche setzte sich damals nach allen Seiten zur Wehr. Eckharts Bedeutung und seine Rechtgläubigkeit stehen mittlerweile fest, wenngleich man ihm sicherlich Einseitigkeiten, die seine Lust zu paradoxen Formulierungen mit sich brachte, vorhalten kann.

Neben den großen deutschen Mystikern ist vor allem der Niederländer **Johannes Ruysbroeck** zu nennen, der in den damals für Schwärmerei und Pseudomystik anfälligen Niederlanden und gegen häretische Tendenzen als geistlicher Führer hohes Ansehen genoß. Er stand auch in Verbindung mit **Gerhard Groote** und der Bewegung „devotio moderna", die im 15. Jh. von den Niederlanden aus auf ganz Europa einwirkte. Charakteristisch für diese Bewegung ist der Satz aus der Einleitung der „Nachfolge Christi" (I, 1,9): *„Ich will lieber Reue empfinden als ihren Begriff kennen".* Der Überdruß an verstiegener Spekulation führte zur Abkehr von der

Rechte Seite: Große Rosette des Domes von Minden, Beispiel für das symbolträchtige Durchgestalten der Hochgotik.

Theologie und auch von der mystischen Spekulation und zur Hinwendung zu einem Leben tätiger Buße und Liebe, wobei man die Gedanken der großen Mystiker aber durchaus kannte und auswertete.

Die starke Ausbreitung der Mystik in dieser Zeit barg die Gefahr der Verflachung und Verfälschung in sich, sie leitete aber direkt über zur Entwicklung einer deutschen Theologie, die dann in der Reformationszeit des 16. Jh. ihren ersten Höhepunkt fand.

Eine ganz andere Ausrichtung von Mystik und Vision zeigt die „Göttliche Komödie" des **Dante Alighieri** (1265–1321), die dieser in der Verbannung (er stand bei politischen Auseinandersetzungen in seiner Vaterstadt Florenz auf der „falschen" Seite) in den letzten 10 Jahren seines Lebens schrieb und in Ravenna vollendete, wo er auch begraben liegt. In drei Teile gegliedert: Inferno (Hölle) – Purgatorio (Berg der Läuterung) – Paradiso (Paradies), schildert das Werk in über 14 000 Versen (11silbige Terzinen) die Wanderung des Dichters durch diese drei Reiche und die dabei geschehende Läuterung zum ewigen Heil. Er wird begleitet von Vergil (= die abendländische Sendung) und Beatrice (= Gottes zuvorkommende Gnade):

Bernhard v. Clairvaux:
„O Jungfrau, Mutter, Tochter deines Sohnes,
Gering und über jeder Kreatur!
Du vorbestimmtes Ziel des ewigen Thrones!

Du bist es, die du menschliche Natur
So adeltest, daß ihres Schöpfers Güte
Verschmähte nicht, Geschöpf zu werden nur!

In deinem Leib die Liebe neu erglühte,
Durch deren Glut auf ewigen Friedens Flur
So mächtig aufgesprossen diese Blüte.

Für uns hier bist die Mittagsfackel du
Der Liebe; unten, wo der Tod ist mächtig,
Bist Du der Quell der Hoffnung immerzu!

Du bist so groß, o Herrin, bist so prächtig;
Wer Gnade heischt und klopft nicht an dein Tor,
Will fliegen ohne Flügel, sehnsuchtsträchtig!
…

Nun bittet dieser, dem vom tiefsten Schlund
Des Weltalls bis zu dieser Stelle
Die Geisteswelten wurden alle kund,

Aus Gnade werd' ihm solche Kraft zuteile,
Daß es mit seinen Augen ihm geling',
Sich zu erheben bis zum letzten Heile.

Und ich, der nie für mich so Feuer fing,
Wie jetzt für ihn, erfleh aus ganzer Seele,
Und flehe, daß es dir nicht zu gering.

Daß er nunmehr sich aus dem Nebel schäle
Der Sterblichkeit auf deine Bitten hin,
Auf daß die höchste Lust sich ihm vermähle."
…

Dante:
„Mein Schauen übertraf fortan die Maße
Der Sprache, die vor solcher Schauung flieht;
Auch das Gedächtnis weicht dem Übermaße.

Wie wenn im Traume einer etwas sieht,
Und nachher nichts von dem, was er gesponnen,
Als das Gefühl davon, bleibt im Gemüt,

So geht es mir; denn fast ist ganz zerronnen
Mein Traumgesicht; noch träufelt mir von dort
Ins Herz die Süße, die ich draus gewonnen.
…
Den Grund des tiefen ungetrübten Seins
Des hehren Lichts sah ich drei Kreise hegen,
An Farbe dreifach und an Umfang eins:

Der eine spiegelte, gleich Irisbögen,
Den andern Kreis; es schien der dritte Ring
Ein Feuer, das aus beiden schlägt entgegen.
…
Vom Kreis, der so mir schien in dir entstanden,
Gleichwie erscheint ein reflektiertes Licht,
Und den da meine Augen kurz umwanden,

Erschien mir da, von Färbung anders nicht,
Des Menschen Ebenbildnis ganz umrundet,
Daß von ihm hingerissen mein Gesicht.
…
So ging es mir bei diesem neuen Schatz:
Ich wollte sehn, wie überein zu bringen
Das Bildnis mit dem Kreis, und wo sein Platz.

Doch genügten dazu nicht die eigenen Schwingen;
Wenn nicht getroffen hätte meinen Geist
Ein Blitz, darin sein Wille fand Gelingen.

Die Kraft der hohen Phantasie hier spleißt!
Doch folgte schon mein Wunsch und Wille gerne,
So wie ein Rad, das ebenmäßig kreist,

Der Liebe, die bewegt die Sonn und Sterne!"
(33. Gesang des Paradiso, gek., übersetzt von Wilhelm
G. Hertz)

Italienische Sprach- und Reimkunst erreicht in
diesem gewaltigen Werk – knapp hundert
Jahre nach dem Sonnengesang des Franz von
Assisi – einen frühen Höhepunkt. Dem ptolemäischen Weltbild folgend, wird die Erde als
Mittelpunkt der Welt verstanden, um den sich
die neun Himmelssphären bewegen, die vom
Lichthimmel überhöht werden, in dem Gott
thront. Die Hölle befindet sich im Inneren der
nördlichen Halbkugel der Erde und verengt

Dante Alighieri, geb. 1265 in Florenz, gest. 1321 in
Ravenna. Vollender der mittelalterlichen Dichtkunst.
Gestalter des christlichen Weltbildes seiner Zeit.

sich trichterförmig bis zum Erdmittelpunkt, in
dem Luzifer thront. In der südlichen Hemisphäre befindet sich der Läuterungsberg, auf
dessen Höhe das Irdische Paradies liegt. In
großartigen Visionen und Deutungen, die von
seiner mystischen Begabung zeugen, schildert
der Dichter und Seher den für jeden Menschen
notwendigen Weg aus dem Elend zur Glückseligkeit. Deshalb nennt er (bzw. Boccaccio, von
dem der Gesamttitel Divina Commedia
stammt) auch seine Dichtung Commedia (und
nicht Tragödie), *„weil sie schrecklich beginnt und
glücklich endet".*

Das abendländische Schisma

Die Gegenbewegungen gegen das Kirchen-
und Reichsregime, die häretischen Bewegungen und die mystische Bewegung kommen
nicht von ungefähr. Das Ringen zwischen
Papst und Kaiser um den Vorrang führte zu einer Art Patt-Stellung: sowohl die Kirche wie
das Reich waren nicht imstande, die Macht
zum Aufbau und zum Frieden einzusetzen. Es
war ein vielfältiges Gegeneinander, unter dem
vor allem das Volk zu leiden hatte. Überall gab
es Bürgerkriege, Kriege zwischen Städten und
Stadtstaaten, zwischen politischen Gruppierungen, zwischen einzelnen Fürsten und dem
Kaiser, zwischen Bischöfen, zwischen kirchlichen Gruppen der einen oder der anderen Ausrichtung. Dabei wurde nicht nur mit Feuer und
Schwert gekämpft, sondern auch mit Bann und
Reichsacht. Dies führte dazu, daß in manchen
Ländern oder Städten oft jahrelang das offizielle kirchliche Leben (Kult, Sakramentenspendung, Predigt usw.) völlig zum Erliegen
kam. Die Stadt Straßburg z. B., in der Meister
Eckhart unter anderem wirkte, lebte hundert
Jahre vorher bereits jahrzehntelang im Kir-
chenbann, Ulm 14 Jahre, Frankfurt 28 Jahre.
Kein Wunder, daß sich die Menschen selbst
helfen mußten, daß sie auf das „innere Reich"
der Liebe, Gerechtigkeit und Seligkeit Gottes
ihre Hoffnung setzten und damit offen für die
Mystik wurden. Viele andere schlossen sich
den schwärmerischen Volksbewegungen der
Katharer, Albigenser und Waldenser an, den
Brüdern des Heiligen Geistes, den Brüdern des

Geistes der Freiheit, den Lollarden, Beghinen und Begharden, Adamiten, Pikarden, Luciferianern, Geißlern und wie sie alle hießen, weil sie dort Sicherheit zu finden hofften – metaphysische Sicherheit! –, die ihnen die unglaubwürdig gewordene Staatskirche nicht mehr geben konnte.

Höhepunkt der kirchlichen Zerrissenheit, etwa hundert Jahre nach dem „Interregnum", der „kaiserlosen, schrecklichen Zeit" (1256–1273), wurde das sogenannte **abendländische Schisma.**

Nach dem Tode Papst Gregors XI. (1378), mit dem die beinahe 70 Jahre währende „babylonische Gefangenschaft" der Kirche, die Verlegung der Residenz der Päpste von Rom nach Avignon (1309–1377), zu Ende gegangen war, wurden zwei Päpste gewählt: Urban VI. in Rom und Klemens VII. in Avignon. Ganz Europa spaltete sich in zwei Lager. Auf der Seite Urbans waren Italien, das Reich mit König Wenzel, die nördlichen und östlichen Länder und

Front des Papstpalastes in Avignon, Residenz der Päpste von 1309–1377. So herrlich der Palast ist, so schrecklich war die Zeit der Gegenpäpste und der religiös-politischen Entzweiung.

England. – Hauptstütze Klemens' VII. waren Frankreich, Burgund, Savoyen und Neapel als von Frankreich abhängige Gebiete, und Schottland als Gegner Englands. Einige Länder entschlossen sich erst allmählich zu einer Stellungnahme (so Kastilien für Klemens), andere wechselten mehrmals die Zugehörigkeit, wie Portugal. In Deutschland, wo damals keine Zentralgewalt herrschte, war die Lage ungeheuer verworren. Die Spaltung ergriff jeden einzelnen Orden, jede Diözese, bis in die Familien hinein ging die Entzweiung.

Um dieser unseligen Spaltung ein Ende zu bereiten, riefen die beiden Pariser Professoren D'Ailly und Gerson zu einem Reformkonzil auf, das 1409 in Pisa zustande kam. Es brachte aber nicht den erhofften Erfolg, denn dieses „allgemeine Konzil", das über die beiden Päpste zu Gericht sitzen wollte, wählte einen dritten Papst.

Darauf berief der deutsche König Sigismund in Absprache mit Papst Johannes XXIII. (dem Nachfolger des in Pisa gewählten, aber bereits ein Jahr später gestorbenen Alexander V. und Gegenspieler der beiden Gegenpäpste Gregor XII. und Benedikt XIII.) ein Konzil nach Konstanz ein. 33 Kardinäle, 900 Bischöfe und 2000 Doktoren nahmen daran teil. Dieses Konzil setzte alle drei bisherigen Päpste ab und wählte Martin V. (1417–1431). Da sich alle drei politischen Gruppen vorher auf ihn geeinigt hatten, war diesmal den Bemühungen um die Beendigung des Schismas Erfolg beschieden. Alle anderen Bestrebungen – die Inangriffnahme innerer Reformen, die Bewältigung der nationalen Irrlehren in England (durch **John Wiclif**) und Böhmen (durch **Johannes Hus**) und das Herbeiführen der Gesinnungseinheit – blieben mehr oder minder erfolglos, ja wurden tw. ins Gegenteil verkehrt (die Verbrennung des Johannes Hus in Konstanz entfesselte die über 50 Jahre währenden Hussitenkriege).

Verurteilte Lehrsätze John Wiclifs (1382)

„1. *Im Altarsakrament bleibt nach der Konsekration die Substanz des materiellen Brotes und Weines erhalten.*

3. *Christus ist im Altarsakrament nicht identisch, wahrhaft und wirklich in seiner eigenen leiblichen Person gegenwärtig.*

4. *Wenn sich ein Bischof oder Priester in Todsünde befindet, so wirkt er nicht die Weihe, den Leib Christi oder die Taufe.*

5. *Ist ein Mensch von Reue, wie es sich gebührt, erfüllt, so ist jedes äußere Sündenbekenntnis überflüssig oder unnütz.*

8. *Wenn der Papst ein Verworfener und ein böser Mensch und infolgedessen ein Glied des Teufels ist, so besitzt er keine Gewalt über die Gläubigen Christi, ausgenommen vielleicht diejenige, die ihm der Kaiser gegeben hat.*

10. *Es widerspricht der Heiligen Schrift, daß die Geistlichen weltliche Besitzungen haben sollen.*

15. *Jedem, auch dem Diakon oder Priester, ist es erlaubt, das Wort Gottes zu predigen, auch ohne die Autorität des Apostolischen Stuhles oder eines katholischen Bischofs oder eine andere hinreichend beglaubigte menschliche Autorität.*

19. *Besondere Fürbittengebete, die Weltgeistliche oder Mönche zugunsten einer Person sprechen, nützen dieser Person nicht mehr als die allgemeinen Fürbittgebete.*

23. *Die Bettelmönche sollen ihren Lebensunterhalt durch Handarbeit, nicht durch Betteln verdienen."*

Aus dem letzten Brief des Johannes Hus
(1415)

„Magister Johannes Hus entbietet allen treuen Böhmen seinen Wunsch und sein unwürdiges Gebet ... Eben fällt mir ein, daß Ihr wissen müßt, wie das stolze, neidische, schandvolle Konzil meine böhmischen Bücher verdammt hat, ohne sie gesehen oder gelesen zu haben, und hätte es dieselben auch gelesen, es würde sie doch nicht verstanden haben, denn im Konzil saßen Welsche, Franzosen, Engländer, Spanier, Deutsche und andere fremde Zungen. Nur der Bischof von Leitomischl, welcher mit zugegen war, dürfte dieselben verstanden haben und andere aufhetzerische Böhmen ... Mich wollten sie einschüchtern, aber sie vermochten nicht Gottes Beistand, der in mir ist, zu überwältigen. Schriftlich wollten sie sich mit mir nicht einlassen ... Sie hörten, wie ich sprach: Ich verlange Belehrung von euch. Wenn ich etwas Schlimmes geschrieben habe,

will ich darüber belehrt sein – worauf der oberste Kardinal antwortete: Wenn du belehrt sein willst, mußt du zuvor deine Lehren widerrufen ...! Dies schreibe ich euch, damit ihr wißt, daß sie mich durch keinen Beweis überführt haben, nur durch List und durch Drohungen versuchten sie mich zum Widerruf und Abschwur zu bringen."

◼

Trotz dieser schrecklichen Zustände sollte das abendländische Schisma nur das Vorspiel der abendländischen Trennung sein, die in der Reformation die abendländische Christenheit in zwei Lager spaltete, die einander bis zur Gegenwart gegenüberstehen und die bis heute keine Bereinigung der Situation gefunden haben.

Die Reformation

Als unmittelbare Folgen des abendländischen Schismas und der Schwäche des Papsttums bildeten sich in England, Frankreich und Spanien Nationalkirchen, die – getragen vom gemeinsamen „Nationalismus" – mit der politischen Macht zusammenarbeiteten. Da in Deutschland immer noch keine politische Zentralgewalt installiert war, gab es keine deutsche Nationalkirche, sondern weiterhin ein starkes Hineinreden des Papstes in Angelegenheiten der deutschen Kirchen. Dagegen wurden auf Reichs- und Landtagen „Gravamina der Deutschen Nation" (= Beschwerden) laut, die nach einem „Endzeitkaiser" riefen, der die deutsche Kirche gegen die „welsche Ausnutzung" schützen sollte. Päpstliche Rechtsprechung und Profitgier wurden erbittert bekämpft.

In Deutschland herrschte allgemeine Erbitterung und Unzufriedenheit mit der Kirche, die über ihrem politischen Engagement die geistliche Aufgabe kaum wahrnahm, deren Kirchenführer sich wie weltliche Herren gebärdeten, die den Kult und die Sakramentenspendung zu magischen Formeln und zu einem unpersönlichen Sakraldienst entarten ließen. Der Aberglaube blühte im Volk, und die von der Inquisition inszenierte Hexenverfolgung erreichte mit dem „Hexenhammer" der Kölner

Dominikaner Institoris und Sprenger einen ersten Höhepunkt.

Die Hexenverfolgungen gehören zu den schrecklichsten Verirrungen in den Bemühungen um die Reinheit des Glaubens.

In dieser Zeit wächst der 1483 in Eisleben geborene **Martin Luther** heran. Er beginnt ein juristisches Studium, tritt aber nach einem „Bekehrungserlebnis" 1505 in das Augustiner-Eremiten-Kloster in Erfurt ein und wird zum Theologen ausgebildet (in der nominalistischen Richtung). 1510 reist er im Auftrag seines Klosters nach Rom, um in Ordensstreitigkeiten einzugreifen:

„Ich war zu Rom ein toller Heiliger, lief durch alle Kirchen und Klüfte, glaubte alles, was daselbst erlogen ist. Ich habe auch wohl eine Messe oder zehn in Rom gehalten und war mir dazumal schier leid,

daß mein Vater und meine Mutter noch lebten; denn ich hätte sie gern aus dem Fegefeuer erlöst mit meinen Messen und anderen trefflichen Werken und Gebeten … Der Hauptzweck meiner Reise nach Rom war aber, daß ich wollte eine ganze Beichte von Jugend auf geschehen tun und fromm werden."

1512 schließt Luther sein Studium mit dem theologischen Doktorat und dem Magisterium in der Bibelauslegung ab. In dieser Zeit macht er die entscheidende Erfahrung („Turmerlebnis"), daß die Menschen nicht durch Willensanstrengung und gute Werke, sondern einzig und allein durch die Gnade Gottes gerechtfertigt werden. Diese Erkenntnis kommt ihm in einer Zeit intensiven Bibelstudiums – vor allem des Römerbriefs. Er hält Vorlesungen über die Psalmen und die Paulusbriefe und sammelt einen Kreis von interessierten Theologen um sich, mit denen er eifrig diskutiert. Als Papst Leo X. 1514 den Ablaß zum Neubau der Peterskirche erneuert und seine Ablaßkommissare durch die Lande schickt, wendet sich Luther 1517 (der Anschlag der 95 Thesen am Tor der Schloßkirche in Wittenberg ist wahrscheinlich nicht historisch) gegen den Ablaßkommissar Tetzel und fordert ihn zu einer Disputation über den Mißbrauch des Ablaßwesens heraus. Luthers Thesen verbreiten sich rasch in Deutschland, er wird von Dominikanern angezeigt und nach Rom zu einem Ketzerprozeß geladen. Sein Landesfürst Kurfürst Friedrich der Weise schützt ihn aber und erwirkt eine Delegierung des Prozesses auf den Reichstag zu Augsburg 1518, wo Luther von dem päpstlichen Legaten Cajetan verhört wird und an ein allgemeines Konzil appelliert. Bei einer Disputation mit Johann Eck 1519 kommt es zum Bruch mit Rom. Luther verfaßt drei programmatische Schriften: „An den christlichen Adel deutscher Nation von des christlichen Standes Besserung" (Aufruf zu einem allgemeinen Reformkonzil) / „Von der babylonischen Gefangenschaft der Kirche" (Schriftprinzip, Reduzierung und Evangelisierung der Sakramente usw.) / „Von der Freiheit eines Christenmenschen" (sola fide- und sola gratia-Lehre). Die päpstliche Bulle, die ihm den Bann androht, verbrennt er.

Aus der Rede Martin Luthers vor dem Reichstag in Worms 1521

„Allergnädigster Kaiser, durchlauchtigste Fürsten! Mir waren gestern durch Eure allergnädigste Majestät zwei Fragen vorgelegt worden, nämlich ob ich die genannten, unter meinem Namen veröffentlichten Bücher anerkennen wollte, und ob ich dabei bleiben wollte, sie zu verteidigen, oder bereit sei, sie zu widerrufen. …

Hinsichtlich der zweiten Frage bitte ich Eure allergnädigste Majestät und fürstliche Gnaden, dies beachten zu wollen, daß meine Bücher nicht alle den gleichen Charakter tragen.

Martin Luther (1483–1546) ergriff die Initiative gegen die Mißstände innerhalb der Kirche des 16. Jh. und setzt damit die Reformation in Gang.

Die erste Gruppe umfaßt die Schriften, in denen ich über den rechten Glauben und rechtes Leben so schlicht und evangelisch gehandelt habe, daß sogar meine Gegner zugeben müssen, sie seien nützlich, ungefährlich und durchaus lesenswert für einen Christen. Ja, auch die Bulle erklärt, ihrer wilden Gegnerschaft zum Trotz, einige meiner Bücher für unschädlich, obschon sie sie dann in einem ganz abenteuerlichen Urteil dennoch verdammt. Wollte

ich also anfangen, diese Bücher zu widerrufen – wohin, frag ich, sollte das führen? Ich wäre dann der einzige Sterbliche, der eine Wahrheit verdammte, die Freund und Feind gleichermaßen bekennen, der einzige, der sich gegen das einmütige Bekenntnis aller Welt stellen würde.

Die zweite Gruppe greift das Papsttum und die Taten seiner Anhänger an, weil ihre Lehren und ihr schlechtes Beispiel die ganze Christenheit sowohl geistlich wie leiblich verstört hat. Das kann niemand leugnen oder übersehen wollen. Denn jedermann macht die Erfahrung, und die allgemeine Unzufriedenheit kann es bezeugen, daß päpstliche Gesetze und Menschenlehren die Gewissen der Gläubigen aufs jämmerlichste verstrickt, beschwert und gequält haben, daß aber die unglaubliche Tyrannei auch Hab und Gut verschlungen hat … ganz besonders in unserer hochberühmten deutschen Nation. Und doch sehen sie in ihren Dekreten selbst vor, wie Distinctio 9 und 25, quaestio 1 und 9 zu lesen steht, päpstliche Gesetze, die der Lehre des Evangeliums und den Sätzen der Kirchenväter widersprächen, seien für irrig und ungültig anzusehen. Wollte ich also diese Bücher widerrufen, so würde ich die Tyrannei damit geradezu kräftigen und stützen, ich würde dieser Gottlosigkeit für ihr Zerstörungswerk nicht mehr ein kleines Fenster, sondern Tür und Tor auftun …

Die dritte Gruppe sind die Bücher, die ich gegen einige sozusagen für sich stehende Einzelpersonen geschrieben habe, die den Versuch machten, die römische Tyrannei zu schützen … Ich bekenne, daß ich gegen diese Personen heftiger vorgegangen bin, als in Sachen des Glaubens und bei meinem Stande schicklich war … Trotzdem wäre mein Widerruf auch für diese Bücher nicht statthaft …

Ich glaube weder dem Papst noch den Konzilien allein, weil es offenkundig ist, daß sie öfters geirrt und sich selbst widersprochen haben. Widerrufen kann und will ich nichts, weil es weder sicher noch geraten ist, etwas gegen sein Gewissen zu tun.“

Auf dem Reichstag von Worms 1521 beruft er sich auf die heilige Schrift, um sein Vorgehen zu rechtfertigen, wird aber von Kaiser Karl V. geächtet. Von seinem Landesfürsten in Sicherheit gebracht, widmet sich Luther auf der Wartburg der Übersetzung der Bibel in die deutsche Sprache. Die Humanisten Melanchthon, Hutten und Zwingli schließen sich ihm an, und Luthers Gedanken und Lehre verbreiten sich rasch; vor allem durch die Schrift „Loci communes", in der Philipp Melanchthon die lutherische Lehre zusammenfaßt. In Straßburg, Nürnberg, Ulm, Nördlingen, Magdeburg, Bremen entstehen erste Zentren der Reformation; viele Klöster werden aufgelöst, Kirchengut wird von „evangelisch" gewordenen Landesherren eingezogen, viele schwärmerische Gruppen greifen Ideen Luthers auf und entfesseln eine radikale Bewegung (Wiedertäufer, Bilderstürmer, Bauernaufstände usw.).

1530 versucht der Kaiser beim Reichtag von Augsburg die Glaubenseinheit zu retten. Die „Protestanten" legen ihr Bekenntnis in der „Confessio Augustana" (von Melanchthon verfaßt) vor. Karl bestätigt aber das Wormser Edikt. Darauf schließen sich die evangelischen Fürsten zum *Schmalkaldischen Bund* zusammen und bauen evangelische Landeskirchen auf. Luther wendet sich im Bauernkrieg von 1525 in seiner Schrift „Wider die mörderischen und räuberischen Rotten der Bauern" gegen die Bewegung, die der Steuerung durch ihre Führer immer mehr entgleitet und schließlich erstickt wird. Luther appelliert an die Landesfürsten als „Notbischöfe" und überläßt ihnen den Aufbau eines eigenen Kirchenwesens in ihrem Land, er entwirft in der „Deutschen Messe" und in den Katechismen sowie im „Tauf- und Traubüchlein" die Grundlagen des evangelischen Gottesdienstes und der lutherischen Lehre. 1555 beim „Augsburger Religionsfrieden" haben sich die Landesfürsten gegen den Kaiser durchgesetzt, die konfessionelle Spaltung ist verfestigt.

Ulrich Zwingli gehört zu den frühen Anhängern Luthers, überträgt Luthers kirchliche Kritik auf die Schweiz, tritt seit 1522 offen gegen kirchliche Mißstände auf und stellt ein „Reformprogramm" auf, das 1523 vom städtischen Rat Zürich angenommen wird. 1525 kam es zu einer Kontroverse mit Luther über die Abendmahlsfrage. Der Reichstag von Augsburg 1530 führte zu eines Spaltung der Konfessionen. Es gelingt Zwingli nicht mehr, die ganze Eidgenossenschaft auf sein Reformprogramm zu

Ulrich Zwingli (1484–1531), Gemälde von Albrecht Dürer.

vereinigen. Als er es mit kriegerischen Mitteln versucht, fällt er in einem Gefecht bei Kappel (1531). In Basel (Ökolampadius), Bern und St. Gallen setzte sich die Bewegung aber durch. Zwinglis Nachfolger, *Heinrich Bullinger*, verfaßte 1536 das erste „Helvetische Bekenntnis". *Johannes Calvin* aus Noyon in Nordfrankreich wendet sich dem evangelischen Glauben zu

Johannes Calvin (1509–1564), Gemälde 16. Jh. Genf (Bibliothèque Publique et Universitaire).

und zieht 1534 von Paris nach Basel, wo er die Schrift „Institutio religionis christianae" (= Unterricht im Christentum) zusammenstellt, ein Kompendium der evangelischen Lehre, gedacht als Schutzschrift für die französischen Protestanten. Calvin wehrt sich entschieden gegen den Vorwurf der Spaltung und des Sektierertums und legt dar, daß die Kirche auch ohne sichtbare Gestalt bestehen könne, nämlich dort, wo für die Ehre Gottes gesorgt werde. Diese Schrift bearbeitet er immer wieder neu, bis sie 1560 als vierbändige Dogmatik vorliegt. Nach seelsorglichem Einsatz in Genf und Straßburg baut er ab 1541 in Genf seine Kirchenordnung auf: Es gibt vier geistliche Ämter (Pastoren, Doktoren, Älteste und Diakone) und das Konsistorium (Synode), die das Gemeindeleben überwachen. Das System wird mit theokratischer Härte durchgezogen und wird in der Folge zum wichtigsten Gegner des die katholische Gegenreformation tragenden Jesuitenordens.

Die *anglikanische Kirche* ist Trägerin der Reformation in England. Ausgelöst wird die Bildung der anglikanischen Staatskirche durch König Heinrich VIII., der sich zwar 1521 durch eine Schrift gegen Luther den Ehrentitel „Defensor fidei" (= Verteidiger des Glaubens) verdient, sich unter dem Einfluß Kardinal Wolseys aber im Zuge seines Ehescheidungsprozesses (Katharina von Aragonien) von Rom abwendet und sich selbst als Oberhaupt der englischen Kirche einsetzt. 1536 wird in der sogenannten „Suprematsakte" die Bildung der anglikanischen Staatskirche vom englischen Parlament bestätigt. Die Opposition (geführt vom Lordkanzler *Thomas Morus*) wird von Oliver Cromwell, dem skrupellosen Parteigänger König Heinrichs, ausgeschaltet. Alles Kirchengut in England wird enteignet, das Klosterwesen aufgelöst, der katholische Glaube verboten.

Inhaltlich (dogmatisch) bleibt die anglikanische Kirche weitgehend unbeeinflußt von der Reformation. Unter Eduard VI. dringt zwar eine protestantische Welle in England ein. Die energische Elisabeth I., Tochter der Anna Boleyn, die König Heinrich nach der Trennung von seiner Frau Katharina von Aragonien heiratete, etabliert endgültig die englische Staatskirche auf der Basis der „39 Artikel", die ein eher in der Nähe Calvins als Luthers angesiedeltes

Glaubensbekenntnis enthalten. Die Geistlichkeit wird streng überwacht, und die kirchliche Hierarchie entwickelt sich unter dem Dach der königlichen Suprematie in der Nähe der katholischen Tradition weiter.

Katholische Erneuerung

In Spanien und Italien, die von der Reformation praktisch unbeeinflußt blieben, entwickelte sich durch Selbstreform einerseits und Inquisition (die das Eindringen gefährlicher Kräfte verhinderte) andrerseits ein starkes religiöses Nationalgefühl. Unter dem Einfluß des christlichen Humanismus wurde der *Neu-Thomismus* kultiviert (de Vitoria, Soto, Cano, Vasquez, Molina, Suarez) und erlangte für die katholische Kirche der Folgezeit bestimmende Bedeutung.

Die hl. *Teresa von Avila* (1515–1582) und ihr Schüler *Johannes vom Kreuz* (1542–1591) entfalteten eine eigenständige spanische Mystik – zugleich mit der Reform des Karmelitenordens –, die ebenfalls große Bedeutung für den gesamten Katholizismus erlangen sollte.

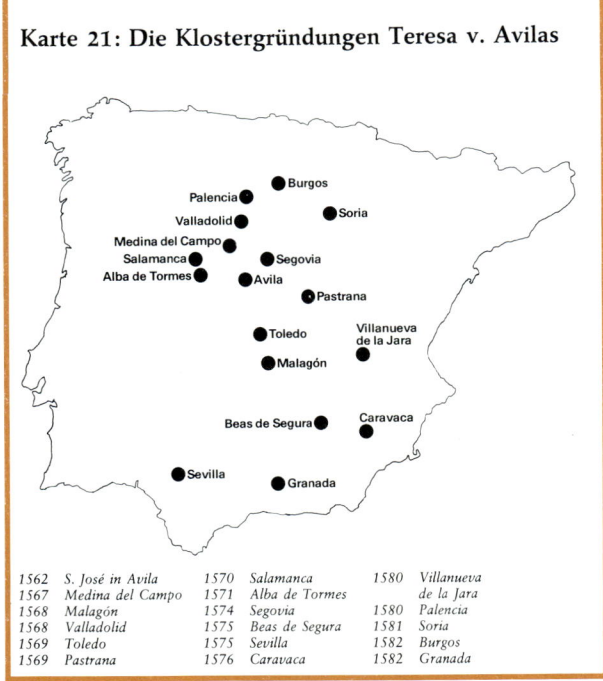

Karte 21: Die Klostergründungen Teresa v. Avilas

1562	S. José in Avila	1570	Salamanca
1567	Medina del Campo	1571	Alba de Tormes
1568	Malagón	1574	Segovia
1568	Valladolid	1575	Beas de Segura
1569	Toledo	1575	Sevilla
1569	Pastrana	1576	Caravaca

1580	Villanueva de la Jara
1580	Palencia
1581	Soria
1582	Burgos
1582	Granada

Der Escorial (nordwestlich von Madrid), von Philipp II. dem hl. Laurentius gelobt und im Grundriß eines Martyrerrostes angelegt (16 km Grundrißlinien, 10000 Fenster), 1563–84 erbaut. Ein Höhepunkt der Gegenreformation.

In Italien entstehen einige neue Orden, die stark seelsorglich und karitativ eingestellt sind: die Theatiner, Kapuziner, Paulaner, Ursulinen, Oratorianer. Ihre Auswirkungen und vor allem auch das Wirken der beiden Kirchenmänner *Karl Borromäus* und *Franz von Sales* bedeuteten wichtige Vorstufen der katholischen Reform, weil sie die Erneuerung von der Änderung der Gesinnung und nicht bloß von Strukturveränderungen erwarteten.

Einen wichtigen Einfluß übte bei dieser katholischen Reform der von dem baskischen Adeligen *Ignatius von Loyola* gegründete **Jesuitenorden** aus, der sich dem Papst bedingungslos zur Verfügung stellte und dessen Mitglieder von Ausbildung und Einstellung her geeignet waren, die Erneuerung der gesamten Kirche durchzuziehen.

Der erste Papst, der die Reform in Angriff nahm, war Paul III., der 1545 das **Konzil von Trient** einberief, um die Einheit von Kirche und Glauben für längere Zeit zu sichern. Nach anfänglich großen Schwierigkeiten, die Voraussetzungen für eine gemeinsame Reform zu schaffen (das Konzil wurde mehrmals unterbrochen, verlegt und vertagt), gelang es in der dritten Periode 1562–1563 unter Leitung des päpstlichen Legaten Morone, eine Reihe von klaren Beschlüssen zu fassen. Im Bereich des Dogmas wurden Glaubensdekrete über die Sakramente, die Tradition, das Meßopfer, das Priestertum, die Erbsünde und Rechtfertigung und die Beichte formuliert. Im Bereich des christlichen Lebens schufen Reformdekrete über Ausbildung, Kleidung, Pflichten des Klerus sowie die Beseitigung des Pfründen- und Ablaßmißbrauchs klare Fronten. Der Klerus wurde auf die Beschlüsse des Tridentinums

85

Die Reformation, ausgelöst durch Martin Luther, führte zur Trennung großer Teile der Christenheit von der römisch-katholischen Kirche. Martin Luther als Prediger. Tafelbild von Lukas Cranach (1547) auf der Predella des Altars in der Stadtkirche von Wittenberg **(85).**

Das von Johannes XXIII. einberufene Zweite Vatikanische Konzil gab der katholischen
Kirche wichtige Impulse für ihren Weg in die Zukunft. Blick in die Peterskirche in Rom,
die als Konzilsaula diente (86).

vereidigt und streng diszipliniert (z. B. Index verbotener Bücher).

■

Aus den Glaubensdekreten des Konzils von Trient *1563*

„Die hochheilige allgemeine und allumfassende Versammlung zu Trient, im Heiligen Geist ordnungsgemäß unter dem Vorsitz der drei Legaten des apostolischen Stuhls versammelt, sieht stets als Ziel vor Augen, daß nach Ausräumung der Irrtümer die Reinheit des Evangeliums selber in der Kirche bewahrt bleibe … Um zügellose Geister in Schranken zu halten, beschließt sie des weiteren, daß in Sachen des Glaubens und der Sitten … niemand auf eigene Einsicht vertrauend die Heilige Schrift in seinem Sinne umzudeuten wage im Widerspruch mit dem Sinne, den die heilige Mutter Kirche, bei der das Urteil über den wahren Sinn und die Auslegung der Heiligen Schriften steht, festgehalten hat und festhält …

Sessio VII Über die Sakramente (1547).

Canon 1:

Wenn jemand sagt, daß die Sakramente des neuen Gesetzes nicht alle von unserem Herrn Jesus Christus eingesetzt oder daß es mehr oder weniger als sieben seien, nämlich: Taufe, Firmung, Eucharistie, Buße, letzte Ölung, Priesterweihe und Ehe; oder daß irgendeines dieser sieben nicht wahrhaft und eigentlich ein Sakrament sei; der sei im Banne.

Canon 8: Wenn jemand sagt, durch die Sakramente des neuen Gesetzes werde die Gnade nicht ex opere operato („durch den vollzogenen Ritus“) mitgeteilt, sondern zur Erlangung der Gnade sei der Glaube an die göttliche Verheißung nötig: der sei im Banne.“

■

Ulmer Münster, gotischer Prachtbau, seit 1530 evangelisch, Hochturm mit 161 m höchster Kirchturm der Welt

Obwohl in den einzelnen Ländern noch jahrzehntelange Auseinandersetzungen tobten, war doch eine deutliche Konsolidierung der katholischen Kirche – allerdings unter Inkaufnahme der bleibenden Spaltung der abendländischen Christenheit – zu vermerken. Besonders unter den Päpsten Paul V. und Gregor XV. wurde die *„Gegenreformation“* energisch durchgeführt und die Verbindung der Landeskirchen mit Rom durch die Installierung von Nuntiaturen (statt der bisherigen Praxis der Legaten) verstärkt. Das Ergebnis war ein stark zentralistisch orientiertes Kirchensystem, das in den vielen Auseinandersetzungen der folgenden Jahrhunderte eine bedeutsame, vor allem geistige und ethische Macht darstellte, an der sich die katholischen Christen orientieren konnten.

Das Zeitalter der Großkirchen und der Sekten

Erst der Westfälische Friede von 1648 beendete die gewaltsamen Bereinigungsversuche der kirchlichen Verhältnisse in Deutschland. Die Lage konsolidierte sich, die entstandenen und in den Auseinandersetzungen verfestigten Konfessionen etablierten sich und bauten ihre errungenen Positionen aus. Sie organisierten ein straffes Kirchensystem und schufen Verfassungen, die geeignet sein sollten, den ideologischen Auflösungserscheinungen entgegenzuwirken.

Diese Auflösungserscheinungen haben ihre Wurzeln im „Humanismus" des 15. und 16. Jh., in jener geistigen Mündigkeit, die als „Dritte Kraft" (Friedrich Heer) zwischen Staat und Kirche dem Einzelnen die Möglichkeit gab, sich dank seines Bewußtseins und kritischen Unterscheidungsvermögens in den wirren und chaotischen Situationen der Machtkämpfe von Kirche und Staat zurechtzufinden.

Die humanistisch gebildeten Theologen und Fürsten und die „unabhängigen" Denker trugen viel dazu bei, die unselige Situation im Abendland zu bereinigen. Der Mensch, der um seine persönliche Würde weiß, der erkennt, welche Bedeutung eine gesellschaftliche Ordnung und die religiöse Gemeinschaft für den Menschen und sein Wohlbefinden haben, versteht es, sich in dieser Welt erneut einzurichten. Äußerer Ausdruck dieses neu erwachten Selbstgefühls ist der sogenannte **Barock**, ein Bau-, Kunst- und Lebensstil, der umfassend den Menschen des 17. und 18. Jh. in Mitteleuropa prägt. Der „selbstbewußte Mensch" gibt sich aber nicht damit zufrieden, das Kirchen- und Gesellschaftssystem wiederhergestellt zu haben. Er hat die Freiheit und Selbständigkeit entdeckt und die Höhenluft von Autonomie und Emanzipation gerochen. Diese Selbsterfahrung findet ihren Ausdruck in der sogenannten **Aufklärung,** die das barocke Selbstgefühl und Gestalten ablöst und sich ganz unter das Gebot der Vernunft stellt. Immanuel Kant († 1804) drückte diese Haltung mit den markanten Worten aus: *„Aufklärung ist*

der Ausgang des Menschen aus seiner selbstverschuldeten Unmündigkeit."

Die vernunftbetonte Aufklärung bereitet den irrational gesteuerten Relikten aus der „finsteren Zeit" der Religionskriege ein Ende, schafft Hexen- und Ketzerprozesse, Folter und religiöse Diskriminierung ab (zumindest juridisch), führt zur Erklärung der Menschenrechte im Zuge der amerikanischen Unabhängigkeitserklärung (1776) und legt das Fundament für Naturwissenschaft und Technik, für die gesamte neuzeitliche Kultur.

Der mit der Aufklärung Hand in Hand gehende **Rationalismus** bedeutet freilich gleichzeitig eine harte Bewährungsprobe für den Offenbarungsglauben der christlichen Konfessionen. Wenn die menschliche Vernunft und

Kompaß der Weisen, freimaurerisch-rosenkreuzlerische Darstellung, 1779. Immer wieder brach die Sehnsucht der Menschen nach dem Einblick in die tieferen Zusammenhänge durch.

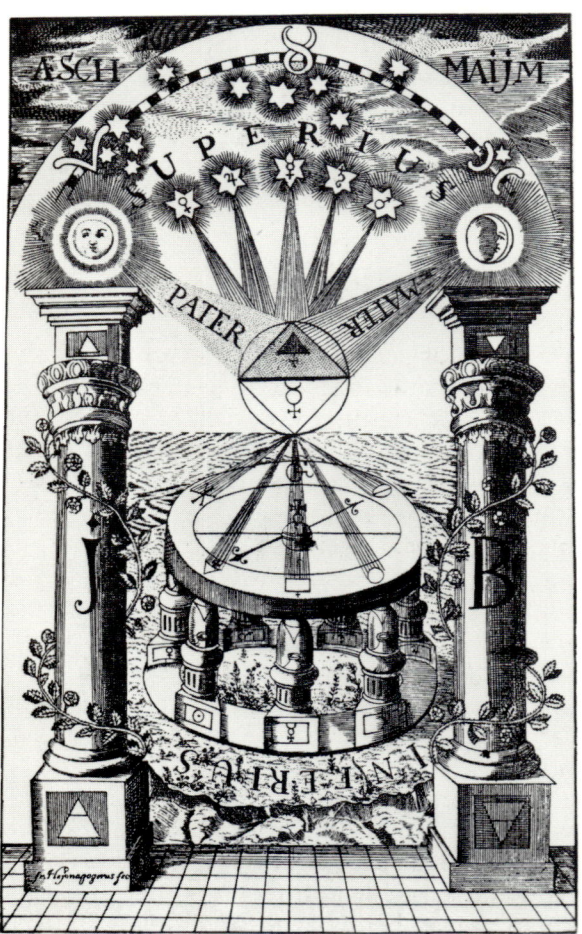

das kritische Denken im Mittelpunkt stehen, dann wird auch der Glaube und der durch ihn vermittelte Zutritt zur Welt des Transzendenten rücksichtslos vor das Tribunal dieser Vernunft gezerrt – und scheint, aufs erste gesehen, nicht bestehen zu können.

Die Welt des Glaubens, der umfassende „Glaube der Menschen", erscheint der kritischen Vernunft zuerst einmal als „irrationaler Sumpf und Nebel", als unerleuchteter Aberglaube, als Projektion von infantilen Wunschvorstellungen, als Denkhypothese der Unaufgeklärten ...

Dem modernen Rationalisten ist es nicht mehr möglich, ein traditionell gläubiger Mensch zu sein und ungebrochen *alles für wahr zu halten, was die Kirche zu glauben vorlegt*. Er wird **Deist** (Anerkenntnis eines höheren Wesens, das sich aber um die Welt praktisch nicht kümmert) oder überhaupt **Atheist** (Gegner des theistischen Systems, das Gott als beweisbar ansieht). Und er wendet dieses neue Selbstverständnis politisch an: Schritt für Schritt übernimmt der aufgeklärte Staat die Positionen der Kirche, löst Klöster auf (die keine Sozialfunktion innerhalb der Gesellschaft nachweisen können), zieht Kirchengut ein, organisiert Gottesdienst, Ausbildung und Organisation des Klerus, läßt die Kirchen als Ordnungs-, Gewissens- und Erziehungsmacht bestehen, höhlt sie aber innerlich aus, so daß sie vielfach nur mehr Fassaden sind.

Die Französische Revolution fegt dann aber auch den aufklärerischen Staatsabsolutismus hinweg und etabliert die „Herrschaft der Vernunft". Nur allmählich beginnt sich die Entwicklung wieder zu beruhigen. Gegenkräfte wie die Romantik und der Pietismus/Quietismus stellen eine gewisse Balance her und ermöglichen das Aufarbeiten der neuen Kräfte und das Einbeziehen in die vorhandenen, wenngleich fassadenhaft gewordenen Strukturen der Großkirchen.

Auf den Ruinen des Papsttums von 1798 (Die Franzosen riefen in Rom die Republik aus und schleppten Papst Pius VI. nach Valence, wo er 1799 an Erschöpfung starb) entsteht innerhalb weniger Jahre der erstaunlich wiedererstarkte Katholizismus des 19. und 20. Jh., dessen oberste Leitung sich kaum mehr politisch betätigt, sondern sich bemüht, die genuinen Aufgaben

Innenraum der Peterskirche mit Baldachin über dem Petrusgrab. Diese größte christliche Kirche wurde von vielen bekannten und unbekannten Baumeistern und Künstlern gestaltet: Bramante, Raffael, Michelangelo, Bernini u. v. a. m.

des „Nachfolgers Petri" ernstzunehmen und Seelsorger, Prediger, Hirte und Vater, Weltgewissen und Mann Gottes in einem zu sein. Darauf reagiert die katholische Welt mit einer bis dahin nicht gekannten Verehrung des „Heiligen Vaters". Eine Flut von Romreisen und Wallfahrten zum Weltmittelpunkt der Kirche setzt ein. Papst Leo XIII. stellt die Kirche als Kulturmacht in den Blickpunkt der Welt. Damit beginnt die große Reihe der „neuen Päpste", die im Phänomen des „reisenden Papstes" Johannes Paul II. gipfelt, der in noch nie dagewesener Weise die schwere Aufgabe des Seelsorgers der ganzen Welt zu erfüllen trachtet.

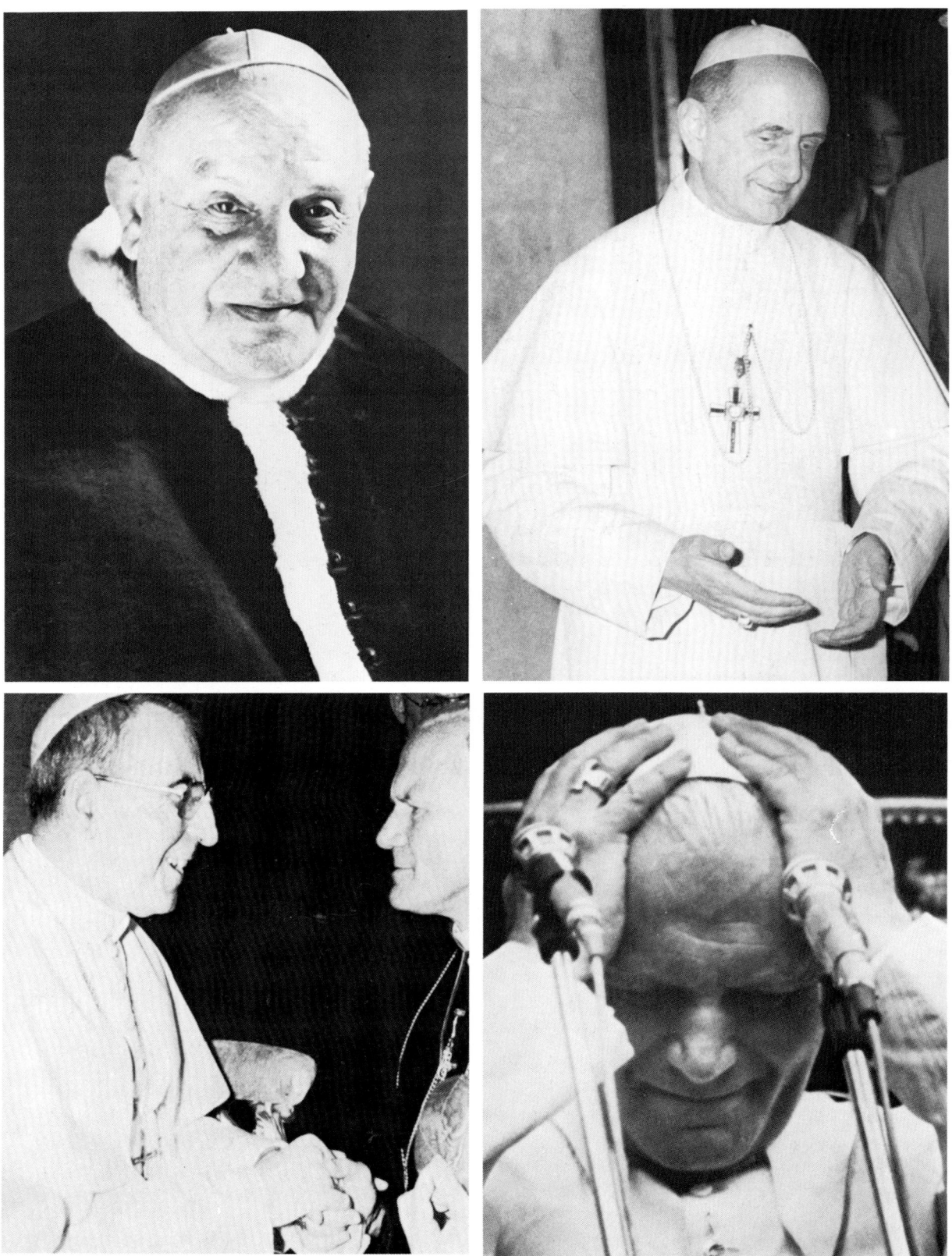

Liturgische Feier der Verkündigung des Dogmas der leiblichen Aufnahme Marias in den Himmel 1950 durch Papst Pius XII.

Seit der dogmatischen Definition der päpstlichen Unfehlbarkeit im Jahre 1870 war dies das einzige Mal, daß ein Papst ein Dogma „ex cathrdra" verkündet hat.

Philip Potter, Generalsekretär des Ökumenischen Rates der Kirchen (bis Ende 1984), war durch viele Jahre führend an den ökumenischen Bestrebungen innerhalb der christlichen Kirchen beteiligt. Im Juni 1984 traf er Papst Johannes Paul II. bei dessen Besuch in Genf, besprach mit ihm neue Initiativen und setzte damit einen neuen Akzent der Kooperation auch mit der römisch-katholischen Kirche, die ja nicht Mitglied des Weltkirchenrates ist.

Die *Begeisterung des 19. Jh. für das Papsttum* findet seinen Höhepunkt in der Unfehlbarkeitserklärung des I. Vatikanischen Konzils von 1870, die allerdings gegen eine beträchtliche Opposition zustandekommt. ■

Die Definition der päpstlichen Unfehlbarkeit
(1870):
„Zur Ehre Gottes, unseres Heilandes, zur Erhöhung der katholischen Religion, zum Heile der christlichen Völker lehren und erklären wir endgültig als von Gott geoffenbarten Glaubenssatz, in treuem Anschluß an die von Anfang des christlichen Glau-

←

Papst Johannes XXIII. (Guiseppe Roncalli)
Papst Paul VI. (Giovanni Battista Montini)
Papst Johannes Paul I. (Albino Luciani)
Papst Johannes Paul II. (Karol Wojtyła)

bens her erhaltene Überlieferung, und der Zustimmung des heiligen Konzils:
Wenn der römische Bischof in höchster Lehrgewalt (ex cathedra) spricht, d. h. wenn er seines Amtes als Hirt und Lehrer aller Christen waltend in höchster, apostolischer Amtsgewalt endgültig entscheidet, eine Lehre über Glauben oder Sitten sei von der ganzen Kirche festzuhalten, so besitzt er aufgrund des göttlichen Beistandes, der ihm im heiligen Petrus verheißen ist, jene Unfehlbarkeit, mit der der göttliche Erlöser seine Kirche bei endgültigen Entscheidungen in Glaubens- und Sittenlehren ausgerüstet haben wollte. Diese endgültigen Entscheidungen des römischen Bischofs sind daher aus sich und nicht aufgrund der Zustimmung der Kirche unabänderlich."

■

Der damit manifest gewordene Zentralismus führt in der Folge zum Versuch, den immer noch herrschenden, ja mittlerweile integrierten und selbstverständlich gewordenen Rationalismus radikal aus der Kirche auszuschalten. Damit werden auch alle Versuche unterbunden, eine Vermittlung herzustellen und von der Mitte der christlichen Botschaft her ein Glaubensverständnis grundzulegen, das nicht im Gegensatz zur Vernunft steht, sondern der Vernunft Raum läßt, aber zugleich aufzeigt, wo ihre unübersteigbaren Grenzen liegen.

Die rigorose Haltung der Katholischen Kirche und der anderen christlichen Großkirchen (die sich in dieser Hinsicht nicht wesentlich unterscheiden) führt unter anderem dazu, daß sich *Protestbewegungen* bilden, in denen sich Menschen sammeln, die in diesem Zentralismus und in der Unterdrückung der Entwicklung und Modernität eine unerträgliche Einengung und Beschränkung sehen.

Sehr oft leben diese neuen religiösen Gemeinschaften nicht die ganze christliche Tradition, heben einzelne Wahrheiten oder Elemente des Christentums vor anderen hervor und vernachlässigen andere, verbinden wichtige Gesichtspunkte und Überzeugungen mit Elementen aus anderen religiösen Traditionen.

Soweit es sich um Gemeinschaften handelt, deren Bestreben es ist, das urchristliche Gemeindeleben zu erneuern, spricht man bei diesen religiösen Gemeinschaften von *Freikirchen;* wenn es sich um Gemeinschaften handelt, die mit christlichen Überlieferungen wesentliche außerbiblische Wahrheitsquellen verbinden, spricht man von *Sekten;* wenn es eher um Weltdeutungssysteme als um religiöse Gemeinschaften geht, spricht man von *Weltanschauungen;* wenn das Element des Protestes am Rande der Gesellschaft besonders stark ist und diese Gemeinschaften jüngeren Datums sind, spricht man von *Neureligionen* oder *Jugendreligionen;* daneben gibt es noch *außereuropäische Neubildungen,* bei denen Elemente aus anderen Kulturkreisen eine entscheidende Rolle spielen.

Religiöse Sondergemeinschaften (Sekten)

Ohne auf die frühchristliche Kirche (Donatisten, Novatianer) oder auf das Mittelalter (Katharer, Waldenser, Apokalyptiker, Bogomilen usw.) Bezug zu nehmen, werden im folgenden religiöse Sondergemeinschaften angeführt, die seit Jahrzehnten ein starkes Wachstum aufweisen. Die zuerst angeführten Gruppierungen (1–3) sind biblisch orientiert, später (4–8) treten Verbindungen auf christlichem und esoterischem (d.h. geheim, für Eingeweihte) Gedankengut in den Vordergrund, das schließlich (9–12) zu einer Verlagerung zugunsten nichtchristlicher Elemente führt.

Das Aufkommen neuer Organisationen hat in jüngster Zeit zu kritischen Auseinandersetzungen geführt, da diese mit einer synkretistischen (d.h. vermischt oder aus Teilen zusammengesetzt) Religion auch wirtschaftliche und z.T. politische Ziele verfolgen und eine starke Gruppenbindung aufweisen. Meist werden sie als **„Jugendreligion"** charakterisiert (z.B. **Vereinigungskirche, Scientology, Rajneeshismus**), doch finden sich auch bei anderen Gruppierungen (z.B. **Zeugen Jehovas**) ähnliche Spannungen. Im folgenden werden diese Organisationen in ihrer ideologischen Einstellung geschildert.

1. ENDZEIT-GEMEINDEN

In der 1. Hälfte des 19. Jh. entstand in den USA die Advent-Bewegung, basierend auf einem fundamentalistischen Bibelverständnis unter besonderer Betonung des AT. Für 1844 wurde die Wiederkunft Christi erwartet. Nach der großen Enttäuschung versuchten Mitglieder, diesen Impuls weiterzuführen: Es entstand die Gemeinschaft der **„Siebenten-Tags-Adventisten"**. Neben Gesundheitsvorschriften und der Empfehlung des Vegetarismus findet sich hier die Betonung der Sabbatheiligung.

Neben den zahlreichen Abspaltungen der Siebenten-Tags-Adventisten gewinnt heute die aus dem adventistischen Raum erwachsene **„Weltweite Kirche Gottes"** (Herbert W. Armstrong) an Bedeutung.

Aus adventistischer Tradition haben sich auch die **Zeugen Jehovas** entwickelt, die 1881 in den USA als „Ernste Bibelforscher" gegründet wurden. Neben ständig neuen Berechnungen der Wiederkunft Jesu sind sie vor allem durch ihre perfekte Werbestrategie und das Zurückziehen aus allen „weltlichen" Angelegenheiten (z.B. Wehr- und Zivildienst, Feste und Feiern) sowie die Verweigerung der Bluttransfusion bekannt. Auch hier gibt es unterschiedliche Abspaltungen (z.B. **„Menschenfreunde"**).

Am Anfang der Endzeitbewegung gaben viele ihren Beruf auf. Eine solche Tendenz ist zur Pflicht geworden bei der noch jungen und sehr extremen Organisation der **„Familie der Liebe"** (früher „Kinder Gottes"). Von einer erwecklichen Gruppe mit Naherwartung hat sie, die zu den „Jugendreligionen" zählt, sich inzwischen pseudochristlich entwickelt, und leitet im Namen der Bibel zur (religiös motivierten) Prostitution an.

2. APOSTEL-GEMEINDEN

Auch die Mitte des 19. Jh. in England entstandene „Katholisch-Apostolische Gemeinde" war endzeitlich orientiert. Ihre zwölf Apostel galten als Apostel der Endzeit. Durch die Weigerung, Nachfolger dieser Apostel zu ernennen, kam es zu Abspaltungen, deren markanteste die „Neuapostolische Kirche" ist. In deren Zentrum steht der jeweilige Stammapostel, dessen Wort letztlich mehr Bedeutung als die Hl. Schrift hat. Durch eine reiche Ämterhierarchie soll die urchristliche Gemeinde wiederhergestellt werden. Die totale Dominanz des Amtes hat zu vielfältigen Aufsplitterungen geführt, die nur z.T. das Stammapostelamt, auf jeden Fall aber das Apostelamt übernommen haben.

3. PERFEKTIONISTISCHE GEMEINSCHAFTEN

Das Anliegen der christlichen Vollkommenheit haben verschiedene Bewegungen aus dem reformatorischen Raum aufgegriffen. Ziel ist einerseits die Vollkommenheit des Gläubigen durch Bekehrung, Wiedergeburt aus dem Glauben, völlige Hingabe an Christus und den Sieg über die Sünde, andererseits die Bildung einer urchristlichen Gemeinde, die in Amt, Gottesdienst und Lebensgestaltung sich genau nach der biblischen Weisung richtet. Ersteres gilt z.B. für die „Smithianer", das zweite z.B. für die „Gemeinde Christi".

Aus dieser Heiligungsbewegung entstand um 1900 in den USA die weltweit verbreitete Pfingstbewegung, die inzwischen in zahlreiche Gemeinden und Gruppen aufgespalten ist und international 1980 schätzungsweise 50 Millionen Anhänger zählte. Gemeinsames Kennzeichen ist – aus einer wörtlichen Bibelauslegung verständlich – die Sehnsucht nach einem außerordentlichen Erfahren des Heiligen Geistes, der „Geisttaufe", die mit der Begabung durch verschiedene Charismen verbunden sein soll, von denen der Glossolalie besondere Bedeutung zukommt. Auch wird Heilung durch das vertrauensvolle Gebet erwartet. Pfingstgemeinden mit eigener Sakramentenspendung sind z.B. die „Assemblies of God" und die Freie Christengemeinde; missionarisch aktiv – ohne ausdrückliche Gemeindebildung – sind z.B. die „Geschäftsleute des Vollen Evangeliums International".

Die Betonung der Heilung hat nach dem 2. Weltkrieg zu einer Heilungsbewegung geführt. Ziel ist, daß durch die Krankenheilung Menschen die Macht Gottes sehen und zum Glauben kommen können. Berühmte Heilungsevangelisten (z.B. T. L. Osborn, Oral Roberts oder der Deutsche Hermann Zaiss mit seiner Christlichen Gemeinde „Ecclesia") und die mittlerweile in den USA aufgekommene Electronic Church haben das religiöse Grundmuster vielen bekanntgemacht: Krankheit stammt nicht von Gott, und im Glauben – der hier gleichsam auf die Probe gestellt wird – soll der Kranke die von Gott bereits vorgesehene Heilung annehmen.

4. MORMONEN

Die Kirche Jesu Christi der Heiligen der Letzten Tage wurde 1830 in den USA gegründet und umfaßt heute mehr als 5 Millionen Mitglieder. Die Botschaft der Mormonen berichtet von einem Erscheinen Jesu – nach seiner Auferstehung – in Amerika. Die USA werden Schauplatz einer religiösen Neuoffenbarung, die im Buch Mormon niedergelegt ist, welches die Bibel an den zweiten Platz rückt und letztlich einen Polytheismus vertritt.

Waren die Anfangszeiten dieser Gemeinschaft von vielen Wirren geprägt, so wurde später durch den berühmten Zug quer durch die USA und die Gründung des heutigen Mormonenstaates Utah diese Gruppe zu einer in vielen Bereichen geachteten Gemeinschaft. Markant sind ihre Gesundheitsregeln, aber auch die Praxis der stellvertretenden Totentaufe.

5. HEILUNGSBEWEGUNG

Mentale Heilung wird von der Christian Science der Mary Baker-Eddy propagiert, die in der Mitte des 19. Jh. durch einen mental-healer – also einen geistigen Heiler – persönliche Hilfe und später eine Selbstheilung erfahren hatte. In ihrem Werk wird der Anspruch erhoben, einzig wahre „Göttliche Wissenschaft" zu sein, wozu die Krankenheilung den praktischen Beweis liefert. Wohl beruft sich die Christian Science auf die Bibel, interpretiert diese aber so, daß Gott unpersönlich und in monistischem Verständnis gesehen wird. Vom Bösen, von Sünde, Krankheit und Tod kann man sich durch das rechte Denken befreien. Ähnliche Gedanken finden sich in der daraus erwachsenen Unity-Bewegung (Silent Unity) und der Neugeist-Bewegung, die mehr als 400 religiöse Gemeinschaften international umfaßt.

6. NEUOFFENBARUNGEN

Höhere Erkenntnis ist das Anliegen der verschiedenen Neuoffenbarer. Durch Mitteilungen aus dem Jenseits und übersinnliche Erkenntnisse wollen sie Antwort und Lebenshilfe geben. Trotz wiederholter Berufung auf die Bibel wird diese bloß als Teilwahrheit gesehen. Zentrale Aussagen des Christentums (z.B. Trinitätsglaube, volle Erlösung durch Christus) werden geleugnet. Swedenborg, Jakob Lorber und das seit 1977 aktive Heimholungswerk Jesu Christi sind bedeutende Vertreter dieser Richtung.

Glaubensbekenntnis der Swedenborgianer:

Ich glaube an den einen Gott, unseren himmlischen Vater, Jesus Christus, unseren Herrn, Schöpfer Himmels und der Erde, den Geber alles Lebens und Daseins, der zu unserer Erlösung unsere Natur annahm, in welcher er durch Versuchungen und Kämpfe uns von der Macht der Hölle erlöste und Sein Menschliches verklärte und göttlich machte, aus welchem er Seinen Heiligen Geist mitteilt zur Reinigung und Erlösung Seines Volkes. Ich glaube an die heiligen Schriften – das Wort Gottes – heilig und göttlich im Buchstaben und im Geiste, die Quelle aller Weisheit für Engel und Menschen. Ich glaube an das Neue Jerusalem, die in der Offenba-

rung verheißene Neue Kirche; an die Wiedergeburt durch Buße, Glauben an den Herrn und das Halten Seiner Gebote; an die Auferstehung des Geistes, das darauffolgende Gericht, an den endlichen Lohn – einen Himmel für die Gerechten, eine Hölle für die Bösen, und an das ewige Leben. Amen."

■

7. NEUGNOSIS

Bereits bei der Christian Science und den Neuoffenbarern finden sich gnostische Elemente. Das Wiederaufleben dieser Tradition, mit der sich bereits das frühe Christentum auseinanderzusetzen hatte, erfolgte vor allem durch die 1875 gegründete **Theosophie.** Durch eine Folge von Reinkarnationen soll der Mensch nach und nach zu höherer Erkenntnis und zur Teilhabe am Göttlichen gelangen. Die Theosophie hat in ihrem sehr komplexen Lehrgebäude verschiedene Elemente aufgenommen, die aus Neuplatonismus und Gnosis, antiken Mysterienreligionen, Hinduismus und Buddhismus, Alchimie und Astrologie stammen.

Krishnamurti wurde in Theosophenkreisen als der neue Weltheiland angesehen; daher trennte sich Rudolf Steiner von dieser Weltanschauung und gründete die **Anthroposophie** (welche neben der Weltanschauung noch weitere Zweige hat: die Christengemeinschaft als Kultgemeinschaft, das Erziehungswerk der Waldorfschulen, den biologisch-dynamischen Landbau und den medizinischen Sektor mit der Betonung von Eurythmie und Homöopathie). Im Unterschied zum rein zyklischen Denken der Theosophie betont Steiner das „Christusereignis", interpretiert dieses aber in eher nichtchristlichem Sinn.

Bei all diesen neugnostischen Strömungen – zu denen auch die Weltspirale, die verschiedenen **Rosenkreuzer**-Gemeinschaften sowie die Okkultorden (z. B. **Ordo Templi Orientis**) zählen – soll der Mensch durch Erkenntnis und esoterisches Wissen Heil und Erlösung erlangen.

8. SPIRITISMUS

Eine enge wechselseitige Beziehung besteht zwischen **Neugnosis** und okkulter Explosion, die heute wieder auflebt. Der **Spiritismus,** der in der Mitte des 19. Jh. eine neue Blütezeit erfuhr, ist eine der Protestbewegungen gegen rein diesseitig orientierte Zukunftshoffnungen und Lebensdeutungen. Im Spiritismus wird die materielle Welt als in eine feinstoffliche Welt (Ätherwelt) eingebettet gesehen. Diese wird parallel zu unserer Welt gedacht, in welcher der Mensch durch die Verbindung mit Geistwesen und teils nach zahlreichen Inkarnationen sich selbst verwirklichen und sein Ziel erreichen kann.

Unter den verschiedenen Zirkeln und geistwissenschaftlichen Vereinigungen sind vor allem der Verein **Pro Be-**

atrice (früher: Geistige Loge Zürich) und die **Urchristliche Kirche** (nach Johannes Greber) zu nennen. Der Vulgärspiritismus ist – ohne organisatorischen Zusammenschluß – im Untergrund weit verbreitet.

Vom Spiritismus ist es manchmal nur ein kleiner Schritt zum **Satanismus,** der in unseren Tagen – teils unter strengster Geheimhaltung – eine neue Blüte erlebt.

9. FERNÖSTLICHE MISSION

Der missionarische Einfluß von Buddhismus und Hinduismus ist bereits seit Ende des 19. Jh. vorhanden. Zunächst bereiteten die ideologisch geprägten **Yoga-** und **Zen-**Schulen den Weg.

Später fanden die zahlreichen Gurus – die z. T. in legitimer hinduistischer Tradition stehen – regen Anklang. Alle diese Wege wollen zu einer spirituellen Erfahrung führen, wobei der Guru als „lebender Meister" eine Schlüsselposition einnimmt; er allein sei dazu befähigt, den Menschen aus den karmischen Verstrickungen heraus zur Erleuchtung zu führen.

Die Internationale Gesellschaft für Krishna-Bewußtsein, kurz **Hare-Krishna** genannt, wurde seit 1965 von New York aus durch Bhaktivedanta Swami Prabhupada, einen Brahmanen, verbreitet. Mit fast 70 Jahren begann er seine Mission im Westen. In der Zeitschrift „Back to Godhead" stellt sich die Krishna-Bewegung dar und hat darin ein wichtiges Mittel zur Verbreitung ihrer Lehren, die stark an den Veden orientiert sind. Das grundsätzliche Glaubensbekenntnis lautet so:

■

„1. Die absolute Wahrheit ist in allen heiligen Schriften der Welt enthalten, wie der Bibel, dem Koran, der Thora usw. Die Veden sind jedoch die ältesten der bestehenden Offenbarungsurkunden, vor allem die Bhagavad-Gita, die eine genaue Aufzeichnung von Gottes Worten ist.

2. Gott oder Krishna ist unvergänglich, allwissend, allgegenwärtig, allmächtig und alles anziehend, der Samen gebende Vater der Menschen und aller lebenden Wesen. Er ist die erhaltende Kraft allen Lebens, des Natur- und des kosmischen Zustands.

3. Der Mensch ist in Wirklichkeit nicht sein Körper, sondern ewige Geist-Seele, ein wesentlicher Bestandteil Gottes und daher unvergänglich.

4. Daß alle Menschen Brüder sind, kann nur dann praktisch erlebt werden, wenn wir Gott als unseren gemeinsamen endgültigen Vater klar erkennen.

In den christlich geprägten Weltanschauungen spielt das Rechnen mit der spirituellen Wirklichkeit der Engelwelt eine große Rolle. Rudolf Steiner, der Begründer der Anthroposophie z. B. erkannte, daß unser Zeitalter in ganz besonderer Weise unter dem Einfluß des Teufels (Luzifers) damit aber auch unter dem besonderen Schutz seines großen Widersachers, des Erzengels Michael steht. Im Bild: Der hl. Michael kämpft gegen den Teufel (oben), gläubige Menschen erbitten seinen Schutz (unten). Bildarchiv der Österreichischen Nationalbibliothek, Codex 1947.

5. *All unser Tun sollte als Opfer dem höchsten Herrn dargebracht werden … ‚Alles, was du tust, alles, was du ißt, alles, was du opferst und verschenkst, wie auch alle Enthaltsamkeiten, die du dir auferlegst, sollten als Opfer mit dargebracht werden' (Bh. Gita IX 27).*

6. *Die Nahrung, die uns erhält, sollte vor dem Essen immer dem Herrn dargebracht werden. Auf diese Weise wird er die Opfergabe; und solch ein Essen läutert uns.*

7. *Wir können durch Pflege einer echten Geistwissenschaft noch in diesem Leben den Zustand eines reinen, nicht endenden glückseligen Bewußtseins, frei von aller Angst, erreichen. Der Weg, der für dieses Zeitalter des Kali oder der Zänkerei empfohlen wird, um den Reifezustand der Liebe zu Gott zu erreichen, ist das Singen der heiligen Gottesnamen. Das einfachste System für die meisten Menschen ist, das Hare-Krischna-Mantra zu singen."*

■

Wichtig ist es, unter den Weisungen eines Guru zu stehen, von ihm die Initiation zu empfangen und unter seiner Leitung das überweltliche Studium zu beginnen und auf den rechten Pfad zu kommen. Dem Christentum und den anderen Offenbarungsreligionen steht die Hare-Krishna-Bewegung grundsätzlich positiv gegenüber (sie schätzt die Bibel, nicht aber die religiösen Bräuche, Dogmen usw.). Unter den zahlreichen anderen Organisationen seien nur einige erwähnt: **Divine Light Mission, Transzendentale Meditation, Rajneeshismus** (Neo-Sannyas-Bewegung), **Ananda Marga, Ruhani Satsang, Self Realization Fellowship,** die **Bewegung des Sri Chinmoy** sowie die **Makrobiotik,** welche mit ihrer Ernährungslehre eine ideologische Verbindung von Buddhismus und Chinesischem Universismus vertritt.

10. ISLAMISCHE MISSION

Weiters werden Missionsbewegungen bei uns wirksam, die sich auf islamisches Gedankengut stützen, aber nicht dem orthodoxen Islam zuzurechnen sind: die mystisch orientierte **Sufi-Bewegung,** die gleichfalls Erfahrung versprechende **Subud-Bruderschaft** und die **Baha'i,** die in Baha'u'llah den Vollender der Offenbarung sehen, wodurch die Einheit der Religionen ermöglicht werden soll (vgl. Seite 270/3 und 4).

11. MESSIANISCHE GRÜNDUNGEN

Bereits bei den Baha'i findet sich das Element, daß ein Mensch als göttlicher Erlöser angesehen wird. Die Überhöhung der biblischen Botschaft beanspruchen verschiedene Gemeinschaften, die im Auftreten des jeweiligen Gründers die Vollendung des Werkes Jesu sehen. Lehr-

mäßig vertreten diese Organisationen sehr unterschiedliche Standpunkte.

Von Bedeutung ist die **Gralsbewegung,** die seit den 20er Jahren am Vomperberg in Tirol ihr Zentrum hat und im gnostisch-esoterischen Denken verwurzelt ist.

Die **Vereinigungskirche,** auch **Mun (oder Moon)-Sekte** genannt, geht auf den Koreaner San Myung Mun zurück, der 1954 seine Vereinigung in Korea gründete. Seit 1960 versteht sich der seit seiner Jugend medial veranlagte Mun als „Zweiter Messias", der die heile Welt der Zukunft herausführt. Mun und seine junge Frau sind die „wahren Eltern" der „neuen Familie", die die Menschheit werden soll. Die stark von Swedenborg beeinflußte Religionsphilosophin Young Oon Kim wurde Muns Propagandistin in Amerika. Verschiedenartige Vereinigungen entstehen in der Folgezeit, die alle das Ziel haben, schulend und werbend für die Vereinigungskirche zu agitieren. Zahlreiche Zeitschriften (im deutschen Sprachraum „Eine Welt", „Der Report", „Neue Hoffnung", in Österreich „Integral") unterstützen die Tätigkeit oder sind im Vorfeld tätig. Radikale Methoden bei der Mitgliedergewinnung und die verlangte radikale Trennung der oft jugendlichen Mitglieder vom Elternhaus führte zur Bildung von Elterninitiativen gegen die Vereinigungskirche.

12. NEW AGE UND PSYCHOKULTE

Mit dem Begriff des New Age wird jene Veränderung der weltanschaulichen Szene in der westlichen Welt zusammengefaßt, die in den letzten Jahren vor allem durch den Buchmarkt Verbreitung gefunden hat. Es wird ein neues Zeitalter, das „Wassermannzeitalter" nach den Berechnungen des chinesischen Kalenders, erwartet, das zugleich eine neue Ideologie bringt und das Christentum ablöst. In einer Vernetzung von Psychologie, Philosophie und (fernöstlicher bis Natur-)Religion wird ein alternativer Sinnentwurf geboten. Die Psychowelle hat hier ebenso ihren Niederschlag gefunden wie das Interesse an Magisch-Mythischem.

Die **Scientology-Kirche** geht auf den Amerikaner Lafayette Ronald Hubbard zurück, der 1935 mit Studien begann, die er „Dianetics" nannte und als „modern science of mental health" verstand, als *„Versuch des Menschen, eine Stufe der Freiheit zu erreichen, wo Anstand und Glücklichsein die Oberhand gewinnen können, weil sich der Verstand selbst versteht".* 1954 ließ er die neue Wissenschaft der „Scientology" (= Lehre vom Wissen) offiziell registrieren und entwickelte ein Schulungssystem mit den Methoden der modernen Lerntheorien. In mehreren Staaten ist die Scientology-Kirche verboten, weil die Methoden der Finanzierung, Mitgliederrekrutierung und -überwachung mit den Gesetzen in Widerspruch stehen.

Neben festen Organisationen – wie z. B. **Scientology, EST** (oder Das Forum), **Aktionsanalytische Organisation (AAO), Eckankar, Earthplay** und **Bewußtseins-Erweiterungs-Programm (bep)** – ist dieser Bereich vor allem durch eine Vielzahl von Kleingruppen charakterisiert, die nur lose Verbindung untereinander haben. Typisch für ihr undurchschaubar verflochtenes, vielgestaltiges Sinnangebot ist eine eklektizistisch-synkretistische Haltung.

Sind die oben erwähnten religiösen Sondergemeinschaften (Sekten) in der Regel von einem deklarierten Exklusivanspruch geprägt, so ist in jenen Gruppen, die esoterisches Gedankengut propagieren, normalerweise eine gleichzeitige Mitgliedschaft in einer Kirche von seiten der betreffenden Organisation möglich. Heute besteht neben einem intensiven Engagement in einer straff geführten Organisation – ein Trend zur synkretistisch-selektiven Ideologie. Daher besteht eine geringere Bindung an die konkrete Gemeinschaft. Vor allem die Jugend, aber auch andere Altersschichten sind heute von einem solchen Trend fasziniert.

Natürlich bleibt eine solche Kurzübersicht fragmentarisch; verschiedene Elemente (z.B. die Gruppenbildung um Gegenpäpste wie Clemens XV. und Gregor XVII., die verschiedenen Freien Bischöfe und auch die Gemeindebildung aus dem evangelikalen Raum) sind unberücksichtigt. Gegenwärtig ist eine unübersehbare Vielfalt an religiösem Sinnangebot in der westlichen, in der anglo-amerikanischen und in der asiatischen Welt feststellbar.

Aus dieser Übersicht und in diesem Zusammenhang wird die besondere Herausforderung der Christen deutlich; durch die religiösen Sondergemeinschaften der Gegenwart sind die geschichtliche Dimension der christlichen Kirche und ihr durch Jahrtausende gefestigter Glaube besonderen Verwirrungen ausgesetzt. Die Unterscheidung der Geister ist für geschichtlich verwurzelte gläubige Christen ein besonderes Gebot der Stunde.

Weltmission und Ökumenische Bewegung

Mit der Entdeckung des Seewegs nach Indien und des neuen Erdteils Amerika entstand eine intensive Missionsbewegung der abendländischen Christenheit aus dem Bewußtsein heraus, daß es viele Millionen Menschen gibt, die in den bisherigen 1500 Jahren Christentum noch nie etwas von Christus gehört haben. Deshalb fuhren sehr bald mit den Konquistadoren und Kaufleuten auch Glaubensboten nach Asien und Amerika mit. Dem Kirchenverständnis der damaligen Zeit entsprechend, wurde diese Missionierung aber zugleich stark politisch gesehen: die neu entdeckten Länder wurden für Gott und König in Besitz genommen!

Aus dem Tagebuch des Cristoforo Colombo:
„Dienstag, 6. November 1492:
Diese Leute kennen keine Arglist und sind wenig kriegerisch. Männer und Frauen gehen nackt umher, wie Gott sie erschaffen hat. Allerdings tragen die Frauen ein Baumwolltuch um ihre Lenden; aber das ist auch alles. Sie sind sehr ehrfürchtig. Ihre Hautfarbe ist nicht sehr dunkel und heller als jene der Frauen auf den Kanarischen Inseln. Ich bin überzeugt, erlauchteste Fürsten, daß alle diese Leute gute Christen würden, sobald fromme und gläubige Männer ihre Sprache beherrschen werden. Deshalb hoffe ich zu Gott, daß Eure Hoheiten sich baldigst dazu verstehen werden, derartige Männer hierherzusenden, um so große Völker zu bekehren und dem Schoß der Kirche einverleiben zu können, nicht anders wie jene Völker vernichtet worden sind, die sich nicht zur Dreieinigkeit von Vater, Sohn und Heiligem Geist bekennen wollen.“*

Die Träger der Mission im 15./16. Jh. waren Spanien und Portugal, wobei die Portugiesen vor allem nach Asien und die Spanier nach Amerika strebten. Franz Xavér war z.B. der päpstliche Legat für Indien und Ozeanien, er kam auch nach Japan, scheiterte aber bei seinen Versuchen, auch nach China zu gelangen. Erst Matteo Ricci († 1610) gelang es, auch in China Fuß zu fassen. Die protestantischen Holländer engten aber durch ihre Missiontätigkeit den Wirkkreis der Katholiken ein. So wurde die unselige Spaltung der abendländischen Christenheit auch in den anderen Erdteilen spürbar.

Der ursprünglichen Methode der Spanier, die Neue Welt zu erobern und die Bewohner zu unterwerfen, um sie zu taufen (Taufe als Anerkennung der spanischen Herrschaft!), änderte sich durch das Wirken einsichtiger Missionare wie Bartolomé de Las Casas († 1566), die bewirkten, daß die einheimischen Kulturen der Indios nicht völlig ausgerottet wurden.

Die katholische Reform brachte es mit sich, daß mit der Konsolidierung der Situation im Abendland auch die Missiontätigkeit auf eine neue Basis gestellt wurde. 1622 kam es zur Gründung der „Heiligen Kongregation für die Ausbreitung des Glaubens" in Rom, d.h., der

Heilige Stuhl übernahm in allen Gebieten, wo es keine Diözesanstrukturen (unter der Führung von Bischöfen) gab, die gesamte Seelsorge. Mit den bisherigen Trägern der Mission gab es Auseinandersetzungen, die z. B. dazu führten, daß die beiden Bettelorden Franziskaner und Dominikaner die Jesuiten in Rom wegen deren Assimilationsmethode (Anpassung an die Bräuche des jeweiligen Landes, vor allem in China) anzeigten und erreichten, daß keinerlei Anpassung der Riten an einheimische Bräuche gestattet wurden.

Der Staatsabsolutismus in Europa und die Aufhebung des Jesuitenordens durch Klemens XIV. (1773) führte neben anderen Faktoren zu einem Niedergang der Mission. Erst im 19. Jh. kam es zu einer Reorganisation und zu einer globalen Ausweitung. Auch in dieser Phase blieb jedoch die Politik nicht beiseite, die Mission geschah über weite Strecken hin im Sog der Kolonialisierung – vor allem während der englischen Expansion. Neue Missionsorden entstanden, die sich ausschließlich der Verbreitung des christlichen Glaubens über die ganze Welt widmeten.

Der Zusammenprall der christlichen Konfessionen in den Missionsgebieten und das Ärgernis, das sich unter den Christen ferner Länder daraus ergab, führte zur *Ökumenischen Bewegung* seit dem Beginn des 20. Jh. Ein erster Versuch dieser Art war 1910 die Internationale Missionskonferenz in Edinburgh. 1921 wurde der Internationale Missionsrat gegründet, der sich bemühte, die konfessionellen und verfassungsmäßigen Spaltungen und Spannungen zu überwinden. 1938 bzw. 1948 wurde als Ergebnis dieser Arbeit der „Ökumenische Rat der Kirchen" gegründet:

Weltkonferenz für Glauben und Kirchenverfassung *1952 in Lund/Schweden:*

„Wir sind von unseren Kirchen nach Lund entsandt worden, um gemeinsam zu untersuchen, wie groß die Einheit ist, die unter unseren Kirchen in Fragen des Glaubens, der Kirchenverfassung und des Gottesdienstes bereits besteht, und wie wir der volleren Einheit näherkommen können, die Gottes Wille für uns ist. Wir sagen dem Herrn der Kirche Dank für das, was er in und durch unsere gemein-

samen Gespräche und Gebete unter uns gewirkt hat. Wir danken ihm, daß die Kirchen in manchen Teilen der Welt sichtlich näher zusammenrücken. Wir haben wie alle anderen Kirchen viele Entdeckungen gemacht, und wenn wir auch gegenüber den Unterschieden, die sich noch nicht überwinden lassen, ratlos sind, überwiegt doch die Dankbarkeit für die zahlreichen Erweise der Gnade Gottes, die wir im Leben der Kirche in der ganzen Welt erkennen ...

Es hat sich wiederum gezeigt, daß wir einander näherkommen, wenn wir Christus näherkommen. Deshalb müssen wir durch unsere Spaltungen hindurch zu einem tieferen und reicheren Verständnis der Geheimnisse der uns von Gott gegebenen Einheit Christi mit seiner Kirche hindurchdringen ...

Wir haben einen entscheidenden Punkt in unseren ökumenischen Gesprächen erreicht. In dem Maße, als wir einander besser kennengelernt haben, sind unsere Augen für die schmerzliche Tiefe unserer Spaltungen wie für unsere grundlegende Einheit geöffnet worden ...

Müßten die Kirchen nicht die Tatsache anerkennen, daß sie sich oft durch weltliche Mächte und Einflüsse haben bewegen lassen, sich voneinander zu trennen, anstatt gemeinsam die alleinige Herrschaft Christi zu bezeugen?"

Zweite Vollversammlung des Ökumenischen Rates der Kirchen *1954, Evanston:*

„Spaltungen in der Kirche sind zu einem großen Teil durch echte Sorge um das Evangelium hervorgerufen und zu einer dauernden Erscheinung gemacht worden. Einige glaubten, daß andere von der gottgegebenen Ordnung und dem Glauben der Kirche durch nicht zu rechtfertigende Ansprüche und unbegründete Lehren abgewichen sind. So entstand das Schisma zwischen Ost und West. Einige glaubten, daß Gott sie zu einer Reformation des Glaubens und der Ordnung der Kirche berufen habe, die dies in ihrer ursprünglichen Reinheit wiederherstellen werde. Sie fanden, ihr Werk könne nicht im Rahmen römischer Katholizität vollendet werden, und so entstanden die Kirchen der Reformation. Einige glaubten, daß der Glaube tatsächlich reformiert werden mußte, jedoch im Rahmen des altkirchlichen und historischen Episkopates. Damit

Ökumenische Begegnung der verschiedenen christlichen Konfessionen

trennte sich die anglikanische und die altkatholische Gemeinschaft sowohl von Rom als auch von vielen Kirchen der Reformation.

Einige glaubten, daß die verfaßten Kirchen ihrer Zeit dem Wort des Heils nicht freien Lauf ließen. So fühlten sich die älteren Freikirchen und methodistische Gruppen gezwungen, unabhängige kirchliche Ordnungen anzunehmen.

Ähnliche Taten eines gewissensmäßigen Gehorsams haben gleichermaßen dazu geführt, wenn auch ohne Absicht, daß christliche Gemeinschaft in Lehre, Sakramenten und Ordnungen zerbrach ...“

1964 gab das **II. Vatikanische Konzil** ein Dekret über den Ökumenismus heraus, das eine neue Einstellung der Katholischen Kirche zu den anderen christlichen Religionsgemeinschaften erkennen läßt. Ähnlich zeigen auch die beiden Dekrete über die nichtchristlichen Religionen und über die Missionsaufgabe der Kirche den neuen, offenen Standpunkt, der abgeht vom Bewußtsein, exklusiv im Besitz der Wahrheit zu sein, sondern bereit ist, das Gute in den anderen Gemeinschaften zu sehen und auch von ihnen zu lernen. Die Folge dieser gewandelten Einstellung ist ein zunehmend starker Dialog und die Bereitschaft, miteinander zu kooperieren.

Das nach dem Konzil eingerichtete römische Sekretariat für die nichtchristlichen Religionen nahm alsbald den Dialog mit den Weltreligionen auf. Das in diesen Gesprächen entstehende Zusammengehörigkeitsgefühl führte dazu, daß man sich in der modernen Welt als im selben Boot sitzend erfuhr und auch den Dialog mit den Nichtglaubenden, den Atheisten und Agnostikern suchte. Die Gründung eines eigenen römischen Sekretariates für die Nichtglaubenden war eine logische Konsequenz dieser Entwicklung.

→

Herausforderung und Dialog der Religionen

Kard. Franz König

Am Schluß einer derart umrißhaften Darstellung der Religions- und Glaubensformen der Völker, der Menschheit, über alle geographischen Breiten und geschichtlichen Tiefen hinweg, steht der Leser des europäischen Kulturkreises vor der Frage: Was folgt daraus für die Gegenwart, was folgt daraus für mich?

Um auf eine so umfassende Frage eine Antwort zu geben – soweit das überhaupt möglich ist –, müssen wir einige Überlegungen anstellen.

Der Weg durch die Jahrtausende, die Vielfalt der Kulturkreise in der Menschheitsgeschichte, zeigen uns, daß Religion in irgendeiner Form die Geschichte des Menschen immer begleitet hat. Religion ist bei aller Buntheit des Gegenständlichen, bei aller Vielfalt der Formen eine menschliche Antwort auf die Begegnung mit dem Heiligen, mit dem Transzendentalen. Religion mit ihrer vielfältigen Ideenwelt ist eine konstante, beständige Begleiterin des Menschen durch sein Leben und seine Geschichte. Ein flüchtiger Gang durch diese Geschichte mit der heute unübersehbaren Fülle von Urkunden und Quellenmaterial zeigt einen Wechsel der Vorstellungen, eine vielfache Abhängigkeit.

Herausforderung durch die Geschichte der Religionen

Alles in allem ist es gerade die *Geschichte der Religionen,* die uns heute ebenfalls eine Fülle von Material ausbreitet, aus dem hervorgeht, daß der Mensch immer um sein Heil besorgt ist und sein Heil durch göttliche Mächte sucht, in deren Händen er sein Schicksal wußte. Bittend und betend, opfernd und sühnend suchte er jene göttliche Macht jenseits seines unmittelbaren Lebensbereiches. Er sucht die Gottheit gütig zu stimmen, sucht Schutz vor allen Gefahren, nicht zuletzt sucht er aber auch diese Mächte sich seiner selbst dienstbar zu machen durch Zauber (d.h. Macht über die Götter) mit allen Höhen und Tiefen menschlichen Ringens und Versagens. Im Zwiespalt der guten und bösen, der grausamen und höheren Mächte war es schwer, für sich und die Seinen den rechten Weg zu finden. Masken und Skulpturen versunkener Jahrhunderte, nicht selten mit den Zügen des Unheimlichen und Dämonischen, lassen ahnen, mit welcher Zuversicht, aber auch mit welchen Ängsten Stämme und Völker verschiedener Alter, verschiedener Kulturen und Lebensstufen um ihr Leben zu rin-

gen hatten. Die Geschichte der Religionen hat ja nicht nur das Positive, sondern auch das Negative im religiösen Glauben und Handeln bis zum Menschenopfer an erzürnte Gottheiten aufzuzeigen.

Das Interesse für fremde Religionen hat in Europa seinen Ausgang genommen. Ein Grund hierfür war die Zeit des „Kolonialismus", das wirtschaftliche Vordringen in außereuropäische Kontinente, die Begegnung mit fremden Rassen, Sprachen und Kulturen. Es war nicht etwa die religiöse Welt Indiens mit ihrer Vielfalt von Religionen, wo es nahegelegen hätte, Religionen miteinander zu vergleichen, eine gegenseitige Religionskritik im besonderen Maße zu eröffnen. Es war vielmehr der missionarisch eingestellte christliche Westen, der in den nichtchristlichen Religionen das Ringen einer nach Erlösung suchenden Welt sah und dieser mit der Botschaft des Christentums zu Hilfe kommen wollte. Die Missionare, die aus Europa in nichtchristliche Kontinente auszogen, zeigten anfangs wenig Interesse, die nichtchristlichen Religionen kennenzulernen, ihre Welt zu verstehen. Es war ein stark apologetisch eingestelltes missionarisches Christentum. Wohl aber waren es die aus der westlichen christlichen Welt stammenden Sprachforscher, Indologen, Religionshistoriker, die den fremden Sprachen, Kulturen und Religionen ein besonderes Interesse entgegenbrachten. So hatte sich der Oxforder F. M. Müller († 1900) das Ziel gesetzt, die Erforschung der fremden Religionen der Völker mit Hochkulturen wie der schriftlosen Völker als Aufgabe zu sehen. Andere Anstöße kamen von der Bibelkritik evangelischer theologischer Schulen um die Jahrhundertwende, die besonders das Alte Testament aus dem Zusammenhang mit den Religionen ihrer Umwelt, d.h. ihren „Sitz im Leben", besser verstehen wollten (H. Gunkel, W. Bousset). Daneben zog die „Religionswissenschaft" (Religionsgeschichte, Religionsphilosophie, Religionsphänomenologie, Religionssoziologie, Religionspsychologie) immer mehr die Aufmerksamkeit auf sich. Diese neue Wissenschaft versuchte Strukturtypen der Religion zu erfassen, aber auch die Bedeutung der Religion im allgemeinen und in der Menschheitsgeschichte hervorzuheben. Die ersten Lehrstühle dieser neuen Wissenschaft tauchten Ende des 19. Jahrhunderts an europäischen Universitäten und außerhalb der Theologischen Fakultäten auf. Der damit beginnende Religionsvergleich führte – durch den Rationalismus der Zeit bedingt – zu einer kritischen Haltung gegenüber dem Christentum. Die Nachwehen der Aufklärung, das säkularisierte Weltbild hatten hier ein weites und neues Feld wissenschaftlicher Untersuchungen.

Verschiedene Erklärungen und Deutungen des religiösen Phänomens in der menschlichen Geschichte kamen zur Sprache. Versuche dieser Art sind nicht unwesentlich von den geistesgeschichtlichen Strömungen des 19. und 20. Jahrhunderts in Europa beeinflußt. – Etwa die evolutionistische Deutung im Sinne Darwins, Religionskritik im Geiste Comtes, die Lehre des Animismus nach Taylor, die Astralmythologie eines H. Winkler, die psychologische Mythendeutung im Sinne C. G. Jungs oder die Erklärung des Gesamtphänomens der Religion nach Freud als die Zukunft einer Illusion. In diesem Jahrhundert aber setzt sich die kulturgeschichtliche Methode stärker durch, ebenso die Symbolforschung im Sinne Eliades. – Nicht zuletzt spielt die persönliche Einstellung dessen, der sich mit den Religionen, ihrer Geschichte, mit Religionswissenschaft befaßt, eine nicht geringe Rolle.

Wer aus persönlichen Gründen seine Aufmerksamkeit ausschließlich den negativen Erscheinungen im Christentum zuwandte, konnte oder wollte zu der Feststellung kommen, daß alle Religionen „menschliche Gebilde" seien (D. Hume), daß der religiöse Glaube aus einer Projektion menschlicher Wünsche und Bedürfnisse nach außen zu erklären sei (Feuerbach, Vorlesungen über das Wesen der Religion, 1851) – für den lag die Folgerung nahe, daß auch das Christentum im Kern sich nicht von den anderen Religionen unterscheide. Eine göttliche Offenbarung komme dafür genausoviel oder -sowenig in Frage, wie es bei den anderen nichtchristlichen Religionen der Fall ist.

So wurden die Beschäftigung mit der Geschichte der Religionen und das vergleichende Studium der Religion zu einer Herausforderung des Christentums. Säkularisierung, Wissenschaftsgläubigkeit, dialektischer Materialismus haben dies noch unterstrichen.

Weltweit stellt sich gerade auch für den Christen die Frage, ob nicht *alle* Religionen in Geschichte und Gegenwart gleich sind und im Grunde dasselbe lehren.

Bereits aus der Geschichte Indiens kennen wir ein Beispiel des muslimischen Kaisers Akbar (1542–1605) aus dem Geschlechte der Mogulen, der damals zu der Erkenntnis gekommen war, daß alle Religionen gleich sind; er wollte daraus seine politischen Folgerungen ziehen: Er gab den Hindus und Muslims die gleichen Rechte und gewährte den Parsen und Christen Religionsfreiheit. Dadurch sollte die Einheit seines großen indischen Reiches gefestigt werden. Diese so von oben begründete „Universalreligion" war nicht von langer Dauer und endete mit dem Tod des Herrschers. Im heutigen Indien gilt die Toleranz zwischen den verschiedenen Religionen. Es heißt, daß alle Glaubensbekenntnisse aus der religiösen Welt der Hindus das gleiche Ziel hätten, aber auf verschiedenen Wegen zu diesem Ziel gelangen.

Sosehr alle Religionen durch die grundsätzliche Einheit des menschlichen Geschlechtes zusammenhängen, so wenig kann man heute sagen, daß alle Religionen gleich sind. Wenn man den Hinduismus als „Kollektiv von Religionen" (H. v. Stietencron) bezeichnet, so wird der prägende Einfluß alter Traditionen und Kulturen dabei deutlich.

So wie die eigenständigen Kulturen sich voneinander unterscheiden, so werden die nichtchristlichen Religionen, die geschichtlichen Religionen, eingebettet in ihre Kulturen in ihrer Eigenständigkeit von der religionswissenschaftlichen Forschung heute geschildert.

In den letzten Jahrzehnten ist die Religionswissenschaft angesichts des immer umfassenderen religionsgeschichtlichen Materials und des tieferen Eindringens in die Quellen, Kulturen und Ausdrucksformen des religiösen Glaubens auch zu neuen Einsichten gelangt: Im Laufe der Zeit hat man erkannt, daß jede Religion für sich ein organisches Ganzes ist, das man nicht wie einen Baukasten auseinanderlegen und zusammensetzen kann. Jede Religion hat ihre eigenen Lebensgesetze und Wachstumszusammenhänge, so daß die einzelnen Teile ein und derselben Religion untereinander in Verbindung und voneinander abhängig sind. Man kann nicht die einzelnen Aspekte oder Merkmale oder Antworten herauslösen und auf ein anderes ähnliches Gebilde, auf eine andere Religion übertragen und so vergleichen. Die Religionssoziologie hat die gesellschaftlichen Zusammenhänge, die gesellschaftlichen Aspekte von Religion und Kultur bewußtgemacht. Heute weiß man, daß auch mythische Darstellungen, Sagen, Volksbräuche, Jenseitsvorstellungen nicht wie Museumsstücke isoliert betrachtet werden können, ohne größere Zusammenhänge mißzuverstehen, weil man nicht nach dem „Sitz im Leben" fragt. Weil Religion ein organisches Ganzes ist, in das man nur mühsam eindringen kann, sich einleben muß, um sich einigermaßen zurechtzufinden, braucht es Zeit und Geduld. Einige im Fernsehen gezeigte Ausschnitte religiöser Riten, Gebräuche, Prozessionen usw., etwa aus dem Bereich fernöstlicher Religionen, können ein mühsames persönliches Studium vieler Details, eine gründliche Quellenkenntnis nicht ersetzen. Durch eine solche intensive Beschäftigung mit den Religionen der Geschichte und Gegenwart erhält auch das Christentum in seiner Eigenart – gerade durch einen weit ausholenden Vergleich mit anderen Religionen – einen neuen Stellenwert.

Wesentlich ist ein anderer Aspekt der Religionswissenschaften: Die Erforschung schriftloser Völker, die Geschichte untergegangener Kulturen und ihrer religiösen Denkmäler unterstreichen die Tatsache, daß Religion nicht nur als Produkt eines Kulturprozesses zu verstehen ist. Religion hat immer mit dem *Menschen* und der menschlichen Gesellschaft zu tun. Man hat lange Zeit außer acht gelassen, daß religiöser Glaube, daß Religion im Menschen wurzelt. Religion ohne Mensch ist etwas Totes, ist wie ein leeres Haus ohne Bewohner. Hinterlassene Spuren müssen mit dem in Verbindung gebracht werden, von dem sie stammen, das ist der Mensch. Religiöse Quellen untergegangener Völker und Kulturen können nur durch Analogieschlüsse und ihren

Wilhelm Schmidt (1868–1954) widmete sich der Erforschung des Hochgottglaubens im Rahmen der Völkerkunde

Carl Gustav Jung (1875–1961) begründete die analytische Psychologie als säkularisierte Seelsorge.

menschlichen Bezug einigermaßen erforscht werden. Heute sagt man (Holsten), daß die Wissenschaft der Religion eine Wissenschaft des religiösen Menschen sei. Und das ergibt wieder, daß der Mensch in Vergangenheit und Gegenwart, in allen Kulturepochen der Weltgeschichte, sich von göttlichen Mächten oder einem höchsten Wesen abhängig weiß und das Ziel seines Weges in einer „anderen Welt" erahnt. Das der Erforschung der schriftlosen Völker gewidmete Werk von W. Schmidt (Der Ursprung der Gottesidee, 12 Bände) macht dies deutlich. In die gleiche Richtung weist das umfangreiche Material wissenschaftlicher Expeditionen und Forscher, die sich den verschiedenen Völkern und Kulturen widmeten.

Ein unpersönliches, abstraktes Wissen von konstanten menschlichen Ausdrucksformen, die sich in vielen Religionen finden, führt zu keiner größeren Erkenntnis dessen, was Religion im wesentlichen ist. Wenn die persönliche Erfahrung in einer oder in der eigenen Religion fehlt, ist die große Fülle religionsgeschichtlichen bzw. religionswissenschaftlichen Wissens ein totes Wissen. Kommt es aber zu einer Verbindung von persönlicher religiöser Erfahrung (persönlicher Religiosität) in Verbindung mit dem Studium der Religionsgeschichte, so kann das zu einer großen Bereicherung werden. Solches vermittelt nicht nur eine tiefere Erkenntnis des Menschen in allen Zeiten und Kulturen, es führt auch zum Staunen über den Reichtum von Bildern und Formen auch in den Religionen vergangener Zeiten, die in der Geschichte des Menschen, der Völker und Kulturen ihren Ausdruck gefunden haben oder finden.

Die Frage, was der Mensch ist und worin sein Lebensziel besteht, wird so zum Hinweis auf das schwer Ergründbare der menschlichen Existenz. Abhängig sein von, auf dem Weg sein zu einer jenseitigen Macht (Gott, göttliche Mächte), gehört zur Wurzel menschlichen Seins. Die Frage des Todes, die Frage nach dem Woher und Wohin ist mit dem Menschen in allen Zonen und Zeiten verbunden, ist hineingeschrieben in die Vielfalt menschlicher Kulturen, umkleidet vom bunten Wechsel menschlicher Lebensformen. Sie begleitet ihn vom Anfang seiner Geschichte, soweit unsere heutige Kenntnis reicht.

Wer bin ich? ist die Frage des Menschen nach sich selbst. Heute sagt man: Die Frage nach seiner eigenen Identität. „Ich bin mir selbst zur Frage geworden" meinte Augustinus (Mihi questio factus sum). Nikolaus von Kues (gest. 1464) meinte seinerzeit: Wenn der Mensch sein wahres „Selbst" gefunden hat, dann ist er auch von Gott gefunden.

Ein dunkles und schwieriges Kapitel in der Geschichte der Religionen sind die Irrwege der Religionen bis zum Menschenopfer, ist der Mißbrauch des Religiösen; Mißbrauch durch Macht, Politik, Fanatismus, Intoleranz bis zu den Religionskriegen; Mißverständnisse, Mißbildungen der Religion bis zu einem erstarrten Ritualismus und zur Magie. Eine andere Ursa-

Durch das unwillkürliche Verschieben eines Glasrohres in einem Buchstabenkreis entstehen Äußerungen aus dem Unbewußten (eine beliebte spiritistische Methode). Foto: Inst. für Psychologie u. Psychohygiene Freiburg i. Br.

che sind irrige Haltungen der menschlichen Person wie Aberglaube, Geheimlehren wie Astrologie, Okkultismus, Spiritismus. Es sind zum Teil irregeleitete Formen auf dem Weg und doch auch Ausdruck einer Sehnsucht nach einer sicheren Wahrheit und festen Orientierung in der Unsicherheit und Dunkelheit des eigenen Lebens. – Es gibt verschiedene Formen des Aberglaubens (Geisterbeschwörung, Wahrsagen, Zaubersprüche, Dämonenglaube, Hexenfurcht, Praktiken, um Unheil abzuwehren, usw.), die sich nicht immer vom echten religiösen Glauben abgrenzen lassen, oft gehen sie auch verschiedene Verbindungen miteinander ein.

Auf seiten des Menschen, der auf der Suche ist nach dem Heiligen und Transzendenten, können sich Fehlhaltungen im religiösen Tun ergeben, wodurch auch Gruppen und Gemeinschaften beeinflußt werden. Solche sind psychische Verengung, krankhafte Veranlagung, verfälschte Gottesvorstellungen (Angst, Zwangsvorstellungen, falsche Schuldgefühle; fanatische Charakterveranlagung, Rechthaberei, Rücksichtslosigkeit).

In den rein diesseitigen, areligiösen Weltanschauungen, der von Wissenschaft und Technik geprägten Neuzeit, finden sich in der Regel Unterströmungen von Aberglaube, Lebensangst oder Lebensgier. Astrologie, Hellsehen,

Rutengänger und sonstige PSI-Phänomene haben dann dem Religionsersatz zu dienen. Der Verlust der Religion, Religionsersatz, ist ein Kennzeichen der von Europa und den USA ausgehenden wissenschaftlich-technischen Weltanschauung mit der Tendenz, Religion und Kultur, Religion und Philosophie, Religion und Wissenschaft, Religion und Gesellschaft streng voneinander zu trennen. Ideologien und Idole sind Kennzeichen des Religionsersatzes. Wenn – wie es in verschiedenen Zeiten und Teilen der Erde der Fall war oder noch ist – Religion und gesellschaftliche Strukturen, Religion und Kultur zu einer Symbiose ineinander gewachsen sind, dann kann Religion in äußeren, folkloristischen Lebensformen und Gebräuchen aufgehen.

Herausforderung durch den Staatsatheismus

Eine totale Herausforderung jeder Religion, aller Religionen, ist der Staatsatheismus, wie er uns in den Ländern Osteuropas begegnet. An Versuchen, höhere Mächte, das Heilige, zu leugnen, hat es in der Geschichte des Menschen nie gefehlt. Der Atheismus ist allerdings keine ursprüngliche, keine eigenständige Erscheinung. Die Gründe, die zur Leugnung des Göttlichen, Gottes führen, als Grundlage jeder Religion, können verschiedene Ursachen haben (Protest gegen das Übel in der Welt, einseitige Zuwendung an die irdischen Wirklichkeiten; Religion hält ab vom Aufbau der irdischen Gesellschaft, menschliches und religiöses Versagen der Gläubigen). Atheisten haben sich weltweit zu Vereinigungen zusammengeschlossen, so z. B. Weltunion der Freidenker (bereits 1880), später der Deutsche Freidenkerverband. 1949 wurde auf ähnlicher Grundlage der „Deutsche Volksbund für Geistesfreiheit" (1949) gegründet. Ein ähnliches Anliegen vertritt die Internationale humanistische Union (Amsterdam 1952). Die europäischen Formen des Atheismus finden sich mehr oder weniger in einer Verteidigungsstellung.
Neu in der Geschichte des Menschen ist der kämpferische Atheismus, wie er von den mar-

xistischen Staaten in verschiedener Weise vertreten wird. Der kämpferische Atheismus oder Staatsatheismus marxistischer Regierungen geht von der marxistisch-leninistischen These aus, daß Religion von selbst absterben werde. Diese Behauptung steht allerdings im Gegensatz zu den Ergebnissen der Religionsgeschichte und Religionswissenschaft und zu den allgemein menschlichen Erfahrungen. Von atheistischen Staatsführungen wird aber auch heute noch eine „Überwindung jeder Religion" angestrebt. Die dort bestehenden Gesetze über eine relative Religionsfreiheit werden im Verwaltungsweg in diesem Sinne interpretiert, d. h. nicht nur Religion wird absterben, sondern Religion „soll" absterben. So heißt es in einem offiziellen Text des ostdeutschen Jugendlexikons (1982, 22. Aufl.): „Der Atheismus steht in Übereinstimmung mit den Wissenschaften ..., der dialektische Materialismus begründet die Ablehnung des Glaubens auf konsequent wissenschaftliche Weise" (S. 66). Dabei geht es nicht nur um eine faktische Ablehnung, sondern um einen „unversöhnlichen Gegensatz" zu jeder Religion. Die daraus abzuleitenden Folgerungen aus diesem „unversöhnlichen Gegensatz" werden vom Staatsapparat im gesellschaftlichen Bereich immer wieder ins Auge gefaßt und zumindest gefördert oder abgenötigt. Staatsbürger, die ihren Glauben öffentlich bekennen, sind de facto Bürger zweiter Klasse. Diese von der Staatsführung vertretene Auffassung wird in verschiedenen Thesen wiederholt: „Der religiöse Glaube steht in einem unversöhnlichen Gegensatz zum wissenschaftlichen Denken" ... „Wenn das wissenschaftliche Denken Allgemeingut aller geworden ist, wird die religiöse Form des gesellschaftlichen Bewußtseins endgültig verschwinden (S. 575)."

Die Provokation aller Religionen durch den Marxismus bzw. marxistische Staatsführungen stößt auf Schwierigkeiten und Widersprüche:

a) Wissenschaft kann Religion nicht ersetzen. Der „mystische" Wissenschaftsbegriff des 19. Jahrhunderts, auf den sich die marxistische Ideologie bezieht, schlägt heute um in Angst vor wissenschaftlich-technischem Fortschritt. Dazu kommt, daß das Ergebnis der religionswissenschaftlichen und religionsgeschichtlichen Forschungen im Widerspruch zu der marxistischen Auffassung vom Aussterben der Religion steht.

b) Die „Überwindung jeder Religion" durch den kämpferischen Atheismus hat in der jungen Generation gegenteilige Wirkung ausgelöst. Junge Menschen erwarten eine Antwort auf die ungelösten Rätsel des Daseins: Was ist der Tod? Was ist jenes letzte „unsagbare Geheimnis unserer Existenz, woher wir kommen und wohin wir gehen"? Darauf kann der Marxismus keine Antwort geben, und so sucht die junge Generation gerade in Rußland die Antwort wieder im religiösen Glauben ihrer eigenen Geschichte und ihres eigenen Volkes.

c) Vertreter heutiger Naturwissenschaften und technischer Forschungen bekennen sich zu einem Zusammenhang von Wissenschaft und Glaube. Beispiele hiefür sind Nobelpreisträger wie Max Planck, Werner Heisenberg, Alex Carell, Albert Einstein. Auch solche Männer bekennen sich zu einem religiösen Weltbild ohne Gegensatz zur Wissenschaft. Diese angeführten Gründe führen zu einem neuen religiösen Klima, gerade in marxistischen Staaten. Der Kampf gegen Religion führt zu einer religiösen Erneuerung!

Herausforderung durch Religionssynthese

In unserer Zeit gibt es Versuche, eine neue Religion zu gründen durch eine *Synthese* aus Elementen oder Teilen *anderer Religionen*. Dabei rückt das menschliche Bemühen in den Vordergrund. Eine solche Synthese versuchten z. B. die Bahai-Religion und die Cao-Dai-Gemeinschaft. Der *Bahaismus* will die Vollendung aller Religionen sein und verbindet damit die Absicht, eine Synthese verschiedener Religionen zu schaffen. Der Gründer, Mirza Husan-Ali (gest. 1892), erklärte sich als die Herrlichkeit Gottes. Die Bahai sehen sich als „Lichtkinder". Der Bahaismus lehrt die Einheit der Menschen über Religions-, Rassen- und Völkergrenzen hinweg. Er sieht im Dienst an den Menschen den höchsten Gottesdienst. Die Ge-

meinschaft zählt etwas über 2 Millionen Anhänger (siehe dazu Seite 270/3).

Die *Cao-Dai-Gemeinschaft* in Vietnam beansprucht in ähnlicher Weise, eine „Zusammenfassung und Überbietung aller bisherigen Religionen" zu sein. In ihr sind Einflüsse aus dem Christentum, dem Buddhismus, dem Konfuzianismus und dem taoistischen Universismus verbunden. Dem Christentum ähnelt sie durch die hierarchische Ordnung ihrer Gemeinden. Dem Buddhismus ist die Idee des Mönchtums und die asketische Haltung der Welt gegenüber entnommen. Dem Konfuzianismus ist die Ethik und dem chinesischen Universismus die Einstellung zum Kosmos und der Gedanke des Tao entlehnt. Die Cao-Dai-Religion behauptet, auf Grund dieser verschiedenartigen Beziehungen (alle Religionen werden durch sie „aufgehoben") die universale und endgültige Religion zu sein, in der sich eine letzte „Amnestie" (= Offenbarung) Gottes kundtue, die der Menschheit Frieden, Versöhnung und Einheit bringt. Der Begründer dieser Religion ist Levan-Trung, ein Beamter der französischen Militärregierung. Nach ihm wäre die erste östliche „Amnestie" (Buddha und Laotse) sowie die zweite westliche (Mose und Christus) durch seine dritte und universale „Amnestie" aufgehoben. Kennzeichnend für diese neue Religion ist ein Spiritismus östlicher und westlicher Prägung, die Entwicklung einer spirituellen Praxis mit Menschen als Medien, über die Mitteilungen aus der Geisterwelt erfolgen, und gewissermaßen Ahnenkult betrieben wird. Das religiöse Zentrum ist im Dorf Lon-Thanh in der Provinz Tayinh.

Dialog der Religionen

Versuche dieser Art gibt es bereits seit 1893. Im Rahmen einer Weltausstellung wollte man auch die geistigen Kräfte der Welt, d.h. die Religionen, zu einer Begegnung bringen. Der Inder Swami Vivekananda († 1902) spricht vor einem Weltparlament der Religionen über die Einheit aller Religionen. Er war ein Schüler Ramakrishnas (vgl. Seite 213/5). Der Sinn dieses Kongresses und ähnlicher späterer Veranstaltungen bestand nicht darin, eine universale Mischreligion aus den geschichtlichen Religionen zu bilden, sondern einen Geist der Versöhnlichkeit zwischen den Religionen zu verkünden, d. h. nicht Kampf, sondern gegenseitige Hilfe. – 1910 fand in Berlin ein „Weltkongreß für freies Christentum und religiösen Fortschritt" statt. Im Sinne Vivekanandas hieß es dort: „Die Weltreligionen sind nicht Konkurrenten, sondern sind Brüder. Warum schließen wir uns nicht zusammen und bilden eine Familie des Glaubens zur Ehre des Vaters, der in allem wirksam ist?" Nach dem Ersten Weltkrieg hat der damals sehr bekannte Religionshistoriker Rudolf Otto den „Religiösen Menschheitsbund" begründet (1921). Dadurch sollte im Falle neuer Kriegsgefahr das „Weltgewissen" mobilisiert werden. 1938 kam es zu einer Verbindung mit dem World Congress of Faith und zur Errichtung eines „Weltbundes der Religionen". Friedrich Heiler sprach in diesem Rahmen von der Einheit und Zusammenarbeit aller Religionen. Ähnliche Versuche gingen von Indien aus. Ein „Tempel des Verstehens" (Washington 1960) griff wieder das Stichwort „Weltreligion" auf, um ein Klima gegenseitiger Achtung und Verständigung zu fördern. In Ceylon (Sri Lanka), wo sich Buddhismus, Hinduismus, Islam und Christentum in einer nicht immer spannungsfreien Gesellschaft gegenüberstehen, bemühte man sich in ähnlicher Weise, Kontakte und Freundschaft zwischen den Religionen zu fördern (Kongreß der Religionen 1963). Das Streben ging dahin, eine Art „Föderation der Religionen" zu erreichen. Seit 1954 gibt es in Japan Weltkongresse der Religionen, um dem Weltfrieden durch die Zusammenarbeit der Religionen zu dienen („On the foundation of world peace through religion"). In ähnlicher Weise versuchte man bereits in Nordamerika (Chicago 1958) liberales Christentum und Religionsfreiheit miteinander in Verbindung zu bringen, um dadurch zu zeigen, wie sehr Weltreligionen weltweiten Bedürfnissen der Zeit entsprechen.

Starke Impulse zur Förderung des Dialogs mit den nichtchristlichen Religionen gingen vom II. Vatikanischen Konzil (1962–65) aus. Mit dem Hinweis auf die Einheit des Menschengeschlechtes sollten die geistigen und religiösen

Rudolf Otto (1869–1937) war Religionsphilosoph und Erforscher „des Heiligen".

Friedrich Heiler (1892–1967) war einer der führenden vergleichenden Religionswissenschaftler.

Kräfte für den Dienst der Völkerverständigung und damit des Friedens mobilisiert werden. In einer „Erklärung über das Verhältnis zu den nichtchristlichen Religionen" (Vatikanisches Konzils 1965) lesen wir: *„Die Menschen erwarten von den verschiedenen Religionen Antwort auf die ungelösten Rätsel des menschlichen Daseins, die heute wie von je die Herzen der Menschen im tiefsten bewegen: Was ist der Mensch? Was ist Sinn und Ziel unseres Lebens? Was ist das Gute, was ist die Sünde? Woher kommt das Leid und welchen Sinn hat es?... Was ist jenes letzte und unsagbare Geheimnis unserer Existenz, aus dem wir kommen und wohin wir gehen* (Nr. 1)."

Das Leben der Völker ist von einem „tiefen religiösen Sinn" durchtränkt. Im *„Zusammenhang mit dem Fortschreiten der Kulturen suchen die Religionen mit genaueren Begriffen ... Antwort auf die gleichen Fragen"* (ebd.).

Die Gründung eines Sekretariates für Nichtchristen war noch während des II. Vatikanischen Konzils (mit dem Sitz in Rom) geschaffen worden. Aufgabe dieses Sekretariates sollte es sein, den Dialog mit den nichtchristlichen Religionen, mit allen Religionen zu fördern. Ein solcher Dialog bedarf der Aufrichtigkeit, des Respektes gegenüber seinem Gesprächspartner und des gemeinsamen Bemühens, die Wahrheit zu finden, sie besser zu erkennen. Der richtig verstandene Dialog dient der gegenseitigen Verständigung und dem Abbau innerer Spannungen.

Die Lambeth Conference (1968) beauftragte den Erzbischof von Canterbury (anglikanische Kirche), Verbindung aufzunehmen mit dem Papst, dem Ökumenischen Patriarchen (der orthodoxen Kirchen), dem Ökumenischen Rat der Kirchen (Genf), um das Gespräch mit den nichtchristlichen Religionen zu fördern und dem Frieden in der Welt durch Verbindung mit den großen Religionen zu dienen. Im gleichen Jahr versammelte eine Konferenz in Kalkutta elf größere und kleinere Religionen zu einem Gespräch im Dienste an einer besseren Welt. Zwei Jahre später (1970) lud der Ökumenische Rat der Kirchen Vertreter der Christen, Muslime, Buddhisten und Hindus zu einer Konferenz in Ajaltoun in der Nähe von Beirut, um über gegenseitige Ergänzungen der Religionen zu sprechen. „Friedenskonferenzen der Religionen" sind ab dieser Zeit im fernöstlichen, japanischen, amerikanischen und europäischen Bereich an der Tagesordnung. Eine solche Konferenz in Löwen (1974) beschließt z. B. folgenden Text: *„Wir sind entschlossen, in Zukunft der Menschheit gemeinsam zu dienen, jeder in der Art, die am besten den Überzeugungen seiner geistigen Familie und seinen örtlichen Verhältnissen entspricht."* In einer andern Formulierung kommt das religiöse Gespür für Wesentliches zum Vorschein: *„Indem jeder von uns sich hinwendet zu Gebet und Meditationen, streben wir nach einer Bekehrung der Herzen, um den Geist des Opfers, der Demut und der Selbstbeherrschung zu erlangen, der Gerechtigkeit, Befreiung und Frieden fördert."*
Der Dialog, das Gespräch der Religionen ist ein Zeichen der Hoffnung in einer Welt, die um die Zukunft der Menschheit besorgt ist. Das Wirken der Dunkelheit hat die Menschheit eingekreist, hat sie in Positionen manövriert, aus denen es kaum einen Ausweg zu geben scheint.
Der große Religionswissenschaftler Mircea Eliade sieht den Ausweg im verstärkten religiösen Bewußtsein:

„Es ist schwierig, sich vorzustellen, wie der menschliche Geist ohne die Überzeugung funktionieren kann, daß es eine nicht weiter zurückführbare Wirklichkeit in der Welt gibt. … Die Erkenntnis einer wirklichen und sinnvollen Welt ist aufs innigste mit der Entdeckung des Heiligen verbunden. Denn durch die Erfahrung des Heiligen hat der menschliche Geist den Unterschied zwischen dem erkannt, was sich als wirklich, mächtig, bedeutsam und sinnvoll enthüllt, und dessen Gegenteil – dem chaotischen und gefahrvollen Fluß der Dinge, ihrem zufälligen und sinnlosen Aufgang und Untergang."

Umdenken, Bekehrung und Umkehr kann und muß jeder religiöse Mensch, jeder Glaubende, jede Religionsgemeinschaft auf ihre Weise tun. Jede Religion bietet die dazu nötigen Mittel und Wege an.
Dazu muß jedes Religionsgespräch, jede Kooperation diese Bekehrung in seinem eigenen Glaubensvollzug anstreben und als Antrieb für weitere Gespräche und Tätigkeiten einsetzen. Vielleicht ist es gerade die unermeßliche Eskalation der totalen Existenzbedrohung, die die Menschheit aufrüttelt und zur Besinnung bringt; die zu der Erkenntnis führt, daß die eigentlichen Ziele der Menschheit nicht auf diesem Planeten Erde liegen, nicht in der irdischen Wirklichkeit, nicht in Raum und Zeit, nicht in „dieser Welt", sondern in der kommenden, in einer jenseitigen.
Vielleicht wird es auf diese Weise noch deutlicher, welche geistigen Kräfte von den Religionen, von gläubigen Menschen ausgehen können. Dazu gehört aber auch die Erkenntnis, daß eine Erneuerung im Glauben nötig ist, daß Besinnung nottut, weil die im Glauben zur Verfügung stehenden Talente so wenig genützt oder auch so vielfältig mißbraucht wurden. Aber nur offen, einfach und demütig Glaubende, religiöse Menschen sind imstande, neue Wege zu finden.
In vielen Religionen gibt es apokalyptische Erwartung und Erfahrung, setzt man sich seit langem mit solchen Einsichten, Offenbarungen und Befürchtungen oder Hoffnungen auseinander. Vielleicht vermag gerade die Endzeiterwartung die Kräfte des Guten in den gläubigen Menschen so zu aktivieren, daß der außer Kontrolle geratene Planet wieder steuerbar und die „Frist" noch einmal verlängert wird.

Eines wird deutlich: Glaube zieht nicht wie „Opium" von der Verantwortung für das Schicksal der Welt ab, sondern führt in die Probleme hinein, läßt sie klarer erkennen und bietet eine Orientierungshilfe und geistliche Kräfte an, die wir bitter nötig haben. Damit steuern wir der Mutlosigkeit sowie der Übermacht des Dunklen, der Wirren und des Negativen.

Hat man die Religionen, den *Glauben der Menschen* im Blick, dann wird man dankbar sein für die vielen und reichen Möglichkeiten, Gott und seinen vielfältigen Macht- und Krafterweisen zu begegnen.

Dialog der Christen

Geistige Aufbrüche im 19. Jahrhundert schaffen wesentliche Voraussetzungen für die ökumenischen Entwicklungen unserer Tage. Kirchen gleichen Bekenntnisses schließen sich zusammen und legen den Grundstein zu den „Weltweiten christlichen Gemeinschaften", die heute die vielfachen bi- und multilateralen Dialoge zwischen den christlichen Traditionen prägen. Vereine, Bünde und Gesellschaften entscheiden sich unabhängig von Kirchenleitungen zu verschiedenen Formen interkonfessioneller Zusammenarbeit in Gebet und Zeugnis. Der verstärkte missionarische Einsatz der

Kirchen und Missionsgesellschaften läßt die unheilvollen Folgen der gespaltenen, unversöhnten Christenheit und die damit verbundene Unglaubwürdigkeit ihrer Botschaft schmerzlich erfahren.

Auf diesem Hintergrund ist die 1. Weltmissionskonferenz in Edinburgh (1910) zu sehen, die rückblickend als Beginn der Geschichte des Ökumenischen Rates der Kirchen (ÖRK) verstanden wird, jenes Instrumentes der Kirchen, das ihnen hilft, miteinander Kontakt aufzunehmen und Schritte auf Einheit hin zu tun.

1921 schließen sich die nationalen Missionsräte im „Internationalen Missionsrat" zusammen, der sich dann 1961 mit dem ÖRK vereinigt und seither die Kommission für Weltmission und Evangelisation bildet.

Die Basisformel des ÖRK (seit 1961 verpflichtend) lautet:

■

„Der Ökumenische Rat der Kirchen ist eine Gemeinschaft von Kirchen, die den Herrn Jesus Christus gemäß der Heiligen Schrift als Gott und Heiland bekennen und darum gemeinsam zu erfüllen trachten, wozu sie berufen sind, zur Ehre Gottes, des Vaters, des Sohnes und des Heiligen Geistes."

■

Die Bewegung für Glauben und Kirchenverfassung übernimmt die Aufgabe der notwendigen Klärung theologischer Fragen, die nicht länger

---

Ansätze der ökumenischen Bewegung

1855 Gründung des Weltbundes CVJM (Christlicher Verein junger Männer)
Seit 1867 treffen sich die Bischöfe der anglikanischen Gemeinschaft alle zehn Jahre auf den sog. „Lambeth-Konferenzen".
1868 wurde in Hannover die „Allgemeine Evang.-Luth. Konferenz" geschaffen (Die Gründung des Lutherischen Weltbundes erfolgt erst 1947 in Lund)
1877 1. Generalversammlung des Reformierten Weltbundes in Edinburgh.
1887 entsteht der Weltgebetstag der Frauen.
1894 Gründung des Weltbundes CVJF (Christlicher Verein junger Frauen)
1895 Gründung des christlichen Studentenweltbundes (CSWB) (Zusammenschluß nationaler Studentenbewegungen)
Im Laufe des Jahrhunderts Zusammenschlüsse verschiedener Bibelgesellschaften.

ausgeklammert werden können. Mit ihrer konstituierenden Versammlung 1927 in Lausanne leitet sie einen Beratungs- und Studienvorgang ein, der von den Kirchen als solchen getragen wird, die ihre Vertreter in die Kommission für Glauben und Kirchenverfassung, „Faith and Order", entsenden.

Ein dritter Impuls von Edinburgh führt schließlich zur Bewegung „Praktisches Christentum". Der Plan von Nathan Söderblom für die Gründung eines „Ökumenischen Rates" findet noch kein ausreichendes Echo, doch die Kommission für „Life and Work" gibt sich bei ihrer 1. Weltkonferenz 1925 in Stockholm das Programm: „Tun, was eint."

Diese Entwicklung läßt von Anfang an die *Spannung* zwischen der Besinnung auf die vorgegebene Einheit der Kirche und die Verpflichtung zur weltweiten Sendung und zum Dienst an der Welt erkennen. Nach dem Zweiten Weltkrieg gründen 1948 in Amsterdam Vertreter aus 147 Kirchen den Ökumenischen Rat der Kirchen; heute gehören ihm über 300 Kirchen mit mehr als 400 Millionen Christen an.

Neben starken Impulsen aus dem reformatorischen und anglikanischen Raum wird der Weg nach Amsterdam auch durch wegweisende Schreiben des Ökumenischen Patriarchats beeinflußt, das 1948 zu den Gründungskirchen des ÖRK zählt. Orthodoxe Theologen arbeiten schon seit 1927 bei der Kommission für „Faith and Order" mit.

Die Stiftung „Pro Oriente" bemüht sich seit mehr als zwei Jahrzehnten um Gespräche der verschiedenen orthodoxen Kirchen mit der römisch-katholischen Kirche und trägt viel zur Entspannung und zum ökumenischen Dialog bei.

Rom lehnt mehrfach ausgesprochene Einladungen zur Mitarbeit ab. In der Enzyklika „Mortalium animos" von 1928 unterzieht P. Pius XI. die Ökumenische Bewegung einer harten Kritik. Katholiken interessieren sich aber in verstärktem Maß für dieses Geschehen, knüpfen Kontakte auf privater Ebene und studieren die aufgeworfenen Fragen.

In Amsterdam (1948) und bei der 2. Vollversammlung des ÖRK in Evanston (1954) ist die römisch-katholische Kirche abwesend. Erst in der Vorbereitungsphase des Konzils entschließt sich Rom, fünf offizielle Beobachter

zur 3. Vollversammlung nach New-Delhi (1961) zu entsenden.

Das Zweite Vatikanische Konzil (1962–1965) bringt dann die große Wende. Im Ökumenismusdekret erhält die katholische Kirche die Magna Charta für den weiteren ökumenischen Weg. Im Vorwort steht:

◼

„Unter der Einwirkung der Gnade des Heiligen Geistes (ist) eine sich von Tag zu Tag ausbreitende Bewegung zur Wiederherstellung der Einheit aller Christen entstanden. Diese Einheitsbewegung, die man als ökumenische Bewegung bezeichnet, wird von Menschen getragen, die den dreieinigen Gott anrufen und Jesus als Herrn und Erlöser bekennen, und zwar nicht nur einzeln für sich, sondern auch in ihren Gemeinschaften, in denen sie die frohe Botschaft vernommen haben und die sie ihre Kirche und Gottes Kirche nennen … Dies alles erwägt die Heilige Synode freudigen Herzens …"

◼

Damit übernimmt die katholische Kirche ihren Dienst in der *einen* ökumenischen Bewegung. Die Vielfalt der sich daraus ergebenden Konsequenzen sind in der hier erforderlichen Kürze nicht nachzuzeichnen, nur einige seien pars pro toto genannt: Die Christen in den Kirchen und Kirchlichen Gemeinschaften sind – verbunden durch das Band der Taufe – Schwestern und Brüder in dem *einen* Herrn; der jeweilige Reichtum ist gegenseitig anzuerkennen; Differenzen sind vorurteilsfrei zu prüfen; Zusammenarbeit soll – wo dies möglich ist – gesucht werden; *„Die ökumenische Dimension ist einer der vorrangigen Aspekte des Lebens der katholischen Kirche sowohl auf Weltebene wie auf der örtlichen Ebene"* (Vatikanisches Einheitssekretariat); *„Das Ziel der ökumenischen Bewegung ist die Wiederherstellung der Einheit unter allen Christen; sie zu fördern ist die Kirche kraft des Willens Christi gehalten."*

Noch vor Abschluß des Konzils ergeht die Einladung des ÖRK an Rom, eine Arbeitsgruppe zu errichten, die die Grundsätze für die weitere Zusammenarbeit und die dabei zu verwendenden Methoden erarbeitet. Rom stimmt diesem

Vorschlag zu, und bereits im Mai 1965 wird die „Gemeinsame Arbeitsgruppe der r.-k. Kirche und des ÖRK" bestellt. Ihr kommt, da die r.-k. Kirche bis heute keine Mitgliedskirche des ÖRK ist, eine große Bedeutung zu, wie anläßlich des Besuches von P. Johannes Paul II. im Zentrum des ÖRK in Genf (12. Juni 1984) neuerlich betont wird.

Rom entsendet auch Theologen in die Kommission für Glauben und Kirchenverfassung, die den Beratungsvorgang offiziell mittragen und die Ergebnisse mitverantworten.

Neben diesen multilateralen Kontakten entstehen vielfältige bilaterale Kontakte von unterschiedlicher Intensität, werden Dialoge auf globaler, nationaler, regionaler und lokaler Ebene geführt, die einen kirchlich offiziellen Charakter tragen.

In diesem ganzen Geschehen kommt einem Dokument ein besonderer Stellenwert zu. Die Konvergenzerklärungen der Kommission für Glauben und Kirchenverfassung des Ökumenischen Rates der Kirchen zu TAUFE, EUCHARISTIE und AMT dürfen als Kristallisationspunkt im bisherigen Ringen um Wahrheit in Liebe bezeichnet werden. „Wenn die getrennten Kirchen die sichtbare Einheit, die sie suchen, erreichen wollen, dann ist eine der wichtigsten Vorbedingungen, daß sie im Verständnis von Taufe, Eucharistie und Amt grundsätzlich übereinstimmen sollten."

Diese Themen stehen im Mittelpunkt eines mehr als 50jährigen Beratungsprozesses. Bereits 1927 zählen zu den Konferenzthemen: „Das geistliche Amt der Kirche", „Die Sakramente", „Das gemeinsame Glaubensbekenntnis der Kirchen". Da eine gemeinsame Feier des Herrenmahls im Rahmen des ÖRK als unmöglich gesehen wird, beschäftigt die Frage der Abendmahlsgemeinschaft seit Lund (1952) in zunehmender Intensität die Theologen in der Kommission „Faith and Order". Taufe, Eucharistie und Amt sind auch Gegenstand vieler bilateraler Dialoge. Die Kommission für Glauben und Kirchenverfassung ist bemüht, dies zu berücksichtigen und die dabei erreichten Übereinstimmungen aufzunehmen; was jedoch noch nicht ganz gelungen zu sein scheint. Eine erste Fassung des Textes liegt bereits 1974 in Accra vor, wird aber nach einem Begutachtungsvorgang nochmals gründlich überarbeitet; 1982 werden die Konvergenzerklärungen in Lima definitiv verabschiedet. Den Vorsitz des Redaktionsausschusses hatte Frère Max Thurian (Taizé-Bruderschaft). Er schreibt über die Bedeutung der Lima-Texte:

„Wohin haben uns diese Bemühungen gebracht? Wie es im Lima-Text deutlich wird, haben wir bereits einen bemerkenswerten Grad an Übereinstimmung erzielt. Gewiß haben wir noch nicht den vollen „Konsensus" (consentire) erreicht, der hier verstanden wird als die Lebenserfahrung und Artikulation des Glaubens, die notwendig sind, um die sichtbare Einheit der Kirche zu verwirklichen und zu bewahren. Ein solcher Konsensus hat seine Wurzeln in der Gemeinschaft, die auf Jesus Christus und auf dem Zeugnis der Apostel aufbaut. Als eine Gabe des Geistes wird er zunächst in gemeinsamer Erfahrung verwirklicht, bevor er dann durch gemeinsame Bemühungen in Worte gefaßt werden kann. Der volle Konsensus kann erst dann verkündet werden, wenn die Kirchen so weit gekommen sind, daß sie in Einheit gemeinsam leben und handeln.

Auf dem Weg zu ihrem Ziel der sichtbaren Einheit werden die Kirchen jedoch verschiedene Stadien zu durchlaufen haben. Sie sind von neuem gesegnet worden, indem sie aufeinander gehört haben und gemeinsam zurückgekehrt sind zur Urquelle, ‚der Tradition des Evangeliums, wie sie in der Heiligen Schrift bezeugt und in und durch die Kirche kraft des Heiligen Geistes übermittelt worden ist' (Weltkonferenz für Glauben und Kirchenverfassung, 1963).

Indem sie die Streitigkeiten der Vergangenheit hinter sich lassen, haben die Kirchen begonnen, viele verheißungsvolle Konvergenzen in ihren gemeinsamen Überzeugungen und Perspektiven zu entdecken. Diese Konvergenzen geben die Gewißheit, daß die Kirchen trotz sehr unterschiedlicher theologischer Ausdrucksformen in ihrem Verständnis des Glaubens vieles gemeinsam haben. Der daraus resultierende Text möchte Teil einer treuen und adäquaten Widerspiegelung der gemeinsamen christlichen Tradition in wesentlichen Elementen der christlichen Gemeinschaft werden. Bei dem Prozeß des Zusammenwachsens in gegenseitigem Vertrauen müssen die Kirchen diese lehrmäßigen Konvergenzen Schritt für Schritt entwickeln, bis sie schließlich in der Lage sind, gemeinsam zu erklären, daß sie in Gemeinschaft miteinander und in Kontinuität mit den Aposteln und den Lehrer der universalen Kirche leben.

Dieser Lima-Text enthält die bedeutsamen theologischen Konvergenzen, die die Kommission für Glauben und Kirchenverfassung erkannt und formuliert hat. Diejenigen, die wissen, wie weit die Kirchen sich in Lehre und Praxis der Taufe, der Eucharistie und des Amtes voneinander unterschieden haben, werden die Bedeutung der hier festgehaltenen weitgehenden Übereinstimmung zu schätzen wissen. Fast alle konfessionellen Traditionen sind in der Kommission vertreten. Daß Theologen aus so unterschiedlichen Traditionen in der Lage sind, so einmütig über Taufe, Eucharistie und Amt zu sprechen, ist in der modernen ökumenischen Bewegung ohne Beispiel. Besonders erwähnenswert ist die Tatsache, daß die Kommission auch Theologen der römisch-katholischen Kirche und anderer Nichtmitgliedskirchen des ÖRK zu ihren vollen Mitgliedern zählt.

Bei der kritischen Beurteilung muß der eigentliche Zweck dieses ökumenischen Textes beachtet werden. Die Leser sollten daher nicht erwarten, eine vollständige theologische Abhandlung über Taufe, Eucharistie und Amt vorzufinden. Das wäre hier weder angemessen noch wünschenswert. Der angenommene Text konzentriert sich absichtlich auf diejenigen Aspekte des Themas, die sich unmittelbar oder mittelbar auf Probleme der gegenseitigen Anerkennung, die zur Einheit führt, beziehen. Der Haupttext zeigt die wesentlichen Bereiche der theologischen Konvergenz auf; in den angeführten Kommentaren wird entweder auf historische Differenzen verwiesen, die überwunden worden sind, oder es werden umstrittene Fragen genannt, die noch weiterer Klärung bedürfen.

Im Lichte all dieser Entwicklungen legt die Kommission für Glauben und Kirchenverfassung diesen Lima-Text (1982) nun den Kirchen vor. Wir tun dies in tiefer Überzeugung, denn wir sind uns in zunehmendem Maße unserer Einheit im Leibe Christi bewußt geworden. Wir haben Grund dafür gefunden, uns an der Wiederentdeckung des Reichtums unseres gemeinsamen Erbes im Evangelium zu erfreuen. Wir glauben, daß der Heilige Geist uns zu diesem Augenblick geführt hat, einem ‚kairos' der ökumenischen Bewegung, in dem es bedauerlicherweise noch getrennten Kirchen möglich geworden ist, wesentliche theologische Übereinstimmung zu erzielen. Wir meinen, daß viele bedeutsame Schritte möglich sind, wenn unsere Kirchen mutig und erfinderisch genug sind, Gottes Gabe der kirchlichen Einheit zu erfassen.

Die Kommission für Glauben und Kirchenverfassung bittet nun höflich alle Kirchen um eine offizielle Stellungnahme zu diesem Text auf der höchsten hierfür zuständigen Ebene der Autorität, sei es nun ein Rat, eine Synode, eine Konferenz, eine Vollversammlung oder ein anderes Gremium. Die Kommission wäre dankbar, zur Unterstützung dieses Rezeptionsprozesses möglichst genau zu erfahren:

– in welchem Maße Ihre Kirche in diesem Text den Glauben der Kirche durch die Jahrhunderte erkennen kann;

– welche Folgerungen Ihre Kirche aus diesem Text für ihre Beziehungen zu und Dialoge mit anderen Kirchen ziehen kann, besonders zu denjenigen, die den Text ebenfalls als einen Ausdruck des apostolischen Glaubens anerkennen;

– welche richtungweisenden Hilfen Ihre Kirche aus diesem Text für ihr gottesdienstliches, erzieherisches, ethisches und geistliches Leben und Zeugnis ableiten kann;

– welche Vorschläge Ihre Kirche für die weitere Arbeit von Glauben und Kirchenverfassung im Blick auf diesen Text über Taufe, Eucharistie und Amt und das langfristige Studienprojekt ‚Auf dem Weg zu einem gemeinsamen Ausdruck des apostolischen Glaubens heute' machen kann."

In der römisch-katholischen Kirche sind z. B. alle Bischofskonferenzen um eine offizielle Stellungnahme gebeten; diese werden dann in die endgültige Antwort des Einheitssekretariates einfließen. Damit hat eine neue Phase ökumenischer Verbindlichkeit begonnen.

Die Konvergenzerklärung über die Eucharistie stand auch Pate bei der sog. „Lima-Liturgie". Diese ermöglichte erstmals der Vollversammlung des ÖRK 1983 in Vancouver, gemeinsam das Abendmahl zu feiern. Katholiken und Orthodoxe nahmen auch daran teil, empfingen aber nicht die Kommunion.

Die Konvergenzerklärungen sind eng verbunden mit dem nächsten Studienobjekt der Kommission für Glauben und Kirchenverfassung: „Auf dem Weg zu einem gemeinsamen Aussprechen des apostolischen Glaubens heute." Das bei der dritten europäischen ökumenischen Begegnung der Delegierten der Konferenz Europäischer Kirchen (KEK) und des Rates der Bischofskonferenzen Europas (CCEE) 1984 verabschiedete Dokument „Unser Credo – Quelle der Hoffnung" ist dafür ein wichtiger Beitrag.

Dialog der monotheistischen Religionen

Aus dem Gespräch mit den nichtchristlichen Religionen, der Religionen untereinander, heben sich die Begegnungen der drei monotheistischen Religionen ab auf dem Grund des gemeinsamen Monotheismus (Eingottglaube). Eine Freiburger private Stiftung (Oratio Dominica) hat unter anderem dieses Anliegen in besonderer Weise aufgegriffen. 1973 und 1974 trafen sich – von dieser Stiftung eingeladen – Juden und Christen zu einem religiösen Gespräch und Gebet, das mit dem Vaterunser abgeschlossen wurde. Ein religionskundliches Institut (Prof. W. Strolz) wurde innerhalb der Stiftung publizistisch tätig. „Glaubenserfahrungen in den monotheistischen Religionen" war ein Thema, dem Gespräche über religiöse Grunderfahrungen und religiöse Bewußtseinsbildung folgten. Bei den jährlich fortlaufenden Zusammenkünften wurde unter anderem in letzter Zeit das Thema behandelt: „Die messianisch-eschatologische Dimension der Juden, Christen und Muslimen". Dabei ging es um Fragen des Glaubens an den wiederkommenden Herrn, um die messianische Hoffnung des Judentums als Kritik an jeder menschlichen Absolutsetzung, um die Fragen der Vorherbestimmung, des Jüngsten Gerichts und der Paradiesesvorstellungen.

Auf eine Einladung von muslimischer Seite (Kronprinz Hassan) geht eine Begegnung von Juden, Christen und Muslimen bei London (Windsor Castle) im Herbst 1984 zurück. Das gemeinsame Erbe der drei monotheistischen Religionen stand dabei im Vordergrund. Besonders behandelt wurden die von den drei Religionen geformten Gesellschaftssysteme im Dienste der Völkerverständigung und des Friedens. Es liegt auf der Hand, daß auch in Zukunft den monotheistischen Religionen im weiteren Feld der Religionen der Erde ein besonderer Platz einzuräumen sein wird. Es handelt sich um drei Glaubenswege, die sich vom Offenbarungsverständnis des Judentums, des Christentums und des Islams nicht gleichschalten lassen. Aber es gibt doch, wie die Besinnung auf Schöpfung und Offenbarung zeigt,

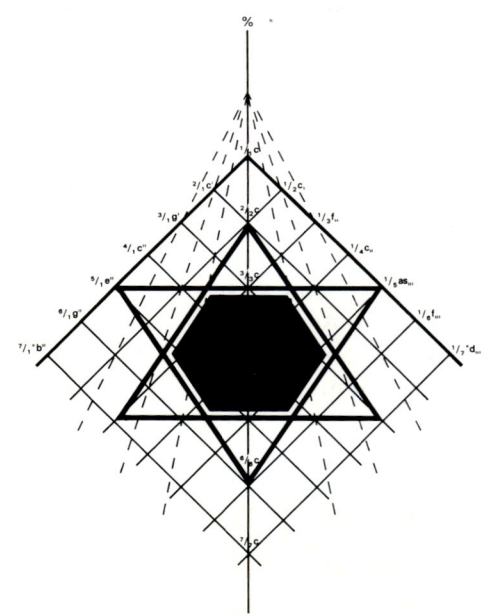

Im Jahr 1973 trafen sich zum erstenmal Juden und Christen zu einem gemeinsamen Gottesdienst in der Vaterunser-Kapelle im Ibental/Schwarzwald
Der Grundriß der Kapelle zeigt unter anderem das Hexagramm, den berühmten „Davidstern" (Māgen David), ein kabbalistisches Symbol, das aus zwei ineinander geschobenen gleichseitigen Dreiecken besteht und die Entsprechung von diesseitiger und jenseitiger Wirklichkeit symbolisiert.

Gemeinsamkeiten von entscheidender Bedeutung. Diesen Gemeinsamkeiten ist bisher in den Bemühungen um eine „abrahamitische Ökumene" wenig Aufmerksamkeit geschenkt worden. Durch den Schöpfungsglauben und die künftige Heilserwartung sind Juden, Christen und Muslime miteinander verbunden. Bei aller Verschiedenheit der Glaubenslehren ist den monotheistischen Religionen grundsätzlich der Glaube an eine bereits ergangene Offenbarung Gottes in der Menschheitsgeschichte gemeinsam; eine Offenbarung Gottes, die in sich unwiderruflich und endgültig ist. Was den jüdischen und christlichen Glauben angeht, so läßt sich die Selbstliebe nicht aus der biblischen Zusammengehörigkeit von Nächstenliebe und Gottesliebe herauslösen. *„Was nach Matthäus 25, 34 ff. einmal vor Gott zählt, ist die konkrete mitmenschliche Hilfe für den bedürftigen, notleidenden Menschen innerhalb der geschichtlichen Situation, in die wir jeweils gestellt sind"* (W. Strolz, Heilswege der Weltreligionen, 1984, 102). Die bei solchen Treffen gemachten Gebetserfahrungen legen weiterhin nahe, daß die Freilegung des gemeinsamen Gebetsschatzes der Juden, Christen und Muslime für künftige Religionsgespräche eine noch breitere religiöse und menschliche Grundlage erschließen können.

Die biblische und die koranische Offenbarung verkünden außerdem die Allgegenwart und Unvergleichbarkeit Gottes nachdrücklich und wegweisend, so daß sich an dieser Übereinstimmung neue Aspekte auftun für die Begegnung und Zusammenarbeit der monotheistischen Religionen.

Der andere Dialog: Christus und die Religionen der Erde

Durch das vertiefte religionsgeschichtliche Studium, durch den Dialog der Religionen, den Dialog der Christen (ökumenische Bewegung), ist die Botschaft Christi in einer anderen Weise als früher herausgefordert. Im Kreise der sogenannten Stifterreligionen (Laotse um 600 v. Chr., Konfuzius, gest. 479 v. Chr., Buddha, gest. ca. 480 v. Chr., Muhammad, gest. 632 n. Chr.) werden die Christen aber nicht nur selber herausgefordert, sondern in gleicher Weise die anderen Religionen durch das Christentum. Die Frage: Wer ist Christus? wird zur Frage: Was hältst du von Christus? Diese Frage erhält durch den großen Zusammenhang der Religionsgeschichte ein viel größeres Gewicht als früher.

In der Apostelgeschichte des Neuen Testamentes werden die Vorgänge nach dem Tod und der Auferstehung Christi geschildert. Eine der größten Gestalten dieser Zeit ist Paulus. Er war ein überzeugter Jude und kämpfte gegen den neuen „Weg" mit „Drohung und Mord" (Apg 9, 2). Seine plötzliche Bekehrung durch das Christuserlebnis vor Damaskus machte aus ihm *„ein Werkzeug, um den Namen Christi vor Völker und Könige und die Söhne Israels zu tragen"* (Apg 9, 15). Seine Missionsreisen machten das Christentum in kurzer Zeit in der griechischen und römischen Welt bekannt. So kommt er unter anderem nach Athen, durchwandert als Tourist die damals besonders aufgeschlossene Stadt und findet einen Altar mit der Aufschrift „Einem unbekannten Gott". Auf dem Marktplatz der Stadt sagt er den Athenern: *„Was ihr verehrt, ohne zu kennen, das verkündige ich euch"* (Apg 17, 23). Der vergleichende Religionshistoriker unserer Tage kann noch auf andere Zusammenhänge hinweisen: Der Altar für einen unbekannten Gott gibt Einblick in die Sorge und Angst jener Stadt und Zeit, ob die Verehrung der bekannten heimischen Götter ausreiche, ob sich nicht hinter allem noch ein ganz anderer verbirgt, der Anspruch hat auf Verehrung. Vielleicht ist auch etwas Zweifel und Skepsis der damaligen Zeit, der epikureischen und stoischen Religionsphilosophie bzw. ihrer Ethik spürbar, Zweifel an der volkstümlichen Religiosität und Praxis der Zeit um 50 n. Chr. Der Altar für einen unbekannten Gott ist so ein unbewußter Hinweis auf eine religiöse und geistige Zeitenwende. Die Suche nach dem Unbekannten und Geheimnisvollen läßt nach anderen Möglichkeiten Ausschau halten.

Paulus war damals schon ein Vertreter des Dialogs, des Gesprächs: *„Er redete"* – so lesen wir – *„in der Synagoge mit den Juden und Gottesfürchtigen, und auf dem Markt sprach er täglich mit denen, die er* *gerade antraf."* Um die Botschaft Christi zu verkündigen, suchte er den menschlichen Kontakt mit anderen.

Die Auseinandersetzung mit den geistigen Strömungen seiner Zeit sind ebenfalls Anlaß für das Gespräch. Paulus diskutiert mit den epikureischen und stoischen Philosophen. Er ist sich bewußt, daß er sich in einer Stadt befindet, in der lange vor Christus Platon und Aristoteles die Philosophie des Abendlandes begründeten. Auch diesen geistigen Strömungen, so berichtet uns die Apostelgeschichte, stellt sich Paulus im Wissen um die Bedeutung einer solchen Begegnung.

Das, worauf es vor allem ankommt, ist die Person Jesu Christi selber. Die Geschichte seines Lebens und Sterbens kann nicht in Zweifel gezogen werden. Er wurde geboren, *„als Quirinus Statthalter von Syrien war"* (Lk 2, 2). Er ist gestorben, als Pontius Pilatus Statthalter in Judäa war. Der Inhalt seiner Verkündigung, seiner „Frohen Botschaft" ist kurz zusammengefaßt im Apostolischen Glaubensbekenntnis, also am Beginn der christlichen Religion:

■

„Ich glaube ... an Jesus Christus, seinen eingeborenen Sohn, unsern Herrn, der empfangen ist vom Heiligen Geist, geboren aus Maria, der Jungfrau ... gekreuzigt, gestorben und begraben, am dritten Tage wieder auferstanden, aufgefahren in den Himmel. Er sitzt zur rechten Hand Gottes, des allmächtigen Vaters, von dort wird er kommen zu richten die Lebenden und die Toten."

■

Es gehört zu den Fundamenten dieser Religion, daß Christus Jesus voll Mensch ist und im Glauben an den einen Gott verwurzelt ist. Gleichzeitig hat das Wort Gottes in ihm Menschengestalt angenommen, „ist Fleisch geworden", so daß sich in ihm Gott und Mensch zu einer Einheit verbinden.

Das Zentrum des Christentums, auf dem alles ruht, ist das Wissen und der Glaube, daß Christus von den Toten erstanden ist und daß er durch diese geschichtlich bewiesene Tatsache sich als der Sohn Gottes für immer ausgewiesen hat.

Die Wurzeln dieser Botschaft liegen im Glauben an den einen Gott des Alten Bundes, vor dem alle anderen Götter „nichtiges Menschenwerk" sind. Auf dem Boden des ausschließlich monotheistischen Denkens, das von Jesus durch das Trinitätsgeheimnis vertieft wird, kommt Jesus Christus als der vom Alten Testament verkündete Messias, als *„Sohn des lebendigen Gottes"* (Mt 16, 16), der mit Autorität und Macht des Vaters handelt: *„Himmel und Erde werden vergehen, aber meine Worte werden nicht vergehen"* (Mk 13, 31). Es ist darum *„kein anderer Namen unter dem Himmel den Menschen gegeben",* so bekennt die Urgemeinde, *„durch den wir das Heil erlangen können"* (Apg 4, 12).

Auf dem großartigen, eindrucksvollen Hintergrund der Religionen der Erde geht es im Glauben an die Frohe Botschaft um einen universalen Heilsplan Gottes für die ganze Menschheit im globalen Sinne. Dieser Plan schließt alles menschliche Suchen, alles menschliche Fragen ein und umfaßt alle Religionen der Erde, wie sie die Menschen von Anfang an begleitet haben, um sie aus der Ebene des Menschlichen hinaufzuheben auf die Ebene des einen Gottes, den uns Jesus als unseren Vater anzusprechen lehrte.

„Aus seiner Fülle haben wir alle empfangen ... durch Jesus Christus kam Gnade und Wahrheit. Niemand hat Gott je gesehen. Der Eingeborene, der Gott ist, der ruht am Herzen des Vaters, er hat Kunde gebracht" (Jo 1, 16 ff.).

Register religiöser Begriffe

Quellennachweis der Texte

Die Zitate auf den Seiten 19 f, 29, 30, 33, 34 f, 58 f, 73, 84, 86 f, 87, 89 f, 99 f, 100, 102, 103, 103 f, 119, 124, 125, 167 f, 168 f, 192, 225 f, 251, 252, 256, 268 stammen aus: F. König (Hsg.) „Christus und die Religionen der Erde", 3 Bd.e, Wien 1956.

Die Zitate auf den Seiten 22 f und 413 stammen aus dem Buch: M. Eliade „Geschichte der religiösen Ideen" Bd. 1, Freiburg ⁴1982.

Das Zitat auf Seite 31 stammt aus dem Buch: W. Bühlmann „Wo der Glaube lebt. Einblicke in die Lage der Weltkirche", Freiburg ⁷1978.

Die Zitate auf den Seiten 32 f stammen aus einem Manuskript vom Missionshaus St. Gabriel bei Wien.

Die Zitate auf den Seiten 49 f, 68 f, 71 f, 86, 87, 88, 90 f, 92 f, 111 f, 117 f, 118, 133, 135 f, 137, 138, 139, 140, 148, 152 f, 154, 160, 167 f, 177, 178, 194 f, 201 f, 220 f, 232 f, 238 stammen aus: G. Lanczkowski „Geschichte der religiösen Ideen. Quellentexte", Freiburg 1981.

Die Zitate auf den Seiten 97, 170, 188 f, 190 f, 191, 195, 198, 218, 242, 243, 243 f stammen aus: H. Gstrein (Hsg.) „Alle meinen den einen Gott. Lesungen aus den heiligen Büchern der Weltreligionen", Wien 1981.

Die Zitate auf den Seiten 213 f, 215 stammen aus: P. Yogananda „Autobiographie eines Yogi", Bern – München ¹¹1979

Die Zitate auf den Seiten 216 f, 222 f, 264 stammen aus: J. A. Hardon „Gott in den Religionen der Welt", Luzern 1967.

Die Zitate auf den Seiten 219 f, 228 ff stammen aus: P. Dahlke (Hsg.) „Buddha. Die Lehre des Erhabenen", München 1920.

Das Zitat auf den Seiten 226 f stammt aus: B. Uhde „Die Bibel und die Religionen", 1979.

Das Zitat auf den Seiten 248 f stammt aus: H. Gstrein „Islamische Sufi-Meditation für Christen", Wien 1977.

Die Zitate auf den Seiten 257 f, 258 f, 259 stammen aus: L. W. Winter „Der Koran. Das heilige Buch des Islam", München 1959.

Die Bibelzitate auf den Seiten 276, 279 f, 282, 283 f, 286, 288, 289, 292 f, 295, 296, 297, 299, 300, 320, 325 f, 327, 328, 333, 333 f, 334, 335, 336, 336 f, 339, 340, 341, 341 f, stammen aus der Einheitsübersetzung der Bibel, Freiburg – Basel – Wien 1980.

Die Zitate aus dem Talmud und andere nicht eigens angemerkte Texte in Kapitel 8 stammen von Prof. F. Dexinger.

Die Zitate auf den Seiten 343 f, 354, 358 f stammen aus: W. Lautemann und M. Schlenke (Hsg.) „Geschichte in Quellen. Altertum", München ³1978.

Die Zitate auf den Seiten 349, 350, 350 f, 367, 368 f, 369 f stammen aus: I. Smolitsch „Leben und Lehre der Starzen", Köln ²1952.

Das Zitat auf den Seiten 384 f stammt aus: „Dante. Die Göttliche Komödie", Frankfurt 1955.

Die Zitate auf den Seiten 372, 380, 382, 386 f, 387, 388, 389, 393, 397, 403, 404, 404 f, 410 f, 411 stammen aus: H. Jedin (Hsg.) „Handbuch der Kirchengeschichte", Freiburg 1963 ff.

Das Zitat auf Seite 414 stammt aus P. Neuner, Kleines Handbuch der Ökumene, Düsseldorf 1984.

Das Zitat auf Seite 415 stammt aus: H. Meyer/J. J. Urban/L. Vischer (Hsg.), Dokumente wachsender Übereinstimmung. Sämtliche Berichte und Konsenstexte interkonfessioneller Gespräche auf Weltebene 1931–1982, Frankfurt – Paderborn 1983.

Das Zitat auf den Seiten 416 f stammt aus: Max Thurian (Hsg.), Ökumenische Perspektiven von Taufe, Eucharistie und Amt. Frankfurt – Paderborn 1983.

*

Hilfreich bei der Abfassung dieses Buches waren die folgenden Bücher, die nicht wörtlich zitiert werden, die aber doch wesentlich zum Zustandekommen beigetragen haben:

Mircea Eliade, Geschichte der religiösen Ideen Bd. 1, Bd. 2/1, Quellenband (G. Lanczkowski), Freiburg

Peter Meinhold, Religionen der Gegenwart. Ihre Herkunft – ihre Besonderheiten – ihr Beitrag zur Lösung der Weltprobleme. Herderbücherei Band Nr. 656, Freiburg ²1980.

Sibylle von Reden, Die Megalith-Kulturen. Zeugnisse einer verschollenen Urreligion, ²1979.

Holle, Welt- und Kulturgeschichte. Baden-Baden 1970 ff.

Quellennachweis der Bilder

Auboyer/Nou (Buddha), Herder Freiburg, Seite 230

Baha'i World Centre Seite 271, 272, 273

Bildarchiv Preußischer Kulturbesitz Seite 321

Bildarchiv Wiener Nationalbibliothek Seite 10, 72, 102, 213, 223, 229, 346 li, 347, 348, 358, 359, 381, 385, 400

British Museum London Seite 69, 78, 165

Th. A. Busink (Der Tempel von Jerusalem) Bd. 1, Brill Leiden, Seite 294 ob

Commissioners of Public Works in Ireland Seite 52 li

F. Dexinger, Wien Seite 289, 290, 291, 293, 297, 302, 303, 304, 305, 306

D. Dickens Seite 16

DuMont (Geschichte der frühen Kulturen der Welt) Seite 14/2, 3, 4, 5 40, 64, 79 re, 106, 144 re, 146 unt 155, 157

Dr. Gehringer, Wien Seite 232, 235, 242, 244

W. Göpel, Berlin Seite 202, 203/3

E. Gradmann (Indische Miniaturen), Parkland-Verlag, Stuttgart Seite 203/1, 2

J. Groth-Kimball (Kunst im Alten Mexiko) Atlantis-V. Seite 145, 146 ob, 147

J. Guttmann (Die Philosophie des Judentums) Verlag E. Reinhardt München Seite 312

N. Haas, Trier Seite 346 re

P. Hartlmair, München Seite 210 re, 237 re

W. Hege, Gelsenkirchen Seite 383

G. Heller, Wien Seite 47

H. Herdeg Seite 13/1

Herder-Archiv Freiburg Seite 13/2, 3, 4, 5, 6, 8, 9, 15/2, 23, 25, 26, 28, 38, 39, 42 li, 46, 49, 51, 53, 59, 67, 68, 71, 73, 74, 75, 79 li, 80, 81, 83, 84, 85, 87, 88, 89, 90, 91, 92, 93, 94, 105, 108, 109, 113 re, 114/1, 2, 115, 116, 117, 120, 122, 123, 127, 129, 130, 134, 135, 148, 149, 150, 151, 154, 158 li, 159, 160, 161, 169, 171, 173, 174, 178, 185, 186, 189, 199, 200, 201 re, 205, 206, 210 li, 211, 216, 218, 219, 220, 221, 227, 231, 236, 237 li, 240, 247, 249, 251, 254, 256, 261, 265, 269, 280, 294 unt, 296, 301, 322, 323, 325, 326, 327 re, 328, 331, 334, 337, 339, 343, 345, 350, 351, 352, 353, 355, 356, 360, 363, 364, 368, 371, 372, 373, 374, 376, 386, 392, 393, 394, 396/4, 397 li 408, 412

Hertz/Loose (Dominikus und die Dominikaner) Herder Freiburg Seite 377, 379

Holle-Bildarchiv Seite 100, 103, 141, 327 li, 388

Institut f. Alte Geschichte u. Archäologie d. Univ. Wien Seite 56

Institut f. Christliche Archäologie u. Kunstgesch. d. Univ. Freiburg Seite 368

Institut für Psychologie und Psychohygiene, Freiburg i. Br. Seite 409

Joods Historisch Museum Amsterdam Seite 282

P. u. A. Keilhauer (Bildsprache des Hinduismus) DuMont Köln Seite 203/4

Keystone-Foto Seite 172, 179, 180, 201 li, 239

KNA-Bilderdienst Seite 396/1, 3, 405

W. Koppers (Geheimnisse des Dschungels) Stocker Luzern Seite 29, 30

Kunsthistorisches Museum Wien, Ägypt.-Orient. Sammlung Seite 58

E. Kusch, Nürnberg Seite 260, 275

Länderpress Düsseldorf Seite 168, 267, 329/4

Manns/Loose (Martin Luther) Herder Freiburg Seite 389, 390 unt

E. Lessing, Wien Seite 339

G. Leitner, Seite 281

Massada, Jerusalem Seite 317

Missionshaus St. Gabriel Seite 33, 175

Mondadori Mailand Seite 250, 367

A. Moortgat, Berlin Seite 77

Musée Cernuschi – Musée d'Art Chinois de la Ville de Paris Seite 164

Museum f. Ostasiatische Kunst Köln Seite 181

H. Nachtigall Marburg Seite 156

National Gallery of Arts, Washington Seite 390 ob

Nationalmuseum Athen Seite 110, 111, 112, 113 li, 114/3

Nigg/Loose (Benedikt von Nursia) Herder Freiburg Seite 349

Oratio Dominica Freiburg Seite 414

A. Parrot (Archéologie Mésopotamienne) A. Michel Paris Seite 14/1

A. Parrot (Sumer) München Seite 76

A. u. B. Peerless Lion Publishing, Tring Seite 246

Pontificio Fotografia Felici Rom Seite 396/2

Pucciarelli-Foto Rom Seite 255

H. Rau, Stuttgart Seite 201

S. v. Reden Seite 14/6, 42 re, 52 re, 54

Rhein-Verlag Zürich Seite 136

Scala-Foto Florenz Seite 395

Spanisches Kulturinstitut Wien Seite 61

Staatliche Kunsthalle Karlsruhe Seite 329/1

R. Staneva Sofia Seite 15/1

G. Sternberg, Düsseldorf Seite 324

W. Steinkopf Berlin Seite 200 re

E. Stürmer Wien Seite 182, 183, 193, 207

Thames & Hudson London Seite 44

VBK Wien Seite 329/2

Völkerkundemuseum Wien Seite 13/7, 35, 63, 144 li, 158 re

Votava-Foto Wien Seite 263

World Council of Churches Genf Seite 397 re

Kloster Wienhausen Seite 329/3

*

Quellennachweis der Farbbilder

Dr. Gehringer 68

Herder Archiv 71, 77, 78

E. Lessing 31, 44, 75

H. N. Loose 81–86

T. Schneiders 7, 8, 45, 76, 79, 80

Smeets Illustrated Projects 1–6, 10–30, 32–43, 46–67, 69, 70, 72–74